Marie Brunová

Die faktualen und fiktionalen Texte Jiří Weils

Literatur und Kultur im mittleren und östlichen Europa

herausgegeben von Reinhard Ibler

ISSN 2195-1497

19 Šárka Sladovníková
    The Holocaust in Czechoslovak
    and Czech Feature Films
    ISBN 978-3-8382-1196-1

20 Julia Spanberger
    Grenzen und Grenzerfahrungen in den Texten Viktor Pelevins
    Eine Analyse seiner frühen Prosa
    ISBN 978-3-8382-1460-3

21 Magda Dolinska-Rydzek
    The Antichrist in Post-Soviet Russia:
    Transformations of an Ideomyth
    ISBN 978-3-8382-1545-7

22 Martina Napolitano
    Sasha Sokolov: The Life and Work of the Russian "Proet"
    ISBN 978-3-8382-1619-5

23 Astrid Maria Ottilie Shchekina-Greipel
    Deutsch-sowjetischer Kulturtransfer unter totalitären Bedingungen
    Heinrich Böll und Günter Grass in der Sowjetunion (1953–1985)
    ISBN 978-3-8382-1660-7

24 Dora Komnenovic
    Reading between the Lines
    Reflections on Discarded Books and Transition in (Post-)Yugoslavia
    ISBN 978-3-8382-1643-0

25 Reinhard Ibler und Andreas Ohme (Hg.)
    Holocaustliteratur
    Überlegungen zu Reichweite und Grenzen eines literaturwissenschaftlichen
    Konzepts
    ISBN 978-3-8382-1673-7

Marie Brunová

DIE FAKTUALEN UND FIKTIONALEN TEXTE JIŘÍ WEILS

Bibliografische Information der Deutschen Nationalbibliothek

Die Deutsche Nationalbibliothek verzeichnet diese Publikation in der Deutschen Nationalbibliografie; detaillierte bibliografische Daten sind im Internet über http://dnb.d-nb.de abrufbar.

Bibliographic information published by the Deutsche Nationalbibliothek

Die Deutsche Nationalbibliothek lists this publication in the Deutsche Nationalbibliografie; detailed bibliographic data are available in the Internet at http://dnb.d-nb.de.

Herausgegeben mit freundlicher Unterstützung des Deutsch-Tschechischen Zukunftsfonds.

This publication was created with the support of Research Development Program RVO 68378068 of Czech Academy of Sciences, Institute of Czech Literature. During the work on this study, use was made of Czech Literary Bibliography resources (ORJ identifier: 90136).

ISBN-13: 978-3-8382-1656-0
© *ibidem*-Verlag, Stuttgart 2022
Alle Rechte vorbehalten

Das Werk einschließlich aller seiner Teile ist urheberrechtlich geschützt. Jede Verwertung außerhalb der engen Grenzen des Urheberrechtsgesetzes ist ohne Zustimmung des Verlages unzulässig und strafbar. Dies gilt insbesondere für Vervielfältigungen, Übersetzungen, Mikroverfilmungen und elektronische Speicherformen sowie die Einspeicherung und Verarbeitung in elektronischen Systemen.

All rights reserved. No part of this publication may be reproduced, stored in or introduced into a retrieval system, or transmitted, in any form, or by any means (electronic, mechanical, photocopying, recording or otherwise) without the prior written permission of the publisher. Any person who does any unauthorized act in relation to this publication may be liable to criminal prosecution and civil claims for damages.

Printed in the EU

Danksagung

Mein Dank gebührt vielen Personen, die an mich geglaubt haben und ohne die diese Arbeit nicht hätte entstehen können. An erster Stelle gilt mein Dank meinem Hauptbetreuer Herrn Prof. Peter Deutschmann für seine zahlreichen und unermüdlichen fachlichen Gespräche, Ratschläge und Anmerkungen, die mich zur Fertigstellung meiner Arbeit gebracht haben. Mein besonderer Dank gilt Frau Prof. Eva Hausbacher, die diese Arbeit durch ihre Förderung erst möglich machte, sowie Herrn Prof. Jiří Holý für seine wissenschaftliche und menschliche Unterstützung. Ebenfalls möchte ich mich bei Herrn Prof. Pavel Janoušek dafür bedanken, dass er mir die Gelegenheit gegeben hat, meine Arbeit fertigzustellen.
Für wissenschaftlichen Austausch bin ich meinen Kolleginnen Dr. Anja Burghardt, Dr. Mariya Donska und Dr. Lucie Antošíková, Ph.D., sehr dankbar. Meiner Kollegin vom *The Centre for the Study of the Holocaust and Jewish Literature*, Hana Hříbková, möchte ich für die freundliche Bereitstellung vieler Unterlagen danken. Sehr dankbar bin ich auch Frau Sigrid Klonner für ihren großen Einsatz beim Korrigieren dieser Arbeit.

Ein besonderer Dank kommt ebenfalls meiner Familie für ihre Geduld und Zuversicht zu.

Inhaltsverzeichnis

Danksagung 5
1. Forschungsgegenstand und Forschungslage 11
   1.1 Forschungsgegenstand 11
   1.2 Forschungslage 19

2. Theoretische Grundlage 33
   2.1 Zum Begriff der Fiktion 33
   2.2 Die Grundthesen 45

3. Textkritische Beschreibung 49
   3.1 Einleitung 49
   3.2 Faktuale Texte 50
       3.2.1 Journalismus im Werk Jiří Weils 50
       3.2.2 Exkurs I: *Literatura faktu* 52
       3.2.3 Reportagen 59
           3.2.3.1 Einleitung *59*
           3.2.3.2 Tschechoslowakei/Most und die
           Bergarbeiterbewegung *63*
           3.2.3.3 Tschechoslowakei/Zlín *67*
           3.2.3.4 UdSSR *70*
               3.2.3.4.1 UdSSR/Erste Reise 1922 75
               3.2.3.4.2 UdSSR/Zweite Reise: Polen und
               Ukraine 1928 83
               3.2.3.4.3 UdSSR/Dritte Reise: Moskau und
               Zentralasien 1933–1935 89
           3.2.3.5 Exkurs II: Jiří Weil versus Julius Fučík *123*
           3.2.3.6 Schweiz *138*
           3.2.3.7 Polen *145*
           3.2.3.8 Frankreich *148*
           3.2.3.9 Übersichtstabelle der Reportagen *151*
           3.2.3.10 Fazit *157*
   3.3 Fiktionale Texte 159
       3.3.1 Erzählungen 159
           3.3.1.1 Einleitung *159*

  3.3.1.2 *In Sammelbänden publizierte Erzählungen* 167
    3.3.1.2.1 Sammelband *Barvy* (1946) 167
    3.3.1.2.2 Sammelband *Mír* (1949) 188
    3.3.1.2.3 Sammelband *Vězeň chillonský* (1957)
           221
    3.3.1.2.4 Sammelband *Hodina pravdy, hodina zkoušky* (1966) 225
    3.3.1.2.5 Exkurs III: Weil und die Kinderzeichnungen aus Theresienstadt 230
  3.3.1.3 *Lediglich in der Presse publizierte Erzählungen* ... 234
  3.3.1.4 *Nicht publizierte Erzählungen* 248
  3.3.1.5 *Übersichtstabelle der Erzählungen* 257
  3.3.1.6 *Fazit* 259
3.3.2 Romane 263
  3.3.2.1 *Einleitung* 263
  3.3.2.2 *Publizierte Romane* 265
    3.3.2.2.1 *Moskva – hranice* (1937/1991/2021) 265
    3.3.2.2.1.1 Komposition und Inhalt 265
    3.3.2.2.1.2 Entstehungs- und Publikationsgeschichte 271
    3.3.2.2.1.3 Forschungslage, Rezeption, Kritik . 277
    3.3.2.2.2 *Dřevěná lžíce* (1992) 282
    3.3.2.2.2.1 Komposition und Inhalt 282
    3.3.2.2.2.2 Entstehungs- und Publikationsgeschichte 289
    3.3.2.2.2.3 Forschungslage, Rezeption, Kritik . 294
    3.3.2.2.3 *Makanna. Otec divů* (1945/1948) 296
    3.3.2.2.3.1 Komposition und Inhalt 296
    3.3.2.2.3.2 Entstehungs- und Publikationsgeschichte 298
    3.3.2.2.3.3 Forschungslage, Rezeption, Kritik . 300
    3.3.2.2.4 *Život s hvězdou* (1949/1964/1967) .. 305
    3.3.2.2.4.1 Komposition und Inhalt 305
    3.3.2.2.4.2 Entstehungs- und Publikationsgeschichte 306
    3.3.2.2.4.3 Forschungslage, Rezeption, Kritik . 309
    3.3.2.2.5 *Harfeník* (1958) 316
    3.3.2.2.5.1 Komposition und Inhalt 316

  3.3.2.2.5.2 Entstehungs- und
      Publikationsgeschichte 318
  3.3.2.2.5.3 Forschungslage, Rezeption, Kritik. 320
  3.3.2.2.6 *Na střeše je Mendelssohn*
      (1960/1965/2013) 321
    3.3.2.2.6.1 Komposition und Inhalt 321
    3.3.2.2.6.2 Entstehungs- und
      Publikationsgeschichte 323
    3.3.2.2.6.3 Forschungslage, Rezeption, Kritik. 329
 3.3.2.3 *Nicht publizierte Romane* *331*
    3.3.2.3.1 Perrotina, mašina chlebozlodějská 331
    3.3.2.3.2 Špitálská brána 334
    3.3.2.3.3 Tiskařská romance 337
    3.3.2.3.4 Zde se tančí Lambeth-walk 340
    3.3.2.3.5 Zlatý bengál 344
 3.3.2.4 *Übersichtstabelle der Romane* *350*
 3.3.2.5 *Fazit* *350*

4. **Transformationen** **357**
 4.1 Einleitung 357
 4.2 Paratextuelle Ebene 357
 4.3 Textinterne Ebene 358
 4.4 Text-Montage: *Žalozpěv za 77 297 obětí* 373

5. **Fazit** **379**
6. **Literaturverzeichnis** **387**
 6.1 Primärliteratur 387
  6.1.1 Romane, Erzählungen und Reportagen 387
  6.1.2 Journalistische Texte 389
  6.1.3 Wissenschaftliche Texte 405
  6.1.4 Vorworte und Nachworte 405
  6.1.5 Übersetzungen 406
    6.1.5.1 Übersetzungen in den Zeitschriften *407*
      6.1.5.1.1 Aus dem Russischen 407
      6.1.5.1.2 Aus dem Polnischen 410
      6.1.5.1.3 Aus dem Japanischen 410
  6.1.6 Nicht publizierte Texte 410

  6.1.7 Rundfunksendungen 411
 6.2 Sekundärliteratur zu Jiří Weil 411
 6.3 Sekundärliteratur zu Fiktionalität 430
 6.4. Sonstiges 435
  6.4.1 Nicht publizierte Quellen (Bachelor-, Magister-,
     Diplomarbeiten, Dissertationen): 435
  6.4.2 Filmographie 436
  6.4.3 Internetquellen 436

Namensregister 439

1. Forschungsgegenstand und Forschungslage

1.1 Forschungsgegenstand

Jiří Weil (1900–1959) ist ein tschechischer Schriftsteller, Journalist, Übersetzer, Wissenschaftler und Intellektueller jüdischer Herkunft. Er gehört zu den Autoren, die vorwiegend aufgrund ihrer politischen Einstellung von den herrschenden totalitären Systemen jahrzehntelang verfolgt und diffamiert wurden.

Das relativ umfangreiche Œvre von Jiří Weil umfasst eine Vielzahl von Texttypen[1]. Den größten Teil der Werke bilden Prosatexte: Romane, Erzählungen, Reportagen, journalistische sowie wissenschaftliche Artikel und Essays. In seinem frühen Schaffen findet man jedoch auch einzelne Gedichte. Neben Prosa finden sich in Weils Nachkriegsschaffen noch zwei Theaterstücke und ein Drehbuch. Die Theaterstücke, die mit „Transport" (Der Transport) und „Filoktet" (Philoktetes) betitelt sind, wurden nie aufgeführt.[2] Bei dem Drehbuch zum Film „O korunu a lásku" (Um die Krone und die Liebe) handelt es sich um die überarbeitete Erzählung Weils über die streikenden Bergarbeiter im Gebiet um Most in den 1930er Jahren.

Der Großteil seiner Texte wurde bereits publiziert, wobei die Publikationsgeschichte vieler seiner Werke kompliziert und verwickelt ist. Es gibt allerdings noch einige Texte, die bislang nur als handschriftliche Fassung bzw. Typoskripte vorliegen und die teilweise unvollendet blieben. Es handelt sich vor allem um Romane

---

[1] An dieser Stelle vermeide ich absichtlich den Begriff „Gattung", da ich bei Weil nicht nur das klassische Gattungskonzept von Lyrik, Prosa und Drama meine, sondern weil ich auf den Reichtum an Texttypen (Reportage, wissenschaftlicher Artikel, Zeitungsartikel, Essay, Romane, Erzählung etc.) überhaupt hinweisen möchte.

[2] Bei „Filoktet" handelt es sich um eine politische Satire, die Weil 1957 für Jan Werich und das *Theater ABC* schrieb. Von dem Dreiakter „Transport" befindet sich in Weils Nachlass nur der erste Akt, der 1943 in einem Krankenhaus in Prag spielt. Ob Weil das Stück je vollendete, ist nicht bekannt.

bzw. Romanfragmente wie „Tiskařská romance" (Die Druckerromanze), „Perrotina" (Die Perrotine), „Zde se tančí Lambethwalk" (Hier wird Lambeth-walk getanzt), „Špitálská brána" (Das Spitaltor) oder „Zlatý bengál" (Das goldene Bengalo). Alle diese Texte werden im Nachlass von Jiří Weil im *Literární archiv Památníku národního písemnictví* (Literarisches Archiv des Denkmals für nationales Schrifttum) in Prag aufbewahrt.[3]

Betrachtet man Weils Texte chronologisch, zeichnen sich dort folgende Phasen ab: sein Vorkriegsschaffen in den 1920er und späten 1930er Jahren, eine durch den Zweiten Weltkrieg erzwungene Pause, sein Nachkriegsschaffen vom Ende des Krieges bis zum Jahr 1950 und schließlich sein Schaffen der 1950er Jahre bis zu seinem Tod 1959.

Sein Vorkriegsschaffen ist vor allem durch die Arbeit als Journalist und Übersetzer geprägt. Weil hat in den bedeutendsten tschechischen Journalen, Zeitungen und Zeitschriften der damaligen Zeit wie *Tvorba* (Schaffen), *Přítomnost* (Gegenwart), *Pestrý týden* (Bunte Woche), *Rozpravy Aventina* (Gespräche des Aventinums), *Avantgarda* (Avantgarde), *Čin* (Tat), *Literární noviny* (Literarische Zeitung), *Panorama* (Panorama), *Útok* (Angriff), *Nové Rusko* (Neues Russland), *Kmen* (Stamm), *U-Blok*, *Magazin DP*, *Proletkult* oder *Levá fronta* (Linke Front)[4] Dutzende von Artikeln veröffentlicht; von Oktober 1932[5] bis Juni 1933[6] war er Chefredakteur der Zeitschrift *Tvorba*. Diese kommunistisch orientierte Wochenzeitschrift für Politik, Literatur und Kunst, an deren Leitung und Herausgabe unter anderem auch Weils Freund Julius Fučík jahrelang beteiligt war, nimmt in der publizistischen Tätigkeit Weils eine besondere Stellung ein. Denn hier hat er in den Jahren 1935–1936 einen Reportagezyklus über seine Reisen in die Sowjetunion, vor allem nach Zentralasien, veröffentlicht, der ihm später als Grundlage für sein Reportagenbuch *Češi stavějí v zemi pětiletek* (Die Tschechen bauen im

---

[3] Weils Nachlass wird unter der Nummer 32/C geführt.
[4] Da es bislang keine vollständige Bibliographie von Weils Werk gibt, erhebt auch diese Liste der tschechischen Periodika keinen Anspruch auf Vollständigkeit.
[5] *Tvorba*, Nummer 42.
[6] *Tvorba*, Nummer 25.

Land der Fünfjahrespläne)[7] diente. Den Höhepunkt seines Vorkriegsschaffens, das thematisch von einer Auseinandersetzung mit der Sowjetunion im Wandel der 1930er Jahre bestimmt ist, bilden seine zwei Romane *Moskva – hranice* (Moskau – die Grenze) und *Dřevěná lžíce* (Der Holzlöffel). Weil schrieb beide Texte unmittelbar nacheinander, wenn nicht teilweise zeitgleich, und es ist lediglich den historischen Umständen geschuldet, dass nicht beide Texte in den späten 1930er Jahren publiziert wurden[8]. Vor allem im Text *Dřevěná lžíce* (1992) geht Weil erneut auf einige Ereignisse und Motive ein, die er in dem bereits erwähnten Zyklus von Zeitungsartikeln sowie in den Reportagen und Erzählungen verwendet hat. Zu diesem Thema kehrte Weil auch nach dem Krieg zurück, und zwar in einem der Erzählstränge des unvollendeten Romans „Zlatý bengál".

In die Periode vor dem Krieg fallen die Anfänge einer zweiten inhaltlichen Linie, die sich in Weils Schreiben abzeichnet – die Arbeiterbewegung. Im Jahr 1932 veröffentlichte Weil in fünf Nummern der Zeitschrift *Tvorba* eine Reihe von Artikeln unter dem Titel „Sociální objednávka Jos. Kajetána Tyla" (Der soziale Auftrag von Josef Kajetán Tyl), die als eine Studie zu einem umfangreicheren Werk zur Arbeiterbewegung angekündigt war. In diesen Artikeln legt Weil die Ansichten Josef Kajetán Tyls dar, eines der bedeutendsten tschechischen Dramatiker des 19. Jahrhunderts, und deutet dessen Arbeiten, vor allem die über den zentralen Dichter der tschechischen Romantik, Karel Hynek Mácha, im Rahmen des sogenannten sozialen Auftrags.[9] Weil behauptet, Tyl würde Máchas

---

[7] Das Buch wurde 1937 im Verlag *Družstevní práce* (Genossenschaftsarbeit) publiziert, wo zum Ende des gleichen Jahres auch sein bekannter Roman *Moskva – hranice* erschien.
[8] Roman *Dřevěná lžíce* konnte erst nach der Wende, im Jahr 1992, erscheinen.
[9] Auf Russisch „obščestvennyj zakaz" oder „social'nyj zakaz", auf Tschechisch dann „sociální objednávka".
Darunter wird eine bestimmte Engführung von Kunst und Gesellschaft verstanden. Laut Osip Brik ist der Dichter nur ein „Mittler", ein „Handwerker", der die Themen für seine Werke nicht erfindet, vielmehr übernimmt er diese aus seiner Umwelt und erfüllt dadurch einen „sozialen Auftrag". Siehe Brik, Osip M. 1923: „T. n. ‚formal'nyj metod'", in: Eimermacher, Karl (Hg.): *LEF I. Nachdruck der Hefte 1–4 (1923)*. München: Fink, I/213–215.

Gedichten mangelnden Patriotismus vorwerfen. Laut Weil kommt Tyl immer dann zu Wort, wenn die tschechische „kleinbürgerliche Bourgeoisie" ihre Interessen zu schützen und zu verteidigen sucht. In dieser Skizze beweist und kritisiert Weil, dass Tyl sich nicht für die Arbeiter einsetze, sondern ihnen Gehorsamkeit und Demut empfehle. Bereits hier spricht Weil ein Thema an, mit dem er sich später ausführlich auseinandersetzt – die Lage der Textilarbeiter und Drucker im 19. Jahrhundert, die durch die beginnende maschinelle Produktion ihre Arbeitsstelle verlieren. Dieses Thema, das sich in den 1930er Jahren in seinem Schaffen eher sporadisch abzeichnet, konnte er erst nach dem Krieg in seinen bis heute unpublizierten Romanen „Tiskařská romance", „Špitálská brána" oder „Perrotina" fortsetzen.[10] Der einzige veröffentlichte Text diesbezüglich ist der 1958 erschienene historische Roman *Harfeník* (Der Harfenist), in dem Weil das Sujet der Arbeiterbewegung mit dem des Judentums verknüpft.

Der zweite Schwerpunkt aus dem Bereich der Arbeiterbewegung ist Weils Auseinandersetzung mit der Streikwelle der Bergarbeiter in Most im Jahr 1932, die in die tschechische Geschichte als „Velká mostecká stávka" (Der große Streik in Brüx) eingegangen ist und von der Weil als Journalist selbst Zeuge war.[11] In seinem Nachlass finden sich auch Texte anderer Schriftsteller (z. B. Julius Fučík, Géza Včelička oder Vašek Káňa), die die Begebenheiten in Most dokumentieren und meistens in *Tvorba* veröffentlicht wurden.[12] Darunter ist auch der Text „Jiskra z Koh-i-nooru" (Der Funke von Koh-I-Noor), in dem die tragischen Schicksale der bei dem Unglück im Schacht Kohinoor umgekommenen Bergmänner geschildert werden. „Jiskra v Koh-i-nooru" fungierte später als Untertitel zu

---

[10] Weil hat die Manuskripte im Laufe der 1950er Jahre an den Verlag *Mladá fronta* (Junge Front) geschickt, sie wurden jedoch abgelehnt. Er hat einige Motive von diesen nichtpublizierten Texten im Roman *Harfeník* verwendet.

[11] Dies belegen unter anderem einige Fotografien aus Weils Nachlass, auf denen er mit dem Streikführer Venca Marat (genannt auch Rudý Marat – Der rote Marat) abgelichtet ist.

[12] Diese sind (wahrscheinlich durch Weil) so geordnet, dass sie zusammen mit seinen Texten einen dokumentarischen Zyklus bilden.

einer Version von Weils Filmerzählung „O korunu a lásku"[13], welche die Geschichte des Streikführers Venca Marat beschreibt. Auf Grundlage dieser Erzählung fertigte Weil nach dem Krieg ein Drehbuch. Wie wichtig ihm dieses Thema war, bezeugt unter anderem die Tatsache, dass er bereit war, das Drehbuch mehrere Male zu überarbeiten,[14] um die Anforderungen der kommunistischen Zensur zu erfüllen. Zur filmischen Realisierung ist es trotzdem nie gekommen. Der gesamte Bereich der Texte mit der Thematik der Arbeiterbewegung ist in der Forschung bislang vollkommen unbeachtet geblieben, was wahrscheinlich der Tatsache zuzuschreiben ist, dass die Mehrheit der „großen" Texte unpubliziert in Weils Nachlass liegt und daher unbekannt ist.

Die Zeit während des Protektorats (1939–1945) bedeutete für Weil ein langes Schweigen, denn als Jude unterlag er dem Publikationsverbot. Obwohl er während dieser Zeit um sein Leben bangen musste (im Jahr 1945 konnte er sich im letzten Augenblick durch einen fingierten Selbstmord vor der Deportation ins Ghetto Theresienstadt retten), war er literarisch nicht untätig. Noch 1939 und 1940 wurden in *Literární noviny* drei seiner Erzählungen veröffentlicht, allerdings schon unter dem Pseudonym Jan Hajdar.[15] Bereits in den frühen 1940er Jahren hat Weil versucht, seinen historischen Roman über einen falschen Propheten aus Zentralasien, *Makanna. Otec divů* (Makanna. Der Wundervater), zu publizieren. Dies gelang jedoch nicht, und der Roman durfte erst nach dem Krieg erscheinen. Die bittere Erfahrung eines im Protektorat der Kriegsjahre lebenden Juden hat ihm als Inspiration für seine späteren Texte gedient. Aus der Zeit seiner Beschäftigung im Jüdischen Mu-

---

13   Diese Erzählung wurde in den Sammelbänden *Mír* (1949) und *Vězeň chillonský* (1957) gedruckt.
14   Das Drehbuch gibt es in drei Versionen, die gravierende Unterschiede aufweisen; von der ursprünglichen Geschichte von Venca Marat wird immer weiter abgerückt und die Rolle der kommunistischen Partei immer stärker akzentuiert. Einige der Versionen benannte Weil „Jiskra z Koh-i-nooru" (Der Funke von Koh-I-Noor).
15   „Ve městě Mešhedu", in: *Literární noviny* 1939/12:4, 57–60; „Aukce", in: *Literární noviny* 1940/13:1, 1–2 und „Stráň", in: *Literární noviny* 1940/13:9, 193–195.

seum in Prag (das während des Protektorats durch die Nationalsozialisten in das Jüdische Zentralmuseum[16] umgewandelt wurde) schöpft er in seinen Romanen mit der Holocaust-Thematik *Život s hvězdou* (Leben mit dem Stern) und *Na střeše je Mendelssohn* (Mendelssohn auf dem Dach).

Dem Judentum und der Shoah wandte sich Weil in seinen Werken der Nachkriegszeit zu. Dieser dritte inhaltliche Bereich in Weils Schaffen ist in der Forschung am besten aufgearbeitet. Aufgrund der Tatsache, dass Jiří Weil während des Protektorats als Jude keine Möglichkeit hatte, seinem Beruf als Journalist und Schriftsteller nachzugehen, lässt sich hier das ansonsten für Weil typische Verfahren von den eher kürzeren faktualen Texten, die in größere fiktionale Prosaarbeiten eingingen, nicht nachweisen. Erste publizierte Texte, in denen sich Weil mit der Erfahrung der Shoah auseinandersetzt, sind die Erzählungen im Sammelband *Barvy* (Die Farben), der bereits kurz nach dem Krieg (1946) publiziert wurde. Drei Jahre nach dem Erscheinen des Erzählbandes, 1949, folgte Weils berühmter Roman *Život s hvězdou*. Obwohl Weil nach dem Kriegsende seine journalistische Tätigkeit fortsetzte – 1946 wurde er zum Redakteur[17] von *Literární noviny*, einer der prominentesten tschechischen Zeitungen für Literatur und Kultur –, findet man in der Nachkriegszeit kaum journalistische Artikel, die sich dem Thema Judentum bzw. Shoah widmen. Allerdings beschränkte sich Weil auch bei diesem Thema nicht auf die fiktionale Literatur, vielmehr wurde der Themenkomplex zum Gegenstand einiger seiner

---

[16] Das im Jahre 1942 durch die Nationalsozialisten errichtete Jüdische Zentralmuseum sollte zur Sammlung der aus den liquidierten jüdischen Gemeinden und Synagogen Böhmens und Mährens beschlagnahmten jüdischen Gegenstände dienen. Weil war dort von Juli 1943 bis Anfang Februar 1945 in einer Kommission tätig, welche die beschlagnahmten Gegenstände zu katalogisieren hatte. Zu Weils Beschäftigung im Jüdischen Museum siehe die Studie Hříbková, Hana. 2012: „Jiří Weil: A Scientist and Initiator of Exhibitions of Children's Drawings from Terezín", in: Holý, Jiří (Hg.): *The Representation of the Shoah in Literature, Theatre and Film in Central Europe: 1950s and 1960s/Die Darstellung der Shoah in Literatur, Theater und Film in Mitteleuropa: die fünfziger und sechziger Jahre*. Praha: Akropolis, 51–64.

[17] Diese Anstellung behielt er bis 1949.

wissenschaftlichen Arbeiten, vorwiegend historische Abhandlungen,[18] die großteils ab Mitte der 1950er Jahre in der Zeitschrift *Židovská ročenka* (Jüdischer Almanach) veröffentlicht wurden und die Weil während seiner Anstellung als wissenschaftlicher Mitarbeiter im *Židovské muzeum* (Jüdisches Museum)[19] in Prag verfasste. Dieser Posten hat Weil zudem eine, wenn auch eingeschränkte, Publikationsmöglichkeit eröffnet, als er 1950 mit dem Ausschluss aus dem *Svaz československých spisovatelů* (Verband der tschechoslowakischen Schriftsteller)[20] aus dem literarischen und öffentlichen Leben verbannt wurde, was möglicherweise das geringere Erscheinen journalistischer Arbeiten in dieser Zeit erklärt. Hinsichtlich Weils journalistischen Schaffens in der Nachkriegszeit muss angemerkt werden, dass er seine Tätigkeit als Reporter, wenn auch im viel geringerem Maße als vor dem Zweiten Weltkrieg, fortsetzte. Davon zeugen seine Reportagen aus Most, Polen, Frankreich oder aus der Schweiz. Gerade im Komplex der Reportagen und Erzählungen aus dem letztgenannten Land zeichnet sich der Transformationsprozess von einem faktualen zu einem fiktionalen Text gut ab.

Eine signifikante Rolle in Weils Auseinandersetzung mit der Shoah spielte seine Beteiligung an der Ausstellung der Kindergedichte und -zeichnungen aus Terezín (Theresienstadt): *Motýla jsem tu neviděl. Dětské básně a kresby z Terezína* (Ich habe hier keinen Schmetterling gesehen. Kindergedichte und -zeichnungen aus Theresienstadt). Auf seine Veranlassung wurde die Ausstellung 1955

---

[18] Z. B. „Literární činnost v Terezíně" (Literarische Tätigkeit in Theresienstadt), „Pražské ghetto na počátku 19. století" (Prager Ghetto am Anfang des 19. Jahrhunderts), „Současníci o Mordechajovi Mayzlovi" (Die Zeitgenossen über Mordechaj Mayzel), „Ghetto a hranice" (Ghetto und die Grenze) oder „Povstání v ghettu" (Der Aufstand im Ghetto).

[19] Weil war im Jüdischen Museum zuerst von 1943 bis 1945 als Mitglied der Kommission angestellt, die eingetroffene jüdische Artefakte katalogisierte. Seine zweite Anstellung fällt in die Jahre 1949–1958, in denen er dort als wissenschaftlicher Mitarbeiter tätig war.

[20] Über die Einzelheiten zu Weils Ausschluss aus dem Schriftstellerverband am 10.11.1950 berichtet Michal Bauer in seinem Artikel: „J. Weil und K. J. Beneš, dva problémoví spisovatelé". Laut Protokoll der 10. Versammlung der tschechischen Sektion des Verbands wurde Weil vor allem der unveröffentlichte Roman *Dřevěná lžíce* zum Verhängnis. Siehe Bauer, Michal. 1999: „J. Weil a K. J. Beneš, dva problémoví spisovatelé", in: *Tvar* 1999/10:16, 14–15.

zuerst in Prag als ein Begleitprogramm der *Spartakiáda* (Spartakiade)[21] gezeigt; ab 1956 ging sie mit großem Erfolg um die Welt. Weil arbeitete zusammen mit Hana Volavková, Direktorin des Jüdischen Museums, und dem Regisseur Miro Bernát auch an dem Kurzfilm *Motýli tady nežijí* (Schmetterlinge leben hier nicht). Sein Schaffen über die Shoah schloss Weil Ende der 1950er Jahre mit dem gattungsübergreifenden Werk *Žalozpěv za 77 297 obětí* (Elegie für 77 297 Opfer) und dem Roman *Na střeše je Mendelssohn* (Mendelssohn auf dem Dach) ab, der jedoch posthum erschien.

Weils Vor- und Nachkriegsschaffen, innerhalb dessen sich, wie bereits erwähnt, drei große Themenbereiche abzeichnen: die Sowjetunion, die Arbeiterbewegung und die Shoah, stellen den Forschungsgegenstand dieser Arbeit dar. Da bei den ersten zwei Bereichen der Übergang von früheren faktualen zu späteren fiktionalen Texten nachweisbar ist, wird davon ausgegangen, dass die faktualen Texte eine Default-Einstellung zu den fiktionalen Texten bilden. Bei dem dritten Bereich lässt sich keine vergleichbare Umgestaltung nachweisen, man findet jedoch auch hier faktuale Texte, die inhaltliche Überschneidungen mit den fiktionalen aufweisen. Anhand des Übergangs von einem rein faktualen Text wie der Reportage bis zu den fiktionalen Texten wie der Erzählung und dem Roman als Höhepunkt soll die Herausbildung von Weils Poetik untersucht werden.

---

[21] In seinem Artikel „Jak vznikl film *Motýli tady nežijí*" schreibt Weil, dass die Ausstellung damals zwar eine beträchtliche Resonanz gefunden hat, jedoch nicht so große, wie sie es verdient hätte. Anlässlich der Spartakiade haben die Ausstellung an die 10.000 Besucher besichtigt.

1.2 Forschungslage

Trotz der Tatsache, dass nach Weils Tod mehr als ein halbes Jahrhundert vergangen ist, existiert bislang keine Monographie, die sein Werk und Leben in seiner Komplexität untersuchen würde. Der einzige Text, der sich mit Weils Leben befasst, ist der 2014 erschienene Memoirentext seiner Freundin Slávka Vondráčková *Mrazilo – tálo. O Jiřím Weilovi* (Es fröstelte – es taute. Über Jiří Weil). Der Text ist keine wissenschaftliche Aufarbeitung von Weils Leben, die sich die Aufklärung von einigen „blinden Flecken" in seiner Biographie zum Ziel macht, jedoch liefert die Autorin, die eine enge Freundschaft mit Jiří Weil und seiner Frau verband, wertvolle Erkenntnisse über das Leben des Schriftstellers. Auch in den Erinnerungstexten einiger seiner Freunde und Bekannten findet man vereinzelt Erinnerungen an Weil und Hinweise auf sein Werk, etwa bei den Schriftstellern Nikolaj Terleckij, Jan Vladislav, Zdeněk Kalista, Vítězslav Nezval, Ilja Bart oder Josef Hiršal und Bohumila Grögerová, den kommunistischen Literaturkritikern Ladislav Štoll und Josef Rybák sowie dem Direktor des Verlags *Československý spisovatel* (Der tschechoslowakische Schriftsteller), Jan Pilař, oder dem deutschen Verleger Klaus Wagenbach. Die Darstellung von Weils Leben in der Sekundärliteratur wies lange Zeit mehrere Irrtümer, Unklarheiten und Ungenauigkeiten auf, die nach 1989 allmählich beseitigt werden konnten. Dies ist zum einen dem Umstand zu verdanken, dass nach der Wende Weils Werk wieder zum Gegenstand literaturwissenschaftlicher Untersuchungen geworden ist und bis heute das Interesse an ihm und seinen Werken anhält. Zum anderen hat der Wandel der politischen Verhältnisse in den Staaten der ehemaligen Sowjetunion den Zugang zu den früher gesperrten Archiven[22] ermöglicht. Federführend ist hier der tschechische Historiker Prof. Miroslav Kryl, der durch Recherchen in den tschechischen

---

[22] Im Rahmen dieser Arbeit wurden Anfragen an folgende Institutionen gerichtet bzw. direkt vor Ort geforscht: *Národní knihovna* v Praze (Nationalbibliothek in Prag), *Ústav pro českou literaturu Akademie věd* v Praze (Institut für die tschechische Literatur der Akademie der Wissenschaften in Prag), *Památník národního písemnictví* v Praze (Denkmal des nationalen Schrifttums in Prag),

und russischen Archiven[23] einige bislang unbekannte Stellen im Leben von Weil selbst und in dem der außerliterarischen Vorlagen seiner Protagonisten klären konnte. Sein Verdienst ist es, dass Weils

Muzeum dělnického hnutí v Praze (Museum der Arbeiterbewegung in Prag), *Židovské muzeum* v Praze (Jüdisches Museum in Prag), *Národní archiv* v Praze (Nationalarchiv in Prag), *Archiv Univerzity Karlovy* v Praze (Archiv der Karls-Universität in Prag), *Národní filmový archiv* v Praze (Nationales Filmarchiv in Prag), *Moravský zemský archiv* v Brně (Mährisches Landesarchiv in Brünn), *Archiv Hlavního města Prahy* (Archiv der Hauptstadt Prag), *Státní okresní archiv* v Táboře (Staatliches Bezirksarchiv in Tábor), *Husitské muzeum* v Táboře (Hussitenmuseum in Tábor), *Český rozhlas* (Tschechischer Rundfunk), *Pohřební ústav* Strašnice (Bestattungsinstitut, Prag Strašnice), *Central'nyj gosudarstvennyj archiv Kirgizskoj Respubliki* (Staatliches Zentralarchiv der Kirgisischen Republik), *Gosudarstvennyj archiv goroda Balchaš* (Staatliches Archiv der Stadt Balchaš) sowie *Krajanský spolek Nazdar* v Biškeku (Landsmannsverein Nazdar in Biškek), Literaturarchiv der Akademie der Künste in Berlin, *Meanjin* (Australische Zeitschrift, Melbourne University Publishing), Gedenkstätte Mauthausen, International Tracing Service in Bad Arolsen.

Des Weiteren wurden über Jiří Weil und sein Schaffen folgende Personen befragt: Hana Hříbková (Mitglied des *Centrum pro studium holokaustu a židovské literatury*, Autorin einiger Studien über Jiří Weil), Klaus Wagenbach (Verleger, Augenzeuge), Lenka Matušíková (*Národní archiv* v Praze), Zdena Škvorecká Salivarová (Schriftstellerin, Augenzeugin), Oleg Michajlovič Malevič (Bohemist und Übersetzer, Augenzeuge), Michail Olegovič Malevič (Verwalter des Nachlasses von Oleg Malevič), Jiří Gruntorád (Gründer der Samizdat- und Exil-Bibliothek *Libri Prohibiti*), Kateřina Čapková (Historikerin und Autorin der Publikation *Češi, Němci, Židé?*), Alessandro Catalano (Bohemist und Autor der Publikation *Rudá záře nad literaturou*), Gianlorenzo Pacini (Übersetzer der Romane *Moskva – hranice* und *Dřevěná lžíce* ins Italienische), Markéta Kittlová (Bohemistin und Autorin der Diplomarbeit „Jiří Weil mezi Ruskem a Čechami"), Alice Jedličková (Mitglied des *Ústav pro českou literaturu* und Autorin einiger Studien über Jiří Weil), Daniel Řehák (Mitglied des *Ústav pro českou literaturu* und Verfasser von Weils Bibliographie 1919–1959), Horymír Žmolil (Chronist und Historiker der Stadt Týnec nad Labem), Andreas W. Mytze (Journalist, Kulturvermittler und Übersetzer), Jarmila Schreiberová (Sprecherin des Verbandes ELK), Kees Mercks (Bohemist und Übersetzer von Weils Werken ins Niederländische), Vladimir Hedeler (Historiker, Autor einiger Publikation zum Straflager Karlag).

Allen diesen Personen und Institutionen möchte ich hiermit für ihre Hilfe, wertvollen Ratschläge sowie für die Beantwortung meiner Fragen danken.

[23] Miroslav Kryl wandte sich an folgende Institutionen: die internationale Menschenrechtsorganisation *Memorial*, *Rossijskij gosudarstvennyj archiv novejšej istorii* (RGANI = Russisches staatliches Archiv neuerer Geschichte), *Rossijskij gosudarstvennyj archiv social'no-političeskoj istorii* (RGASPI = Russisches staatliches Archiv sozial-politischer Geschichte).

Aufenthalt in der Sowjetunion und vor allem in Zentralasien in den Jahren 1933-1935 genauer datiert und die verwickelten politischen Hintergründe seiner Reise nach Kirgisien erläutert werden konnten.[24] Beispielsweise trug er dazu bei, dass die Mitteilung widerlegt werden konnte, Weils Protagonistin Ri – in Wirklichkeit Helena Glasová – sei infolge der Veröffentlichung des Romans *Moskva – hranice* verurteilt und erschossen worden. Indem die tschechische Literaturkritikerin und Historikern Alena Hájková die eidesstattliche Erklärung von Jiří Weil bezüglich seiner Tätigkeit und seines Aufenthaltes während des Krieges entdeckte und veröffentlichte,[25] konnte ein in der Sekundärliteratur lang tradierter Irrtum beseitigt werden, nämlich, dass er sich vor der Deportierung ins Konzentrationslager bereits ab 1942 verstecken musste. Die Forscherin Hana Hříbková konnte in Weils Nachlass im *Židovské muzeum* in Prag einige Evidenzkarten finden, die belegen, dass er dort bis 1945 angestellt war. Sie hat ebenfalls nachweisen können, dass sich Weil erst ab Februar 1945 vor der Gestapo versteckt hatte und in den Untergrund gegangen war. Bis 1945 war er nämlich durch seine Ehe mit der Nicht-Jüdin Olga Frenclová vor der Deportation geschützt.

Obwohl in der Forschungsliteratur allgemein verbreitet ist, dass Jiří Weil in einem Arbeitslager in Kasachstan inhaftiert war, ergaben meine eigenen Recherchen, dass er dieses Lager als Häftling nie erreichte: Aus den Unterlagen des *Central'nyj gosudarstvennyj archiv Kirgizskoj Respubliki* (Das staatliche Zentralarchiv der Kirgisischen Republik) geht hervor, dass Weil nach dem 7. September 1935 die tschechoslowakische Kommune *Interhelpo* in Kirgisistan verließ, wohin er im März 1935 aus Moskau geschickt worden war. Über seinen späteren Aufenthaltsort bis Ende November 1935, als er in die Tschechoslowakei zurückkehrte, herrscht Ungewissheit.

---

24 Siehe auch Kryl, Miroslav. 2008: „Jiří Weil – jeden český židovský osud", in: Randák, Jan/Koura, Petr (Hg.): *Hrdinství a zbabělost v české politické kultuře 19. a 20. století. Výběr příspěvků ze stejnojmenné konference, která proběhla ve dnech 25.-27. října 2006*. Praha: Dokořán, 245-269.

25 Hájková, Alena. 2000: „Dokument přinášející vysvětlení", in: *Terezínské listy. Sborník památníku Terezín* 2000/28, 114-115. Weitere Informationen zu diesem Lebensabschnitt von Weil sind in folgendem Artikel zu finden: Hříbková Hana. 2006: „Jiří Weil se vrátil", in: *Židovská ročenka na rok 5767* (2006/07), 138-157.

Man kam wahrscheinlich aufgrund seines Romans *Dřevěná lžíce*, der im Arbeitslager am Balchašsee spielt, zu der Annahme, dass dieser auf Weils persönlicher Erfahrung basiere. Die Anfrage im Archiv der Stadt Balchaš, das die Dokumente des *Karagandinskij ispravitel'no-trudovoj lager'* (Karagandisches Erziehungs- und Arbeitslager, genannt auch „Karlag" oder „Kazulon") aufbewahrt, ergab, dass es dort keinerlei Informationen zur Person Jiří Weil (auf Russisch Jurij Karlovič Vajl oder auch Vejl) gibt.[26] Ich gehe davon aus, dass die Antwort auf die Frage, was tatsächlich passiert ist, in einem von Weils Texten liegt und überraschend einfach ist. In seinem Artikel „Cesta zpátky" (Die Rückreise), veröffentlicht in Nummer 4/1937 der Zeitschrift *Panorama*, dem Informationsbulletin des Verlags *Družstevní práce* (Die Genossenschaftsarbeit), schreibt Weil anlässlich der Veröffentlichung seines Reportagenbuchs *Češi stavějí v zemi pětiletek* über seine Rückkehr in die Tschechoslowakei Folgendes:

> Vracel jsem se zpět do své země, ale ještě dlouho jsem to nevěděl, dověděl jsem se to až v Moskvě. Ale opouštěl jsem Asii, kde jsem žil půl roku. […] Avšak na stanici, která je teprve nedávno na mapách, stanici jménem Emba, která leží uprostřed kazachstánské pouště, jsem si vyvrtl nohu a přetrhl žíly. […] Řekl jsem lékaři, že vystoupím v Kujbyševě, lékař tam telegrafoval do železniční ambulatoře. […] Do kočáru mne naložil starý přítel Hlom, český dělník jeden z nejlepších lidí na světě a Kupa mne uvítal teprve v továrně (o Kupovi píši ve své knížce). Ležel jsem u něho tři týdny a týden jsem chodil po Kujbyševě, bývalé Samaře u velké řeky Volhy. A pak jsem se konečně dostal do Moskvy, kde padal již sníh a začínaly mrazy. Přijel jsem do Moskvy, abych z ní za měsíc odejel.[27]

---

[26] Die Tatsache, dass dort keine Aufzeichnungen über J. Weil gefunden wurden, muss nicht zwangsläufig heißen, dass er dort nicht gewesen ist, denn viele der Unterlagen gingen im Laufe der Jahre verloren oder die Akten wurden nicht ordentlich geführt. Die Absenz der Unterlagen unterstützt jedoch die Annahme, dass er dort keinesfalls als Häftling war. Auch die Dauer seines vermeintlichen Aufenthalts in Karlag – ca. zwei Monate – spricht ebenfalls dafür, dass er dort nicht den Status eines Häftlings gehabt haben kann.

[27] „Cesta zpátky", in: *Panorama* 1937/4, 101f. (Ich sollte in meine Heimat zurückkehren, ich wusste das jedoch noch nicht, ich erfuhr es erst in Moskau. Ich verließ jedoch Asien, wo ich ein halbes Jahr lebte. […] In der Zugstation Emba, die erst vor kurzem auf den Karten erschien, in der Station, die in der kasachischen

So wie Weil es beschreibt, hat sich seine Rückreise nach Moskau aufgrund einer Knöchelverletzung um einen Monat verzögert. Er verbrachte diese Zeit bei seinem Freund Kupa, dem Direktor einer Holzfabrik. Erst danach kam er nach Moskau, wo er noch einen Monat blieb, um dann endgültig in die Tschechoslowakei zurückzukehren. Somit kann eindeutig gesagt werden, dass Weil nicht in Kasachstan im Arbeitslager gefangen gehalten wurde.

Eine Sensation innerhalb der Weil-Forschung stellt die Entdeckung eines Interviews zwischen dem russischen Bohemisten Oleg Malevič und der Witwe des Schriftstellers, Olga Weilová, dar. Die Aufzeichnung wurde im Nachlass von Oleg Malevič gefunden und mir von seinem Sohn Michail Malevič zur Verfügung gestellt. In diesem Gespräch erläutert Olga Weilová vor allem Weils Leben während der Kriegsjahre – sein Leben in der Illegalität, seinen fingierten Selbstmord, seine Widerstandstätigkeit und weitere bislang unbekannte oder wenig bekannte Ereignisse aus dem Leben des Schriftstellers.

Da diese neuen Entdeckungen in den letzten Jahrzehnten Licht in einige unbekannte Abschnitte von Weils Leben bringen konnten, haben sie auch wesentlich zum besseren Verständnis seines Werks beigetragen. Obwohl viele tschechische Institutionen, die Dokumente zu Jiří Weil aufbewahren, wertvolle Unterlagen zugänglich gemacht haben, tauchen immer wieder neue Informationen auf. Auf ihre Entdeckung warten zudem Dokumente in den russischen Archiven, die zum großen Teil nach wie vor gesperrt sind oder für deren Zugriff die Zustimmung aller lebenden Familienangehörigen erforderlich ist – wobei diese die Öffnung der Archive meistens nicht wünschen und ihre Zustimmung verweigern

---

Wüste liegt, verstauchte ich mir den Knöchel und riss mir die Bänder. [...] Ich sagte dem Arzt, ich würde in Kujbyšev aussteigen, der Arzt rief in der Eisenbahnambulanz an. [...] In die Kutsche half mir mein alter Freund Hlom, ein tschechischer Arbeiter – einer der besten Menschen auf der ganzen Welt –, und Kupa hieß mich erst in der Fabrik willkommen [über Kupa schreibe ich in meinem Buch]. Ich lag bei ihm drei Wochen und eine Woche lang bummelte ich in Kujbyšev, der ehemaligen Stadt Samara an dem großen Fluss Wolga. Und dann traf ich endlich in Moskau ein, wo schon Schnee fiel und der erste Frost einsetzte. Ich kam nach Moskau, um es nach einem Monat zu verlassen.)

–, so etwa die Nachlässe von Weils Kollegen (vor allem von Ladislav Štoll) aus der Übersetzungsabteilung im Verlag *Izdatel'skoe tovariščestvo inostrannych rabočich SSSR* (Verlag der Genossenschaft der ausländischen Arbeiter in der UdSSR).

Nicht nur die Erforschung von Weils Leben, sondern auch die seines Schaffens erlebt seit 1989 eine Renaissance. Obwohl in der Sekundärliteratur viele Rezensionen bzw. Studien zu einzelnen Werken vorliegen, fehlt nach wie vor eine Arbeit, die sein Schaffen nicht nur in Ansätzen analysiert. Betrachtet man die Forschungsliteratur näher, wird deutlich, dass sie nach ihrem Untersuchungsgegenstand in zwei Hauptbereiche zerfällt: Auf der einen Seite wird Weils Vorkriegsschaffen untersucht, mit besonderem Augenmerk auf den stalinismuskritischen Roman *Moskva – hranice*, wobei die Fortsetzung, der Roman *Dřevěná lžíce*, in der Literaturwissenschaft kaum rezipiert wurde und wird; auf der anderen Seite werden seine Werke aus der Zeit nach dem Zweiten Weltkrieg analysiert, in denen er sich mit der Shoah literarisch auseinandersetzt, vor allem sein Roman *Život s hvězdou* (Leben mit dem Stern) liegt im Fokus der Forscher. Seine journalistischen und wissenschaftlichen Arbeiten, seine Übersetzungen – sowohl aus dem Russischen als auch aus dem Polnischen – sowie seine nicht publizierten Werke sind bislang kaum erforscht worden. Weils journalistische Arbeiten erwecken zwar immer wieder in das Interesse vor allem junger Forscher[28], *ad dato* gibt es jedoch keine wissenschaftliche Arbeit, die sich um eine umfassende Bestandaufnahme seiner journalistischen

---

[28] In den späten 1960er Jahren ist an der Karls-Universität in Prag eine Diplomarbeit zu Weil als Journalist entstanden: Dana Novotná: „Novinář Jiří Weil" (Der Journalist Jiří Weil). Von den neueren Arbeiten wären die Diplomarbeit „Jiří Weil mezi Ruskem a Čechami" (Jiří Weil zwischen Russland und Tschechien) von Markéta Kittlová zu nennen, die Weils journalistische Arbeiten in Bezug auf sein Verhältnis zur Sowjetunion untersucht, sowie die Diplomarbeit „Sovětský svaz 30. let očima české levice a předválečná tvorba J. Weila" (Die Sowjetunion der 1930er Jahre in den Augen tschechischer Linke und das Vorkriegsschaffen von J. Weil) von Jana Ševčíková. Beide Arbeiten beschränken sich allerdings auf Weils Vorkriegsschaffen. Im Jahr 2021 ist ein Sammelband von Weils Reportagen und Artikeln aus den Jahren 1920–1933 erschienen: Weil, Jiří. 2021: *Reportáže a stati 1920–1933*. Praha: Triáda, herausgegeben von Michael Špirit.

Texte und deren Analyse bemühen würde. Eine Schwierigkeit besteht darin, dass keine komplette Bibliographie zu Weils Werk vorliegt, die seine in diversen tschechischen Periodika publizierten Artikel versammelt, die teilweise unter einem Pseudonym (Jan Hajdar) oder nur mit Kürzeln (-jw-, j.w., J.W., w.j., -jl-)[29] versehen gedruckt wurden. Der große Teil dieser Texte ist letztlich nur vor Ort in Prag zugänglich.

Nur wenige wissen heute noch, dass Weil auch wissenschaftlich tätig war, und zwar während seiner Anstellung im *Židovské muzeum* in Prag in den Jahren 1943–1958. Pionierarbeit in der Erforschung dieses Lebensabschnitts hat in den letzten Jahren Hana Hříbková geleistet. Sie hat jahrelang in den Unterlagen des Museums recherchiert und Weils wissenschaftliche Arbeit verfolgt. Sie konnte wertvolle Informationen über die genaue Anstellungsdauer[30] sowie über seine Beteiligung an der Vorbereitung der Ausstellung der Kindergedichte und -zeichnungen aus Terezín gewinnen und so mit ihrem Artikel „Jiří Weil: A Scientist and Initiator of Exhibitions of Children's Drawings from Terezín"[31] eine Lücke in der Forschung zumindest teilweise schließen.

Auch Weils Übersetzungen stießen bislang kaum auf Interesse. Der Gesamtumfang derselben ist bis heute nicht erfasst worden. Vor allem die zwei Jahre in Moskau, in denen er im Verlag *Inostrannyj rabočij* als Übersetzer unter anderem an den Schriften von N. K. Krupskaja und V. I. Lenin gearbeitet haben soll, bleiben im Dunkeln, denn nach seinem Ausschluss aus der Kommunistischen Partei und seiner Verbannung nach Zentralasien wurde sein

---

[29] Janáček, Pavel. 1998/2011: „Jiří Weil", in: *Slovník české literatury*. [http://www.slovnikceskeliteratury.cz/showContent.jsp?docId=902, zuletzt aufgerufen am 11.11.2020]

[30] Von Juli 1943 bis zu Februar 1945 war Weil im durch die Nationalsozialisten gegründeten Jüdischen Zentralmuseum tätig. Er sortierte und katalogisierte die dort eingelangten beschlagnahmten Gegenstände. Nach dem Krieg war er für die Rettung der jüdischen Bücher zuständig. Er war auch einer der ersten, die das Konzentrationslager Terezín besichtigte (im Mai 1945). 1946 verließ Weil das Jüdische Museum. Er war danach im Verlag ELK tätig. Nach seinem Ausschluss aus *Svaz československých spisovatelů* und ELK im Jahr 1949 kehrte er in das Jüdische Museum zurück.

[31] Hříbková 2012, 51–64.

Name als mitwirkender Übersetzer höchstwahrscheinlich nicht angegeben. Es ist ebenfalls kaum bekannt, dass Weil nicht nur aus dem Russischen, sondern auch aus dem Polnischen (und zwar vor allem Gedichte) übersetzt hat. Auch mit diesem, fast unbekannten Gebiet von Weils Tätigkeit hat sich die tschechische Forscherin Hana Hříbková[32] beschäftigt. Eine Ausnahme in der wissenschaftlichen Auseinandersetzung mit seinen Übersetzungen aus dem Russischen bilden die Artikel von Stanislav Cita, in denen er Weils Übersetzung von Majakovskij mit denen anderer tschechischer Schriftsteller vergleicht.[33] Abgesehen davon, dass der Gesamtumfang von Weils Übersetzungstätigkeit nicht erfasst wurde, sind bislang auch die Auswirkungen seiner Tätigkeit als Übersetzer – vor allem seine Übersetzungen sowjetischer LEF-Autoren wie Majakovskij oder Aseev – auf seine eigene Schreibtätigkeit nicht untersucht worden.[34] In der vorliegenden Arbeit wird unter anderem die These vertreten, dass ein Verständnis von Weils Poetik und ihrer Entwicklung ohne Berücksichtigung der sowjetischen Literatur und ihrer Normen in den 1920er Jahren, vor allem der Gruppe LEF, nicht möglich ist. Gerade die sog. *literatura faktu* (Literatur des Faktums) und die Verbindung von Kunst und Gesellschaft durch den „sozialen Auftrag", die LEF akzentuierte, findet hauptsächlich in seinem Vorkriegsschaffen ein Echo. Als promovierter Slawist[35] war

---

[32] Für mehr Informationen siehe ihren Artikel: Hříbková, Hana. 2017: „The Shoah in Poland in the Work of Jiří Weil: Translation and Literary Reference", in: *Poznańskie Studia Slawistyczne. Recepcja literackich i artystycznych dzieł o Szoa 2017/12*. Poznań: Wydawnictwo Poznańskiego Towarzystwa Przyjaciół Nauk, 139–152.

[33] Cita, Stanislav. 1985: „K prvním českým překladům básní Vladimíra Majakovského (Jiří Weil a František Kubka)" (Zu den ersten tschechischen Übersetzungen der Gedichte von Vladimir Majakovskij [Jiří Weil und František Kubka]), in: *Československá rusistika* 1985/30:2, 56–61 und „Dílo Vladimíra Majakovského v českých překladech" (Das Werk von Vladimir Majakovskij in den tschechischen Übersetzungen), in: *Sovětská literatura* 1983/7, 126–137.

[34] Die bereits erwähnte Diplomarbeit von Markéta Kittlová widmet sich ansatzweise Weils Übersetzungen aus dem Russischen.

[35] Er promovierte 1928 an der Karls-Universität in Prag, seine Dissertation verfasste er zum Thema „Gogol a anglický román 18. století" (Gogol und der englische Roman des 18. Jahrhunderts).

Jiří Weil aufgrund seiner mehrfachen Aufenthalte in der Sowjetunion ein ausgezeichneter Kenner der modernen sowjetischen Literatur und Kultur. Dies zeigen vor allem seine unzähligen Zeitungs- und Zeitschriftenartikel, in denen er die tschechischen Leser über neue sowjetische Bücher, Filme und Theaterstücke sowie über aktuelle Diskussionen der sowjetischen Kulturszene informierte. Im Jahr 1932 stellte er eine Anthologie moderner sowjetischer Dichtung zusammen, zu der er auch ein Vorwort verfasste.[36] Tatsächlich war Weil einer der wenigen tschechischen Literaten und Künstler der Vorkriegszeit, der gut russisch konnte und der sich Übersetzungen aus dem Russischen widmete. Daran erinnert sich in seinem Memoirentext *Z mého života* (Aus meinem Leben) auch einer der bedeutendsten Dichter der tschechischen Avantgarde, Vítězslav Nezval:

> Mezi lidi, se kterými jsem se tehdy stýkal, chodíval také Jiří Weil, jenž jediný z nás uměl rusky a překládal nám první Majakovského. Ukazoval nám různé sovětské avantgardní revue, které později, když je dostával Teige, měly velký vliv na typografickou úpravu našich avantgardních časopisů.[37]

Der größten Aufmerksamkeit der Literaturwissenschaft erfreuen sich Weils fiktionale Texte,[38] vor allem seine Romane. Einige Werke sorgten bereits nach ihrer Veröffentlichung für starke Resonanz, die

---

[36] Der Sammelband wurde 1932 unter dem Titel *Sborník sovětské revoluční poesie* (Sammelband der sowjetischen Revolutionsdichtung) im Verlag *Karel Borecký* veröffentlicht, wo Weil eine Zeit lang selbst als Redakteur tätig war.

[37] Nezval, Vítězslav. 1978: *Z mého života*. Praha: Československý spisovatel, 94. (Unter den Menschen, mit denen ich mich damals getroffen habe, war auch Jiří Weil, der als einziger von uns russisch konnte und der für uns als erster Majakovskij übersetzte. Er zeigte uns verschiedene sowjetische Avantgardezeitschriften, die später, als Teige sie bekam, einen großen Einfluss auf die typografische Gestalt unserer Avantgardezeitschriften hatten.)

[38] An dieser Stelle sollte vor allem das Nachwort erwähnt werden, das der tschechische Literaturkritiker und Regisseur Jan Grossman zu Weils Roman *Život s hvězdou* verfasste und das in vielerlei Hinsicht die Richtung späterer Studien zu Weils Werk vorzeichnete. Siehe 1949: „Doslov", in: Weil, Jiří: *Život s hvězdou*. Praha: ELK 1949, 211–214 sowie „Doslov", in: Weil, Jiří: *Život s hvězdou*. Praha: Mladá fronta 1964, 155–159.

vor dem Hintergrund des aktuellen geschichtlichen und politischen Kontextes allerdings häufig sehr negativ ausfiel[39] und die dann auch Konsequenzen für Weils Leben hatte. Nach Weils Tod, 1959, wovon die tschechische Presse kaum Notiz nahm, war es jahrelang still um ihn. In den späten 1960er und frühen 1970er Jahren lässt sich ein wachsendes Interesse an seinen Werken beobachten, das der Lockerung der politischen Verhältnisse in der damaligen Tschechoslowakei zu verdanken ist. An tschechischen Universitäten durften zu dieser Zeit einige Diplomarbeiten zu seinem Werk entstehen[40], und es kam sogar zur Veröffentlichung einiger seiner Texte: 1966 publizierte Jiří Opelík eine Auswahl von Weils Kurzerzählungen im Sammelband *Hodina pravdy, hodina zkoušky* (Die Stunde der Wahrheit, die Stunde der Prüfung). In der Zeitschrift *Host do domu* (Gast ins Haus) kam 1964 unter dem Titel „Bez triumfů" (Ohne Triumphe) ein Auszug aus seinem unvollendeten Roman über Milena Jesenská und ihren Mann, Jaromír Krejcar, heraus.[41] Vier Jahre später, 1968, wurde im heute fast vergessenen Sammelband *Česká povídka 1918–1968* (Tschechische Erzählung 1918–1968) seine Erzählung „Hodina v Nyonu" (Eine Stunde in Nyon) veröffentlicht.[42] Aus den Unterlagen in Weils Nachlass geht

---

[39] Vor allem die Romane *Moskva – hranice* und *Život s hvězdou* erfuhren eine negative Kritik.
[40] Hier können folgende Diplomarbeiten genannt werden: Jaroslava Novotná: „Problematika osamocení v české židovské literatuře po roce 1945" (Die Problematik der Vereinsamung in der tschechischen jüdischen Literatur nach 1945), Dana Novotná: „Novinář Jiří Weil" (Der Journalist Jiří Weil), beide entstanden 1967 an der Karls-Universität in Prag, sowie Jaromíra Vyvozilová: „Próza Jiřího Weila" (Die Prosa von Jiří Weil), entstanden 1967–68 an der Universität in Olmütz.
[41] „Bez triumfů", in: *Host do domu* 1964/9:40, 40–47.
[42] Die Herausgeberin dieses Sammelbandes war Květa Drábková, die Lektorin und Korrektorin von Weils Texten. In ihrem Nachlass im LA PNP befinden sich Weils Schriften *Češi stavějí v zemi pětiletek* und *Dřevěná lžíce*, die sie lektorierte.

hervor, dass für das Jahr 1969 die Herausgabe seines Romans *Moskva – hranice*[43] und für 1970 dann die Fortsetzung *Dřevěná lžíce*[44] im Verlag Československý spisovatel geplant war. Zu der Publikation ist es nicht gekommen, der Satz der Bücher wurde abgelegt. Diese beiden Romane konnten dann letztendlich 1969 aufgrund des Einsatzes der Literaturwissenschaftlerin Růžena Grebeníčková im Verlag Laterza auf Italienisch als ein Doppelroman erscheinen. Im Westen machte Andreas W. Mytze 1976 Weils Vorkriegsroman *Moskva – hranice* in seinem Verlag *Europäische Ideen* im Heft 14–15, gewidmet dem Exil in der Sowjetunion, bekannt, in dem er einen Auszug aus dem Roman nach der italienischen Ausgabe ins Deutsche übersetzte.

Während der Zeit der Normalisierung wurde Weils Werk aus der Öffentlichkeit verbannt, seine Werke konnten lediglich in den Samizdat-Editionen erscheinen: Sein Roman *Dřevěná lžíce* erschien im Jahr 1978 in der Edition *Kvart* und zwei Jahre später in der Edition *Expedice*. Auch der Memoirentext *Mrazilo – tálo* von Weils Freundin Slávka Vondráčková wurde in der maschinellen Fassung im Jahr 1979 in der Edition *Kvart* veröffentlicht. Das Interesse an Weil wächst seit der Wende 1989 wieder: Gleich 1990 erschienen in einer Doppelausgabe seine Shoah-Romane *Život s hvězdou* und *Na střeše je Mendelssohn*. 1992 wurde zum ersten Mal die Fortsetzung seines Vorkriegsromans *Moskva – hranice*, der Roman *Dřevěná lžíce*, publiziert. 1999 wurden die beiden Shoah-Romane um den Klagesang *Žalozpěv za 77 297 obětí* ergänzt und erneut veröffentlicht. Seit 2021 werden im Verlag *Triáda* Weils gesammelte Schriften herausgegeben.

In der neueren Weil-Forschung gibt es nicht nur historische Studien, die sich mit seinem bewegten Schicksal befassen, sondern

---

[43] Aus dem Vertrag zwischen der Witwe und dem Verlag vom Mai 1968 geht hervor, dass die zweite Ausgabe des Romans in 10.000 Exemplaren für spätestens April 1969 geplant wurde. (Siehe LA PNP, Fundus Jiří Weil)

[44] Bei *Dřevěná lžíce* wäre das die erste Ausgabe gewesen. Dies ist wahrscheinlich auch der Grund, warum im Vertrag die Anzahl der Exemplare nicht spezifiziert wurde. Mit dem Schreiben des Verlags vom 29. Oktober 1969 wird der Witwe bekannt gegeben, dass der Roman nicht publiziert wird. (Siehe LA PNP, Fundus Jiří Weil)

auch zahlreiche literarische Analysen seiner Werke, vor allem der Romane. Eine der ersten, die diesen Zugang gewählt hat, war Růžena Grebeníčková, die bereits in den 1960er Jahren eine Reihe von Analysen zu Weils Prosa veröffentlichte.[45] Sie war auch diejenige, die auf seine Verbindung zu LEF und zur *literatura faktu* aufmerksam gemacht hat. Um die Publikation von zahlreichen Texten Weils hat sich der tschechische Literaturkritiker Jiří Opelík verdient gemacht, der ebenfalls als erster auf die Nähe zwischen einigen faktualen und fiktionalen Texten Weils hingewiesen hat.[46] Literaturwissenschaftliche Untersuchungen von Weils Werken, vorwiegend im Shoah-Kontext, führt auch Jiří Holý durch.[47] Sowohl mit ihren historischen Studien als auch mit literaturwissenschaftlichen Ana-

---

[45] Die Artikel „Jiří Weil a moderní román" (Jiří Weil und der moderne Roman), „Jiří Weil a normy české prózy po patnácti letech" (Jiří Weil und die Normen der tschechischen Prosa nach fünfzehn Jahren), „Weilův žalozpěv" (Weils Klagegesang) und „Weilova Moskva – hranice" (Weils Moskau – die Grenze) wurden 1962–68 in diversen tschechischen Periodika abgedruckt. 1995 erschienen sie dann im Sammelband *Literatura a fiktivní světy* (Die Literatur und die fiktiven Welten).

[46] Siehe beispielweise die Studien „Vypravěč ve vývoji české prózy třicátých let" (Der Erzähler in der Entwicklung tschechischer Prosa der 1930er Jahre), in: *Česká literatura* 1968/16:3, 297–303 oder „Hodina pravdy, hodina zkoušky" (Die Stunde der Wahrheit, die Stunde der Prüfung), in: Weil, Jiří: *Hodina pravdy, hodina zkoušky*. Praha: Československý spisovatel 1966, 191–206.

[47] Siehe die Studien „Roubíček versus Dějiny" (Roubíček contra Geschichte), in: Holý, Jiří: *Možnosti interpretace: Česká, polská a slovenská literatura 20. století*. Olomouc: Periplum 2002, 211–232, „Židé a šoa v české a slovenské literatuře po druhé světové válce" (Juden und Shoah in der tschechischen und slowakischen Literatur nach dem Zweiten Weltkrieg), in: Holý, Jiří/Málek, Petr/Špirit, Michael/Tomáš, Filip (Hg.): *Šoa v české literatuře a v kulturní paměti*. Praha: Akropolis, 7–65 oder seinen Kommentar in der Ausgabe von Weils Texten *Život s hvězdou. Na střeše je Mendelssohn. Žalozpěv za 77 297 obětí*. Praha: Nakladatelství Lidové noviny 1999, 481–505 in einem Buch bzw. den Text, publiziert auf den Seiten des *Centrum pro studium holokaustu a židovské literatury* (Zentrum für Studium des Holocausts und der jüdischen Literatur), „Jiří Weils Roman *Život s hvězdou* und seine kritische Rezeption" (http://cl.ff.cuni.cz/ holokaust/wp-content/uploads/jiri-holy-jiri-weils-roman-zivot-s-hvezdou.pdf, zuletzt aufgerufen am 10.05.2019). Zu Weils Vorkriegsschaffen siehe Holýs Artikel „Moskva – hranice" (Moskau – die Grenze), in: *Literární noviny* 1991/2:38, 5 oder „Die Namen auf den Mauern der Pinkas-Synagoge in Prag", in: Hanshew, Kenneth/Koller, Sabine/Prunitsch, Christian (Hg.): *Texte prägen. Festschrift für Walter Koschmal*. Wiesbaden: Harrassowitz Verlag 2017, 415–432.

lysen ist in der tschechischen Weil-Forschung Eva Štědroňová vertreten[48]. Auch Alice Jedličková befasste sich jahrelang mit dem Schriftsteller. Sie trug wesentlich dazu bei, dass der Roman *Dřevěná lžíce* in den 1990er Jahren überhaupt publiziert wurde.

Jiří Weil und sein Werk stießen auch bei den Literaturwissenschaftlern im Ausland auf Interesse. In Deutschland sind es vor allem Urs Heftrich und Bettina Kaibach, die einerseits Weils Texte ins Deutsche übertrugen, andererseits sich mit ihnen auch wissenschaftlich auseinandersetzten bzw. sie als Herausgeber den deutschsprachigen Lesern vermittelten.[49] In den Niederlanden wird der Bohemist Kees Mercks als anerkannter Weil-Experte und -Übersetzer angesehen, der den Shoah-Roman *Život s hvězdou*, aber auch andere Texte ins Niederländische übersetzte und einige Studien über sein Werk verfasste.[50] Im Osten gilt das Gleiche für den

---

[48] Siehe die Studien „Jiří Weil – jeden lidský a umělecký osud české literatury" (Jiří Weil – ein menschliches und künstlerisches Schicksal der tschechischen Literatur), in: *Literární měsíčník* 1989/18, 81–85, „Dialektika umělecké metody a reality v díle Jiřího Weila" (Dialektik der künstlerischen Methode und Realität im Werk von Jiří Weil), in: *Česká literatura* 1990/38:2, 126–140, „Weilova ‚Moskva – hranice'. Významný román české literatury" (Weils „Moskau – die Grenze". Ein bedeutender Roman der tschechischen Literatur), in: Weil, Jiří: *Moskva– hranice*. Praha: Mladá fronta 1991, 269–280, und „Jiří Weil", in: Pavlát, Leo (Hg.): *Českožidovští spisovatelé v literatuře 20. století. Sborník přednášek z cyklu uvedeného ve Vzdělávacím a kulturním centru Židovského muzea v Praze od září 1999 do června 2000*. Praha: Židovské muzeum 2000, 70–79.

[49] Bettina Kaibach übersetzte einige Erzählungen von Weil ins Deutsche und veröffentlichte sie dann 2008 zusammen mit Urs Heftrich in dem Sammelband *Sechs Tiger in Basel*. Als weitere Studien sind zu nennen: Kaibach, Bettina. 2006: „Guilty While Innocent. The Concept of the Tragic in Jiří Weil's Novel ‚Mendelssohn is on the Roof'", in: Grüner, Frank/Heftrich, Urs/Löwe, Heinz-Dietrich (Hg.): *Zerstörer des Schweigens. Formen künstlerischer Erinnerung an die nationalsozialistische Rassen- und Vernichtungspolitik in Osteuropa*. Köln: Böhlau, 242–263 oder Heftrich, Urs. „Weilův Život s hvězdou a evropská literární tradice" (Weils Leben mit dem Stern und europäische literarische Tradition), in: *Česká literatura na konci tisíciletí. Příspěvky z 2. kongresu světové literárněvědné bohemistiky, Praha 3.–8. července 2000*. Band 2, Praha: Ústav pro českou literaturu AV ČR, 525–535 sowie sein Nachwort zu der deutschen Ausgabe des Romans *Das Leben mit dem Stern*: „Der Unstern als Leitstern: Jiří Weils Werk über Holocaust", in: Weil, Jiří: *Leben mit dem Stern*. München – Stuttgart: Deutsche Verlags-Anstalt 2000, 360–386.

[50] Siehe Mercks, Kees. 1995: „Zur Rezeption des Romans ‚Das Leben mit dem Stern' von Jiří Weil. Sinn und Unsinn", in: *Russian Literature* 1995/37:4, 561–578.

2013 verstorbenen Literaturwissenschaftler Oleg Malevič, der über seine Forschung zu Jiří Weil sowie über seine Erinnerungen an die Treffen mit dessen Frau Olga häufig in den tschechischen Medien berichtete. In Italien befasste sich der namhafte Slawist Angelo Maria Ripellino mit Weil, der den 1970 auf Italienisch erschienenen „Doppelroman" Weils mit einem Kommentar versehen hat, sowie der Bohemist Alessandro Catalano, indem er Weil ein Kapitel in seinem 2008 erschienenen Buch über die tschechische Literatur der Nachkriegszeit *Rudá záře nad literaturou* (Der rote Schein über die Literatur) widmete. Nicht nur das Interesse bereits renommierter WissenschaftlerInnen im Ausland an Jiří Weil wächst, auch unter den StudentInnen sind seine Werke zum Thema einiger Arbeiten geworden.[51]

Wie oben dargestellt, gibt es zu Leben und Werk Jiří Weils zahlreiche Studien, in denen jedoch nur bestimmte Texte und partielle Phänomene untersucht werden. Obwohl seit der Wende im Jahr 1989 die Weil-Forschung (vor allem aufgrund der Öffnung von tschechischen und sowjetischen Archiven) einen Boom erlebt hat und viele neue grundlegende Erkenntnisse gewonnen werden konnten, existiert bislang keine umfassende Arbeit, die sich mit Weils Gesamtwerk befasst. Diese Lücke soll mit dieser Arbeit nun geschlossen werden, indem Weils Werke in der Perspektive der Interrelation von Faktualität und Fiktionalität untersucht werden.

---

[51] Vgl. z. B. die Magisterarbeit von Andrea Daniela Schutte „Die jüdische Thematik im Werk Jiří Weils" (Bonn, 2004) oder die Dissertation von David Thomas Lightfoot „Travel and Transformations: Rereading the Prose of Jiří Weil" (Toronto, 2002), betreut von der Bohemistin Veronika Ambros, die ebenfalls mehrere Studien zu Weil verfasst hat. Lightfoot sieht Weil als einen Vertreter der tschechischen Avantgarde an, bemüht sich bei der Re-Lektüre von Weils Werk „to remove the red star under which Weil's work was published" sowie „to look at Weil free from the yellow star of Holocaust literature" (Lightfoot 2002, 249).

2. Theoretische Grundlage

2.1 Zum Begriff der Fiktion

Das Phänomen der Fiktion ist in der heutigen Welt nahezu omnipräsent. Gerade die Sphäre der Kultur ist von Fiktion geradezu durchdrungen: Sie ist in verschiedensten Medien vorhanden, wird im alltäglichen Sprachgebrauch bewusst oder unbewusst verwendet. Diese Allgegenwärtigkeit von Fiktion bezeichnet J. Alexander Bareis als eine Zeit des „Panfiktionalismus",[52] in der die heutige abendländische Zivilisation lebe. Demnach kann also der Terminus „Fiktion" sehr breit aufgefasst werden. In der vorliegenden Arbeit wird lediglich auf die Fiktion und ihre Auswirkungen im Medium des Textes, also auf die sogenannte „Fiktionalität", eingegangen. Als Korpus für die praktische Analyse dienen die Texte des tschechischen Schriftstellers Jiří Weil, dessen Œuvre ausschließlich aus geschriebenen Texten besteht.

Die Frage nach der „Fiktionalität" der Texte beschäftigt Denker bereits seit Jahrtausenden. Unter diversen Aspekten betrachtet und modifiziert zieht sie sich seit der Antike bis in die Gegenwart. Die Ursprünge dieser theoretischen Diskussion sind traditionell mit der ontologischen Perspektive verknüpft und lassen sich bis zu

---

[52] Laut Bareis soll demnach nicht nur von Fiktion, sondern von „Fiktionen" gesprochen werden, so vielschichtig könne die Auffassung von Fiktion sein. Siehe Bareis, J. Alexander. 2008: *Fiktionales Erzählen. Zur Theorie der literarischen Fiktion als Make-Believe*. Göteborg: Göterborgs Universitet (= Göteborger Germanistische Forschungen 50), 11.
Unter dem Schlagwort „Panfiktionalismus" verbergen sich allerdings häufig auch Argumentationen, die die „Unterscheidbarkeit zwischen fiktionalen und nicht fiktionalen Medien grundsätzlich in Frage stellen möchten." (Klauk, Tobias/Köppe, Tilmann. 2014: „Bausteine einer Theorie der Fiktionalität", in: dies. (Hg.): *Fiktionalität. Ein interdisziplinäres Handbuch*. Berlin – Boston: de Gruyter, 3–31, hier 18f.) Die Auffassung, dass es keinen Unterschied zwischen den fiktionalen und nicht-fiktionalen Medien gebe, wird in der vorliegenden Arbeit nicht geteilt.

Plato und Aristoteles zurückverfolgen.[53] Mit deren unterschiedlichen Auffassungen des Seinsbegriffs sind zwei Kunstkonzeptionen der Mimesis verbunden. Während für Plato die Kunst eine Nachahmung der wirklichen Welt darstellt, ist sie für Aristoteles als Schaffung einer neuen Welt zu verstehen.[54] Diese zwei Konzepte haben auch weitreichende Auswirkungen auf das Verständnis von Fiktion in literarischen Texten, wobei vor allem zwei Aspekte von besonderer Bedeutung sind: Erstens Platos Vorwurf, die Dichter seien Lügner[55], und zweitens Aristoteles' Unterscheidung zwischen Dichtung und Historiographie. Vor allem der aristotelische Gedanke zur Unterscheidbarkeit von Dichtung und Historiographie ist hier von besonderer Relevanz, denn, so Aristoteles,

> ein Historiker und ein Dichter unterscheiden sich nicht darin, dass sie mit oder ohne Versmaß schreiben [...], der Unterschied liegt vielmehr darin, dass der eine darstellt, was geschehen ist, der andere dagegen, was geschehen müsste. [...] Die Dichtung nämlich stellt eher etwas Allgemeines, die Geschichtsschreibung Einzelnes dar.[56]

---

[53] Biti, Vladimir. 2001: „Fiktion", in: ders.: *Literatur- und Kulturtheorie. Ein Handbuch gegenwärtiger Begriffe*. Reinbek bei Hamburg: Rowohlt Taschenbuch Verlag, 240–245, hier 240.

[54] Die Diskussion zur Fiktionalität von Texten ist so umfangreich, dass sie im Rahmen dieser Arbeit nicht umfassend dargestellt werden kann, es können lediglich ihre wichtigsten Züge skizziert werden. Einen komplexeren Überblick liefert beispielsweise die Arbeit von Frank Zipfel: *Fiktion, Fiktivität, Fiktionalität*, die auch eine der wichtigsten Grundlagen der vorliegenden Dissertation darstellt. Zipfel, Frank. 2001: *Fiktion, Fiktivität, Fiktionalität. Analysen zur Fiktion in der Literatur und zum Fiktionsbegriff in der Literaturwissenschaft*. Berlin: Erich Schmidt Verlag.

[55] Laut Plato gehören die Dichter aus der Polis ausgeschlossen, da ihre Dichtung bloß eine Nachahmung des wirklichen Lebens sei und sie selbst keine Rechenschaft über ihre Dichtung abgeben könnten (Platon. 1991[1]: *Politeia*, in ders: *Sämtliche Werke. Band V*, Hg. von Karlheinz Hülser, Frankfurt am Main – Leipzig: Insel Verlag, v. a. III. Buch, 398a,b; X. Buch, 595a,b.). Auch „unwahre Erzählungen zusammengesetzt und vorgetragen" zu haben, bezichtigt er Hesiod und Homer (ibidem, II. Buch, 377d.).

[56] Aristoteles. 2008: *Poetik*, in: ders.: *Aristoteles' Werke in deutscher Übersetzung. Band 5*. Hg. von Hellmut Flashar, Berlin: Akademie Verlag [Dt. Übersetzung und Kommentar von Arbogast Schmitt], Kapitel 9, 1451b1-b5.

Dass die Frage nach der Fiktionalität der Texte immer noch hoch aktuell ist und die modernen literaturwissenschaftlichen Diskussionen prägt, belegen zahlreiche Publikationen, die vorwiegend ab der zweiten Hälfte des 20. Jahrhunderts entstanden sind.[57] Diese neuzeitlichen Fiktionalitätstheorien lassen sich thematisch in mehrere Bereiche ordnen: Klauk und Köppe teilen sie in textbezogene, produktionsbezogene, rezeptionsbezogene sowie kontextbezogene.[58] Zipfel spricht außerdem von der Gruppe der sogenannten institutionalisierten Ansätze,[59] die jedoch mit der Gruppe der kontextbezogenen Theorien im Sinne Klauks und Köppes weitgehend übereinstimmt. Jeder dieser Bereiche rückt eine andere Perspektive in den Vordergrund.

Die **textbezogenen** Ansätze fokussieren auf den eigentlichen Text und versuchen die literarischen Phänomene der Fiktionalität vor allem mithilfe von spezifischen, „empirisch überprüfbaren" Merkmalen (Fiktionssignalen) zu erläutern.[60] Sie ermitteln syntaktische und stilistische Strukturen des Textes, oder auch semantische Eigenschaften, anhand derer man die Fiktionalität nachweisen

---

[57] Z. B.: Die aus dem Jahr 1991 stammende grundlegende Arbeit von Wolfgang Iser *Das Fiktive und das Imaginäre. Perspektiven literarischer Anthropologie*; das im Jahr 2014 unter der Herausgeberschaft von Tobias Klauk und Tillmann Köppe erschienene *Handbuch der Fiktionalität*; die Dissertation von Frank Zipfel, die überarbeitet unter dem Titel *Fiktion, Fiktivität, Fiktionalität* im Jahr 2001 veröffentlicht wurde; J. Alexander Bareis' Arbeit *Fiktionales Erzählen. Zur Theorie der literarischen Fiktion als Make-Believe* aus dem Jahr 2008, in der er sich auf die Gedanken Kendall Waltons bezieht. In der tschechischen Literaturwissenschaft wird Lubomír Doležels Theorie der fiktiven Welten breit rezipiert. Auf seine Theorie wird in dem Sammelband *Heterologica. Poetika, lingvistika a fikční světy* (Heterologica. Poetik, Linguistik und Fiktionswelten) eingegangen, der 2012 von Bohumil Fořt herausgegeben wurde. Im Oktober 2014 ist der zweite Teil von Doležels *Heterocosmica* unter dem Titel *Heterocosmica II. Fikční světy postmoderní české prózy* (Heterocosmica II. Die Fiktionswelten der postmodernen tschechischen Prosa) erschienen. Zur länderspezifischen Diskussion des Fiktionsbegriffs siehe außerdem Zipfel 2001, 63.

[58] Klauk, Tobias/Köppe, Tilmann. 2014: „Bausteine einer Theorie der Fiktionalität", in: dies. (Hg.): *Fiktionalität. Ein interdisziplinäres Handbuch*. Berlin – Boston: Walter de Gruyter, 3–31, 14.

[59] Zipfel, Frank. 2014: „Fiktionssignale", in: Klauk, Tobias/Köppe, Tilmann (Hg.): *Fiktionalität. Ein interdisziplinäres Handbuch*. Berlin – Boston: Walter de Gruyter, 97–124, 100.

[60] Zipfel 2014, 99.

kann. Die textbezogenen Theorien, die die Fiktionalität eines Textes lediglich anhand der sprachlich-stilistischen Kriterien beschreiben, gelten heute allerdings als unzureichend.[61] Für die vorliegende Arbeit sind vor allem solche textbezogene Theorien relevant, die sich mit der Beschaffenheit der sogenannten „fiktiven Welten" befassen. Die Theorie der „fiktiven Welten" ist eine Verbindung der in den fiktionalen Texten entworfenen narrativen Welten mit dem aus der logischen Semantik übernommenen Konzept der möglichen Welten.[62] Ihre Entwicklung ist hauptsächlich dem tschechischen Literaturwissenschaftler **Lubomír Doležel** zu verdanken. Sein 1998 auf Englisch erschienenes Buch *Heterocosmica. Fiction and Possible Worlds*[63] zählt zu den Grundwerken dieses Konzepts. Die fiktiven Welten in der Literatur können laut Doležel als eine besondere Art der möglichen Welten verstanden werden. Weiters charakterisiert er sie als ästhetische Artefakte, die im Medium der fiktionalen Texte entstanden sind und aufbewahrt werden. Doležel führt folgende Aspekte der fiktiven Welten in der Literatur auf: Erstens gelten sie als Komplexe von nichtrealisierten möglichen Zuständen der Dinge. Dies bedeutet, dass die Entitäten in den fiktionalen Texten einen anderen ontologischen Status haben als die Entitäten in der realen Welt. Zweitens, so Doležel, sei die Menge der fiktiven Welten endlos und äußerst heterogen. Bei der Erschaffung der möglichen Welten sei die literarische Fiktion nicht auf bloße Nachahmung der realen Welt beschränkt, denn das Mögliche sei viel umfangreicher als das Reale. Drittens behauptet Doležel, dass real existierende Personen wie Autoren oder Leser Zugang zu den fiktiven

---

[61] Zipfel 2014, 99.
[62] In seiner *Heterocosmica* liefert Doležel unter anderem auch einen historischen Abriss der Entwicklung des Konzepts der „möglichen Welten": Von der ersten wahrscheinlichen Verwendung des Begriffs durch Gottfried Wilhelm Leibniz in seiner Schrift *Theodicea* bis zu seiner Einführung in die moderne Logik durch den amerikanischen Philosophen Saul Kripke. (Doležel, Lubomír. 2003: *Heterocosmica. Fikce a možné světy*. Praha: Karolinum)
[63] Im zweiten Band *Heterocosmica II. Fikční světy postmoderní české prózy* erläutert und prüft Doležel seine Theorie anhand ausgewählter Werke der tschechischen Literatur. (Doležel, Lubomír. 2014: *Heterocosmica II. Fikční světy postmoderní české prózy*. Praha: Karolinum)

Welten haben. Da die reale und die fiktive Welt jedoch einen anderen ontologischen Status haben, könne der Übergang von der einen in die andere Welt und/oder umgekehrt nur mittels semiotischer Wege und Aufarbeitung von Informationen bewältigt werden. Die durch den Autor konstruierte fiktive Welt beinhalte Instruktionen für den Leser, der diese Welt dann anhand dieser Anweisung wieder rekonstruiere. Als vierten Aspekt der Beschaffenheit der fiktiven Welten in der Literatur nennt Doležel ihre Unvollständigkeit. Diese Unvollständigkeit lasse sich relativ einfach feststellen, da nur bestimmte Fragen über die Entitäten in der fiktiven Welt beantwortet werden können. Fünftens könne die Makrostruktur der fiktiven Welten ungleichartig sein. Sehr häufig zerfalle eine fiktive Welt in zwei Bereiche, die unterschiedlichen globalen Einschränkungen unterliegen. Diese für die narrativen Welten typische Ungleichartigkeit erzeuge Spannung und somit eine geeignete Umwelt für literarische Figuren und ihre Geschichten. Als letzte Eigenschaft von fiktiven Welten in der Literatur führt Doležel ihre Entstehung durch textbildende Tätigkeit (*poiesis*) auf. In der realen Welt erschaffe der Autor mit der Konstruktion eines mündlichen oder schriftlichen Textes eine neue fiktive Welt, deren Eigenschaften, Struktur und Existenz von der realen Welt unabhängig seien.[64] Eine fiktive Welt in der Literatur definiert Doležel also als eine kleine, mögliche, durch spezifische globale Einschränkungen gestaltete Welt, die eine endliche Anzahl von „mitmöglichen" Individuen enthält.[65] Die fiktive Welt wird im Medium des fiktionalen Textes realisiert. Die fiktionalen Texte kategorisiert Doležel als sogenannte C-Texte, auch konstruierende Texte genannt.[66] Die fiktionalen

---

[64] Zu Doležels Ausführungen über mögliche Welten siehe Doležel, Lubomír. 2003: *Heterocosmica. Fikce a možné světy*. Praha: Karolinum, 30–37.

[65] Doležel 2003, 33. In ähnlicher Weise definiert fiktive Welten auch **Umberto Eco**. Sie sind für ihn „kleine Welten, die den größten Teil unserer Kenntnis der wirklichen Welt sozusagen ausklammern und uns erlauben, uns auf eine endliche und geschlossene Welt zu konzentrieren, die der unseren sehr ähnlich, aber ontologisch ärmer ist". (Eco, Umberto. 1999²: *Im Wald der Fiktionen. Sechs Streifzüge durch die Literatur*. München: Deutscher Taschenbuchverlag, 115)

[66] Der englische Ausdruck lautet „world-constructing texts" (C-texts). (Doležel 1998, 24)

Texte sind laut Doležel solche Texte, die noch vor den Welten bestehen, die also solche Welten erst entstehen lassen. Außer den C-Texten unterscheidet er noch I-Texte – also darstellende Texte –,[67] die ein Abbild der realen Welt in Form von Berichten, Beschreibungen, Hypothesen etc. abgeben. Diese Charakterisierung Doležels wird für die Beschreibung des Werks von Jiří Weil herangezogen. Weils journalistische und wissenschaftliche Texte sowie Reportagen werden als I-Texte betrachtet, seine fiktionalen Texte wie Romane und Erzählungen hingegen als C-Texte. Dabei ist vor allem der Übergang von manchen I-Texten zu C-Texten vom besonderen Interesse.

Die zweite Gruppe der Fiktionalitätstheorien bilden die sogenannten **produktionsbezogenen** Ansätze. Sie betrachten den Text aus der Perspektive des Produzenten, die Intention des Autors steht demnach im Vordergrund. Der Text ist erst dann fiktional, „wenn er auf bestimmte Weise hervorgebracht wird".[68] Von den Fiktionssignalen fokussieren die produktionsbezogenen Ansätze lediglich die Paratexte, denn es sind hauptsächlich diese, welche die Absicht des Produzenten nahelegen. Eine der bekanntesten und meist diskutierten produktionsbezogenen Theorien ist jene von **John Searle**, basierend auf seiner Sprechakttheorie, die er in dem Aufsatz „The Logical Status of Fictional Discourse"[69] entworfen hat. Anhand von zwei Beispielen[70] – eines nicht-fiktionalen und eines fiktionalen Textes – demonstriert Searle, dass ein Text über keinerlei Merkmale verfügt, die ihn als „fiktional" charakterisieren würden, sondern dass das Kriterium für die Zuordnung zur Kate-

---

[67] Der englische Ausdruck lautet „world-imaging texts" (I-texts). (Doležel 1998, 24)
[68] Klauk/Köppe 2014, 16.
[69] Searle, John. 1975: „The Logical Status of Fictional Discours", in: *New Literary History* 1975/6:2, 319–332.
[70] Einen Auszug aus einem Artikel der *New York Times* als nicht-fiktionalen Text und einen Auszug aus dem Roman *The Red and the Green* von Iris Murdoch als Beispiel für einen fiktionalen Text.

gorie der Fiktionalität bzw. Nicht-Fiktionalität lediglich in der Intention des Autors liegt.[71] Laut Searle vollzieht der Autor eines fiktionalen Textes keine illokutionären Sprechakte, er täuscht sie lediglich vor.[72] Die Entstehung der Fiktionalität wird – so Searle – durch ein Ensemble von außerlinguistischen, nichtsemantischen Konventionen ermöglicht.[73]

Die dritte Gruppe der theoretischen Konzepte, die **rezeptionsbezogenen** Theorien, setzen einen die Fiktionalität erkennenden Leser voraus. Die Ursprünge dieses Ansatzes lassen sich bereits bei einem englischen Dichter der Romantik, **Samuel T. Coleridge**, beobachten. Mit seiner viel zitierten Formel „the willing suspension of disbelief"[74] meint er, dass der Leser bereit sei, freiwillig seine Ungläubigkeit auszusetzen und die Geschichte des Autors zu glauben. An diesen Gedanken knüpfen in der modernen Zeit Theoretiker wie **Umberto Eco** oder **Kendall L. Walton** an. Während Eco den Terminus „Fiktionsvertrag" geprägt hat, wird Waltons Name vor

---

[71] „[…] the identifying criterion for whether or not a text is a work of fiction must of necessity lie in the illocutionary intentions of the author. There is no textual property, syntactical or semantic, that will identify a text as a work of fiction." (Searle 1975, 325)

[72] „[…] the author of a work of fiction pretends to perform a series of illocutionary acts, normally of the representative type." (Searle 1975, 325)

[73] „the pretended illocutions which constitute a work of fiction are made possible by the existence of a set of conventions which suspend the normal operation of the rules relating illocutionary acts and the world." (Searle 1975, 326)
Searles Ansatz ist in literaturwissenschaftlichen Kreisen auf viel Kritik gestoßen. Dorrit Cohn weist zum Beispiel in ihrer Studie „Signposts of Fictionality: A Narratological Perspective" darauf hin, dass bereits die Figur des Leutnants Chase-Smith aus dem Romanausschnitt, den Searle zur Demonstration seiner Behauptung ausgewählt hat, diese widerlegt, denn so, wie diese Figur beschrieben sei, könne sie auf keinen Fall Bestandteil eines – wie Searle es bezeichnet – „serious discours" sein. „This is not, at any rate, the manner in which historical figures are known to historians." (Cohn, Dorrit. 1990: „Signposts of Fictionality. A Narratological Perspective", in: *Poetics Today* 1990/11:4, 775–804, 785)

[74] Coleridge, Samuel Taylor. 1983: *Biographia Literaria. Biographical Sketches of My Literary Life and Opinions*, Band II, Hg. von Engell, James/Bate, W. Jackson, London: Routledge & Kegan Paul/New Jersey: Princeton University Press, 6.

allem mit dem Begriff „mimesis as make-believe"[75] verbunden. Ecos „Fiktionsvertrag"[76] stellt eine Art „Pakt" dar, der zwischen dem Autor des Textes und dem Leser abgeschlossen wird:

> Der Leser muss wissen, dass das, was ihm erzählt wird, eine ausgedachte Geschichte ist, ohne darum zu meinen, dass der Autor ihm Lügen erzählt. [...] [D]er Autor tut einfach so, als ob er die Wahrheit sagt, und wir akzeptieren den Fiktionsvertrag und tun so, als wäre das, was der Autor erzählt, wirklich geschehen.[77]

Waltons Auffassung der Fiktionalität „kann [dagegen] als eine funktionelle Theorie der Fiktion charakterisiert werden. Alle Darstellungen (*representations*)[78] im Sinne Waltons teilen die Eigenschaft, als Requisiten (*props*) in einem Make-Believe-Spiel (*game of make-believe*)[79] zu fungieren und dabei Vorstellungen anzuleiten

---

[75] Im gleichen Jahr wie Waltons *Mimesis as Make-Believe* (Walton, Kendall L. 1990: *Mimesis as Make-Believe. On the Foundation of the Representational Arts*. Cambridge – Massachusetts: Harvard University Press) ist auch eine Monographie von Gregory Currie erschienen (Currie, Gregory. 1990: *The Nature of Fiction*. Cambridge – New York – Port Chester – Melbourne – Sydney: Cambridge University Press). Sie beinhaltet ebenfalls eine Konzeption der Fiktionalität. Waltons *Mimesis as Make-Believe* ist jedoch auf größere wissenschaftliche Resonanz gestoßen. Waltons Konzept wurde dem deutschen Publikum von J. Alexander Bareis in seiner Arbeit *Fiktionales Erzählen. Zur Theorie der literarischen Fiktion als Make-Believe* (2008) zugänglich gemacht.

[76] Eco 1999, 103.

[77] Ibidem.

[78] Als Darstellungen (*representations*) gelten bei Walton Romane, Filme, Gemälde, Theateraufführungen, Fotografien sowie Musik. (Bareis 2014, 53)

[79] Als Rezipient/in eines Kunstwerks muss man laut Walton ein/e aktive/r Teilnehmer/in in einem Make-Believe-Spiel werden, so muss man sich beispielsweise bei der Lektüre eines Romans das Äußere der Figuren vorstellen etc. Ohne diese aktive Teilnahme würde die Rezeption des Kunstwerks nicht funktionieren.
Bareis geht in seiner Interpretation von Waltons Make-Believe-Konzept auf die Verbindung dieses englischen Begriffs mit dem deutschen „So-tun-als-ob" ein. Er behauptet, dass ein Make-Believe-Spiel mit darstellenden Kunstwerken auf ähnliche Weise funktioniere wie ein Als-Ob-Kinderspiel. (Bareis 2008, 31f.) Mit dem Begriff „Als-Ob" kann man an den deutschen Philosophen Hans Vaihinger anknüpfen, der sich bereits Ende des 19. Jahrhunderts mit der Philosophie des Als-Ob beschäftigt hat.

oder vorzuschreiben (*prescribe imaginings*)."[80] In seinem Konzept beschäftigt sich Walton ebenfalls mit der Frage der Wahrheit in der Fiktion. Bareis hat Waltons Gedanken zur fiktionalen Wahrheit folgendermaßen zusammengefasst: „Was fiktional wahr ist in der Werkwelt, ist das, und nur das, was in jeder Spielwelt wahr ist, die mit genau diesem Objekt gespielt wird."[81] Bei einer Spielwelt (*game world*) handelt es sich um ein privates Make-Believe-Spiel, in dem die Teilnehmer eine Reihe von eigenen Vorstellungen generieren. Die Werkwelt (*work world*) ist als eine „Schnittmenge aller möglichen Spielwelten"[82] zu sehen. Dieser Welt können die Rezipienten die Wahrheiten entweder „direkt" entnehmen, d. h. diese sind im Werk direkt beschrieben, oder eben nur „implizit".[83] Das Generieren fiktionaler Wahrheit lässt sich mit folgenden Prinzipien beschreiben: mit dem Realitätsprinzip (*reality principle*)[84] und mit dem Prinzip gemeinsamer Überzeugung (*mutual belief*)[85]. Auch die Unterscheidung zwischen einem fiktionalen und nicht-fiktionalen Text im Sinne Waltons ist rein funktional. Fiktion entsteht dann, wenn ein Artefakt als Requisit in einem Make-Believe-Spiel benutzt wird. Die Intention des Autors wird dabei ausgeblendet.[86] Der Vorteil einer solchen ausgedehnten Auffassung des Fiktionsbegriffs besteht darin, dass er beinahe auf alle Kunstformen sowie auch auf

---

[80] Bareis, J. Alexander. 2014: „Fiktionen als *Make-Believe*", in: Klauk, Tobias/Köppe, Tilmann (Hg.): *Fiktionalität. Ein interdisziplinäres Handbuch*. Berlin – Boston: Walter de Gruyter, 50–67, 53.
[81] Bareis 2014, 56.
[82] Bareis 2014, 58.
[83] Bareis 2014, 57f. Bareis liefert folgende Beispiele: Als direkte fiktionale Wahrheit kann verstanden werden, dass die Figur Sherlock Holmes in der Baker Street 221b wohnt. Als eine indirekte Wahrheit kann gesehen werden, dass die Figur Sherlock Holmes ein Mensch ist, demzufolge fließt in seinen Adern rotes Blut.
[84] „[…] alle impliziten fiktionalen Wahrheiten, die nicht anhand direkter fiktionaler Wahrheiten explizit ausgeschlossen sind, [sind] gemäß dem entsprechenden Sachverhalt in der Realität zu generieren." (Bareis 2014, 59)
[85] Dieses Prinzip fällt in den Bereich der soziokulturellen Auffassungen von Wirklichkeit. Es umfasst die „allgemeine Überzeugung über die Beschaffung der Wirklichkeit", wie diese zu dem Zeitpunkt der Entstehung des Kunstwerks war. (Bareis 2014, 60)
[86] Bareis 2014, 61.

einige nichtkünstlerische Phänomene[87] angewendet werden kann, er eignet sich deshalb besonders für intermediale und interdisziplinäre Herangehensweisen.[88]

Einige der zuvor genannten Ansätze gelten als Vorläufer der **institutionellen Fiktionalitätstheorien**, bei denen es sich „auch eher um eine bestimmte Schwerpunktsetzung im Rahmen dieser Theorien als um einen Neuansatz im eigentlichen Sinne [handelt]".[89] Diese Theorien setzen „einen Interaktionszusammenhang zwischen Autor und Leser"[90] voraus, bei dem der Leser durch die vom Autor gelieferten (Fiktions-)Signale die Fiktionalität eines Textes erkennt. Die institutionelle Theorie ist aus der Verbindung von produktions- und rezeptionsorientierten Ansätzen entstanden.[91] Sie ist als ein Rahmenmodell zu verstehen, das über mehrere Vorzüge verfügt: Es lässt sich gut mit anderen spezifischen Theorien kombinieren[92], und man muss sich nicht auf einzelne Fragestellungen festlegen. Außerdem bietet die institutionelle Theorie Lösungen für einige grundlegende Probleme der Fiktionalitätstheorie wie für den Wechsel des Fiktionalitätsstatus eines Textes oder für die Ambition der Literatur, „Einsichten über die Wirklichkeit zu vermitteln".[93] Sie eignet sich nicht nur für literaturwissenschaftliche Untersuchungen, sondern kann auch als Grundlage für eine medienübergreifende Theorie dienen. Dieser Ansatz, eine Kombination aus rezeptions- und produktionsbezogener Perspektive, wird aufgrund der genannten Vorteile als Basis für die vorliegende Dissertation gewählt. Die Grundthese lautet demnach: Die Fiktionalität

---

[87] Solche Artefakte können auch *ad hoc* generiert werden. Als Beispiele lassen sich Kinderspiele, Wolkenformationen, die an irgendetwas erinnern, etc. anführen.
[88] Bareis 2014, 53.
[89] Köppe 2014, 43. Klauk und Köppe sprechen auch von sogenannten „kontextbezogenen Theorien", die einen „besonderen Wert […] auf die Bedeutung sozialer (‚institutioneller') Konventionen oder Regeln [legen]". (Klauk/Köppe 2014, 17)
[90] Zipfel 2014, 100.
[91] Die Basis bilden vor allem der produktionsorientierte sprechakttheoretische Ansatz von John Searle, der rezeptionsbezogene Make-Believe-Ansatz Kendall Waltons sowie die Fiktionalitätstheorie Gregory Curries, die diese beiden Ansätze verknüpft. (Köppe 2014, 43)
[92] Zum Beispiel mit der Ontologie fiktiver Gegenstände oder Pragmatik fiktionaler Äußerungsakte etc. (Köppe 2014, 44)
[93] Köppe 2014, 46.

eines geschriebenen Textes[94] entsteht dann, wenn sie „von Autor(inn)en intendiert, im Text durch kommunikationssteuernde Signale indiziert und (im idealtypischen Fall) von Rezipient(inn)en dem Text kointentional zugeschrieben wird"[95].

Die Rezeption des Kunstwerks (in unserem Falle geschriebener Texte) wird also durch die Intention des Autors (Jiří Weil) ausgelöst, der diese im Text – oder auch teilweise außerhalb des Textes (paratextuell) – entsprechend markiert. Diese Markierungen werden als Fiktionssignale bezeichnet. Die in dem literarischen Kunstwerk entworfene und anschließend im Prozess der Lektüre durch den Leser rekonstruierte Welt wird mit Doležel als eine „fiktive Welt" bezeichnet.

Die erste These, die in der vorliegenden Arbeit im Hinblick auf Doležel vertreten wird,[96] besagt, dass Jiří Weil in seinen fiktionalen Texten, vor allem in seinen Romanen, verschiedene fiktive Welten als „mögliche" Weltkonzeptionen entwirft, also als Welten,

---

[94] Eine plausible Erklärung für das Vorhandensein bestimmter auf Fiktionalität hinweisende Merkmale des geschriebenen Textes liefert Frank Zipfel: „Literarische Schrifttexte stellen [...] als medial verbreitete Druckerzeugnisse eine Form der einseitigen Kommunikation dar. Sie sind als Sprachhandlungsangebote eines Produzenten an eine zumeist nicht genau definierbare Menge von Rezipienten zu verstehen. Der Ausfall der Rückfragemöglichkeit durch Zerdehnung und Einseitigkeit der Sprachhandlung führt dazu, dass in der Regel die intendierte Art der Textillokution am oder im Text deutlich gemacht wird." (Zipfel 2001, 39)

[95] Nickel-Bacon, Irmgard/Groeben, Norbert/Schreier, Margrit. 2000: „Fiktionssignale pragmatisch. Ein medienübergreifendes Modell zur Unterscheidung von Fiktion(en) und Realität(en)", in: *Poetica* 2000/32, 267–299, 291.

[96] Als Grundlage für diese These dienten außer den ausführlichen Recherchen auch folgende Teilstudien: Brunová, Marie. 2016: „Paratextuelle Fiktionssignale. Titelgestaltung bei Jiří Weil", in: Frieß, Nina/Lenz, Gunnar/Martin, Erik (Hg.): *Grenzräume – Grenzbewegungen. Ergebnisse der Arbeitstreffen des Jungen Forums Slavistische Literaturwissenschaft. Basel 2013/Frankfurt (Oder) und Słubice 2014, Band 2*. Potsdam: Universitätsverlag, 13–24; „Ke genezi názvu románu Moskva-hranice českého spisovatele Jiřího Weila", in: Gunišová, Eliška/Paučová, Lenka (Hg.): *Slovanský literární svět: Kontexty a konfrontace I*. Brno: Masarykova univerzita, 31–38 (2015) oder „Reflexe totalitních režimů v žurnalistickém díle Jiřího Weila", in: Schmarc, Vít (Hg.): *Obraz válek a konfliktů: V. kongres světové literárněvědné bohemistiky Válka a konflikt v české literatuře*. Praha: Ústav pro českou literaturu AV ČR, 143–150 (2017).

deren Zweck darin besteht, zu zeigen, was in der realen Welt möglich sein könnte bzw. möglich gewesen wäre.[97]

Die ausführlichen Recherchen und Untersuchungen zum Gesamtschaffen Weils haben zur Formulierung **einer zweiten These** geführt, nämlich dass sich in Weils Schaffen ein permanentes Changieren zwischen Gattungen beobachten lässt: Der Autor geht von I-Texten zu C-Texten über. Es gibt sogar einige Fälle, wo er ein Motiv oder Ereignis zuerst in den I-Texten (vor allem in den Reportagen) aufgreift und sie dann später zum Aufbau von fiktiven Welten in seinen C-Texten (Erzählungen und Romanen) verwendet.

Dieses Übergangsschema zeichnet sich in Weils gesamtem Schaffen ab: Die Vorkriegsphase könnte man als eine Zeit der I-Texte – eine intensive Phase des Journalismus und der Reportage – beschreiben. Weil war in dieser Zeit unglaublich produktiv, hat jährlich Dutzende, wenn nicht Hunderte von Artikeln und Reportagen in verschiedensten tschechischen Periodika veröffentlicht. Während Weils I-Texte zum größten Teil vor 1939 entstanden sind, ist seine Schaffensperiode nach dem Krieg vielmehr den C-Texten gewidmet. In dieser Zeit hat er nämlich die restlichen vier bislang publizierten und einige unpublizierte Romane sowie die Mehrheit der Erzählungen geschrieben. Es ist jedoch anzumerken, dass Weil auch nach dem Zweiten Weltkrieg I-Texte, also Reportagen, Zeitungsartikel oder wissenschaftlichen Texte, verfasste, wenn auch vielleicht nicht in so großem Maße. Es handelt sich also um keinen

---

[97] Besonders markant zeigt sich das zum Beispiel in seinem Roman *Moskva – hranice*, in dem Weil an den drei Hauptprotagonisten drei mögliche Lebensszenarien eines Ausländers in der Sowjetunion der 1930er Jahre durchspielt. Die Figur des tschechischen Übersetzers Jan Fischer stellt einen aus der sowjetischen Gesellschaft exkludierten Menschen dar, die Figur der deutschsprechenden Halbjüdin Ri steht für die komplette Eingliederung in das sowjetische Kollektiv, und der rumänische Kommunist Rudolf Herzog verkörpert einen durch seine Aufopferung fast unmenschlich wirkenden kommunistischen Helden. Ausführlichere Informationen in der Teilstudie Brunová, Marie. 2012: „Konstruktionen und Darstellungen von Identitäten in Jiří Weils Roman Moskva – hranice", in: Frieß, Nina/Ganschow, Inna/Gradinari, Irina/Rutz, Marion (Hg.): *Texturen – Identitäten – Theorien: Ergebnisse des Arbeitstreffens des Jungen Forums Slavistische Literaturwissenschaft in Trier 2010*. Potsdam: Universitätsverlag, 273–286.

abrupten Bruch mit den I-Texten, eher um eine stärkere Zuwendung zu den C-Texten. Das für Weils Werk konstitutive Changieren zwischen Gattungen entspricht der bereits skizzierten Unterscheidung Doležels zwischen den darstellenden I-Texten und konstruierenden C-Texten. Dies soll später im Kapitel „Transformationen" anhand der Gegenüberstellung einiger seiner faktualen Texte mit seinen fiktionalen Texten demonstriert werden.

2.2 Die Grundthesen

Das Hauptunterscheidungskriterium zwischen faktualen und fiktionalen Texten ist das Erheben bzw. Nicht-Erheben des Anspruches auf die Referenzialisierbarkeit, so wie es Martínez und Scheffel in ihrer Erzähltheorie bestimmen.[98] Als faktuale Texte werden demnach solche bezeichnet, die einen Anspruch auf die Referenzialisierbarkeit, d. h. auf die Verwurzelung in einem empirisch-wirklichen Geschehen, erheben, als fiktionale dann solche, die ihn nicht erheben. Anhand dieser Differenzierung werden zur Gruppe der faktualen Texte Weils journalistisches Schaffen, seine wissenschaftlichen Abhandlungen, Erinnerungstexte sowie Reportagen gezählt; die Gruppe der fiktionalen Texte umfasst dann seine Erzählungen, Romane und das Filmdrehbuch.

Von besonderer Relevanz für die vorliegende Arbeit ist die These, dass die fiktionalen Texte im Gegensatz zu den faktualen über gewisse Merkmale verfügen, die sogenannten Fiktionssignale, welche die Fiktionalität des Textes mehr oder minder deutlich markieren.[99] Diese können innerhalb oder auch außerhalb des Textes erscheinen. Die Fiktionssignale, die nicht im Text selbst enthalten

---

[98] Martínez, Matias/Scheffel, Michael. 2016[10]: *Einführung in die Erzähltheorie*. München: C. H. Beck, 16.
[99] Hier lehnt sich die vorliegende Arbeit vor allem an die Ausführungen Frank Zipfels an: Zipfel, Frank. 2014: „Fiktionssignale", in: Klauk, Tobias/Köppe, Tilmann (Hg.): *Fiktionalität. Ein interdisziplinäres Handbuch*. Berlin – Boston: de Gruyter, 97-124 sowie ders. 2001: *Fiktion, Fiktivität, Fiktionalität. Analysen zur Fiktion in der Literatur und zum Fiktionsbegriff in der Literaturwissenschaft*. Berlin: Schmidt.

sind, werden mit Genette als Paratexte bezeichnet.[100] In Anlehnung an die Auffassungen Meike Herrmanns[101] sowie Nickel-Bacons, Groebens und Schreiers wird auch in der vorliegenden Arbeit behauptet, dass ein kompetenter – also ein die Fiktionalität erkennender Leser – vonnöten ist, um die Fiktionalität des Textes auszumachen. Dazu dient dem Leser im Hinblick auf die Ausführungen Genettes unter anderem ein Ensemble von Instrumenten – von Paratexten, die ihm vom Autor bzw. vom Verlag zur Verfügung gestellt werden und in denen der Verfasser seine Intention zumindest teilweise offenbart. Demzufolge wird der Gruppe der paratextuellen Fiktionssignale entsprechende Aufmerksamkeit gewidmet, vor allem den Peritexten, also solchen Paratexten, die sich in der unmittelbaren Nähe des eigentlichen Textes befinden, d. h. den Titeln, den Gattungsbezeichnungen, dem Autorennamen, den Vorreden, den Widmungen und den Motti. Die Epitexte – wie unterschiedliche Verlagsdokumente oder Korrespondenz – werden bei Bedarf zur Analyse der einzelnen Werke hinzugezogen.

Die Fiktionssignale können sich ebenfalls im Text selbst befinden, dann spricht man von den sogenannten textinternen Fiktionssignalen (Zipfel). Diese werden in textinterne Fiktionssignale auf der Ebene der Geschichte und der Ebene der Erzählung unterteilt. Erstere, wie Metalepsis oder Erscheinen von unwahrscheinlichen oder irrealen Elementen, sind in den Werken Weils kaum vorhanden, das Augenmerk wird deshalb hauptsächlich auf die textinternen Fiktionssignale auf der Ebene der Erzählung gelegt. Hier gilt als auffälligstes Anzeichen für die Fiktionalität eines Textes das Vorhandensein einer Erzählinstanz, die sich vom Autor unterscheidet und die gegebenenfalls über ein spezielles Erzählerwissen verfügt. Die nähere Bestimmung des Erzählers erfolgt dabei unter Berücksichtigung der Unterscheidung zwischen einem homodiegetischen und einem heterodiegetischen Erzähler im Sinne Genettes.[102]

---

[100] Genette, Gérard. 1992: *Paratexte. Das Buch vom Beiwerk des Buches*. Frankfurt am Main – New York: Campus.
[101] Herrmann, Meike. 2005: „Fiktionalität gegen den Strich lesen. Was kann die Fiktionstheorie zu einer Poetik des Sachbuchs beitragen?", in: *Arbeitsblätter für die Sachbuchforschung Nr. 7*. Berlin – Hildesheim.
[102] Genette, Gérard. 1992: *Fiktion und Diktion*. München: Fink.

Während sich die fiktionalen homodiegetischen Texte von den faktualen homodiegetischen geringfügig unterscheiden, weisen die fiktionalen heterodiegetischen den faktualen heterodiegetischen gegenüber stärkere Abweichungen auf. Der heterodiegetische Erzähler in fiktionalen Texten verfügt über spezielles Erzählerwissen, das sich ihm durch den Einblick in die Psyche Dritter in Form von inneren Monologen oder erlebter Gedankenrede manifestieren kann. Sein Wissen kann von „allwissend"[103] bis zu „genauso viel wie die Figur selbst wissend"[104] reichen. Anhand dieser Bestimmungen werden Weils Texte auf die Anwesenheit solcher Erzählinstanzen untersucht. Ein weiterer Bereich, wo sich fiktionale von faktualen Texten unterscheiden können, ist die Kategorie der Erzählsituation. Da sowohl Genette als auch Zipfel die metadiegetischen Erzählstrukturen als ein klares Indiz für die Fiktionalität des Textes halten, werden Weils Texte deshalb ebenfalls auf die Präsenz solcher Strukturen überprüft.

Da in fiktionalen Texten aufgrund der Anwesenheit einer Erzählinstanz eine spezifische Kommunikationssituation erschaffen wird, die dem Autor ermöglicht, das von ihm Ausgesagte einem fiktiven Erzähler zuzuschreiben und somit die Verantwortung dafür auf diesen zu verlagern, wird ebenfalls untersucht, ob bzw. wie sich diese Verlagerung auf den Erzähler auswirkt und wie sich die damit einhergehende Möglichkeit der Äußerungsfreiheit in solchen Texten zeigt. Gerade letztere erscheint relevant, um zu untersuchen, ob sie in Weils fiktionalen Texten generell größer ist als in den faktualen, da er in diesen teilweise die gleichen, politisch häufig sehr sensiblen Themenkomplexe wie in seinen faktualen Texten aufgreift. Einige dahingehende ausgewählte Texte Weils werden zum Gegenstand der Analyse des Kapitels „Transformationen".

---

[103] Genette 1992, 78; Zipfel 2014, 146.
[104] Martínez/Scheffel 2016, 68f.

3. Textkritische Beschreibung

3.1 Einleitung

In diesem Teil der vorliegenden Arbeit wird ein Korpus von drei der produktivsten Textsorten in Weils Schaffen erstellt und beschrieben, nämlich von seinen Reportagen, Erzählungen und Romanen. Zuerst erfolgt eine textkritische Beschreibung der sowohl publizierten als auch nicht publizierten bislang ermittelten Texte der jeweiligen Textsorte. Dabei wird nach Möglichkeit ebenfalls auf ihre Entstehungs- sowie Publikationsgeschichte eingegangen, da diese lediglich in geringem Ausmaß in vereinzelten Studien beschrieben ist.

Das Korpus wird aufgrund des Hauptkriteriums für die Unterscheidung zwischen faktualen und fiktionalen Texten – also des Erhebens bzw. Nicht-Erhebens des Anspruches auf Referenzialisierbarkeit – in faktuale Texte, zu denen Weils Reportagen gehören, und in fiktionale Texte, die die Erzählungen und Romane umfassen, gegliedert.

Nach der Beschreibung der Texte werden im folgenden Schritt die Angaben zu Titel, Handlungsraum und -zeit, zur Erstausgabe des Textes und Erzählinstanz in Form einer Tabelle zusammengefasst. Bei der Erzählinstanz wird zwischen einem homodiegetischen und heterodiegetischen Erzähler im Sinne Genettes unterschieden. Bei der heterodiegetischen Erzählinstanz wird nach dem Zugang zur Psyche anderer Personen als einem eindeutigen Signal für die Fiktionalität des Textes gesucht. Die ermittelten Daten zu den Kategorien des Titels und der Erzählinstanz werden zur näheren Charakterisierung der faktualen und fiktionalen Texte herangezogen.

Anhand des auf diese Weise aufgearbeiteten Korpus von insgesamt 56 Reportagen, 53 Erzählungen und 11 Romanen werden anschließend Verfahren abgeleitet, die Weil bei der Umwandlung von faktualen in fiktionale Texte einsetzt, wobei zum Teil auch aufgrund der Chronologie der Phasen im Schaffen Weils (Vorkriegsperiode gewidmet den faktualen Texten, Nachkriegsperiode den fiktionalen) von der Prämise ausgegangen wird, dass die faktualen Texte die Grundlage von Weils Werk repräsentieren.

3.2 Faktuale Texte

3.2.1 Journalismus im Werk Jiří Weils

Zu den faktualen Texten werden im Fall Weils vor allem seine journalistischen und wissenschaftlichen Texte gezählt, wobei sein journalistisches Schaffen einen erheblichen Teil seines Gesamtœuvres bildet. Weil war kein investigativer oder politisch orientierter Journalist, seine Domäne waren Kultur und Literatur, vor allem die russische. In seinen Artikeln hat er die Leser über Bücher, Filme, Theatervorstellungen oder auch aktuelle wissenschaftliche Diskussionen, vorwiegend aus der UdSSR, informiert. In den 1920er Jahren hat er regelmäßig für die kommunistisch orientierten Zeitungen und Zeitschriften *Levá fronta, Proletkult, Nové Rusko, Komunistická revue* und *Rudé právo* geschrieben. Die folgende Dekade, die 1930er Jahre, stand vor allem im Zeichen der ebenfalls links orientierten Wochenzeitschrift *Tvorba*,[105] in der er sogar von Oktober 1932 bis Juni 1933 als Chefredakteur tätig war. Vor dem Krieg publizierte er auch regelmäßig in: *Avantgarda, Čin, Červen, Kmen, magazín DP, Odeon, Panorama, Revue Devětsil, Rozpravy Aventina, Útok* oder *Signál*.

In die zweite Hälfte der 1930er Jahre datiert sich Weils Zusammenarbeit mit der Monatszeitschrift – *Literární noviny* –, wo er bis 1939 an die 30 Beiträge publizierte. Die *Literární noviny*[106] war das

---

[105] *Tvorba* (Schaffen) war eine kulturpolitische Wochenzeitschrift, die in den Jahren 1925-1938 erschien; zuerst unter der Leitung von František Xaver Šalda, seit den späten 1920er Jahren war der Chefredakteur Julius Fučík; im Jahr 1932 hatte auch Weil diese Stelle inne. Siehe Dokoupil, Blahoslav. 2002: „Tvorba", in: ders. et al.: *Slovník českých literárních časopisů, periodických literárních sborníků a almanachů 1945-2000*. Brno: Host, 259-260.

[106] *Literární noviny* (Literarische Zeitung) war eine Verlegerzeitschrift, die zuerst von den Betrieben *Pokrok* (Fortschritt), dann *Sfinx* (Sphinx) von Bohumil Janda und von 1936 bis 1941 vom neu gegründeten *Evropský literární klub* (Europäischer Literarischer Klub) herausgegeben wurde. Nach dem Krieg wurde die

letzte Periodikum, in dem er zu Beginn des Protektorats Böhmen und Mähren noch seine letzten Kurzerzählungen veröffentlichen durfte. Nach der erzwungenen Pause während des Krieges hat Weil seine journalistische Tätigkeit zwar fortgesetzt, jedoch nicht mehr in gleichem Maße wie vor dem Krieg. Dies ist einerseits den politischen Umständen zuzuschreiben, die das unmöglich machten, andererseits wahrscheinlich der Tatsache, dass er sich dem Schreiben umfangreicherer fiktionaler Werke widmete und im Jüdischen Museum wissenschaftlich tätig war. Mit der Zeitung *Literární noviny* setzte er die Zusammenarbeit nach dem Krieg fort, wobei er von Januar 1946 bis Januar 1949 sogar als verantwortlicher Redakteur wirkte. Zu weiteren Publikationsplattformen entwickelten sich für Weil nach dem Krieg bis zu seinem Tod vor allem *Kulturní politika*,[107] *Lidová kultura*,[108] *Mladá fronta* und *Židovská ročenka*, in der er auch einige seiner wissenschaftlichen Texte publizieren durfte.

Obwohl Weil heutzutage in das Bewusstsein der Leser vor allem als Autor fiktionaler Texte eingeschrieben ist, muss betont werden, dass er zuerst Journalist – also Verfasser von faktualen Texten

---

Zeitschrift von Miloslav Novotný (1946–1949) mit Jiří Weil als verantwortlichem Redakteur geleitet. Siehe Dokoupil, Blahoslav. 2002: „Literární noviny", in: ders. et al.: *Slovník českých literárních časopisů, periodických literárních sborníků a almanachů 1945–2000*. Brno: Host, 134–135.

[107] *Kulturní politika* (Kulturpolitik) war – wie der Titel schon besagt – eine kulturell und politisch orientierte Wochenzeitschrift, die in den Jahren 1945 bis 1949 vom *Kruh přátel divadla E. F. Buriana* (Freundeskreis des Theaters von E. F. Burian) von dem Verlag *Čin* (Tat), ab März 1948 von *Syndikát českých spisovatelů* (Syndikat der tschechischen Schriftsteller) und ab März 1949 von *Svaz československých spisovatelů* (Verband der tschechoslowakischen Schriftsteller) herausgebracht wurde. Der Chefredakteur der Zeitschrift war Emil František Burian. Das Blatt sympatisierte mit der Linie der Kommunistischen Partei der Tschechoslowakei. Siehe Dokoupil, Blahoslav. 2002: „Kulturní politika", in: ders. et al.: *Slovník českých literárních časopisů, periodických literárních sborníků a almanachů 1945–2000*. Brno: Host, 97–99.

[108] *Lidová kultura* (Volkskultur) war eine kulturpolitische Wochenzeitschrift, die in den Jahren 1945 bis 1950 an das gleichnahmige Vorkriegsblatt von S. K. Neumann anknüpfte. Siehe Dokoupil, Blahoslav. 2002: „Lidová kultura", in: ders. et al.: *Slovník českých literárních časopisů, periodických literárních sborníků a almanachů 1945–2000*. Brno: Host, 114–115.

– war, die häufig einen Ausgangspunkt für seine späteren fiktionalen Texte bildeten. Im folgenden Kapitel werden Weils Reise-Reportagen erfasst und beschrieben, denn die Gattung der Reportage fällt – wie oben bereits erwähnt – in das Hauptkriterium der faktualen Texte: Sie erhebt den Anspruch auf Referenzialisierbarkeit; Weil als Reporter steht daher mit seinem Namen für die Wahrhaftigkeit der von ihm erzählten Fakten.

3.2.2 Exkurs I: *Literatura faktu*

Weils Vorkriegsschaffen und vor allem sein journalistisches Werk, einschließlich der Reportagen, lässt sich nicht in seiner Komplexität erfassen, ohne auf die sogenannte *literatura faktu* sowie die sowjetische Literatur der 1920er Jahre und ihre Normen, vor allem aber auf die Gruppe *Levyj front iskusstva* (LEF),[109] Bezug zu nehmen.

Unter der „Literatur des Faktums/faktographische Literatur" (russisch „literatura fakta", tschechisch „literatura faktu") versteht man generell solche Texte, die belletristisch allgemein bekannte

---

[109] Diese Gruppe wirkte in den Jahren 1922–1929 in der Sowjetunion. Zu ihren bedeutendsten Vertretern gehörten Künstler und Theoretiker wie Vladimir Majakovskij (Mitglied bis zum Jahr 1928), Osip Brik, Nikolaj Aseev, Sergej Tret'jakov oder Boris Pasternak (Mitglied bis zum Jahr 1927); eine Zeit lang stand auch Viktor Šklovskij dieser Gruppe sehr nahe. Von den Ideenkonzeptionen der LEF fühlten sich auch die sowjetischen Filmemacher und -theoretiker Sergej Ėjzenštejn, Dziga Vertov und Lev Kulešov angesprochen. Die Publikationsorgane der Gruppe waren die Zeitschriften *LEF* (in den Jahren 1923–1925 unter der Redaktion von Majakovskij) und *Novyj LEF* (in den 1927–1928 unter der Redaktion von Majakovskij und Tret'jakov). LEF löste sich im Jahre 1930 gleichzeitig mit dem Eintritt Majakovskijs in die Organisation RAPP (*Rossijskaja associacija proletarskich pisatelej* = Russische Assoziation proletarischer Schriftsteller) auf. Typisch für LEF war eine Ablehnung bisheriger ästhetischer und künstlerischer Standpunkte des traditionellen russischen Realismus, Verbindung von Kunst und Gesellschaft durch sog. sozialen Auftrag (russ. *obščestvennyj zakaz*), Hervorhebung der Literatur als Handwerk, Verteidigung vom Experimentieren und Suchen von neuen Formen und Verfahren in literarischer Technik (russ. *priëm*). Die Mitglieder der Gruppe haben eine Theorie der Agitationsliteratur, der angewandten Kunst, des Plakats, der Reportage, der Gattungen an der Grenze zwischen der fiktionalen und faktualen Literatur ausgearbeitet. Siehe auch Glanc, Tomáš. 2005: „Lef", in: Glanc, Tomáš/Kleňhová, Jana (Hg.): *Lexikon ruských avantgard 20. století*. Praha: Libri, 172–173.

Tatsachen, historische Ereignisse bzw. in der Wirklichkeit existierende Geschichten und Figuren aufgreifen. Betrachten wir Texte der *literatura faktu* aus der Perspektive der Theorie der fiktiven Welten Doležels, zeigt sich deutlich, dass diese den sogenannten I-Texten entsprechen. Während ein Autor einen fiktionalen Text (C-Text) schreibt, um eine fiktive Welt zu erschaffen, wobei der Leser dann Zugang zu dieser Welt mittels des Textes erlangt, will er in I-Texten vor allem die wirkliche Welt beschreiben, er will schildern, was in einer realen Zeit an einem realen Ort geschehen ist. Die von ihm beschriebene Welt basiert dabei auf dem aus verschiedenen Quellen oder aufgrund von persönlichen Erfahrungen gesammelten Material. Die kreative Arbeit des Autors besteht in der Darstellung des Faktums, genauer in seiner künstlerischen Darstellung: „nikoliv však v jeho syrové formě, v jeho prostém uvedení na scénu, nýbrž v jeho ojedinělém reflektorickém nasvícení, tedy fakt v jeho ozvláštněnosti. Kolem faktu splétá autor celé předivo událostí a jejich souvztažností."[110] In dieser Strukturierung und Gestaltung der Fakten zeigen sich – so Jaromír Adlt in seiner Studie – zwei Tendenzen: Die erste ist die rationale, die auf Objektivität und Neutralität der Darstellung basiert; die zweite kann als existenzielle bezeichnet werden, sie ist auf Emotionalität, subjektiven Zugang und den Autor ausgerichtet.[111] Die für die *literatura faktu* markante Oszillation zwischen den Gattungen – der Fachliteratur (Betonung der kognitiven Funktion) und der künstlerischen Literatur (Darstellung der Fakten mittels durch den Autor entwickelten Verfremdungsverfahren) – ist auch für Weils Schaffen prägend.

Generell lässt sich also behaupten, dass die *literatura faktu*, die von LEF propagiert wurde, für Weil in seiner Schaffensperiode vor dem Zweiten Weltkrieg zu einer ästhetischen Norm geworden ist.

---

[110] Adlt, Jaromír. 2003³: „Literatura faktu jako svébytný literární žánr (Pokus o interpretaci)" (Literatur des Faktums als eine spezifische literarische Gattung [Versuch einer Interpretation], in: Halada, Jan (Hg.): *Slovník klubu českých a slovenských autorů literatury faktu*. Praha: Vydavatelství 999 Pelhřimov, 8–28, hier 16. (nicht in seiner rohen Form, in seiner einfachen Einführung auf die Szene, sondern in seiner einzigartigen reflektorischen Beleuchtung, also das Faktum in seiner Verfremdung. Um das Faktum herum webt der Autor ein ganzes Nest von Ereignissen und Wechselbeziehungen.)

[111] Adlt 2003, 27.

Dass Weil mit der theoretischen Konzeption von Linksfrontlern bestens vertraut war, zeigt er beispielsweise deutlich in seinem Artikel aus den späten 1920er Jahren über den sowjetischen Schriftsteller und Literaturwissenschaftler Jurij Tynjanov. Laut Weil ist gerade die künstlerische Reportage zu einer Grundgattung der neuen russischen Literatur geworden. Dabei sollen die Fakten so dargestellt werden, dass sie als künstlerisch wahrgenommen werden:

> Zamilovali jsme si fakta a povýšili je na literaturu. [...] Ruská nová literatura prožívá druhou fási vývoje. První fásí bylo rozbití starého realistického románu [...]. Druhou fásí je literatura faktu – umělecká reportáž. [...] Je tedy jeho [Tynjanovou, poznámka M. B.] úlohou dáti hovořiti faktům – rozvíjeti fakta tak, jako by byl rozvíjen děj, postaviti skutečný materiál do takového světla, aby byl pociťován jako umělecký.[112]

In einem anderen Artikel – „Vznik LEFu" (Die Entstehung von LEF), den er 1927–1928 in der tschechischen avantgardistischen Zeitschrift *Revue Devětsil* publizierte,[113] geht Weil auf die Entstehungsgeschichte und Wurzeln dieser sowjetischen künstlerischen Organisation ein.[114] Detailliert beschreibt er auch die aktuelle Lage in der Organisation und Tätigkeiten der Mitglieder. Er hebt ihre Bedeutung nicht nur für die sowjetische, sondern auch für die europäische Kunst hervor und bezeichnet LEF als „jedinou pevnou a

---

[112] „O Jiřím Tynjanovu" (Über Jurij Tynjanov), in: *Kmen* 1928–29/2:10, 201–203. (Wir haben uns in Fakta verliebt und diese zur Literatur erhoben. [...] Die neue russische Literatur erlebt gerade die zweite Phase ihrer Entwicklung. Die erste Phase war das Zerschlagen des alten realistischen Romans [...]. Die zweite Phase ist die Literatur des Faktums – die künstlerische Reportage. [...] Es ist also seine [Tynjanovs, Anmerkung von mir, M. B.] Aufgabe, die Fakta sprechen zu lassen – die Fakta so zu entfalten, als ob sich die Handlung entfalten würde, echten Stoff in so ein Licht zu stellen, dass man ihn als einen künstlerischen wahrnimmt.)

[113] „Vznik LEFu", in: *ReD* 1927–28/1:2, 83–85.

[114] Zur Demonstration möge folgende Passage diesen: „LEF vzniká z ohnisek umělecké levice – z divadla Meiercholdova a jeho herecké školy, z Vchutemasu, ze školy futuristů a konstruktivistů, z moderní školy filologů ‚Opojaz' aj." („Vznik LEFu", 83.) (LEF entsteht aus den Brennpunkten der künstlerischen Linken – aus dem Theater Mejerchol'ds und seiner Theaterschule, aus Vchutemas, aus der Schule der Futuristen und Konstruktivisten, aus der modernen Schule der Philologen „OPOJAZ" u. a.)

cílevědomou organisací levého umění v Evropě, jejíž vliv se neomezuje jen na umělecký život, nýbrž zasahuje hluboko do veškerého života jediného proletářského státu".[115]

Es lässt sich ebenfalls nachweisen, dass Jiří Weil einige leitende Figuren der LEF-Gruppe, nämlich Osip Brik und Vladimir Majakovskij,[116] persönlich gekannt hat. Slávka Vondráčková berichtet von Weils Aufenthalt in der Sowjetunion im Jahr 1921: „V té době se dostane Jirka prostřednictvím mise do SSSR, seznámí se tu s Osipem Brikem, s Majakovským a jeho učitelem malířem symbolistou Burljukem."[117] Weil hat ebenfalls den bedeutenden sowjeti-

---

[115] „Vznik LEFu", 85. ([...] einzige feste und zielorientierte Organisation der linken Kunst in Europa, deren Einfluss sich nicht nur auf das künstlerische Leben beschränkt, sondern auch tief in gesamte Sphären im Leben im einzigen proletarischen Staat eingreift.)

[116] Vladimir Majakovskij war ebenfalls einer der ersten sowjetischen Schriftsteller, die Weil ins Tschechische übersetzt hat. Er hat einige Gedichte, Reden oder auch Reiseberichte Majakovskijs übersetzt: Als Beispiel mögen folgende Übersetzungen dienen: Majakovskij, Vladimir V. 1932: „levý pochod" (Der linke Marsch), in Weil, Jiří (Hg.). 1932: *Sborník sovětské revoluční poesie*. Praha: K. Borecký, 48–49; Majakovskij, Vladimir V. 1937. *Mexiko – New York – Praha*. Praha: Lidová kultura. Majakovskij, Vladimir V. 1920: „Levý pochod. Rozviňte řady" (Der linke Marsch. Entfaltet die Reihen), in: *Kmen* 1920/4:37, 433; Majakovskij, Vladimir V. 1921: „Jdeme. Kdo jste?" (Wir gehen. Wer seid ihr?), in: *Kmen* 1921/4:43, 505. Nähere Informationen zur Qualität von Weils Übersetzungen sind zwei Abhandlungen von Stanislav Cita zu entnehmen: „Dílo Vladimíra Majakovského v českých překladech" (Das Werk von Vladimir Majakovskij in den tschechischen Übersetzungen), in: *Sovětská literatura* 1983/7, 126–137 sowie „K prvním českým překladům básní Vladimíra Majakovského (Jiří Weil a František Kubka)" (Zu den ersten tschechischen Übersetzungen der Gedichte von Vladimir Majakovskij [Jiří Weil und František Kubka]), in: *Československá rusistika* 1985/30:2, 56–61.
Majakovskijs Tod 1930 hat Weil schwer getroffen, er thematisiert ihn in mehreren tschechischen Periodika: „O Majakovském" (Über Majakovskij), in: *Signál* 1930/36, 1; „O Majakovském" (Über Majakovskij), in: *Tvorba* 1930/5:16, 246 oder „Majakovskij na soudu dějin" (Majakovskij im Weltgericht), in: *Tvorba* 1936/11:16, 246; 1936/11:17, 266–267.

[117] Vondráčková, Jaroslava. 2014: *Mrazilo – tálo*. Praha: Torst, 14. (In dieser Zeit kommt Jirka [Jiří Weil, Anmerkung von mir, M. B.] mit der Mission in die UdSSR, er lernt dort Osip Brik, Majakovskij und seinen Lehrer, den symbolistischen Maler Burljuk, kennen.)

schen Schriftsteller und Literaturtheoretiker Viktor Šklovskij persönlich kennengelernt. Er hat im Jahr 1928 einige Tage bzw. Abende bei ihm in Moskau verbracht.[118]

Dass Weil auch die Losung der LEF-Schriftsteller nicht unbekannt war, zeigt sich in seinem Artikel in *Literární noviny* vom Jahr 1936, „Český Puškin" (Der tschechische Puškin), in dem er die tschechische Übersetzung Puškins von Petr Křička rezensiert hat.[119] Weil beruft sich dort auf Majakovskij als Schüler Puškins und zitiert die futuristische Parole: „Lasst uns Puškin vom Dampfer der Gegenwart stürzen!"[120]

In seinen Texten hat Weil auch die von den Linksfrontlern entwickelte Theorie des „sozialen Auftrags" praktisch umgesetzt. Diese ist damals zu einem zentralen Gegenstand der literarischen Debatten geworden. Der „soziale Auftrag" wurde – laut Guski – folgendermaßen verstanden:

> Durch Übertragung der „Wechselbeziehungen", die in allen anderen Produktionsbranchen existieren, auf das literarisch-künstlerische Schaffen (O. Brik) sollte der soziale Nutzen von Texten sichergestellt werden. Im Rückgriff auf alte Proletkul't-Modelle und Arvatovs Theorie der Produktionskunst wurden die Arbeiter ermuntert, ihre Alltagserfahrungen zu Papier zu bringen. Dabei konnte man sich organisatorisch auf die Arbeiter-und-Bau-

---

[118] Dies belegt unter anderem Weils Artikel „Večery u Viktora Šklovského v devátém patře se schodištěm toulavých koček" (Abende bei Viktor Šklovskij im neunten Stock mit Treppenhaus voll von Streuenerkatzen), in: *Signál* 1928-29/1, 216–218, in dem er schildert, wie Šklovskij in seiner berühmten Wohnung im Zentrum Moskaus jeden Abend Gäste aufnahm und wie vielseitig er war; Weil erinnert ebenfalls daran, dass Šklovskij einige Male in der Tschechoslowakei war. Eine Variante dieser Erinnerung findet man ebenfalls im Artikel „Sentimentální cesta Viktora Šklovského" (Die sentimentale Reise von Viktor Šklovskij), in: *Tvorba* 1933/8:16, 250–251, in dem er auf die gerade erschienene tschechische Übersetzung des Buches Šklovskijs eingeht, dieses dann in einen historischen Kontext setzt und es trotz einiger Irrtümer – so Weil – als Zeugnis gegen die Kritiker verteidigt.
[119] „Český Puškin", in: *Literární noviny* 1936/9:7–8, 5.
[120] Weil zitiert die Losung allerdings als „Svrhněte Puškina z lodě současnosti", in der deutschen Übersetzung also als „Lasst uns Puškin vom Schiff der Gegenwart stürzen"– und nicht vom Dampfer der Gegenwart. „Český Puškin", 5.

ernkorrespondenten-Bewegung und auf Gor'kijs Großprojekt „Die Geschichte der Fabriken und Betriebe"[121] stützen. Umgekehrt sollten professionelle Autoren durch die Tätigkeit in Fabriken oder Kolchosen eine neue Rolle einüben: die des „operativen Schriftstellers", der Kopf- und Handarbeit vereint.[122]

Weil war mit dem Konzept des „sozialen Auftrags" sehr wohl vertraut, wie eine Serie von fünf Artikeln unter dem Titel „Sociální objednávka Jos. Kajetána Tyla" (Der soziale Auftrag von Jos. Kajetán Tyl) zeigt, die er 1932 in *Tvorba* publiziert hat.[123] Er war an diesem Thema sehr interessiert und wollte sich damit in größerem Umfang auseinandersetzen, wie die Anmerkung im ersten der Artikel belegt: „Tato stať je pouhým náčrtkem k chystané větší práci o sociální objednávce v dějinách české literatury."[124] Weil geht in diesem Artikel auf die theoretischen Abhandlungen Tyls über den

---

[121] Im Januar 1935 publizierte Weil in *Tvorba* seinen Artikel „Dějiny závodů" (Die Geschichte der Betriebe). Er erklärte darin, was dieses vom Maksim Gor'kij geprägte Konzept bedeutet: die Schilderung der Entstehung der einzelnen Betriebe und Fabriken sowie dementsprechend auch die Herausbildung der Schicht des aufgeklärten Proletariats. Beim Verfassen dieser Publikationen griff man auf Erinnerungen und Tagebücher der Arbeiter zurück. Gleichzeitig war es wichtig, dass die Geschichte in einer Form verfasst wird, die nicht nur die Fachmänner, sondern vor allem die einfachen sowjetischen Bürger verstehen sollten, gleichzeitig mussten sie auch im Einklang mit der Ideologie des Marxismus-Leninismus stehen. Die Geschichte der Betriebe ist ein kollektives Werk: „Je to práce obrovská, ale tvoří ji celý kolektiv, dějiny závodů píší všichni, celá osazenstva závodů. Tento materiál je pak tříděn a dáván k zpracování odborníkům, spisovatelům, historikům, kteří prozkoumávají i jiné materiály, kontrolují vzpomínkový materiál [....]." (Es ist ein riesiges Werk, es wird jedoch vom Kollektiv erschaffen, die Geschichte der Betriebe wird von allen geschrieben, von ganzen Belegschaften der Betriebe. Dieses Material wird dann sortiert und zum weiteren Aufarbeiten den Fachmännern, den Schriftstellern, den Historikern gegeben, die auch anderes Material untersuchen, die das Erinnerungsmaterial kontrollieren [...]). Siehe „Dějiny závodů", in: *Tvorba* 1935/10:4, 56–58.

[122] Guski, Andreas. 2011²: „Von der Avantgarde zur Gleichschaltung der Literatur (1917-1934)", in: Engel, Christine/Guski, Andreas/Kissel, Wolfgang et al. (Hg.): *Russische Literaturgeschichte*. Stuttgart – Weimar: Metzler, 290–335, hier 316.

[123] „Sociální objednávka Jos. Kajetána Tyla", in: *Tvorba* 1932/7:23, 363–364; 1932/7:24, 380; 1932/7:25, 394–395; 1932/7:26, 413–414; 1932/7:27, 428–429.

[124] „Sociální objednávka Jos. Kajetána Tyla", 363. (Dieser Artikel ist lediglich eine Skizze zu einer geplanten größeren Arbeit über den sozialen Auftrag in der Geschichte der tschechischen Literatur.)

tschechischen Dichter Karel Hynek Mácha ein und behauptet, Tyl hätte Mácha nicht deshalb kritisiert, weil dieser ein schlechter Dichter wäre, sondern weil seine Gedichte nur bedingt einen nationalen Charakter aufweisen würden und wenig patriotisch seien, ergo kritisierte er ihn aus der Perspektive des sozialen Auftrags.[125] Er bezeichnet Tyl in seinem Artikel als einen Vertreter der Klasseninteressen der tschechischen und auch der deutschen Bourgeoisie. Interessant ist vor allem der vierte Artikel, in dem sich Weil mit Tyls Einstellung gegenüber der Industrialisierung beschäftigt. Er nennt hier einige Namen der tschechischen und österreichischen Industriellen des 19. Jahrhunderts, wie den des Textilfabrikanten Moses Porges von Portheim, und geht auf die Entwicklung der Textil- und Druckerindustrie in Böhmen ein. Dies ist insofern von besonderer Relevanz, als Weil später einige Romane zu diesem Thema schrieb – z. B. „Perrotina, mašina chlebozloděská" (Perrotine, die brotraubende Maschine), „Tiskařská romance" (Druckerromanze) oder „Špitálská brána" (Spitaltor) –, von denen es heutzutage nur Typoskripte oder handschriftliche Aufzeichnungen in seinem Nachlass gibt. Der einzige zu diesem Thema publizierte Text ist der 1958 erschienene Roman *Harfeník* (Der Harfenist). Die Artikel zum sozialen Auftrag von J. K. Tyl in *Tvorba* belegen freilich, dass Weil dieses Thema über mehrere Jahrzehnte mit sich getragen hat. An dieser Stelle gehört anzumerken, dass in den 1950er Jahren das Konzept des „sozialen Auftrags" genauso wie die gesamte Theorie des sozialistischen Realismus bereits dogmatisch postuliert wurde, während in den 1930er Jahren noch eine Kontinuität zwischen der avantgardistischen Auffassung und diesen Konzepten bestand.

Man findet noch weitere Berührungspunkte zwischen der theoretischen Konzeption der LEF und Weils Texten. Für einen der wichtigsten kann man den Antipsychologismus halten, der sich vor allem bei der Gestaltung der Figuren abzeichnet. Laut Milan Hrala hängt dies mit der Orientierung auf die Sache selbst zusammen, die vom konventionellen Gebrauch befreit wird, sowie mit der Gesamtunterdrückung der Persönlichkeit zugunsten der künstlerischen Gestaltung des Werkes:

---

[125] Siehe „Sociální objednávka Jos. Kajetána Tyla", 380.

Vyplývá samozřejmě z původní futuristické věcnosti, orientace na holou věc, osvobozenou z konvenčního užívání a vnímání ozvláštněním. Souvisí to také s celkovým potlačením osobnosti [...] ve prospěch obnažené objektivní umělecké výstavby díla, s úsilím [...] dosáhnout přímého sepětí mezi věcí a celkem světa bez zprostředkující účasti psychologicky reflektujícího subjektu nebo psychologicky podané „prožívající" epické postavy.[126]

Die Tendenz zum Antipsychologismus ist markant vor allem in Weils Vorkriegsschaffen und auch in einigen Erzählungen. Die Verbindung des Schriftstellers zu LEF sieht auch der Rezensent der deutschen Ausgabe von Weils Erzählungen, Andreas Ohme. Seine Erzählung „Busta básníkova" lässt sich laut Ohme als ein

Plädoyer für eine engagierte Literatur lesen, wie sie in der Sowjetunion insbesondere der Novy LEF [...] Ende der 1920er Jahre mit seiner auf Faktografie (literatura fakta) abzielenden Poetik verfolgte. Und es ist genau diese Poetik, die Weils Werk der 1920er und 1930er Jahre – und damit auch seine Reiseskizzen selbst – nachhaltig beeinflusst hat.[127]

3.2.3 Reportagen

Bedarf die Gestaltung der Wahrheit keiner Phantasie?
E. E. Kisch[128]

3.2.3.1 Einleitung

Im *Handbuch der literarischen Gattungen* wird die Reportage als „ein narrativer Bericht über reale Ereignisse, Zustände oder Personen, der separat (in Zeitungen und Zeitschriften) veröffentlicht oder in einen zyklischen thematischen Zusammenhang (Reportagen-

---

[126] Hrala 1983, 28. (Er [der Antipsychologismus] geht natürlich aus der ursprünglichen futuristischen Sachlichkeit hervor, aus der Orientierung auf die Sache selbst, die von der konventionellen Benützung befreit wird, sowie aus der Wahrnehmnung der Verfremdung. Es hängt auch mit der gänzlichen Unterdrückung der Persönlichkeit [...] zugunsten der entblößten objektiven künstlerischen Gestaltung des Werkes, mit den Bemühungen [...] eine enge Verbindung der Sache mit dem Rest der Welt, ohne der vermittelnden Teilnahme eines psychologisch reflektierenden Subjektes oder einer psychologisch dargestellten „erlebenden" epischen Figur zusammen.)
[127] Ohme, Andreas. 2010: „,Sechs Tiger in Basel'. Zur Kurzprosa Jiří Weils", in: *Bohemia* 2010/50:1, 232–236, hier 233.
[128] Kisch, Egon Erwin. 1984[5]: „Von der Reportage", in: *Marktplatz der Sensationen. Entdeckungen in Mexico*. Berlin – Weimar: Aufbau-Verlag, 277–286, 279.

sammlung) eingegliedert wird",[129] charakterisiert. „Im Zentrum der Reportage steht das erzählte Faktum, jedoch wird häufig auch die Rolle des berichtenden Reporters thematisiert. In vielen Fällen ist zudem das Sammeln des berichteten Materials selbst Teil der Narration, es kann aber auch implizit bleiben".[130] Jakobi spricht hier von einem „narrativen Bericht", also von einem Erzähltext, der auf „reale[ ] Ereignisse[ ], Zustände[ ] oder Personen" referiert. Seine Auffassung der Reportage nennt zwar die wesentlichen Züge dieser Gattung, bleibt dabei jedoch auf einem sehr allgemeinen Niveau. Dagmar Mocná hingegen wird in ihrer Definition der Reportage viel konkreter, sie beschreibt die Reportage als

> **Publicisticko-beletristický žánr** podávající očité svědectví o aktuálních **společenských jevech.** V soustavě literárních žánrů spadá do oblasti **literatury faktu,** kladoucí důraz na faktografičnost a ověřitelnost informací.[131]

Mocná gibt in ihrer Charakteristik der Reportage ausführlich noch weitere Merkmale dieser Gattung an: Die Reportage ist laut ihr „zaměřena ke konkrétnímu časoprostoru současnosti (s možným přesahem do minulosti) zalidněnému reálnými osobami."[132] Für die Reportage ist typisch „věcnost, zvýšená frekvence časových určení, místních názvů, sociálně, profesně či regionálně specifických výrazů."[133] Um die Reportage schreiben zu können – so Mocná – muss der Autor auf die Sicherheit seines Büros verzichten, er muss reisen, um Neues zu erfahren und kennenzulernen. Die

---

[129] Jakobi, Carsten. 2009: „Reportage", in: Lamping, Dieter (Hg.): *Handbuch der literarischen Gattungen*. Stuttgart: Kröner, 601–605, hier 601.
[130] Ibidem.
[131] Mocná, Dagmar. 2004: „Reportáž", in: Mocná, Dagmar/Peterka, Josef (Hg.): *Encyklopedie literárních žánrů*. Praha – Litomyšl: Paseka, 568–573, 568; Hervorhebungen im Original. (**publizistisch-belletristische Gattung, die Augenzeugenschaft über die aktuellen gesellschaftlichen Phänomene abgibt.** Im Ensemble der literarischen Gattungen fällt sie in den Bereich der **Literatur des Faktums,** die auf die Faktographie und Verifizierbarkeit der Informationen fokussiert.)
[132] Mocná 2004, 568. (bezieht sich auf einen konkreten Zeitraum der Gegenwart [mit einer möglichen Überlappung mit dem Vergangenen], der durch reale Personen bevölkert ist.)
[133] Ibidem. (Sachlichkeit, erhöhte Frequenz der Zeit- und Ortsangaben, soziale, berufs- oder regional spezifische Bezeichnungen.)

Entstehung der Reportage setzt also einen „riskierenden" Verfasser voraus.[134] Zu weiteren Merkmalen derselben gehört:

> Reportér – **vypravěč** – splývá s osobou autora a prezentuje se zpravidla v první osobě singuláru. [...] V primární podobě je žánrem publicistickým, který se ve specifických případech **literarizuje**: směřuje k rafinovanější stylizaci, zážitkovosti, výpravnosti, dynamizaci, úvahovosti [...], ke **knižní prezentaci** a v souvislosti s ní k větším, tematicky profilovaným a záměrně komponovaných cyklům.[135]

Laut Mocná vermischen sich in der Reportage „**tři různé způsoby reference** o skutečnosti: prosté zpravodajství, odborná studie [...] a povídková narace. V podmínkách ideologické konfrontace se tak stává klíčovou, autorsky prožívanou a často diskutovanou hodnotou objektivní **pravdivost reportáže**."[136]

Bei genauerer Betrachtung von Weils Reportagen unter Berücksichtigung der oben genannten Merkmale der Gattung „Reportage" kann man festhalten, dass diese von einer „klassischen" Reportage im Sinne Mocnás kaum abweichen. Sie referieren auf reale Orte, Personen und Ereignisse, wobei sie auf der Augenzeugenschaft des „riskierenden" Autors basieren. Für Weils Reportagen ist es ebenfalls typisch, dass sie sich durch eine Fülle von lokalen Ortsangaben und diversen spezifischen Bezeichnungen auszeichnen (dies ist vor allem bei den Reportagen aus Zentralasien der Fall). Sein Reportagestil ist zwar sehr sachlich, einige Reportagen – vor allem diejenigen, die in Buchform publiziert wurden – wurden mehr literarisiert. Der Grad der Literarisiertheit der faktualen Texte

---

[134] Ibidem.
[135] Ibidem; Hervorhebungen im Original. (Der Reporter – **der Erzähler – verschmilzt mit der Person des Autors** und häufig präsentiert sich in der ersten Person Singular. [...] In ihrer primären Gestalt gilt sie als eine Gattung der Publizistik, die in einigen spezifischen Fällen **literarisiert wird**: Dies führt dann zu einer raffinierteren Stilisierung, einer Fülle an Ereignissen und Überlegungen, zu größerer Ausstattung, Dynamisierung [...] bis zur **Buchform** und im Zusammenhang damit zu größeren, thematisch stärker profilierten und absichtlich komponierten Zyklen.)
[136] Ibidem; Hervorhebungen im Original. (drei **verschiedene Arten der Referenz** auf die Wirklichkeit: eine bloße Berichterstattung, eine Fachabhandlung [...] sowie ein Erzählnarrativ. Im Falle der ideologischen Konfrontation spielt dann **der Wahrheitsgehalt** der Reportagen die Schlüsselrolle.)

Weils als Übergang zu den fiktionalen Texten ist ein Thema des Kapitels „Transformationen".

In der Tschechoslowakei der Zwischenkriegszeit war eine reiche Reportageproduktion entstanden,[137] und zwar vorwiegend in den linken, kommunistisch orientierten Kreisen, die aus der Gattung ein wirksames Propagandamittel machten. Dies ist auch einer der Gründe, warum Reportagen aus der UdSSR dominierten.[138] Wie aus der beschriebenen Charakteristik der tschechischen Reportage der 1920er und 1930er Jahre hervorgeht, bildete Weils Reportageschaffen, das einen großen Teil seines Gesamtœuvres ausmacht, in dieser Hinsicht keine Ausnahme, sondern entsprach dem Geist der damaligen Zeit.

Der Auslöser für die Entstehung der Reportagen waren immer seine Reisen, seien es „nur" die auf dem Territorium der Tschechoslowakei, die ihn z. B. in die Stadt Most (Brüx) und Umgebung geführt haben, wo sich damals ein großes Braunkohlegebiet befand und wo er die rebellierenden Bergarbeiter besuchte und anschließend über ihre Schicksale berichtete. Oder seien es seine Reisen ins Ausland, bei denen er nicht nur die relativ nahen europäischen Länder wie die Schweiz, Frankreich oder Polen, sondern auch exotische Länder im fernen Osten wie Kirgisistan oder Kasachstan bereiste. Die Eindrücke von seinen Reisen zeichnete er – so fordert es

---

[137] Die Reisen der tschechoslowakischen Intellektuellen in der Zwischenkriegszeit nach Sowjetrussland beschreibt eine umfangreiche im Jahr 2017 erschienene Publikation: Šimová, Kateřina/Kolenovská, Daniela/Drápala, Milan (Hg.). 2017: *Cesty do utopie. Sovětské Rusko ve svědectvích meziválečných československých intelektuálů*. Praha: Prostor. Jiří Weil ist dort mit seinem Roman *Moskva – hranice* und seinem Reportagenbuch *Češi stavějí v zemi pětiletek* vertreten.

[138] Vgl. Mocná 2004, 568. Außer Weil berichteten aus der UdSSR vor allem Julius Fučík (*V zemi milované*, 1947 [Im geliebten Land] oder *V zemi, kde zítra znamená již včera*, 1932 [Im Land, wo gestern bereits morgen bedeutet]), Marie Majerová (*Den po revoluci*, 1925 [Ein Tag nach der Revolution]) sowie Marie Pujmanová (*Pohled do nové země*, 1932 [Ein Blick in ein neues Land]). Ähnlich wie Weil hat auch der slowakische Schriftsteller Peter Jilemnický die UdSSR mehrfach für längere Zeit besucht, unter anderem war er wie Weil auch in der Kommune *Interhelpo*. Seine Eindrücke hat Jilemnický ebenfalls in einer Reihe von Reportagen festgehalten, die er im Buch *Dva roky v krajine sovietov* (Zwei Jahre im Land der Sowjets, Erstausgabe 1929) publiziert hat.

auch die Gattung – gründlich und wahrheitsgetreu auf. Im folgenden Kapitel werden bislang sechsundfünfzig ermittelte Reportagen Weils aus allen seinen Schaffensperioden in acht Bereiche, nach Land und der Zeit der Reise, eingeteilt und ausführlich beschrieben. Dabei kommen zuerst die Reportagen, die nach den Reisen in seiner Heimat entstanden sind, danach – in chronologischer Reihenfolge – seine Reportagen aus dem Ausland. An dieser Stelle ist anzumerken, dass Weils Reportagen bis *dato* noch nie zusammengefasst oder charakterisiert worden sind. Dieses Kapitel stellt also den ersten Versuch dieser Art dar.

3.2.3.2 Tschechoslowakei/Most und die Bergarbeiterbewegung

Weil besuchte das Braunkohlegebiet im Norden Böhmens gleich zwei Mal. Sein erster Besuch, belegt durch einige Fotografien[139] in seinem Nachlass, fiel in die erste Hälfte der 1930er Jahre, konkret in das Jahr 1932, als es in diesem Gebiet zu einem großen Aufstand der Bergarbeiter kam. Die angespannte Lage während der Wirtschaftskrise Anfang der 1930er Jahre, die wachsende Organisiertheit der Arbeiterbewegung und schließlich das Unglück im Schacht Koh-I-Noor am 15. März 1932,[140] bei dem acht Bergmänner ums Leben gekommen waren, und anschließende Entlassungen von mehreren hundert Bergarbeitern führten zu einer der größten Streikwellen der tschechischen Bergarbeiter überhaupt. Diese Streikwelle ist in die tschechische Geschichte als „Velká mostecká stávka" (Der große Brüxer Streik) eingegangen. Er dauerte zirka einen Monat (von Mitte März bis Mitte April 1932) und stieß auf große Resonanz in der tschechischen Presse und bei den tschechischen Literaten. Zeitweilig zogen die Redakteure (z. B. Julius Fučík oder Géza

---

[139] Auf der Fotografie, auf der Rückseite datiert mit 1932, ist Weil unter anderen mit Václav Marat, genannt „Rudý Marat" (Roter Marat), abgebildet, der eine der leitenden Figuren dieses Streiks war.

[140] Králová, Kateřina. 2007: „Velká mostecká stávka optikou dobových deníků" (Der große Brüxer Streik durch die Optik der zeitgenössischen Presse), (Bachelorarbeit) https://is.muni.cz/th/102882/fss_b/Bakalarska_prace_naostro.pdf (zuletzt aufgerufen am 10.05.2019), 24.

Včelička) der tschechischen Zeitungen sogar in den Norden Böhmens, um von dort über das aktuelle Geschehen berichten zu können. Es ist erstaunlich, dass aus dieser Zeit von Weil, obwohl er – wie die Fotografien und die Erinnerungen seiner Freundin, Slávka Vondráčková,[141] belegen – ebenfalls vor Ort und mit den Ereignissen vertraut war, keine Reportagen vorliegen. Falls man keine weiteren Berichte oder Reportagen, die das Geschehen in Brüx dokumentieren, findet, wäre dies einer der seltenen Fälle, in denen er das Geschehene nur in fiktionalen Texten aufgreift. Zu diesem Streik schrieb Weil nämlich die Erzählung „O korunu a lásku" (Um die Krone und die Liebe),[142] deren Hauptprotagonist der bereits erwähnte Venca Marat ist. Dass ihn das Thema des Brüxer Streiks in-

---

[141] In ihren Erinnerungen an Jiří Weil *Mrazilo – tálo* schreibt sie: „Do Mostu jezdily stále delegace na pomoc stávkujícím horníkům. Hlavně Fučík, ten byl stále mezi horníky, potloukal se po schůzích, prolézal kdeco, účastnil se obsazování dolů a psal burcující články. [...] Jirka Weil a dr. Paulus z brněnské Levé fronty byli mezi těmi, kteří se do výpravy nedostali. Jirka s dr. Paulusem přilítli za mnou na Klikovku: ‚Pozítří se jede do Mostu!' Pozítří jsem nabrala benzín, přibrali jsme Lídu Cekotovou z Tvorby a jelo se. [...] Zastavovali jsme u hospod, zašli tam za námi dělníci a horníci. Tak jsem poznala Vencu – Rudého Marata a mnoho jiných. [...] Levý tisk o tom zájezdu intelektuálů psal a smířlivě tam byli uvedeni: dr. Jiří Weil za pražskou Levou frontu a dr. Paulus za brněnskou. [...] Weil se k této době vrací ve filmovém scénáři *O korunu a lásku*, tam ale Venca – Rudý Marat vystupuje jen v té své anarchistické minulosti." (Vondráčková 2014, 41–43)
(Nach Most fuhren stets Delegationen, um die streikenden Bergarbeiter zu unterstützen. Vor allem Fučík, er war ständig bei den Bergleuten, trieb sich bei den Meetings herum, klapperte alles Mögliche ab, nahm an der Besetzung der Schächte teil und schrieb aufrüttelnde Artikel. [...] Jirka Weil und Dr. Paulus von der Brünner Linken Front waren unter diesen, die in diese Delegation nicht hineingekommen waren. Sie kamen zu mir auf die Klikovka: „Übermorgen fahren wir nach Most!" Und wir fuhren. Zwei Tage später tankte ich, wir nahmen noch Lída Cekotová aus Tvorba mit und wir fuhren. [...] Wir hielten bei den Kneipen an, dort kamen die Arbeiter und die Bergleute zu uns. So lernte ich Venca – den Roten Marat – und viele andere kennen. [...] Die linke Presse hat über diese Reise der Intellektuellen berichtet und versöhnlich wurden dort Dr. Jiří Weil für die Prager Linke Front und Dr. Paulus für die Brünner Linke Front angegeben. [...] Weil kehrt zu dieser Zeit in seinem Filmdrehbuch *Um die Krone und die Liebe* zurück, dort erscheint Venca – der Rote Marat – ausschließlich in seiner anarchistischen Vergangenheit.)
[142] Diese Erzählung wurde zum ersten Mal im Erzählband *Mír* (Frieden) im Jahr 1949 publiziert.

tensiv beschäftigte, belegen ebenfalls Texte, die sich im *Národní filmový archiv* (Nationales Filmarchiv) befinden. Sie zeigen, dass Weil ein Filmdrehbuch zu diesem Thema geschrieben hat. Die erste Version des Drehbuchs stammt bereits von Dezember 1948 und trägt den gleichen Titel wie die ein Jahr später publizierte Erzählung: „O korunu a lásku". In der Kurzbeschreibung dieses 30-seitigen Textes heißt es: „Filmové zpracování skutečné události z historie dělnického hnutí" (Filmische Aufarbeitung eines wirklichen Ereignisses aus der Geschichte der Arbeiterbewegung). Die zweite Version, die einige Monate später (Januar 1949) entstanden ist und ebenfalls ca. 30 Seiten umfasst, heißt „Jiskra z Koh-i-nooru" (Der Funke von Koh-I-Noor) und trägt die Gattungsbezeichnung „Filmová povídka" (Filmerzählung). Die dritte und umfangreichste Version (173 Seiten) von August 1949 stellt ein komplettes Filmdrehbuch dar und wurde „Na severu hoří" (Im Norden brennt es) benannt.[143]

Zum zweiten Mal besuchte Weil das Braunkohlegebiet nach dem Krieg 1946 besucht. Von diesem Aufenthalt stammen drei Reportagen aus dem gleichen Jahr, die alle in *Kulturní politika* publiziert wurden.[144] In der ersten Reportage, „**Pracovat, budovat a žít. Mostecké uhlí**" (Arbeiten, aufbauen und leben. Brüxer Kohle), erinnert sich Weil an seinen ersten Besuch in dieser Gegend, an die streikenden Bergarbeiter, an die teilweise blutige Unterdrückung

---

[143] Auf dem zweiten Blatt dieses Drehbuchs befindet sich folgende Notiz: „tento námět byl odměněn cenou v soutěži Čsl. státního filmu z roku 1948 pod názvem ‚O korunu a lásku'. Při přepracování ve filmovou povídku, která byla v únoru 1949 předložena Ústřední dramaturgii a Filmové radě byl volen J. Weilem titul ‚Jiskra z Koh-i-nooru'. Toto poznamenáváme k uvědomění si souvislosti." (Diese Geschichte wurde im Wettbewerb des Tschechoslowakischen Staatsfilms im Jahr 1948 unter dem Titel „O korunu a lásku" eingereicht und mit einem Preis ausgezeichnet. Bei der Umarbeitung in eine Filmerzählung, die im Februar der Zentralen Dramaturgie und dem Filmrat vorgelegt wurde, hat J. Weil den Titel „Der Funke von Koh-I-Noor" gewählt. Dies merken wir zur Verdeutlichung der Zusammenhänge an.)

[144] Zu diesem Thema hat Weil insgesamt drei Reportagen in der Wochenzeitschrift *Kulturní politika* publiziert: „Pracovat, budovat a žít. Mostecké uhlí" (Arbeiten, aufbauen und leben. Brüxer Kohle), in: *Kulturní politika* 1946/1:35, 7; „Pracovat, budovat a žít. Brigády" (Arbeiten, aufbauen und leben. Die Brigaden), in: *Kulturní politika* 1946/1:36, 4 sowie „Pracovat, budovat a žít. Moc nového řádu" (Arbeiten, aufbauen und leben. Die Macht der neuen Ordnung), in: *Kulturní politika* 1946/1:37, 4.

des Aufstandes und an seinen Freund Julius Fučík, der damals – so Weil – „seine besten Reportagen"[145] geschrieben habe. Er schwärmt für die dem tschechischen Staat gegenüber loyalen Bergarbeiter, die sich dafür eingesetzt hätten, dass die Schächte auch die Zeiten der Befreiung ohne Schaden überstanden hätten und kurz darauf wieder voll funktionsfähig gewesen seien. Was jedoch die Schächte endgültig gerettet habe, war Weil zufolge ihre Verstaatlichung. Am Ende der Reportage hebt er die verbesserten Lebensbedingungen der Bergarbeiter heute hervor und erwähnt die moderne und große Bibliothek in Most, in der jedoch Bücher fehlten, da diese während der Okkupation vernichtet worden seien.

Die zweite Reportage „**Pracovat, budovat a žít. Brigády**" (Arbeiten, aufbauen und leben. Die Brigaden) beginnt erneut mit einer Retrospektive. Weil blickt in das Jahr 1933 zurück: Most sei damals eine traurige graue Stadt gewesen, die Streiks von 1932 seien unterdrückt worden und den Bergarbeitern sei es noch schlechter als je zuvor ergangen. Sie hätten die Grube nur drei Mal in der Woche befahren dürfen und dafür einen Hungerlohn bekommen. Sie hätten versucht, wieder zu streiken, jedoch ohne Erfolg. Dann kehrt Weil in die Gegenwart zurück und lässt einige Bergarbeiter zu Wort kommen. Erneut werden nur Lobesworte für die Bergarbeiter und ihre Arbeit ausgesprochen.

Der dritte Text „**Pracovat, budovat a žít. Moc nového řádu**" (Arbeiten, aufbauen und leben. Die Macht der neuen Ordnung) wird mit Weils Fahrt in diese Gegend eingeleitet. Die Landschaft erinnert ihn zwar an damals (an die Jahre 1932–1933) – kleine, arme Häuser mit abgebröckelten Fassaden zwischen den Schächten –, gleichzeitig wirkt sie für ihn aber verändert. Die Gegend sei nicht mehr traurig wie vor vielen Jahren, sie sei fröhlich, es würden hier viele Feste gefeiert, die Schächte neu getauft. Auf den Straßen sehe man keine streikenden Menschen mehr, sondern nur fröhliche Gesichter. In jedem Dorf gebe es ein „Dům mládeže" (Haus der Ju-

---

[145] „Pracovat, budovat a žít. Mostecké uhlí", in: *Kulturní politika* 1946/1:35, 7.

gend), das meistens in einer ehemaligen deutschen Villa untergebracht[146] und wo nun die Jugend kulturell gebildet werde. Weil schreibt über den Bedarf, mehr junge Menschen für die Arbeit in den Schächten zu gewinnen, denn es mangele an jungen Arbeitskräften in den Bergwerken. Den Text schließt er mit einer Erinnerung an seinen Freund Julius Fučík, der während des Krieges getötet wurde. Weil wünscht sich, dass dieser nun durch diese Gegend fahren und die Erfolge von dem, was er in den 1930er Jahren als „moc nového řádu" (die Macht der neuen Ordnung) bezeichnet hatte, sehen könnte.

In allen drei Texten wird das Thema des Brüxer Streiks aus kommunistischer Perspektive beschrieben.[147] Als ihren gemeinsamen Nenner kann man das schwere Leben der Bergarbeiter im Norden Böhmens und ihre Verdienste um den Aufbau des Sozialismus in der Tschechoslowakei bezeichnen. Die Bergarbeiter und ihre Loyalität dem Staat gegenüber werden nahezu idealisiert, was mit dem Vergleich zu deren Situation in den 1930er Jahren noch mehr verdeutlicht wird.

3.2.3.3 Tschechoslowakei/Zlín

Die erste Hälfte der 1930er Jahre stand für Weil im Zeichen des Geschehens in seiner Heimat. Nicht nur, dass er die Ereignisse der Streikwelle in Most eifrig mitverfolgt hat, im gleichen Jahr – nämlich 1932 – verfasste er noch eine weitere Reportage, die für unsere Untersuchung relevant ist: Es handelt sich um den Text „**Čaj u Tomáše Bati**" (Tee bei Tomáš Baťa), der im Juli 1932 in *Tvorba* anlässlich des Todes des berühmten tschechischen Schuhfabrikanten,

---

[146] Bei der Beschreibung der leeren deutschen Häuser geht Weil indirekt auf die Vertreibung der Deutschen nach dem Zweiten Weltkrieg ein. Es ist eine der wenigen Stellen, an denen er dieses Thema überhaupt anspricht. Etwas konkreter wird er in der Erzählung „Šest tygrů v Basileji" (Sechs Tiger in Basel), ansonsten taucht dieses Thema bei ihm nicht auf.

[147] Es wird beispielsweise nirgendwo erwähnt, dass der Streik nicht nur von den Kommunisten, sondern auch von den sog. „Hakenkreuzlern" (d.h. den Anhängern der Deutschen nationalsozialistischen Arbeiterpartei) angeführt wurde. Siehe Klimek, Antonín. 2002: *Velké dějiny zemí Koruny české*. Praha: Paseka, 154.

der am 12. Juni 1932 bei einem Flugzeugabsturz tödlich verunglückt war, erschienen ist.[148] Diese Reportage ist insofern relevant, als Weil dieses Thema später noch einmal literarisch aufgriff und zu einer zweiteiligen Erzählung[149] verarbeitete. Dieser Übergang der Reportage in eine gleichnamige Erzählung demonstriert seine literarische Schreibmethode sehr gut. Dies hat bereits der tschechische Literaturwissenschaftler Jiří Opelík erkannt, der 1966 den letzten Erzählband *Hodina pravdy, hodina zkoušky* zusammengestellt und kommentiert hat. In den Sammelband nahm er sowohl die Reportage als auch die Erzählung auf. Im Nachwort begründet er seine Wahl der Texte folgendermaßen:

> Ale což nebyl Weilovi drobný beletristický útvar blízký i proto, že se jako začínající autor kdysi v třicátých letech vyškolil na malém a pohotovém útvaru žurnalistickém? [...] Předválečná Tvorba a jiné komunistické a levicové časopisy a noviny jsou plné jeho reportáží, zpráv a komentářů, a to jak ze sovětského Ruska, tak z domova, [...] a právě do těchto let spadá také vznik jeho prvních povídek. [...]
> Tato závěrečná část našeho doslovu je už svým způsobem přebytečná, protože si každý čtenář tohoto výboru může na otázku po pevných poutech mezi Weilovou publicistikou a beletrií (povídkovou) odpovědět sám. Právě k zmíněnému účelu přetiskujeme ve dvou případech reportážní předobraz pozdější povídku a vedle něho i povídku samu (Zlín I - Čaj u Tomáše Bati; Mír - Otázka viny).[150]

---

[148] „Čaj u Tomáše Bati", in: *Tvorba* 1932/7:29, 456–457, 464.
[149] Die Erzählung trägt den Haupttitel „Zlín", der erste Teil ist genauso benannt wie die Reportage, „Čaj u Tomáše Bati", der zweite Teil heißt „Terasa Společenského domu" (Die Terrasse des Gesellschaftshauses).
[150] Opelík 1966: „Hodina pravdy, hodina zkoušky", 201f. (Stand die kleine belletristische Gattung Weil etwa nicht unter anderem auch deshalb nahe, weil er sich als beginnender Autor irgendwann in den 1930er Jahren an einer kleinen und flotten journalistischen Gattung ausgebildet hat? [...] Tvorba vor dem Krieg und andere kommunistische und linksorientierte Zeitschriften und Zeitungen sind voll von seinen Reportagen, Berichten und Kommentaren, und zwar sowie aus dem Sowjetrussland als auch von der Heimat, [...] und gerade in diese Jahre fällt die Entstehung seiner ersten Erzählungen. [...]
Diese abschließende Passage unseres Nachwortes ist im Prinzip überflüssig, denn jeder Leser dieser Anthologie kann die Frage nach der engen Verbindung zwischen dem publizistischen und belletristischen (Erzähl-)Werk Weils selbst beantworten. Ausgerechnet zu dem erwähnten Zweck werden in zwei Fällen

Baťas unerwarteter Tod löste in der tschechischen, aber auch in der internationalen Presse heftige Diskussionen über das weitere Schicksal seines Imperiums aus. In diesem Kontext stellt Weils Reportage eine Art Erinnerung an sein Treffen mit dem tschechischen Unternehmer dar. Weil wurde damals zusammen mit einigen Ingenieuren zu Baťa nach Hause gebracht: „V Baťově roadstru, jehož šofér nás veze na čaj u Tomáše Bati, městem Tomáše Bati, ulicemi Tomáše Bati, kolem školy Tomáše Bati, kolem domů Tomáše Bati, v městě Tomáše Bati […]."[151]

Jiří Weil als Kommunist war mit Baťas unternehmerischen Methoden nicht einverstanden. Auch Baťas Ansichten über den Kommunismus, den dieser als ein feindliches Regime betrachtete, sowie die eiserne Hand, mit der er über sein Reich regierte, waren Weil zuwider.[152] Sogar Baťa als Person findet er in der Reportage äußerst unsympathisch, denn er bezeichnet sein Lächeln als arrogant

---

sowohl die Reportagenvorlage der späteren Erzählung und neben ihr die Erzählung selbst abgedruckt [Zlín I – Tee bei Tomáš Baťa; Der Frieden – Die Schuldfrage]).

[151] „Čaj u Tomáše Bati", 457. (In Baťas Roadster, dessen Chauffeur uns zum Tee bei Tomáš Baťa fährt, durch Tomáš Baťas Stadt, durch Tomáš Baťas Straßen, vorbei an Tomáš Baťas Schulen, vorbei an Tomáš Baťas Häusern, in der Stadt von Tomáš Baťa […].)

[152] Weil war nicht der einzige Journalist, der über Baťa negativ berichtete. Ein Jahr zuvor verfasste der sowjetische Schriftsteller Il'ja Ėrenburg am 7. November 1931 in der Berliner Wochenzeitschrift *Das Tage-Buch* eine dermaßen kritische Reportage über den „Schuhkönig", wie er ihn nannte, dass er anschließend von Baťa verklagt wurde. Er zeigt Baťa als einen gnadenlosen Opportunisten, den nichts anderes als sein Profit interessiert, der die Menschen in seinen Betrieben versklavt und der darüber hinaus noch ein passionierter Streiter ist, der in jeder Angelegenheit vors Gericht zieht: Er verklagt alle, von den Redakteuren über die Schriftsteller bis zu seinen Konkurrenten. Siehe Ėrenburg, Il'ja. 1966: „Obuv'", in: ders.: *Chronika našich dnej. Sobranie sočinenij v devjati tomach. Tom sed'moj*. Moskva: Chudožestvennaja literatura, 225–232. Dieser Artikel führte außerdem zu einer offenen Korrespondenz zwischen Ėrenburg und Baťa in der oben genannten Zeitschrift.
Auch im tschechischen Kontext ist die Figur von Tomáš Baťa zum Gegenstand mehrerer Texte geworden. Zu nennen wäre der Roman *Botostroj* von T. Svatopluk (1933), der sogar von der Familie des Unternehmers verklagt wurde, so dass die Publikation des Romans im Jahr 1938 gerichtlich verboten wurde. Auch der kommunistischen Schriftstellerin Marie Pujmanová diente Baťa als Vorbild für die Figur von Kazmar in ihrem Roman *Lidé na křižovatce* (1937).

und geringschätzig und sein Verhalten als demonstrative Zurschaustellung. Das Einzige, was ihm als Journalisten an Baťa positiv auffällt und imponiert, ist seine Sprache. Hier verläuft die – für Weils Texte so typische – Charakterisierung einer Figur mittels ihrer Sprache. In diesem Fall handelt es sich um keine Fremdsprache, sondern um Tschechisch:

> Baťa formuluje všechno jasně a přesně. [...] Mluví krásnou češtinou. Sem tam trocha dialekticismů, jež zpestřují řeč. Není to jazyk inteligenta – novinářská čeština s příměsí frázovitých cizích slov, není to řeč obchodníka – mezinárodní žargon kulatých slov – je to řeč lidová, zaměřená na konkretnost. Ano, velmi skvělý jazyk, velmi bohatý, s dobrými odstíny pro každý pojem.[153]

Weil schließt seinen Text mit einer ironischen Bemerkung, ihm falle auf, dass Baťa keinen besseren Namen für seine zukünftige Stadt als Otrokovice[154] (der tschechische Ausdruck „otrok" bedeutet Sklave, frei übersetzt könnte die Stadt also „Sklavenstadt" heißen) hätte finden können.

3.2.3.4 UdSSR

Mit Weils Reisen in die UdSSR hat sich der tschechische Historiker Miroslav Kryl in seinen Arbeiten beschäftigt. Seine Recherchen in russischen Archiven[155] sowie die Unterlagen des Polizeipräsidiums

---

[153] Ibidem. (Baťa formuliert alles klar und präzise. [...] Er spricht ein schönes Tschechisch. Hin und wieder ein wenig Dialektizismen, die die Sprache farbig machen. Es ist keine Sprache eines Intellektuellen – eine journalistische Sprache mit Zusatz von phrasenhaften Fremdwörtern, es ist nicht die Sprache eines Händlers – ein internationaler Jargon runder Wörter – es ist die Sprache des Volkes, ausgerichtet auf Konkretheit. Ja, eine tolle Sprache, sehr reich, mit guten Nuancen für jeden Begriff.)

[154] Otrokovice ist eine kleine Stadt nicht weit von Zlín entfernt. Seit 1933 wurde sie auch Baťov genannt, da dort einige Werke Baťas errichtet wurden und um an den verunglückten Tomáš Baťa zu erinnern. In den Jahren 1939 bis 1946 trug die Stadt diesen Namen offiziell.

[155] Vor allem im *Rossijskij gosudarstvennyj archiv social'no-političeskoj istorii* (Russisches Staatsarchiv der sozialpolitischen Geschichte; weiter nur RGASPI) sowie auch im Archiv der *Federal'naja služba bezopasnosti Rossijskoj federacii* (Sicherheitsservice der Russischen Föderation). Siehe hauptsächlich Kryls Artikel: Kryl, Miroslav. 2008: „Jiří Weil – jeden český židovský osud" (Jiří Weil – ein tschechisches jüdisches Schicksal), in: Randák, Jan/ Koura, Petr (Hg.): *Hrdinství*

in Prag zeigen, dass Weil die Sowjetunion insgesamt vier Mal besucht hat. Seine erste Reise fällt in das Jahr 1922. Weil unternahm sie als Korrespondent im Auftrag der Zeitung *Rudé právo* (Das rote Recht), des Zentralorgans der Kommunistischen Partei der Tschechoslowakei.[156] Neben der Grundlage für einige Reportagen, publiziert in dieser Zeitung, kann man diesen ersten Aufenthalt Weils in Sowjetrussland als Inspiration und Quelle für die 1924 erschienene literaturwissenschaftliche Abhandlung *Ruská revoluční literatura* (Russische Revolutionsliteratur) betrachten.

Ein zweites Mal besuchte Weil die UdSSR im Jahre 1928, wobei er diese Reise als eine Reise „wissenschaftlichen Charakters"[157] beschreibt. Sein dritter und längster Aufenthalt fiel in die Jahre 1933–1935. Im Frühjahr des Jahres 1933, nachdem er Anfang des Jahres als Redakteur des kommunistisch orientierten Verlags *František Borový* entlassen wurde, nahm Weil das Angebot an, als Übersetzer für den Verlag *Izdatel'skoe tovariščestvo inostrannych rabočich SSSR* (Verlag der Genossenschaft der ausländischen Arbeiter in der UdSSR) in Moskau zu arbeiten. Er verbrachte anschließend in der UdSSR insgesamt über zwei Jahre, die allerdings nicht ganz reibungslos verliefen. Wie Miroslav Kryl in den Archiven der Komintern herausgefunden hat, kehrte Weil innerhalb dieser zwei Jahre lediglich für eine Woche nach Prag zurück. Am 19. August 1934 reiste er dorthin als Kurier der OMS IKKI (*Otdel meždunarodnoj svjazi Ispolnitel'nogo komiteta Kommunističeskogo internacionala* [Abteilung für internationale Beziehungen des Exekutivkomitees der Kommunistischen Internationalen])[158] in einer Geheimmission. Wahrscheinlich musste er einige Dokumente und Geld nach Prag

---

a zbabělost v české politické kultuře 19. a 20. století. Výběr příspěvků ze stejnojmenné konference, která proběhla ve dnech 25.–27. října 2006. Praha: Dokořán, 245–269.

[156] Kryl 2008, 247.

[157] Die Charakteristika seiner beiden ersten Reisen in die UdSSR sind einem von Weil selbst geschriebenen Lebenslauf, aufbewahrt im Fundus der Komintern in RGASPI, entnommen. Siehe Kryl 2008, 265.

[158] Diese Organisation – so Miroslav Kryl – befasste sich mit konspirativer Tätigkeit im Ausland und war auf die Unterstützung von ausländischen kommunistischen Parteien ausgerichtet. (Kryl 2008, 252).

bringen.¹⁵⁹ Nach der Ermordung des leitenden Leningrader Parteifunktionärs Sergej M. Kirov am 1. Dezember 1934,¹⁶⁰ als die Maschinerie der stalinistischen Säuberung ins Rollen gekommen war, geriet auch Jiří Weil unter ihre Räder. Bereits im Januar 1935 wurde er von seiner Arbeitsstelle im Verlag der ausländischen Arbeiter entlassen, weil er angeblich seine Pflichten nicht ausreichend erfüllt habe; im Februar desselben Jahres wurde er auch aus der Kommunistischen Partei als ein „fremdes Element" ausgeschlossen. Als Vorwand für den Ausschluss aus der KP wurden Weils Briefe an seine Prager Freundin, die Künstlerin und Schriftstellerin Slávka Vondráčková, verwendet, in denen er sich teilweise wenig begeistert über die Zustände in der Sowjetunion geäußert hatte.¹⁶¹ An-

---

159 Dieses Ereignis greift Weil in seinem Roman *Moskva – hranice* auf. Er lässt einen der Hauptprotagonisten, den Übersetzer Jan Fischer, als einen Geheimkurier nach Berlin reisen. Dieses Unterfangen wird Fischer jedoch später zum Verhängnis, da er seine geheime Mission nicht verraten darf und er der Teilnahme an einer konspirativen Verschwörung bezichtigt wird. Bei einer „Säuberung" kann er sich also nicht entsprechend verteidigen und wird letztendlich nach Kasachstan in den Balchašstroj geschickt.

160 Sergej Mironovič Kirov, mit Eigennamen Kostrikov, (1886–1934) war einer der leitenden Parteifunktionäre der UdSSR. Vor seinem Tod war er als erster Sekretär des Leningrader Gebietskomitees tätig. Er wurde am 1. Dezember 1934 erschossen, was in der Mitte der 1930er Jahre zu der ersten großen Säuberungswelle führte, der unter anderem auch kommunistische Anführer wie G. E. Zinov'ev und L. B. Kamenev zum Opfer fielen. Siehe Hedeler, Wladislaw. 2003: *Chronik Moskauer Schauprozesse 1936, 1937 und 1938. Planung, Inszenierung, Wirkung.* Berlin: Akademie Verlag.

161 Alle Angaben siehe Kryl 2008, 253–256.
Weil selbst soll sich nach seiner Rückkehr in die Tschechoslowakei seiner Freundin Slávka Vondráčková gegenüber folgendermaßen geäußert haben: „Víš, Kirova tam zrovna tenkrát oddělali. Každý cizinec se jim pak hodil. V čistce je předem určeno, kolik tisíc lidí je nutno vyhodit ze strany." (Vondráčková 2014, 52). (Weißt Du, damals haben sie gerade Kirov ermordet. Jeden Ausländer konnten sie dann gut gebrauchen. Bei einer Säuberung ist im Vorhinein bestimmt, wie viele Menschen aus der Partei hinausgeschmissen werden müssen.)
Es werden auch noch andere Gründe genannt, aus denen Weil aus der KP ausgeschlossen worden sei. Sein enger Mitarbeiter im Verlag *Innostrannyj rabočij*, der später führende kommunistische Literaturkritiker Ladislav Štoll, gibt in seinen Memoiren beispielsweise an, dass Weil ausgeschlossen werden musste,

schließend wurde er in die tschechoslowakische Kommune *Interhelpo* in Kirgisistan in der Nähe der Hauptstadt Biškek geschickt.[162] Er durfte jedoch Zentralasien nach mehreren Monaten wieder verlassen und zuerst nach Moskau, Ende November 1935 dann letztendlich in die Tschechoslowakei zurückkehren.

Dieser längste Aufenthalt Weils in der UdSSR ist hinsichtlich der Reportagenproduktion der ergiebigste. In den Jahren 1935-1936 vermittelte er den tschechischen Lesern regelmäßig seine Reiseerlebnisse. Vor allem das exotische Land Kirgisistan und seine Bewohner dienten ihm als eine reiche Materialquelle. Einige Reportagen aus dieser Zeit, die zuerst in Zeitschriften und Zeitungen erschienen waren, publizierte er später, im Jahr 1937,[163] in Buchform unter dem Titel *Češi stavějí v zemi pětiletek*.

Seinen letzten Besuch im Land der Sowjets unternahm Weil im Jahr 1958, also ein Jahr vor seinem Tod. Über diesen ist relativ wenig bekannt. In Weils Nachlass befinden sich einige Dokumente der Organisation *Český literární fond* (Tschechische Literarische Stiftung), die diese Reise, die Weil gemeinsam mit seiner Frau Olga unternommen hat, finanziert hatte. Aus den Unterlagen geht her-

---

weil seine Übersetzung der Schriften Krupskajas sehr schlecht gewesen seien: „Do Moskvy jsme odjeli v prosinci 1934. [...] Byl tam také Jiří Weil, kterého jsme později v Moskvě vyloučili ze strany. Jiří Weil totiž velmi nedbale přeložil Vzpomínky Naděždy Krupské na Lenina. Rudé právo tento překlad přísně kritizovalo za to, že byl nedbalý a plný nepřesností." (Štoll, Ladislav. 1964: *Z bojů na levé frontě*. Praha: Nakladatelství politické literatury, 50) (Wir fuhren nach Moskau im Dezember 1934. [...] Dort war auch Jiří Weil, den wir später in Moskau aus der Partei ausgeschlossen haben. Jiří Weil übersetzte nämlich sehr fahrlässig die Erinnerungen an Lenin von Nadežda Krupskaja. Rudé právo kritisierte diese Übersetzung streng dafür, dass sie ungenau und voll von Unrichtigkeiten war.)

[162] Ausführlicher zu seinem dortigen Aufenthalt sowie zu den neuen Ergebnissen in der Erforschung seines Aufenthaltes in Kirgisistan siehe das erste Kapitel dieser Arbeit „Forschungslage".

[163] Dieses Reportagenbuch ist noch vor Weils erstem Roman *Moskva – hranice* erschienen. Wie aus den Sitzungsprotokollen des Verlags *Družstevní práce* hervorgeht, war die Herausgabe des Romans ursprünglich für den Juni 1938 geplant, tatsächlich kam es dazu schon im Dezember 1937.

vor, dass er im November 1958 ein paar Wochen als Tourist in Moskau verbrachte.[164] Außer in einigen Kommentaren[165] und seiner Korrespondenz griff er diesen Besuch literarisch nicht auf, wahrscheinlich auch aufgrund seiner fortgeschrittenen onkologischen Erkrankung und der Tatsache, dass er damals an der Fertigstellung des Romans „Tiskařská romance", den ihm der Verlag *Mladá fronta* zur Überarbeitung zurückgegeben hatte, intensiv arbeitete.[166] Aus diesem Grund wird auf den vierten Aufenthalt Weils in der UdSSR auch nicht weiter eingegangen.

In diesem Kapitel werden alle Reportagen Weils, die im Zuge seiner Reisen in den Jahren 1922, 1928 und 1933–1935 entstanden, ausführlich beschrieben. Anhand der Reportagen, die von seinem dritten Aufenthalt handeln und die er ursprünglich für die Zeitschriften *Tvorba* und *Útok* schrieb und von denen er anschließend einige auswählte und in sein Reportagenbuch *Češi staví v zemi pětiletek* aufnahm, wird der erste Vergleich – vor allem in Bezug auf die inhaltlichen Unterschiede der Fassungen der Reportagen aus den Zeitschriften und aus dem Buch – unternommen.

---

[164] In einer Bestätigung der Tschechischen Literarischen Stiftung steht, dass die Abreise der Touristen für den 3. November 1958 geplant war. Das genaue Datum der Rückreise ist zwar nicht bekannt, die Abrechnung der Reise stammt vom 5. Dezember 1958; man kann also davon ausgehen, dass die Reise wahrscheinlich bis Ende November gedauert hat.

[165] Seine Freundin Slávka Vondráčková gibt in ihren Memoiren Weils Eindrücke von der Reise wieder: „Bourali, bourali Moskvu, stavěli bulváry a ty se křižují, na všechny strany se křižují, je to jak Paříž, světové je to, ale jen uprostřed, co je kolem, ani neukazují. Mnoho z toho, co jsem znal, už se změnilo, mnoho tam z toho už vůbec zmizelo. [...] Mohutné, mohutné, ale já bych tam nechtěl být, protože lidé na sebe nejsou hodní." (Vondráčková 2014, 121f.) (Abgerissen, abgerissen haben sie Moskau, sie haben Boulevards gebaut, die kreuzen sich nun, auf allen Seiten kreuzen sie sich, es ist wie in Paris, es ist eine Weltstadt, aber nur inmitten, was rund herum ist, das zeigen sie gar nicht. Vieles davon, was ich gekannt habe, hat sich verändert, vieles davon ist ja ganz verschwunden. [...] Mächtig, mächtig, ich möchte aber gar nicht da sein, weil die Menschen zueinander nicht gut sind.)

[166] An dieser Stelle sei angemerkt, dass dieser Roman Weils trotz all seiner Bemühungen nicht publiziert wurde.

3.2.3.4.1 UdSSR/Erste Reise 1922

Erstmalig reiste Weil im Herbst 1922 nach (damals noch) Sowjetrussland.[167] Im November und Dezember nahm er am IV. Kongress der Dritten Kommunistischen Internationalen (Komintern)[168] teil. In fünf kurzen Texten, veröffentlicht im Herbst des Jahres 1922 in der kommunistischen Zeitung *Rudé právo* und ihrem Beiblatt *Večerník* (Abendszeitung), beschreibt er das Leben in Russland, vor allem in Moskau, und berichtet vom Geschehen während des Kongresses. Weil begann seine Reise nach Russland offensichtlich in Berlin, denn die erste Reportage „**Rusové v Berlíně**" (Russen in Berlin) handelt von Berlin. Weil schildert hauptsächlich den stürmischen öffentlichen Auftritt der Redakteure Ključnikov und Potechin der Zeitschrift *Nakanune*, die von einer Reise nach Sowjetrussland in die deutsche Emigration zurückgekehrt waren und die russische Emigration in Berlin zur Rückkehr in die Heimat auffor-

---

[167] Von dieser Reise stammen folgende Texte: „Rusové v Berlíně" (Die Russen in Berlin), in: *Rudé právo* 1922/3:232, 30. September, 2 (Večerník); „Moskva na podzim r. 1922" (Moskau im Herbst des Jahres 1922), in: *Rudé právo* 1922/3:259, 5. November, 5 (Večerník); „Dojmy ze sjezdu Komunistické Internacionály" (Eindrücke vom Kongress der Kommunistischen Internationalen), in: *Rudé právo* 1922/3:267, 24. November, 2 (Večerník); „Kulturní život Moskvy" (Kulturelles Leben in Moskau), in: *Rudé právo* 1922/3:279, 9. Dezember 1 (Večerník), sowie „Ze Štětína do Petrohradu" (Aus Stettin nach Petersburg), in: *Rudé právo*, 1922/3:244, 26. Oktober, 2 (Večerník). Die längste Reportage wurde erst zwei Jahre nach dieser Reise veröffentlicht: „Rusko na podzim r. 1922. Cestovní dojmy" (Russland im Herbst 1922. Eindrücke von einer Reise), in: *Komunistický kalendář* 1924, 64–73.

[168] Dies belegt auch „Zpráva o činnosti III. sekce (Zpravodajská) býv. čs. ministerstva zahraničních věcí" (Bericht über die Tätigkeit der III. Sektion [Nachrichtensektion] des ehemal. tschechosl. Außenministeriums) vom 26. April 1960, aufbewahrt im Archiv *Bezpečnostních složek* (Archiv des Sicherheitsdienstes). Im Abschnitt zu Weil steht: „Pracoval v komunistické straně a v roce 1923 se zúčastnil IV. sjezdu III. internacionály v Moskvě." (Er hat in der Kommunistischen Partei gearbeitet und im Jahr 1923 hat er am IV. Kongress der III. Internationalen in Moskau teilgenommen). (Siehe Archiv *Bezpečnostních složek* Z 6 305 [Archiv der Sicherheitsdienste Z 6 305]). Hier liegt allerdings ein Irrtum vor, da der IV. Kongress vom 5. November bis zum 5. Dezember 1922 stattfand. Ein Protokoll des Polizeipräsidiums in Prag jedoch bestätigt, dass Weil 1922 einige Zeit in Moskau verbrachte und erst im Februar 1923 nach Prag zurückkehrte. (*Ministerstvo vnitra, Prezidium*, fond 225 [Innenministerium, Präsidium, Fond 225]).

derten. Zum Ende des Textes stellt Weil fest, dass Berlin von Russland ganz durchdrungen sei: „Berlín je blízko Ruska a žije Ruskem. [...] Rusko proniká Berlínem, zmocňuje se ho [...]".[169] In der ersten Reportage direkt aus Moskau, **„Moskva na podzim r. 1922"** (Moskau im Herbst des Jahres 1922), schwärmt Weil für die Stadt, für ihre aufregende Atmosphäre und ihr reiches kulturelles Angebot: „Každý den jsou vědecké přednášky, kursy, vyučování, diskuse, divadelní pokusy, každý den vychází několik knih, každý den se lidé tlačí v knihkupeckých krámech. Tam je život Moskvy."[170] Er schätzt, dass viele neue Bücher veröffentlicht werden und dass die Lust am Lesen in der russischen Bevölkerung groß ist.[171] Im zweiten Abschnitt äußert er sich zum Phänomen der NĖP (Neuen Ökonomischen Politik). In seinem Enthusiasmus stellt er alles Staatliche als billig und gut, alles, was sich im Privatbesitz befindet, als teuer und von schlechter Qualität dar. Er lobt ebenfalls die repressiven

---

[169] „Rusové v Berlíně", 2 (Berlin befindet sich nah an Russland und lebt mit Russland. [...] Russland durchdringt Berlin, es ergreift Besitz von der Stadt [...].)

[170] „Moskva na podzim r. 1922", 5. (Jeden Tag gibt es wissenschaftliche Vorträge, Kurse, Unterricht, Diskussionen, Theaterexperimente; jeden Tag erscheinen einige neue Bücher und jeden Tag drängen sich die Menschen in den Buchhandlungen. Dort ist das Leben Moskaus.) Während aus diesem frühen Text Optimismus und Enthusiasmus strahlt, spürt man im Roman *Moskau – die Grenze*, der genau fünfzehn Jahre später erschienen ist, deutlich eine Müdigkeit und Lustlosigkeit gegenüber den verpflichtenden Freizeitaktivitäten der Arbeiter in Moskau. Der Hauptprotagonist des Romans, Jan Fischer, muss den U-Bahnarbeitern eine politische Schulung geben. Alle sind nach der langen Arbeitsschicht müde, hungrig und träumen nur davon, endlich wegzukommen: „Im Haus der Aktivisten, einer Holzbaracke vom Metrobau, saßen Arbeiter um Jan Fischer, der ihnen das politische Einmaleins nach Wolins Handbuch erklärte. [...] Die Stunde zog sich hin, die Arbeiter vom Metrobau waren müde und mussten sich zur Aufmerksamkeit zwingen. Fischer erklärte allgemein bekannte Dinge, ihm ging es vor allem darum, die Begriffe genau zu definieren, aber die Arbeiter waren gerade von der Schicht gekommen, sie hörten nur zu und wollten ihr Hirn nicht anstrengen. Fischer war ebenfalls von der Arbeit gekommen, zudem hatte er Hunger." (Weil 1992, 215)

[171] Das Lesen behielt Weil auch später als einen Maßstab bei der Beobachtung einer fremden Kultur bei. Ähnlich positiv bewertet er nämlich 34 Jahre später die große Lesebereitschaft der französischen Arbeiter. (Siehe die Reportage „Lid, ano, lid".)

Bestrebungen der Regierung, welche die weitere Entwicklung der Bourgeoisie verhindern sollten.

Im dritten Text in *Rudé právo*, „**Dojmy ze sjezdu Komunistické Internacionály**" (Eindrücke vom Kongress der Kommunistischen Internationalen), schildert er seine unmittelbaren Eindrücke vom Kongress der Komintern. Er beschreibt Lenins Rede während des Kongresses, dessen Äußeres als das eines einfachen Mannes, sein Auftreten als freundlich, begleitet von einem verschmitzten Lächeln. Vor allem dieses Lächeln hinterließ im Zuschauer und Zuhörer Weil einen tiefen Eindruck – das Lächeln als Zeichen der Freude über die erreichten Erfolge, über die Eroberung von Vladivostok und somit über das Ende des Bürgerkrieges, die Freude über das Gedeihen des sowjetischen Staates. Mit diesem Lächeln – so Weil – lache Lenin das ganze ungläubige Europa aus.

Der vierte Text „**Kulturní život Moskvy**" (Kulturelles Leben in Moskau) knüpft in gewisser Weise an die erste Reportage aus Moskau an. Weil preist das reiche kulturelle Leben der Stadt und schildert es ausführlich: Die Bewohner Moskaus gehen in unzählige Theater- und Zirkusvorstellungen, in die Kinos, sie verschlingen viele, vor allem wissenschaftliche Bücher regelrecht und nehmen rege an diversen wissenschaftlichen Vorträgen und Diskussionen teil. Weil betont jedoch, dass es sich dabei um das Proletariat und keinesfalls um die Bourgeoisie handele. Denn der Bourgeoisie seien jegliche Produktionsmittel und viele Rechte und Möglichkeiten entzogen worden (z. B. an der Universität zu studieren). Der Rest des Textes ist dem Theaterleben in Moskau gewidmet. So viele Theater und Theatervorstellungen wie in Moskau gibt es laut Weil in der ganzen Welt nicht. Von der Menge der Theater höben sich deutlich die Theater der Linken Front, geführt von Mejerchol'd und seinen Mitarbeitern, und vor allem das Staatliche Institut für Theaterkunst (GITIS) ab.

Dieser kleine Zyklus an Reportagen in *Rudé právo* wird mit dem Text „**Ze Štětína do Petrohradu**" abgeschlossen. Motive dieser Beschreibung der Dampferfahrt über die Ostsee finden wir später in der Erzählung „Busta básníkova", in der ebenfalls eine solche

Reise geschildert wird – vor allem die verschiedensten Nationalitäten der Passagiere, die als gemeinsame Sprache lediglich das Singen der Internationalen haben.

Sehr bemerkenswert ist Weils Text „**Rusko na podzim r. 1922**", der zwei Jahre nach seinem ersten Aufenthalt in der UdSSR in der Zeitschrift *Komunistický kalendář* (Kommunistischer Kalender) erschienen ist und in dem er die Reise in die UdSSR zum Kongress der Kommunistischen Internationalen beschreibt. Die Reise führte ihn damals aus Prag über Stettin, Petersburg nach Moskau und zurück. Der erste Teil dieser Reportage trägt den Titel „První dojmy" (Die ersten Eindrücke). Weil schildert, treu dem Genre der Reportage, seine Ankunft mit dem Schiff „Schlesien" in Petersburg. So wie in vielen seiner (auch späteren) Texte führt Weil gleich zu Beginn einen Vergleich mit Europa durch. Im Fall des Petersburgers Hafens stellt er fest, dass er berühmten Häfen Europas wie Hamburg oder Stettin ähnele und dass er zum besten baltischen Hafen heranwachse. Als nächstes wundert sich Weil über die dortigen ‚astronomischen' Preise (z. B. koste eine Schachtel Streichhölzer 80 000 Rubel), denn die Russen rechneten trotz der Währungsreform noch in Millionen und Milliarden (umgangssprachlich „Limarden" genannt)[172]. In Petersburg verbringt der Autor nur einen Tag, dabei stellt er fest, dass es sich um eine Stadt wie alle anderen europäischen auch handele. Abends reist er gleich mit dem Zug nach Moskau, wobei er die Zugfahrt als äußerst gemütlich empfindet. Er hat zwei russische Mitreisende, ehemalige Soldaten der Roten Armee, die sich als lustige und angenehme Gesellen zeigen. Unterwegs wird Tee getrunken und viel gesprochen. Außer Weil reisen offensichtlich noch weitere ausländische Kommunisten zum Kongress der Komintern, denn an einer Stelle heißt es: „Jsme

---

[172] Dieser Text beinhaltet bereits enorm viele lokale und Fachbegriffe, so wie es laut Mocná für eine Reportage auch charakteristisch ist. Als Beispiele kann man nennen: „tolčak" (ein Platz vor dem eigentlichen Markt, wo billige Produkte verkauft werden), „chochol" (pejorative Bezeichnung für einen Ukrainer), „ispravnik" (Polizeibeamte) oder Begriffe aus der sowjetischen *newspeak* wie „rabfakovec" (Studierende an der Arbeiterfakultät) oder „črezvyčajnik" (Mitglied der sog. črezvyčajnaja kommisija – der außerordentlichen Kommission –, was eine andere Bezeichnung für G.P.U. war).

tři cizinci komunisté, je proto nutno mluviti třemi jazyky: rusky, německy, francouzsky. Proto se mluví velmi pomalu [...]".[173] Bereits hier zeichnet sich ab, was in Weils späteren, fiktionalen Texten markant wird: Die Sprache wird zu einem identitätsstiftenden Erkennungsmerkmal seiner Figuren.[174]

Im zweiten Abschnitt „Revoluční Moskva" (Moskau der Revolution) wird teilweise ausgeführt, was in den Kurzreportagen in *Rudé právo* nur erwähnt wurde. Es wird beispielsweise der literarische Streit über „Kunst als Bild" zwischen den Imažinisten und den Künstlern der Linken Front bei einem Treffen beschrieben, der nicht nur mündlich, sondern sogar mit Handgreiflichkeiten ausgefochten worden sei. Die Teilnehmer dieses Treffens diskutierten sehr feurig, sie schrien sich an, einige Redner wurden von der Bühne gerissen, es ging so weit, dass die Organisatoren nach Mitternacht die Lichter ausschalten mussten und die Miliz den Saal räumen musste. Indem Weil bei der Beschreibung des Benehmens der Diskutierenden ihren Eifer und ihr Interesse für das Thema betont, erzielt er fast die entgegengesetzte Wirkung, wenn er schreibt: „Toť jen malý příklad toho, jak žije Moskva a s ní celé nové Rusko kulturně."[175] Denn das Benehmen der Teilnehmer kann keinesfalls als „kulturní" bezeichnet werden, was im Tschechischen auch die Konnotation von „kultiviert" oder „zivilisiert" in sich trägt.

Des Weiteren schildert Weil in diesem Abschnitt das hektische Moskauer Leben: Nicht nur die Transportmittel bewegten sich schnell, auch die Moskauer Bürger lebten sehr hastig. Er zieht erneut einen Vergleich mit Berlin, bei dem Moskau teilweise sogar besser abschneidet: Die Straßenbeleuchtung Moskaus etwa sei viel besser als die in Berlin. Großes Interesse gilt auch den Moskauer Märkten: Sucharevka, Trubnaja, Arbat und Bolotnaja, wo Leute, vor allem die Bauern, gerne einkauften. Sehr negativ äußert er sich

---

[173] „Rusko na podzim r. 1922. Cestovní dojmy", 65. (Wir sind drei ausländische Kommunisten, es ist deshalb notwendig in drei Sprachen zu sprechen: russisch, deutsch, französisch. Deshalb wird sehr langsam gesprochen [...].)
[174] Zur Sprache als Mittel der Figurenzeichnung im Roman *Moskva – hranice* siehe ausführlich Brunová 2012, v. a. 278–280.
[175] „Rusko na podzim r. 1922. Cestovní dojmy", 66. (Dies ist nur ein kleines Bespiel dafür, wie Moskau und das ganze neue Russland kulturell leben.)

über den „tolčak", einen Platz vor dem eigentlichen Markt, wo – so Weil – die Bourgeoisie Handel treibe. Er erinnert daran, dass die NĖP nur einem Teil der Bourgeoisie zugutegekommen wäre und dass dem inaktiven Teil – den ehemaligen Ausbeutern und Rentiers – nichts anderes übrigbleibe, als die Reste seines Besitzes zu verkaufen.[176] Weil zeigt jedoch kein Mitleid, er verurteilt die Bourgeoisie streng; Er bezeichnet sie als apathisch, demoralisiert und gescheitert.

Der Titel des dritten Abschnittes lautet „G.P.U.", was für die berüchtigte Institution *Gosudarstvennoe političeskoe upravlenie* (Staatliche Politische Verwaltung) mit Sitz in Lubjanka[177] steht. Bei der G.P.U. handelt sich um die gefürchtete sowjetische Geheimpolizei der damaligen Zeit.[178] Es ist paradox, dass Weil, der sich später der Macht des kommunistischen Apparats sehr wohl bewusst war[179]

---

[176] „Parasitická buržoazie nedělá nic jiného, než co dělala za revoluce: prodává co ještě zbylo." („Rusko na podzim r. 1922. Cestovní dojmy", 65)

[177] Ein Bauteil des Gebäudekomplexes in Ljubanka war auch das Gefängnis.

[178] Die G.P.U. hat sich aus der sog. ČEKA (*Črezvyčajnaja komissija po bor'be s kontrrevolucijej, spekulaciji i sabotažem* = Außerordentliche Kommission zum Kampf gegen Konterrevolution, Spekulation und Sabotage) entwickelt, die bereits nach der Revolution 1917 gegründet wurde. Ab 1922 trug diese Institution den Namen G.P.U., ab 1923 dann O.G.P.U. (*Ob"edinënnoe gosudarstvenno-političeskoe upravlenie* = Vereinigte Staatliche Politische Verwaltung). Im Jahr 1945 wurde sie in das N.K.V.D. (*Narodnyj komissariat vnutrennich del* = Volkskommissariat für Inneres) integriert, neun Jahre später als K.G.B. (*Komitet gosudarstvennoj bezopasnosti* = Komitee für Staatssicherheit) wieder ausgegliedert. Unter all diesen Namen verbirgt sich die sowjetische Geheimpolizei. Siehe Bohn, Thomas M./Neutatz, Dietmar (Hg.). 2009²: *Studienhandbuch Östliches Europa. Band 2: Geschichte des Russischen Reiches und der Sowjetunion.* Köln – Weimar – Wien: Böhlau, 526.

[179] Der deutsche Verleger Klaus Wagenbach, der 1956 in Tschechien Unterlagen zu einer Monographie über Franz Kafka gesammelt hat, erinnert sich an so einen Vorfall: „Ich saß einmal mit Jiří Weil vorm Staatlichen Jüdischen Museum zusammen und wir überlegten, an welcher Stelle sich noch Materialien über den *Beamten* [Franz Kafka, Anmerkung M. B.] befinden könnten. Alle überhaupt in Frage kommenden Archive hatten wir vergeblich gefragt, bis wir am Namen hängen blieben ‚Arbeiter-Unfall-Versicherung' – da könnte doch der Rechtsnachfolger auch das Archiv der Gewerkschaften sein. Jiří Weil erbleichte: ‚Ist kommunistisch'. […] Wir stürzten hin. Jiří Weil stellte mich als westdeutschen Friedensfreund vor, der über einen Beamten der Arbeiter-Unfall-Versicherungsanstalt forsche, dessen Personalakte er suche […]." (Wagenbach 2010, 50f; Hervorhebung im Original)

und sich schon beim bloßen Erwähnen einer kommunistischen Behörde fürchtete, mit seinen 24 Jahren begeistert über diese Einrichtung schrieb, gar für sie schwärmt: In Weils Optik ist die Lubjanka ein schlichtes Haus, die Zellen sind viel bequemer als die im Polizeipräsidium in Prag, die Häftlinge werden gut versorgt, die Angestellten sind zuverlässige, treue Kommunisten, oft junge, fröhliche Menschen. Weil sucht die „Erdichtungen" der westlichen Presse und der Presse der russischen Emigration[180] über die Gräueltaten, die in der Lubjanka passiert sein sollen, zu widerlegen. Diese enthusiastische Schilderung steht im krassen Widerspruch dazu, wie einige Jahre später dieses Gebäude in seinem Roman *Moskva – hranice* charakterisiert wird. Dort bezeichnet er die G.P.U. bereits als „pověstná" (berüchtigt). In der Fortsetzung von *Moskva – hranice*, im Roman *Dřevěná lžíce*, der zwar erst 1992 publiziert werden konnte, an der Weil aber zeitgleich mit *Moskva – hranice* (d. h. in der zweiten Hälfte der 1930er Jahre) arbeitete, geht er noch weiter: Die G.P.U. kommt in den ersten zwei Kapiteln fast auf jeder Seite vor. Aus der unauffälligen Institution der 1920er Jahre ist ein Moloch geworden, über dessen Macht sich die Bürger der UdSSR absolut im Klaren sind.

Im vierten Abschnitt „Rozmluvy s protivníky sovětské vlády" (Gespräche mit den Gegnern der sowjetischen Regierung) gibt Weil vier kurze Gespräche wieder, die er mit einem „Monarchisten", einer „linken Sozialrevolutionärin", einem „Men'ševik" und einem „einfachen Bürger" geführt habe. Er zeichnet somit vier negative Beispiele eines „nichtsowjetischen" Menschen. Der Monarchist, ein ehemaliger Professor, ist tief in der Vergangenheit verankert. Er hasst sowohl die Bol'ševiki als auch die russische Emigration. Er lebt resigniert vor sich hin und die Situation in Sowjetrussland betrachtet er als eine absolute Niederlage. Seine zweite Gesprächspartnerin, eine linke Sozialrevolutionärin (Eserin) findet Weil dagegen viel interessanter. Sie diskutiert häufig mit den Kommunisten, aus ihrer Sicht haben die Bolševiken den Sozialismus verraten, indem sie die NÖP eingeführt haben. Sie ist für die Revolution, aber

---

[180] Als Beispiel für solche Verleumdungen nennt Weil einige Male den tschechischen Journalisten Vincenc Červinka.

gegen die Kommunisten. Eine heftige Debatte mit den Kommunisten schließt sie mit folgenden Worten ab: „Vidíte, nenávidím komunistickou stranu a její nadvládu. Ale kdyby chtěl někdo svrhnout komunisty, dala bych za ně život."[181] Seinen dritten Gesprächspartner, den Men'ševik, trifft Weil in der Straßenbahn. Er ist ein Arzt, ein ehemaliger Emigrant. Er ist marxistisch-orientiert und seiner sozialdemokratischen Partei treu geblieben. Er übt Kritik an der sowjetischen Regierung, dabei formuliert er seine Beschwerden vorsichtshalber auf Deutsch. Sein größter Vorwurf kommt zuletzt: Man solle die Sozialdemokraten nicht ignorieren, denn ohne diese gäbe es keine Kommunisten. Der vierte Mensch, mit dem Weil ins Gespräch kommt, ist ein ehemaliger Offizier der weißen Armee, der ebenfalls die kommunistische Regierung hasst. Er versteht die neuen Verhältnisse nicht, er vermisst sein früheres, bequemes Leben. Er verdient seinen Lebensunterhalt damit, dass er in einem staatlichen Geschäft Zahnputzpulver kauft und dieses dann weiterverkauft. Für Weil stellt er einen Anachronismus dar.

Im fünften, abschließenden Teil mit dem Titel „Internacionála v bouři" (Die Internationale im Sturm) beschreibt Weil die Revolutionsstadt Petersburg, in der er auf seine Abreise zurück in die Tschechoslowakei wartet. Während er Moskau mit dem Attribut „laskavá" (gutmütig) charakterisiert, ist Petersburg für ihn „fantastika o sobě, město nepochopitelné, záhadné a cizí".[182] Weils Rückreise mit dem Schiff hatte sich als sehr abenteuerlich erwiesen, es hatte einen Schneesturm gegeben, die ganze finnische Bucht war zugefroren gewesen und die Passagierschiffe konnten nicht fahren. Gemäß der Parole, dass unter den Bol'ševiki alles möglich sei, fuhr letztendlich ein Eisbrecher los und schlug den Schiffen einen Weg durch das Eis. Das letzte Bild, das Weil von Russland vor sich hat,

---

[181] „Rusko na podzim r. 1922. Cestovní dojmy", 70. (Sehen Sie, ich hasse die kommunistische Partei und ihre Hegemonie. Wenn aber jemand die Kommunisten stürzen möchte, würde ich für sie mein Leben opfern.)

[182] Ibidem. (Phantastik an sich, eine unverständliche, geheimnisvolle und fremde Stadt). Diese Darstellung der Stadt könnte man ebenfall als einen Einfluss der Werke der russischen Dichter wie *Petersburger Novellen* N.V. Gogols, *Petersburg* Andrej Belyjs oder *Weiße Nächte* F.M. Dostoevskijs deuten, die Weil als Student der Slawistik mit Sicherheit gekannt hat.

ist der majestätische Eisbrecher mit roten Fahnen, von dessen Bord die Internationale ertönt. An der tschechischen Grenze wird Weil folgende Frage gestellt: „Bringen Sie Brillanten mit?" Diese Frage setzt die Reportage mit der Erzählung „Busta básníkova" (Die Büste des Dichters) in Verbindung, denn die gleiche Frage stellt dem Ich-Erzähler nach dessen Ankunft in Stettin der polnische Zöllner.

Diese Texte, die Weil im Alter von 22 Jahren geschrieben hat, strahlen geradezu eine absolute Begeisterung für den Kommunismus, die Partei und Sowjetrussland aus. Nichts kann diesen enthusiastischen Blick des jungen Reporters trüben: Sogar die Existenz des gefürchteten Geheimdienstes G.P.U in der Lubjanka wird befürwortet und in ein gutes Licht gerückt. Bereits hier kann man in Ansätzen das Verfahren finden, dass Weil in seinen späteren Texten noch mehr entfaltet hat, nämlich das wiederholte Zurückgreifen auf einige Motive und Elemente (wie beispielsweise die Kommunikation unter den verschiedenen Sprachen sprechenden Menschen) in seinen faktualen Texten und ihre Transformation bzw. Integration in die fiktionalen Texte.

3.2.3.4.2 UdSSR/Zweite Reise: Polen und Ukraine 1928

Die zweite Reise Weils in die UdSSR hatte einen kurzen Reportagezyklus zum Ergebnis, der in der Zeitschrift *Tvorba* abgedruckt wurde und von dem man behaupten kann, dass er im Gegensatz zu Weils späteren Reportagen aus der Sowjetunion mehr oder minder in Vergessenheit geraten ist.[183] Weil fuhr damals über die Ukraine nach Moskau. Er besuchte zuerst die Städte Kiev und Charkiv, bis er nach Moskau und dann schließlich nach Leningrad gelangte. In vier kurzen Texten beschreibt er die sehr unterschiedliche Schönheit dieser beiden ukrainischen Städte. Für Weil ist das Kiev der späten 1920er Jahre eine der schönsten Städte der Welt mit ihren Bergen, dem Fluss Dnepr und den vielen Parks. Kiev stellt für

---

[183] Im Zuge dieser Reise sind folgende Reportagen entstanden: „Ukrajina" (Ukraine), in: *Tvorba* 1928/3:1, 10–11; 1928/3:2, 28; 1928/3:5, 93–94, sowie „Moskva – Leningrad" (Moskau – Leningrad), in: *Tvorba* 1928/3:7, 122–123. Eine Reportage wurde ebenfalls in *Rozpravy Aventina* veröffentlicht: „Očima západu" (Mit den Augen des Westens), in: *Rozpravy Aventina* 1928–29/4:6, 57–58.

ihn eine Mischung aus ukrainischen, polnischen und russischen Elementen dar. Er betont dabei permanent, dass die Ukraine, das ukrainische Dorf und auch Kiev nach jahrelanger Unterdrückung, sei es durch die Polen oder durch die Russen, nun endlich frei geworden seien. Bereits in der ersten Reportage „**Ukrajina**" (Ukraine) kommt ein Thema vor, das vor allem in den späteren Reportagen aus den 1930er Jahren ausgiebig entfaltet wird – das Leben der Tschechen bzw. Tschechoslowaken im Ausland. Weil beschreibt im Unterkapitel „Stromovka"[184] das kulturelle Leben der in Kiev lebenden Tschechen. Im Stadtpark namens „Stromovka" treffen sich die Tschechen, dort führen sie ihre kulturellen Traditionen fort, unterhalten sich und trinken nach böhmischer Art selbstgebrautes Bier. Seine Reportage beendet Weil mit dem Besteigen des Glockenturms des Kiever Höhlenklosters und mit der Beschreibung des Ausblicks von dort.[185]

Die zweite Reportage widmet er der ukrainischen Filmkunst. Er lobt die sich rasch entwickelnde ukrainische Filmindustrie, in der alles zentral durch die Allukrainische Fotografie- und Kinematografiegesellschaft (VUFKU) geregelt werde. Ausführlich

---

[184] Den Begriff „Stromovka" könnte man als „Baumpark" übersetzen. Als bekanntester gilt der Stadtpark „Stromovka" in Prag.

[185] Dabei sieht Weil unter anderem auch das berüchtigte Kriegsgefangenenlager Darnica. Dieses Lager erscheint noch einmal in seiner Reportage „Sedm lžiček" (in: *Tvorba* 1936/11:10, 154–155.); der Hauptprotagonist Kupa wird dort gefangen gehalten. Von diesem Lager schreibt einige Jahrzehnte später auch der russische Schriftsteller Anatolij Kuznecov in seinem Dokumentarroman *Babij Jar*; er beruft sich dabei auf die Beschreibung von Darnica als Lager für die Kriegsgefangenen des Ersten Weltkriegs, wie sie in der Fortsetzung des Romans Jaroslav Hašeks *Osudy dobrého vojáka Švejka* (Die Abenteuer des braven Soldaten Schwejk) erscheint. Als Weil damals die Baracken des Lagers sah, konnte er nicht ahnen, dass sich die Geschichte wiederholen würde und im nächsten Krieg an d*ieser Stelle wieder ein Kriegsgefangenenlager entstehen würde: „Von der Vorgeschichte dieses Ortes hatten die Deutschen keine Ahnung, denn sie hatten Vanek nicht gelesen. Aber sie errichteten genau an der gleichen Stelle eines ihrer größten Kriegsgefangenenlager. Nur daß diesmal die Russen die Insassen waren, während die Deutschen und Österreicher die Stöcke schwangen. Darnizas Spiralzyklus betrug genau fünfundzwanzig Jahre. Der Punkt wiederholte sich in der Tat auf höherem Niveau. Diesmal gab es im Lager kein Gras, und es starben nicht Hunderte, sondern Tausende."* (Kuznecov, Anatolij A. 1970: *Babij Jar*. München – Zürich – Wien: Juncker, 171; Dt. Übersetzung von Alexander Kaempfe; Hervorhebung im Original, um die 1966 von der Zensur entfernten Stellen hervorzuheben).

schreibt er vom Schaffen des ukrainischen Filmregisseurs Oleksandr Dovženko[186] und geht auf die Umsetzung der Technik der Montage in seinen Filmen ein. In diesem Text beweist der gerade 28-jährige Weil fundiertes Wissen über den neuesten Stand der sowjetischen Kultur.

In der dritten Reportage berichtet er über die Industriestadt Charkiv. Die Stadt wächst in einem für Weil wahnsinnigen Tempo, was er auch in seinem Schreibstil darzustellen versucht. Er wählt kurze Sätze, häufig ohne Prädikate: „Fabriky, fabriky, elektrárny, autobusy, stavby."[187] In Charkiv endet seine Reise durch die Ukraine. Er zieht folgendes Fazit: Die Ukraine stehe für Brot, Kohle und Industrie. Sie sei reich und frei.

Dann bricht er mit dem Zug Richtung Moskau auf. Er erinnert sich an die Zeit, in der er Moskau zuletzt besucht hat: Es war im Jahr 1922, gerade war Vladivostok, die letzte Stadt der Weißgardisten, gefallen. In der Erinnerung erscheint ihm Moskau als eine „asiatisch-europäische Mischung", er sieht während der Feier des Jahrestags der Oktoberrevolution „tanzende Asiaten" vor sich.[188] Als er nun sechs Jahre später, 1928, diese Stadt erneut besucht, sehe er schon auf den ersten Blick, dass inzwischen alles besser geworden sei. Die Geschäfte seien größer und besser ausgestattet, die Stadt ist nun sauberer als damals, die Parkanlagen seien wiederhergestellt. Und, wichtig für Weil, es seien Busse eingeführt worden.

Die vierte und letzte Reportage „**Moskva – Leningrad**" unterteilt Weil in zwei Abschnitte. Der erste trägt den Titel „Asiaté" (Die Asiaten), der zweite dann „R. Kim a jeho Korea" (R. Kim und sein Korea). Im ersten Abschnitt beschreibt Weil seinen Aufenthalt in Moskau, währenddessen er bei seinem Bekannten Michail

---

[186] Oleksandr Dovženko wird zusammen mit Pudovkin und Ejzenštejn zu den großen Regisseuren der nachrevolutionären Filmkunst in der UdSSR gezählt. (Vgl. Margolit, Evgenij. 1999: „Eisenstein, Pudovkin und Dovženko: Das historische Revolutionsepos", in: Engel, Christine [Hg.]: *Geschichte des sowjetischen und russischen Films*. Stuttgart – Weimar: Metzler, 29–33, hier 30–33.)
[187] „Ukrajina", 93. (Fabriken, Fabriken, Kraftwerke, Busse, Baustellen.)
[188] „Moskva – Leningrad", 122.

Skačkov[189] im zentrumsfernen Stadtteil Sokolniki gewohnt habe. Er schildert das schnelle und heftige Moskauer Leben, die vielen kulturellen Möglichkeiten. Besonders interessiert er sich für drei in Moskau lebende asiatische Ethnien: für die „Ajsoři" (Assyrer),[190] „Číňané" (Chinesen) und „Tataři" (Tataren).[191] Er betont die üblichen Tätigkeiten des jeweiligen Volkes: Die Assyrer arbeiteten als Schuhputzer, die Chinesen als Händler, Verkäufer und Wäscher, die Tataren als Antiquitätenhändler, Kellner und Hausmeister.

Im zweiten Abschnitt dieser Reportage wird Weil von Viktor Šklovskij gefragt, wen er in Moskau unbedingt kennenlernen möchte. Weil äußert den Wunsch, den koreanischen Literaturhistoriker, „den besten Kenner der russischen Literatur", R. Kim kennenlernen zu dürfen, was dann auch, trotz der großen Auslastung des koreanischen Wissenschaftlers, gelingt. In diesem Abschluss der Reportage, den Weil der Aufzählung der Aktivitäten der Ethnien und den Kenntnissen R. Kims widmet, spürt man die Bewunderung, die Weil für letzteren hegte.

In der Zeitschrift *Rozpravy Aventina*, redigiert vom tschechischen Schriftsteller, Journalisten und Verleger Otakar Štorch-Marien, veröffentlichte Weil 1928 die Reportage „**Očima západu**" (Mit

---

[189] Bei Weils Bekannten Michail N. Skačkov handelt es sich offensichtlich um den russischen Emigranten, der eine Zeit lang in Prag als Dichter, Übersetzer und Mitglied der Gruppe *Skit* tätig war und auch den Dichtern und Künstlern der Gruppe *Devětsil* sehr nahe stand. Wie Jana Kostincová in ihrer Dissertation schreibt, ist er in die UdSSR zurückgekehrt, wo er im Zuge des Großen Terrors der späten 1930er Jahre 1938 umgekommen ist. In enger Zusammenarbeit mit *Devětsil* veröffentlichte Skačkov 1926 seine einzige Publikation – die futuristisch gestimmte Gedichtsammlung *Muzyka motorov* (Die Musik der Motoren). Siehe Kostincová, Jana. 2005: „Ruská poezie 20. a 30. let 20. století v pražském exilu", Brno (Dissertation): https://is.muni.cz/th/4780/ff_d/Ruska_poezie_20._a_30 _let_20._stoleti_v_prazskem_exilu.txt. (zuletzt aufgerufen am 11.11.2020).

[190] Weil verwendet die unübliche Bezeichnung „Ajsoři" anstatt „Asyřané".

[191] Wie aus der Beschreibung dieser frühen Reportagen aus der UdSSR hervorgeht, akzentuiert Weil bereits in diesen Texten den asiatischen Charakter Moskaus. Auch in einem weiteren Artikel aus dieser Zeit schreibt er von Moskau als einer „poloasijské město" (halbasiatischen Stadt). Siehe „Moskva očima západu", in: *Rozpravy Aventina* 1929-30/5:11, 124–125, hier 124.
Dieses Motiv greift er dann noch verstärkter in seinem Roman *Moskva – hranice* auf, in dem diese Stadt als Grenze zwischen zivilisiertem Europa und barbarischem Asien erscheint.

den Augen des Westens).¹⁹² Gleich zu Beginn des Textes gibt er mittels einzelner Stationen die gesamte Strecke an, die er damals bereiste: Zuerst fuhr er mit der Eisenbahn von Prag über die Ukraine und Moskau bis nach Leningrad, dann auf dem Rückweg von Leningrad nach Stettin mit dem Schiff und den Rest der Strecke wieder mit der Bahn.¹⁹³ Wider Erwarten fängt die Reportage mit der Schilderung der Rückkehr an. Vom Bahnhof in Stettin aus wird der Reporter mit dem Auto nach Berlin gefahren, „do Berlína dokonalé civilizace" (ins Berlin der vollkommenen Zivilisation),¹⁹⁴ wie es in der Reportage heißt. Weil wiederholt anschließend einige Male, dass er nun in Europa, also zu Hause sei. Dieses Europa ist bei ihm mit einem seiner Lieblingsmotive, das ihm in einem seiner Briefe aus den späten 1930er Jahren zum Verhängnis wurde, mit dem Kaffee verbunden.¹⁹⁵ In Berlin gibt es „Mokka-Stuben", in denen Espresso gebrüht wird, was für Weil als zivilisatorische Errungenschaft gilt. Im krassen Gegensatz zu Berlin und den Menschen dort steht die Menschenmenge in Moskau, die Weil als „pestrá" (bunt) bezeichnet. Schon aufgrund der Bekleidung der Moskauer – der gerade in Mode gekommenen Kopfbedeckung „tubetejka" –,

---

192 „Očima západu", in: *Rozpravy Aventina* 1928-29/4:6, 57-58.
193 „Trať železniční: Praha – Lvov – Voločisk – Kozjatino – Berdyčev – Žitomír – Kijev – Charkov – Moskva – Leningrad. Loď: Leningrad – Štětín. Trať železniční: Štětín – Berlín – Praha.
194 „Očima západu", 57.
195 In einem der Briefe, die er während seines dritten Aufenthaltes in der UdSSR in den Jahren 1933-1935 an Slávka Vondráčková schrieb, soll er sich beklagt haben, dass es in Moskau keinen guten Kaffee gebe. Siehe Vondráčková 2014, 49f. Sogar gleich im ersten Satz seines Romans *Moskva – hranice* kommt das Motiv des Kaffees, der mit Europa verbunden ist, vor: („Das Letzte, was Ri sah, als der Zug aus Prag hinausfuhr, war eine Leuchtreklame, eine Kaffeekanne goß ununterbrochen Kaffee in eine Tasse." *Moskva – hranice*, 7; *Moskau – die Grenze*, 7) Auch an weiteren Stellen wird von Kaffee gesprochen: „Ri macht sich Sorgen, ob sie in Moskau Kaffee bekommen kann, wenn ihre Vorräte aufgebraucht werden." (*Moskva – hranice*, 7; *Moskau – die Grenze*, 7) Der Übersetzer Jan Fischer freut sich über den schwarzen Kaffee, den er bei Ri serviert bekommt. Der Kaffee ist in Moskau so rar und so hochgeschätzt, dass er als Höhepunkt des Abends angekündigt wird. (Siehe *Moskva – hranice*, 201; *Moskau – die Grenze*, 221f.) Des Weiteren erscheint das Motiv des Kaffees in der Reportage aus Zentralasien „Vypovězenec z Almy-Aty". Als der Reporter nach der abenteuerlichen Zugreise, bei der er fast ums Leben kommt, in Alma-Ata anlangt, sieht er aus dem Bus die Aufschrift „Kavárna" (Cafehaus) und sein Herz springt vor Freude. (Siehe „Vypovězenec z Almy-Aty, 212; *Češi stavějí*, 94.)

fragt sich der Autor sogar, ob jeder Mensch in Russland ein Asiate sei. Die Herrenhäuser Moskaus beschreibt er als „lenivě asijské" (faul asiatisch). Laut Weil wird Russland zur „spojení největší techniky Ameriky s asijskou zemí" (Verbindung bester amerikanischer Technik mit einem asiatischen Land).[196] Russland entferne sich von Asien und gehe Richtung Westen. Nach der ungewöhnlichen Einleitung, in der über die Rückkehr aus Russland berichtet wird, kommt der Autor im zweiten Abschnitt zur eigentlichen Anreise. Er beschreibt das „lustige" Land Ukraine mit den vielen und breiten Feldern und gelangt dann letztendlich in die Dörfer, die von Tschechen besiedelt seien. Ähnlich wie er in der ersten Reportage in *Tvorba* das Leben der Kiever Tschechen schildert, widmet er sich hier dem Leben der tschechischen Bauern, deren Siedlungen aussähen „jako stará česká vesnice z dob Karla Raise, všichni jsou tu pantátové a ještě se drží staré tance a pověry o Praze".[197]

Diese frühen Reportagen Weils sind insofern wichtig, als sie das Leben der Tschechen in der Ukraine/UdSSR zeigen, welches Weil dann neun Jahre später zum Leitmotiv seiner Reportagesammlung *Češi stavějí v zemi pětiletek* gewählt hat. Bereits in diesen Texten erscheint Moskau als eine „halbasiatische" Stadt, eigentlich gehört sie hier noch zu Asien, sie ist sogar von vielen Asiaten bevölkert. Auch Polen ordnet Weil noch nicht Europa zu. Das Land gebe sich zwar westlich, sei aber nichts anderes als eine feudale asiatische Despotie („feudální asijskou despocií").[198] Für ihn beginnt die Zivilisation erst in Berlin. In seinem Debütroman *Moskva – hranice* wird Moskau schon als eine Art Grenze zwischen Europa und Asien, zwischen Zivilisation und Barbarei dargestellt. Es lässt sich in dieser Hinsicht also eine gewisse Verschiebung von Weils Auffassung zu Europa und Asien beobachten. In seiner Reportage *Rozpravy Aventina* lässt sich zum ersten Mal das Motiv „des guten Kaffees" finden, das für den Wohlstand und die Zivilisation Europas steht und das später ebenfalls verstärkt in Weils Roman *Moskva – hranice* präsent ist.

---

[196] „Očima západu", 57.
[197] „Očima západu", 58. (wie das alte böhmische Dorf aus der Zeit von Karel Rais; alle sind hier Gevatter und man kennt noch alte Tänze und Geschichten über Prag.)
[198] Ibidem.

3.2.3.4.3   UdSSR/Dritte Reise: Moskau und Zentralasien 1933–1935

Seine dritte und gleichzeitig längste Reise führte Weil Mitte der 1930er Jahre in die UdSSR, er verbrachte dort mehr als zwei Jahre. Die Dauer seines Aufenthaltes, die Vielfalt der bereisten Städte und Länder sowie seine Erlebnisse und Erfahrungen schlugen sich in der hohen Zahl der Reiseberichte nieder, von denen er die überwiegende Mehrheit in der bereits mehrfach erwähnten Wochenzeitschrift *Tvorba* veröffentlichte.[199] Die Reportagen dieser Zeit zählen zu Weils berühmtesten. Weitere finden wir verstreut in den Zeitschriften *Útok* (Angriff),[200] *Prager Presse*,[201] *Právo lidu* (Das Recht des

---

[199] Es handelt sich insgesamt um 16 Reiseberichte: „titul zabaven" (Titel beschlagnahmt), in: *Tvorba* 1933/8:33, 514–515; „Stavba podzemní dráhy v Moskvě" (Bau der U-Bahn in Moskau), in: *Tvorba* 1933/8:41, 514–515; „Před desítiletím družstva ‚Interhelpo'" (Vor 10 Jahren der Genossenschaft „Interhelpo"), in: *Tvorba* 1935/10:18, 279; „Jaro v kirgizských horách" (Frühling in den kirgisischen Bergen), in: *Tvorba* 1935/10:19, 296–297; „Kolem jezera Issyk-Kul I. Průsmyk buamský" (Rund um den See Issykköl I. Der Buam-Pass), in: *Tvorba* 1935/10:25, 412–413; „Kolem jezera Issyk-Kul II. Cestou po severním břehu" (Rund um den See Issykköl II. Unterwegs auf dem nördlichen Ufer), in: *Tvorba* 1935/10:26, 430–431; „Kolem jezera Issyk-Kul III. Aksakal" (Rund um den See Issykköl III. Aksakal), in: *Tvorba* 1935/10:27, 446–447; „Kolem jezera Issyk-Kul IV. Na jižním břehu" (Rund um den See Issykköl IV. Auf dem südlichen Ufer), in: *Tvorba* 1935/10:28, 462–463; „Kolem jezera Issyk-Kul V. Konec cesty" (Rund um den See Issykköl V. Ende der Reise), in: *Tvorba* 1935/10:29, 478–479; „Turksib" (Turksib), in: *Tvorba* 1935/10:41, 671–672 „Alma-atinská jablka" (Die Äpfel von Alma-Ata), in: *Tvorba* 1935/10:43, 702–703; „Ujgurské divadlo" (Ujgurisches Theater), in: *Tvorba* 1935/10:44, 719–720; „27. října v Kujbyševě" (Am 27. Oktober in Kujbyšev), in: *Tvorba* 1935/10:45, 738–739; „Asie" (Asien), in: *Tvorba* 1936/11:1, 8–9; „Lenin na Džergalčaku" (Lenin auf Džergalčak), in: *Tvorba* 1936/11:4, 54–55, und „Sedm lžiček" (Sieben kleine Löffel), in: *Tvorba* 1936/11:10, 154–155.

[200] In *Útok* erschienen im Jahr 1936 folgende Reportagen aus der UdSSR: „Stachanovci. Původní reportáž pro ‚Útok'" (Stachanov-Arbeiter. Ursprüngliche Reportage für „Útok"), in: *Útok* 1935–36/5:6, 68–69; „Čeští dělníci na Metrostroji. Původní reportáž pro ‚Útok'" (Tschechische Arbeiter am Metrostroj. Ursprüngliche Reportage für „Útok"), in: *Útok* 1935–36/5:8, 87–88; „Večery v ‚Interhelpu'" (Abende in „Interhelpo"), in: *Útok* 1935–36/5:10, 112–113; „Socialistické soutěžení" (Sozialistischer Wettbewerb), in: *Útok* 1935–36/5:12, 140–141, und „Vypovězenec z Almy-Aty" (Der Verbannte aus Alma-Ata), in: *Útok* 1935–36/5:18, 212; 1935–36/5:19, 221 und 224.

[201] „Tschechen in Moskau", in: *Prager Presse* 1937/17:136 (19/5), 6, und „Interhelp", in: *Prager Presse* 1937/17:243 (5/9), 6.

Volkes),[202] *Pestrý týden* (Bunte Woche),[203] *Rudé právo* (Das rote Recht),[204] *Svět práce* (Die Welt der Arbeit)[205] oder *Země sovětů* (Das Land der Sowjets)[206].[207]

Sein Reportageschaffen von dieser Reise eröffnete Weil Mitte Juli 1933 mit der in *Rudé právo*[208] veröffentlichten Reportage „Ruce", in der er das Verlassen der Tschechoslowakei und die Ankunft in Negoreloe, der ersten Station in der UdSSR, schildert. Als Weil mit dem Zug den Bahnhof in Prag verlässt, sieht er nämlich ein paar in bittender Geste gefaltete Hände.[209] Während der Zugfahrt überlegt er, wem diese offensichtlich schwer arbeitenden Hände gehören mögen und warum dieser Mensch in der Tschechoslowakei keine Arbeit habe. Als krassen Gegensatz sieht Weil, dass die Hände der Arbeiter in der UdSSR nicht leer seien und sich zu keiner Bitte erheben müssten, da jede der Hände ein Arbeitsinstru-

---

[202] „Hrdinská epopej zedníka Štangla" (Heroische Epopöe des Maurers Štangl) in: *Právo lidu* 1937/46:29 (3/2), 3.

[203] „Jak Čechoslováci dobyli poušť" (Wie die Tschechoslowaken die Wüste eroberten), in: *Pestrý týden* 1936/35, 22–24; 1936/36, 15.

[204] Aus dem Jahr 1933 stammen die Reportagen: „Ruce" (Hände), in: *Rudé právo* 14, 1933/14:161, 15. Juli, 4. (aus Moskau); „Řeč o blahobytu" (Rede vom Wohlstand), in: *Rudé právo* 1933/14:178, 4. August, 3. (aus Moskau), und „Knihy" (Bücher), in: *Rudé právo* 1933/14:197, 27. August, 4. (aus Moskau). Eine weitere Reportage verfasste Weil 1934: „Na místech, kde zemřel Lenin" (Auf dem Platz, wo Lenin starb), in: *Rudé právo* 1934/15:16, 21. Januar, 6.

[205] „10 let Interhelpo" (10 Jahre Interhelpo), in: *Svět práce* 1935/10, 149–150; 1935/11, 173. Die Zeitschrift wurde damals von Milena Jesenská redigiert.

[206] „Deset let ‚Interhelpa'" (Zehn Jahre „Interhelpo"), in: *Země sovětů* 1935–36/4:3, 93–94.

[207] Gerade an der Publikation von Weils Texten in der kommunistischen Presse kann man einen deutlichen Bruch beobachten. Weil publiziert in diesen Zeitungen und Zeitschriften lediglich bis in die Hälfte der 1930er Jahre, was sicherlich mit seinem Ausschluss aus der Kommunistischen Partei zusammenhängt.

[208] Im Jahr 1933 war Weil vor allem in der Zeitschrift *Rudé právo* publizistisch außerordentlich aktiv. Zusammen mit dem Journalisten František Němec führte er die Rubrik „Kniha dne" (Das Buch des Tages) und publizierte mehrere Artikel.

[209] Interessant zu vergleichen ist der Anfang dieser Reportage mit dem Anfang des Romans *Moskva – hranice*. Auch die Hauptprotagonistin Ri verlässt mit dem Zug Prag. Das Letzte, was sie sieht und was ihr im Kopf haften bleibt, ist eine kleine elektrische Kaffeekanne, die sie in einer Werbung gesehen hat. (Siehe Weil 1992, 7)

ment halte. Bereits hier, in der Reportage aus dem Jahr 1933, erscheint zentral das Motiv der Reduktion eines Menschen auf eines seiner Körperteile – in diesem Fall die Hand –, was Weil nach dem Krieg in seinem Erzählungszyklus *Barvy* ganz entfaltet. Die Hand bzw. die Hände werden sogar zum Leitmotiv des vorletzten Kapitels im zuletzt publizierten Werk Weils *Žalozpěv za 77 297 obětí*.[210] Ungefähr drei Wochen später – Anfang August – berichtet Weil erneut aus Moskau. In der Reportage „**Řeč o blahobytu**" (Rede vom Wohlstand) erzählt er den tschechischen Lesern über das Geschehen im Moskauer Park der Kultur – über die Ausstellungen, Lesungen, Vorträge und Theateraufführungen, die für die Erbauer der U-Bahn veranstaltet würden. Diese Schilderungen sind – so Weils Worte – „jen úvodem k řeči o blahobytu. Příznaky blížícího se blahobytu bijí přímo do očí."[211] Die eigentliche Rede vom Wohlstand beläuft sich dann hauptsächlich auf das Anprangern der Kritiker der Sowjetunion, die schlecht über den sowjetischen Lebensstandard schrieben, die über Hungersnot und anderes Leid der sowjetischen Menschen berichteten. Als Nachweis, dass dies nicht wahr sei, führt Weil eine authentische Zeugenaussage eines Gegners des Sozialismus an, eines ausländischen Forstingenieurs, der eigentlich gegen seine Überzeugung als Anhänger des Kapitalismus über die guten Verhältnisse und über die bestens arbeitenden sowjetischen Arbeiter berichte, was die kritischen Aussagen widerlegen müsse. Diesen durchaus propagandistisch orientierten Text schließt Weil mit der Parole Stalins ab: „Práce otevírá cestu ke všemu blahobytu."[212] Der letzte Artikel, der mit der Ortsangabe „Z

---

[210] In der ersten Zeile des Textes heißt es: „Mutterhände des Kindes Haare streichelnd, in sich geschlungene Hände von Verliebten, über ein Glas Wein zum Segen erhobene Hände, Hände eine Hacke, einen Hammer oder Hobel umgreifend, feste Ärztehände, Kranke abklopfend, zarte Hände einer Stickerin, harte knotige Hände von Greisen, keine Kinderfäuste. Und aus dem Grabe ragende, wund und blutig geschlagene mit abgerissenen Fingernägeln und von genagelten Schuhen zuerquetschte Hände." In der zweiten, in Kursivschrift abgedruckten Zeile ist es die Handbewegung Mengeles, die entweder Tod oder Leben bedeutet. (*Elegie für 77 297 Opfer*, 31; [Dt. Übersetzung Avri Solomon]).
[211] „Řeč o blahobytu", 3. (nur eine Einleitung zu einer Rede vom Wohlstand. Die Anzeichen des kommenden Wohlstands stechen geradezu ins Auge.)
[212] Ibidem. (Die Arbeit eröffnet den Weg zu jeglichem Wohlstand.)

Moskvy" (aus Moskau) versehen ist und den Weil Ende August 1933 in *Rudé právo* publizierte, trägt den schlichten Titel „**Knihy**" (Bücher). Es ist ein flammender Bericht über die Lesebereitschaft der sowjetischen Menschen. Weil liefert Beispiele, was und wo überall gelesen werde. Er geht darauf ein, dass sogar den ausländischen Arbeitern die Literatur in ihrer Muttersprache zur Verfügung gestellt werde. Er stellt außerdem fest, dass die Bücher in Massenauflagen ein Mittel zum Aufbau des Sozialismus darstellten: „Knihy, tisíce knih, miliony, tuny. Jeden z prostředků jimiž se buduje socialismus v této zemi."[213]

Von Januar 1934 stammt Weils Reportage „**Na místech, kde zemřel Lenin**" (Auf dem Platz, wo Lenin starb). Dieser Text, eingeleitet von einer propagandistischen Rede Stalins, schildert Weils Besuch im Park von Gorki, wo Lenin seine letzten Tage verbracht hat und wo er auch gestorben ist. Seine Besichtigung des Museums der Revolution veranlasst Weil zu einer Ode an Lenin, seine Lehre und sein Erbe, das er dem sowjetischen Volk hinterlassen habe. Wiederholt erscheint beispielsweise der Ausruf „Lenin znamená radost" (Lenin bedeutet Freude).[214]

Weitere Publikationsmedien, in denen Weil viele seine Reportagen veröffentlichte, waren die Wochenzeitschrift *Tvorba* und die vierzehntägig erscheinende Zeitschrift *Útok*.[215] Aus den hier erschienenen Reportagen wählte er später einige aus und brachte diese, teilweise modifiziert, 1937 unter dem Titel *Češi stavějí v zemi pětiletek* heraus.[216] Thematisch geht es um das Leben der Tschechen

---

[213] „Knihy", in: *Rudé právo* 1933/14:197, 27. August, 4. (aus Moskau), 4. (Bücher, Tausende Bücher, Millionen, Tonnen. Eines der Mittel zum Aufbau des Sozialismus in diesem Land.)
[214] „Na místech, kde zemřel Lenin", 6.
[215] Diese Zeitschrift trug den Untertitel: *Časopis socialistického studentstva* (Die Zeitschrift der sozialistischen Studenten), sie ist in den Jahren 1932–1938 erschienen (die letzte Nummer wurde im September 1938 herausgebracht). Der Chefredakteur war J. V. Frank. Alle Angaben wurden dem Eintrag „Útok" aus dem eingescannten Generalkatalog I. der *Národní knihovna* (Nationalbibliothek) in Prag entnommen.
[216] In der Sammlung gibt es eine Reportage, „Karel Kovařík, strojník z Waldesovy továrny vypravuje svůj životopis na čistce strany" (Karel Kovařík, ein Maschi-

in der UdSSR, das ihn – wie bereits gezeigt – schon in den 1920er Jahren interessiert hat. Im Weiteren wird zuerst auf die Reportagen aus diesem Buch eingegangen, diese werden beschrieben und mit den ursprünglichen Texten aus *Tvorba* und *Útok* verglichen. Danach werden die restlichen Reportagen Weils, die aus dieser Zeit stammen, untersucht.

Wie der Titel dieser Reportagesammlung schon besagt, sind die Hauptprotagonisten tschechoslowakische Staatsbürger, die das Schicksal in verschiedene Ecken der Sowjetunion verschlagen hat: „Jsou rozptýleni po celé sovětské zemi, od Stolpců[217] až k hřebenům Pamíru a Zlatému rohu vladivostockého přístavu."[218] Fast in jeder Reportage werden deren beinahe heldenhaften Taten hervorgehoben und gepriesen. Die Tschechen, von denen Weil schreibt, arbeiten in der UdSSR, sie gelten als Bestarbeiter, kennen ihr Handwerk gut, sind geschickt und ehrlich, entlarven oder kämpfen gar gegen Verräter, unredliche Menschen und Diebe – in der sowjetischen Terminologie also gegen „Schädlinge".[219]

Das Buch wird mit einer „**Předmluva**" (Vorwort) eingeleitet, in dem der Reporter ein Gespräch mit einem alten „bachši"[220] namens Džumagulov führt. Bereits auf der ersten Seite des Vorwortes wird ein Merkmal der Reportage, nämlich die „erhöhte Frequenz

---

nenschlosser aus der Waldes-Fabrik erzählt seinen Lebenslauf bei einer Säuberung der Partei), zu der bislang kein Zeitungs- bzw. Zeitschriftenpendant gefunden wurde.

[217] Eine Stadt im heutigen Weißrussland, ca. 70 km von Minsk entfernt.
[218] *Češi staví*, 6. (Im ganzen sowjetischen Land zerstreut, von Stolpce bis zu den Bergen Pamirs und dem Goldenen Horn des Hafens in Vladivostok.)
[219] Das Buch wurde von der Kritik sehr positiv aufgenommen, sie pries vor allem die unübliche Themenwahl und die persönliche Erfahrung des Reporters. Siehe beispielsweise P. E. [Paul Eisner]. 1937: „Tschechen in Russland", in: *Prager Presse* 1937/17:142, 25. Mai, 8; Šnobr, Jan. 1936/37: „Kniha o českém charakteru", in: *Literární noviny* 9, 1936/37:21, 2 oder LVA [Libuše Vokrová-Ambrosová]. 1937: „Rusko z vlastní zkušenosti", in: *Čin* 1937/9:4, 42.
[220] „Bachši" ist laut dem tschechischen Fremdwortwörterbuch „turkmenský lid. pěvec, muzikant, vypravěč a básník improvizující za doprovodu strunného nástroje." (*Nový akademický slovník cizích slov*. 2006, Praha: Academia, Bd. A–Z, 94.) (ein turkmenischer Volkssänger, -musiker, -erzähler und -dichter, der zur Begleitung eines Saiteninstrument improvisiert)

der Zeit- und Ortsangaben, soziale, Berufs- oder regional spezifische Bezeichnungen"[221], mehrfach bestätigt: Der Reporter sitzt in einer Jurte in Ust'-Tjube[222] in den Bergen Tien Schan, er spricht mit einem „bachši" – dabei verständigt er sich mit ihm auf Russisch mit einzelnen kirgisischen Wörtern. Er verwendet gerne das Wort „su", was auf Kirgisisch „Wasser" bedeutet. Der „bachši" kann ihm von dem Berg Khan-Tengri, dem Helden Manas, von der schönen Kyz-Žibek und ihrem Geliebten Togelen, vom Pferderennen „alaman bajge" und dessen Gewinner, dem Ross Čorbar, erzählen. Der Reporter überlegt, wovon er dem „bachši" erzählen könnte, damit dieser es verstehen kann, und beschließt, ihm von seinen Landsleuten zu berichten, die in der Sowjetunion leben und arbeiten. Weil geht in seiner Vorrede also genau wie von Furler beschrieben vor, der die Funktion derselben folgendermaßen charakterisiert: „Die Vorrede spiegelt eine Ursituation des Erzählens: Hier versammelt der Erzähler seine Zuhörer/Leser und bereitet sie auf seinen Bericht vor."[223]

Die erste Reportage dieser Sammlung heißt „Čechové v Moskvě"[224] (Die Tschechen in Moskau). Nach einer ausgiebigen Einlei-

---

[221] Mocná 2004, 568.
[222] Es ist leider nicht ganz klar, wo sich der Reporter in diesem Ort genau befindet. Laut der Auskunft von Doc. RNDr. Ladislav Skokan, CSc. vom Fachbereich für Geographie der Universität in Ústí nad Labem (E-Mail vom 20. Dezember 2012) konnte dieser Ortsname in keinem der kasachischen und kirgisischen Register gefunden werden. Der Name scheint ihm eine Zusammensetzung des slawischen „ust'" (Mündung) und des türkischen „tjube" (Hügel, Berg), was an sich eher unwahrscheinlich wäre. Doc. Skokan vermutet, dass sich hier Weil geirrt haben könnte, dass er den Ort Устюбе (Ustjube, was in türkischen Sprachen „Hundert Hügel" oder „der obere Teil vom Hügel" bedeuten könnte) gemeint habe. Diesen Ort gibt es, er befindet sich im Altaj-Gebirge in der Nähe der Stadt Zmeingorsk. Gegen diese Hypothese spricht Weils Angabe, dass sich Ust'-Tjube im Tien-Schan-Gebirge an der Grenze zu China befindet. Auch die Entfernung von Устюбе nach Kirgisien, die, wie Doc. Skokan meint, über 1000 Kilometer beträgt, stellt diese Annahme infrage. Weil würde eine so lange Reise in seinen Reportagen bestimmt thematisiert haben.
[223] Furler 1997, 29.
[224] Diese Reportage ist 1937 ebenfalls in deutscher Fassung unter dem Titel „Tschechen in Moskau" in der Zeitschrift *Prager Presse* erschienen. Es handelt sich um

tung, in der Moskau bei Regen geschildert wird, sowie die Gelassenheit der Moskauer angesichts der langen Schlechtwetterperiode und ihre Gepflogenheiten, wie sie sich dagegen wehren (z. B. durch das Tragen von speziellen Schuhen, „Galoschen"), wird über den Club der ausländischen Arbeiter berichtet. Dort treffen sich unter anderem auch Tschechen, die in Moskau arbeiten. Aus ihnen sticht vor allem der Maurer Štangl heraus. Über ihn werden diverse Geschichten erzählt. In einer haben er und sein Freund Kolomazník eine Wette gewonnen, bei der sie gegen zehn russische Maurer angetreten sind. Sie sind die besten Arbeiter von allen und verdienen auch das meiste Geld. Die zweite Geschichte, in der es um die „heroische Epopöe" der beiden Freunde geht, schildert auf humorvolle Art und Weise, wie sich die beiden ein kleines Häuschen in Moskau gebaut haben. Da sie ohne Bauerlaubnis gebaut und dementsprechend keine Hausnummer und infolgedessen kein Hausbuch bekommen haben, sind sie in den Teufelskreis der sowjetischen Bürokratie geraten. Sie sind jedoch glimpflich davongekommen, der Vorsitzende der Moskauer Miliz hat nämlich beschlossen, die Existenz des Hauses einfach zu ignorieren, da ihm der ganze Fall viel zu kompliziert ist. Die Tschechen zeigen in dieser Geschichte nicht nur viel Mut, sondern vor allem eine Art „Schwejkschen" Humor und Naivität, was ihnen im Streit mit den sowjetischen Beamten sehr hilft.

Im Club der ausländischen Arbeiter kann man jedoch noch viele weitere Geschichten hören. Von den „alten" Tschechen, die noch vor dem Krieg nach Moskau gekommen waren, oder die dorthin als Kriegsgefangene gelangt sind, trifft man dort zum Beispiel „Perča", einen roten Partisanen, der nun, obwohl nicht alt, schon in Rente ist, weil er schwer krank ist. Dies macht ihm schwer zu schaffen, er bemüht sich um Arbeit, denn er möchte sich am Aufbau des Landes beteiligen, obwohl die Ärzte ihm strengstens verboten haben, zu arbeiten. Des Weiteren erfährt man dort die Schicksale von

---

die deutsche Übersetzung des ersten Teils des Textes, in dem Moskau bei Regen beschrieben wird. Ein weiterer Textteil ist unter dem Titel „Hrdinská epopej zedníka Štangla" (Heroische Epopöe des Maurers Štangl) in *Právo lidu* (1937/46:29 (3/2), 3) publiziert worden, der lediglich die lustigen Schwierigkeiten der beiden Maurer mit ihrem neu gebauten Haus beinhaltet.

dem jungen, bescheidenen Piloten Březina oder von zwei „trampové" (tramps),[225] die in ihrer Uniform und ohne jegliche Dokumente in die UdSSR gekommen waren. Dies ist ihnen zuerst zum Verhängnis geworden, da sie sofort verhaftet und in ein Arbeitslager geschickt worden sind. Nach einigen Monaten wurden sie jedoch entlassen und nun sind sie in Moskau, wo sie mit ihrer Kleidung für Verwunderung sorgen.

Der Club stellt eine Schnittstelle zwischen Zukunft und Vergangenheit dar: Auf der einen Seite kommen dorthin die Kinder der tschechischen Arbeiter – die Zukunft des Landes. Es wird viel über die Zukunft und harte Arbeit gesprochen, die man vor allem der Kinder wegen verrichtet, damit ihr Leben unter besseren Bedingungen verläuft als das der Eltern. Auf der anderen Seite dient der Club als eine Art Erinnerungsstätte. Hier, unter den anderen Landsleuten, kann man in schweren Sesseln mit heißem Tee in der Hand in Erinnerungen an die ferne Heimat versinken, wofür sonst im hektischen Moskauer Alltagsleben keine Zeit bleibt.

Die zweite Reportage „**Čeští dělníci na Metrostroji**" (Tschechische Arbeiter am Metrostroj) wurde aus der Zeitschrift *Útok* übernommen, für die sie auch ursprünglich geschrieben wurde. Die beiden Texte weisen zwar einige Differenzen auf; inhaltlich und strukturell stimmen sie jedoch in wesentlichen Punkten überein.[226] Die Reportage in *Útok* beginnt mit einem nahezu biblischen

---

[225] Mitglieder einer Bewegung, die aus *woodcraft* und *scauting* hervorgegangen ist.
[226] Zu diesem Thema hat Weil noch eine dritte Reportage verfasst: Sie wurde bereits 1933 unter dem Titel „Stavba podzemní dráhy v Moskvě" (Der Bau der U-Bahn in Moskau) in *Tvorba* veröffentlicht. Er betont, warum der Bau der U-Bahn in Moskau so außergewöhnlich ist: Weil hier die Leute – damit ist natürlich die arbeitende Klasse gemeint – freiwillig und mit Begeisterung arbeiteten und die U-Bahn für sich bauten. Allen voran sind es vor allem die Komsomolzen, die die schwerste und meiste Arbeit verrichteten.
Der Text unterscheidet sich von den anderen zwei Reportagen insofern, als er allgemeiner ist, auf die Einzelschicksale nicht eingeht und nicht die Tschechoslowaken, sondern eher die Komsomolzen im Vordergrund stehen. Auch hier erscheint Moskau in Verbindung mit Asien. An einer Stelle bezeichnet Weil das zaristische Moskau als „poloasijskou vesnici" (halbasiatisches Dorf), das sich erst im Zuge des technischen Fortschritts verändere.

Satz: „Znal jsem jich dvanáct, ale bylo jich více."[227] Im Buch dagegen wurde diese Fassung leicht abgeändert und konkretisiert: „Znal jsem jich dvanáct, ale na Metrostroji pracovalo více českých dělníků."[228] Hier kommt noch die Person des Aktivisten Lorenz hinzu, der die tschechischen Arbeiter des Schachts 21 an der U-Bahnstation Krasnye vorota zu höherem Arbeitstempo auffordert. Weiter stimmen die Texte überein. Es werden die Hindernisse bei dem Bau dieses Schachts geschildert, die vor allem wegen seiner extremen Tiefe von 45 Metern entstehen. Dann äußert sich Weil anerkennend über die Vorteile des Metro-Fahrens: Über die Bequemlichkeit, Sauberkeit und über die guten Manieren der Moskauer in der Metro im Gegensatz zu ihrem schroffen Benehmen in den Straßenbahnen. Dabei erzeugt er wieder ungewollt einen amüsanten Effekt, als er die Ordentlichkeit der Moskauer betonen möchte: „Viděl jsem člověka, který nesl krabičku od cigaret asi pět minut, aby ji mohl pěkně hoditi do odpadkového koše."[229] Der Leser stellt sich zweifelsohne die Frage, ob es in einer Moskauer U-Bahn-Station so wenige Mülleimer gebe, dass man zuerst ganze fünf Minuten lang gehen müsse, um überhaupt zu einem zu gelangen.

Nach dieser Einführung widmet Weil sich den tschechischen Arbeitern am Metrostroj. Dieser Abschnitt ist in Útok deutlich länger und ausführlicher als im Buch. Am Bau der Moskauer U-Bahn arbeiteten Betonierer und Bergarbeiter, die offenbar heroische Eigenschaften aufweisen mussten: „musili býti ze železa, musili býti mistry ve všech oborech, nesměli se ničeho báti a na práci musili býti jako draci."[230] Diese extremen Eigenschaften werden den Arbeitern im Buch allerdings nicht mehr zugeschrieben: Hier sind sie

---

[227] „Čeští dělníci na Metrostroji", 87. (Ich habe zwölf gekannt, aber es gab noch mehrere von denen.)
[228] Češi stavějí, 23. (Ich habe zwölf gekannt, aber an Metrostroj haben mehrere tschechische Arbeiter gearbeitet.)
[229] „Čeští dělníci na Metrostroji", 88. (Ich habe einen Menschen gesehen, der eine Zigarettenschachtel fünf Minuten lang in der Hand getragen hat, um diese in einen Mülleimer werfen zu können.)
[230] Ibidem. (Sie mussten Nerven aus Stahl haben, sie mussten Meister auf allen Gebieten sein, sie durften sich vor nichts fürchten und sie mussten eifrig wie Drachen arbeiten.)

sehr erfahren, haben keine Furcht und vor allem haben sie Schreckliches erlebt.[231] Unmittelbar nach dieser Aussage wird Weil konkreter und fügt hinzu, dass diese Menschen mit Bürokraten gekämpft hätten. Im Buch wagt er also, einen Schritt weiter zu gehen, und reflektiert eine so negative Erscheinung wie die wuchernde Bürokratie der Sowjetunion.

Wie auch in seinen früheren Texten äußert sich Weil in dieser Reportage dezidiert zu der Sprache der beschriebenen Personen – in diesem Fall zu der Sprache der Tschechen in Sowjetrussland: Alle Tschechen dort beherrschen ausgezeichnet Russisch, zu Hause sprechen sie noch Tschechisch, allerdings schon mit vielen russischen Vokabeln.[232]

In dieser Reportage schildert Weil kein Einzelschicksal, sondern spricht von den tschechischen U-Bahnarbeitern allgemein. Sie würden an den schwersten Baustrecken eingesetzt, sie beschwerten sich zwar ständig und stritten mit den Vorgesetzen, sie seien jedoch gleichzeitig sehr klug und gehörten stets zu den Bestarbeitern. Aufgrund ihrer hervorragenden Arbeitsleistungen würden sie mit Prämien vom sowjetischen Staat überhäuft: Sie erhielten Geld, neue Wohnungen, Uhren, Urlaube, Theatertickets und vieles mehr, so dass sie schließlich alles hätten und nichts mehr brauchten. Als dann nach der Beendigung des Baus der Parteisekretär L. M. Kaganovič[233] fragt, was sie sich noch wünschen würden, können sie nichts antworten, bis eine Ehefrau auf die Idee kommt, ihnen mangele es an Mohn, denn ohne Mohn könnten sie für ihre Männer

---

[231] *Češi stavějí*, 24. Im Text verwendet Weil eine idiomatische Wendung „prožili takové události, že při nich vstávaly vlasy na hlavě". (Sie haben solche Ereignisse erlebt, bei denen einem die Haare zu Berge stehen.)

[232] Als Beispiel gibt Weil folgenden Satz an: „Tak ti přijdu do kooperativu, chci si koupit baton chleba a nějakou kolbasu a najednou vidím velikou očereď u bakaleji." (So komme ich in den Konsum und will mir einen Laib Brot und ein bisschen Wurst kaufen, da sehe ich eine große Schlange bei den Lebensmitteln.) Die unterstrichenen Wörter markieren die russischen Ausdrücke in diesem tschechischen Satz. – *Češi stavějí*, 24, sowie „Čeští dělníci na Metrostroji", 88.

[233] Es ist interessant, dass Weil in der Reportage in *Útok* Kaganovič als einen „Hauptingenieur" bezeichnet. Dieser Fehler wird im Buch berichtigt und es wird bloß von Kaganovič gesprochen.

keine Mohnbuchteln backen. Alle sind über diesen Wunsch verwundert, nur Kaganovič nicht. Er stammt nämlich aus der Ukraine, wo man ebenfalls Speisen mit Mohn liebt. Deshalb lässt er aus der Ukraine Mohn bringen und so werden die tschechischen Arbeiter mit einer „Mohnprämie" ausgezeichnet.

Der Abschluss fällt in beiden Texten gleich pathetisch aus. Ein tschechischer Arbeiter aus Kladno namens Krim berichtet dem Reporter über sein rebellisches Leben, dass er seine alte Heimat verlassen habe und warum er sich in der neuen besser fühle. Er sagt zum Reporter: „Víš, tady má člověk, jak bych ti řekl ... ano ..., lidskou důstojnost."[234]

Die Reportage „7 lžiček" (Sieben kleine Löffel) wurde ursprünglich für die Zeitschrift *Tvorba* geschrieben.[235] Die beiden Texte sind bis auf zwei minimale Abweichungen fast identisch.[236] Der Titel „sedm lžiček" steht in einer metonymischen Beziehung zum Inhalt der Reportage. Die sieben kleinen Holzlöffel sind das einzige Weihnachtsgeschenk, das die sieben hungrigen Kinder des armen Dienstknechts Kupa jedes Jahr bekommen. Der Text erzählt die Geschichte eines dieser Kinder, des Sohnes Ladislav. Er wuchs in extrem armen Verhältnissen in einem kleinen böhmischen Dorf namens Vepřová auf und kannte nichts als Schwerstarbeit von

---

[234] „Čeští dělníci na Metrostroji", 88; *Češi staví*jí, 29. (Weißt du, hier hat ein Mensch, wie soll ich es sagen ... ja..., eine Menschenwürde.)

[235] Dieser Text wurde in *Tvorba* an einigen Stellen zensiert. Dies merkt man daran, dass der Text in der Mitte des Satzes abbricht und ein Teil des Textes einfach weggelassen wurde, so dass eine weiße, leere Stelle entsteht. In dieser Reportage gibt es insgesamt drei Eingriffe der Zensur. Auf den ersten Seiten wurden gleich zu Beginn zwei kürzere Passagen ausgelassen, in denen die Rebellionen der tschechischen Bauern gegen die Herrschaft zu Beginn des 20. Jahrhunderts erwähnt wurden. Der längste Abschnitt – ein ganzer Absatz – ist auf der Seite 155 ausgefallen. Hier wird geschildert, wie der junge Kupa den Hof, wo er und sein Vater früher als Dienstknechte gearbeitet hätten, besetzt hat. Im Buch wurde der Text dann komplett mit den zensierten Stellen veröffentlicht.

[236] In der Zeitschriftenreportage wird der alte Kupa näher als der Vater von Ladislav charakterisiert. („Sedm lžiček", 154.) Als Ladislav rekrutiert wird, verwendet Weil den Ausdruck „vzali ho" (sie haben ihn genommen), wobei er in der Buchreportage das Verb „odvedli" (abgeholt) benützt. Dieses Verb ist spezifischer, es entstammt der Sprache des Militärs. (Ibidem.)

klein auf. Er wurde, was auch sein Vater geworden war – Dienstknecht. Er habe keinen Ausweg in seinem Leben gesehen. Er habe nur eine einzige Hoffnung, eher einen Traum, dass sich eines Tages alles ändern werde: „jednoho dne všechno praskne, co bylo nahoře, bude dole".[237] Bis es dazu wirklich kam, habe Ladislav Kupa jedoch noch einiges erleiden müssen. Er sei zum Militär berufen worden und hätte wider seinen Willen im Ersten Weltkrieg kämpfen müssen. Er sei in Gefangenschaft geraten und habe Hunger, Not und Kälte im berüchtigten ukrainischen Lager Darnica aushalten müssen. Als es dann zur Oktoberrevolution gekommen sei, habe Kupa an der Seite der Bol'ševiki gekämpft. Ende des Jahres 1919 sei er zurück nach Tschechien gegangen, wo er wieder als Tagelöhner gearbeitet habe. Er sei mit seiner Lage unzufrieden gewesen und habe Russland vermisst. Als es dann Mitte Dezember 1920 zu einem Generalstreik gekommen sei, habe er seine Chance genutzt, sei in sein Heimatsdorf gefahren und habe dort verwirklicht, wovon er geträumt habe: Er habe die Verhältnisse des dortigen Hofes umgedreht, die ehemalige Herrschaft (der Oberdrescher und der Direktor) hätten die Arbeiten der Dienstknechte verrichten müssen. Dieses Glück sei jedoch von kurzer Dauer gewesen, nach fünf Tagen sei er gemeinsam mit seinem Vater verhaftet und ins Gefängnis gesteckt worden. Als er für ein paar Tage aus dem Gefängnis entlassen worden sei, sei er zurück nach Russland geflohen. Er habe anschließend in der Ukraine gelebt und als Mitglied einer Grundstückskommission ein sehr abenteuerliches Leben geführt, das eher dem eines Cowboy gliche: Er habe mit der Waffe gegen Banditen gekämpft. Dabei war er so erfolgreich gewesen und konnte verschiedensten Gefahren entkommen, dass Legenden von seiner Unverletzbarkeit erzählt würden. Als die „wilden Zeiten" vorbei gewesen seien, sei er sogar Direktor einer großen Holzfabrik in Samara geworden. Weil schließt seinen Text erneut sehr pathetisch mit klaren Hinweis auf die kommunistische Ideologie ab: „Byl jasný podzimní den a Kupa, bývalý čeledín z Litovic u Hostivic, stál

---

[237] „Sedm lžiček", 154; *Češi stavějí*, 33. (dass eines Tages alles zu Bruch gehen wird, dass was oben gewesen ist, unten sein wird).

na přídi a díval se na svůj kombinát. Na nejvyšší budově nahoře na kopci vlál rudý prapor se srpem a kladivem."²³⁸

Die vierte Reportage, mit dem Titel „Karel Kovařík, strojník z Waldesovy továrny vypravuje svůj životopis na čistce strany" (Karel Kovařík, ein Maschinenschlosser aus der Waldes-Fabrik erzählt seinen Lebenslauf bei einer Säuberung der Partei), unterscheidet sich von anderen „klassischen" Reportagen in diesem Buch Weils. Man fragt sich, ob dieser Text überhaupt noch als Reportage bezeichnet werden kann: Er ist nämlich in der Ich-Form geschrieben, dabei ist der Erzähler und Reporter nicht Weil, sondern der Arbeiter Karel Kovařík. Der Text macht den Eindruck, als ob es sich um die Aufzeichnung einer Rede handeln würde.²³⁹ Darüber hinaus ist es der einzige Text in dieser Reportagensammlung, zu dem bislang keine Vorlage in einer Zeitschrift oder Zeitung ausfindig gemacht werden konnte. Ob Weil diesen Text also speziell für diesen Sammelband geschrieben hat, ist unklar.

Der Prager Karel Kovařík befindet sich bei einer „Säuberung" der Partei. Nach einer obligatorischen Entschuldigung, dass sein Russisch nicht so gut sei, berichtet er über sein Leben. Er sei sein Leben lang ein Arbeiter gewesen. Nach seiner Entlassung aus der

---

[238] „Sedm lžiček", 155; Češi stavějí, 40. (Es war ein klarer Herbsttag und Kupa, ein ehemaliger Dienstknecht aus Litovice bei Hostivice, stand am Bug und schaute auf sein Kombinat. Auf dem höchsten Gebäude oben auf dem Hügel flatterte eine rote Fahne mit Sichel und Hammer.)
Diese Reportage unterscheidet sich von den anderen durch die Fülle der geschilderten Details. Ein Grund dafür mag sein, dass Weil Ladislav Kupa sehr gut kannte. Er verbrachte bei ihm fast einen ganzen Monat, als er sich im Herbst 1935 während seiner Rückfahrt aus Zentralasien nach Moskau verletzt hatte. Die Reportage in *Tvorba* wurde im März 1936 veröffentlicht, also ca. drei Monate nach Weils Rückkehr in die Tschechoslowakei, was diese Annahme bestätigt. Für weitere Informationen über seine Rückreise siehe das Kapitel „Forschungslage".

[239] Auch hier wird für wahrscheinlich gehalten, dass Weil diesen Menschen bei seinem einmonatigen Aufenthalt in Kujbyšev kennengelernt hat. Es ist anzunehmen, dass Weil bei seiner Säuberung anwesend war und seine Rede niedergeschrieben hat. Laut Jaromír Marek, für den die Kommune Interhelpo zum Gegenstand seiner Forschung wurde, hat Jiří Weil tatsächlich Kovaříks Erinnerungen an seinen Aufenthalt in einer anderen Kommune – Reflektor – in der Nähe von Saratov aufgezeichnet. Siehe Marek, Jaromír. 2020: *Interhelpo. Tragický příběh československých osadníků v Sovětském svazu*. Brno: Host, 57.

Fabrik in der Tschechoslowakei sei er in die UdSSR gefahren, er habe zuerst in der landwirtschaftlichen Kommune *Reflektor* in Oblasť Saratov gearbeitet, dann sei er aufgrund der schweren klimatischen Bedingungen erkrankt und habe seinen Arbeitsort wechseln müssen. Er und seine Frau seien deshalb nach Frunze in Kirgisistan gegangen. Auch dort sei es ihm gesundheitlich sehr schlecht gegangen: Er habe unter Malaria und Herzbeschwerden gelitten. Trotz seiner schlechten Gesundheit habe er immer zu den Bestarbeitern gehört. Nach einiger Zeit habe er auch Frunze verlassen müssen und sei zu seinem Bekannten, dem bereits erwähnten Ladislav Kupa, nach Kujbyšev gezogen. Hier habe er nun die Funktion eines leitenden Mechanikers in der Holzfabrik, die Kupa geführt habe, inne. Kovařík habe sich in seiner Funktion dafür eingesetzt, dass die Norm auf 120% erhöht und erfüllt werden könne, und er habe mehrere Arbeiter entlassen, die sich auf Kosten der Fabrik bereichert und Schwarzarbeit geleistet hätten. Als seinen größten Mangel sehe er die fehlende politische Bildung. Da er stets hart gearbeitet habe, habe er wenig Zeit gehabt, sich richtig politisch zu bilden. Nun verspricht er seinen Genossen, diesen Fehler zu beheben. Kovařík spricht von sich sehr bescheiden, er scheint nur ungern über seine Erfolge zu sprechen, umso mehr betont er seine Mängel, wie das schlechte Russisch oder fehlende politische Bildung. Weil gelingt es, in der Person von Karel Kovařík wieder einen stillen, bescheidenen und hart arbeitenden tschechischen Helden zu zeichnen.

Die nächste Reportage im Band trägt den lakonischen Titel „Asie" (Asien). Ursprünglich wurde sie in der Zeitschrift *Tvorba* veröffentlicht. Der Text wurde bis auf einen Druckfehler[240] unverändert in die Reportagesammlung übernommen. Der größte Raum dieses Textes ist thematisch gesehen der Wüste von Dungan gewidmet.[241] Weil schreibt dieser Gegend äußerst negative Attribute zu:

---

[240] Gleich im ersten Satz wurde irrtümlich das Wort „poušť" (Wüste) weggelassen. *Češi staví*, 48.
[241] Weil bezeichnet diese Gegend als „dunganská poušť", wobei sich die genaue geographische Zuordnung dieses Gebiets als schwierig erweist. Vermutlich

„Dunganská poušť je plná žlutého, štiplavého prachu."[242] Sie wird sogar als widerwärtig bezeichnet: „Leží před námi poušť, holá, odporná. Nepodobá se ani mrchovišti, je špinavě žlutá a vyzývavá, pohlcuje slunce a dává prach."[243] Das Leben der Menschen, die dieses Gebiet bewohnen, gleicht einem Krieg. Die Urbarmachung der harten, sandigen Erde beschreibt Weil dramatisch als einen Kampf: Die Menschen müssten mit primitiven Hacken – den „Ketmen" – arbeiten, um das „Asien" töten zu können: „Lidé vyšli do žhnoucího odpoledne, aby zabili poušť a odvěkou Asii."[244] Zum Schluss wird doch die Geschichte eines tschechischen Arbeiters erzählt. Bohumil Cejpek, vom Beruf her eigentlich ein Textilmeister aus Brünn, arbeite nun in Kirgistan als Fahrer. Eines Tages sei er beauftragt worden, nach Naryn, in das Zentrum der Pest-Epidemie, Medikamente und einen Arzt zu bringen. Cejpek sei von dieser Aufgabe nicht gerade begeistert, denn er habe eine schwangere Frau, die bald ein Kind bekommen solle. Außerdem gelte die Fahrt nach Naryn als extrem gefährlich: Erstens wegen des schwierigen Terrains und zweitens wegen der möglichen Ansteckungsgefahr. Obwohl ihn unterwegs der sich ebenfalls fürchtende Arzt zu überzeugen versuche, eine Panne vorzutäuschen und nicht nach Naryn zu fahren, habe Cejpek nicht lockergelassen, habe seine Angst überwunden und sei von der Strecke nicht abgewichen. In Naryn sei er eine Zeit lang geblieben und habe geholfen, die Leichen abzutransportieren. Er habe Glück gehabt und überlebt. Auch hier zeigt uns Weil einen Menschen, der sich gar nicht als Held fühlt, er fürchtet

---

meint er damit die Wüstenlandschaft um Biškek herum, wo die Dungan in einigen Dörfern wie Sokuluk oder Ivanovka leben. Die Dungan sind eine kleine Ethnie, die in Kirgisien ca. 120 000 Personen zählt. Es handelt sich um die Nachkommen chinesischer Moslems, die in der zweiten Hälfte des 19. Jahrhunderts dorthin gekommen waren. (Siehe Horálek, Adam. 2011: „Etnicita Číny - kdo je Hui a kdo Dungan?" [Dissertation], 116). https://is.cuni.cz/webapps/zzp/det ail/104293/?lang=en. (zuletzt aufgerufen am 11.11.2020).

[242] „Asie", 8; *Češi stavějí*, 48. (Die Wüste von Dungan ist voll von gelbem, brennendem Staub.)

[243] „Asie", 8; *Češi stavějí*, 50. (Vor uns liegt eine Wüste – kahl und widerwärtig. Sie ähnelt nicht einmal einem Schindanger, sie ist schmutzig gelb und herausfordernd, sie verschlingt die Sonne und gibt nur Staub aus.)

[244] „Asie", 8; *Češi stavějí*, 50. (Die Menschen sind in den glühenden Nachmittag losgegangen, um die Wüste und das ewige Asien zu töten.)

sich, betrinkt sich sogar aus Angst, letztendlich besiegt er aber seine Schwächen und erfüllt seine Pflicht.

Die sechste Reportage, betitelt mit „Interhelpo", setzt sich aus drei Unterkapiteln zusammen: Der erste Teil „Jak bylo dobyto pouště" (Wie die Wüste erobert wurde) wurde zuerst 1936 unter dem Titel „Jak Čechoslováci dobyli pouště" (Wie die Tschechoslowaken die Wüste erobert haben) in der Zeitschrift *Pestrý týden* abgedruckt;[245] die weiteren zwei Unterkapitel „Večery v Interhelpu" (Abende in Interhelpo) und „Socialistické soutěžení" (Sozialistischer Wettbewerb) wurden ursprünglich als Reportagen in der Zeitschrift *Útok* veröffentlicht.[246] Ein besonderes Augenmerk liegt in allen dreien auf der Kommune *Interhelpo*, wo Weil 1935 über sechs Monate verbrachte.[247] Er war dort als Berichterstatter und auch als Übersetzer[248] tätig. Dem *Interhelpo* und seinen tapferen Bewohnern widmet er diese größte, aus drei Unterkapiteln bestehende Reportage.

Die Leser des ersten Teils der Reportage in *Pestrý týden* erhalten im Gegensatz zu denen der Reportage im Buch eine ausführliche Einleitung. Der Reporter Weil beschreibt detailliert, dass sich die Industriegenossenschaft *Interhelpo* in Kirgisistan in der Nähe der Hauptstadt Biškek befindet, er gibt die geographischen Daten über die Fläche und Bewohnerzahl Kirgisistans bekannt. Dann geht er zu der Beschreibung der Geschichte von *Interhelpo* über, deren Gründung in das Jahr 1925 fällt, als die erste Gruppe von 371 Personen aus der Tschechoslowakei Richtung Zentralasien aufbrach. Diese Einleitung wurde kursiv gedruckt, im Buch fehlt sie ganz. Die

---

[245] „Jak Čechoslováci dobyli poušť", in: *Pestrý týden* 1936/35, 22–24; 1936/36, 15.
[246] „Večery v ‚Interhelpu'", in: *Útok* 1935-36/5:10, 112–113, und „Socialistické soutěžení", in: *Útok* 1935-36/5:12, 140–141.
[247] Zu den ausführlichen Daten siehe das Kapitel „Die Forschungslage".
[248] Aus einem der Briefe Weils geht hervor, dass er an der Übersetzung der – wie Weil sie nennt – „Samuelova brožura" (Broschüre Samuels) gearbeitet hat. Bei dieser Publikation handelt sich um einen Bericht über die Geschichte, Entwicklung und den zeitgenössischen Stand dieser Kommune, verfasst wahrscheinlich anlässlich des Jubiläums ihres 10-jährigen Bestehens durch den damaligen Vorsitzenden von *Interhelpo*, János Szabo (genannt Samuel). Ob Weil diese Übersetzung vollendet hat, ist nicht bekannt. Die Broschüre liegt lediglich in russischer Fassung vor. Siehe Samuèl', I.I. 1935: *Intergel'po*. Moskva – Leningrad: Vsesojuznoe kooperativnoe ob"edinennoe izdatel'stvo.

eigentliche Reportage schildert zuerst das emsige Arbeitsleben in *Interhelpo*, dann widmet sich der Reporter ausführlich der Geschichte der Entstehung dieser Kommune: die lange Reise mit dem Zug, die Unkenntnis der Sprache, der Sitten und der Gegend, die erste Enttäuschung der angekommenen Einwanderer über die trockene, unfruchtbare Erde Kirgisistans. Die Traumlandschaft, die ihnen versprochen wurde, „kraj lesů, řek a údolí, v němž rostly jabloně a hrušky, v němž byl čistý a svěží vzduch",[249] die gab es wirklich, sie war nur viel zu weit weg, hinter den Bergen, und es war unmöglich, dorthin die schweren Maschinen, die sie mitgebracht hatten, zu transportieren. Es blieb ihnen nichts anderes übrig, als in der Wüste zu bleiben. Die Anfänge des Lebens in Kirgisistan seien überaus schwierig gewesen, die Menschen hätten alles selbst aus dem Nichts aufbauen müssen: Sie hätten zuerst Wasser finden und Brunnen aushöhlen müssen, für sich und ihre Familien Häuser und folglich auch die kleinen Fabriken bauen, Felder anlegen und bepflanzen. Das dortige Klima sei alles andere als freundlich: Die Menschen seien an Malaria erkrankt, alle Kinder unter drei Jahren gestorben. Die *Interhelpo*-Menschen hätten aber nicht aufgegeben, sie hätten, so Weil, mit der Wüste gekämpft und gesiegt: Dort, wo es einst nur Wüste gegeben habe, sei innerhalb von zwei Jahren vieles gebaut worden: „družstvo [...] postavilo a dalo do provozu 4 továrny, vystavělo 17 domů o 91 bytech, vzdělalo 260 ha dosud nedotčené půdy. Dalo zemi cukr."[250] Die Bewohner von *Interhelpo* entstammten vielen unterschiedlichen Nationalitäten, doch sie hätten eines gemeinsam, sie alle betrachteten *Interhelpo* als ihre Heimat und seien auf ihre Erfolge stolz. So wie in vielen anderen Reportagen geht Weil auch in dieser auf das Phänomen der Sprache ein, die in diesem internationalen Kontext als besonders wichtig erscheint:

---

[249] „Jak Čechoslováci dobyli poušť", 22; *Češi stavějí*, 63. (das Land der Wälder, Flüsse und Täler, in dem Apfel- und Birnenbäume wuchsen, und wo reine, saubere Luft war)

[250] „Jak Čechoslováci dobyli poušť", 23; *Češi stavějí*, 73. (Die Genossenschaft [...] erbaute und setzte 4 Fabriken in Betrieb, baute 17 Häuser mit 91 Wohnungen, bearbeitete 260 ha bislang unberührten Bodens. Sie gab dem Land Zucker.)

Vytvořil se zvláštní jazyk ‚interhelpovský'; je to směs češtiny, slovenštiny, ruštiny a kirgizštiny. Předseda družstva a mnoho jiných užívají s oblibou uzbeckého slova ‚chop', což znamená ‚dobře'. Správnou češtinou mluví již málo lidí, správnou ruštinou ještě méně. Ani Rusové ne. Ale dorozumějí se všichni.[251]

Das Motiv der gemischten Sprache[252] erscheint auch im zweiten Teil dieser umfangreichen Reportage, „Večery v Interhelpu" (Die Abende in Interhelpo), in dem Weil nach der Schilderung der Schwierigkeiten bei der Gründung und der Geschichte der Genossenschaft im ersten Teil zur Gegenwart kommt. Dieser Text hat sein Pendant in der gleichnamigen Reportage in der Zeitschrift *Útok*. Beide Texte weisen jedoch einige Differenzen auf. Gleich zu Anfang wird im Buch ausführlicher über die Musik in *Interhelpo* geschrieben. Diese Musik – so Weil – lasse sich mit keinem Orchester aus Frunze verwechseln, man könne sie von weitem erkennen, denn sie ist „jemnější a vlídnější než ostatní hudby".[253] Während Weil anschließend schildert, wie die Abende in *Interhelpo* verlaufen – man treffe sich im Club zum Filme-Schauen, dann gehe man zum Tanzen in den Park, man trinke Bier, spreche und erinnere sich an die schweren Anfänge –, spricht er auch kurz Schicksale einiger Bewohner von *Interhelpo* an: z. B. die Geschichte der jungen Maschinenschreiberin Anja,[254] des Ingenieurstudenten Karel Málek, eines namenlosen Pragers, der Bestarbeiter gewesen sei, des Slowaken

---

[251] „Jak Čechoslováci dobyli poušť", 15; *Češi stavějí*, 75. (Es wurde eine spezielle Sprache entwickelt – „die Interhelpo-Sprache"; sie ist eine Mischung aus Tschechisch, Slowakisch, Russisch und Kirgisisch. Der Vorsitzende der Genossenschaft und viele anderen benutzen mit Vorliebe das usbekische Wort „chop", was „gut" bedeutet. Korrektes Tschechisch sprechen nur noch wenige, korrektes Russisch noch weniger. Nicht einmal die Russen selbst... Aber alle verstehen sich.)

[252] „Večery v ‚Interhelpu'", 112; *Češi stavějí*, 78. „Česká řeč se mísí s kirgizštinou a ruštinou." (Die tschechische Sprache vermischt sich mit Kirgisischem und Russischem.)

[253] „Večery v ‚Interhelpu'", 112; *Češi stavějí*, 78. (sanfter und milder als alle anderen Musiken.)

[254] Diese Protagonistin kommt ebenfalls im Roman *Dřevěná lžíce* vor. Sie ist fast mit den gleichen Worten wie in der Reportage beschrieben, nämlich als „dcera bývalého popa z Bělovodska" (Tochter des ehemaligen Popen aus Bělovodsk). Siehe *Dřevěná lžíce*, 55; *Češi stavějí*, 79.

Guliš oder die Geschichte eines verlassenen Hundes sowie des kirgisischen Waisenkindes Mustafa. Vor allem in dieser Passage sieht man mehrere Unterschiede zwischen den beiden Texten. In der ursprünglichen Reportage in *Útok* findet man keine Popentochter und Maschinenschreiberin Anja, dafür aber den Müller Osoha, der Philosophieprofessor geworden sei, oder Václav Šulc aus Louny, der Karriere als oberster Staatsanwalt in Frunze gemacht habe. Der restliche Text stimmt in beiden Reportagen überein: Einige weitere Bewohner von *Interhelpo* werden vorgestellt – der leidenschaftliche Gärtner Vondráček, der alte, pensionierte Schuster Rychtarík, dessen geliebter Sohn ein Rotarmist sei, sowie der Kirgise Džuma Mamutov, der als der beste Tänzer und Fußballspieler in ganz *Interhelpo* gelte.

Die Kommune *Interhelpo* gehöre zu den besten Genossenschaften Kirgisiens. Nicht nur die Genossenschaften untereinander, auch dort lebende und arbeitende Männer und Frauen wetteiferten um die besten Ergebnisse. Das alles zeigt Weil im abschließenden Teil dieser Reportage, „Socialistické soutěžení" (Sozialistischer Wettbewerb). Es ist Mai 1935 und *Interhelpo* feiert gerade sein zehnjähriges Bestehen.[255] Überall wird heftig diskutiert, wer zum Bestarbeiter gewählt werden kann und wer nicht. Weil unterbreitet dem Leser einige komplizierte Fälle. Darf zum Bestarbeiter jemand werden, der sich so wie der Drehmaschinenarbeiter Badajev betrinke? Oder der Slowake Huňa, der seinen Bruder gedeckt habe, als dieser aus Eifersucht seinen Liebesrivalen erstochen habe? Bei Badajev werde die Auszeichnung zum Bestarbeiter befürwortet, im Fall von Huňa dagegen nicht. Am spannendsten erweist sich jedoch der Wettbewerb zwischen der Lederfabrik unter der Führung von Krajčevič und der Textilfabrik unter der Leitung von Wagner. Die Ergebnisse beider Fabriken seien ähnlich gut, die Lederfabrik sei schon in den letzten Jahren mehrfach ausgezeichnet worden und wolle nun ihren Sieg verteidigen. Die Lage sei sehr angespannt, sie eskaliere in einem heftigen Streit zwischen den beiden Direktoren, die nach der

---

[255] Anlässlich dieses Jubiläums hat Weil noch drei weitere Reportagen verfasst, auf die später eingegangen wird.

Auszeichnung ihrer Betriebe strebten. Bei einem Treffen der anderen Fabrikvertreter sei nach einer regen Diskussion beschlossen worden, dass die Auszeichnung der Textilfabrik gehöre und somit auch als Motivation für die anderen dienen solle. Während der Direktor Wagner ausgelassen mit seinen Kollegen und seinem Sohn feierte, habe sich der alte Krajčevič zutiefst bestürzt nach Hause begeben.

Weil hat diese Reportage ursprünglich für die Zeitschrift *Útok* geschrieben. Die Fassung im Buch hat er ein wenig überarbeitet: Nach den ersten identischen zwei Absätzen beider Texte widmet er sich in der Reportage in *Útok* gleich der Jubiläumsfeier in *Interhelpo*: Es wird Musik gespielt, die Bestarbeiter werden ausgezeichnet, auch die „alten Pioniere" – die Gründer der Genossenschaft – werden belohnt. Die große Feier soll ganze fünf Tage gedauert haben. Hier wendet sich Weil in die Vergangenheit und erzählt, was vor zehn Jahren geschehen sei: Wie schwer die Bedingungen gewesen seien, wie alle, auch Frauen und Kinder, 16 Stunden am Tag hart gearbeitet hätten, wie sie in einer zerfallenen Baracke geschlafen hätten. Wie alle kleinen Kinder gestorben seien und deshalb als erstes ein neuer Friedhof habe angelegt werden müssen. Diese Passage fehlt im Buch, dort wird dagegen der Augenblick festgehalten, als die Interhelper nach Kirgisistan kamen, und dort – eine kleine, fremde Gruppe in europäischen Kleidern in der endlosen Wüste inmitten von Masaren (Gräbern der kirgisischen Heiligen) – gestanden und patriotische Lieder gesungen hätten, um sich Mut zu machen. Danach folgt der gleiche, oben bereits beschriebene Text.

Die vorletzte Reportage „**Vypovězenec z Alma-Aty**" (Der Verbannte aus Alma-Ata) stellt hinsichtlich der Entwicklung der Gattungen sowie der Schreibmethode einen der interessantesten und wichtigsten Fälle dar. Die erste Fassung dieses Textes ist 1935–1936 in der Zeitschrift *Útok* erschienen. Dann nahm Weil ihn in sein Reportagenbuch *Češi stavějí v zemi pětiletek* auf; es gibt auch eine gleichnamige Erzählung und einige Ereignisse finden wir ebenfalls im Roman *Dřevěná lžíce* wieder. An dieser Stelle wird lediglich auf inhaltliche Unterschiede zwischen der Reportage in *Útok* und der im Buch eingegangen. Dieser Vergleich ergibt allerdings, dass die beiden Texte bis auf eine minimale Veränderung in der Interpunktion identisch sind.[256] Der Reporter Weil schildert zu Beginn in der Ich-Form die Strapazen seiner Zugfahrt nach Alma-Ata. Wegen eines großen Andrangs von Reisenden zum Balchašstroj[257] habe er zwei Tage und zwei Nächte auf dem Betonboden der Bahnhofstation Lugovaja in der glühenden Hitze der Wüste[258] verbringen müssen. Er sei krank geworden, habe Fieber bekommen und es habe die Gefahr bestanden, dass er so schwach werde, dass er nicht mehr weiterfahren könne und dort sterbe. Er habe seine letzten Kräfte gesammelt, sei zum Vorsitzenden der Bahnhofstation gegangen und habe ihm gedroht, dass es für diesen eine große Schande sein würde, wenn ein Ausländer in seiner Station sterbe. Der Vorsitzende habe sich überzeugen lassen und ihm eine Platzkarte für den Zug nach Alma-Ata beschafft. Dem Reporter sei es so gelungen, nach Alma-Ata zu gelangen. Er schildert begeistert die Stadt

---

[256] Der zweite Satz des in *Útok* veröffentlichten Textes wurde im Buch in zwei Sätze geteilt, wobei der neue Satz mit „S čajníky" beginnt: „Stékal se tam lidský proud, který šel dobývat průmysl do kazachstanské pouště, s čajníky, s peřinami se hrnuli do stanice budoucí stavitelé Balchašstroje." (Der menschliche Strom, der die Industrie in der Wüste Kasachstans aufbaute, ist dort zusammengeflossen; mit Teekesseln und Bettdecken drängten die zukünftigen Erbauer von Balchašstroj in die Station.) „Vypovězenec z Almy-Aty", 212; *Češi stavějí*, 92.

[257] Weil spricht von „Balchašstroj", was sich allerdings als nicht richtig erweist. Der korrekte Name lautet „Pribalchašstroj". Das enzyklopädische Online-Wörterbuch liefert folgende Informationen: Im Oktober 1931 wurde die Leitung zusammengestellt, die den Bau einer Kupferhütte am Balchašsee betreuen sollte. 1932 wurde für den Bau ein Drittel aller Investitionen in der Schwerindustrie ausgegeben. Am 1. April 1937 wurde die Stadt Pribalchašstroj in Balchaš umbenannt. http://dic.academic.ru/dic.nsf/es/69933/%D0%91%D0%90%D0%9B%D0%A5%D0%90%D0%A8_%28%D0%B3%D0%BE%D1%80%D0%BE%D0%B4%29. (zuletzt aufgerufen am 11.11.2020).

[258] Auch hier erscheint die Wüste übrigens als ein schrecklicher, unmenschlicher Ort: „Civěla na mě poušť, odporná, vyprahlá poušť se žlutými a černými pruhy." (Mich hat die Wüste angestarrt, die widerliche, verdorrte Wüste mit gelben und schwarzen Streifen.) „Vypovězenec z Almy-Aty", 212; *Češi stavějí*, 93.

am Fuße des Berges, er schwärmt für sie als schönste Stadt Asiens.[259] Er habe sich dort erholt und unter anderem auch den „Verbannten" getroffen, den tschechischen Bildhauer Vachek, der ihm seine Geschichte erzählt habe: Vachek habe einige Jahre in Tiflis gelebt, als er von der G.P.U. aufgefordert worden sei, als Strafe in die Verbannung in eine andere Stadt zu ziehen. Hinsichtlich des Grundes dafür wird Weil allerdings an dieser Stelle ziemlich geheimnisvoll, indem er schreibt: „Víte, tak a tak, povídají, občane Vachku, jste vypovězen na tři léta z Tiflisu."[260] Von den Städten, die ihm als mögliche Verbannungsorte vorgeschlagen worden seien, habe Vachek aufgrund der ähnlichen klimatischen Bedingungen Alma-Ata ausgewählt. Hier habe er drei Jahre verbringen sollen. Ihm habe es dort allerdings so gut gefallen, dass er nach drei Jahren erneut bei der G.P.U. vorgesprochen und sie um eine neue Strafe gebeten habe. Da sie zunächst nicht verstanden hätten, warum er eine neue Strafe haben wollte, habe er ihnen erklärt, dass er sein Leben in Alma-Ata so schön finde, dass er auch weiterhin hier leben wolle. Die G.P.U.-Menschen hätten gelacht und ihm erklärt, er könne als freier Mensch hierbleiben. So sei Vachek in Alma-Ata geblieben und arbeite an Aufträgen für den Kulturpalast. Beide, sowohl der Bildhauer Vachek als auch der Reporter Weil, finden die Geschichte sehr amüsant und lachen darüber. Die Erschaffung einer grotesken Situation gehört zu den beliebten literarischen Verfahren Weils; solche grotesken, bis ins Absurde geführten Situationen sind ebenfalls in seinen Nachkriegsromanen mit der Shoah-Thematik *Život s hvězdou* und *Na střeše je Mendelssohn* zu finden.

---

[259] Paradoxerweise gefallen ihm die Stadt und die umliegende Natur deshalb, weil sie einen nicht-asiatischen Eindruck machen: „To byl opravdu konec pouště. […] Tráva, ve které je možno se brodit, vysoká tráva, nespálená sluncem, vojtěška a jetel, vždyť tohle není Asie." „Vypovězenec z Almy-Aty", 212; *Češi stavějí*, 94f. (Das war wirklich das Ende der Wüste. […] Das Gras, in dem man waten kann, hohes Gras, unverbrannt von der Sonne; Luzernen und Klee, das ist doch kein Asien). Weiter im Text hat er wiederholt die Illusion, nicht in Asien zu sein: „Kdybych byl nepotkával Kazaky, ostatně v evropských oděvech, nebyl bych ani věřil, že jsem v Asii." „Vypovězenec z Almy-Aty", 221; *Češi stavějí*, 95. (Wenn ich die Kasachen nicht treffen würde, übrigens in europäischen Kleidern, würde ich nicht glauben, dass ich mich in Asien befinde.)

[260] „Vypovězenec z Almy-Aty", 221; *Češi stavějí*, 99. (Wissen Sie, so und so, sagen sie, Bürger Vachek, Sie sind für drei Jahre aus Tiflis verbannt.)

Auch in dieser Reportage kommt an mehreren Stellen das Motiv der Sprache zu Geltung, und das sogar noch stärker als in den anderen. Es tritt gleich zu Beginn auf, als der Reporter auf dem Boden der Bahnhofstation liegt, wo ein großer Lärm herrscht: „Kolem byl pekelný hluk lidských hlasů a babylonské zmatení."[261] Als er nach einem Ausdruck für seine Leiden sucht, fängt er an zu fluchen: „Začal jsem tedy nadávat ve všech jazycích, nejdříve třípatrovými ruskými nadávkami, pak českými a jinojazyčnými. To mi dodalo odvahu."[262] Nicht nur er flucht; auch die Menschen, vor die er sich in der Warteschlange gedrängelt hat, fluchen fürchterlich in allen Sprachen der Welt und versprechen ihm einen qualvollen Tod:

> Jak křičeli lidé, kteří čekali pět dní! Do smrti na to nezapomenu. Slibovali, že mi rozpářou břicho při první příležitosti a přednostu chtěli oběsit na semaforu. Nadávali všemi jazyky světa, vymyslili si zajímavé podrobnosti a o mé osobě, hlavně se jim nelíbily mé staré pumpky.[263]

Die letzte Reportage erschien zuerst unter dem Titel „**Lenin na Džergalčaku**" (Lenin auf Džergalčak) in *Tvorba*. Im Buch wurde der Titel jedoch verändert zu „**Člověk na Džergalčaku**" (Der Mensch auf Džergalčak). Die semantische Verschiebung im Titel entspricht auch die Veränderung des Inhalts. Die Reportage im Buch wurde um die stark ideologisch gefärbte Passage[264] über Lenin gekürzt und an seine Stelle tritt ein weiterer Tscheche, der Tischlermeister Hubáček. Im Buch beschränkt sich Weil auf die Schilderung von

---

[261] „Vypovězenec z Almy-Aty", 212; *Češi stavějí*, 93. (Drumherum herrschte ein höllischer Lärm von menschlichen Stimmen und babylonische Sprachverwirrung.)
[262] „Vypovězenec z Almy-Aty", 212; *Češi stavějí*, 93. (Ich habe angefangen, in allen Sprachen zu fluchen: Zuerst mit dreistöckigen russischen Schimpfwörtern, dann mit tschechischen und anderssprachigen. Das hat mir Mut gemacht.)
[263] „Vypovězenec z Almy-Aty", 212; *Češi stavějí*, 94. (Wie die Menschen geschimpft haben, die fünf Tage gewartet haben! Ich werde das nie vergessen. Sie haben mir versprochen, dass sie mir bei der ersten Gelegenheit den Bauch aufschlitzen werden und den Vorsitzenden wollten sie auf dem Semafor aufhängen. Sie haben in allen Sprachen der Welt geflucht, sie haben sich interessante Details über meine Person ausgedacht, und vor allem haben sie meine alte Pumphose nicht gemocht.)
[264] Die Reportage in *Tvorba* beginnt mit einem Absatz über das revolutionäre Jahr 1917. Bereits hier wird Lenin erwähnt.

Hubáčeks bewegtem Leben: Wie er aus Karlovice in Mähren vor dem Krieg über Ungarn und Rumänien nach Russland geflohen sei, wo er dann verhaftet und ins Arbeitslager nach Kasachstan transportiert worden sei. Auch von dort habe er fliehen können und sei vor dem Krieg weiter in den Osten gegangen, bis er in Kirgisistan angekommen sei. Dort, am See Issykköl, habe er seine neue Heimat gefunden, habe sich mit den Kirgisen angefreundet und an ihrer Seite gekämpft, als der Krieg auch dorthin gekommen sei. Auch danach, als er eigentlich Kirgisistan hätte verlassen und in die Tschechoslowakei zurückkehren dürfen, habe Hubáček beschlossen, dort zu bleiben und den Kirgisen zu helfen, im Gegenzug dafür, dass sie ihn aufgenommen hätten. Während die abschließende Passage im Buch mit der Beschreibung der kirgisischen Landschaft eher poetisch ausfällt: „Nemohl opustiti svůj národ, kirgizský, asijský národ. Vody hučely po lučinách a bory šuměly na skalinách této země, byl to jeho domov",[265] kommt in der Zeitschriftenreportage das Ideologische stark zur Geltung: Hubáček liest die Worte Lenins über das Ende des Krieges und seinen Appell an alle Arbeiter und Bauern. Er übersetzt Lenins Rede den Kirgisen und rät ihnen, sich diesem Klassenkampf anzuschließen. Er werde erneut in den Krieg mit ihnen ziehen, nur dieses Mal in den „einzig gerechten" Krieg, wie es in der Reportage heißt. Mit diesem Krieg endet seine Flucht, erst in diesem Augenblick ist Hubáček angekommen. Trotz der unterschiedlich akzentuierten abschließenden Passagen enden beide Reportagen und somit auch das ganze Buch mit dem gleichen Satz: „Již nikdy se nevrátil na Valašsko".[266]

---

[265] *Češi stavějí*, 106. (Er konnte sein Volk, sein kirgisisches, asiatisches Volk nicht verlassen. Das Wasser brauste auf den Wiesen und Wälder rauschten auf den Felsen dieses Landes, es war seine Heimat.) Hier machen sich patriotische Elemente stark bemerkbar. Denn Weil zitiert hier Verse aus der tschechischen Hymne, deren Autor der tschechische Dichter Josef Kajetán Tyl ist. Tyl wurde bereits in dem Aufsatz über den „social'nyj zakaz" zum Gegenstand seiner Untersuchung. Siehe „Sociální objednávka Jos. Kajetána Tyla", in: *Tvorba* 1932/7:23, 363–364; 1932/7:24, 380; 1932/7:25, 394–395; 1932/7:26, 413–414; 1932/7:27, 428–429.

[266] „Lenin na Džergalčaku", 8; *Češi stavějí*, 107. (Er ist nie wieder in die Walachei zurückgekehrt.)

Aus dem inhaltlichen Vergleich der Reportagen, die Weil ursprünglich für die Zeitschriften *Tvorba*, *Útok* und *Pestrý týden* geschrieben hat, mit ihren Pendants im Buch geht hervor, dass Weil relativ wenige Veränderungen bei der Übernahme der Texte in die Buchform durchgeführt hat. Manche Reportagen wurden fast unverändert bzw. nur mit minimalen redaktionellen Änderungen in der Interpunktion oder im Stil übernommen. Die Reportage „Sedm lžiček",[267] die in *Tvorba* der Zensur zum Opfer gefallen war, durfte im Buch komplett erscheinen. Die umfangreichste Umgestaltung erfuhr die Reportage „Lenin na Džergalčaku", da die ideologischen, prokommunistischen Passagen am Anfang und am Ende im Buch weggelassen wurden. Dem Inhalt entsprechend wurde auch der Titel in „Člověk na Džergalčaku" umgeändert. Der einzige Text im Buch, zu dem bislang keine Vorlage in einer Zeitschrift bzw. Zeitung gefunden wurde und der sich von den anderen Texten auch in seiner Erzählform unterscheidet, ist die von einer Säuberung in der Ich-Form erzählende Biographie des Maschinenschlossers Karel Kovařík.

Wie bereits erwähnt, war Weils Aufenthalt in Zentralasien, was die Reportageproduktion angeht, mit Abstand der ergiebigste. Vor allem das halbe Jahr in der Kommune *Interhelpo* wurde ihm in vielerlei Hinsicht zur Inspiration. Weil war dort, als *Interhelpo* gerade zehn Jahre seines Bestehens feierte, was er außer im bereits erwähnten Text „Socialistické soutěžení" noch in drei anderen Reportagen thematisierte – in den Artikeln „Deset let ‚Interhelpo'" (Zehn Jahre „Interhelpo"), der in der Zeitschrift *Svět práce* veröffentlicht wurde[268], und in den im gleichen Jahr erschienenen, ähnlich betitelten Texten „Před desítiletím družstva ‚Interhelpo'" (Vor

---

[267] In *Tvorba* wird die Sieben im Titel als „sedm" (sieben) ausgeschrieben, im Buch dagegen steht die Zahl.
[268] „10 let Interhelpo", in: *Svět práce* 1935/10, 149–150; 1935/11, 173. Seine Freundin Slávka Vondráčková erinnert sich, dass Weil diese Reportage auf Wunsch der Chefredakteurin von *Svět práce*, Milena Jesenská, geschrieben hat: „Jirka napíše Mileně do Světa práce článek Deset let Interhelpa." (Jirka schreibt für Milena für Svět práce den Artikel Zehn Jahre Interhelpo.) (Vondráčková 2014, 60)

einem Jahrzehnt der Genossenschaft „Interhelpo") in *Tvorba* und „Deset let ‚Interhelpa'" (Zehn Jahre „Interhelpo") in der Zeitschrift *Země sovětů*.[269] Obwohl die Texte das gleiche Ereignis zum Thema haben – nämlich die Feier des 10-jährigen Bestehens von *Interhelpo* –, sind sie keineswegs identisch.

Der Artikel **„Před desítiletím družstva ‚Interhelpo'"** erschien in *Tvorba* bereits am 1. Mai 1935, zu einer Zeit also, als die feierlichen Veranstaltungen zum ersten Mai in Frunze und zum 10. Jubiläum von *Interhelpo* gerade begonnen hatten. Unter dem Text steht als Ort und Datum des Entstehens: Frunze im April 1935. Der Text ist also noch vor der eigentlichen Feier geschrieben worden und somit kann man ihn als den ersten Text zu diesem Thema einordnen. Dieser Text ist der einzige der drei, der zensiert wurde. Am Ende fehlt ein ganzer Absatz. Da im abgebrochenen Satz vor der zensierten Stelle die Rede vom tschechoslowakischen Proletariat ist, kann man davon ausgehen, dass es sich wieder um eine ideologisch gefärbte Passage handelte, die der Zensur zu Opfer gefallen ist. Die fehlende Stelle ist so umfangreich, dass man den Inhalt des abschließenden Teils des Textes nicht rekonstruieren kann. Eingeleitet wird diese Reportage mit der Aufzählung unterschiedlicher Publikationen, die über *Interhelpo* verfasst wurden und noch werden.[270] Die Reportage ist vollkommen im Geiste der kommunistischen Propaganda gehalten: Die Gründer von *Interhelpo* sind tschechoslowakische Proletarier, während Weil sonst nur von Tschechoslowaken spricht – meistens Mitglieder der Kommunistischen Par-

---

Bei der Zeitschrift *Svět práce* (Die Welt der Arbeit), die in den Jahren 1932–1935 erschienen ist, handelt es sich um eine Monatszeitschrift der Kommunistischen Partei, die sich vorwiegend auf das Geschehen in der UdSSR konzentriert hat. Siehe die Bachelorarbeit von Erika Hettešová. 2010: „Časopis ‚Svět práce' 1945–1948". Praha (Bachelorarbeit), 11. https://is.cuni.cz/webapps/zzp/detail/81872/ (zuletzt aufgerufen am 11.11.2020)

[269] „Před desítiletím družstva ‚Interhelpo'", in: *Tvorba* 1935/10:18, 279 und „Deset let ‚Interhelpa'", in: *Země sovětů* 1935–1936/4:3, 93–94.

[270] Weil erwähnt den slowakischen Schriftsteller Jilemnický, seinen Freund Fučík, dann das auf Russisch geschriebene Buch des Vorsitzenden der Genossenschaft, Samuel, das in den kommenden Tagen erscheinen solle, weiter weist er auf einen von kirgisischen Schriftstellern erstellten Sammelband hin.

tei. Der Organisator Mareček wird als ein „Roter Partisan" bezeichnet, die bisherigen Erfolge seien mithilfe von sowjetischen Genossen unter der Führung der Kommunistischen Partei erzielt worden. Bei der Feier hätten die *Interhelpo*-Bewohner den Gästen die Ergebnisse ihrer Arbeit zeigen wollen: „radostný a svobodný život, svou zdravou a silnou mládež, své sady, zahrady a pole [...] své největší bohatství, své úderníky, hrdiny práce, kteří svou obětavostí zajistili družstvu nynější blahobyt."[271] Weil schlägt in dieser Reportage eine extrem agitatorische Note an, indem er die Bedeutung von *Interhelpo* für das ganze kirgisische Proletariat akzentuiert: Weil berichtet, wie die ehemaligen rückständigen Nomaden in den Werkstätten von *Interhelpo* qualifiziert und zivilisiert und zu Proletariern geworden seien.

Der zweite Text, „**Deset let ‚Interhelpa'**", wurde am 3. Juni in *Země sovětů* publiziert, ist jedoch auf den 5. Mai 1935 datiert. Er wurde also unmittelbar nach der Feier geschrieben. Die Ereignisse werden aus der Retrospektive betrachtet: Ausgehend von der Feier widmet sich der Autor den Erfolgen der multinationalen Kommune *Interhelpo*, die aufgrund der harten Arbeit ihrer Mitglieder aus dem Nichts geschaffen worden sei. Weil spricht hier von „Arbeitern", das Wort „Proletariat" fällt im Gegensatz zu der Reportage in *Tvorbu* kein einziges Mal. Er ist hier allerdings auch viel ausführlicher hinsichtlich der wirtschaftlichen Erfolge der Kommune: Er nennt akribisch alle Zahlen der *Interhelpo*-Produktion – wie viel tausend Meter Stoff, wie viel Dezimeter Leder, wie viel Möbelstücke etc. hergestellt werden konnten. Er geht ebenfalls auf die Renegaten von *Interhelpo* ein. In der Geschichte der Genossenschaft habe es Menschen gegeben, die die extrem harten Lebensbedingungen nicht ausgehalten hätten und die *Interhelpo* verlassen hätten oder sogar ausgeschlossen worden seien. Für Weil sind dies jedoch vor allem die Menschen, die sich an dem Leben im Land der Sowjets bloß hätten bereichern wollen und die bitter enttäuscht worden

---

[271] „Před desítiletím družstva ‚Interhelpo'", 279. (ihr frohes und freies Leben, ihre gesunde und starke Jugend, ihre Obstgärten, Gärten und Felder [...] ihren größten Reichtum, ihre Bestarbeiter, ihre Helden der Arbeit, die durch ihre Opferbereitschaft der Genossenschaft ihren jetzigen Wohlstand gesichert haben.)

seien. Viele von ihnen schrieben nun angeblich Bittbriefe und würden wieder in die Kommune aufgenommen werden wollen. Auch in dieser Reportage – allerdings erst an ihrem Ende – erwähnt Weil diverse Publikationen, die zu *Interhelpo* geschrieben würden.[272] Diese zweite Reportage ist ideologisch deutlich weniger markiert als die in *Tvorba*.

Beim dritten Text, „**Deset let ‚Interhelpo'**", ist eine genauere Datierung nicht möglich. Er wurde in zwei Teilen in der Mai- und Juni-Nummer der Zeitschrift *Svět práce* publiziert. Im ersten Abschnitt spricht der Reporter Weil weder von den „Proletariern" noch von den „Arbeitern", sondern bloß von den „Menschen". Es sind Menschen, die einen langen Weg in einen unbekannten Teil der UdSSR gewagt hätten; Menschen mit verschiedenen Träumen: einerseits Menschen, die die kapitalistische Unterdrückung nicht hätten ertragen können, andererseits Menschen, die von einem neuen Amerika geträumt hätten. In dieser Reportage geht Weil mit diesen „Amerikanern" nicht so streng ins Gericht wie in der zweiten Reportage. Vergleicht man den ersten Teil der Reportage allerdings mit dem zweiten, kann man feststellen, dass der erste neutraler ist als der zweite stärker ideologisch gefärbte: Hier wird das

---

[272] Außer den erschienenen oder noch zu erscheinenden Publikationen zu *Interhelpo* aus der ersten Reportage fügt Weil in diesem Text noch einige Artikel hinzu, die zu *Interhelpo* geschrieben worden oder geplant seien: „Ústřední orgán komunistické strany [...] věnoval ‚Interhelpu' po dvou stránkách, uveřejnil článek předsedy družstva Samuela o desetiletí ‚Interhelpa' s podobiznami a životopisy nejlepších úderníků, jakož i reportáže kirgizských spisovatelů o ‚Interhelpu'. ‚Interhelpo' vydalo zvláštní vydání časopisu u příležitosti desátého výročí, kde byly uveřejněny pozdravné telegramy z Moskvy, Československa a celého Sovětského svazu." „Deset let ‚Interhelpa'", 94. (Das Zentralorgan der Kommunistischen Partei [...] hat „Interhelpo" jeweils zwei Seiten gewidmet, hat den Artikel des Vorsitzenden der Genossenschaft, Samuel, anlässlich des ersten Jahrzehnts von „Interhelpo" mit Bildern und Lebensabrissen der Bestarbeiter sowie auch Reportagen der kirgisischen Schriftsteller über „Interhelpo" veröffentlicht. „Interhelpo" hat eine Sondernummer seiner Zeitschrift bei der Gelegenheit des zehnjährigen Jubiläums herausgebracht, wo auch die Glückwunschtelegramme aus Moskau, der Tschechoslowakei und aus der ganzen Sowjetunion veröffentlicht wurden.)

neue Heimatland Kirgisistan als „echte" Heimat bezeichnet.[273] Im ersten Teil sind es Männer, Frauen und sogar Kinder, die hart arbeiten, im zweiten Teil dagegen bereits Arbeiter.

Stellt man die dritte Reportage den anderen beiden gegenüber, sieht man, dass es sich um die am wenigsten ideologisch überfrachtete handelt. Vor allem der erste Teil der Reportage mit ihrer Psychologisierung der nach Kirgisistan reisenden Tschechoslowaken unterscheidet sie von den anderen.

Im Frühling 1935, in der gleichen Zeit wie die drei oben genannten Reportagen, genau am 28. April 1935 – so die Datierung des Autors in *Tvorba* –, entstand die Reportage „**Jaro v kirgizských horách**" (Der Frühling in den kirgisischen Bergen)[274]. Weil unternahm damals eine Reise in die Berge in der Umgebung von Frunze. Er schildert dramatisch die Natur des Tienschan-Gebirges und geht ausführlich auf das Leben der Kirgisen ein. Er liefert einige Beispiele aus dem Leben dieses Nomadenvolkes, die verdeutlichen sollen, wie stark sich deren Leben unter der kommunistischen Herrschaft gebessert habe: Die Kirgisen wohnten nun nicht mehr in Jurten, sondern in aus Ziegelsteinen gebauten Häusern. Die Jurten, trotz all ihrer für einen Nomaden praktischen Vorteile, würden nun

---

[273] Im Gegensatz dazu finden die tschechoslowakischen Arbeiter in Kirgisistan in der vorherigen Reportage in *Země sovětů* lediglich eine „neue" Heimat: „Deset let ,Interhelpa'", 93. „Kirgizsko není však již exotickou zemí, nýbrž částí Sovětského svazu. V této zemi, několik tisíc kilometrů od Československa, našli českoslovenští dělníci **novou domovinu a svou vlast.**" (Kirgisistan ist kein exotisches Land mehr, sondern ein Teil der Sowjetunion. In diesem Land, einige Tausend Kilometer entfernt von der Tschechoslowakei, haben die tschechoslowakischen Arbeiter ein neues Mutter- und Heimatland gefunden; Hervorhebungen stammen von mir, M. B.)
„Deset let ,Interhelpo'", 173. „A tak našli dělníci z Československa v Kirgizsku, v části Svazu sovětů, **svou pravou vlast.**" (Und so fanden die Arbeiter aus der Tschechoslowakei in Kirgisistan, einem Teil der Sowjetunion, ihre echte Heimat; Hervorhebungen stammen von mir, M. B.)

[274] „Jaro v kirgizských horách", in: *Tvorba* 1935/10:19, 296–297.

als Symbol der Rückständigkeit und des Vergangenen angesehen.²⁷⁵ Als zweites Beispiel einer enormen Entwicklung und Überwindung der alten barbarischen Bräuche sieht Weil den Umstand, dass die Kirgisen jetzt Schweine hielten und Schweinefleisch äßen, was ihnen doch früher aufgrund ihres islamischen Glaubens untersagt worden sei. Als der Reporter bei einem Kirgisen eine kirgisische Aufschrift entdeckt, die sich als ein Zitat Marx' entpuppt, stellt er fest, dass Marx' philosophischer Gedanke sein Ziel erreicht habe, wenn er bis hierhin, an das Ende der menschlichen Zivilisation, vorgedrungen sei und aus einem ehemaligen Nomaden einen Kämpfer für den Sozialismus und somit einen Menschen gemacht habe: „A aby z něho učinila bojovníka socialismu – a člověka."²⁷⁶

Neben den Reportagen, die über das Leben der Tschechen in der UdSSR berichten, bilden die Berichte von seiner abenteuerlichen Reise um den größten See Kirgisistans, Issykköl, einen geschlossenen Komplex.²⁷⁷ Es handelt sich um insgesamt fünf Reportagen, veröffentlicht von Mitte Juni bis Mitte Juli 1935 in *Tvorba*. Da es sich für die tschechischen Leser um eine äußerst exotische Gegend handelt, wird die erste Reportage mit dem Untertitel „**Průsmyk buamský**" (Der Pass von Buam) von der Redaktion der *Tvorba* eingeleitet: „Přinášíme zde reportáž našeho spolupracovníka, který byl mezi prvními cizinci, kteří vstoupili do této

---

²⁷⁵ „Jaro v kirgizských horách", 297. „Jurta je architektura kočovníka. Nemá žádné perspektivy vzhůru, protože je to polokoule. Jejím hlavním znakem je obruč, její perspektiva je uzavřená. Je to obruč, která svírala kočovníka, obruč hloupých, přežilých zvyků, obruč barbarského náboženství, […]. Jurta nemá oken, její svět je černý a uzavřený, plný hrůzyplných pověr." (Die Jurte ist die Architektur eines Nomaden. Sie verfügt über keine Perspektive nach oben, weil es sich um eine Halbkugel handelt. Ihr Zeichen ist vor allem der Ring, ihre Perspektive ist geschlossen. Es ist ein Ring, der den Nomaden umklammert hat, der Ring von dummen, überlebten Bräuchen, der Ring einer barbarischen Religion. Die Jurte hat keine Fenster, ihre Welt ist dunkel und geschlossen, voll von grauenvollem Aberglauben.)

²⁷⁶ Ibidem.

²⁷⁷ „Kolem jezera Issyk-Kul I. Průsmyk buamský", in: *Tvorba* 1935/10:25, 412–413; „Kolem jezera Issyk-Kul II. Cestou po severním břehu", in: *Tvorba* 1935/10:26, 430–431; „Kolem jezera Issyk-Kul III. Aksakal", in: *Tvorba* 1935/10:27, 446–447; „Kolem jezera Issyk-Kul IV. Na jižním břehu", in: *Tvorba* 1935/10:28, 462–463, sowie „Kolem jezera Issyk-Kul V. Konec cesty", in: *Tvorba* 1935/10:29, 478–479.

zajímavé země, kam noha Evropana před tím vůbec nevkročila."[278] In dieser Reportage gibt Weil bekannt, dass er Mitglied einer Expedition sei, die eine Reise in die Gebiete um den See Issykköl unternehme. An der Expedition würden insgesamt elf Leute teilnehmen, bekannt davon sind außer Weil noch der tschechische Arbeiter Hlom,[279] der die Reise fotografisch dokumentierte, und Rudolf Mareček, der ursprüngliche Gründer von *Interhelpo*.[280] Die Expedition soll eine Strecke von 900 Kilometern, teilweise durch sehr schwieriges Terrain des Gebirges Tienschan, bewältigen. Die Reise beginnt in der Hauptstadt Kirgisistans, Frunze,[281] wo gerade ein Sportfest stattfindet. Die Expedition verlässt die Hauptstadt und

---

[278] „Kolem jezera Issyk-Kul I. Průsmyk buamský", 412. (Wir bringen Ihnen eine Reportage von unserem Mitarbeiter, der einer der ersten Fremden war, die dieses interessante Land besichtigt haben, das der menschliche Fuß noch nie betreten hat.)

[279] Bei dem Fotografen Hlom handelt es sich offensichtlich um den gleichen Hlom, über den Weil in seinem Artikel „Cesta zpátky" in *Panorama* schreibt. Hlom holt Weil in Kujbyšev vom Zug ab, als sich dieser den Knöchel verstaucht hat. Weil charakterisiert ihn als einen alten Freund, sogar als einen der besten Menschen auf der ganzen Welt. Hlom arbeitet in Kujbyšev (früher Samara) in der Holzfabrik, die von einem weiteren Tschechen – dem Protagonisten der Reportage „Sedm lžiček" Ladislav Kupa – geführt wird. Siehe „Cesta zpátky", 101f.

[280] Über Mareček schreibt Weil auch in den Reportagen „Jak bylo dobyto pouště" sowie „Jak Čechoslováci dobyli poušť". Mareček wird dort vorwiegend über seine Kenntnisse Kirgisistans charakterisiert – er ist nämlich der einzige, der sich in Kirgisistan auskennt: „Byl to jediný člověk, který znal Kirgizii." *Češi stavějí*, 60; „Jak Čechoslováci dobyli poušť", 22. In dieser Reportage „Kolem jezera Issyk-kul. Průsmyk buamský" spezifiziert Weil diese Kenntnisse: „Pracoval v tomto kraji, zamiloval si jej a bojoval o něj proti kulakům a bílým, zná v něm každou vesnici a říčku, všude má kamarády z let občanské války." (Er hat in dieser Gegend gearbeitet, hat sich in sie verliebt und hat um sie gegen die Kulaken und die Weißen gekämpft, er kennt hier jedes Dorf und jeden Fluss, er hat überall Freunde aus den Jahren des Bürgerkrieges.)
In der Reportage „Před desítiletím družstva ‚Interhelpo'" in *Tvorba* bezeichnet Weil Mareček als einen roten Partisan, der die industriellen Möglichkeiten Kirgisistans gut gekannt habe: „znal dobře obrovské průmyslové možnosti této země a její přírodní bohatství". „Před desítiletím družstva ‚Interhelpo'", 279. (Er kannte die industriellen Möglichkeiten dieses Landes und seine Bodenschätze gut.)

[281] Interessanterweise bezeichnet er in den Reportagen aus *Interhelpo* die Hauptstadt als Biškek, hier dagegen bereits als Frunze (diesen Namen trug die Stadt in den Jahren 1926–1991 zu Ehren des Offiziers der Roten Armee und Vertrauten von Lenin, Michail Frunze, der hier geboren wurde).

fährt durch den Pass von Buam, der zwischen Frunze, dem Tal des Flusses Ču und dem See Issykköl liegt. Die erste Strecke führt bis zum Dorf Rybač'e (heute Balykči). Weils Reportage ist schon zu Beginn ideologisch gefärbt, denn er stellt sich selbst bzw. dem Leser folgende rhetorische Fragen: „Jak daleko je od jurty do tennisových raket a květin? Jak daleko je od kočovišť k domům se židlemi a stoly, květináčem, svazkem Lenina na okně?"[282] Er gibt sofort Antwort: „Mezi těmito všemi předměty leží cesta. Cesta Říjnové revoluce a leninské národnostní politiky."[283] In diesem Sinn fährt er auch in den folgenden Texten fort, in denen er sich sehr auf Alltagsgegenstände konzentriert und diese in Verbindung mit der kommunistischen Ideologie bringt: Er hält sie gar für Errungenschaften dieses Regimes.[284]

Diese erste Reportage enthält ebenfalls eine äußerst interessante Passage über Häftlinge eines Arbeitslagers. Weil, der damals dem Arbeitslager selbst nur knapp entkommen konnte[285] und der

---

[282] „Kolem jezera Issyk-Kul I. Průsmyk buamský", 412. (Wie weit ist es von der Jurta zu den Tennisschlägern und Blumen? Wie weit ist es von dem Nomadentum zu den Häusern mit Stühlen und Tischen, zu einem Blumentopf und einem Lenin-Buch auf der Fensterbank?)

[283] Ibidem. (Zwischen all diesen Gegenständen liegt ein Weg. Der Weg der Oktoberrevolution und der Leninschen Nationalitätenpolitik).

[284] Am markantesten kommt dies in der dritten Reportage dieses Zyklus, „Aksakal. Kolem jezera Issyk-kul", zum Vorschein. Den Auftakt dieses Textes bilden folgende Worte: „Svět, který dobýváme je plný prostých věcí, je v něm i látka na šaty, kytička růží a svazek Stendhala. Jsou v něm tisíce věcí, počínaje cukrovinkami a konče sborníky Akademie věd. Jsou v něm i pohyby a zvyky, zavazování tkaniček, výběr vázanky, užívání vidličky a nože, otáčení knoflíku radia. Je v něm tisíciletí a včerejší den." „Aksakal. Kolem jezera Issyk-kul", 446. (Die Welt, die wir erobern, ist voll von einfachen Sachen, in ihr sind sowohl ein Kleiderstoff als auch ein Rosenstrauß und ein Band von Stendhal. Sie enthält tausende Sachen, beginnend mit Süßigkeiten und endend mit den Sammelbänden der Akademie der Wissenschaften. Sie enthält auch Bewegungen und Bräuche, Schnürsenkel binden, Krawatte auswählen, Gabel und Messer benutzen, den Radioknopf drehen. In ihr sind tausende Jahre und der gestrige Tag enthalten.) Mit dieser Passage schließt Weil die Reportage ab, er fügt noch hinzu, dass diese Dinge einem freien Menschen dienten.

[285] In seiner letzten Arbeit zu Weils Schicksal in Zentralasien gibt der tschechische Historiker Miroslav Kryl die Ergebnisse seiner Forschung in den Moskauer Archiven bekannt: In Weils Akte der Komintern wurde ein nicht datierter, an das

„lediglich" zu einer sogenannten Umerziehung in die Kommune *Interhelpo* geschickt wurde, konnte während seiner Reise um den Issykköl Folgendes beobachten:

> Vynořují se z deště bílé stany, to jsou příbytky trestanců, pracujících na silnici, bývalých basmačů, banditů, zlodějů a jiných zločinců – kteří nyní staví dílo rovnající se Bělomořsko-baltickému průplavu – Pamirstroj, […]. V dešti, sněhu, větru nás doprovází hudba, ne, není to hudba větru, je to opravdová hudba, dechový orchestr s bubnem a činely. To hrají čekisté svým vězňům, stavitelům silnice, aby se jim lépe pracovalo, aby měli větší chuť ke kopání a válcování v průsmyku Buamském na výši 2000 metrů nad mořem. Bývalí bandité, záškodníci a lupiči vypadají dobře živení a spokojení, vidíme přece na celé cestě, jak stále přijíždějí polní kuchyně.[286]

Hier erweist es sich als fraglich, inwiefern Weil als Reporter dem Anspruch auf Wahrhaftigkeit des Textes treu geblieben war. Als Reporter fühlte er sich verpflichtet, über die Existenz und Anwesenheit von Häftlingen zu berichten, auf der anderen Seite jedoch lieferte er den Lesern offensichtlich doch ein falsches Bild, denn es ist kaum vorstellbar, dass die Häftlinge wohlgenährt waren und einen zufriedenen Eindruck machten. Dabei war es nicht mehr der blutjunge, naive Weil, der dreizehn Jahre zuvor über die Čeka und das Lubjanka-Gefängnis begeistert berichtet hatte.

Diese Reportage Weils ist unter anderem auch deshalb wichtig, weil hier das Motiv der Grenze wieder angesprochen wird: Der

---

Komitee in Frunze gerichteter Brief aufgefunden, in dem der Leiter der Kaderabteilung der EKI Weils Ankommen in *Interhelpo* ankündigt und gleichzeitig den Wunsch äußert, dass Interesse daran bestehe, dass Weil nicht in seine Heimat zurückkehre. Diese Äußerung möge als Beweis dienen, wie ernst die Lage Weils damals war. (Kryl 2008, 256.)

[286] Ibidem. (Aus dem Regen tauchen weiße Zelte auf, das sind die Behausungen von den auf der Straße arbeitenden Sträflingen, den ehemaligen Basmači, den Banditen, Dieben und anderen Verbrechern, die nun ein Werk bauen, das dem Weißmeer-Ostsee-Kanal gleichkommt – Pamirstroj, […]. Im Regen, Schnee, Wind werden wir von Musik begleitet, nein, es ist nicht nur die Musik des Windes, es ist eine echte Musik, ein Blasorchester mit Trommeln und Zimbeln. Das spielen die Čekisten ihren Häftlingen, den Straßenbauern, damit sie besser arbeiten, damit sie größere Lust zum Graben und Ebnen im Pass von Buam, in der Höhe von 2000 Meter über dem Meeresspiegel haben. Die ehemaligen Banditen, Schädlinge und Räuber schauen gut genährt und zufrieden aus, sehen wir doch auf der ganzen Strecke, dass die Fahrküchen immer wieder kommen.)

Reporter betrachtet den See Issykköl als eine Grenze der sowjetischen Macht: „A pak je to hranice, skutečná, opravdová hranice. Až sem sahá sovětská moc s kolchozy a sovchozy, pěticípími hvězdami na čepicích pohraniční stráže."[287]

In der zweiten Reportage „**Cestou po severním břehu**" (Unterwegs auf dem nördlichen Ufer) fährt die Expedition auf der nördlichen Seite des Issykköl entlang. Weil beschreibt das Panorama, das sich dem Besucher hinter dem Dorf Rybač'e eröffnet: ein Tal mit den Lehmgräbern von „Bajen" und „Manapen" – den kirgisischen Adeligen. Ähnlich wie über alle der arbeitenden Klasse nicht zugehörenden sozialen Gruppen äußert sich Weil auch über „Bajen" und „Manapen" äußerst negativ – in seinen Augen sind sie Ausbeuter und Wucherer. Weil geht weiter darauf ein, dass alle Städte und Dörfer in Kirgisistan im Zuge der Kolonialisierung des Landes entstanden seien, weil die Kirgisen ein Nomadenvolk seien. Die einzigen Bauten, die sie hinterlassen hätten, seien die bereits erwähnten Gräber.

Die nächste Station der Reise ist der Sovchoz Tamči, der für seine Schafzucht berühmt sei. Weil zählt auf, wie viele Tonnen Wolle und Fleisch dieser dem Staat pro Jahr liefere. Auch hier zeichnet er das Bild eines bestens funktionierenden sozialistischen Betriebs.

Eine ausführliche Beschreibung widmet der Reporter dem nächsten Halt – dem Dorf Čelpanata, in dem sich die namhafte Hengststation Nr. 54 befinde. Hier würden die besten Pferde in der gesamten Sowjetunion gezüchtet. Der Leiter und Gründer der Hengststation sei ein ehemaliger Kriegsheld, Genosse Rappaport. Auch hier laufe alles bestens: Das kirgisische Volk werde aus seiner Rückständigkeit geführt, die kirgisischen Pferde, Kühe und Schafe würden mit den europäischen gekreuzt, damit sie bessere Eigenschaften erhielten.

---

[287] „Kolem jezera Issyk-Kul I. Průsmyk buamský", 413. (Und dann, es ist eine Grenze, eine echte, wirkliche Grenze. Bis hierhin reicht die sowjetische Macht mit ihren Kolchosen und Sovchosen, mit den fünfeckigen Sternen auf den Mützen der Grenzwache.)

Die dritte Reportage „Aksakal" vom 4. Juli 1935, in der die Entwicklung des Kirgisen Tolimaev von einem „Malaj" (Sklaven eines kirgisischen Fürsten) zu einem „Aksakal" (einem Weisen) und zum Bestarbeiter und Vorsitzenden des Karakol-Rayon vorgeführt wird, widmete Weil seinem Freund, dem Journalisten und späteren Nationalhelden der sozialistischen Tschechoslowakei, Julius Fučík. Da sich Weils und Fučíks Leben sowie beide schriftstellerische Laufbahnen mehrere Male kreuzten und in der Forschung dieser Tatsache bislang keine Aufmerksamkeit geschenkt wurde, erfolgt an dieser Stelle ein Exkurs zum Verhältnis und zu den erstaunlichen Parallelen in Leben und Schaffen dieser beiden Autoren in der Mitte der 1930er Jahre.

3.2.3.5 Exkurs II: Jiří Weil versus Julius Fučík

Die Unterlagen in Weils Komintern-Akte zeigen, dass die Lage in *Interhelpo* im Frühjahr 1935 für Weil nicht sehr günstig war: Es mangelte an Geld und auch an Arbeit. Weil schrieb Bittbriefe an einen gewissen Tom, in denen er berichtet, dass er entlassen worden sei. Er betont dabei, dass dies nicht seine Schuld gewesen sei, dass er jedoch trotzdem bis Ende Juni bleiben wolle, um die Übersetzung von „Samuels Broschüre" abzuschließen.[288] Da Weils Situation in dieser Zeit relativ unsicher war – aus der Korrespondenz der zuständigen Parteifunktionäre geht sogar hervor, dass Weils Rückkehr unerwünscht war –, stellt sich die Frage, wieso er doch bis zu seiner Abreise im September bleiben und im Juli sogar noch eine Reise zum Issykölsee unternehmen durfte. An dieser Stelle lässt sich nur spekulieren, da die entsprechenden Belege fehlen, aber man kann annehmen, dass Fučík in irgendeiner Weise zugunsten

---

[288] Siehe Kryl 2008, 257f. Wer sich hinter dem Kürzel Tom verbirgt, ist bis heute unklar. Der Historiker Miroslav Kryl vermutet, dass Tom einer der Decknamen des hohen tschechoslowakischen KP-Funktionärs und späteren Präsidenten Klement Gottwald war. Gottwald hielt sich 1934–1936 ebenfalls in der UdSSR auf, was diese Vermutung also unterstützen würde.

Weils interveniert hat.[289] Die beiden haben sich gut aus der Tschechoslowakei gekannt. Sie haben zeitgleich für die Wochenzeitschrift *Tvorba* gearbeitet.[290] Darüber hinaus war Fučík selbst gerade in den Jahren 1934 bis 1936 auch in der UdSSR und Weil und Fučík haben sich in Moskau mehrfach getroffen.[291]

Aus Fučíks handschriftlichen Aufzeichnungen, aufbewahrt im *Muzeum dělnického hnutí* (Museum der Arbeiterbewegung),[292] geht hervor, dass er am 17. Dezember 1934 Moskau verlassen hat, um nach Taškent zu fahren. Seine Reise ging weiter nach Samarkand, Buchara, Stalinabad, zurück nach Taškent und anschließend nach Frunze, wo er fast zwei Wochen (6.1.–18.1.1935) verbrachte. Es lässt sich nachweisen, dass er damals *Interhelpo* besuchte

---

[289] Dies belegt auch der Literaturkritiker Josef Vohryzek, der anlässlich der zweiten Ausgabe des Romans *Moskva – hranice* Weils Stellungnahme, die ihm der Autor in einem privaten Gespräch dargelegt haben soll, wiedergibt: „Julius Fučík mu v době čistek po Kirovově smrti zachránil život. Bez jeho přímluvy by byl Weil pravděpodobně zastřelen." Siehe Vohryzek, Josef. 1995: „Bezvýznamnost učiněná významem", in: ders.: *Literární kritiky*. Praha: Torst, 251–254, hier 251. (Julius Fučík hat ihm während der Säuberungen nach Kirovs Tod das Leben gerettet. Ohne sein Fürwort wäre Weil wahrscheinlich erschossen geworden.)

[290] Fučík und Weil waren in den Jahren 1932 und 1933 zeitgleich verantwortliche Redakteure der Zeitschrift, 1932 übernahm Weil die Herausgeberschaft von Fučík. Siehe Knihovna Akademie věd ČR, http://www.lib.cas.cz/aleph-goo gle/KNA01/00123/36/001233633.html. (zuletzt aufgerufen am 11.11.2020). In den Memoiren *Vzpomínky na Julia Fučíka* erinnert sich Weil sogar, wie Fučík in seiner Anwesenheit und der des Dichters Josef Hora den damaligen Besitzer und Herausgeber F. X. Šalda überzeugte, ihm die Zeitschrift zu überlassen. Weil, Jiří. 1947: *Vzpomínky na Julia Fučíka*. Praha: Družstvo Dílo, 18f.

[291] „Mnohokrát jsme spolu mluvili o těchto věcech v Moskvě […]. Mluvívali jsme spolu v noci, chodili jsme si po rozhlasovém vysílání ještě vypít černou kávu nebo trochu Napereulli do moskevských kaváren, procházeli jsme se po tichém Rudém náměstí..." Weil 1947, 31f. (Wir haben öfters über diese Dinge in Moskau gesprochen […]. Wir haben in der Nacht miteinander gesprochen, wir sind nach der Rundfunksendung noch schwarzen Kaffee oder ein wenig Napereulli in die Moskauer Cafehäuser trinken gegangen, wir sind über den stillen Roten Platz gegangen …).

[292] An dieser Stelle möchte ich der Leiterin des *Muzeum dělnického hnutí*, Frau RSDr. Libuše Eliášová, danken, dass sie mir Zugang zu den Unterlagen von Julius Fučík gewährt hat sowie mir mit wertvollen Tipps behilflich war.

und einige der Einwohner kannte.[293] In dieser Zeit wurde im entfernten Moskau bei einer Säuberung über Weils Schicksal entschieden.

Die zweite Reise Fučíks nach Zentralasien erfolgte von Oktober bis Dezember des gleichen Jahres. Damals reiste er nach Usbekistan, Samarkand und erneut nach Kirgisistan. Er besuchte wieder seine Freunde in *Interhelpo*, wie der russische Literaturwissenschaftler Oleg Malevič im Vorwort zur russischen Fassung von Fučíks Reportagenbuch *O Srednej Azii* (Über Zentralasien) schreibt.[294] Fučík besichtigte damals, im Oktober 1935, zum Teil die gleichen Städte, die einige Monate zuvor auch Weil gesehen hatte – Städte und Dörfer um den See Issykköl wie Rybač'e oder Karakol.[295] Von diesen beiden Reisen Fučíks stammen ebenfalls etliche Reportagen, die teilweise die gleichen oder sehr ähnliche Phänomene des Lebens in Kirgisistan thematisieren wie Weils.[296] Als markantestes Beispiel der Parallelen im Schaffen beider Autoren kann man Fučíks Reportage „Putování Arminia Vamberiho" (Abenteuer von Arminius Vambery) nennen,[297] in der Fučík das abenteuerliche Leben des ungarischen Orientalisten und Reisenden Arminius/Herrmann Vámbéry (1832–1913) beschreibt, der als Derwisch verkleidet in den Jahren 1861–1864 durch die damals abgeschotteten Länder Zentralasiens pilgerte. Hier lässt sich eine erstaunliche Übereinstimmung zu Weils Werk finden: In den Unterlagen des Verlags *Družstevní práce* in *Památník národního písemnictví* befindet sich nämlich ein Brief von Weil vom 3. Mai 1938, in dem er die Leitung des Verlags um die Erlaubnis bittet, seinen Roman *Dřevěná lžíce* im

---

[293] Alle diese Informationen stammen aus Fučíks handschriftlich geführtem Notizbuch.
[294] Malevič, Oleg M. 1960: „Predislovie", in: Fučík, Julius: *O srednej Azii*. Taškent: Gosudarstvennoje izdatel'stvo chudožestvennoj literatury UzSSR, 5–26, hier 18.
[295] Ibidem.
[296] Es lassen sich beispielsweise die Reportagen „Češi jedou na Balchaš" (Die Tschechen fahren an den Balchaš), „Středoasijská exotika" (Zentralasiatische Exotik), „Veliká kirgizská cesta" (Der große kirgisische Weg) oder „O vodce, vichřici a basmačích" (Über Vodka, Windsturm und Basmači) anführen. Alle Reportagen sind im Buch *V zemi milované* enthalten.
[297] Datiert ist diese Reportage mit 23.12.1934, veröffentlicht wurde sie in *Rudé právo* am 20.1.1935. Siehe Fučík 1946, 430.

Verlag *Evropský literární klub* (Europäischer Literarischer Club – ELK) veröffentlichen zu dürfen. Er verspricht gleichzeitig, dass er seinen nächsten Text, nämlich „Vambéry, životopis falešného derviše" (Vambéry, das Leben des falschen Derwischs) exklusiv bei *Družstevní práce* einreichen werde.[298] Der Stoff von Fučíks Reportage als auch von Weils beabsichtigen Roman ist dermaßen exotisch und im Kontext der tschechischen Literatur ungewöhnlich, dass sich hier die Frage stellt, ob Weil vielleicht durch Fučíks Reportage zu diesem Romanvorhaben angeregt wurde.[299] Denn an einer Stelle der erwähnten Reportage schreibt Fučík, dass das Leben von Vambéry für einen ganzen Roman reichen würde, er allerdings nicht die Absicht hege, so einen Roman zu schreiben.[300]

Darüber hinaus plante Fučík angeblich sogar einen Roman über die Kommune *Interhelpo* und ihre Bewohner. In seinen Aufzeichnungen befinden sich einige Charakteristika der einzelnen Be-

---

[298] Weil schreibt: „Děkuji Vám srdečně za Váš dopis, jímž mi dovolujete, abych vydal svůj příští román ,Dřevěná lžíce' u nakladatelství Sfinx-B. Janda (ELK). Zároveň se zavazuji, že Vám nabídnu knihu ,Vambéry, životopis falešného derviše', jakmile bude jen dokončena." (Ich bedanke mich bei Ihnen herzlich für Ihren Brief, in dem Sie mir erlauben, dass ich meinen nächsten Roman „Der Holzlöffel" im Verlag Sfinx-B. Janda [ELK] veröffentliche. Ich verpflichte mich gleichzeitig, dass ich Ihnen das Buch „Vambéry, Leben des falschen Derwischs" anbiete, sobald es fertig ist.) LA PNP, Fundus Družstevní práce. Siehe LA PNP, Fundus Jiří Weil.

[299] In Weils Nachlass im LA PNP befindet sich ebenfalls eine Liste aller Bücher aus Weils Besitz. Unter der deutschsprachigen Literatur ist ebenfalls das Buch *Die primitive Cultur* von Herrmann Vambery aus dem Jahr 1879 zu finden. Das legt nahe, dass sich Weil mit diesem Thema ausführlich beschäftigt hat.

[300] Über Vambérys Bericht schreibt Fučík begeistert: „Jeho zprávu na zasedání londýnské zeměpisné společnosti o putování do Chivy, Buchary a Samarkandu bylo by možno zpracovati jako bohatý dobrodružný historický román pro mládež. Ale neproležel jsem nad ní na kobercích rudé čajchany celé odpoledne proto, že bych měl úmysl psát takový román." (Seinen Bericht auf der Sitzung der Londoner Geographischen Gesellschaft über seine Reise nach Chiva, Buchara und Samarkand könnte man zu einem historischen Abenteuerroman für die Jugend verarbeiten. Ich habe allerdings nicht den ganzen Nachmittag mit dem Bericht auf den Teppichen in der Teestube verbracht, um einen solchen Roman zu schreiben). Siehe Fučík, Julius. 1949: „Putování Arminia Vamberiho, derviše. (Poznámky a rozhovory)", in: *V zemi milované. Reportáže ze Sovětského svazu*. Praha: Nakladatelství Svoboda, 424.

wohner von *Interhelpo*, die man durchaus als eine Art Skizze für einen umfangreicheren Text betrachten kann. Dass Fučík beabsichtigt hat, einen Roman zu schreiben, dass er sogar einige Teile davon bereits geschrieben hatte, bezeugt auch seine russische Freundin und Begleiterin auf seinen Reisen in die UdSSR, Ida Radvolina:

> A konečně ještě je historie Interhelpa zajímavá tím, že se osudy komunardů, jak víme, měly stát osudy hlavních hrdinů budoucího Fučíkova románu. Psal jej od konce roku 1935 do května 1936. Později si ve svých dopisech z Prahy stěžoval, že se nemůže k té velké práci dostat, že je zavalen denní novinářskou lopotou.[301]

In ihren Erinnerungen gibt sie sogar ganze Passagen aus dem geplanten Roman Fučíks wieder: Der Roman habe laut Radvolina zwei Teile[302] und drei Hauptprotagonisten haben sollen – Janek (für diese Figur diente Fučík der *Interhelpo*-Vorsitzende Samuel als Vorlage), den Studenten Vacek und den entlassenen Journalisten Jiří –, die sich alle aus Prag kennen würden. Der Journalist Jiří hätte von allen drei am schlechtesten abgeschnitten: Fučík habe ihn als einen egoistischen Menschen ohne Halt gezeichnet.[303] Abgesehen von

---

[301] Radvolinová 1960, 91. (Und dann ist die Geschichte von Interhelpo noch dadurch interessant, weil die Schicksale der Kommunarden, wie wir wissen, die Schicksale der Haupthelden von Fučíks zukünftigen Roman werden sollten. Er hat an ihm [dem Roman, M. B.] vom Ende 1935 bis Mai 1936 geschrieben. Später hat er sich in seinen Briefen aus Prag beschwert, dass er zu dieser großen Arbeit nicht kommt, weil er mit der journalistischen Rackerei überhäuft wird.)

[302] „Fučíkův román bude mít dva díly. První bude líčit osudy jeho hrdinů před příjezdem do SSSR, druhý založení komuny a její život v třicátých letech." (Radvolinová 1960, 104.) (Fučíks Roman wird zwei Teile haben. Im ersten Teil werden die Schicksale seiner Helden vor deren Ankunft in die UdSSR geschildert, im zweiten dann die Gründung der Kommune und ihr Leben in den 1930er Jahren.)

[303] „V dalších kapitolách vypráví Fučík o jejich dětství a jinošství. Potom se každý v určitém okamžiku přidává k revolučnímu boji českého proletariátu, pluje s obecným proudem a posléze se různými cestami dostávají do SSSR. V dalším se vypráví o Interhelpu, o drsném Jankovi-Samuelovi, jednom z účastníků socialistického budování v Kirgizsku; o kverulantském novináři Jiřím, který se nakonec octne v nepřátelském táboře. Strana sílí a není v ní už místo pro nadýmající se Já sobce Jiřího. Jiří jede do Sovětského svazu jako novinář, ale v těžkých podmínkách první pětiletky ho odpuzuje drsnost usilovné práce. Nelíbí se mu v Moskvě, nelíbí se mu v komuně, hubuje, pobíhá jako zběsilý a

dem Zeugnis Radvolinas gibt es keine Nachweise, dass Fučík so einen Roman bzw. einen Teil eines solchen Romans geschrieben hat, in dem er Jiří Weil als eine dermaßen negative literarische Figur gestaltet haben könnte. Radvolina vergisst in ihren Memoiren natürlich nicht zu betonen, dass Fučík alles wahrheitstreu dargestellt habe.[304]

Wenn es also stimmt, dass Fučík in seinem Roman ein derart schlechtes Bild von Weil gezeichnet und dann 1938 über Weils Debutroman *Moskva – hranice* eine vernichtende Kritik geschrieben hat,[305] muss man sich fragen, warum Weil kurz nach dem Krieg, im

---

nakonec z SSSR uteče, a logika boje ho vžene do tábora nepřátel." (Radvolinová 1960, 133.) (In den weiteren Kapiteln schildert Fučík ihre Kindheit und Jugend. Dann schließt sich jeder von ihnen zu einem bestimmten Zeitpunkt dem Revolutionskampf des tschechischen Proletariats an, schwimmt mit dem Strom und jeder gelangt auf seine Weise in die UdSSR. Des Weiteren wird über Interhelpo erzählt, über den derben Janek-Samuel, einen Teilnehmer des sozialistischen Aufbaus in Kirgisistan, über einen Querulanten, den Journalisten Jiří, der letztendlich in das feindliche Lager gerät. Die Partei wird stärker und es gibt dort keinen Platz mehr für das sich aufplusternde Ich des Egoisten Jiří. Er fährt als Journalist in die UdSSR, in den schwierigen Jahren des ersten Fünfjahresplanes wird er jedoch von der harten Arbeit abgestoßen. Es gefällt ihm nicht in Moskau, es gefällt ihm nicht in der Kommune, er schimpft, rennt hin und her wie ein Verrückter, und schlussendlich läuft er aus der UdSSR weg, wobei ihn die Logik des Kampfes in das Lager des Feindes treibt.)

[304] „Všecko je popsáno přesně podle skutečnosti." (Radvolinová 1960, 126.) (Alles entspricht genau der Wirklichkeit.)

[305] Diese Rezension Fučíks zu Weils Roman ist eine der bekanntesten ihrer Art. Sie trägt den Titel „Pavlačový román o Moskvě" (Ein Pawlatschenroman über Moskau). In seiner Rezension entlarvt Fučík den Hauptprotagonisten des Romans, Jan Fischer, als Weils Alter Ego. Fučík weist darauf hin, dass Weil in seinem Roman die Ereignisse verdreht habe, die sich real abgespielt hätten. Den einzigen Beitrag dieses Buches sieht Fučík darin, dass es so negatives Beispiel eines Spießbürgers wie sonst keines liefert. „Malost a ubohost bývají v literatuře provázeny výsměchem a kritikou, autor se snaží ohraničit se od ní, vznést se nad ní. Weil však naopak se v ní kochá, s uspokojením a potěchou kreslí všechno omezené, přízemní tupé, pochvaluje si malichernost a dává upřímně najevo, jak sladce a teple je mu v ní. A rysy tohoto ubohého maloměšťáčka vystupují ne proto, že to Weil tak dobře literárně dovede, ale proto, že svého maloměšťáckého hrdinu staví do protikladu s obrovskou sovětskou společností, že ho konfrontuje se sovětským životem." (Fučík, Julius. 1938: „Pavlačový román o Moskvě", in: *Tvorba* 1938/13:3, 34–35, hier 35.) (Die Kleinheit

Jahre 1947, als der Kult um Fučík als Nationalheld noch nicht in vollem Gange war, den äußerst positiven Memoirentext *Vzpomínky na Julia Fučíka* verfasst hat.[306] Dies kann möglicherweise auf Weils Dankbarkeit für Fučíks Hilfe zurückgeführt werden. Dies kann jedoch erst nach weiteren Recherchen in den russischen Archiven eindeutig geklärt werden.

Kehren wir nach diesem Exkurs zu Weils vierter Reportage aus dem Issykkölsee-Zyklus „**Na jižním břehu**" (Auf dem südlichen Ufer) zurück; in dieser werden wir vom Autor in die östlichste

---

und Armseligkeit werden in der Literatur regelmäßig von Spott und Kritik begleitet; der Autor bemüht sich, sich von denen abzugrenzen, sich über sie zu erheben. Weil dagegen genießt es und mit Freude zeichnet er alles Beschränkte, Niedrige, Dumme; er lobt die Kleinlichkeit und gibt direkt zu, wie schön und warm es ihm dabei ist. Und die Züge dieses Spießbürgerleins treten so deutlich hervor, wie sonst nirgendwo, nicht deshalb, weil es Weil literarisch so gut kann, sondern weil er seinen spießbürgerlichen Helden in den Gegensatz zu der riesigen sowjetischen Wirklichkeit stellt, weil er ihn mit dem sowjetischen Leben konfrontiert.) Laut Vohryzek soll Fučík Weil in einem Privatgespräch gewarnt haben, dass er die Kritik auf Weisung Klement Gottwalds habe schreiben müssen. Weil soll dies verstanden haben. Vohryzek, Josef. 1995: „Bezvýznamnost učiněná významem", in: ders.: *Literární kritiky*. Praha: Torst, 251–254.

[306] Gleich zu Beginn des Textes schreibt Weil von einer Schuld, die er zu begleichen habe. Dies gibt er als Grund an, warum er dieses Buch überhaupt schreibe, wenn doch bald ein ganzer Sammelband zu Fučík erscheinen sollte. „Je tu dluh, jejž nutno vyrovnat, a dluh je placením krásný, jak říkají Rusové". (*Vzpomínky na Julia Fučíka*, 5.) (Es gibt hier eine Schuld, die zu begleichen ist; und die Schuld wird durch ihre Begleichung schön, wie die Russen sagen.) In welcher Schuld stand denn Weil bei Fučík? Fühlte er sich ihm etwa für seine Hilfe verbunden? Von einer Schuld spricht Weil ebenfalls in seinem Artikel „Cesta zpátky". Dieses Mal ist es die Schuld gegenüber seiner Heimat, die er zu bezahlen habe. Auch hier ist nicht klar, was er genau meint: „Avšak bylo třeba, abych splatil dluh. Byl to velký dluh, dluh rodné zemi, po které jsem tolik let kráčel, která mi darovala život, byla ke mně laskavá […]. Avšak tento dluh není možno platit penězi. Napsal jsem tedy malou knížku o Češích, jak pracují, bojují a vítězí v cizí zemi. Snad jsem částečně splatil dluh. Nevím, nemám práva o tom mluvit." („Cesta zpátky", 102.) (Es war jedoch notwendig, dass ich die Schuld begleiche. Es war eine große Schuld, eine Schuld gegenüber meiner Heimat, in der ich so viele Jahre umhergezogen bin, die mir das Leben geschenkt hat, die gut zu mir war […]. Diese Schuld kann man aber nicht mit Geld begleichen. Ich habe deshalb ein kleines Buch über die Tschechen, wie sie im fremden Land arbeiten, kämpfen und siegen, geschrieben. Hoffentlich habe ich die Schuld teilweise beglichen. Ich weiß es nicht, ich habe kein Recht, darüber zu sprechen.) Wer aus der Tschechoslowakei hat sich dafür eingesetzt, dass Weil aus der UdSSR zurückkehren durfte? Diese Frage bleibt nach wie vor offen.

Station der Expedition geführt – in die Stadt Karakol (früher Przewalsk). Dem Reporter fallen hier die vielen Kirchen und Moscheen in der Stadt auf, die jedoch ihren sakralen Zweck verloren hätten und nun in zivile Gebäude umgebaut und umfunktioniert würden (beispielsweise in ein Kino). Karakol wird als letzte Bastion und Wache der sowjetischen Macht an der Grenze zu China angesehen.

In den weiteren zwei Stationen der Reise – im Dorf Pokrovskoe und im Kolchos „Ulgulul-Džaš" – werden die Expeditionsteilnehmer über die Schwierigkeiten bei der Herausgabe einer lokalen Zeitung unterrichtet sowie über die Fortschritte in der Lebensweise der Kirgisen: Eine alte kirgisische Frau („bajbiče") freut sich über die Vorteile des Wohnens in einem Haus.

Dann unternehmen die Mitglieder der Expedition einen Ausflug: Sie reiten auf kirgisischen Pferden bis zu den Gipfeln der Berge und beobachten die riesengroßen Schafsherden. Sie ernten dabei Spott und Hohn von den Kirgisen, die sich über die Reitkunst der Europäer lustig machen.

Im abschließenden Teil der Reportage versucht der Reporter diesen abgelegenen Ort den Lesern näher zu bringen, indem er darauf hinweist, dass England, Frankreich oder Deutschland zwar unvorstellbar weit von diesen kahlen asiatischen Bergen entfernt seien, aber auch in diesen Ländern kämpfe das Proletariat um seine Rechte, ähnlich wie die ehemaligen Nomaden das getan hätten und immer noch täten.

Die fünfte Reportage trägt den symptomatischen Titel „**Konec cesty**" (Ende der Reise). Weil zieht hier ein Fazit seiner Reise um den See Issykköl und zeichnet Kirgisistan als kein exotisches, rückständiges Land mehr, sondern als einen Teil der Sowjetunion, in dem es unter der Führung der Kommunistischen Partei zu einem Fortschritt in Industrie und Wirtschaft gekommen sei:

> Neviděli jsme „exotiku", zato však nemocnice, školy, knihovny, dramatické kroužky, kinematografy, elektřinu. Slyšeli jsme mluviti o osevné kampani, traktorech, druhé pětiletce, Stalinových „Otázkách leninismu", o pěstování chmele ve výši 3000 metrů, o křížení divokých ovcí s domácími, o Linotypu a poslední knize Ernesta Hemingwaye a Pearl Buckové. [...] Viděli jsme však: přeměnu celého kraje ze zaostalého asijského koutu v kraj socialistického hospodářství, viděli jsme kolchozy a sovchozy, opatřené moderními stroji, s plemenným dobytkem a racionálním hospodářstvím, viděli jsme

příslušníky kdysi nejzaostalejšího národa, vyssávané a vykořisťované, jak vládnou sami sobě, jsou inženýry, zootechniky, spravují obrovské kraje a řídí složité stroje. Viděli jsme celé rayony, kde dříve uměli číst a psát tři lidé a dnes v nich není téměř ani jednoho negramotného. Viděli jsme neustálou přeměnu, neustálý růst a stoupání blahobytu den ode dne každou hodinu. Viděli jsme, jak se lámou zvyky a obyčeje, jak místo barbarství nastupuje socialistická kultura, místo špinavých jurt a děr v zemi světlé a čisté domy. Viděli jsme neustálý boj a zápas o každého člověka, o každou píď země. A to vše za vůdcovství strany, jež zde v bývalé asijské divočině buduje socialismus, školí a vychovává a vede do boje, stejně jako v celém Sovětském svazu.[307]

Aus diesen fünf Reportagen, in denen der Reporter Weil seine abenteuerliche Reise um den größten kirgisischen See Issykköl, schildert, kann man die Bemühungen herauslesen, den tschechischen Lesern die exotische und raue Landschaft Kirgisistans näher zu bringen, andererseits wird in der letzten Reportage diese Bemühung relativiert, indem erklärt wird, dass alles, was die Expedition

---

[307] „Konec cesty. Kolem jezera Issyk-kul", 479. (Wir haben keine „Exotik", dafür aber Krankenhäuser, Schulen, Bibliotheken, Theaterzirkel, Kinematographen, Elektrizität gesehen. Wir haben gehört, wie über die Saatskampagne, Traktoren, den zweiten Fünfjahresplan, Stalins „Fragen des Leninismus", über den Anbau von Hopfen in einer Höhe von 3000 Metern, über die Kreuzung wilder Schafe mit einheimischen, über die Linotype und über das letzte Buch von Ernest Hemingway und Pearl Buck gesprochen wurde. [...] Wir haben jedoch gesehen: die Verwandlung der ganzen Gegend von einer rückständigen asiatischen Ecke in ein Land der sozialistischen Wirtschaft, wir haben Kolchosen und Sovchosen mit modernen Maschinen, mit rassigem Vieh und rationaler Wirtschaft gesehen, wir haben die Angehörigen der einst rückständigsten und ausgebeuteten Nation gesehen, wie sie über sich selbst regieren, wie sie zu Ingenieuren, Zootechnikern geworden sind, wie sie riesengroße Landstriche verwalten und komplizierte Maschinen lenken. Wir haben ganze Rayons gesehen, in denen früher nur drei Menschen lesen und schreiben konnten und wo man heutzutage fast keinen Analphabeten mehr findet. Wir haben die stetige Umwandlung, das stetige Wachstum und den Wohlstandsanstieg Tag für Tag gesehen, wir haben gesehen, wie die Bräuche und Sitten in die Brüche gehen, wie die sozialistische Kultur an die Stelle der Barbarei rückt, wie anstatt von dreckigen Jurten und Erdlöchern helle und saubere Häuser kommen. Wir haben den ununterbrochenen Kampf um jeden Menschen, um jede Handbreit Erde gesehen.
Und das alles unter der Herrschaft der Partei, die hier in der ehemaligen asiatischen Wildnis Sozialismus baut, schult und erzieht und die in den Kampf führt, hier wie in der ganzen Sowjetunion.)

gesehen hat, keine „Exotik" war, sondern eine „normale" Entwicklung und Wachstum in einem kommunistischen Land. Hiermit widerspricht Weil zum Teil auch der Einleitung, welche die Redaktion zu Weils erster Reportage verfasst hat und in der Kirgisistan den tschechischen Lesern als ein interessantes Land vorgestellt wurde, das bislang nur von wenigen Fremden betreten worden sei.

Nach diesem kirgisischen Reportagenzyklus erschienen in *Tvorba* noch vier weitere Texte, die im Prinzip Weils Rückreise aus Kirgisistan nach Moskau dokumentieren. Der erste Text trägt den schlichten Titel „**Turksib**",[308] was für *Turkestano-Sibirskaja Magistral'* (Turkestan-Sibirische Eisenbahn) steht. Dieser Text wurde offensichtlich auf dem Weg nach Moskau geschrieben, denn als Ort gibt Weil „Turksib – Moskva", als Datum den 25. September 1935 an. Diese Reportage ist in mehrfacher Hinsicht interessant: Als einzige wird sie mit einem Gedicht eingeführt. Der Leser findet im Geleit eine Passage aus dem Gedicht „Pioneers! O Pioneers!" des links orientierten amerikanischen Dichters Walt Whitman,[309] die Weil frei aus dem Gedächtnis zitiert. Außerdem enthält sie einige Ereignisse, die Weil ebenfalls in der Reportage „Vypovězenec z Almy-Aty", in der Erzählung „Cesta do Almy-Aty" und anschließend im Roman *Dřevěná lžíce* aufgreift: Nämlich das Motiv der überfüllten Eisenbahnstation Lugovaja sowie der trockenen, gelben und tödlichen kasachischen Wüste. Im Gegensatz zu den anderen drei Texten lässt der Reporter Weil in „Turksib" seine persönlichen Erlebnisse aus und beschränkt sich lediglich auf eine allgemeine Schilderung der Eisenbahn und der Erfolge der Menschen (er bezeichnet diese im Anschluss an Whitman als „Pioniere") bei der Bekämpfung der Wüste.

Zwei Stationen hinter Lugovaja, wo Weil seine Heimreise begonnen hat, liegt die größte Stadt Kasachstans, Alma-Ata. Auf diese

---

[308] „Turksib", in: *Tvorba* 1935/10:41, 671–672.
[309] Das Gedicht stammt aus Whitmans berühmtem Gedichtband *Leaves of Grass* (1855).
All the past we leave behind; / We debouch upon a newer, mightier world, varied world, / Fresh and strong the world we seize, world of labor and the march, / Pioneers! O pioneers! (Whitman, Walt: Pioneers! O, pioneers!", http://www.bartleby.com/142/153.html; zuletzt aufgerufen am 11.11.2020)

Stadt, die er besucht hat, bezieht sich seine weitere Reportage
„Alma-atinská jablka"[310] (Die Äpfel von Alma-Ata). Weil berichtet
über die Entstehungsgeschichte der Stadt, die in der grünen Oase
inmitten der kasachischen Wüste unter dem Tienschan-Gebirge
liegt. Die Stadt trägt ihren Namen Alma-Ata, was so viel wie „der
Vater der Äpfel" bedeutet, nicht umsonst. Überall werden Apfelbäume gepflanzt, sie wachsen auch wild in den Bergwäldern. In der
Stadt bekomme man an jeder Ecke Äpfel geschenkt, sie dufteten
überall, man könne sich ihnen nicht entziehen, man werde – so Weil
– zu einem regelrechten Gefangenen der Äpfel. Sie seien der wichtigste Handelsartikel und Rohstoff der Stadt. Weil beschreibt ebenfalls das moderne Leben der Stadtbewohner und auch hier vergisst
er nicht zu betonen, dass es sich um eine vollkommen europäisierte
Stadt handele. In diese Reportage wird erneut ein persönliches
Schicksal eines Fremden in der UdSSR integriert. Weil und seine
Reisebegleiter werden an der Bushaltestelle von einem Österreicher
angesprochen, der an ihrer Sprache erkannt hat, dass sie aus der
Tschechoslowakei sind. Der Österreicher sei nach dem Ersten Weltkrieg als Gefangener in die Gegend gekommen, habe geheiratet, ein
Haus gebaut und einen Apfelbaumgarten angelegt, von dem er nun
lebe. Er kümmere sich weder um die Politik noch um die Welt um
ihn herum, was den Reporter zu folgendem sehr abwertenden
Schluss veranlasst: „A uprostřed těchto převratů, jež učinily zemi
úrodnou, jež daly chleba, radost a lidské důstojenství milionům,
plíží se po ulici s pytlem jablek bývalý Evropan, jediný Asiat Almy-Aty."[311] An dieser Stelle sei angemerkt, dass er die Beschreibung
und einige geschichtliche Informationen über die Stadt sowie das
Motiv der Äpfel in reduzierter Form bereits in der Reportage „Vypovězenec z Alma-Aty" in *Útok* verwendete.

---

[310] „Alma-atinská jablka", in: *Tvorba* 1935/10:43, 702–703.
[311] „Alma-atinská jablka", 703. (Und inmitten dieser Umstürze [gemeint ist hier die Oktoberrevolution, der zweite Fünfjahresplan u.ä., M. B.], welche die Gegend fruchtbar gemacht haben, die Brot, Freude und menschliche Würde Millionen gegeben haben, schleicht auf der Straße mit einem Sack voller Äpfel ein ehemaliger Europäer, der einzige Asiate von Alma-Ata.)

Auch im Fall der dritten Reportage mit dem Titel „**Ujgurské divadlo**" (Das uigurische Theater)[312] handelt es sich um einen Text, dessen Thema Weil später in der Erzählung „Cesta do Almy-Aty" gewissermaßen „recycelte". In der Reportage bietet Weil seinen Lesern einen Einblick in Geschichte, Leben und Kultur dieses in Europa eher unbekannten asiatischen Volkes. Dann beschreibt er seinen Besuch im einzigen uigurischen Theater der ganzen Welt, das sich in Alma-Ata im Gebäude einer ehemaligen Moschee befinde. Er habe sich die Vorstellung „Anar-chen", ein soziales Drama mit einer starken Liebesgeschichte, angesehen. Er gibt die Handlung des Stücks detailliert wieder, was im krassen Gegensatz zu der Aussage des Ich-Erzählers in der oben genannten Erzählung steht, er wisse nicht mehr, wie das Stück hieß: „Nevím již, jak se jmenovala hra, kterou jsem viděl v ujgurském divadle, byla to lidová hra se zpěvy a tanci, s doprovodem orchestru."[313]

In der letzten Reportage aus der UdSSR, „**27. října v Kujbyševě**" (Am 27. Oktober in Kujbyšev),[314] schildert Weil seinen Zwischenstopp in der Stadt Kujbyšev, den er auf seiner Zugreise mit der Turksib nach Moskau gemacht hat. Er beschreibt den 27. Oktober, da dies der Tag war, den der sowjetische Schriftsteller Maksim Gorkij alle Schriftsteller der Welt aufgefordert hatte, literarisch aufzugreifen. Weil folgt diesem Ruf und schildert seine Ankunft und seinen Aufenthalt in der Stadt Kujbyšev, das noch vor kurzem Samara[315] geheißen habe. Er widmet sich, wie es bei ihm häufig der Fall ist, zuerst kurz der Geschichte der Stadt, dann geht er zum aktuellen Geschehen über, was eine Beschreibung der Senkung der Lebensmittelpreise und der Abschaffung des Zuweisungssystems bedeutet. Die Menschen strahlten, denn sie könnten unbeschränkt Lebensmittel kaufen, es seien ebenfalls die Gehälter erhöht worden, was sich sofort in der Kultursphäre ausgewirkt habe: Es würden mehr Bücher gekauft und die Kinos und Theater

---

[312] „Ujgurské divadlo", in: *Tvorba* 1935/10:44, 719–720.
[313] *Vězeň chillonský*, 78. (Ich weiß nicht mehr, wie das Stück hieß, das ich im uigurischen Theater gesehen habe, es war ein Volksspiel mit Gesang und Tänzen, begleitet von einem Orchester.)
[314] „27. října v Kujbyševě", in: *Tvorba* 1935/10:45, 738–739.
[315] Den Namen Kujbyšev trug die Stadt in den Jahren 1935–1990.

erlebten einen regelrechten Besucheransturm. Inmitten dieses fröhlichen Gewimmels geht dem Reporter eine melancholische Erinnerung durch den Kopf, an eine Zeit, zu der er in Ust'-Tjube in der Jurte eines alten Kasachen saß und zufällig das Buch des tschechischen Schriftstellers Jaroslav Durych *Tři troníčky* (Drei Dreier) fand. Er vergleicht Durychs Protagonisten – arme Menschen, die sich am Rande des Lebens befinden und die zu allem resigniert sagen, dies sei nichts für sie – mit den stolzen sowjetischen Menschen, die wiederum sagten, es sei viel zu wenig für sie, sie wollten mehr. Kujbyšev stelle nun eine Stadt dar, in der es nur solch stolze, glückliche und im Wohlstand der sowjetischen Ordnung lebende Menschen gebe.

Die Reportagen aus seinen Reisen in der UdSSR hat Weil in einer Zeitspanne von 14 Jahren geschrieben. Alle haben einen gemeinsamen Nenner: Lob für das Land der Sowjets, die kommunistische Ordnung und die allmächtige Partei. Schon in den frühen Reportagen aus den 1920er Jahren zeichnet sich ab, was in Weils Debüt-Roman später zu einem leitenden Thema wird – nämlich das Leben der Tschechoslowaken in der Sowjetunion. Dieses Thema war zur Zeit der Publikation der Reportagen einzigartig. Dies erkannte auch der Schriftsteller und Gutachter dieses Reportagenbuches, Karel Josef Beneš. In seinem Gutachten, dass er am 26. Juni 1936 für den Verlag *Družstevní práce* verfasste, weist er auf diese Tatsache hin, ebenso lobt er Weils Reportagen als die besten, die je in der tschechischen Literatur über die UdSSR geschrieben worden seien:

> J. W. byl asi 4 leta v SSSR a procestoval také mnoho krajů jeho asijské části. Poznal proto SSSR tak podrobně, jak jen málokdo z našich lidí. Ve své práci podává jen to, co sám viděl a slyšel, což dodává jeho reportáži zvlášť dokumentární ceny. Účast Čechoslováků na výstavbě nového ruského státu je téma, jímž se, pokud vím, dosud nezabýval u nás nikdo, takže po této stránce je jeho práce novinkou. […]
> Weilova knížka je psána s velikou láskou a tak vřele a zajímavě, že ji lze prohlásit za jednu z nejlepších reportáží, které byly u nás o SSSR napsány, i

když nepodává žádného celistvého obrazu, nýbrž přísně se omezuje jen na své specifické téma.³¹⁶

Was die einzelnen Reportagen jedoch unterscheidet, ist der Grad der Ideologisierung je nach Publikationsmedium: Sehr stark ideologisch sind die Reportagen, die in *Tvorba* veröffentlicht wurden – hier griff sogar die Vorkriegszensur mehrfach ein.³¹⁷

---

³¹⁶ Zitiert aus dem Gutachten von Karel Josef Beneš: „Jiří Weil: Češi stavějí v zemi pětiletek", vom 29.06.1936, aufbewahrt im LA PNP, Fundus des Verlags *Družstevní práce*.
(J. W. verbrachte in der UdSSR ca. 4 Jahre und bereiste auch viele Länder ihres asiatischen Teiles. Er lernte die UdSSR gründlich kennen, so wie nur wenige von unseren Leuten. In seiner Arbeit liefert er nur das, was er sah und hörte, was seiner Reportage einen außerordentlichen dokumentarischen Wert verleiht. Die Teilnahme der Tschechoslowaken am Aufbau des neuen russischen Staates ist ein Thema, mit dem sich, soweit ich weiß, bei uns noch niemand auseinandergesetzt hat, in dieser Hinsicht stellt seine Arbeit also eine Neuheit dar. [...]
Weils Buch wurde mit großer Liebe, so innig und interessant geschrieben, dass man es für eine der besten Reportagen halten kann, die bei uns je über die UdSSR geschrieben wurden, auch wenn es kein Gesamtbild liefert, sondern sich nur an einem speziellen Thema orientiert.)
Bei der Angabe, dass Weil in der UdSSR insgesamt ca. vier Jahre verbracht hat, irrt sich Beneš allerdings. Bei seinem dritten Aufenthalt ist Weil im Sommer des Jahres 1933 angereist und im November 1935 wieder heimgekehrt. Hier handelt es sich also ungefähr um zwei Jahre. Auch wenn man die zwei vorherigen Aufenthalte dazu rechnet, kommt man nicht auf vier Jahre.

³¹⁷ An dieser Stelle muss angemerkt werden, dass gerade die Mitte der 1930er Jahre eine Ära der verschärften Zensur bedeutete: „Dobový tisk zaplavovaly stále militantnější útoky, na něž dobové vlády marně hledaly jiný recept než restrikci. Začaly proto uplatňovat systematickou a cílenou pacifikační strategii proti jakýmkoliv formám extremismu bez ohledu na jeho příslušnost k pravici či levici." Pavlíček, Tomáš. 2015: „Část pátá. 1918–1938. V zájmu republiky. Literární cenzura v době avantgard a obrany sociální demokracie", in: Wögerbauer, Michael/Šámal, Petr/Píša, Petr/Janáček, Pavel (Hg.): *V obecném zájmu: cenzura a sociální regulace literatury v moderní české kultuře 1749–2014*. Praha: Academia, 691–756, hier 712. (Die zeitgenössische Presse wurde durch immer militantere Angriffe überflutet, auf die die zeitgenössischen Regierungen kein anderes Rezept als die Restriktion wussten. Sie haben deshalb angefangen, eine systematische und gezielte pazifizierende Strategie gegen jegliche Form von Extremismus, unabhängig ob Rechts- oder Linksextremismus, anzuwenden.)
Nach einer Flugblattaktion 1934 gegen den Präsidenten Masaryk wurde einigen kommunistischen Abgeordneten ihre Immunität entzogen, die führenden Funktionäre der KP, wie Gottwald oder Kopecký, emigrierten in die UdSSR, und es wurde wiederholt die Herausgabe der zentralen Presseorgane der KP wie *Rudé právo* oder eben *Tvorba* angehalten. Siehe Pavlíček 2015, 742.

Mit seinen Reiseberichten aus der UdSSR gehört Jiří Weil zu einer ganzen Reihe von sowohl tschechoslowakischen Intellektuellen wie Ivan Olbracht, Vladislav Vančura, Marie Majerová, Julius Fučík oder Géza Včelička als auch westlichen wie André Malraux, Romain Rolland, Lion Feuchtwanger, Arthur Koestler oder André Gide,[318] die – fasziniert von der Revolution und dem Aufbau des sozialistischen Systems – das Land in der Zwischenkriegszeit besuchten und darüber anschließend mehr oder weniger objektiv berichteten.

---

[318] Weitere berühmte UdSSR-Reisende waren John Dos Passos, Henri Barbusse, Panaït Istrati, Egon Erwin Kisch, Walter Benjamin, F. C. Weiskopf oder G. B. Shaw. (Siehe Furler 1997, 11f.)

3.2.3.6 Schweiz

Ein Jahr nach Ende des Zweiten Weltkrieges reiste Jiří Weil in die Schweiz[319]. Auch diese Reise trug Früchte in Form von einigen Reportagen;[320] sie dauerte insgesamt sieben Wochen.[321] In dieser Zeit nahm Weil vom 9. bis zum 14. September 1946 an dem Kongress „Rencontre International" in Genf teil, bei dem – wie er selbst in der

---

[319] Der Zweck seines Aufenthalts in der Schweiz wird in einer Empfehlung des damaligen Ministeriums für Bildung und Aufklärung folgendermaßen charakterisiert: „Spisovatel dr. Jiří Weil, […], hodlá podniknout v nejbližší době cestu do Švýcarska. Účelem této cesty je jednak literární studium, jednak zotavení, jehož se mu má dostat jako účastníkovi švýcarské pomocné akce pro kulturní pracovníky, postižené válkou." (Nationalarchiv, Fundus des Polizeipräsidiums in Prag, Nr. 12186). (Der Schriftsteller Dr. Jiří Weil hat vor, in der nächsten Zeit eine Reise in die Schweiz zu unternehmen. Der Zweck dieser seiner Reise ist einerseits das Studium der Literatur, andererseits Erholung, die ihm als Teilnehmer der Schweizer Hilfsaktion für die durch den Krieg betroffenen Kulturarbeiter zusteht.)
Die Schweizer Reise ist auch insofern bedeutend, als er dort Vlasta Drozdová kennenlernte, die dort gerade ein Stipendium hatte. Er sprach mit ihr über die Zeichnungen der Kinder, die im Konzentrationslager Theresienstadt gefunden worden waren. Drozdová überzeugte ihn, dass in der Schweiz eine Ausstellung dieser Zeichnungen organisiert werden sollte. Trotz ihren beiderseitigen Bemühungen kam die Ausstellung damals nicht zustande. (Siehe Hříbková 2012, 4.)

[320] Bei den Reportagen aus der Schweiz handelt es sich um folgende Texte, die Weil in der Wochenzeitschrift *Kulturní politika* veröffentlicht hat: „Bludné cesty ‚evropského ducha'" (Die Irrwege des europäischen Geistes), in: *Kulturní politika* 1946/2:1, 1, 4; „Bonnet hájí Mnichov" (Bonnet verteidigt München), in: *Kulturní politika* 1946/2:3, 5; „Trochu o Švýcarsku" (Ein bisschen über die Schweiz), in: *Kulturní politika* 1946/2:3, 5, „Poučení ze Švýcarska" (Schweizer Lektion), in: *Kulturní politika* 1946/2:7, 3, „Otázka viny" (Die Schuldfrage), in: *Kulturní politika* 1946/2:9, 8, und „Obránce míru" (Verteidiger des Friedens), in: *Kulturní politika* 1946/2:11, 5.
In der Zeitung *Svobodné noviny* wurde noch der Text „Setkání v Luzernu" publiziert. Hierbei handelt es sich allerdings um eine Erzählung. Siehe „Setkání v Luzernu", in: *Svobodné noviny* 1948/4: 58; 9. März, 1–2.

[321] „Byl jsem sedm týdnů ve Švýcarsku, byla to má první cesta do ciziny po dlouhých letech." („Poučení ze Švýcarska", 3.) (Ich war sieben Wochen in der Schweiz, es war meine erste Reise ins Ausland nach langen Jahren.)

Reportage „**Bludné cesty evropského ducha**" (Die Irrwege des europäischen Geistes)[322] schreibt – „die Fragen der geistigen Grundlagen des neuen Europas"[323] besprochen werden sollten. Der Kongress trug das Motto „L'esprit européen" (Der europäische Geist). Unter den Teilnehmern befanden sich die bedeutendsten Denker und Persönlichkeiten des damaligen Europas.[324] Wie schon aus dem Ausdruck „bludné cesty" (Irrwege) ersichtlich wird, war Weils Einstellung gegenüber der Ansichten der meisten Redner, die vor einem starken Einfluss Amerikas und der Sowjetunion auf das Nachkriegseuropa warnten, ziemlich skeptisch, vor allem da sie sich lediglich in einer einzigen Sache einigen waren – so Weil: dem Hass gegen die Sowjetunion und die kommunistischen Staaten. Weil nahm einzig den Vortrag des ungarischen Philosophen und Literaturkritikers Georg Lukács positiv auf, in dem dieser auf die Notwendigkeit der bewährten Verbindung des sozialistischen Russlands mit den westlichen Demokratien hinwies, und bedauerte, dass dieser auf mangelndes Interesse des breiteren Publikums gestoßen sei. Weil selbst trat auf diesem Kongress ebenfalls mit einem Vortrag auf. In seiner Rede „La vie culturelle dans la nouvelle Tchécoslovaquie"[325] beschrieb er vorerst die Geschichte der tschechischen Sprache und Kultur und ihre Stellung zwischen den östlichen und westlichen Traditionen. Des Weiteren geht er auf das

---

[322] „Bludné cesty ‚evropského ducha'", in: *Kulturní politika* 1946/2:1, 1, 4
[323] „Bludné cesty ‚evropského ducha'", 1. „V bývalém sídle společnosti národů, v městě tak blahobytném, kde jsou krámy nabity až k prasknutí, na břehu překrásného jezera, se konal od 2. do 14. září zvláštní sjezd, na kterém měly být projednány otázky duchovních základů nové Evropy." (Ibidem) (Im ehemaligen Sitz des Völkerbundes, in einer Stadt, die so wohlhabend ist, dass dort die Geschäfte zum Bersten voll sind, am Ufer eines wunderschönen Sees, fand vom 2. bis zum 14. September ein Sonderkongress statt, wo die Fragen der geistigen Grundlagen des neuen Europas verhandelt werden sollten.)
[324] Die Philosophen Julien Benda, Denis de Rougemont und Karl Jaspers, der Literaturhistoriker Francesco Flora, die Schriftsteller Jean Guehenno und Georges Bernanos, der Dichter Stephen Spender und der Literaturwissenschaftler und -kritiker Georg Lukács.
Die Tatsache, dass die Konferenzsprache Französisch war, lässt darauf schließen, dass Weil auch dieser Sprache mächtig war.
[325] Die Fassung des zwölfseitigen Textes ist als Typoskript mit handschriftlichen Korrekturen in Weils Nachlass im LA PNP enthalten.

Geistesleben in der Tschechoslowakei während und nach der nationalsozialistischen Okkupation ein.

Der zweite Text „**Bonnet hájí Mnichov**" (Bonnet verteidigt München)[326] stellt eine Rezension des Buches von Georges Bonnet *Défense de la paix. De Washington au Quai d'Orsay* dar. Weil zeigt sich entsetzt über die Äußerungen des ehemaligen Außenministers Frankreichs, die Tschechoslowakei habe das Sudetenland an Hitler freiwillig abgeben wollen und England und Frankreich hätten ihr damals mit dem Münchner Abkommen bloß einen guten Dienst erwiesen. Weil warnt vor der Gefahr solcher Gedanken.

Auf der gleichen Seite wie diese Rezension befindet sich auch die nächste Reportage Weils, die den Titel „**Trochu o Švýcarsku**" (Ein wenig über die Schweiz)[327] trägt. Weil widmet sich in diesem Text ganz banalen, alltäglichen Dingen. Er lobt die Schweizer, wie sorgsam sie mit Müll umgingen, dass sie nichts auf die Straße werfen würden, wie sauber und ordentlich das Land sei. Ansonsten erzählt er den tschechischen Lesern, dass es den Schweizern nicht so gut gehe, wie man glauben könnte: Die Grundnahrungsmittel seien sehr teuer, eigentlich kaum zu haben, gar nur mit Lebensmittelkarten erhältlich. Nur die Genussmittel wie Kakao, Tee, Kaffee, Sardinen oder exotisches Obst könne man in Gegensatz dazu frei kaufen. Des Weiteren beschreibt Weil die vielen Touristen in der Schweiz, besonderes Augenmerk legt er dabei auf die Amerikaner, die sehr selbstbewusst aufträten.[328] Im abschließenden Absatz schreibt er ironisch über die „Dauergäste" in der Schweiz, womit er die Angehörigen der Achsenmächte meint, die in der Schweiz Zuflucht gefunden haben.

In der nächsten Reportage „**Poučení ze Švýcarska**" (Schweizer Lektion)[329] zieht Weil ein Fazit aus seinem Aufenthalt in der Schweiz: Er habe viele verschiedene Menschen getroffen, er habe

---

[326] „Bonnet hájí Mnichov", in: *Kulturní politika* 1946/2:3, 5.
[327] „Trochu o Švýcarsku", in: *Kulturní politika* 1946/2:3, 5.
[328] Das Treffen mit einem eingebildeten Amerikaner, der den Reporter fragt, wer Lord Byron gewesen sei, und ihm seine Ansichten über die Einzigartigkeit und Größe der USA mitteilt, führt Weil in seiner Erzählung „Vězeň Chillonský" (Der Gefangene von Chillon) aus.
[329] „Poučení ze Švýcarska", in: *Kulturní politika* 1946/2:7, 3.

vieles gelernt. Das Wichtigste für ihn sei jedoch, dass er erkannt habe, dass sich die Tschechoslowakische Republik auf einem guten Wege befinde. Man solle an den guten Namen des tschechischen Landes vor dem Krieg anknüpfen, dabei könne man sich an den Schweizern ein Beispiel hinsichtlich ihrer Pünktlichkeit, Ordentlichkeit und ihres Pflichtbewusstseins nehmen. Die Tschechoslowakei solle die demokratische Tradition fortsetzen. Die Tatsache, dass die Tschechoslowakei die reaktionären Elemente[330] losgeworden sei, zeuge davon, dass sie ihre historische Aufgabe in der Welt erfüllt habe. Auch diese Reportage ist ideologisch gefärbt.

Im Anschluss an die oben angeführten Reportagen wurde in *Kulturní politika* noch ein weiterer Text abgedruckt. Er heißt „Otázka viny" (Die Schuldfrage)[331]. Der Ich-Erzähler beschreibt hier ein Treffen von Menschen verschiedener Nationalitäten in einem Bergchalet nicht weit der Stadt Aarau, wo über den Zweiten Weltkrieg und seine Folgen diskutiert wird. Die längste Rede hält ein deutscher Antifaschist, ein „Bibel-Bekenner", wie ihn der Erzähler nennt, der während des Nationalsozialismus in einem Konzentrationslager inhaftiert gewesen sei. Er sei überzeugt, dass der Weg Deutschlands in der Zuwendung zum Christentum und zu Gott liege. Der Erzähler tritt mit ihm ins Gespräch und unterhält sich mit ihm über die Frage der Schuld – der Kollektivschuld – in Bezug zu dem Buch des deutschen Philosophen Karl Jaspers „Die Schuldfrage". Während es – so Weil – laut Jaspers keine Kollektivschuld gebe,[332] vertritt der Erzähler die Meinung, dass die deutsche

---

[330] Weil ist hinsichtlich der näheren Bestimmung von „reaktionären Elementen" ziemlich unkonkret: Sie behinderten den Fortschritt und um ihre Sonderstellung zu verteidigen, verbündeten sie sich auch mit den Faschisten. In Opposition zu den „reaktionären Elementen" stellt er die „fortschrittlichen".
[331] „Otázka viny", in: *Kulturní politika* 1946/2:9, 8.
[332] An dieser Stelle sollte Weils Auffassung hinsichtlich des Werkes *Die Schuldfrage* korrigiert werden. Jaspers wendet sich zwar gegen eine pauschal diskreditierende Kollektivschuldthese, er differenziert jedoch vier Schuldbegriffe: kriminelle, politische, moralische und metaphysische Schuld, die das ganze Spektrum von Schuldanteilen der Deutschen während des Nationalsozialismus umfassen. Siehe Jaspers, Karl. 1946: *Die Schuldfrage. Ein Beitrag zur deutschen Frage*. Zürich: Artemis Verlag.

Nation durchaus schuldig sei, denn sie habe alles gemacht, was Hitler ihr befohlen habe und dies sogar freiwillig. Durch den gesamten Text zieht sich das Motiv der läutenden Glocken. In der Schweiz verkünden die Glocken der Kühe Frieden. Dieses Läuten hört man immer, mit einer einzigen Ausnahme – als es durch die Kirchenglocken, die die Kapitulation Deutschlands und das Ende des Krieges bekannt machten, übertönt wurde. Die Schweizer Idylle und die Glocken der Kühe wecken beim Erzähler jedoch vollkommen andere Assoziationen. Er muss an die Glocken denken, die Alarm schlugen, als in Prag die Menschen aus ihren Häusern gezerrt und hingerichtet wurden.

Bei diesem Text ist auf den ersten Blick fraglich, welcher Gattung er angehört – der Reportage oder der Erzählung. Erwartungsgemäß sollte er dem Konvolut der Schweizer Reportagen Weils angehören, auf der anderen Seite ist er im Gegensatz zu diesen kursiv gedruckt. Darüber hinaus existieren außer dieser ersten Fassung noch zwei ähnliche Texte, die allerdings leichte Modifikationen aufweisen: Es handelt sich um den Text „Mír" (Der Frieden), der 1949 im gleichnamigen Erzählband publiziert wurde. Die sich leicht unterscheidenden Texte mit den Titeln „Otázka viny" (Die Schuldfrage) und „Mír" (Der Frieden) wurden sieben Jahre nach Weils Tod im Sammelband *Hodina pravdy, hodina zkoušky* (Die Stunde der Wahrheit, die Stunde der Prüfung) unter der Herausgeberschaft von Jiří Opelík publiziert.

Der letzte Text mit Eindrücken von seiner Schweizer Reise ist „**Obránce míru**" (Verteidiger des Friedens)[333]. Weil geht in diesem Text erneut auf das Buch von Georges Bonnet ein. Dieser Artikel scheint eine Art Korrektur des vorhergehenden Textes „Bonnet hájí Mnichov" zu sein. In seinem ersten Text schreibt er:

> Bonnet svádí všechno na Anglii a Daladiera a jednak což je nejdůležitější – na československou vládu. Prý československá vláda chtěla vydat Němcům ‚Sudety' docela dobrovolně, copak jí v tom mohl Bonnet bránit? Prý představírala jen rozhořčení a odpor. Československo prý nechtělo bojovat,

---

[333] „Obránce míru", in: *Kulturní politika* 1946/2:11, 5.

naopak se prý chtělo dohodnout s Hitlerem na základě arbitrážní smlouvy.³³⁴

Im zweiten Text über Bonnets Buch scheint Weil fast einen direkten Gegensatz zu behaupten. Er findet das Buch zwar nach wie vor verleumderisch und voller Intrigen, über die Tschechoslowakei und ihre Regierung fällt jedoch kein negatives Wort, im Gegenteil, sie werden für ihre Ehrlichkeit und ausgezeichnete Politik gelobt:

> Ale ze vší této hry špinavých úskoků, ničemných intrik, v této hrůzné spleti falešných ujišťování […], vychází jako jediná čestná postava president Beneš. Ne, že by Bonnet chtěl Beneše šetřit. Nenávidí ho tisíckrát víc, než své bývalé kumpány. Ale prostě při vší té usilovné snaze nemůže obvinit českoslov. politiku, kterou řídil Beneš, z ničeho nečestného, nemůže v ní najít stopu dvojí hry. A tak tato kniha, která měla sloužit k obraně Mnichova, lépe řečeno k obhajobě pana Bonneta, se stává knihou velké chvály Československa. […] Bonnetova kniha se tedy stává nechtěným svědectvím ve prospěch Československa a jeho presidenta, posílením jeho tradice demokratické, čestné a poctivé politiky zahraniční a věrnosti vůči závazkům.³³⁵

Diese Relativierung oder gar Umkehrung der Aussage ist womöglich darauf zurückzuführen, dass es zu dieser Zeit nicht erwünscht war, über die damals noch frische Wunde im Bewusstsein vieler

---

³³⁴ „Obránce míru", in: Kulturní politika 1946/2:11, 5.
(Bonnet schiebt alles England und Daladier zu, und was am wichtigsten ist – der tschechoslowakischen Regierung. Die tschechoslowakische Regierung wollte die „Sudeten" den Deutschen angeblich ganz freiwillig abgeben, wie hätte sie denn Bonnet daran hindern können? Sie hat Empörung und Widerstand angeblich nur vorgetäuscht. Die Tschechoslowakei soll keine Lust zu kämpfen gehabt haben, im Gegenteil, sie soll sich mit Hitler aufgrund eines Schiedsabkommens einigen haben wollen.)
³³⁵ „Bonnet hájí Mnichov", 5.
(Aber aus diesem ganzen Spiel von dreckigen Manövern, von niederträchtigen Intrigen, in diesem schrecklichen Gewirr von falschen Versprechen […], kommt als einzig ehrliche Gestalt der Präsident Beneš hervor. Nicht, dass Bonnet ihn schonen möchte. Er hasst ihn tausend Mal mehr als seine ehemaligen Kumpane. Aber auch bei all diesen Bemühungen kann er die tschechoslowak. Politik unter der Leitung von Beneš nichts Unehrlichem bezichtigen, er kann dort keinerlei Spur von doppeltem Spiel finden. Und somit wird dieses Buch, das zur Verteidigung von München, besser gesagt zur Verteidigung von Herrn Bonnet dienen sollte, zu dem Buch des großen Lobes an die Tschechoslowakei. […] Bonnets Buch wird also zu einem ungewollten Zeugnis zugunsten der Tschechoslowakei und ihres Präsidenten, zur Stärkung der Tradition von demokratischer, ehrlicher und loyaler Außenpolitik und Treue zu den Verpflichtungen.)

Tschechen – über das Münchner Abkommen – aus solcher Perspektive zu schreiben, auch wenn diese Perspektive lediglich die des „Verräters" wäre. So musste Weil wahrscheinlich, wie dies bei ihm häufig der Fall war, seine Äußerungen „umgestalten".[336]

In den Reportagen aus der Schweiz spürt man die Begeisterung Weils für die idyllische Schweizer Landschaft einerseits, andererseits die Desillusion und Verbitterung, dass bloß ein paar Hundert Kilometer weiter östlich die Menschen Schreckliches erlebt und erlitten haben, während in der Schweiz friedlich und gemütlich gelebt wurde. Zwischen den Zeilen schimmert ebenfalls die Frage durch, ob und wodurch dieser Frieden womöglich erkauft wurde. Auch in den Schweizer Reportagen betreibt Weil eine prokommunistische Propaganda, der Grad dieser Propaganda ist jedoch deutlich schwächer als dies in den Reportagen aus der UdSSR der Fall war.

---

[336] Als Weil seinen ersten Artikel „Bonnet hájí Mnichov" schrieben, hatte er offensichtlich nur einige Auszüge aus dem Buch in der Zeitschrift *Suisse* gelesen. In seinem Brief an seinen Freund, Bohumil Markalous (Jaromír John), vom 27.10.1946 schrieb er allerdings, dass er das Buch gelesen habe: „Četl jsem spoustu knížek o Mnichovu a o nás, i toho lumpa Bonneta, jedno je však jisté, že si velmi vážím prezidenta Beneše." (Ich habe viele Bücher über München und über uns gelesen, auch von dem Gauner Bonnet, eins ist jedoch sicher, dass ich den Präsidenten Beneš sehr schätze.) Brief an Bohumil Markalous vom 27.10.1946, LA PNP, Fundus Bohumil Markalous.
In drei Kapiteln von Bonnets erwähntem Buch – „Zwei tragische Tage: der 27. und 28. September", „München" und „Vorspiel zum Kriege" – merkt man, dass er bemüht ist, sich selbst sowie den Vertreter Frankreichs, Daladier, vor allem als Friedensretter zu zeigen, die damals durch ihr Geschick Europa vor dem Krieg bewahrt hätten. Die krassen Aussagen, die Weil in seinem Artikel wiedergibt – die Tschechoslowakei habe sich damals nicht verteidigen wollen etc. –, sind in diesen drei relevanten Kapiteln nicht enthalten. Bei der deutschen Ausgabe handelt es sich um eine durch Bonnet selbst gekürzte Fassung.
Hier sei angemerkt, dass Georges Bonnet in der modernen tschechischen Geschichtsschreibung kein gutes Renommee genießt. Der tschechische Historiker Zdeněk Kárník schreibt über Bonnets Rolle bei der Annahme des Münchner Abkommens durch die Tschechoslowakei Folgendes: „Zvláště francouzský ministr zahraničí Georges Bonnet vyvíjel na Prahu nátlak všemi cestami, i podvodně (například pohrozil jménem vlády, že nepřijme-li Praha, Francie se jí nezastane, ačkoliv ta vláda neprohlásila)." Kárník, Zdeněk. 2008: *Malé dějiny československé (1867–1939)*, Praha: Dokořán, 360f. (Vor allem der französische Außenminister Georges Bonnet hat auf Prag auf unterschiedlichste Art und Weise Druck ausgeübt, sogar arglistig [er hat beispielsweise im Namen der Regierung gedroht, sollte Prag die Note nicht annehmen, wird Frankreich für sie nicht eintreten, auch wenn die Regierung dieses nie kundgemacht hat.])

3.2.3.7 Polen

Die zweite Reise, die Weil nach dem Krieg unternehmen durfte, führte ihn im Rahmen des tschechisch-polnischen Abkommens[337] als Redakteur der Tageszeitung *Mladá fronta* im Sommer 1947 nach Polen.[338] Er bereiste mehrere Städte.[339] Aus dieser Reise ist eine kleine Serie von Reportagen hervorgegangen, die er in *Mladá fronta* publizierte.[340]

In der ersten Reportage „O lidech a zbořeništích" (Über die Menschen und Trümmerplätze) knüpft Weil an seine Kenntnis des Warschaus der Vorkriegszeit an. Er charakterisiert die Stadt als eine „schöne, heftige und lebendige" Großstadt, die allerdings von riesigen sozialen Unterschieden geprägt gewesen sei. Das neue Warschau nach dem Krieg sei anders. Die Stadt sei zu einer einzigen Ruine geworden. Trotzdem sieht er die Lage optimistisch. Die Stadt werde neu erbaut, die Leute seien voller Elan und Enthusiasmus.

---

[337] Es handelte sich um ein Abkommen über die Freundschaft und gegenseitige Hilfe zwischen der Tschechoslowakischen Republik und der Republik Polen. Unterschrieben wurde dieses Abkommen am 10. März 1947 in Warschau. (Smlouva o přátelství a vzájemné pomoci mezi Československou republikou a republikou Polskou, podepsaná ve Varšavě dne 10. března 1947). Bezüglich des Inhalts dieses Vertrags siehe die Seite des Abgeordnetenhauses der Tschechischen Republik http://www.psp.cz/eknih/1946uns/tisky/t0518_00.htm (zuletzt aufgerufen am 11.11.2020).

[338] Im Empfehlungsschreiben des Ministeriums für Informationen vom 13. Mai 1947 steht zum Zweck von Weils Reise Folgendes: „Dr. Weil odjíždí v době od 28. května do 30. června t.r. do Polska jako dopisovatel uvedeného deníku na studijní cestu a zároveň, aby tam opatřil nutný fotografický materiál, jehož v Praze nelze dosáhnouti." (Nationalarchiv, Fundus des Polizeipräsidiums in Prag, Nr. 12186). (Dr. Weil fährt in der Zeit vom 28. Mai bis zum 30. Juni nach Polen als Korrespondent der angeführten Zeitung [*Mladá fronta*, Anmerkung von mir, M. B.] auf eine Studienreise und gleichzeitig, um dort Fotomaterial zu beschaffen, das in Prag vor Ort nicht zu beschaffen ist.)

[339] In seinen Aufzeichnungen notierte er folgende Städte: Kielce, Danzig, Warschau, Breslau. LA PNP, Fundus Jiří Weil.

[340] Seine Eindrücke von den Reisen im Nachkriegspolen fasste er in den Reportagen in der Tageszeitung *Mladá fronta* zusammen: „O lidech a zbořeništích" (Über die Menschen und Trümmerplätze), in: *Mladá fronta* 1947/3:152, 3, 1. Juli; „Varšava dva roky po válce" (Warschau, zwei Jahre nach dem Krieg), in: *Mladá fronta* 1947/3:156, 3, 5. Juli; „Nad zříceninami" (Über den Ruinen), in: *Mladá fronta* 1947/3:162, 3, 13. Juli; „Budeme mít vlastní loďstvo? Polské moře" (Werden wir eine eigene Flotte haben? Polnisches Meer), in: *Mladá fronta* 1947/3:166; 4, 18. Juli; „Osvětim – továrna smrti" (Auschwitz – die Todesfabrik), in: *Mladá fronta* 1947/3:169, 3, 22. Juli.

Weil zählt auf, was bereits erneuert werden konnte. Nur am Ende bemerkt er, dass ein Stadtviertel nie wieder aufgebaut werden könne – das Warschauer Ghetto.

Auch in der zweiten Reportage „**Varšava dva roky po válce**" (Warschau zwei Jahre nach dem Krieg) berichtet Weil über die Entwicklung im Nachkriegs-Warschau. Die zerstörte Stadt lebe nicht nur kulturell (es gibt zahlreiche provisorische Theater), sondern auch wirtschaftlich (Weil vergleicht die Straßen mit einem riesigen Jahrmarkt) auf. Weil schreibt auch von neuen Gebieten, die Polen nach dem Krieg gewonnen habe. Er hebt die Bedeutung polnischer Häfen für die Entwicklung der tschechoslowakischen Industrie hervor.

Die dritte Reportage „**Nad zříceninami**" (Über den Ruinen) schrieb Weil im Gegensatz zu den ersten beiden in Warschau geschriebenen Reportagen in Sopot. Dadurch, dass der Autor seinen Text mit einem Flug von Warschau nach Danzig einleitet, bekommt der Leser den Eindruck, die Stadt Danzig aus einer Vogelperspektive zu betrachten. Danzig – für Weil einst eine stolze Stadt und die Bastion der Deutschen, die gegen alles Polnische war – erscheint nun als Erfüllung des tausendjährigen polnischen Traums, einen breiten Streifen Küste zu besitzen. Auch diese Stadt blühe; es werde eifrig gebaut.

Die vierte Reportage „**Budeme mít vlastní loďstvo? Polské moře**" (Werden wir eine eigene Flotte haben? Polnisches Meer") widmet Weil der Problematik der polnischen Hafenstädte. Der Tschechoslowakischen Republik als einem Binnenstaat war es nie möglich, eine eigene Meeresflotte zu besitzen. Erst während des kommunistischen Regimes verfügte die Tschechoslowakei über eine Flotte von 14 Frachtschiffen, die ihren Heimathafen im polnischen Stettin hatten. Als Weil seine Reportage schrieb, wurde gerade über die Entstehung der Flotte verhandelt. Weil erwähnt in seinem Text die positiven Ergebnisse dieser Verhandlungen und vermittelt die Meinung der polnischen Hafenleitung. Des Weiteren beschreibt er die Häfen Gdańsk (Danzig) und Gdynia (Gdingen), von denen er gerade den neuen Hafen Gdynia für den Liebling der Polen hält. Zuletzt hebt er auch die kulturelle Entwicklung aller Hafenstädte hervor.

In der fünften Reportage „Osvětim – továrna smrti" (Auschwitz – die Todesfabrik) berichtet Weil über seinen Besuch im ehemaligen Vernichtungslager Auschwitz.[341] Ein ehemaliger Häftling führt Weil und einige andere Menschen durch das Lager, in dem zu dieser Zeit ein Museum errichtet wird. Die Besucher dürfen einige Baracken besichtigen, solche, in denen die Häftlinge gefoltert wurden, und solche, in denen Experimente mit ihnen durchgeführt wurden. Die schrecklichste Wirkung hat jedoch die sogenannte Kanada – ein Sortierplatz mit diversen Gegenständen der Ermordeten, vor allem mit viel Spielzeug und Kinderschuhen, die zum Verschicken in das Deutsche Reich vorbereitet wurden. Auch wenn den Besuchern der Schrecken dieses Lagers vorgeführt wird und sie sich des unermesslichen Leids der dort inhaftierten Menschen bewusst geworden sind, schreibt Weil am Ende über positive Dinge, die im Lager auch entstanden sind – beispielsweise über die Kunst, die dort unter schwersten Bedingungen erschaffen wurde.[342]

---

[341] Außer dem Vernichtungslager Auschwitz hat Weil direkt nach dem Krieg, Ende Mai 1945, auch das Ghetto in Terezín besucht. Im Artikel *Našemu milému jubilantu k šedesátinám* (Unserem lieben Jubilanten zum 60. Geburtstag) schreibt er: „Bylo to koncem května 1945, kdy Terezín dodýchával v agonii tyfových baráků a posledních obyvatel z cizích zemí, kteří čekali na návrat." (Es war Ende Mai 1945, als Theresienstadt in der Agonie der Typhusbaracken am Ausatmen war sowie der letzten Insassen von fremden Ländern, die auf ihre Heimkehr warteten.) „Našemu milému jubilantovi k šedesátinám", in: *Věstník židovských obcí náboženských* 1954/16: 1, 6.
Die Besichtigung des ehemaligen Konzentrationslagers Auschwitz musste für den Schriftsteller besonders grausam gewesen sein. Hier kam nämlich im Oktober 1942 seine Schwester Hedvika um. Seine Eltern wurden ein paar Tage früher in Treblinka ermordet. (Siehe die Datenbank der Holocaustopfer unter http://www.holocaust.cz/databaze-obeti/; zuletzt aufgerufen am 11.11.2020). Jiří Weil war somit der einzig Überlebende der Familie, denn sein älterer Bruder Bedřich fiel in den letzten Kriegstagen während des Prager Aufstandes. (Zu weiteren Informationen zu einer Gedenktafel für Bedřich Weil siehe http://www.vets.cz/vpm/2145-pametni-deska-judr-bedrich-weil/; zuletzt aufgerufen am 11.11.2020). Möglicherweise hat dieser Besuch Weil als Inspiration bei der Verfassung des ersten Teils von *Žalozpěv za 77 297 obětí* gedient.

[342] Die Reportage ist graphisch in einige Abschnitte gegliedert, die durch fettgedruckte Sätze oder Ausdrücke getrennt werden. Nach der Schilderung des Eingangsbereichs mit der berüchtigten Rampe beschreibt Weil das Tor: „Vidíme bránu, na níž je dodnes původní nápis, výsměch civilizovanému lidstvu: »**Wahrheit macht frei**«. (Weil 1947, 3; Hervorhebung im Original). (Wir sehen

Wie aus den Beschreibungen der einzelnen Reportagen aus Nachkriegspolen hervorgeht, schlägt Weil in allen eine optimistische Note an. Entsprechend der Idee des kommunistischen Enthusiasmus schildert er den Wiederaufbau der zerstörten Städte und weist auf eine lichte Zukunft hin. Eine bittere Bemerkung entgleitet ihm lediglich in der ersten Reportage, als er auf die Unmöglichkeit des Wiederaufbaus des Warschauer Ghettos hinweist.

3.2.3.8 Frankreich

Jiří Weil ist es gelungen, während seiner Arbeit im Jüdischen Museum in Prag eine Ausstellung mit den Kindergedichten und -zeichnungen der im Konzentrationslager Terezín inhaftierten Kinder zu organisieren. Die Ausstellung trug den Titel *Motýli tady nelétají* (Es fliegen hier keine Schmetterlinge), sie wurde zuerst, begleitend zur „Spartakiade", 1955 in der Tschechoslowakei veranstaltet. Später wurde sie aufgrund ihres großen Erfolgs auch im Ausland gezeigt.[343] Im Oktober 1956 kam die Ausstellung mit Unterstützung der Französischen Jüdischen Gemeinde nach Paris. Weil erhielt eine Ausreiseerlaubnis und durfte zur Vernissage fahren. Die Reportage, die anschließend in der renommierten Kulturzeitschrift *Literární noviny* (Literarische Zeitung) publiziert wurde, ist als einzige mit einem Geleitwort der Redaktion eingeleitet:

---

das Tor, an dem bis heute die ursprüngliche Aufschrift angebracht ist, der Hohn der zivilisierten Menschheit: »**Wahrheit macht frei**«.) Warum aber schreibt Weil „Wahrheit macht frei?", denn an den Toren der KZs stand die Aufschrift „Arbeit macht frei", so war es auch in Auschwitz. Hat Weil diese Sätze möglicherweise verwechselt? Oder handelt es sich um eine Anspielung auf die Bibel – an das Evangelium des hl. Johannes (8:32), als Jesus zu den Juden sprach und ihnen versprach, dass die Wahrheit, die sie durch den Glauben an ihn erkennen werden, sie freimachen werde?

[343] Von Paris zog die Ausstellung nach Brno, dann nach Leipzig. Dorthin sollte auch Jiří Weil reisen. Dieses Mal erhielt er jedoch keinen Reisepass. Die offizielle Version lautete, er wäre krank gewesen. Nach großem Erfolg in Deutschland wurde die Ausstellung in Amsterdam und anderen Städten gezeigt. Zuletzt wurde sie bei den Olympischen Spielen in Tokio 1964 installiert. Ausführlich zu diesem Thema siehe den Artikel von Hana Hříbková: „Jiří Weil: A Scientist and Initiator of Exhibitions of Children's Drawings from Terezín".

Požádali jsme spisovatele Jiřího Weila, aby napsal několik dojmů ze své nedávné cesty. Byl vyslán do Paříže na zahájení výstavy dokumentů a fotografií z nacistické okupace a kreseb terezínských vězňů, instalované pražským Státním židovským muzeem.[344]

Auch in seiner einzigen Reportage aus Frankreich, betitelt „Lid, ano lid" (Volk, ja das Volk),[345] schafft es Weil, Informationen über die UdSSR zu integrieren. Noch während der Landung auf dem Flughafen in Orly erinnert sich Weil an sein Gespräch mit der sowjetischen Schriftstellerin Marietta Šaginjan, die kürzlich in der Tschechoslowakei zur Kur gewesen sei. Sie hätten sich über neue Tendenzen in der sowohl westlichen als auch in der östlichen Kultur unterhalten. Sie seien sich einig, dass immer weniger „Schundliteratur" gelesen werde, die „Massen" würden lieber klassische Werke lesen und hören. Dann kommt Weil zu der eigentlichen Beschreibung der Stadt. Paris überwältige seine Besucher mit den vielen Kaffeehäusern, Farben, Neonlichtern, Autos und Unmengen an Dingen in vielen kleinen Geschäften, Kiosken und Ständen. Weil wundert sich darüber, wie in Paris das Alte mit dem Neuen kombiniert werde (z. B. alte Türen, die mit Fotozelle funktionieren). Der Glanz der Stadt jedoch verdecke die wahren Bewohner von Paris, diese sehe man erst nach 17 Uhr in der Pariser U-Bahn, diese Menschen ähnelten sehr denen in der Tschechoslowakei, man merke keine Unterschiede, nicht einmal in der Bekleidung – es sei die arbeitende Schicht. Diese Menschen läsen viel: In der U-Bahn beispielsweise sehe man überall Menschen mit einem Buch in der Hand. Man lese französische und europäische klassische Autoren, sehr beliebt seien auch Amerikaner wie Faulkner oder Hemingway, auch die russische Literatur komme nicht zu kurz – vor allem Tolstoj und Šolochov würden gelesen. Während die französischen Kritiker behaupten würden, die französische Literatur und Kultur würden stagnieren, erkennt Weil, ähnlich wie Šaginjan, dass die

---

[344] „Lid, ano lid", in: *Literární noviny* 1956/5:52, 8. (Wir haben den Schriftsteller Jiří Weil gebeten, für uns einige Eindrücke von seiner letzten Reise aufzuschreiben. Er wurde nach Paris zur Eröffnung der Ausstellung der Dokumente und Fotografien aus der Zeit der nazistischen Okkupation und der Zeichnungen der Häftlinge aus Theresienstadt geschickt, die durch das Prager Staatliche Jüdische Museum organisiert wurde.)
[345] „Lid, ano lid", 8.

französische Literatur der großen Zuwendung der Massen zur Kultur nicht gewachsen sei. Deshalb sei die amerikanische Literatur so beliebt, weil sie nicht gekünstelt sei. Man warte in Frankreich auf die Literatur aus dem Osten, die ebenso ungekünstelt und ehrlich sein werde. Diese Wende zum Alltagsleben eines einfachen Menschen belegt Weil mit zahlreichen Ausstellungen (z. B. „The Family of Man" in Louvre). Das Ende der Reportage fällt sehr pathetisch und kommunistisch orientiert aus, Weil spricht vom „Volk", dem die Stadt Paris mit ihren Errungenschaften gehören werde, und dass es keinerlei Macht geben werde, die das Volk daran hindern könne.

3.2.3.9 Übersichtstabelle der Reportagen

	Titel	Erstausgabe	Ort	Erzählform/ Einblick in die Psyche anderer
1	Rusové v Berlíně	1922	Berlin	Er-Form/nein
2	Moskva na podzim r. 1922	1922	Moskau	Er-Form; Du-Form/ nein
3	Dojmy ze sjezdu Komunistické Internacionály	1922	Moskau	Er-Form; Ich-Form/nein
4	Kulturní život Moskvy	1922	Moskau	Er-Form/nein
5	Ze Štětína do Petrohradu	1922	Ostsee	Wir-Form; Er-Form/nein
6	Rusko na podzim r. 1922	1924	Petersburg, Moskau	Er-Form; Ich-Form; Wir-Form/nein
7	Ukrajina. Stromovka	1928	Ukraine, Kiev	Er-Form; Ich-Form; Du-Form/nein
8	Ukrajina II. Vufku	1928	Ukraine	Er-Form; Ich-Form; Wir-Form/nein
9	Ukrajina III.	1928	Charkiv, Moskau	Er-Form; Ich-Form; Wir-Form/nein

10	Moskva – Leningrad	1928	Moskau, Leningrad	Er-Form; Ich-Form/nein
11	Očima západu	1928	Prag, Ukraine, Moskau, Leningrad, Stettin, Berlin	Er-Form; Ich-Form; Wir-Form/nein
12	Čaj u Tomáše Bati	1932	Zlín	Ich-Form; Er-Form/nein
13	Ruce	1933	Prag, Grenze, Negoreloe	Er-Form; Ich-Form/nein
14	Řeč o blahobytu	1933	Moskau	Er-Form; Ich-Form/nein
15	Knihy	1933	Moskau	Ich-Form; Er-Form/nein
16	Stavba podzemní dráhy v Moskvě	1933	Moskau	Er-Form/nein
17	Na místech, kde zemřel Lenin	1934	Moskau	Er-Form; Ich-Form/nein
18	Před desítiletím družstva Interhelpo	1935	Kommune *Interhelpo* bei Biškek in Kirgisistan	Er-Form/nein
19	Deset let Interhelpa	1935	Kommune *Interhelpo* bei Biškek in Kirgisistan	Er-Form/nein
20	Deset let „Interhelpo"	1935	Kommune *Interhelpo* bei Biškek in Kirgisistan	Er-Form/nein

21	Jaro v kirgizských horách	1935	Kirgisistan, Tienschan-Gebirge	Er-Form; Du-Form; Wir-Form; Ich-Form/nein
22	Kolem jezera Issyk-Kul I. Průsmyk buamský	1935	Kirgisistan, Frunze, Tienschan-Gebirge, der Pass von Buam, See Issykköl, Dorf Rybač'e	Er-Form; Wir-Form/nein
23	Kolem jezera Issyk-Kul II. Cestou po severním břehu	1935	Kirgisistan, See Issykköl, Sovchoz Tamči, Dorf Čelpanata	Er-Form; Wir-Form; Ich-Form/nein
24	Kolem jezera Issyk-Kul III. Aksakal	1935	Kirgisistan, See Issykköl, Gebiet Karakol	Wir-Form; Ich-Form (nicht Reporter, sondern Tolimaev)/nein
25	Kolem jezera Issyk-Kul IV. Na jižním břehu	1935	Kirgisistan, See Issykköl, Stadt Karakol, Dorf Pokrovskoe, Kolchos Ulgulul-Džaš	Wir-Form; Er-Form/nein
26	Kolem jezera Issyk-Kul V. Konec cesty	1935	Kirgisistan, See Issykköl	Wir-Form; Er-Form/nein
27	Turksib	1935	Kirgisistan, Eisenbahnstrecke	Er-Form/nein
28	Alma-atinská jablka	1935	Kasachstan, Alma-Ata	Er-Form; Wir-Form/nein
29	Ujgurské divadlo	1935	Kasachstan, Alma-Ata	Er-Form; Wir-Form/nein

30	27. října v Kujbyševě	1935	UdSSR, Kujbyšev	Er-Form; Wir-Form; Ich-Form/nein
31	Vypovězenec z Alma-Aty	1935–1936	Bahnhofstation Lugovaja, Alma-Ata	Ich-Form/nein
32	Čeští dělníci na Metrostroji	1935–1936	Moskau	Er-Form; Ich-Form; Wir-Form/nein
33	Interhelpo. Večery v Interhelpu	1935–1936	Kommune *Interhelpo* bei Biškek in Kirgisistan	Er-Form/nein
34	Interhelpo. Socialistické soutěžení	1935–1936	Kommune *Interhelpo* bei Biškek in Kirgisistan	Er-Form/nein
35	7 lžiček	1936	Dorf Vepřová in Böhmen, ukrainisches Lager Darnica, Ukraine, Samara	Er-Form; Ich-Form (letzter Absatz)/ja
36	Asie	1936	Asien, Wüste von Dungan, Naryn	Er-Form; Du-Form/ja
37	Interhelpo. Jak bylo dobyto pouště	1936	Kommune *Interhelpo* bei Biškek in Kirgisistan	Er-Form; Ich-Form/nein
38	Lenin/Člověk na Džergalčaku	1936	Karlovice in Mähren, Ungarn, Rumänien, Džergalčak in Kirgisistan	Er-Form/ja
39	Čechové v Moskvě	1937	Moskau	Er-Form/nein
40	Karel Kovařík, strojník	1937	Kommune *Reflektor* bei Saratov, Frunze, Kujbyšev	Ich-Form (Ich= Karel Kovařík)

	z Waldesovy továrny vypravuje svůj životopis na čistce strany			
41	Jak Čechoslováci dobyli poušť	1938	Kirgisistan, *Interhelpo*	Er-Form/nein
42	Pracovať, budovat a žít. Mostecké uhlí	1946	Most und das umliegende Kohlengebiet, nach II. WK.	Ich-Form/nein
43	Pracovať, budovat a žít. Brigády	1946	Most und das umliegende Kohlengebiet, nach II. WK.	Ich-Form/nein
44	Pracovať, budovat a žít. Moc nového řádu	1946	Most und das umliegende Kohlengebiet, nach II. WK.	Ich-Form/nein
45	Bludné cesty evropského ducha	1946	Schweiz	Er-Form; Ich-Form/nein
46	Bonnet hájí Mnichov	1946	Schweiz	Er-Form; Wir-Form/nein
47	Trošku o Švýcarsku	1946	Schweiz	Ich-Form; Er-Form/nein

48	Poučení ze Švýcarska	1946	Schweiz	Ich-Form; Wir-Form; Er-Form/nein
49	Otázka viny	1946	Schweiz, Aarau	Ich-Form; Wir-Form; Er-Form/nein
50	Obránce míru	1946	Schweiz	Er-Form; Wi-Form/nein
51	O lidech a zbořeništích	1947	Polen, Warschau	Ich-Form; Er-Form/nein
52	Varšava dva roky po válce	1947	Polen, Warschau	Er-Form; Ich-Form/nein
53	Nad zříceninami	1947	Polen, Danzig (aus dem Flugzeug)	Er-Form; Wir-Form/nein
54	Budeme mít vlastní loďstvo? Polské moře	1947	Polen, Danzig, Gdingen	Er-Form/nein
55	Osvětim – továrna smrti	1947	Polen, Auschwitz	Er-Form; Ich-Form/nein
56	Lid, ano lid	1956	Frankreich, Paris	Ich-Form; Du-Form; Er-Form/nein

3.2.3.10 Fazit

Die durchgeführte Untersuchung auf der Ebene der Erzählung, in diesem Fall der Erzähltinstanz in Weils Reportagen, hat gezeigt, dass der Autor vorwiegend mit mehreren Erzählinstanzen in einem Text arbeitet, dass die lediglich von einer Erzählinstanz erzählten Texte eher selten vorkommen: Weil wechselt häufig zwischen Erzählern in der ersten und dritten Person Singular. Sehr häufig kommt ebenfalls die Verwendung der ersten Person Plural vor, da tritt der Erzähler als Teil eines Kollektivs vor. Dies ist in den Reportagen zu finden, in denen Weil als Mitglied einer Expedition von den unternommenen Reisen berichtet. Der Reporter erweist sich hier durchaus als ein riskierender Reporter, denn er berichtet, was er mit seinen eigenen Augen auf seinen Reisen in entfernte exotische Länder gesehen und selbst erlebt hat: Das Beschriebene leitet Weil in solchen Fällen mit Ausdrücken ein wie „vidíme" (wir sehen) oder „viděli jsme" (wir sahen), womit er die Authentizität des Erzählten betont. In einigen Fällen spricht der Reporter seine Leser in der zweiten Person Singular direkt an. Durch die Verwendung der zweiten Person Singular wird somit der Grad der Mittelbarkeit erhöht, der Leser fühlt sich direkt in das Geschehen versetzt. Dieses Verfahren beobachte Furler bei den deutschen Reportagen aus der UdSSR ebenfalls: „Die schon erwähnte Erzähler-Zuhörer/Leser-Beziehung wird oft durch eine direkte Leseransprache […] aufgebaut. Dieser Kontakt zum einzelnen Rezipienten simuliert eine persönliche Gesprächssituation auf einer Art Vertrauensbasis, die für das ganze Werk tragend ist."[346]

Die reine gattungsspezifische Ich-Erzählung, die Furler für den „entscheidenden Baustein der authentischen Absicherung"[347] hält, ist in den Reportagen Weils nicht so ausgeprägt. Der Reporter Weil lässt die Leser seine Anwesenheit eher nur durch kurze Anmerkungen wie „viděl jsem" (ich sah) oder „znal jsem" (ich kannte) spüren. Die Reportage, in der die Ich-Form am stärksten zum Ausdruck kommt, ist zweifelsohne „Čaj u Tomáše Bati".

---

[346] Furler 1987, 30.
[347] Furler 1987, 27.

Bei drei Reportagen in der Er-Form konnten ebenfalls mögliche Einblicke in die Psyche anderer Personen festgestellt werden. Es handelt sich um die Reportagen vom Aufenthalt in Zentralasien „7 lžiček", „Asie" und „Člověk na Džergalčaku". In allen drei Fällen berichtet der Reporter außer von der Landschaft auch von persönlichen Geschichten der Tschechoslowaken in der UdSSR – des ehemaligen Knechts, nun Direktors einer Holzfabrik Ladislav Kupa, des ehemaligen Textilarbeiters und nun Fahrers Bohumil Cejpek sowie des Tischlers Hubáček aus Nový Hrozenkov, der nun in Kirgisistan lebt. Dabei wird zum Teil auch von seelischen Prozessen dieser Personen wie Erinnerungen oder Träumen berichtet.[348] Diese Reportagen bzw. die Passagen derselben, die die persönlichen Geschichten wiedergeben, weisen in ihrer Form die größte Ähnlichkeit mit den Erzählungen Weils auf.

Die meisten Titel der Reportagen gehören, nach der Klassifizierung Genettes, der Kategorie der thematischen wörtlichen an, solche Titel enthalten ganz häufig einen geographischen Namen und beziehen sich auf den besuchten Ort. Nur wenige Titel kann man zu einer anderen Kategorie zählen, so etwa „Sedm lžiček", der zu den thematischen metonymischen Titeln zählt.[349]

---

[348] Bei Kupa: „tehdy si pomyslil" (damals dachte er), „jeho snem je" (sein Traum ist). *Češi staví*, 36 und 40. Bei Cejpek: „začal přemýšlet" (er fing an zu denken), „vzpomněl si" (er erinnerte sich), „vzpomínal" (er pflegte zu erinnern), „vrátil se v myšlenkách" (er kehrte in seinen Gedanken zurück). *Češi staví*, 54–55. Bei Hubáček: „myslil" (er dachte), „zdálo se mu" (ihm kam vor). *Češi staví*, 105.

[349] Genette unterscheidet zwischen thematischen und rhematischen Titeln. Die heutzutage überwiegend thematischen Titel werden über ihr Verhältnis zum Inhalt des Textes definiert: Sie geben „auf welche Weise auch immer den ‚Inhalt' des Textes" an. Für die Gruppe der thematischen Titel unterscheidet Genette vier andere Typen: Zuerst werden wörtliche Titel genannt, die das Thema oder den zentralen Gegenstand des Textes bezeichnen. Als zweiten Typus beschreibt er Titel, die synekdochisch oder metonymisch mit einem weniger zentralen oder gar absichtlich marginalen Objekt verknüpft sind; als dritten, konstitutiv symbolischen, nennt Genette die metaphorischen Titel. Der vierte Typus der thematischen Titel funktioniert mittels Antiphrasis und Ironie, denn das Werk verhält sich zu dem Titel antithetisch, oder dieser erweist sich auf auffällige Weise als thematisch irrelevant. Zu Genettes Ausführungen hinsichtlich der Titel von Texten siehe: Genette, Gérard. 1992: *Paratexte. Das Buch vom Beiwerk des Buches*. Frankfurt am Main – New York: Campus 79–89.

Auf der Ebene der Geschichte lassen sich in Weils Reportagen einige interessante sich wiederholende Motive finden, die ebenfalls in *Moskva – hranice* vorkommen: Moskau wird häufig als asiatisch bzw. halbasiatisch bezeichnet, wobei Europa wiederum für Zivilisation steht und Polen als ihre letzte Bastion dargestellt wird. Vor allem das Motiv eines guten, starken Kaffees wird mit der Vorstellung eines zivilisierten Landes verknüpft. Auch dies erscheint in *Moskva – hranice*. Bereits in den Reportagen aus den 1920er und 1930er Jahren zeichnet sich ein großes Thema ab, das Weil später in *Moskva – hranice* aufgreift: das Leben der Tschechen bzw. Tschechoslowaken in der UdSSR. Bei der Zeichnung der Figuren in den Reportagen wird das Augenmerk auf die Sprache der Figuren gelegt. Sehr häufig wird dabei eine gemischte oder verunstaltete Sprache thematisiert. Dies verwendet Weil häufig auch in seinen Erzählungen und Romanen.

3.3 Fiktionale Texte

3.3.1 Erzählungen

> Je to velká radost psát [...] krátké povídky.
> J. Weil[350]

3.3.1.1 Einleitung

Im Gegensatz zu Weils journalistischen Texten, die in diversen tschechischen Periodika verstreut sind und deren genaue Anzahl (die mehrere hundert Artikel umfasst) wahrscheinlich nie genau ermittelt werden kann, ist sein Erzählschaffen relativ überschaubar. Dabei wird hier unter dem Begriff „Erzählung", auf Tschechisch „povídka", eine literarische Gattung verstanden,[351] die aufgrund ihrer möglichen sowohl stilistischen als auch inhaltlichen Vielfalt

---

[350] Poznámka; in: *Mír*; 258. (Es ist eine große Freude [...], kürzere Erzählungen zu schreiben.)

[351] Sehr häufig wird unter dem Begriff „Erzählung" eher der Untersuchungsgegenstand der Narratologie bzw. der Erzähltheorien verstanden. Siehe Antor, Heinz. 1998: „Fiktion/Fiktionalität", in: Nünning, Ansgar (Hg.): *Metzler Lexikon Literatur- und Kulturtheorie. Ansätze – Personen – Grundbegriffe*. Stuttgart – Weimar: Metzler, 133–134, hier 133.

als schwer definierbar gilt. Jiřina Táborská definiert „povídka" in *Slovník literární teorie* folgendermaßen:

> Žánrově velmi široké označení pro kratší prozaické útvary s jednoduchou fabulí; ve svých krajnostech, tj. jednak tendencí k syžetové a kompoziční uvolněnosti a uplatněním prvků popisných se stýká s črtou, jednak zaměřením na fabuli a její ztvárnění s novelou jako prozaickým žánrem formově nejpříbuznějším; podobně jako román vyznačuje se rozmanitostí a mnohotvárností historicky vzniklých forem a figuruje v systému prozaických žánrů jako souborný název pro krátkou, popř. střední epiku.[352]

Ähnlich wird die Erzählung auch von Otto F. Best charakterisiert: Erstens versteht er sie als eine „Sammelbez[eichnung] für epische Gattungen", zweitens dann als „Gattung schwer definierbare, gering ausgeprägte, bereits durch Reihung von tatsächlichen oder erfundenen Geschehnissen entstehende epische Kurzform [...], die im allg[emeinen] weniger kunstvoll gebaut ist als die Novelle."[353] Diese beiden Definitionen werden jedoch vergleichsweise vage gehalten. Um Weils Erzählungen besser beschreiben zu können, wird also Sascha Seilers Definition der Kurzgeschichte aus dem *Handbuch der literarischen Gattungen* von Dieter Lamping herangezogen. Hier werden einige Merkmale genannt, die diese kurze und komplexe epische Form auszeichnen:

> 1. der begrenzte Handlungsablauf, der oft nur auf die Darstellung einzelner Momente, Ereignisse oder Szenen reduziert wird, 2. die begrenzte Zahl der Figuren und deren fehlende Psychologisierung, die in vielen Fällen zu einer

---

[352] Táborská, Jiřina. 1977: „povídka", in: Vlašín, Štěpán et al. (Hg.): *Slovník literární teorie*. Praha: Československý spisovatel, 288. (Gattungstechnisch eine sehr breite Bezeichnung für kürzere Prosatexte mit einer einfachen Fabula; mit ihren Randerscheinungen wie mit der Tendenz zur Sujet- und Kompositionsfreiheit und mit der Anwendung von Beschreibungselementen einerseits steht sie der „Skizze" sehr nahe, mit ihrer Ausrichtung auf Fabula und ihre Gestaltung andererseits der Novelle als einer ihr formtechnisch nächsten Prosagattung; ähnlich wie der Roman zeichnet sie sich durch Vielfalt und Vielgestaltigkeit der historisch entstandenen Formen aus und fungiert im System der Prosagattungen als Gesamtbezeichnung für eine kürzere bzw. mittlere Epik.)

[353] Best, Otto F. 1994³: „Erzählung", in: ders.: *Handbuch literarischer Fachbegriffe. Definitionen und Beispiele*. Frankfurt am Main: Fischer, 160.

Typisierung führt, sowie 3. eine relative Einheit von Ort und Zeit der Handlung.[354]

Des Weiteren lässt die

> meist offene Form der Kurzgeschichte [...] keine Entwicklung zu, häufig ist sie durch einen abrupten Schluß gekennzeichnet, der, ähnlich wie bei der Anekdote, entweder auf eine Pointe hinausläuft oder in dem die Handlung tatsächlich abrupt abbricht. Inhaltlich werden oft ‚krisenhafte Erlebnisse, Stimmungen, Emotionen' [...], Erkenntnisgewinn, menschliche Grunderfahrungen wie Angst, Einsamkeit und Freude [...] dargestellt.[355]

Diese Definition erweist sich als zutreffend für die Mehrheit von Weils Erzählungen. Um dem tschechischen Begriff „povídka" möglichst nahe bleiben zu können, werden Weils Texte dieser Gruppe jedoch im Folgenden als „Erzählungen" und nicht als „Kurzgeschichten" bezeichnet.

Weils Erzählungen wurden in vier Sammelbänden veröffentlicht. Direkt nach dem Krieg, im Jahr 1946, erschien der Sammelband *Barvy*[356] (Die Farben), drei Jahre später dann *Mír*[357] (Der Frieden) mit dem Untertitel *Povídky z let 1938 až 1948* (Die Erzählungen aus den Jahren 1938 bis 1948). Der letzte Sammelband, dessen Veröffentlichung Weil noch erleben konnte, war der im Jahr 1957 erschienene *Vězeň chillonský*[358] (Der Gefangene von Chillon). Sieben Jahre nach Weils Tod, im Jahre 1966, gab der tschechische Literaturkritiker und -historiker Jiří Opelík einige seiner Erzählungen unter dem Titel *Hodina pravdy, hodina zkoušky*[359] (Die Stunde der Wahrheit, die Stunde der Prüfung) erneut heraus und versah sie mit einem Nachwort. Dieses Nachwort ist im Prinzip auch die einzige literaturwissenschaftliche Studie im tschechischen Kontext, die sich

---

[354] Seiler, Sascha. 2009: „Kurzgeschichte", in: Lamping, Dieter (Hg.): *Handbuch der literarischen Gattungen*. Stuttgart: Kröner, 452–460, hier 452.
[355] Ibidem.
[356] *Barvy*. Praha: B. Stýblo 1946.
[357] *Mír. Povídky z let 1938–1948*. Praha: Dílo 1949.
[358] *Vězeň chillonský*. Praha: Československý spisovatel 1957.
[359] *Hodina pravdy, hodina zkoušky*. Praha: Československý spisovatel 1966. (Herausgegeben und kommentiert von Jiří Opelík)

mit Weils Erzählungen literaturwissenschaftlich beschäftigt.[360] Opelík schreibt den Erzählungen eine enorme Bedeutung in Weils Gesamtwerk zu. Er hält sie sogar für die Grundform seines Schaffens:

> Ne tedy román, ale povídka je základním kamenem Weilovy tvorby, ona odpovídá nejlépe jeho cílům. Povídkovost většiny Weilových románů je ostatně zřetelná, při čemž povídkovostí rozumíme jak soustředěné zaměření na mezný okamžik, tak jistou podobu kompoziční. Není žádná náhoda, že nejlepší Weilův román je povídkový po obou stránkách.[361]

Außer in den vier genannten Sammelbänden, die insgesamt 38 Erzählungen beinhalten, wurden einige lediglich in Periodika veröffentlicht. Zu Beginn des Zweiten Weltkrieges – in den Jahren 1939 und 1940 – erschienen in *Literární noviny* gleich drei Erzählungen.[362] Sie wurden alle unter dem Pseudonym Jan Hajdar[363] publiziert. Bei diesen Texten handelt es sich um die ersten Erzählungen Weils, die veröffentlicht wurden. Nach dem Krieg publizierte Weil in *Literární*

---

[360] Die ersten drei Sammelbände wurden durch die tschechische Literaturkritik kaum bemerkt; erst zu dem letzten Sammelband sind einige Rezensionen erschienen. Siehe beispielsweise Dostál, Karel. 1966: „Velká radost psát povídky" (Große Freude Erzählungen zu schreiben), in: *Plamen* 1966/9, 154–155. Dostál lobt in seiner Rezension die Auswahl der Texte Weils, die der Herausgeber Jiří Opelík für den Sammelband *Hodina pravdy, hodina zkoušky* getroffen hat. Laut Dostál umfasst dieser Sammelband das Erzählschaffen Weils in seiner ganzen Breite. Ähnlich wie Opelík in seinem Nachwort zu diesem Sammelband betont auch Dostál, dass die Erzählungen im Mittelpunkt von Weils Schaffen stünden. Er weist ebenfalls darauf hin, dass Weil nicht nur als Autor von Erzählungen, sondern auch als Journalist, Übersetzer und Vermittler der russischen und sowjetischen Kultur bislang nicht ausreichend geschätzt werde. Daran hat sich bis heute nur wenig geändert.

[361] Opelík 1966: „Hodina pravdy, hodina zkoušky", 199. (Nicht also der Roman, sondern die Erzählung bildet den Grundstein von Weils Schaffen, sie entspricht am besten seinen Zielen. Die Erzählhaftigkeit der Mehrheit von Weils Romanen ist übrigens deutlich, wobei man unter der Erzählhaftigkeit die gezielte Ausrichtung auf den Augenblick des Umschlages als auch auf sichere Komposition versteht. Es ist kein Zufall, dass der beste Roman Weils in zweierlei Hinsicht erzählerisch ist.)

[362] Es handelt sich um die Texte: „Ve městě Mešhedu", in: *Literární noviny* 1939/12:4, 57–60; „Aukce", in: *Literární noviny* 1940/13:1, 1–2, sowie „Stráň", in: *Literární noviny* 1940/13:9, 193–195.

[363] Das Pseudonym Jan Hajdar bzw. die Abkürzungen –jh– sowie J. H. verwendete Weil bereits in den 1920er Jahren in der satirischen Zeitschrift *Trn* (Dorn).

noviny noch eine weitere Erzählung, die in keinen Sammelband eingegangen war: „Kočka Josefa Poláčka z Libušína čp. 184" (Die Katze von Josef Poláček aus Libušín Nr. 184).[364] Weitere Erzählungen Weils wurden beispielsweise in den Zeitschriften *Blok*,[365] *Lidová kultura*,[366] *Kulturní politika*,[367] *Naše pravda*,[368] *Zemědělské noviny*[369] und *Židovská ročenka*[370] abgedruckt.

Die dritte Gruppe bilden einige wenige Erzählungen, die bislang unpubliziert geblieben sind. Es handelt sich um folgende Texte, die sich in Weils Archivakte in *Památník národního písemnictví* befinden: „Povídka o terezínském ghettu" (Geschichte über das Ghetto in Theresienstadt), „Oheň a hrdina" (Das Feuer und der Held), „Jonášovo mládí" (Jonas' Jugend), „Pes před lékárnou" (Der Hund vor der Apotheke), „Školní výprava v Jeseníku" (Der Schulausflug im Altvatergebirge) und „Rancho Nonapalito" und um die Erzählung „O krásné židovce z Bechyně" (Über die schöne Jüdin aus Bechin), die im Rahmen einer umfangreichen Recherche in den Akten im *Židovské museum* in Prag gefunden wurde.

Insgesamt konnten bislang 53 Erzählungen ermittelt werden, wobei es sich angesichts der Tatsache, dass Weil auch unter Pseudonymen geschrieben hat oder die Texte teilweise gar nicht mit seinem Namen versehen waren, nicht mit Sicherheit sagen lässt, ob diese Zahl nun endgültig ist. In Weils Nachlass wurde beispielsweise eine Liste seiner nach Entstehungsjahren in Gruppen geordneten Erzählungen aufgefunden; in der Gruppe der Erzählungen aus dem Jahre 1948 Titel wurden zwei bislang vollkommen unbekannte Texte Weils benannt: „Cesta do Kujbyševa" (Die Reise nach

---

[364] „Kočka Josefa Poláčka z Libušína čp. 184", in: *Literární noviny* 1957/6:35, 2.
[365] „Varšavská suita" (Warschauer Suite), in: *Blok* 1947–48/2:1, 53–54.
[366] „Dvojník Roberta Davida" (Doppelgänger von Robert David), in: *Lidová kultura* 1947/3:6, 4; 1947/3:7, 4, 10.
[367] „Návrat" (Die Rückkehr), in: *Kulturní politika* 1948/3:30, 11.
[368] „Poslední bitva lejtěnanta Brovkina" (Letzte Schlacht des Leutnants Brovkin), in: *Naše pravda* 1959/16: 56, 4; 8. Mai.
[369] „Silnice" (Die Strasse), in: *Zemědělské noviny* 1949/5:237, 4; 9. Oktober.
[370] „Na konci cesty" (Am Ende der Reise), in: *Židovská ročenka* 1957-58, 92–95 sowie „Ghetto a hranice" (Ghetto und Grenze), in: *Židovská ročenka* 1959-60, 100–105.

Kujbyšev) und „Hranice u Podvolyčyska" (Die Grenze bei Podvolyčysk). Diese Texte werden sonst nirgendwo erwähnt, auch ihre Fassungen liegen leider nicht vor.

Weil bereitete das Schreiben von Erzählungen große Freude, wie er in einer Anmerkung in seinem ersten größeren Erzählband *Mír* konstatiert. Das bestätigt somit die Annahme, dass seine Kurztexte eine Art Vorlage für die Romane bildeten, denn er schreibt, dass die Erzählungen als Modelle für seine umfangreicheren Werke wie Romane fungierten und er in ihnen seine Schreibweise richtig erproben konnte.

> Je to velká radost psát zejména krátké povídky. Je to větší radost, než psát román, vyžaduje to velkého napětí. Psal jsem tyto povídky vždy v období mezi psaním románů, jako když konstruktér si dělá pro sebe malé modely parních strojů nebo mostů. Stylisticky mají mnoho společného s mými romány. Avšak jsou to povídky, nic jiného než povídky, nikoli úryvky z románů. Jen jedna z nich, „O korunu a lásku", je psána pro film.[371]

Auf diese Anmerkung Weils geht auch Opelík in seinem Nachwort ein. Er erkannte und beschrieb somit als bislang einziger tschechischer Literaturwissenschaftler überhaupt diesen Aspekt in Weils Schaffen. Laut Opelík erprobte Weil in seinen Erzählungen die Tragfähigkeit seiner schriftstellerischen Methode:

> Že si Weil v povídkách „dělal pro sebe malé modely" rozsáhlejších próz, znamená především tolik, že si objevoval jisté modely tvůrčí metody, že zkoušel, jak jeho záměru vyhoví ten či onen prozaický typus, co to udělá, naloží-li určitým způsobem s figurami a s dějem, užije-li jistého jazyka, dá-li do svérázného poměru part vypravěčův a part postav, zosnuje-

---

[371] Poznámka; in: *Mír*; 258. (Es ist eine große Freude vor allem kürzere Erzählungen zu schreiben. Es ist eine größere Freude als einen Roman zu schreiben, weil es eine große Anspannung erfordet. Ich habe diese Erzählungen immer in den Zeiten zwischen dem Schreiben von Romanen geschrieben, so wie ein Konstrukteur für sich kleine Modelle von Dampfmaschinen oder Brücken baut. Stilistisch haben sie mit den Romanen viel gemeinsam. Es sind aber Erzählungen und nichts als Erzählungen, keine Romanfragmente. Nur eine von ihnen, „O korunu a lásku", wurde für den Film geschrieben.)

li takové a ne jinaké finále atd. Povídkami zkoušel Weil nosnost své techniky i obsažnost svých tvůrčích plánů.³⁷²

Darüber hinaus wies Opelík auf die Verwandtschaft der Gattungen der Erzählung und der Reportage bei Weil hin. Dies war auch der Grund, warum er im Sammelband *Hodina pravdy, hodina zkoušky* bei zwei Erzählungen („Čaj u Tomáše Bati" und „Mír") auch die journalistische Vorlage abdruckte:

> Ale což nebyl Weilovi drobný beletristický útvar blízký i proto, že se jako začínající autor kdysi v třicátých letech vyškolil na malém a pohotovém útvaru žurnalistickém? [...] Předválečná Tvorba a jiné komunistické a levicové časopisy a noviny jsou plné jeho reportáží, zpráv a komentářů, a to jak ze sovětského Ruska, tak z domova, [...].³⁷³

Auf Deutsch wurde im Jahr 2008 eine Auswahl von Weils Erzählungen unter dem Titel *Sechs Tiger in Basel* herausgebracht.³⁷⁴ Übersetzt wurden die Texte von der deutschen Literaturwissenschaftlerin Bettina Kaibach.³⁷⁵ Die deutsche Ausgabe enthält insgesamt 25

---

³⁷² Opelík 1966: „Hodina pravdy, hodina zkoušky", 201f. (Dass Weil in seinen Erzählungen „kleinere Modelle" für seine umfangreicheren Prosatexte gebaut hat, bedeutet vor allem so viel, dass er bestimmte Modelle seiner Schaffensmethode entdeckte, dass er probierte, wie seinem Vorhaben dieser oder jener Prosatypus entgegenkommt; wie es sich auswirkt, wenn er seine Figuren und die Handlung auf bestimmte Art und Weise behandelt, wenn er eine bestimmte Sprache verwendet, wenn er die Stimmen der Figuren und die Stimme des Erzählers in ein eigenartiges Verhältnis setzt, wenn er solches und nicht ein anderes Ende inszeniert usw. In den Erzählungen hat Weil die Tragfähigkeit seiner Technik und die Reichhaltigkeit seiner schöpferischen Pläne erprobt.)
³⁷³ Ibidem. (Stand etwa die kurze belletristische Gattung Weil nicht auch deshalb nahe, weil er sich als beginnender Autor in den 1930er Jahren an der kleinen und flinken journalistischen Gattung ausgebildet hat? [...] Tvorba und andere kommunistische und linksorientierte Zeitschriften und Zeitungen in der Vorkriegszeit sind voll von seinen Reportagen, Berichten und Kommentaren, und zwar sowohl aus Sowjetrussland als auch aus der Heimat, [...].)
³⁷⁴ Nach Möglichkeit wird also aus den Übersetzungen von Bettina Kaibach zitiert; liegt keine ihrer Übersetzungen vor, stammen die Übersetzungen von mir, M. B.
³⁷⁵ Bettina Kaibach hat zu Weils Werk bereits geforscht und mehrere Studien verfasst. Siehe Kaibach, Bettina. 2006: „Guilty While Innocent. The Concept of the Tragic in Jiří Weil's Novel ‚Mendelssohn is on the Roof'", in: Grüner, Frank/Heftrich, Urs/Löwe, Heinz-Dietrich (Hg.): *Zerstörer des Schweigens. For-*

Erzählungen, die in fünf thematische Abschnitte „Die Reise nach Alma-Ata",[376] „Geschichten vom Transport",[377] „Farben",[378] „Frieden"[379] und „Die einfache Wahrheit"[380] gegliedert werden. Ein separates Unterkapitel bildet Weils Text „Žalozpěv za 77 297 obětí" (Klagegesang für 77 297 Opfer). In ihrem fundierten Nachwort geht Bettina Kaibach zuerst auf Weils bewegtes Leben ein, anschließend führt sie vor allem eine motivische Analyse der Texte durch: Die Statuen, die Bäume und das Wasser erscheinen laut Kaibach wiederholt in Weils Prosa. Sie betont ebenfalls die „lakonische Knappheit und lyrische Musikalität, journalistische Sachlichkeit und subjektives Gefühl, strenge Zurückhaltung und kalkuliertes Pathos" der Texte.[381]

Die deutsche Ausgabe von Weils Erzählungen wurde umfassend von Andreas Ohme rezensiert und kommentiert.[382] Er lobt die Auswahl der Texte, die seines Erachtens nach nicht nur „dem [...] Leser einen Einblick in das Themenspektrum von Weils Werk, sondern auch in dessen stilistische Vielfalt geben".[383] Als allgemeines Charakteristikum aller Texte sieht er den Umstand, dass „Weil in ihnen zeitgeschichtliche Ereignisse verarbeitet, die zudem in der Regel autobiographisch gefärbt sind". Es lässt sich hiermit sagen, dass Weils Erzählungen im deutschsprachigen Raum fast auf eine

---

    men künstlerischer Erinnerung an die nationalsozialistische Rassen- und Vernichtungspolitik in Osteuropa. Köln: Böhlau, 242–263, sowie Kaibach, Bettina. 2007: „Poetologická dimenze Weilova Žalozpěvu za 77 297 obětí", in: Holý, Jiří (Hg.): *Holokaust – Šoa – Zagłada v české, slovenské a polské literatuře.* Praha: Karolinum, 169–189.

[376] „Der Neuruppiner See", „Die Büste des Dichters", „Der Nachfahre des Timur", „Die Reise nach Alma-Ata", „Das Straßburger Münster", „Ein Schweizer Frühstück im Capoulade".

[377] „Abschiedslied", „Schanghai" und „Das Schaf aus Lidice".

[378] „Grün und Rot", „Schwarz und Weiß", „Gelb und Blau", „Grau und Violett", „Braun und Weiß", „Gelb und Schwarz" und „Gelb und Grün".

[379] „Intermezzo in Łódź", „Eine Stunde in Nyon", „Begegnung in Luzern", „Der Gefangene von Chillon", „Sechs Tiger in Basel" und „Frieden".

[380] „Tief hängt der Himmel", „Die einfache Wahrheit" und „Die Auktion".

[381] Kaibach, Bettina. 2008: „Nachwort. Von Menschen und Statuen – der Erzähler Jiří Weil", in: Weil, Jiří: *Sechs Tiger in Basel.* Konstanz: Libelle Verlag, 205–220, hier 208.

[382] Ohme 2010, 232–236.

[383] Ohme 2010, 232.

größere literaturwissenschaftliche Resonanz gestoßen sind, als dies nicht nur zur Zeit der Herausgabe der einzelnen Erzählbände, sondern auch in der modernen tschechischen Literaturwissenschaft selbst der Fall war und ist.

Im Folgenden wird zuerst auf Weils Erzählungen in der chronologischen Reihenfolge ihrer Publikation in den Sammelbänden eingegangen. Anschließend werden die Erzählungen Weils behandelt, die lediglich in Zeitungen und Zeitschriften erschienen sind. Zuletzt werde ich mich den bislang unpublizierten Erzählungen widmen. Nach der Ordnung der Erzählungen in chronologischer Reihenfolge ihrer Publikation wird eine weitere, thematische Gliederung der Erzählungen vorgenommen.

Besondere Aufmerksamkeit wird vor allem den Erzählungen Weils gewidmet, bei denen sich ein Vorbild in seinen Reportagen ermitteln lässt und die möglicherweise eine Überleitung zu Weils Romanen bilden könnten. Die Untersuchung dieser Texte wird anschließend als Grundlage für die Analyse im abschließenden Kapitel „Transformationen" dienen.

Analog zu Weils Reportagen liegt auch im Fall seiner Erzählungen das Novum dieser Arbeit darin, diesen Bereich von Weils Schaffen komplex zu erfassen, zu beschreiben und sich nach Möglichkeit mit der Entstehungs- sowie Publikationsgeschichte dieser Textsorte bei Weil auseinanderzusetzen. Seinen Erzählungen wurde in der Sekundärliteratur bislang wenig Aufmerksamkeit gewidmet; seine in der Presse erschienenen sowie auch bislang nicht publizierten Kurzgeschichten sind auf gar keine Resonanz gestoßen. Diese Arbeit sollte demnach diese Lücke füllen.

3.3.1.2 *In Sammelbänden publizierte Erzählungen*

3.3.1.2.1   Sammelband *Barvy* (1946)

Der Autor selbst charakterisierte die Texte seines ersten Sammelbandes *Barvy*,[384] der gleich ein Jahr nach dem Zweiten Weltkrieg

---

[384] In die deutsche Ausgabe sind lediglich sieben der insgesamt zehn Erzählungen eingegangen: „Grün und Rot", „Schwarz und Weiß", „Gelb und Blau", „Grau und Violett", „Braun und Weiß", „Gelb und Schwarz" und „Gelb und Grün".

erschienen ist, als Erzählungen[385] aus der Zeit der Okkupation, die von Angst, Opfern, Tapferkeit und Ruhm erzählten. Sie entstanden während der Zeit, als Weil untertauchen und sich illegal im Krankenhaus oder in Wohnungen verstecken musste. Sie wurden deshalb auf kleine Papierfetzen geschrieben, von denen nicht alle zur Publikation gelangt sind:

> „Barvy" jsou povídky z doby okupace. Vypravují o strachu, smrti, oběti, nízkosti a věci cti, statečnosti a slávy. Byly psány tužkou na útržcích papíru v nemocnici, kde jsem se skrýval, a v ilegálních bytech. Některé se ztratily a byly později znovu napsány. Jsou věnovány živým a mrtvým přátelům z let ponížení a boje.[386]

Der Erzählband *Barvy* enthält insgesamt zehn kurze lyrische Prosatexte, die 1946 unter der Redaktion von Vít Obrtel mit gekürztem Vorwort des Autors im Verlag B. Stýblo publiziert wurden.[387] Das

---

Es fehlen demnach die Texte „Violett und Schwarz", „Rot und Blau" sowie „Silbern und Golden". Das Fehlen dieser Texte in *Barvy* wird auch in Ohmes Rezension bemängelt. Siehe Ohme 2010, 235.

[385] Während Weil selbst die Texte dieser Sammlung als „Erzählungen" bezeichnet, erscheint diese Zuordnung heutzutage nicht mehr so eindeutig. Ohme schreibt beispielsweise in seiner Rezension, dass sich die Texte dieses Zyklus „einer eindeutigen gattungstypologischen Zuordnung [entziehen]". Er selbst bezeichnet sie als „Prosagedichte". Ohme 2010, 234.

[386] *Barvy*, 7. (Die Farben sind Erzählungen aus der Zeit der Okkupation. Sie sprechen von Angst, Tod, Opfer, Niedrigkeit und Sache der Ehre, Tapferkeit und Ruhm. Sie wurden mit Bleistift auf Papierfetzen im Krankenhaus geschrieben, in dem ich mich versteckt habe, und in den illegalen Wohnungen. Manche gingen verloren und wurden später neu geschrieben. Sie sind den lebenden und toten Freunden aus den Jahren der Erniedrigung und des Kampfes gewidmet.)

[387] Auch die Ausgabe von *Barvy* weckte das Interesse der tschechischen Literaturkritik. Die Einstellungen dem Werk gegenüber waren recht unterschiedlich: Zum Teil wurde es als „ungelungen und verdorben" (P.) oder „ornamentalisch pathetisch" (Kohlík) verurteilt (Hrabák bezeichnete die Erzählungen sogar als „wahnsinnige Visionen"); eine der wenigen positiven Begutachtungen stammt aus der Feder Ludvík Kunderas, der *Barvy* für eine „wirkliche dichterische Tat" hielt. Für die Rezensionen siehe Hrabák, Josef. 1947-48: „O krisi současné české prózy", in: *Blok* 1947-48/2:1, 10; Lorenc, Zdeněk. 1946: „Weilovy ‚Barvy' z okupace", in: *Mladá fronta* 1946/2:129, 5. Juni, 4; Buriánek, František. 1946: „Krásné prózy z doby hrůzy", in: *Zemědělské noviny* 1946/2:165, 23. Juli, 2; J. S. 1945-46: „Jiří Weil: ‚Barvy'", in: *Akord* 1945-46/12, 320; P.: „Povídky Jiřího Weila", in: *Obzory* 1946/2:12, 188; b. [Václav Běhounek]. 1946: „Povídky z okupace", in: *Práce* 1946/2:87, 12. April, 4; Kundera, Ludvík. 1946: „Konečně nová próza", in: *Rovnost* 1946/62:108, 8. Mai, 3 oder K [Jaroslav Kohlík]. 1946: „Dvě sbírky povídek", in: *Svobodné slovo* 1946/2:87, 12. April, 3.

Vorwort ist in der ursprünglichen Fassung lediglich im Nachlass des Autors in *Památník národního písemnictví* erhalten geblieben.[388] Die ursprünglichen Fassungen der Texte lassen sich meist nicht ermitteln und liegen nur fragmentarisch vor. Die finale Version des Sammelbandes enthält weniger „Farben" als geplant: Die Erzählung „Červená a oranžová" (Rot und Orange) wurde beispielsweise in den Sammelband gar nicht aufgenommen.[389]

Jeder der Texte trägt in seinem Titel zwei Farben und ist einem seiner „lebenden und toten Freunde aus den Jahren der Erniedrigung und des Kampfes" gewidmet.[390] Inhaltlich haben die Erzählungen mit den Schicksalen von diesen Freunden Weils jedoch nichts gemeinsam. Zu den Themen einiger Erzählungen hat sich Weil in seinen Aufzeichnungen Folgendes notiert:

> Zelená a rudá nebo oběť
> Černá a bílá nebo smrt
> Žlutá a modrá nebo nízkost

---

[388] Aus dem Vorwort wurde folgender Satz gestrichen: „Jedna z nich ‚Modrá a žlutá' byla zapsána do paměti na chodbě kriminální policie v Bartolomějské ulici, když jsem byl zatčen a čekal na výslech." (Eine von ihnen, „Blau und Gelb", hat sich in mein Gedächtnis im Flur der Kriminalpolizei in der Bartolomějská-Straße eingeschrieben, als ich verhaftet wurde und auf das Verhör wartete.) Siehe LA PNP, Fundus Jiří Weil.

[389] Hana Hříbková nimmt in ihrem Artikel „Šoa v díle Jiřího Weila" an, dass ein Grund für die Nichtaufnahme der Erzählung in den Sammelband ihr Sujet darstellen könnte, das Weil wahrscheinlich als Grundlage für seinen Roman *Život s hvězdou* diente. Siehe Hříbková, Hana. 2016: „Šoa v díle Jiřího Weila", in: Holý, Jiří (Hg.): *Cizí i blízcí. Židé, literatura, kultura v českých zemích ve 20. století*. Praha: Akropolis, 681–727, hier 685.
In den handschriftlichen Anmerkungen des Autors heißt es: „Červená a oranžová nebo nálet – o člověku, který se skrýval za pronásledování." (Rot und Orange oder Luftangriff – über einen Menschen, der sich während der Verfolgung versteckt hat.) Siehe LA PNP, Fundus Jiří Weil.

[390] In Weils Nachlass befindet sich ein handschriftlicher Entwurf einer Vorversion von *Barvy*. Die Sammlung sollte ursprünglich „Kniha mrtvých" (Das Buch der Toten) heißen. Unter den Freunden, denen er seine Texte widmet, nennt Weil Václav Tille, Otokar Fischer, Milada Reimová, Ivan Sekanina, Julius Fučík, Pavel Meisl, Pavel Vyskočil, Albert V. Frič und Milada Jesenská.
Die Widmungen für seine toten Freunde leitet Weil mit den Worten „Památce […]" ein. Kaibach übersetzt diesen Ausdruck mit dem deutschen Wortgefüge „Zum Gedächtnis", das in der Postposition nach dem Namen des Freundes/der Freundin steht. Die Widmungen für seine lebendigen Freunde sind im Original dagegen lediglich mit dem Namen der Freunde im Dativ versehen.

Šedá a fialová nebo strach
Hnědá a bílá nebo síla člověka
Žlutá a černá nebo transport[391]

Über die restlichen anderen Erzählungen machte er sich Notizen in einem anderen Format: „Fialová a černá – o smrti v boji, Žlutá a zelená – o závisti a udání, Červená a modrá – o útěku a návratu, Stříbrná a modrá – o salvách a …".[392] Erneut wurde dieser Erzählungszyklus 1966 im durch Jiří Opelík zusammengestellten Sammelband *Hodina pravdy, hodina zkoušky* herausgegeben.[393]

Die erste Erzählung „**Zelená a rudá**" (Grün und Rot), datiert mit der Jahreszahl 1943, wurde der Ärztin Milada Frantová[394] gewidmet. Die dominierende Farbe Grün erscheint im Text als Farbe der giftigen, hinterhältigen Kröten, die im Text für die Deutschen stehen. Die grünen Kröten warten auf Jana Marie, die der namenlose Ich-Erzähler im Text in seinem Gedankenstrom mehrmals mit Namen ruft und zu der er spricht. Er geht zum Ort, an dem sie sich üblicherweise getroffen haben, und hofft, sie würde ihn nicht erkennen. Er fleht sie an, sich lieber von ihm abzuwenden, denn er wurde nur kurz aus dem Gefängnis entlassen, um den Kröten als

---

[391] Diese Aufzeichnungen sind im LA PNP im Fundus von Jiří Weil aufbewahrt. Abgedruckt wurden sie ebenfalls im bereits erwähnten Artikel von Hana Hříbková. Siehe Hříbková 2016, 686.
(Grün und Rot oder Opfer/ Schwarz und Weiß oder Tod/ Gelb und Blau oder Niedrigkeit/ Grau und Violett oder Angst/ Braun und Weiß oder die Kraft eines Menschen/ Gelb und Schwarz oder Transport.)

[392] LA PNP, Fundus Jiří Weil, bzw. auch Hříbková 2016, 686.
(Violett und Schwarz – über den Tod im Kampf, Gelb und Grün – über Neid und Denunziation, Rot und Blau – über Flucht und Rückkehr, Silbern und Blau – über Salven und <…>; – das letzte Wort ist im Original unleserlich, M. B.).

[393] In dieser zweiten Ausgabe wurden einige Fehler korrigiert. Zuerst wurde die Verwechslung der Namen der Protagonisten behoben: Die Verwechslung der Namen Haase und Kafka auf der Seite 31 hatte eine unlogische Wiederbelebung der zu dieser Zeit bereits toten Ehefrau zur Folge. Die zweite Korrektur wurde im Inhaltsverzeichnis durchgeführt, wo in der Erstausgabe fälschlicherweise anstatt „Stříbrná a zlatá" (Silbern und Golden) „Stříbrná a žlutá" (Silbern und Gelb) gedruckt wurde.

[394] Milada Frantová (1906–1942) war eine „Augenärztin, die nach dem Anschlag auf den stellvertretenden Reichsprotektor Heydrich den verletzten Attentäter Jan Kubiš pflegte; [sie wurde] am 24.10.1942 in Mauthausen hingerichtet." Siehe Špirit, Michael. 2008: „Kommentar", in: Weil, Jiří: *Sechs Tiger in Basel*. Konstanz: Libelle Verlag, 194–204, hier 199.

Köder zu dienen; und er soll Jana Marie in eine Falle locken. Sie wurden von einem gemeinsamen Freund verraten, der Erzähler wurde bereits verhaftet, auf Jana Marie lauern die Kröten noch. Das Grün ist hiermit also meist äußerst negativ konnotiert. Im positiven Kontext wird Grün lediglich in Form einer Erinnerung an die friedlichen früheren Zeiten als Farbe des grünen Hangs erwähnt, an dem sich der Erzähler und Jana Marie getroffen hatten. Die Farbe Rot – Weil verwendet das Adjektiv „rudý", was eher „feuerrot" bedeutet – wird hier zwei Mal in Verbindung mit den Substantiven Blut oder mit Flammen gebraucht, was auch der im Tschechischen üblichen Verwendungsweise dieses relativ dramatisch konnotierten Adjektivs entspricht. Die meiste Zeit setzt Weil „rudý" jedoch mit einem so profanen Gegenstand wie dem Tuch von Jana Marie in Verbindung. Das rote Tuch seiner Geliebten stellt für den Erzähler ein Zeichen der Hoffnung in der Dunkelheit der Gegenwart dar.[395] Der Erzähler ist sogar bereit zu sterben, damit Jana Marie diese grausame Zeit überleben kann. Das Opfer stellt hier somit das zentrale Thema dar, so wie Weil es auch in seinen Anmerkungen notierte. Gleich in dieser ersten Erzählung lässt sich ein literarisches Verfahren bemerken, das Weil in den meisten Erzählungen in *Barvy* fortsetzt: Was im ersten Satz bzw. im ersten Absatz erwähnt wird, kommt im letzten Satz oder Abschnitt in einer Variation erneut vor. In dieser Erzählung wird zu Beginn ein Wunsch ausgesprochen: „Být stromem, stát pevně na svém místě."[396] Dieser Wunsch in einer modifizierten Fassung wiederholt sich auch am Ende: „Být stromem a hořeti jasným, rudým plamenem, pro tebe, Jano Marie."[397]

Die zweite Erzählung „Černá a bílá" (Schwarz und Weiß) widmete Weil dem Architekten Hilar Pacanovský;[398] datiert wurde

---

[395] Im Hinblick auf Weils politische Orientierung kann hier das rote Tuch auch für die kommunistische Partei stehen.
[396] *Barvy*, 11. („Ein Baum sein, fest an seinem Platz stehen." *Sechs Tiger*, 84.)
[397] *Barvy*, 16. („Ein Baum sein und mit heller, roter Flamme brennen, für dich, Jana Marie." *Sechs Tiger*, 87.)
[398] Hilar Pacanovský war ein tschechischer Architekt. Am 11.2.1945 wurde er zum Arbeitseinsatz von Prag nach Theresienstadt transportiert. (Siehe Špirit 2008, 200.) Pacanovský entwarf beispielsweise einige Wohnhäuser in der Bartolomějská-Straße in Prag.

sie mit dem Jahr 1945. Weil liefert schon im zweiten Satz die Information, wofür die Farben Schwarz und Weiß stehen, nämlich für die Erde und den Himmel.[399] Der namenlose Erzähler schildert hier die Schrecken eines Todesmarsches, er konzentriert sich dabei auf die Geschichte eines Mannes, der während des Krieges seine menschliche Identität verloren hat und zu einem Pferd wurde. Dieser Mann sowie die anderen Gefangenen kehren unter den schrecklichsten Bedingungen in ihre Heimat zurück, dorthin, wo – so der heterodiegetische Erzähler – die Erde seidig und schwarz und der Himmel weiß wie ein Bettlaken sind. Erst mit der Rückkehr in die Heimat in der Stunde des Todes erlangt das Mensch-Pferd wieder seine menschliche Identität. Auch in dieser Erzählung werden die Deutschen nicht konkret genannt. Sie werden hier zu einer anderen Tierart – zu Wölfen – verwandelt: „Byli vlčí smečkou s rudými, vyplazenými jazyky a krhavýma očima, zpívali písně podobající se vytí."[400] Das Wolfsland, das die Gefangenen auf ihrem Weg durchqueren müssen, ist im Gegensatz zur friedlichen Heimat mit grellen, ja giftigen Farben markiert: Der Himmel dort ist rot und die Erde violett. An fünf Stellen in diesem Text ändert sich in etwa gleichen Abständen die Erzählperspektive von der Er- zur Ich-Form, dabei wird immer wieder das eigene Land angesprochen: „Má země" (Mein Land). In drei Fällen wird es als ein Land bezeichnet, über das sich die segnenden Hände breiten. In die vierte Passage, die mit „Má země" eingeleitet wird, integriert Weil sogar einen Teil des Gebets „Vater unser": „Má země, již jsi za horami, posvěť se jméno tvé, jsi milosrdná v ranní rose a večerních červáncích."[401] Am Ende der Erzählung ist wieder eine Variation des ersten Abschnittes sichtbar. Auch hier werden die schwarze Erde und der weiße Himmel erwähnt: In die schwarze Erde gräbt sich die Hand des sterbenden Mannes, während über seinem Körper der weiße Himmel eines Frühlingstages lacht.

---

[399] *Barvy*, 19; *Sechs Tiger*, 88.
[400] *Barvy*, 23. („Ein Wolfsrudel mit roten, hechelnden Zungen und triefenden Augen, sie sangen, es klang wie Geheul." *Sechs Tiger*, 91.)
[401] *Barvy*, 22. („Mein Land, das du liegst hinter den Bergen und Wäldern, geheiligt werde dein Name, du bist barmherzig im Tau der Frühe und im Abendrot." *Sechs Tiger*, 90.)

Seine dritte Erzählung aus dem Zyklus *Barvy* unter dem Titel „Žlutá a modrá"[402] (Gelb und Blau) aus dem Jahre 1944, die laut Weil von „nízkost", also Niedrigkeit handelt, widmete er seinem Freund, dem berühmten Journalisten und Übersetzer Pavel Eisner.[403] Zu der Entstehungsgeschichte dieser Erzählung schreibt Weil in einem Brief drei Monate nach dem Ende des Krieges an seinen Freund, den Schriftsteller Jaromír John, Folgendes:

> Tu povídku jsem psal v apokalyptické hrůze, když jsem seděl na čtyřce v Bartolomějské ulici, nechali mi papír a zápisník a tak jsem psal, protože jsem neměl sebou žádnou knihu, kterou bych mohl číst. Pak mě ten komisařský vedoucí Gestapa Čech, jakýsi Dlesk pustil, já nevím dodnes proč a patrně se to nedozvím, pustil mě na svou vlastní odpovědnost pod záminkou, že jsem smrtelně nemocen a já musil na pět měsíců do nemocnice a nesměl vyjít na ulici, v nemocnici jsem si přečetl tu škrábanici a líbila se mi, přepsal jsem ji a dal číst mému příteli Mannsbarthovi, kterýžto je architekt. Velmi se mu líbila, ale řekl mi, že ji nesmím po převratě uveřejnit, že z ní jde hrůza. Ale já jsem si to přesto rozmyslil a dal ji do Kvartu, protože ti lidé, co byli se mnou na čtyřce jsou všichni mrtvi a já jediný jsem zůstal živ a tak jsem pokládal za svou povinnost, abych nějak oslavil jejich památku. Tak to je historie „Modré a žluté" a proto nevím, zda ještě napíšu podobnou věc.[404]

---

[402] Diese Erzählung wurde zuerst in der Zeitschrift *Kvart* veröffentlicht. Siehe „Žlutá a modrá", in: *Kvart* 1945-46/4, 3-6.

[403] Pavel Eisner (1889-1958) war ein bedeutender tschechischer Schriftsteller, Übersetzer, Journalist und Kulturvermittler jüdischer Abstammung. Zu Pavel Eisner ist im Zuge des Symposiums zu seinem fünfzigjährigen Todes- und hundertjährigen Geburtstag in Ústí nad Labem ein Sammelband erschienen, der sich mit verschiedenen Facetten von Eisners Leben und Werk ausführlich auseinandersetzt. Siehe Koeltzsch, Ines/Kuklová, Michaela/Wögerbauer, Michael (Hg.). 2011: *Übersetzer zwischen den Kulturen: Der Prager Publizist Paul/Pavel Eisner*. Köln – Weimar – Wien: Böhlau.

[404] Brief an Bohumil Markalous (Pseudonym Jaromír John) vom 19.8.1945, LA PNP, Fundus Bohumil Markalous. (Diese Erzählung schrieb ich in apokalyptischer Angst, als ich im Raum Nr. 4 saß, sie ließen mir Papier und Notizheft, und so schrieb ich, weil ich kein Buch mithatte, das ich lesen könnte. Dann hat mich der Kommissarleiter, ein Tscheche namens Dlesk, entlassen, ich weiß heute nicht, warum eigentlich, und ich werde es wohl nie erfahren, er hat mich auf eigene Verantwortung gehen lassen, unter dem Vorwand, ich sei sterbenskrank und ich müsse für fünf Monate ins Krankenhaus und könne nicht auf die Straße hinausgehen. Im Krankenhaus las ich die Kritzelei wieder, sie gefiel mir, so schrieb ich sie um und gab sie meinem Freund, dem Architekten Mannsbarth, zu lesen. Er mochte sie sehr, sagte mir jedoch, ich dürfe sie nach dem Umsturz

Das Blau symbolisiert am Anfang des Textes durchaus positive Dinge: Die Schatten der Dämmerung, das Gelb dann die Farbe des Safrans in Berdičev, wo sich der überwiegende Teil der Handlung dieser Geschichte abspielt. In dieser Erzählung wird durch den heterodiegetischen Erzähler anhand von drei Einzelgeschichten das Schicksal von tausend tschechischen Juden, die mit dem Transport zuerst nach Zamość in Polen, dann weiter in die Ukraine in die Stadt Berdičev verschleppt wurden. Auch hier werden die menschlichen Protagonisten animalisiert, wie schon die Namen der drei Hauptprotagonisten zeigen: Der Prager Goldschmied und seine Frau heißen Kafka, ein anderer Mann dann Haase. Den Namen Kafka kann man als phonetische Form des Substantivs „kavka" betrachten, das auf Tschechisch „Dohle" bedeutet; den Namen Haase dann als eine modifizierte Form von „Hase". Weil gibt die Ähnlichkeit mit den Tieren freimütig zu, indem er den Erzähler sagen lässt: „Dejme tomuto zlatníkovi jméno Kafka, jež znamená smutného ptáka s ustřiženými křídly. A onen člověk z lesních doupat nechť se jmenuje Haase, na paměť časů zlého plížení a kličkování."[405] In dieser Geschichte werden zwei Arten des Bösen unterschieden: Einmal ist es die Bestie, unter der man die Deutschen verstehen kann (Kaibach übersetzt den Ausdruck „šelma" mit dem deutschen

---

nicht veröffentlichen, weil sie entsetzlich sei. Ich überlegte es mir allerdings anders und gab sie an *Kvart*, weil die Menschen, die mit mir im Vierer saßen, alle tot sind, nur ich allein blieb am Leben, und so hielt ich es für meine Pflicht, ihr Andenken irgendwie zu feiern. Das ist die Geschichte von „Blau und Gelb" und deshalb weiß ich nicht, ob ich so eine ähnliche Sache nochmals schreiben werde.)

[405] *Barvy*, 30f. („Nennen wir den Goldschmied Kafka, denn so nennt man einen traurigen Vogel mit gestutzten Flügeln. Und jener Mensch aus den Höhlen des Waldes soll Haase heißen, zur Erinnerung an die bösen Zeiten des Schleichens und Hakenschlagens." *Sechs Tiger*, 94.)

Im abschließenden Teil der Geschichte, als das Geld eintrifft, verwendet Weil bei Haases Beschreibung sogar einen Teil eines tschechischen Kinderliedes. Im Original heißt es „zajíček tam ve své jamce sedí sám" (sitzt das Häschen in seinem Bau alleine), bei Weil „avšak Haase seděl ve své jamce sám" („Haase saß jedoch allein in seiner Grube.") *Barvy*, 35; *Sechs Tiger in Basel*, 98.

„Tier"),[406] dann das Königreich, das vom schrecklichen Vij,[407] dem Herrn der unreinen Geister der Unterwelt, und seinen Dienern regiert wird. Auch dieses Königreich – hier ist offensichtlich die Ukraine gemeint – unterliegt jedoch der Macht der Bestie. Während Kafka und seine Frau umkommen, kann sich Haase – mithilfe von mit Hinterlist erschlichenem Gold Kafkas – die Freiheit erkaufen.

---

[406] An einigen Stellen heißt es: „oči šelmy byly nemilosrdné a jejich žáru nebylo možno se vyhnout" („die Augen des Tieres kannten kein Erbarmen, und es war kein Entkommen vor ihrer Glut.") *Barvy*, 30; *Sechs Tiger*, 94, oder „Na stanici Zamošč je čekala šelma se zalícenou ručnicí" („An der Station Zamość wartete das Tier mit dem Gewehr im Anschlag.") *Barvy*, 31; *Sechs Tiger*, 95.

[407] Vij ist der König der Erdgeister aus der gleichnamigen Erzählung von N. V. Gogol aus dem Jahr 1835. Die Augenlider des Vij „reichen bis zum Boden, und er kann sie nur heben, wenn ihm andere böse Geister zu Hilfe kommen; dann aber tötet sein Blick." *Sechs Tiger*, 200.
Weil war ein ausgezeichneter Kenner von Gogols Werk, denn er verteidigte seine Dissertation zum Thema „Gogol und der englische Roman des 18. Jahrhunderts" im Frühjahr 1928 erfolgreich. Prof. Václav Tille, der Weils Dissertation betreute, schreibt in seinem positiven Gutachten: „Účelem práce jest stopovati vliv anglického románu na literární tvorbu Gogolovu, ukázat, že vliv ten není mechanický, ale obrodný, že vedl u Gogola k rozvití samostatné tvůrčí síly, a že Gogolovi se podařilo vymanit se z vlivu směru romantického i realistického, vytvořit svůj vlastní sloh, který se stal východiskem nového a zvláštního ruského realismu. Práce páně Weilova vyniká především methodou, které užil: neomezuje se na výčet ‚užité' literatury, ale probírá stručně a jasně všechny předchůdce své práce, ukazuje kriticky výsledky, k nimž dospěli, a zjednává tím své práci dobrý základ. Pak uvažuje k poměru Gogola k západu vůbec, rozebírá jeho jednotlivá díla a stopuje stále vlivy, které na toto dílo působily." (Der Zweck dieser Arbeit ist es, den Einfluss des englischen Romans auf das literarische Schaffen Gogols zu verfolgen, sowie auch zu zeigen, dass es sich bei diesem Einfluss um keinen mechanischen, sondern um einen erneuernden handelt; dass dieser Einfluss bei Gogol zur Entwicklung einer eigenständigen kreativen Kraft führte, und dass es somit Gogol gelungen war, sich dem Einfluss des Realismus und der Romantik zu entziehen und seinen eigenen Stil zu kreieren, der zum Ausgangspunkt eines neuen und außergewöhnlichen russischen Realismus wurde. Die Arbeit des Herrn Weil zeichnet sich vor allem durch ihre Methode aus: Sie beschränkt sich nicht auf bloße Aufzählung der „verwendeten" Literatur, sie behandelt kurz und klar alle ihre Vorgänger, zeigt kritisch deren Ergebnisse und beschafft sich somit eine solide Basis. Danach erwägt sie das Verhältnis Gogols zum Westen überhaupt, analysiert seine einzelnen Werke und verfolgt auch weiterhin alle Einflüsse, die auf sein Werk eingewirkt haben.)
Zweiter Gutachter von Weils Arbeit war übrigens der berühmte tschechische Schriftsteller und Literaturkritiker F. X. Šalda. Alle Studienunterlagen Weils sind im Archiv der Karls-Universität in Prag aufbewahrt.

Der skrupellose Haase weist überhaupt eine erstaunliche Anpassungsfähigkeit auf, denn als ein Mensch-Tier, das in den Wäldern gelebt hat, kann er auch andere Tiere, somit auch die Sprache und Lieder von Vijs Helfern, gut nachahmen.

Auch in dieser Geschichte wird am Ende die Kombination der zwei Farben erwähnt. Während am Anfang die beiden Farben eine positive Konnotation haben, sie werden mit den Düften und Farben von Berdičev assoziiert, werden sie am Schluss des Textes mit ganz anderen, schrecklichen Dingen in Verbindung gebracht: „Mrtví z něho [z příběhu] civí důlky lebečních kostí, zlato se v něm třpytí a křiví tváře, modrá mlha se vznáší nad černými bažinami, mlýny melou žluté kosti na fosfát a odstředivky vylučují z modrého tuku žlutý glycerín."[408]

Im Titel der vierten mit 1944 datierten Erzählung steht die Farbkombination „Šedá a fialová" (Grau und Violett).[409] Die Erzählung trägt eine Widmung für Josef Haselbach.[410] Grau steht für den Stahl, der von einem Menschen bearbeitet wird; die violette Farbe erscheint bei Anstrengung im Gesicht des mit dem Stahl arbeitenden Menschen. Diese von Angst handelnde Geschichte schildert den Vorfall, dass ein Mann, der während der Okkupation untertauchen musste, in einem seiner illegalen Verstecke stirbt. Die Menschen um ihn herum verfallen in Panik, denn eine Leiche bedeutet für sie das mögliche Bekanntwerden des Verstecks und unmittel-

---

[408] *Barvy*, 36. („In dieser Geschichte starren Tote aus den Höhlen ihrer Schädelknochen, Gold glänzt in ihr und verzerrt die Gesichter, aus schwarzen Sümpfen steigt blauer Nebel auf, Mühlen mahlen gelbe Knochen zu Phosphat, und Zentrifugen lösen aus blauem Fett gelbes Glycerin." *Sechs Tiger*, 98.)

[409] Diese Erzählung ist auch in der Zeitschrift *Doba* erschienen. Siehe „Šedá a fialová", in: *Doba*, 1945-47/1:3-4, 87-88.

[410] Im Interview, das der russische Bohemist Oleg Malevič mit der Witwe des Schriftstellers, Frau Olga Weilová, führte und das mir sein Sohn freundlicherweise zur Verfügung stellte, sagt Frau Weilová über Josef Haselbach, dass er ein Arbeiter, ein Freund Weils und ebenfalls Mitglied der Widerstandsgruppe R10 gewesen sei. Er sei ein aktiver Widerstandskämpfer gewesen. Laut der Aussage von Frau Weilová führte er häufig deutsche Militärzüge auf falsche Gleise. Er sei auch derjenige gewesen, der bei Weils inszeniertem Selbstmord behauptet habe, er hätte einen Menschen im Fluss ertrinken sehen, und der Weils Aktentasche zur Polizei gebracht habe.

bare Lebensgefahr. Letztendlich kommt ein Freund des Verstorbenen, ein Arbeiter aus der Stahlfabrik, und schleppt die Leiche zusammen mit zwei anderen Männern aus dem Haus. Hier wird wieder ein biblischer Hinweis eingebaut, indem die Aufrichtung der Leiche mit der Erhebung von Lazarus verglichen wird.[411] Der Verstorbene wird auf der Straße willkürlich bei einem Haus liegen gelassen. Auch in diesem Text wird am Ende wiederholt, was am Anfang, hier im zweiten Absatz, gesagt wurde: „Neboť šedá je ocel, ale když ruka, teplá lidská ruka zvedá závaží, pak směje se ocel, když se napínají šlachy a tváře fialoví, tehdy je hlazena a nikoli udeřena svým bratrem."[412] In dieser Erzählung setzt Weil vielfach das Verfahren der Metonymisierung und Personifizierung ein. Der Stahl verfügt durchaus über menschliche Eigenschaften: Er lacht, heult, seufzt. Für die Menschen allerdings handeln bloß ihre Körperteile: Der Mund spricht, die Finger reißen, die Hand hebt,[413] die Füße laufen, womit der Eindruck erzielt wird, dass die Protagonisten der Erzählung nicht mehr Herren ihrer selbst sind. In der Erzählung dominiert die Stimme des heterodiegetischen Erzählers; lediglich in der Mitte des Textes wird zur Ich-Form gewechselt. Der Ich-Erzähler identifiziert sich mit dem Leichnam und spricht über

---

[411] „I byla pozdvižena mrtvola, vstal Lazar z hrobky své, ale zavřena byla jeho ústa, byl vlečen po temném schodišti do noci bez světla pochodní." *Barvy*, 42. („Und die Leiche wurde aufgehoben, Lazarus erhob sich aus seiner Gruft, doch sein Mund war verschlossen, man schleppte ihn durchs dunkle Treppenhaus in eine Nacht ohne Fackellicht." *Sechs Tiger*, 101f.)

[412] *Barvy*, 43. („Denn grau ist der Stahl, aber hebt eine Hand, eine warme menschliche Hand das Gewicht, dann lacht der Stahl, wenn sich die Sehnen anspannen und die Wangen violett färben, dann wird er gestreichelt und nicht geschlagen vom eigenen Bruder." *Sechs Tiger*, 102.)

[413] Das Motiv der Hand bzw. der Hände dürfte für Weil eine besondere Bedeutung haben: Seine erste Reportage von seiner Reise in die UdSSR im Jahr 1933 trägt den Titel „Ruce". In seiner Korrespondenz vom 10. Juni 1945 mit seinem Freund Bohumil Markalous befindet sich eine Anmerkung, dass er beim Verleger Jaroslav Podroužek einen Roman habe: „Pak mám u Podroužka malý román, takovou hříčku, experiment …" (Dann habe ich bei Podroužek einen kleinen Roman, ein Spielchen, ein Experiment…) (LA PNP, Fundus Bohumil Markalous). Im Nachlass von Podroužek konnte die Information ermittelt werden, dass es sich um einen Prosatext namens „Sepjaté ruce" (Zusammengefaltete Hände) handeln könnte. Die Fassung des Textes ist nicht erhalten.

eigene Körperteile: „Hle, mé prsty [...]." Hle, mé nohy [...]." „Hle, mé srdce, je mi dobře [...]."[414]

Die Farben **„Hnědá a bílá"** (Braun und Weiß) dominieren die fünfte, dem Architekten Jan Mannsbarth[415] gewidmete Erzählung aus dem Jahr 1944. Diese Erzählung, die laut Weil von der Kraft des Menschen handelt, ist auch eine der wenigen in diesem Sammelband, in der ein mögliches gutes Ende angedeutet wird. Das Weiß symbolisiert zuerst den Schnee, die weiße tödliche Stille. Das Braun steht für das Fell der Hunde, die ihre Beute verfolgen. Ein Mensch flieht. Er ähnelt zwar einem Tier, hat aber immer noch seine menschliche Identität bewahrt.[416] Er sehnt sich nach einem Fluss, in den er springen und somit die Hunde von seiner Spur abschütteln kann. In dieser Erzählung wird das Verfahren der Wiederholung der anfänglichen Passage des Textes an seinem Ende nicht eingehalten, sondern es wird der positive Abschluss betont: Nachdem der Verfolgte den Fluss beschwört, erscheint er wirklich wie ein Wunder vor ihm und wälzt sich durch die „weiße Finsternis des Todes".[417] Dann kann der Fliehende hineinspringen und sich „von ihm zum anderen Ufer tragen [lassen] zur Freiheit, zur Grenze"[418]. Das Motiv des Wassers wählte der Autor in dieser Erzählung im Zusammenhang mit seinem Freund Jan Mannsbarth absichtlich, denn wie aus den Dokumenten in Weils Nachlass hervorgeht, verbrachte er mit Mannsbarth etliche Zeit in der Natur, vor allem an Flüssen.[419] Weil verwendet in diesem Text vorwiegend die Er-

---

[414] *Barvy*, 40. („Seht, meine Finger [...]." „Seht, meine Beine [...]." „Sieh, mein Herz, mir ist wohl [...]." *Sechs Tiger*, 100.)
[415] Es handelt sich um den Architekten Jan Mannsbarth (1904–1955).
[416] Er muss sich bei seiner Flucht wie ein Tier verhalten, um seinen Verfolgern entkommen zu können: „Je nutno býti zajícem i liškou …". *Barvy*, 47. („Er musste Hase sein und Fuchs [...]." *Sechs Tiger*, 103.)
[417] *Sechs Tiger*, 106; *Barvy*, 52.
[418] Ibidem.
[419] Weil dürfte zu Mannsbarth eine enge Beziehung gehabt haben. Davon zeugen auch einige Dokumente in seinem Nachlass: In seinem Brief vom 9. Juli 1955 versucht Weil der Witwe von Jan Mannsbarth, Marie Mannsbarthová, den Inhalt seiner Rede, die er bei Mannsbarths Begräbnis gehalten hat, wiederzugeben, da die Witwe damals wegen Krankheit am Begräbnis ihres Mannes nicht hatte teilnehmen können. Weil richtet an seinen Freund sehr innige Worte:

Form; lediglich an zwei Stellen[420] erscheint der homodiegetische Erzähler, der den Fluß beschwört. Auch hier hat dieser plötzliche Wechsel des Erzählers zur Folge, dass die Stimme des Ich-Erzählers als innere Stimme des Protagonisten, in diesem Falle des fliehenden Mannes, erklingt.

Die sechste Geschichte „Žlutá a černá" (Gelb und Schwarz), im Jahre 1943 geschrieben und dem Gedenken Pavel Meisels gewidmet,[421] führt den Leser *in medias res* in einen Schlachthof, wo das Schlachtvieh ein schmales Tor passieren muss. Nach zwei Absätzen ändert sich die Erzählperspektive, plötzlich spricht ein namenloser Ich-Erzähler, in der Retrospektive erinnert er sich an die Zeiten, als ihm alltägliche Gegenstände wie Sofa, Glas, Teller, Besteck, Teppich, Kamin, Buch und Radio gehörten. Sehr lyrisch beschreibt er den Gebrauch dieser Sachen: Mit dem Sofa segelte er in die fernen

---

„Vzpomenu-li si na Jana, vybaví se mi hned řeka, tiché šplouchání neslo naše rozhovory a naše mlčení uprostřed lesů, hor a skal. […] Řekl jsem asi toto: Loučím se s Tebou nejen jménem svým, protože nikdy nesplatím dluh vděčnosti Tobě, ale jménem těch, kterých jsi se v době války ujímal a které jsi podporoval. Vždy jsi byl na straně utlačovaných, vždy jsi jim pomáhal." (Siehe LA PNP, Fundus Jiří Weil) (Wenn ich mich an Jan erinnere, besinne ich mich auf den Fluss; das stille Platschern trug unsere Gespräche und unser Schweigen inmitten der Wälder, Berge und Felsen. […] Ich habe ungefähr Folgendes gesagt: Ich nehme von Dir Abschied nicht nur in meinem Namen, weil ich die Schuld der Dankbarkeit Dir gegenüber nie zurückzahlen kann, sondern auch im Namen derjenigen, für die Du Dich während des Krieges eingesetzt und die Du unterstützt hast. Du bist immer auf der Seite der Unterdrückten gestanden, Du hast ihnen immer geholfen.)

Darüber hinaus schrieb Weil für seinen Freund eine „Tryzna" (eine Art „Todesfeier" oder „Todesrede"). Es handelt sich um ein Prosagedicht mit dem Titel „Bučilské proudy" (Bučiler Ströme). Am Ende des Briefes an Mannsbarths Witwe befindet sich noch eine Anmerkung, dass auch das dritte Kapitel in *Mendelssohn* Jan Mannsbarth gewidmet ist. In diesem Kapitel erinnert sich einer der Protagonisten in der Retrospektive an seine Aufenthalte beim Campen am Fluss.

[420] Die beiden Stellen befinden sich in der zweiten Hälfte der Erzählung. Der Ich-Erzähler ruft den Fluss, der dann wie durch ein Wunder vor ihm tatsächlich erscheint. *Barvy*, 50f.; *Sechs Tiger*, 105f.

[421] Der Händler Pavel Meisl (1895–1942) wurde am 29.3.1942 von Prag nach Theresienstadt deportiert, von dort weiter nach Piaski und Majdanek, wo er am 04.07.1942 umgebracht wurde. (Siehe Špirit 2008, 200, sowie http://www.holocaust.cz/databaze-obeti/obet/109253-pavel-meisl/; zuletzt aufgerufen am 10.05.2019).

Länder, die Gabeln und Messer tanzten zur Feier des Mahls, seine Füße sanken ins Moos des Teppichs etc.[422] Im Augenblick, als der Ich-Erzähler mitteilt, dass er all diese Sachen aufgibt, um einen Stern zu tragen und nach dem intertextuellen Verweis auf die Zauberin Kirke aus Homers Odyssee, die alle Gefährten Odysseus' in Schweine verwandelt, folgt die Rückkehr von der Ich- zur Er-Form: Das Schlachtvieh wird nummeriert und muss auf der Brust nun einen gelb-schwarzen Stern tragen, damit die Schlächter rasch das Herz finden können. Unter allen zum Tode verurteilten Tieren gibt es lediglich ein einziges freies: einen kleinen Hund mit dem biblischen Namen Peter.[423] Auch er findet zwar den Tod, als er versucht, seinen Herren zu retten, er wird jedoch erschossen und nicht wie die anderen verwandelten Mensch-Tiere geschlachtet.

Die siebte Erzählung „**Fialová a černá**" (Violett und Schwarz) schrieb Weil im Jahr 1943 und widmete sie seinem Freund, dem bekannten tschechischen Ethnographen, Reisenden und Schriftsteller Alberto Vojtěch Frič[424]. Die dominierenden Farben Violett, die zuerst für die Veilchen steht, die in einem Hang über einem Haus

---

[422] *Barvy*, 55f.; *Sechs Tiger*, 107f.
Diese Passage erinnert an den Roman des polnischen Schriftstellers Stefan Chwin aus dem Jahre 1995 *Hanemann* (auf dt. *Der Tod in Danzig*), in dem sich die Gegenstände ähnlich verhalten: Auch sie erheben ihre Stimmen, sie beobachten, sie verfügen über Erinnerungen. Siehe Chwin, Stefan. 2005³: *Tod in Danzig*. Reinbek bei Hamburg: Rowohlt, 169–178.

[423] Der Text liefert ebenfalls die Erklärung, warum der Hund so heißt, „denn in seinem Herzen ist ein Fels von Liebe". *Sechs Tiger*, 108; („v jeho srdci je skála lásky", *Barvy*, 57.)

[424] Dem berühmten tschechischen Kakteensammler, Botaniker und Globetrotter Alberto Vojtěch Frič (1882–1944) verdankte Weil zum Teil auch die Sicherung seiner Existenz in der Zeit der deutschen Okkupation, denn er sicherte ihm in den ersten Jahren eine „Scheinanstellung". Slávka Vondráčková schreibt in ihren Erinnerungen an Jiří Weil: „Jirka dostává do kapsy druhé záchranné lejstro, že je ženat s árijkou. Prvé dostal od starého podivína Friče, kde potvrzuje, že Jiřího Weila zaměstnává a přeškoluje ho ve svém studiu pro aklimatizaci rostlin.
Prohlášení
Prohlašuji, že doktor Jiří Weil je už měsíc u mne zaměstnán – za účelem přeškolení – studiem a praxí aklimatizace rostlin, aby po emigraci do jiných klimatů mohl moje metody přezkoušet a se mnou vědecky dále spolupracovat." Vondráčková 2014, 85.

wachsen, und Schwarz, die Farbe dieses Hauses, lassen sich zu Beginn der Geschichte nur schwer mit dem Thema dieser Geschichte verbinden, das Weil als den Tod im Kampf bezeichnete. So friedlich und idyllisch die Geschichte mit der Beschreibung des Hauses und der dort lebenden Haustiere, des Katers namens Kašpar und der Ziege Barbora, beginnt, so grausam endet sie: Das Haus wird abgebrannt, alle seine Bewohner umgebracht. Während die Tierprotagonisten mit Namen genannt werden, ist der menschliche Besitzer des Hauses lediglich durch seine einen Revolver tragende Hand präsent. In dieser Erzählung verwendet Weil das erste Mal diese Strategie, die er dann vollkommen in seinem Roman *Život s hvězdou* entfaltet: Die Deutschen werden nie explizit genannt, sie verbergen sich hinter dem Pronomen „sie".[425] Den Abschluss der vorwiegend in der Er-Form erzählten Geschichte bildet ein Gespräch personifizierter Waffen: Der Revolver des im Haus lebenden Mannes jubelt mit silberner Stimme, während die Antworten der Maschinengewehre von „denen" einem Gebell gleichen. Weil bewahrt die Metonymisierung konsequent bis zum Schluss: Nicht der schießende Mensch ermüdet, sondern nur seine Hand. Am Ende kehrt das Bild der scheinbaren Idylle zurück: Die Veilchen beobachten nach wie vor das Haus. Es ist jedoch mittlerweile zerstört und in seine Ruine dringen Schatten ein.

(Jirka bekommt die zweite rettende Urkunde, dass er mit einer Arierin verheiratet ist [aufgrund seiner Hochzeit mit Olga Frenclová, M. B.]. Die erste hat er von dem alten Sonderling Frič, in der dieser bestätigt, dass er Jiří Weil beschäftigt und ihn in seinem Studio zur Aklimatisierung der Pflanzen umschult.
Erklärung
Hiermit erkläre ich, dass Doktor Jiří Weil bereits seit einem Monat bei mir beschäftigt ist – zum Zweck der Umschulung – mit dem Studium und Praxis in der Aklimatisierung der Pflanzen, damit er nach seiner Emigration in andere Klimazonen meine Methoden überprüfen und mit mir auch weiter zusammenarbeiten kann.) Diese Erklärung ist mit 1.10.1940 datiert.

[425] In der tschechischen Sprache werden die Personalpronomen im Nominativ selten verwendet (eigentlich nur im Fall einer außerordentlichen Betonung oder Hervorhebung); diese Information über das Agens bleibt also dem finiten Verb im Prädikat überlassen. Hier: „Plížili se tmou a obstoupili dům." *Barvy*, 66. (Sie schlichen sich durch die Finsternis und umzingelten das Haus.)

Die zentralen Themen der achten, der tschechischen Journalistin Milena Jesenská[426] gewidmeten, Erzählung „Žlutá a zelená" (Gelb und Grün) aus dem Jahr 1943 sollen der Neid und die Denunziation sein. Auch hier zeigt der Autor eine stark polarisierte Welt: Auf der einen Seite die Opfer, hier die kahlgeschorenen Menschen mit den am Handgelenk tätowierten Nummern, die auf der anderen Seite von schleimigen Kriechtieren mit kaltem Blut und „Neid in ihren Schatten"[427] verfolgt werden. Aus der Masse der namenlosen Opfer wird wieder ein Einzelschicksal hervorgehoben: Eine – in diesem Fall – ebenfalls namenlose „sie", die durch den Biss eines der Kriechtiere, einer Verräterin, vergiftet wird. Dieser Biss hat Folter und anschließend den Tod im Feuerofen zur Folge. Auch in dieser Erzählung erscheint ein Märchenmotiv: Als sie von den Tierungeheuern umzingelt wird, die sie foltern, verspürt sie keine Angst, denn solche Tiere gibt es in ihrer reinen, unschuldigen Welt nicht:

> [...] ve světě, který zná, tam jsou jen louky a horský sráz, na kterém stojí hrad s cimbuřím a padacími mosty. A dvanáct měsíců[428] se tam hřeje u ohně, vysoko šlehá oheň až ke hvězdám a nikdy neodejde bez daru dívka, jejíž srdce je prosté a jež se přišla ohřát k ohni bez záludnosti.[429]

Im Gegensatz zur vorherigen Erzählung steht das Pluralpronomen „oni" oder das Demonstrativpronomen „ti" für die Gruppe der gehenden, kahlgeschorenen Opfer und nicht für die Täter, wie es in den späteren Texten Weils der Fall ist. In dieser Erzählung schafft

---

[426] Milena Jesenská (1896–1944) war eine tschechische Journalistin und Übersetzerin. Sie war vor allem als Freundin von Franz Kafka berühmt. Jesenská kam 1944 im Konzentrationslager Ravensbrück um. Nähere Informationen zu ihrem Leben sind den Memoiren von Jaroslava Vondráčková oder Margarete Buber-Neumann zu entnehmen. Siehe Vondráčková *Kolem Mileny Jesenské* (Um Milena Jesenská herum) oder Margarete Buber-Neumann *Milena, Kafkas Freundin*.
[427] *Barvy*, 73; *Sechs Tiger*, 112.
[428] Das Märchen „O dvanácti měsíčkách" (Von den zwölf Monaten) ist den tschechischen Lesern aus den Büchern von Božena Němcová bekannt.
[429] *Barvy*, 75f. („[I]n der Welt, die sie kennt, gibt es nur Wiesen und einen Berghang, wo eine Burg mit Mauerzacke und Zugbrücken steht. Und die zwölf Monate wärmen sich am Feuer, die Flammen züngeln hoch bis zu den Sternen und niemals verlässt ein Mädchen, dessen Herz rein ist und das sich ohne List nur erwärmen gekommen war, die Feuerstelle ohne ein Geschenk." *Sechs Tiger*, 114.)

Weil eine außergewöhnliche Kommunikationssituation zwischen Erzähler und Leser, indem der Erzähler an die Leser mehrfach die Aufforderung adressiert, sie sollten sich die Opfer doch anschauen, bevor diese weggehen: „pohlédněte na ně, než odejdou".[430] Obwohl die Farben grün und gelb anders als in den anderen Erzählungen in diesem Text explizit nicht genannt werden, kann man das Grüne mit den Kriechtieren und ihrem Gift assoziieren, das Gelbe dann mit den Sternen, die über den Köpfen der Menschen leuchten.

Die vorletzte Erzählung „Červená a modrá" (Rot und Blau)[431] schrieb Weil 1943 im Andenken an den Journalisten und Theaterkritiker Richard Fleischner[432]. Blau ist hier die Farbe der Ferne, Rot steht für die Perlen des Rosenkranzes. In der Erzählung werden Flucht und Rückkehr thematisiert: Vier Menschen fliehen aus der Stadt, in der gerade die Ratten durch den magischen Klang der Flöte des Rattenfängers[433] aus den Löchern hervorkriechen. Aus dem Kontext ergibt sich deutlich, dass die Ratten, welche Stadt und Land überfluten und überall morden, die Nationalsozialisten symbolisieren sollen. Da die vier fliehenden Freunde in der Stadt ihnen nahe stehende Menschen zurückgelassen haben, beschließen sie,

---

[430] *Barvy*, 73. Die Aufforderung erscheint insgesamt viermal. Zweimal soll man sich die Gruppe der Menschen anschauen, die anderen beiden Male nur das Mädchen. („Seht sie euch noch ein letztes Mal an." *Sechs Tiger*, 114)

[431] Diese Erzählung wurde kurz nach dem Sturz des kommunistischen Regimes in der Tschechoslowakei im *Jüdischen Almanach* publiziert. Siehe „Červená a modrá", in: *Židovská ročenka* 1989-90, 77-78.

[432] Richard Fleischner (1902-1942) war ein tschechischer Journalist, Theaterkritiker und Übersetzer. In den 1930er Jahren war er Vorsitzender der Brünner Abteilung der Linken Front. Fleischner wurde bereits 1939 von der Gestapo verhaftet, am 25.3.1942 kam er dann im Konzentrationslager Groß-Rosen bei Breslau um. Siehe http://encyklopedie.brna.cz/home-mmb/?acc=profil_osobnosti&l oad=6505 (zuletzt aufgerufen am 11.11.2020)
In Weils Nachlass im LA PNP befindet sich eine auf 1932 datierte Fotografie, auf der Weil zusammen mit Richard Fleischner, Ivan Sekanina und Slávka Vondráčková bei einer Demonstration der Bergarbeiter in Most abgelichtet ist.

[433] Die Sage des Rattenfängers von Hameln arbeitet im tschechischen Kontext Viktor Dyk auf. Seine Novelle *Krysař* (Der Rattenfänger) ist 1915 in Prag im Verlag *František Borový* erschienen. In diesem Verlag arbeitete in den 1930er Jahren auch Weil. Weil war mir Dyks Legende höchstwahrscheinlich vertraut. Außerdem befinden sich in der Liste der Publikationen aus Weils persönlicher Bibliothek einige weitere Titel Dyks.

zurückzukehren. Sie hegen die Hoffnung, dass sich die Ratten inzwischen vollgefressen haben und sie in Ruhe lassen. Dies ist jedoch nicht der Fall und alle vier Freunde werden von den Ratten ermordet, sobald sie in die Stadt kommen: „Tak vjeli do města z marnotratného útěku, tak padli za jeho branami v přívalu krys, jež se zahryzly do jejich teplých těl a rvaly jim vnitřnosti zaživa. Nebylo vidět lamp v zastřených oknech, ale z komínů stoupal dým domova."[434] Die durch den heterodiegetischen Erzähler erzählte Geschichte schließt mit dem Motiv der roten Perlen eines Rosenkranzes, das sowohl zu Beginn als auch im vorletzten Absatz erscheint.

Die zehnte und letzte Erzählung dieses Zyklus, „**Stříbrná a zlatá**" (Silbern und Golden) aus dem Jahr 1945, widmete Weil seinem Freund, dem tschechischen Schriftsteller Jaromír John[435]. Er schätzte Johns Werk hoch, vor allem die bereits erwähnte Sammlung *Večery na slamníku*,[436] wie aus zahlreichen Briefen Weils hervorgeht. In einem Brief vom 29. März 1946 thematisiert er auch den Grund der Widmung seiner letzten Erzählung:

> Prokázal bys mi velkou čest, kdybys mi dovolil, abych napsal předmluvu k „Večerům". Víš, mám k té knize nesmírně vřelý vztah. Četl jsem ji v době, kdy jsem se skrýval a ze všech knih (a bylo jich asi kolem 200) byla to jediná kniha, která mě posílila a které děkuji za radost v době temné. Proto jsem Ti

---

[434] *Barvy*, 85. (So sind sie von ihrer vergeblichen Flucht in die Stadt zurückgekehrt, so sind sie gleich hinter ihren Toren in die Flut der Ratten gefallen, die in ihre warmen Körper gebissen haben und in ihre Innereien bei lebendigem Leibe hineingerissen haben. Man konnte keine Lampen in den verdunkelten Fenstern sehen, aber aus den Schornsteinen stieg der Rauch des Heimes empor.)

[435] Jaromír John (1882–1952) war ein tschechischer Prosa- und Kinderbuchautor. Jaromír John war ein Pseudonym von Bohumil Markalous. Unter diesem Namen war dieser als Kunstkritiker und Hochschullehrer tätig. In den 1930er Jahren redigierte er die Zeitschrift *Pestrý týden*, in der Weil ebenfalls einige Beiträge publizierte. Eine seiner berühmtesten Publikationen trägt den Titel *Večery na slamníku* (Die Abende auf einem Strohsack).

[436] In seinem handschriftlich verfassten Brief vom 30. Mai 1945 schreibt Weil: „Je to kniha tak krásná, že mi pomohla překonat nejtěžší chvíle. Myslím, že česká prosa nemá takový krásný lidový jazyk od doby Němcové. Neberte mou chválu za plané pochlebování. Měřítkem byla, jak jsem již řekl, ilegalita." (Es ist ein so schönes Buch, dass es mir geholfen hat, die schwersten Momente zu überwinden. Halten Sie bitte mein Lob nicht für eine leere Schmeichelei. Wie ich bereits sagte, der Maßstab war die Illegalität.) (LA PNP, Fundus Bohumil Markalous).

věnoval také poslední povídku, protože z Tvé knihy mluvila svoboda, aby potom hřměla ve výstřelech a rachotu tanků. A zvláštním řízením osudu bylo, že to byl exemplář věnovaný Bedřichu Václavkovi.[437] Tak se potkal mrtvý s živým a bylo to prostřednictvím Tvé knihy.[438]

Auch hier arbeitet Weil mit der Metamorphose der Menschen in Tiere bzw. umgekehrt: Die in einer Stadt lebenden Tiere ziehen tagsüber menschliche Haut an und verwandeln sich in Menschen. Sie werden verfolgt, gejagt und umgebracht. Die Stadt der Tiere versinkt in der Finsternis, lediglich der Fluss leuchtet silbern. Somit hat die silberne Farbe eine eindeutig positive Konnotation, die goldene dagegen wird zunächst mit dem gestohlenen und geraubten Gold der Opfer oder dem Gold der Rangabzeichen assoziiert, erst zum Schluss wird dem goldenen Aufblitzen der Maschinengewehre und der Granate des Widerstandskampfes positive Bedeutung zugeschrieben.

In dieser Erzählung kommt es mehrfach zum Wechsel der Erzählperspektive und der Erschaffung einer neuen Kommunikationssituation: Jäh werden die Toten angesprochen und heraufbeschworen, sie mögen sich doch erheben und das Lied der Freiheit singen: „Povstaňte, mrtví, a pohlédněte na své dílo. [...] Zpívejte, mrtví, píseň o svobodě."[439] Auch in dieser Erzählung verwendet Weil die Technik des Wiederholens: Im letzten Abschnitt werden

---

[437] Bedřich Václavek (1897–1943) war ein bedeutender tschechischer Literaturtheoretiker und -kritiker, der 1943 im Konzentrationslager in Auschwitz ermordet wurde. Siehe Schamschula 2004, 180–182.

[438] Weils handschriftlicher Brief an Bohumil Markalous vom 29.3.1946, LA PNP, Fundus Bohumil Markalous. (Du würdest mir eine Ehre erweisen, wenn Du mir erlauben würdest, dass ich das Vorwort zu den „Abenden" schreibe. Wie Du weißt, habe ich zu diesem Buch eine innige Beziehung. Ich habe es in der Zeit gelesen, als ich mich verstecken musste, und von all den Büchern [es waren an die 200] war es das einzige Buch, das mir Kraft und Freude in der dunklen Zeit gegeben hat. Deshalb habe ich Dir auch meine letzte Erzählung gewidmet, weil sie von Freiheit gesprochen hat, die dann in den Schüssen und im Lärm der Panzer donnerte. Und durch die besonderen Wege des Schicksals ist es passiert, dass es sich um ein Bedřich Václavek gewidmetes Exemplar handelte. So hat ein Toter einen Lebendigen getroffen und es war ein Verdienst Deines Buches.)

[439] *Barvy*, 90. (Erhebt euch, ihr Toten, und schaut euch eur Werk an. [...] Singt, ihr Toten, das Lied der Freiheit.)

fünf Absätze mit der Formel: „Salva na vaši počest!"[440] eingeleitet. Nicht nur die Toten sollen das Lied der Freiheit singen, auch der personifizierte silberne Fluss singt dieses Lied, es ist die Stimme der silbernen Feldtrompete.[441] Es ist die Zeit des Aufstandes und durch den Tod dieser Menschen kann die Freiheit der anderen erkauft werden.

Der Zyklus *Barvy* hat in Weils Schaffen einen außerordentlichen Status. Es handelt sich um seine ersten während des Krieges geschriebenen und unmittelbar danach veröffentlichten Texte.[442] In allen Texten erzählt ein namenloser Erzähler verschiedene Geschichten der während des Holocaust verfolgten, inhaftierten, gefolterten und ermordeten Juden (obwohl auch die Begriffe „Jude" bzw. „jüdisch" nie explizit genannt werden). Die Opfer sowie die Orte des grausamen Geschehens sind, abgesehen von ein paar Ausnahmen, namenlos. Die Protagonisten aller Erzählungen werden animalisiert, und zwar sowohl diejenigen, die als Opfer dargestellt werden, als auch diejenigen, die auf der Seite des Bösen und der Gewalt stehen. Die jüdischen Opfer werden – und das wird in den Texten einige Male explizit erwähnt – häufig ihrer menschlichen Identität durch andere Wesen beraubt: Sie werden zu Schlachtvieh oder gehetzten Tieren. Kommen in den Texten konkrete Namen vor, haben sie ebenfalls Verbindung zur Tierwelt: Kafka (Dohle) wird als tragischer Vogel bezeichnet, Haase als ein in der Wildnis lebender Mensch. Die Deutschen, deren Bezeichnung als solche im Text nie konkret fällt, kann man unter metaphorischen Benennungen wie Bestien, Schelmen, Wölfen, schleimigen Kriechtieren, Kröten, Ratten oder gar Monstern mit Tiergesichtern vermuten. Bei ihnen wird nie vom Verlust menschlicher Identität gesprochen.

---

[440] *Barvy*, 90. (Salve zu euer Ehren!)
[441] Die silberne Feldtrompete (stříbrná polnice) scheint Weils Lieblingsinstrument zu sein. Seine Reportage von der Reise um den See Issykköl, die er 1935 in *Tvorba* publizierte, eröffnet Weil mit folgendem Satz: „Hlasem stříbrných polnic a rachotem bubnů začíná den." („Kolem jezera Issyk-kul", 412.) (Mit der Stimme der silbernen Feldtrompeten und mit dem Krachen der Trommel beginnt der Tag.)
[442] Vor *Barvy* ist noch im Jahr 1945 sein Roman *Makanna, otec divů* erschienen.

Während Menschen animalisiert werden, kommt es im Gegenzug sehr häufig zur Personifizierung unbelebter Gegenstände: Der Stahl lacht, die Waffen sprechen und singen, der Fluss singt das silberne Lied der Freiheit u. Ä. Es scheint, als ob in der Welt dieser Erzählungen die Dinge über mehr Menschlichkeit und menschliche Eigenschaften verfügen würden als die Menschen selbst. Darüber hinaus wird in den Texten extrem häufig mit Metonymien gearbeitet. Für die Menschen handeln oftmals ihre Körperteile. Als Beispiele können folgende Passagen dienen: In der Erzählung „Šedá a fialová" wird der Leichnam nicht von dem Freund auf die Schwelle eines fremden Hauses gelegt, sondern bloß von seiner Hand abtransportiert; in der Erzählung „Černá a žlutá" ermüdet nicht der Mensch, der sich die ganze Nacht gegen eine Übermacht mit dem Revolver verteidigt, sondern nur seine Hand.

Ein weiteres Merkmal, das diese Texte auszeichnet, und man könnte sagen von Weils anderen Kurzprosatexten unterscheidet, ist die hohe Frequenz von intertextuellen Verweisen: Man findet insbesondere Gebete, Kinderlieder, Märchen und Sagen, sogar die tschechische Hymne wird integriert. Es wird überdies zahlreich auf die Bibel und die griechische Mythologie verwiesen.

Der lyrische Charakter Poetizität der Texte, die häufige Verwendung von rhetorischen Figuren wie Metapher, Metonymie, Wiederholung, Personifizierung sowie Parallelismus legen eher eine Verbindung zu lyrischen Texten nahe und würden somit Ohmes Bezeichnung dieser Texte als „Prosagedichte" bestätigen.[443] Demnach könnte man *Barvy* mit Weils späterem Collage-Text *Žalozpěv za 77 297 obětí* in Zusammenhang bringen, der über ähnliche Elemente verfügt.

---

[443] Die hohe literarische Stilisierung der Texte bringt Andreas Ohme zu der Annahme, dass Erzählungen Weils der ornamentalen Prosa nahe stehen. Siehe Ohme, Andreas. 2016: „Die Transzendierung der Geschichte durch die Poetisierung der Darstellung in Jiří Weils Prosazyklus Barvy (Farben)", in: Ibler, Reinhard (Hg.): *The Holocaust in the Central European Literatures and Cultures: Problems of Poetizaton and Aesteticization/Der Holocaust in den mitteleuropäischen Literaturen und Kulturen. Probleme der Poetisierung und Ästhetisierung*. Stuttgart: ibidem, 57–78, 70.

3.3.1.2.2 Sammelband *Mír* (1949)

Jiří Weil verfasste auch zu seinem zweiten Erzählband *Mír*,[444] der 1949 im Verlag *Dílo přátel umění a knihy*[445] (Das Werk der Freunde der Kunst und des Buches) erschienen ist, einen Kommentar, in dem er die Entstehungsgeschichte der Texte thematisiert:

> Povídky této knihy byly napsány v letech 1938–1948. Nejsou mezi nimi povídky napsané za války, ani povídky o válce a okupaci. Kniha se jmenuje podle poslední z povídek ‚Mír'. Jsou to povídky z míru před druhou světovou válkou a z míru po ní. V knize nejsou všechny povídky, které jsem v oné době napsal, vyloučil jsem jich značnou část a nepřeji si, aby byly uveřejněny. Téměř všechny povídky, které jsem napsal před druhou světovou válkou, jsou přepracovány. Jak jsem řekl v jedné z anket, naučil jsem se psát teprve za války.[446]

---

[444] Es handelt sich um folgende 22 Erzählungen (Reihenfolge laut Inhaltsverzeichnis): „Aukce", „Prostá pravda", „Poslední setkání s Otokarem Fischerem", „O korunu a lásku", „Příběh o hraběnce a hrobce", „Zlín: I. Čaj u Tomáše Bati", „Zlín: II. Terasa Společenského domu", „Srdce", „Cesta podle Dunaje", „Jezero Neuruppinské", „Hekna", „Lodžské intermezzo", „Busta básníkova", „Potomek Timurův", „Cesta do Almy-Aty", „Jezero Issyk-kulské", „Štrasburská katedrála", „Švýcarská snídaně v Capoulade", „Hodina v Nyonu", „Setkání v Luzernu", „Vězeň Chillonský", „Šest tygrů v Basileji" und „Mír".

[445] In diesem Verlag erschienen in den Jahren seiner Existenz 1942–1950 insgesamt 120 Titel. Weil publizierte dort außer diesen Sammelband 1947 noch sein Erinnerungsbuch *Vzpomínky na Julia Fučíka*. Zu weiteren Informationen über diesen Verlag siehe das Online-Wörterbuch der tschechischen Verlage von 1849–1949: http://www.slovnik-nakladatelstvi.cz/nakladatelstvi/dilo-pratel-umeni-a-knihy.html (zuletzt aufgerufen am 11.11.2020).

[446] Poznámka; in: *Mír*, 257. (Die Erzählungen in diesem Buch wurden in den Jahren 1938–1948 geschrieben. Unter ihnen sind keine Erzählungen, die ich während des Krieges geschrieben habe, sowie auch keine, welche die Zeit des Krieges und der Okkupation thematisieren. Das Buch trägt den Titel nach der letzten Erzählung „Mír" [Der Frieden]. Es sind Erzählungen aus der Zeit des Friedens vor und nach dem Zweiten Weltkrieg. Das Buch enthält nicht alle Erzählungen, die ich in dieser Zeit geschrieben habe, ich habe einen ganzen Teil von ihnen ausgeschlossen und ich wünsche nicht, dass dieser je veröffentlicht werden wird. Fast alle Erzählungen, die ich vor dem Zweiten Weltkrieg geschrieben habe, wurden überarbeitet. Denn wie ich in einer Umfrage gesagt habe, ich habe erst während des Krieges zu schreiben gelernt.)

Dieser Sammelband enthält insgesamt 22 Erzählungen,[447] die man thematisch in drei Bereiche gliedern könnte: Die erste Gruppe bilden vier Erzählungen,[448] die in Moskau und in Zentralasien spielen, d. h. an den Orten, die Weil besichtigt und bei denen er seine Aufenthalte anschließend journalistisch vorwiegend in seinen Artikeln in *Tvorba* aufgegriffen hat. Diese Erzählungen stehen in vielerlei Hinsicht der Reportage sehr nahe. Eine prägnante Charakteristik dieser Erzählungen liefert Andreas Ohme in seiner bereits erwähnten Rezension:

> Ein namenloser Ich-Erzähler[449] schildert seine vereinzelt von Reflexionen unterbrochenen Erlebnisse und Eindrücke in einem dezidiert sachlichen Ton, wobei die Darstellung in medias res einsetzt und zumeist ebenso abrupt abbricht. Zwar gehorchen diese Skizzen, die an ganz unterschiedlichen Schauplätzen in Europa und Asien der 1920er und 1930er Jahre angesiedelt sind, dem Schema des Reiseberichts insofern, als sich das Geschehen in seiner chronologischen Folge entfaltet, doch wird dieser lineare Ablauf durch ein anderes Kompositionsprinzip überlagert, nämlich durch die Äquivalenzbeziehung des Kontrasts, durch die einzelne Motive oder ganze Episoden zueinander in Beziehung gesetzt werden. Da der Erzähler diese Gegenüberstellung disparater Sachverhalte weitgehend unkommentiert lässt, kommt dem Leser selbst die Aufgabe zu, sich einen Reim auf das Gelesene zu machen […].[450]

---

[447] Die ursprüngliche Fassung, die sich als Typoskript in Weils Nachlass befindet, beinhaltet noch die Erzählung „Varšavská suita", die an zehnter Stelle zwischen den Erzählungen „Busta básníkova" und „Lodžské intermezzo" platziert ist. Warum diese Erzählung in die finale Version des Sammelbandes nicht aufgenommen wurde, ist unklar. Die Erzählung „Varšavská suita" wurde separat 1947 in der Zeitschrift *Blok* veröffentlicht. Siehe „Varšavská suita", in: *Blok* 1947–1948/2:1, 53–54.
[448] Es handelt sich um die Erzählungen „Busta básníkova", „Potomek Timurův", „Cesta do Almy-Aty" und „Jezero Issyk-Kulské".
[449] Eine Ausnahme stellt der Text „Potomek Timurův" dar, der im Mittelalter spielt und der von einem heterodiegetischen Erzähler erzählt wird.
[450] Ohme 2010, 232.

In der ersten Erzählung dieser Gruppe, „**Busta básníkova**"[451] (Die Büste des Dichters) wird auf ein stürmisches Imažinisty-Treffen[452] im Winter 1922 in Moskau eingegangen. Der Ich-Erzähler, offensichtlich ein Ausländer und selbst ein Teilnehmer dieser Sitzung, sehnt sich bei seinem Aufenthalt in Moskau nach einem Treffen mit dem berühmten Dichter Sergej Esenin. Weil gelingt es, eine äußerst groteske Situation zu erschaffen, indem er den Wunsch des Ich-Erzählers zwar in Erfüllung gehen lässt – er findet Esenin tatsächlich –, ihn jedoch jeglicher Möglichkeit der Kommunikation beraubt; der große Dichter schläft schwer alkoholisiert unter dem Tisch. Dem Ich-Erzähler wird als Trost wenigstens die Büste des Dichters geschenkt, mit der der Ich-Erzähler noch einige Schwierigkeiten an

---

[451] Diese Erzählung wurde zuerst 1948 in der Zeitschrift *Kytice* (Blumenstrauß) veröffentlicht. Die Texte sind identisch, bis auf die Widmung: Die Erzählung in der Zeitschrift widmete Weil seinem Freund, dem tschechischen Dichter Jiří Kolář. Siehe „Busta básníkova", in: *Kytice* 1948/III, 254–257.
Einige Elemente aus dieser Erzählung sind in der Reportage „Rusko na podzim r. 1922" zu finden, die 1924 in der Zeitschrift *Komunistický kalendář* publiziert wurde.
An diese Erzählung zeigte sich zehn Jahre nach Weils Tod auch der Frankfurter Fischer-Verlag interessiert, wie der in Weils Nachlass enthaltene Brief der Literarischen Abteilung der Tschechoslowakischen Theater- und Literaturagentur (Dilia) vom 5.9.1969 belegt, in dem Weils Witwe mitgeteilt wird, dass diese Erzählung in die Anthologie der Texte der tschechischen Autoren *Tschechoslowakei erzählt* aufgenommen werde. (Siehe LA PNP, Fundus Jiří Weil). Im Jahr 1970 kam es dann tatsächlich zur Herausgabe dieses Sammelbandes; Weils Erzählung in der Übersetzung von Paul Kruntorad wurde dort zusammen mit zwölf anderen von tschechischen Schriftstellern wie Jaroslav Hašek, Karel Čapek, Bohumil Hrabal, Milan Kundera oder Věra Linhartová publiziert. Siehe „Die Dichterbüste", in: Künzel, Franz Peter/Kafka, František (Hg.): *Tschechoslowakei erzählt*. Frankfurt am Main: Fischer 1970, 39–44.

[452] Unter dem Imaginismus wird eine russische dichterische Richtung der zwanziger Jahre des 20. Jahrhunderts verstanden, die vorwiegend vom angloamerikanischen Imagismus inspiriert wurde. Im Gegensatz zu Futurismus und Akmeismus betont er die Eigenheit des dichterischen Bildes, Assoziationen und den traditionellen russischen Wohlklang und die Melodizität der Sprache. Ein Bereich des Imaginismus beschäftigte sich mit dem Thema der modernen Stadt (Anatolij Marijengof, 1897–1962, Vadim Šeršenevič, 1893–1942), der zweite mit dem Thema des russischen Dorfes und mit der Natur (die sog. ‚Bauerndichter', wie Nikolaj Kljuev, 1887–1937, Sergej Klyčkov, 1889–1940, teilweise Sergej Jesenin, 1895–1925). Siehe Pavelka/Pospíšil 1993, 75.

der Grenze hat: Die Büste weckt den Verdacht des polnischen Zollbeamten, ein Versteck für Brillanten zu sein:

> – Co je to? zeptal se přísně.
> – Busta, řekl jsem, busta ruského básníka.
> – Co je to za nesmysl! Rozčilil se celník a vzal do ruky kladívko.
> – Je to busta velkého básníka, jmenuje se Sergěj Jesenin.
> Celník začal kladívkem otloukat bustu.
> – Co to děláte? křičel jsem. Rozbijete bustu, vždyť je ze sádry.
> – Právě proto, řekl celník a jediným úderem právě urazil Jeseninovi nos. Vy v tom vezete brilanty.
> – Zbláznil jste se? křičel jsem. Co bych dělal s brilanty?[453]

Gerade die Frage nach den Brillanten verbindet die Erzählung mit der Reportage „Rusko na podzim r. 1922",[454] wo auch das Treffen der Imažinisten sowie – ähnlich wie in der Erzählung – die Rückreise des Reporters mit dem Schiff auf der stürmischen Ostsee thematisiert werden. Ein weiteres journalistisches Pendant zu dieser Erzählung lässt sich in einem unbetitelten Text in der von Weils Freund Kurt Konrad geleiteten Zeitschrift *Q* im Jahr 1926 finden, der folgendermaßen beginnt:

> Na Tverbule v imažinistické putyce „Stáj Pegasa" lesknou se špičaté střevíce básníka Anatolije Mariengofa. Do tanečního rytmu cikánské hudby se řvaním a hvízdotem, do hudby vláčné a prudké křičí hlas Mariengofa na starou cikánku: *Podřež krk západní civilizaci.* A na to vše se dívá busta Sergěje Jesenina. Je to jeho putyka a Mariengof je jeho přítel.
> Vezl jsem bustu Sergěje Jesenina do Čech. V krámě imažinistů na Nikitské hodila mi ji na stůl mladá imažinistka spolu s prvním jejich manifestem a

---

[453] *Mír*, 139. („Was ist das?" fragte er streng. „Eine Büste", sagte ich. „Die Büste eines russischen Dichters." „Was ist das für ein Unsinn!", regte sich der Zöllner auf und griff nach einem Hämmerchen. „Das ist die Büste eines großen Dichters, er heißt Sergej Jessenin." Der Zöllner begann, die Büste mit dem Hämmerchen anzuklopfen. „Was tun sie da?" schrie ich. „Sie zerschlagen die Büste, sie ist doch aus Gips." „Eben", sagte der Zöllner und hieb mit einem Schlag Jessenins Nase ab. „Sie transportieren da drin Brillanten." „Sind Sie übergeschnappt?", schrie ich. „Was soll ich mit Brillanten?" *Sechs Tiger*, 22.)
[454] In der Reportage wird der Reporter nach seiner Rückkehr aus Russland gleich zweimal an der Grenze nach Brillanten gefragt: Zuerst in Polen in Stettin und dann anschließend in der Tschechoslowakei in Děčín. „Rusko na podzim r. 1922", 73. „A pak Štětín. Otázka na celnici: ‚Nevezete brillanty'. Děčín. Otázka na celnici: ‚Nevezete brillanty?'" (Und dann Stettin. Frage im Zollamt: „Haben Sie Brillanten mit?" Děčín. Frage im Zollamt: „Haben Sie Brillanten mit?")

> Jeseninovým vlastnictvím, tištěným na balicím hnědém papíře. Bylo to poselství imažinistů do Čech.
> V roce 1922, v době, kdy Německo zpívalo „Ich liebe dich, wenn du Devisen hast", v Štětíně, rozbil bustu vousatý celník, který vylezl z pakhausu. Rozbil ji na padrť, hledaje v ní brilianty a hodil její zbytky do Sviny. Neprotestoval jsem, bylo mi to jedno. Nespal jsem čtyři dny a nejedl, pil jsem po tu celou dobu špatný německý cognac a mluvil hotentotskou franštinou s jedním Číňanem.[455]

Der Text ist offensichtlich als eine Art Erinnerung an den großen russischen Dichter gedacht, denn er wurde einige Monate nach Esenins Tod veröffentlicht, im letzten Absatz des Textes wird sogar Esenins Selbstmord beschrieben. Aus dem Vergleich dieses Textes mit der Erzählung geht hervor, dass Weil die Erzählung um die Passage mit dem betrunkenen Esenin ergänzt hat, ansonsten stimmen die beiden Texte thematisch vorwiegend überein. Auch die homodiegetische Erzählstimme findet sich in beiden Texten.

Die nächste Erzählung des Sammelbandes, „**Cesta do Alma-Aty**" (Die Reise nach Alma-Ata), hat das mehrtägige Warten des namenlosen homodiegetischen Erzählers auf den Zug nach Alma-Ata in einer Station der Turksib zum Thema. Der Erzähler kommt dabei beinahe ums Leben. Die wartenden Menschen sind äußerst nervös und teilweise auch aggressiv „... lidé byli zlí, neobyčejně nevraživí a rozčilení, ačkoli mluvili všemi jazyky Sovětského svazu,

---

[455] „Na Tverbule v imažinistické putyce...", in: Q 1926/1:1 (unpaginiert). (In Tverskoj-Boulevard in einer Kneipe der Imaginisten, genannt „Pegasus-Stall", glänzen die spitzen Schuhe des Dichters Anatolij Mariengof. In den Tanzrhythmus der Zigeunermusik mit Geschrei und Gepfeife, in die schmiegsame und hastige Musik schreit die Stimme Mariengofs eine alte Zigeunerin an: *Stich der westlichen Zivilisation den Hals ab.* Und das alles schaut sich die Büste von Sergej Esenin an. Es ist seine Kneipe und Mariengof ist sein Freund.
Ich brachte die Büste Esenins nach Tschechien. In einem Laden der Imaginisten schmiss eine junge Imaginistin diese auf den Tisch zusammen mit ihrem Manifest und mit Esenins Besitz, gedruckt auf braunem Packpapier. Es war die Botschaft der Imaginisten für die Tschechen.
Im Jahr 1922, in der Zeit, als Deutschland sang „Ich liebe dich, wenn du Devisen hast", in Stettin zerschlug die Büste ein bärtiger Zöllner, der gerade von einem Packhaus kroch. Er zerschlug sie ganz, als er drinnen Brillanten suchte, und schmiss ihre Reste in die Swine. Ich protestierte nicht, mir war das egal. Ich schlief und aß vier Tage lang nicht, trank die ganze Zeit nur schlechten deutschen Cognac und sprach in einem Kauderwelsch-Französisch mit einem Chinesen.)

jichž je, tuším dvaapadesát, nadávali všemi těmi jazyky... ."[456] Die Menschenmasse wird an mehreren Stellen überaus negativ beschrieben, als „tisícový zástup" oder „tisícihlavý dav",[457] die höllisch schreit und in der sich die Leute gegenseitig nicht verstehen können. Nach der Beschreibung der wartenden Menschenmasse kehrt der Ich-Erzähler zur Schilderung seiner persönlichen Lage zurück. Obschon schwer krank, schafft er es dennoch zu dem Vorsitzenden der Bahnhofstation durchzudringen, der ihm ein Ticket und eine Begleitung zum Zug besorgt. Dem Ich-Erzähler gelingt es letztendlich, nach Alma-Ata zu kommen. Begeistert schildert er die Stadt, ihre modernen Straßen, Cafés und Parkanlagen. Den letzten Abschnitt des Textes widmet er seinem Besuch einer uigurischen Theatervorstellung. Diese Passage stimmt weitgehend mit Weils 1935 in *Tvorba* veröffentlichten Reportage „Ujgurské divadlo"[458] (Uigurisches Theater) überein. In diese Erzählung lässt Weil demnach mehrere Ereignisse einfließen, die er bereits in mehreren Reportagen reflektiert hat.

Auch für die Erzählung **„Jezero Issyk-Kulské"** (Der See Issykköl) gilt, dass sich Weil mit den dort dargestellten Ereignissen bereits in seinen Reportagen befasst hat, und zwar in einem kleinen Zyklus von fünf Reportagen, die er im Zuge seiner Reise um den See Issykköl im Frühjahr und Sommer 1935 in *Tvorba* publizierte.[459] In dieser Erzählung tritt der Erzähler nicht als Individuum auf, sondern als ein Teil eines Kollektivs, deshalb ist die Erzählung hauptsächlich in der ersten Person Plural gehalten. Die meisten Tätigkeiten werden im Plural beschrieben: „byli jsme" (wir waren), „jeli jsme" (wir fuhren), „koupali jsme se" (wir badeten) oder „spali

---

[456] *Mír*, 150. („außerdem waren die Leute erbost, ungewöhnlich gehässig und aufgeregt, obwohl sie in allen Sprachen der Sowjetunion redeten, zweiundfünfzig sollen es sein, sie zeterten in all diesen Sprachen..." . *Sechs Tiger*, 32.)
[457] Kaibach übersetzt beide Ausdrücke gleich als „tausendköpfige Menge".
[458] „Ujgurské divadlo", in: *Tvorba* 1935/10:44, 719–720.
[459] „Kolem jezera Issyk-Kul I. Průsmyk buamský", in: *Tvorba* 1935/10:25, 412–413; „Kolem jezera Issyk-Kul II. Cestou po severním břehu", in: *Tvorba* 1935/10:26, 430–431; „Kolem jezera Issyk-Kul III. Aksakal", in: *Tvorba* 1935/10:27, 446–447; „Kolem jezera Issyk-Kul IV. Na jižním břehu", in: *Tvorba* 1935/10:28, 462–463, und „Kolem jezera Issyk-Kul V. Konec cesty", in: *Tvorba* 1935/10:29, 478–479.

jsme" (wir schliefen), es wird sogar in Gedanken vom Kollektiv berichtet „nemyslili jsme na smrt" (wir dachten nicht an den Tod). Inhaltlich werden zum großen Teil die gleichen Ereignisse und Beobachtungen von der Expedition wiedergegeben, die auch in der Reportage vorkommen: Die vielen Schlangen, die im See leben, der Sandsturm, den die Expedition überlebt, das Treffen mit der Frau eines Sovchozdirektors sowie mit dem Regierungsmitglied Tokumbaev aus Karakol, die Beizjagd, die alten kirgisischen Sagen und natürlich auch die ganzen Strapazen dieser anstrengenden Reise. Im Gegensatz zur Reportage ist die Erzählung allgemeiner und neutraler gehalten: Es fehlen die Zahlen- und Mengenangaben, vor allem aber die extrem ideologisch gefärbten Passagen über die Partei und die Sowjetunion. Der Abschnitt beispielsweise, in dem Weil in der Reportage über die Zwangsarbeiter und Häftlinge bei Pamirstroj berichtet, ist ganz abhandengekommen.

Der Text „**Potomek Timurův**" (Der Nachfahre des Timur) unterscheidet sich von den vorherigen drei Erzählungen in dieser kleinen Gruppe der Texte aus Zentralasien bzw. aus Russland: Erstens bearbeitet Weil hier einen historischen Stoff – es wird die Schlüsselepisode aus dem Leben des Urenkels des zentralasiatischen Militärführers und Eroberers Timur (auch als Tamerlan bekannt), des Begründers des Mogulreiches und späteren Kaisers von Indien, Babur, erzählt.[460] Zweitens kommt hier im Gegensatz zu den anderen drei Erzählungen ein heterodiegetischer Erzähler zu Wort. Weil lenkt in seiner Geschichte die Aufmerksamkeit von den historisch bekannten militärischen sowie politischen Erfolgen – wie die Gründung des Mogulreiches durch Babur – auf die Tatsache, dass Babur seine Autobiographie verfasste. Weil thematisiert dies zum Schluss der Erzählung. Dabei betont er, dass Babur diese in der persischen Sprache – in der Sprache der Dichter – geschrieben hat: „Svůj život prázdného povaleče a pozdějšího velkého vládce vylíčil ve vlastním životopise ‚Babernameh'. Napsal tuto knihu perským jazykem,

---

[460] Babur, Timuridenkönig von Ferghana, später auch Kaiser Indiens und „Großmogul" genannt. Siehe Grousset, René. 1970: *Die Steppenvölker. Attila – Dschingis Khan – Tamerlan*, München: Kindler, 569, 632, 652f., 670f. sowie 865.

řečí básníků."[461] Auch in dieser historischen Erzählung wird also die Betonung auf die Sprache gelegt.

Die Handlung in den Erzählungen der nächsten und gleichzeitig der größten Gruppe der Kurzprosa in diesem Sammelband spielt entweder in Weils Heimat, der Tschechoslowakei, oder in den Ländern des westlichen Europas. Als gemeinsamen Nenner dieser Geschichten lässt sich die innere Darstellung eines Menschen bezeichnen, der von Trauer, Angst und vor allem Einsamkeit geplagt wird. Die Protagonisten dieser Erzählungen erleben sehr häufig den Verlust ihrer Illusionen im Augenblick, als sie die Wahrheit erkennen. Wie ein roter Faden zieht sich die Schilderung der Reaktionen verschiedener Menschen bzw. Vertreter von verschiedenen Nationen auf die wachsende Macht der Nationalsozialisten durch viele Texte: Es wird ein breites Spektrum dargeboten – von der Information über den Tod des Literaturkritikers und -historikers Otokar Fischer[462] bis zur Gleichgültigkeit der Franzosen, die sich lieber der Illusion hingeben, ein normales alltägliches Leben führen zu können, anstatt die Gefahr des Nationalsozialismus wahrhaben zu wollen.

In der ersten Erzählung „**Aukce**"[463] (Die Auktion) schildert der heterodiegetische Erzähler eine Episode aus dem Leben des renommierten (wohlgemerkt fiktiven) Dichters František Horváth, die seine weitere Existenz völlig durcheinanderwirft. Horváth ersteigert bei einer Auktion aus dem Nachlass eines berühmten Kritikers seinen ersten Gedichtband, den der Kritiker damals überaus

---

461 *Mír*, 148. („Sein Leben als eitler Müßiggänger und späterer Großherrscher schilderte er im Baburname – dem Buch seiner Erinnerungen. Er schrieb dieses Buch in persischer Sprache, der Sprache der Dichter." *Sechs Tiger*, 30.)

462 Dies geschieht in der Erzählung „Poslední setkání s Otokarem Fischerem". Über den bedeutenden tschechischen Germanisten, Dichter und Übersetzer Otokar Fischer (1883–1938) ist bekannt, dass er an einem Herzinfarkt gestorben ist, nachdem er im Rundfunk vom Anschluss Österreichs an das nationalsozialistische Deutschland gehört hatte. Siehe beispielsweise Informationen zu O. Fischer, entnommen der Liste der Dekane der Philosophischen Fakultät der Karls-Universität in Prag: http://www.ff.cuni.cz/fakulta/o-fakulte/historie-fakulty/prehled-dekanu-ff-uk/fischer/?print=pdf (zuletzt aufgerufen am 11.11.2020).

463 Zum ersten Mal veröffentlichte Weil diese Erzählung im Jahr 1940 in *Literární noviny*, allerdings unter dem Pseudonym Jan Hajdar.

positiv bewertet und Horváth somit zu einer schriftstellerischen Karriere verholfen hatte. Horváth stellt im Nachhinein fest, dass das Buch gar nicht aufgeschnitten wurde. Für Horváth bedeutet das, der Kritiker sein Buch gar nicht gelesen hatte und die positive Rezension seiner Verse nichts anderes als eine Caprice eines alten Mannes gewesen waren. In diesem Augenblick der Wahrheit bedeutet diese Erkenntnis für Horváth das Scheitern seiner ganzen Existenz.

> A tak tedy bylo všechno klam a šalba, i laskavá slova, kterými ho tehdy povzbudil [...]. Prostě žert, výsměch veřejnosti a nepřátelům, starý vtip mrtvého kritika, který si řekl, že „udělá" neznámého studentíka slavným básníkem, jen tak pro vlastní zábavu. [...] A tak tedy bylo všechno falešné od počátku až do konce. Podvodem získal slávu, dobré místo a skvělou ženu. Celý život byl podvodem, hloupým žertem starého kritika.[464]

Die Geschichte endet jedoch nicht: Das tragische Schicksal des unglücklichen Horváth wird im zweiten Teil noch verstärkt. Der Kritiker hatte Horváths Verse nämlich doch gelesen: Er hatte sich das Erstlingswerk selbst gekauft und war vom Inhalt so positiv überrascht, dass er eine gute Rezension geschrieben hatte. Deshalb blieb das zu begutachtende Exemplar unaufgeschnitten. Diese Information wird aber lediglich dem Leser geliefert. Der Protagonist Horváth wird in dem Glauben gelassen, sein ganzes Leben beruhe auf einer Lüge. Durch die Integration dieses zweiten Teils wird die Geschichte ins Absurde geführt.

Über einen ähnlichen, zweiteiligen Aufbau verfügt auch die zweite Erzählung dieser Gruppe, **„Prostá pravda"**[465] (Die einfache Wahrheit), wobei sich hier die beiden Abschnitte noch stärker erzählungs- und kompositionstechnisch unterscheiden. Der erste Teil

---

[464] *Mír*, 10. („Dann war also alles Lug und Trug, auch die freundlichen Worte, mit denen er ihn damals aufgemuntert hatte [...]. Schlichtweg ein Scherz, eine Verhöhnung der Öffentlichkeit und der Gegner, ein alter Witz des toten Kritikers, der beschlossen hatte, einen unbekannten Studenten zum großen Dichter zu „machen" – nur so, aus Jux. [...] Dann war also alles von Anfang bis Ende nichts als Schwindel gewesen. Durch Betrug hatte er den Ruhm, einen guten Posten und eine prächtige Frau gewonnen. Sein ganzes Leben war ein Betrug, ein dummer Scherz des alten Kritikers." *Sechs Tiger*, 191f.)
[465] „Prostá pravda", in: *Literární noviny* 1947/16:3–4, 37–39.

der Erzählung spielt in Form eines Dialogs als direkte Rede zwischen einer Prostituierten und ihrem Kunden, der die „wahre" Geschichte dieser jungen Frau namens Anděla[466] hören möchte. Ihre Antwort lautet, die „einfache Wahrheit" sei gar nicht so einfach und leicht zu erzählen, denn „die Leute wollen die Wahrheit nicht glauben, wenn sie zu alltäglich ist".[467] Im zweiten Teil dieser Geschichte[468] wechselt die Erzählperspektive: Vom Dialog wird zu einer monologischen Erzählung in der Ich-Form übergegangen. Der männliche Ich-Erzähler schildert eine Liebesepisode aus seiner Studienzeit, als er ein junges, unschuldiges Mädchen verführen wollte. Der Leser erfährt, dass sie Anděla hieß, was zur Folge hat, dass man diese vorerst sehr heterogen erscheinenden Geschichten in Verbindung bringt. Der zweite Teil erschließt dem Leser also den möglichen Grund für den späteren moralischen Verfall von Anděla. Diese Erzählung zeichnet sich vor allem durch die Verbindung zweier erzähltechnisch absolut unterschiedlicher Textteile – des Dialogs im ersten und des homodiegetischen Erzählens im zweiten Teil – aus. Eine solche Komposition verwendete Weil in keiner anderen Erzählung.

Die folgenden sechs Texte dieser zweiten Gruppe haben eines gemeinsam: Sie wurden lediglich in diesem Sammelband veröffentlicht. Weil nahm sie in seinen nächsten Sammelband *Vězeň chillonský* nicht auf. Auch in den letzten von Jiří Opelík herausgegebenen Erzählband *Hodina pravdy, hodina zkoušky* fanden sie keinen Eingang.[469] Es handelt sich um die Texte: „Poslední setkání s Otokarem Fischerem" (Das letzte Treffen mit Otokar Fischer), „O korunu a lásku" (Um die Krone und die Liebe), „Příběh o hraběnce a hrobce" (Geschichte von einer Gräfin und einem Grab), „Srdce"

---

[466] Der Vorname Anděla steht etymologisch in enger Verbindung zu dem tschechischen Wort „anděl" (Engel). Er wird vom griechischen „angelos" bzw. lateinischen „angelus" abgeleitet. Hier steht der Vorname im krassen Gegensatz zu dem Beruf dieser Figur.
[467] *Mír*, 13; *Sechs Tiger*, 180.
[468] Sowohl in der Erzählung „Aukce" als auch hier ist der zweite Teil der Geschichte graphisch durch drei Sterne markiert.
[469] Bettina Kaibach verzichtete auf diese Texte in der deutschen Anthologie von Weils Erzählungen ebenfalls. Die Übersetzung der Zitate stammt deshalb von mir, M. B.

(Herz), „Hekna" (Hekna) und „Cesta podle Dunaje" (Reise entlang der Donau).

Im Text „**Poslední setkání s Otokarem Fischerem**" (Das letzte Treffen mit Otokar Fischer) beschreibt der zwar namenlose Ich-Erzähler sein Treffen mit dem Schriftsteller und Übersetzer Otokar Fischer, es besteht jedoch stets der Eindruck, dass es sich anhand der im Text enthaltenen Indizien[470] bei der Figur des Erzählers um Weil selbst handelt. Die beiden Gesprächspartner treffen sich im Herbst 1937 in Prag und sprechen bei einem gemeinsamen Spaziergang, wobei sie auch politische Themen aufgreifen. Fischer mag nicht glauben, dass Hitlers Deutschland das „wahre Deutschland" ist, dies stellt für ihn nämlich das Deutschland der humanistischen Tradition Goethes dar. Das streitet der Erzähler jedoch ab, mit dem Argument, ein solches Deutschland gebe es nicht und habe es nie gegeben. Während ihres Gesprächs gelangen die beiden bis zur Philosophischen Fakultät. Dort zeigt der Erzähler auf eine Statue auf dem Dach des Gebäudes mit dem Verweis, es handele sich um den Komponisten Felix Mendelssohn Bartholdy, den Enkel des jüdischen Gelehrten Moses Mendelssohn. Der Erzähler erklärt das Verhältnis der Deutschen zu diesem Komponisten mit jüdischen Vorfahren:

> Na střeše je Mendelssohn, řekl jsem, nikoli ten Mojžíš, ale jeho vnuk, který si říkal Felix Mendelssohn-Bartholdy. To už byl protestant a plnoprávný člen německé společnosti. Toho měl již Goethe rád, ačkoliv starým Mojžíšem pohrdal. [...] Měl slávu, peníze a byl přijímán na knížecích dvorech. [...] Peníze proměnily Mendelssohny v Němce, protože je Němci tehdy potřebovali. Starému Mendelssohnovi dávali znát na každém kroku, že je žid, jednali s ním jako s prašivcem, ačkoliv pokládal Lessinga za svého

---

[470] Als sich die beiden über die Übersetzungen von Kiplings Werken unterhalten, liefert der Ich-Erzähler die Informationen über die bereits bestehenden Übersetzungen ins Russische. Die russische Literatur und Kultur war, wie bekannt, Weils Domäne. Dann erinnert sich der Ich-Erzähler an sein vorheriges Treffen mit Fischer, das nach der Rückkehr des Erzählers aus Russland in einem Seminar von Václav Tille stattgefunden hatte. Auch diese Angaben stimmen mit den biographischen Daten Weils überein. Er spricht ebenfalls über das Rennen der Dreigespanne, das er in Kirgisien gesehen hatte. Die Nachricht über Fischers Tod erfährt der Erzähler aus dem Rundfunk, als er gerade in der Slowakei in Štós ist. Dort war auch Weil, denn er schrieb über diesen Kurort einen Bericht für eine Rundfunksendung.

přítele. [...] avšak Felixovi se právem dostalo jeho jména. Byl šťastný, protože si tehdy Němci vážili peněz. Dnes by byl na tom hůře než starý Mojžíš Mendelssohn. Tak je to s německým humanismem.[471]

Bereits hier, in einem Text, der elf Jahre vor der Herausgabe von Weils letztem Roman *Na střeše je Mendelssohn* erschienen ist, lässt sich eine direkte Verbindung zu Weils letztem Roman herstellen. Denn die absurde Episode, in der der Reichsprotektor Reinhard Heydrich befiehlt, die Statue des Komponisten Mendelssohn von der Balustrade zu entfernen, was anschließend unter den Magistratsbeamten für großes Chaos sorgt, weil diese unter den nicht beschrifteten Statuen die von Mendelssohn nicht identifizieren können, bildet einen der Handlungsstränge im Roman. Dies bestätigt ebenfalls Weils eigene These, dass ihm die Kurztexte als eine Art Modelle dienten und dass er in seinen Romanen zu gewissen Motiven bzw. Techniken griff, die er früher bereits in den Erzählungen erprobt hatte.

Hinsichtlich der Zuordnung eines Textes zu fiktionalem oder faktualen Status konnte bei dieser Erzählung folgende interessante Beobachtung gemacht werden: Die erste Fassung des Textes wurde bereits 1948 in der Zeitschrift *Kytice* publiziert:[472] Obwohl beide Texte von der Fassung her identisch sind, werden sie unterschiedlich wahrgenommen. Während man diesen Text in *Mír* als eine Erzählung wahrnimmt – also als einen fiktionalen Text –, wird der gleiche Text in *Kytice* aufgrund der Tatsache, dass die ganze Num-

---

[471] *Mír*, 26. (Da ist ein Mendelssohn auf dem Dach, sagte ich, nicht Moses, aber sein Enkel, der sich Felix Mendelssohn Bartholdy genannt hat. Er war bereits Protestant und ein vollberechtigtes Mitglied der deutschen Gesellschaft. Ihn mochte Goethe bereits, auch wenn dieser den alten Moses verachtet hat. [...] Er hatte Ruhm, Geld und wurde auf den fürstlichen Höfen empfangen. [...] Das Geld hat die Mendelssohns in Deutsche verwandelt, weil die Deutschen es damals gebraucht haben. Den alten Mendelssohn haben sie auf Schritt und Tritt spüren lassen, dass er ein Jude ist, sie sind mit ihm wie mit einem schäbigen Hund umgegangen, auch wenn er Lessing für seinen Freund gehalten hat. [...] Felix hat jedoch zurecht seinen Namen getragen. Er hatte Glück, weil die Deutschen damals das Geld geschätzt haben. Heute wäre es ihm schlimmer als dem alten Moses Mendelssohn gegangen. So verhält es sich mit dem deutschen Humanismus.)

[472] „Poslední setkání s Otokarem Fischerem", in: *Kytice* 1948/III, 190–191.

mer der Zeitschrift dem Schriftsteller Otokar Fischer anlässlich seines 10. Todestages gewidmet ist,[473] als ein Memoirentext – also ein faktualer Text – verstanden.

Bei der nächsten Erzählung „**O korunu a lásku**" (Um die Krone und die Liebe) handelt es sich um eine der umfangreichsten Erzählungen Weils überhaupt. Weil hat die auf realen Begebenheiten des Brüxer Streiks basierende Handlung außer in dieser Erzählung noch in drei Versionen eines Filmdrehbuchs[474] aufgegriffen. Der Hauptprotagonist dieser aus vier kleinen, mit römischen Zahlen nummerierten Unterkapiteln bestehenden Erzählung ist der entlassene Bergarbeiter und Rebell Václav/Venca (Diminutivform von Václav) Pospíšil, genannt auch Rudý Marat.[475] Gleich zu Beginn der Erzählung werden dem Leser die Gründe für das Handeln des Haupthelden sowie der intertextuelle Verweis des Titels der Erzählung erklärt: *O korunu a lásku* ist Titel eines Heftromans, den Venca in seiner Jugend von einem Freund geschenkt bekommen hatte. Die Hefte waren nicht komplett, Venca erfuhr nie das Ende der Geschichte. Die Armut, die es ihm nicht ermöglichte, sich die letzten Hefte zu kaufen, ist die Grundlage – so empfindet Venca selbst – für seine Unzufriedenheit und Rebellion gegen die gesellschaftliche Ordnung. Weil verwendet auch hier seine beliebte Technik, dem Leser die Wahrheit „portionsweise" zu liefern. Im dritten Teil wird dem Leser die gesamte Wahrheit über das Buch vermittelt: Ein alter Bibliothekar klärt seine junge Kollegin auf, die bei ihm für das Aussortieren von Büchern Rat sucht, es handele sich um den Abenteuerroman von Alexandre Dumas *O korunu a lásku*.[476] Als

---

[473] Weitere Texte verfassten Albert Pražák, František Gottlieb, E.A. Saudek, Karel Polák, Pavel Eisner, Josef Brambora, Karel Krejčí und Vítězslav Tichý. In kurzen Studien haben sie sich mit den verschiedenen Facetten von Fischers Leben und Werk auseinandergesetzt. Weils Beitrag war der letzte.
[474] Nähere Informationen zu den Drehbüchern sind bereits im Kapitel „Reportagen" enthalten.
[475] An dieser Stelle ist anzumerken, dass auch dieser Figur eine real existierende Person als Vorlage diente. Weil ist auf einem Foto aus dem Jahr 1932 mit Rudý Marat sogar abgelichtet. Siehe LA PNP, Fundus Jiří Weil.
[476] Es handelt sich um Dumas' Roman *La dame de Monsoreau*, den zweiten Teil seiner Hugenotten-Trilogie. 1905 ist dieser in der tschechischen Übersetzung von Josef Sterzinger im Verlag Josef Richard Vilímek unter dem Titel *O korunu a lásku* erschienen.

die Bibliothekarin das Buch in den Hof auf einen Haufen mit anderen Büchern wirft, kündigt der „Tod" des Buches auch den sich nähernden Tod Marats an. Im abschließenden vierten Teil fahren die streikenden Bergarbeiter in die Stadt Most, wo sie bei einer Versammlung von Gendarmen umzingelt werden, die nach der Eskalation der Lage in die Menschenmenge schießen. Einige Menschen werden getötet, darunter auch Venca Marat. Die Menschen bringen die Toten in den Hof der Bibliothek und legen diese auf den Haufen zu den Büchern. Marat wird somit mit seinem Buch *O korunu a lásku*, das er nicht zu Ende gelesen hat, erst im Augenblick des Todes vereint. Auch hier wird eine absurde Situation geschaffen, indem Venca das gesuchte Buch findet, allerdings erst im Augenblick des Todes.

Diese Erzählung ist ebenfalls eine der ersten, in der Weils Lieblingsmotiv – das Motiv der Statue – erscheint. Bei der Versammlung der Bergarbeiter auf dem Stadtplatz klettern viele Redner auf die Statue:

> Na náměstí stála socha jakéhosi slavného muže. Stála tam od nepaměti, jenže nikdo nevěděl, kdo je to zač. [...] Celkem na tom nezáleželo, koho znázorňuje socha a nikdo se o to nestaral. Ale nyní, snad poprvé v dějinách města, připadla soše velká úloha. Stala se tribunou, na které mluvili řečníci k davu. Řečníci vystupovali na podstavec a musili obejmout sochu, aby nespadli. Řečníci se střídali a socha zůstávala. Zdálo se, že má hlavní slovo v této při. Ale její výraz zůstal lhostejný.[477]

Die Erzählung „**Příběh o hraběnce a hrobce**" (Geschichte von einer Gräfin und einem Grab) enthält zwei Erzählstränge. In der Rahmenerzählung betreten zwei junge Mädchen trotz des Verbots einen Schlosspark und besichtigen die Gruft einer Gräfin. Der Gärt-

---

[477] *Mír*, 52. (Auf dem Stadtplatz stand eine Statue von einem berühmten Mann. Sie stand da schon immer, nur keiner wusste, wer sie war. [...] Im Grunde genommen war es auch egal, wen diese Statue verkörperte, und keinen hat es gekümmert. Aber nun, zum ersten Mal in der Geschichte der Stadt, hat sie eine große Rolle gespielt. Sie ist zu einer Tribüne geworden, von der die Redner zur Menschenmenge gesprochen haben. Die Redner mussten auf das Podest steigen und die Statue umarmen, damit sie nicht herunterfielen. Die Redner haben gewechselt, die Statue ist geblieben. Es schien, als ob sie das entscheidende Wort in diesem Streit hätte. Aber ihr Gesichtsausdruck blieb gleich.)

ner, den sie dort treffen, erzählt den beiden die Geschichte der Gräfin und ihrer Tochter, der Komtess Valerie, die sich in einen Baron mit schlechtem Ruf verliebt hat und gegen den Willen der Mutter diesen auch geheiratet hat. Die Mutter hat der Tochter nie verziehen und hat sich von ihr losgesagt. Diese ist dann früh gestorben. Die beiden Mädchen fragen den Gärtner noch, was mit dem Baron passiert ist. Als sie erfahren, dass er als Arbeiter am Hof arbeitet, um seine Schulden abzubezahlen, sind sie sehr enttäuscht, dass die Geschichte der Gruft nichts Geheimnisvolles verbirgt und gehen fort. Auch hier wird die Erkenntnis der Wahrheit keineswegs positiv konnotiert, sondern ist mit Enttäuschung verbunden. Diese Geschichte ist vor allem durch ihren metadiegetischen Aufbau interessant: Das Treffen der beiden jungen Mädchen mit dem Gärtner bildet die Rahmenerzählung, wobei diese nur einen geringen Handlungsraum einnimmt. Fast die ganze Handlung wird dem Schicksal der Gräfin und ihrer Tochter gewidmet. Die Form einer Erzählung in der Erzählung kommt noch in einigen weiteren Texten in diesem Sammelband vor.

Der Hauptprotagonist der Erzählung „**Srdce**" (Herz) ist ein junger Mann, František Kolomazník, der versucht hat, sich aus unglücklicher Liebe umzubringen: Er hat sich ein Taschenmesser ins Herz gestochen. Da er jedoch gerettet wird und sich nun für diesen misslungenen Selbstmordversuch schämt, erfindet er eine Geschichte, dass es sich um einen Unfall gehandelt habe, als er sich den Bleistift spitzen wollte. Was in dieser, von einem heterodiegetischen Erzähler erzählten Geschichte ins Auge sticht, ist das Gefühl der vollkommenen Isolation des Hauptprotagonisten: Niemand versteht seine unglückliche Liebe. Als ihn die Frau, die er liebt, besucht, wird sie als „falsch" beschrieben. Da sie einen äußerst unsympathischen Eindruck macht, verstehen alle seinen Selbstmordversuch umso weniger. Im Fall von Kolomazník zeichnet Weil keinen positiven Helden oder gar jemanden, der wenigstens Mitleid erweckt. Kolomazník wirkt eher wie ein Feigling, der von anderen missachtet, ja gar verspottet wird. Sein Leben zeichnet sich durch Tristesse, Langeweile und Missgeschick aus. Auch in seinem Leben spielt die Wahrheit keine positive Rolle. Nachdem ihn die geliebte Frau am Krankenbett besucht hat, muss er feststellen, dass diese seine Liebe nicht erwidert, sich für ihn und seinen Selbstmordversuch sogar schämt.

Der Text „**Cesta podle Dunaje**" (Die Reise entlang der Donau) stellt eine der vielen Reiseskizzen Weils dar. Der Ich-Erzähler kommt mit einem kleinen Flugzeug in Bratislava an. Die Reise in einem Zwei-Personen-Flugzeug erweist sich als äußerst unangenehm. Danach fährt er nach Wien, wo er von einem Bekannten zu einem Ausflug eingeladen wird. Außer dem Erzähler und seinem Bekannten fahren noch zwei Mädchen und ein Student mit. Alle fünf gehören verschiedenen Ethnien an und sprechen verschiedene Sprachen, ihre *lingua franca* ist aber Deutsch. Der Erzähler spürt gleich am ersten Abend, dass zwischen den vier Teilnehmern Spannungen herrschen. Er merkt allmählich, dass alle ineinander unglücklich verliebt sind. Der Erzähler steht inmitten dieses Liebesvierecks. Diese Erzählung schildert zwar bloß eine „kleine" Wanderung in Europa entlang der Donau, sie wird jedoch genauso wie alle anderen Reisetexte Weils in der ersten Person Singular verfasst. Im Gegensatz zu den anderen Reiseerzählungen konzentriert sich der Autor hier jedoch mehr auf die Schilderung der Schicksale und Gefühle der vier Mitreisenden des Ich-Erzählers als auf die Schilderung der Umgebung bzw. der Natur. Nur das Motiv der Sprache – fünf Menschen, die sich untereinander trotz der gemeinsamen Sprache nicht verstehen können – erscheint hier wieder.

Die Erzählung mit dem ungewöhnlichen Titel „**Hekna**" (Hekna) trägt noch den Untertitel „Vzpomínka z dětství" (Erinnerung aus der Kindheit). Der Ich-Erzähler schildert hier seine frühe Jugend, die er auf einem Bauernhof mit seinen Geschwistern und vielen Haustieren verbracht hat. Vor allem die Haustiere, die vielen Hunde und Katzen, die in ihrem Hof gehalten wurden, erinnert der Ich-Erzähler. Er beschreibt die Idylle im Garten, im kleinen Wald hinter dem Haus und die Ausflüge in die Stadt. Am meisten mochte der Erzähler als Kind jedoch die Züge; er und seine Geschwister sind immer zu den Gleisen gegangen und haben dort die vorbeifahrenden Züge beobachtet. Der Lieblingszug der Kinder war die „Hekna" (vom tschechischen „hekat", was „seufzen" oder „stöhnen" bedeutet). Es war ein alter, stöhnender Zug mit Funken speienden Lokomotiven. Dieser Text strömt Nostalgie aus, die Idylle der Kindheit stellt das Gute dar. Als der Zug „Hekna" in der Ferne verschwindet, verschwindet mit ihm auch alles Gute.[478] Durch den Untertitel „Erinnerung aus der Kindheit" und der Form der Ich-Erzählung erweckt der Text den Eindruck, es würde sich hier um die Erinnerung aus der Kindheit des Schriftstellers selbst handeln.

Die nächste, aus zwei Teilen bestehende Erzählung, „**Zlín**", beschreibt das Treffen des Ich-Erzählers mit dem berühmten Schuhproduzenten Tomáš Baťa.[479] Im ersten Teil der Erzählung „**Čaj u Tomáše Bati**" (Tee bei Tomáš Baťa) beschreibt der Ich-Erzähler seinen Besuch bei dem berühmten tschechischen Schuhproduzenten Tomáš Baťa. Der Erzähler zeigt sich zwar einerseits vom Ausmaß des geschaffenen Werks Baťas beeindruckt, andererseits weist er etliche Male darauf hin, dass die Menschen hier Maschinen ähneln. Auch spüren der Erzähler und andere Mitglieder der Delegation, dass der ganze Besuch allzu sehr organisiert ist, dass sie ständig beobachtet werden und dass sie nicht immer ehrliche Antworten auf ihre Fragen bekommen. Als der Ich-Erzähler Baťa persönlich trifft, charakterisiert er ihn vor allem anhand seiner Sprache:

> mluvil málo, střízlivě a věcně, ale nikoli pánovitě a ostře. Mluvil jako člověk, který je si vědom své síly a nemusí nijak sahat k siláckému naparování. Dával jsem si pozor na jeho řeč, byl to dobrý jazyk s velmi nepatrnými stopami dialektu, nebyla to vůbec novinářská řeč ani špatně osvojený literární jazyk, také to nebyla řeč lidová, neměla ani její intonaci. Nebyl to nijak zajímavý jazyk, ale byla to dobrá čeština.[480]

---

[478] *Mír*, 124. „Slyšeli jsme ještě z velké dálky heknu hvízdat, ale nemysleli jsme již na ni, protože již zmizely s ní všechny dobré věci." (Wir hörten die Hekna noch in der Ferne pfeifen, wir dachten an sie allerdings nicht mehr, weil mit ihr alle guten Sachen verschwanden.)

[479] Auch diese Reportage hat ihr Reportagen-Pendant. Siehe „Čaj u Tomáše Bati" (Tee bei Tomáš Baťa), in: *Tvorba* 1932/7:29, 456–457, 464.

[480] *Mír*, 71. ([E]r sprach wenig, rational und sachlich, jedoch nicht gebieterisch und scharf. Er sprach wie ein Mensch, der sich seiner Kraft bewusst ist und der nicht auf die Wichtigtuerei zurückgreifen muss. Ich habe auf seine Sprache geachtet, es war eine gute Sprache mit geringen Spuren von Dialekt, es war keineswegs eine Journalistensprache oder schlecht beherrschte Hochsprache, es war aber auch keine Volkssprache, sie hatte ihre Intonation nicht. Es war keine interessante Sprache, jedoch ein gutes Tschechisch.)

Ansonsten beschreibt der Ich-Erzähler Baťa als einen gnadenlosen Geschäftsmann, der nur an zwei menschliche, äußerst negative Eigenschaften glaubt – an Neid und Eigennutz. Auf diesen zwei Eigenschaften hat er sein Imperium aufgebaut. Für ihn stellen Menschen bloß Baumaterial dar. Trotzdem merkt man im Text, dass das Imperium Baťas beim Erzähler einen ziemlich großen Eindruck hinterlassen hat. Dieser Teil der Erzählung wird mit der Abfahrt des Ich-Erzählers aus Zlín abgeschlossen.

Im zweiten Teil „**Terasa Společenského domu**" (Terrasse des Gesellschaftshauses) schildert der Ich-Erzähler seinen nächsten Besuch in Baťas Stadt, dieses Mal jedoch bereits nach Baťas Tod im Sommer 1938.[481] Er steigt im Hotel Společenský dům ab, am Abend sitzt er dann bei Musik auf der Hotelterrasse. Der Ich-Erzähler spürt, dass diese Idylle sich dem Ende nähert und der Krieg kommen wird:

> A protože to byla poslední noc, noc, ve které se trhal svět, noc konce míru, zněla trochu teskně a kvílela strachy. Snažila se přehlušit břískavými zvuky úzkost, ale kraj mlčel a mlčela i továrna. Byla to noc konce, poslední noc, praskal a trhal se v ní svět, byla to sladká a teplá noc nad krajem, z jehož lesů proudil dobrý a vonící vzduch.[482]

In dieser Nacht erscheint dem Ich-Erzähler Tomáš Baťa. Hier setzt Weil ein in seinen Ezählungen mehrfach erprobtes Mittel ein, indem er die beiden ein Gespräch führen lässt, in welchem Baťa an

---

[481] Diese zeitliche Situierung lässt sich anhand folgender Ausdrücke ermitteln: „léto po květnové mobilizaci" (Sommer nach der Maimobilisierung) und „ještě nikdo netušil, že přijde září" (damals ahnte niemand, dass September kommt). Diese beiden Angaben beziehen sich auf die Ereignisse des Jahres 1938, als im Mai nach den umfangreichen Unruhen und Ausschreitungen in den Grenzgebieten eine sog. „kleine Mobilisierung" ausgerufen wurde; mit September meint der Erzähler die Unterzeichnung des Münchner Abkommens, mit dem die Tschechoslowakei die Grenzgebiete an Deutschland abtreten musste. Siehe Kárník 2008, 340f., sowie 360–364.

[482] (Und weil diese die letzte Nacht war, in der die Welt auseinandergerissen wurde, die Nacht, in der der Frieden zu Ende ging, klang sie ein wenig wehmütig und heulte vor Angst. Mit kreischenden Klängen versuchte sie die Beklommenheit zu übertönen, aber die Gegend schwieg und mit ihr auch die Fabrik. Es war die Nacht, in der alles endete, die letzte Nacht, in der die Welt barst und auseinander ging, es war süße und warme Nacht im Land, aus dessen Wäldern gute und duftende Luft strömte.)

mehreren Stellen thematisiert, dass er tot und nur als Phantombild präsent ist.[483] Der Ich-Erzähler und Baťa vertreten, ähnlich wie bei ihrem vorherigen Treffen, hartnäckig ihre eigenen Positionen: Baťa ist überzeugt, dass sein Imperium alles überdauern wird, der Ich-Erzähler meint dagegen, dass diese Welt ihrem Ende zugeht. Am Ende relativiert der Ich-Erzähler sein phantastisches Gespräch mit einem Trugbild und verleiht der Situation mehr Glaubwürdigkeit, indem er behauptet, er wäre eingenickt.[484]

In der Erzählung „**Jezero Neuruppinské**" (Der Neuruppiner See)[485] geschieht, wie auch in vielen Kurztexten Weils, nicht viel: Der namenlose Ich-Erzähler berichtet von seiner Reise nach Berlin und anschließend zum Neuruppiner See. Das Berlin der Vorkriegszeit kommt ihm unangenehm vor, er empfindet es als moralisch verfallen.[486] Nach einigen Begegnungen mit der Berliner Polizei fährt er mit seinem Gastgeber zum Neuruppiner See. Die herbstliche Landschaft und die Menschen am See kommen ihm im Gegensatz zu der Stadt sehr idyllisch vor und rufen in ihm äußerst positive Emotionen hervor. Als er jedoch an Bord des Dampfers Richtung Ostsee steht, erinnert er sich an den Neuruppiner See und er erkennt, dass er ihm trotz allem sehr fremd war und dass er ihn

---

[483] „já nejsem" (mich gibt es nicht), „můžeme spolu mluvit, i když tady nejsem" (wir können miteinander reden, auch wenn ich nicht da bin), „nemyslete si, že budete vést se mnou spor, nyní, když jsem mrtev" (denken Sie nicht, dass Sie mit mir streiten können, jetzt, wenn ich tot bin), „nepřesvědčíte mě ani teď, když jsem stínem" (Sie überzeugen mich nicht, auch jetzt nicht, wenn ich ein Schatten bin). *Mír*, 80–82.

[484] *Mír*, 82. („Někdo vrazil do židle, na které jsem spal, probudil jsem se.") (Jemand hat den Stuhl angerempelt, in dem ich schlief, ich wachte auf.)

[485] Das erste Mal in „Jezero Neuruppinské", in: *Lidové noviny* 1948/56:131, 1–2; 5. Juni.

[486] Die Stadt Berlin taucht in mehreren Texten Weils auf. Während der Leser im Abschnitt des Romans *Moskva – hranice* aus dem Jahr 1937, als der Hauptprotagonist Fischer im Rahmen einer geheimen Mission nach Berlin reist, über diese Stadt gar nichts erfährt, vielleicht nur, dass sie von der Herbstsonne überströmt ist, stellt Berlin in einem früheren Text – in der Reportage „Očima západu" (Durch die Augen des Westens) aus dem Jahr 1928 – mit seinen Mokka-Stuben die „vollkommene Zivilisation" dar. Für die Erzählung „Jezero Neurrupinské" ist leider nicht bekannt, wann der Text genau geschrieben wurde. Sonst hätte man vielleicht eine Verschiebung in Weils Beziehung zu Berlin beobachten können.

nicht vermissen würde: „teprve nyní jsem věděl, že mi bylo velmi cizí, bylo rovné jako talíř, jako krajina, ve které leželo, nyní jsem věděl, že se mi nikdy nebude po něm stýskat, ačkoliv rostly kolem něho břízy."[487]

Auch der nächste Text „**Štrasburská katedrála**" (Das Straßburger Münster)[488] beschreibt eine Reise: Der Ich-Erzähler und sein Begleiter haben vor, einige Statuen des tschechischen Bildhauers Josef Brož aus dem 18. Jahrhundert im Elsass ausfindig zu machen. In dieser Arbeit wurde bereits einige Male darauf hingewiesen, dass Statuen eines der Lieblingsmotive Weils darstellen. In dieser Erzählung sind sie von besonderer Relevanz – sie motivieren die Handlung der Figuren, sie treten überall auf. Der Ich-Erzähler und sein Begleiter besichtigen die Statuen des Straßburger Münsters, sie suchen nach den Statuen Brožs; als sie diese finden und von ihrer ästhetischen Qualität enttäuscht sind, freuen sie sich auf Paris, wo sie sich schöne Statuen anschauen können. Das letzte Mal wird das

---

[487] *Mír*, 116. („[E]rst jetzt wurde mir klar, wie vollkommen fremd er mir war, er war so glatt wie ein Teller, wie die Ebene ringsum, erst jetzt wurde mir klar, dass ich mich nie nach ihm sehnen würde, obwohl an seinem Ufer weiße Birken wuchsen." *Sechs Tiger*, 15.)

[488] Mit dieser Erzählung Weils hat sich die tschechische Literaturwissenschaftlerin Alena Wagnerová insofern auseinandergesetzt, als dass sie die Orte, die in dieser Erzählung beschrieben wurden, selbst besucht hat. Auch sie reiste nach Rapportsweiler, wo Weils Erzähler und sein Begleiter die Statuen von Josef Brosch suchten. Wagnerová überprüfte die in der Erzählung enthaltenen Angaben auf ihre Authentizität. Sie stellt fest, dass fast alles, bis auf einige Details (beispielsweise eine andere Aufschrift auf den Sockeln der Statuen oder der an anderer Stelle platzierte Sitz der Diakonieschwestern), wirklichkeitsgetreu dargestellt wurde. Einige Sachverhalte, die in der Erzählung anders sind als in der Wirklichkeit – beispielsweise, dass die Diakonieschwestern Reichsdeutsche waren, obwohl sie selbst dies nicht verifizieren konnte –, schreibt sie Weils schriftstellerischer Absicht zu. Siehe Wagnerová, Alena. 2007: „Co by dělal Čech v Alsasku?", in: *Revolver Revue*, 2007/66, 87–96. Der Titel von Wagnerovás Artikel „Co by dělal Čech v Alsasku?" (Was hat ein Tscheche im Elsass zu suchen?) ist ein aus der Erzählung übernommener Satz.

Motiv der Statue während ihrer Suche erwähnt, als sie sich im Museum in Colmar eine „versteinerte" Frau[489] aus dem Mittelalter anschauen. Hier kann man eine Parallele zum Roman *Na střeše je Mendelssohn* sehen, in dem einer der Protagonisten an einer seltenen Krankheit leidet, die seinen Körper quasi „versteinern" lässt.

Das zweite Thema, das sich in dieser Erzählung deutlich abzeichnet, ist das Thema der nationalen Identität, das Weil am Beispiel der Elsässer – einem kleinen Volk zwischen den großen Nationen der Franzosen und Deutschen – vorführt. Die Literaturwissenschaftlerin Alena Wagnerová ist überzeugt, dass Weil mit den Elsässern ein Beispiel für die tschechischen Sudetendeutschen setzen wollte:

> Weil potřeboval [...] hrozivou kulisu německého nebezpečí, vznášejícího se v podobě zámku s německými sestrami nad poklidným alsaským městečkem obydleným alemansky mluvícími Alsasany, kteří se identifikují se svým francouzským státem, i když považují Francouze za lenochy a kavárenské povaleče. Takové sudetské Němce, kteří se identifikují s československým státem, i když mluví německy a Čechům leccos a právem vytýkají, by si byl Weil přál. A na alsaském příkladu chtěl ukázat, že to možné je.[490]

Auch die nächste Erzählung „**Švýcarská snídaně v Capoulade**" (Ein Schweizer Frühstück im Capoulade) spielt in Frankreich. Der – wie sonst auch – namenlose Ich-Erzähler sitzt an einem warmen

---

[489] Wahrscheinlich meint Weil hier den Gipsabdruck eines weiblichen Leichnams, den man 1892 bei der Renovierung in einem Grab in der Kirche von St. Fides entdeckte. Der Leichnam war mit Kalk bedeckt, so dass man „bei dieser Toten den Hohlraum ausgießen konnte", und somit erhielt man eine Totenmaske. Es handelt sich wahrscheinlich um Hildegard von Egisheim, die Frau von Friedrich Barbarossas Urgroßvater Friedrich von Büren.
http://www.manfred-hiebl.de/mittelalter-genealogie/mittelalter/staufer/g raefliche_linie/hildegard_von_egisheim_graefin_von_bueren_+_1095.html (zuletzt aufgerufen am 11.11.2020)

[490] Wagnerová 2007, 95. (Weil hat [...] eine drohende Kulisse der deutschen Gefahr gebraucht, die in Gestalt des Schlosses mit den deutschsprechenden Diakonieschwestern über das ruhige elsässische Städtchen schwebt, das von alemannisch sprechenden Elsässern bewohnt ist, die sich mit dem französischen Staat identifizieren, auch wenn sie die Franzosen für Faulpelze und Müßiggänger halten. Solche Sudetendeutsche, die sich mit dem tschechoslowakischen Staat identifizieren, auch wenn sie Deutsch sprechen und den Tschechen einiges mit Recht vorwerfen, würde sich Weil nur wünschen. Und anhand des elsässischen Beispiels wollte er zeigen, dass es möglich ist.)

Septembertag in Paris in einem Café namens Capoulade, frühstückt und beobachtet die Menschen auf der Straße. Plötzlich erkennt er unter den Menschen einen Freund, der ihm zuruft und sich anschließend zu ihm gesellt. Die beiden Freunde führen anschließend eine seltsame, misslingende Konversation: Während sich der Ich-Erzähler auf das Geschehen in Paris bezieht, greift sein Gesprächspartner jeweils Einzelheiten von dessen Beschreibungen auf und wendet diese auf die Lage in Deutschland an. Aus dem Gespräch geht ein krasser Gegensatz hervor: Die fröhlichen Menschen in den Pariser Straßen leben ihr alltägliches Leben in Unkenntnis dessen, was jenseits der Grenze passiert, wo Menschen leiden und sterben. Dann verabschieden sich die beiden Freunde, wobei der Ich-Erzähler beschließt, sich die Statuen[491] im Louvre anzuschauen. Auch hier erscheint an einer Stelle das Motiv der Sprache, der Ich-Erzähler fordert seinen Freund auf, sich die Papageien in den Käfigen anzuschauen, die in allen Sprachen der Welt sprechen: „Mluví všemi jazyky, jenže jim nikdo nerozumí. Kdyby nadávali lidem od rána do večera nejsprostšími nadávkami, nebude jim to nic platné."[492]

Zusammenfassend lässt sich hinsichtlich der Komposition der zwölf Erzählungen dieser zweiten Gruppe Folgendes sagen: Die Schlüsselsituation ist meistens in die erste Hälfte des Textes eingebettet, die zweite Hälfte ist die ironische, teilweise *ad absurdum* geführte Ergänzung der vorherigen Handlung.[493] In der überwiegenden Mehrheit – in sieben Erzählungen, darunter in allen Reiseskizzen – spricht ein homodiegetischer Erzähler, der seine eigenen Erlebnisse vermittelt. In nur vier Erzählungen ist der Erzähler heterodiegetisch. In den Erzählungen passiert häufig nicht viel, es werden lediglich geringfügige Vorkommnisse geschildert. Als gemeinsamen Nenner kann man die Erkenntnis der Wahrheit bestimmen, die den Protagonisten häufig ungewollt widerfährt und die sich

---

[491] Hier ist anzumerken, dass es sich erneut um Statuen handelt und nicht um Bilder. Die Statuen sind, wie gesagt, eines der Lieblingsmotive Weils.
[492] *Mír*, 218. („Sie sprechen in allen Sprachen, bloß versteht sie keiner. Sie könnten die Leute von früh bis spät auf übelste Weise beschimpfen, und es würde ihnen nichts nützen." *Sechs Tiger*, 59.)
[493] Dieses Prinzip wurde allerdings bei der Erzählung „Zlín" nicht verwendet.

meistens negativ auf ihr weiteres Leben auswirkt. Viele Texte enthalten absurde Situationen: Die Protagonisten streben nach irgendetwas, das sie zwar erreichen, jedoch in einer für sie unbrauchbaren Form oder einer, die ihr weiteres Leben zerstört. So ergeht es dem Ich-Erzähler, der Esenin treffen möchte, dem Schriftsteller Horváth, der seinen ersten Gedichtband im Nachlass des berühmten Kritikers ersteigern möchte, oder auch Venca Marat, der das Ende eines Heftromans erfahren möchte.

Den dritten Block in diesem Sammelband bilden sechs Erzählungen, die sich in der Nachkriegszeit mit dem Thema des Holocaust auseinandersetzen.[494] Alle sechs Texte sind auch in die deutsche Ausgabe *Sechs Tiger in Basel* eingegangen. In diesen Erzählungen wandert der männliche namenlose Ich-Erzähler durch Europa und besichtigt insgesamt fünf Städte (die Namen erscheinen in den Titeln der Erzählungen), in denen er an Gesprächen über den Holocaust sowie über das Ausmaß der Schuld der Schweiz am Tod unschuldiger Menschen teilnimmt.[495] Der Erzähler konfrontiert an mehreren Stellen den Wohlstand und die malerische Idylle dieses Alpenlandes mit dem Leid Millionen Unschuldiger, das sich teilweise unweit der Schweizer Grenzen abgespielt hat.

In der Erzählung „**Lodžské intermezzo**" (Intermezzo in Łódź)[496] kommt der namenlose Ich-Erzähler in die polnische Stadt Łódź. Gleich zu Beginn des Textes kündigt er an, dass er sich an das

---

[494] Es handelt sich um die Erzählungen „Lodžské intermezzo" (Intermezzo in Łódź), „Hodina v Nyonu" (Eine Stunde in Nyon), „Vězeň Chillonský" (Der Gefangene von Chillon), „Šest tygrů v Basileji" (Sechs Tiger in Basel), „Mír" (Frieden) und „Setkání v Lucernu" (Begegnung in Luzern).

[495] Als eine Ausnahme kann man hier die Erzählung „Lodžské intermezzo" bezeichnen, in der sich der Autor lediglich der Shoah der Juden aus Łódź widmet. Mittels der Integration von Korrespondenz aus dem Archiv des Łódźer Ghettos ist es Weil gelungen, auch die Schuld der deutschen Zivilbevölkerung aufzugreifen.

[496] Diese Erzählung erlebte gleich mehrere Veröffentlichungen: „Lodžské intermezzo", in: *Mladá fronta* 1948/4:75, 11; 28. März, sowie „Lodžské intermezzo", in: *Věstník židovské obce náboženské* 1949/11:23, 269–270.

schreckliche Schicksal der dortigen Juden während der nationalsozialistischen Herrschaft nicht erinnern vermag,[497] was er jedoch anschließend im Text konsequent nicht einhält, denn er kommt permanent auf die jüdische Geschichte dieser Stadt zurück.[498] Er und sein Bekannter, ein jüdischer Dichter, besuchen gemeinsam das Historische Institut, in dem die Dokumente aus dem Archiv des Łódźer Ghettos aufgearbeitet und ausgewertet werden. Weil geht in dieser Erzählung ähnlich vor wie auch in der späteren Erzählung „Kočka Josefa Poláčka z Libušína č.p. 184" – er integriert in die Rahmenhandlung Zitate aus den offiziellen Dokumenten und erschafft somit eine Text-Collage. In diesem Fall zitiert der Direktor des Instituts stichprobenartig aus dem dicken Faszikel der privaten[499] und amtlichen[500] Korrespondenz des Ghettos. Gleich in dieser Erzählung entwickelt Weil beim Aufbau der Handlung ein Muster, das er in allen Holocaust-Erzählungen dieser Gruppe verwendet: Eine Rahmenhandlung, meistens eine Diskussion mit mehreren Teilnehmern, in die Einzelgeschichten integriert sind.

---

[497] „Ze všech zemí tekl proud čísel, zavazadel, brýlí, zlatých zubů a umělých chrupů, tekl na východ do General-gouvernementu, do Majdanku, Tremblinek, Osvětimi, do plynu. Nevzpomínal jsem na onen proud... ." *Mír*, 125. („Aus allen Ländern ergoss sich ein Strom von Nummern, Gepäckstücken, Brillen, Goldzähnen und künstlichen Gebissen, er floss nach Osten ins *Generalgouvernement*, nach Majdanek, Treblinka, Auschwitz, ins Gas. Ich dachte nicht an jenen Strom...". *Sechs Tiger*, 134; Hervorhebung im Original.)

[498] „Lodžská hlavní ulice Piotrkowská utíká daleko k oběma koncům města. [...] a ovšem vedla také k ghettu. Není však již ghetta, zmizelo, jako všechna ghetta v Polsku." *Mír*, 126. („Die Hauptstraße von Łódź, die Piotrkowska, erstreckt sich weit bis an beide Enden der Stadt. [...] Und natürlich führte sie auch zum Ghetto. Aber das Ghetto gibt es nicht mehr, es ist verschwunden wie alle Ghettos in Polen." *Sechs Tiger*, 135.)

[499] Der Direktor zeigt den beiden einen Brief, in dem sich eine Deutsche über den Preis der zwei Juden, die bei ihr arbeiten, beschwert, diese seien zu teuer, denn sie seien zu schwach, um eine Axt zu heben. Ihrem Anliegen wird stattgegeben und der Preis wird reduziert. Siehe *Mír*, 129; *Sechs Tiger*, 138.

[500] Von der amtlichen Korrespondenz wird noch ein schrecklicheres Beispiel genannt: „Odbočka Hitlerjugend v Kielcích žádá [...] o zaslání 10 [...] židovských dětí ve věku od 8 do 12 let za účelem cvičení ve střelbě do živého terče." *Mír*, 130. („Eine Abteilung der Hitlerjugend in Kielce ersucht [...] um Übersendung von 10 [...] jüdischen Kindern im Alter von 8 bis 12 Jahren zum Zwecke von Schießübungen aufs lebende Ziel." *Sechs Tiger*, 138.)

Die Handlung der Erzählung „**Hodina v Nyonu**" (Eine Stunde in Nyon)[501] spielt in der kleinen Stadt Nyon in der Schweiz. Einige Menschen, Vertreter verschiedener Nationen (ein Italiener, zwei Tataren, ein Schweizer Franzose sowie ein Notar aus Nyon), einschließlich des Ich-Erzählers, der aus der Tschechoslowakei kommt, sitzen in einem Gasthaus in Nyon. Die Diskussion, die unter ihnen entsteht, verläuft recht schleppend, da sich die einzelnen Teilnehmer untereinander sprachlich nicht verständigen können. Der Erzähler mischt sich in die Debatte ein und erzählt einige absurde Geschichten: Die erste Geschichte, die der Erzähler im Anschluss auf die davor erörterte Rassentheorie und Theorie der Gemeinschaft erzählt, handelt von einer Frau, die einen Papagei gehalten hat. Sie selbst war eine Reichsdeutsche, ihr Mann war jedoch ein Jude. Es musste entschieden werden, ob der Papagei deutsch oder jüdisch sei. Dieser absurde Vorfall hat auch Eingang in eine Erzählung des Schriftstellers und Journalisten Franz Carl Weiskopf gefunden. Dieser gibt in seiner Korrespondenz zu, dass er davon von Jiří Weil erfuhr: „Vypravovals tez historku o nejakem kanarkovi, ktery byl ‚arijec' a proto nesmel zustat v zidovske rodine a byl poslan zpet do Frankfurtu. Nemam to zaznamenano presne."[502] Die

---

[501] Auch diese Erzählung wurde mehrfach publiziert. Vor der Herausgabe in diesem Sammelband wurde sie in der Zeitschrift *Kulturní politika* abgedruckt: „Hodina v Nyonu", in: *Kulturní politika* 1946/2:16, 20. In den späten sechziger Jahren durfte sie in der Anthologie der tschechischen Kurzprosa von Květa Drábková (übrigens Lektorin von einigen Werken Weils) erscheinen. Siehe „Hodina v Nyonu", in: Drábková, Květa (Hg.): *Česká povídka 1918–1968*. Praha: Československý spisovatel 1968, 309–315.

[502] LA PNP, Korrespondenz im Fundus Jiří Weil, Brief von F. C. Weiskopf an Jiří Weil vom 4.2.1948 (der Text ist getreu dem Original wiedergegeben worden, also ohne diakritische Zeichen; M. B.). (Du hast mir eine Geschichte von einem Kanarienvogel erzählt, der ein „Arier" war und deshalb in der jüdischen Familie nicht bleiben durfte und zurück nach Frankfurt geschickt wurde. Ich habe mir das nicht genau notiert.)
Weil hat Weiskopf offensichtlich geantwortet, obwohl sich in Weiskopfs Nachlass, aufbewahrt in der Akademie der Künste in Berlin, keinerlei Briefe von Weil befinden (so die Auskunft der zuständigen Verwalterin von Weiskopfs Nachlass, Frau Bettina Raabe). Denn Weiskopf hat diese von Weil gehörte absurde Geschichte in seinen *Anekdoten und Erzählungen* unter dem Titel „Der arische Papagei" verarbeitet. Weiskopf leitet diese Geschichte folgendermaßen

zweite Geschichte, die der Erzähler den anderen unterbreitet, handelt von einem Schäferhund namens Skag: Er gehörte den Freunden des Erzählers, die ebenfalls in so einer Mischehe lebten. Da sie Angst hatten, er könnte umgebracht werden, baten sie den Erzähler, den Hund für ein paar Tage in einer illegalen Wohnung aufzunehmen. Der Erzähler schließt seine Geschichte mit einer witzigen Pointe ab. Der Hund erwies sich nämlich als „der schlimmste illegale Mitarbeiter",[503] denn er bellte ständig und brachte somit die Insassen der konspirativen Wohnung in Gefahr, verraten zu werden. Das Thema der Tiere, die das Schicksal ihrer Herren teilen, spielt noch eine zentrale Rolle in der Erzählung „Kočka Josefa Poláčka z Libušína čp. 184", die 1957 in *Literární noviny* abgedruckt wurde.[504] Auf diese Erzählung wird noch ausführlich im Unterkapitel zu den lediglich in der Presse erschienenen Erzählungen eingegangen.

Auch bei der folgenden Erzählung „**Vězeň Chillonský**" (Der Gefangene von Chillon)[505] handelt es sich um eine „Tiergeschichte". In diesem Text kommt der Ich-Erzähler bei seinem Spaziergang um den Genfer See beim Schloss Chillon mit einem Amerikaner, einem Holländer und einem Uhrmacher aus Jura ins Gespräch. Diese vier Personen führen eine seltsame Debatte, in der jeder von ihnen eigene Geschichten oder Erlebnisse erzählt. Von der ursprünglichen Frage des Amerikaners, wer eigentlich dieser Lord Byron sei, kommen die vier über Byrons Werk *Der Gefangene von Chillon* bis zu den europäischen Konzentrationslagern. An dieser Stelle erzählt der Ich-Erzähler seine eigentlich ziemlich komische Geschichte, weshalb er in ein Konzentrationslager gekommen war: Sein Schwager hatte einen Hund. Er hatte den Hund darauf dressiert, „dass er mit dem Hitlergruß grüßte, wenn er *Heil Hitler*

---

ein: „In Prag erzählte mir einer der wenigen Juden, die sich während der deutschen Besetzung versteckt hielten und so dem Schicksal deportiert oder vergast zu werden, entgehen konnten [...]". Dieser Jude war also Jiří Weil. Siehe Weiskopf, Carl Friedrich. 1960: „Der arische Papagei", in: *Anekdoten und Erzählungen. Gesammelte Werke. Band VI.* Berlin: Dietz, 100–101, hier 100.

503   *Mír*, 227; *Sechs Tiger*, 144.
504   „Kočka Josefa Poláčka z Libušína čp. 184", in: *Literární noviny* 1957/6:35, 2.
505   „Vězeň Chillonský", in: *Listy* 2, 1948/1, 7–11.

höre"[506]. Der Erzähler wusste allerdings nichts davon. Einmal auf der Straße hörte der Hund, wie sich zwei Deutsche mit „Heil Hitler" grüßten, und hob automatisch die Vorderpfote. Die ziemlich sinnlose Konversation wird dann fortgesetzt, wobei das Gespräch immer wieder um die Frage kreist, wer eigentlich der Gefangene von Chillon war. Sehr treffend charakterisiert der Herausgeber Jiří Opelík diese Erzählung in seinem Nachwort zu *Hodina pravdy, hodina zkoušky*:

> Nic se v této próze vlastně neděje, jen švýcarský hodinář, americký turista, nějaký Holanďan a český návštěvník (vypravěč) spolu klábosí, zatímco u chillonského zámku čekají na průvodce. Vzniká báječné změtení jazyků, hotová Babylonie, v níž nikdo z účastníků není ušetřen logických faux pas. Rozhovor se motá pořád dokola, odskakuje od proslulého Byronova hrdiny a zase se k němu vrací, pak průvodci přijdou, hosty uvedou – a to je vše.[507]

Die nächste Erzählung aus diesem kleinen Schweizer-Zyklus, „**Šest tygrů v Basileji**"[508] (Sechs Tiger in Basel), beginnt mit einer Kritik an den Schweizern. Der Ich-Erzähler gerät in einen Streit mit seinem Schweizer Bekannten, als er erwähnt, was man keinem Schweizer sagen darf: „protože jsem mu řekl věc, která se nemá říkat žádnému Švýcarovi, že totiž úctyhodná firma Brown-Boweri v Badenu ve Švýcarsku dodala spalovací pece do plynových komor

---

[506] *Mír*, 236.; *Sechs Tiger*, 153.
[507] Opelík 1966: „Hodina pravdy, hodina zkoušky", 196. (In dieser Prosa passiert eigentlich gar nichts, nur ein Schweizer Uhrmacher, ein amerikanischer Tourist, irgendeiner Holländer und ein tschechischer Besucher [der Erzähler] plaudern, während sie am Schloss von Chillon auf den Touristenführer warten. Es entsteht eine wunderbare Verwirrung von Sprachen, ein ganzes Babylonien, wo keiner der Teilnehmer vom logischen Faux Pas verschont wird. Das Gespräch dreht sich im Kreis, es entgleitet vom berühmten Helden Byrons und kehrt wieder zu ihm zurück, dann kommen die Touristenführer, empfangen die Gäste – und das war auch alles.)
[508] In der ursprünglichen Fassung trug diese Erzählung den Titel „Šest bengálských tygrů", im Typoskript des Inhaltsverzeichnisses des Sammelbands ist jedoch das Adjektiv „bengálských" durchgestrichen und handschriftlich „v Basileji" hinzugefügt – wahrscheinlich, um die Kontinuität der Schweizer Ortschaften in den Titeln beizubehalten. In den Titeln anderer Erzählungen erscheinen nämlich Nyon, Luzern, Chillon oder das Adjektiv „švýcarská" (Schweizer). Siehe LA PNP, Fundus Jiří Weil.

v Osvětimi".[509] Dann nimmt die Erzählung jedoch eine ganze andere Richtung, als er einen Landsmann trifft. Dieser verhält sich ziemlich seltsam und spricht permanent von Tigern. „Víte co, připijme si na ty tygry, říkám vám, jsou to moc milá zvířata, takové velké kočky a vůbec tomu nikdo nerozumí, jak je takovému tygrovi, když slyší kolem sebe jen cizí řeč, co to povídám, tři cizí řeči v tomhle Švýcarsku."[510] Weil verbindet hier auf ungewöhnliche Art und Weise zwei seiner Lieblingsmotive, Tiere und Sprache: In diesem Fall leiden die Tiere darunter, dass sie die menschliche Sprache – in diesem Fall Deutsch – um sich herum nicht verstehen. Im Laufe des Gesprächs klärt sich auf, dass Herr Karafiát als Pfleger von sechs bengalischen Tigern in einem Zirkus arbeitet. Weil verleiht dieser Geschichte eine groteske Stimmung, in dem er den Protagonisten Karafiát behaupten lässt, die von ihm gepflegten bengalischen Tiger seien tschechische Tiger, da sie in der Tschechoslowakei geboren wurden, und ihnen sogar insofern patriotische Gefühle zuschreibt, als die Tiger vor Kummer und Heimweh jenseits der Tschechoslowakei sterben würden. An einer Stelle spricht Weil in dieser Erzählung sogar kurz das Thema der Vertreibung der Deutschen aus der Tschechoslowakei nach dem Zweiten Weltkrieg an, was sonst in keinem seiner Texte vorkommt. Dies geschieht, als erwähnt wird, dass der deutsche Inhaber des Zirkus die Tschechen gar nicht leiden kann, denn sie haben ihm seinen Zirkus weggenommen und ihn zu Fuß über die Grenze gejagt: „má na Čechy velkou žáhu, protože ho hnali pěšky přes hranici a sebrali mu cirkus, on českou řeč vůbec nesnese."[511] In diesem Text ist die Tieranekdote, die in anderen Erzählungen nur skizzenhaft erscheint, zentral

---

[509] Mír 242f. („dass nämlich die ehrwürdige Firma Brown-Boveri im schweizerischen Baden Verbrennungsöfen für die Gaskammern in Auschwitz geliefert hat." *Sechs Tiger*, 159.)
[510] Mír, 245. („Wissen Sie was, lassen Sie uns auf die Tiger trinken. Ich sage Ihnen, das sind ja so liebe Tiere, diese großen Katzen, und niemand, aber auch gar niemand kann verstehen, wie einem solchen Tiger zumute ist, wenn es um sich nur eine fremde Sprache hört, was sage ich da, gleich drei fremde Sprachen hier in der Schweiz." *Sechs Tiger*, 161.)
[511] Mír, 245. („Er kann die Tschechen nicht leiden, weil sie ihn zu Fuß über die Grenze gejagt und ihm den Zirkus weggenommen haben. Er kann es überhaupt nicht vertragen, Tschechisch zu hören". *Sechs Tiger*, 166.)

geworden. Weil verwendet hier die bereits erprobte Technik eines nicht funktionierenden Gesprächs, diese dient hier zur Steigerung der Spannung: Die Figur Karafiát spricht in relativ langen Passagen über die Tiger, ohne dass eine plausible Erklärung kommt, was mit den Tigern passiert. Dies irritiert nicht nur den Ich-Erzähler, der ihm zuhört, sondern auch den Leser. Durch die Verbindung solch exotischer Tiere wie Tigern mit der Tatsache, dass sie nur Tschechisch verstehen, erhält der Text zudem eine groteske Stimmung.

Folgende Erzählung, die in diesem Sammelband den Titel „Mír" (Frieden) trägt, korrespondiert weitgehend mit dem 1946 in *Kulturní politika* abgedruckten Text „Otázka viny" (Die Schuldfrage). Dies war auch der Grund, warum Jiří Opelík beide Texte in den Sammelband *Hodina pravdy, hodina zkoušky* aufgenommen hat.[512] In diesem Text wird der Ich-Erzähler aufgefordert, an einer Diskussion über einige Nachkriegsthemen wie „o vině na válce, o švýcarské neutralitě a možnosti budoucí války" teilzunehmen.[513] Unterwegs im Zug liest er die philosophische Abhandlung „Die Schuldfrage" von Karl Jaspers.[514] Die Diskutierenden sind Vertreter vieler Nationen, Weil thematisiert hier erneut die Kommunikationssprache: Es wird Französisch und Deutsch mit Akzent[515] gesprochen. Es wird offen über Deutschland und seine Verbrechen sowie über die Rolle der Schweiz während des Zweiten Weltkriegs diskutiert. Hier liegt der größte Unterschied zwischen der Erzählung und der Reportage. Während in der Reportage der Inhalt dieser Diskussion ausführlich wiedergegeben wird, vor allem die Rede eines der Teilnehmer – eines deutschen Anhängers einer antifaschistischen Gruppierung – und das Gespräch mit diesem „Bibelbekenner", wie ihn der Reporter nennt, wird diese Passage in der Erzählung ziemlich knapp gehalten. Die Texte gleichen sich in dem

---

[512] Siehe Opelík, Jiří. 1966: „Bibliografická poznámka", in: Weil, Jiří: *Hodina pravdy, hodina zkoušky*. Praha: Československý spisovatel, 207.

[513] *Mír*, 253. („über die Kriegsschuld [...], die Schweizer Neutralität und die Möglichkeit eines erneuten Krieges." *Sechs Tiger*, 168.)

[514] Den gleichen Titel wie Jaspers Buch trägt der erste Text Weils in *Kulturní politika*. In diesem Text wird im Gegensatz zur Erzählung ausführlich auf Jaspers Abhandlung eingegangen.

[515] Anders werden die Diskutierenden nicht charakterisiert, nur mittels ihrer Nationalität und Sprache.

Augenblick wieder, als der Erzähler vom Bergchalet zur Bushaltestelle absteigt, wo mehrere Schweizer warten. Hier, in der Idylle der Schweizer Alpen, tauchen sowohl vor den Augen des Reporters als auch des Ich-Erzählers die Greuel der Kriegszeit auf:

> Byli to Švýcaři, pilný a klidný národ, vraceli se z výletů, spokojení a šťastní z dobře strávené neděle. [...] Zvonce krav [...] vyzváněly mír. Musil jsem myslit na transporty smrti, na zmrzlá těla vyhazovaná na koleje, na vraždění dětí a pálení vesnic, na střelnici v Kobylisech. Musil jsem myslit na uprchlíky, o nichž vypravoval na diskusi jakýsi Švýcar, kteří se snažili dostat se do Švýcar, byli vráceni od hranic a vražděni přímo před očima švýcarských celníků. Musil jsem myslit na zvony, které vyzváněly spolu se zvonci krav v době, kdy ještě byli lidé vražděni, kdy umírali tyfem a váleli se v příkopech na pochodech smrti.[516]

Als äußerst interessant erweist sich der letzte Satz des Textes. In der Erzählung „Mír" im gleichnamigen Sammelband ist er offensichtlich ironisch gemeint und zeugt von der totalen Desillusionierung

---

[516] *Mír*, 255f. („Es waren Schweizer, ein fleißiges und ruhiges Volk, sie kamen von einem Ausflug zurück, zufrieden und glücklich nach einem gelungenen Sonntag. [...] Die Glocken der Kühe [...] läuteten Frieden. Ich musste an die Todestransporte denken, die gefrorenen Leiber, die man auf die Gleise geworfen hatte, die Ermordung von Kindern und die verbrannten Dörfer, an die Hinrichtungsstätte in Kobylisy. Ich musste an die Flüchtlinge denken, von denen ein Schweizer Diskussionsteilnehmer berichtet hatte, sie hätten versucht, in die Schweiz zu gelangen, an der Grenze wurden sie zurückgeschickt und unmittelbar vor den Augen der Schweizer Zöllner ermordet. Ich musste an die Glocken denken, die gemeinsam mit Kuhglocken geläutet hatten zu einer Zeit, als noch Menschen ermordet wurden, als sie an Typhus starben und sich auf den Todesmärschen in Gräben wälzten." *Sechs Tiger*, 171.)
Hier zum Vergleich die Charakteristik der Schweizer im Roman *Dita Saxová* von Arnošt Lustig aus dem Jahr 1962. Der Autor geht mit den Schweizern noch strenger ins Gericht als Weil: „*Švýcaři jsou fádní, nespokojení, bez fantazie. Jsou slušní, vytrvalí, i v tom, že tvrdě sedí na židovském zlatě, na tom, které si sem pro jistotu poslali Němci, naštěstí už z roztavených zubů v úhledných zlatých cihlách, i na tom, které si sem poslali důvěřiví našinci, pro jistotu na číslo, ne na jméno, aby si je kromě nich nemohl nikdo vyzvednout.*" Siehe Lustig, Arnošt. 1997: *Dita Saxová*. Praha: Hynek, 391. (Kursivschrift im Original.) (Die Schweizer sind fad, unzufrieden, ohne Phantasie. Sie sind anständig, standhaft, auch darin, dass sie fest auf dem jüdischen Gold sitzen, auf dem, das die Deutschen sich zur Sicherheit hierher schickten, zum Glück bereits aus den geschmolzenen Zähnen in hübschen Goldbarren, als auch auf dem, das die gutgläubigen Unsrigen sich hierher schickten, zur Sicherheit auf die Nummer und nicht auf den Namen, damit nur sie es abheben können und niemand anderer.)

und der Verbitterung des Erzählers: „Ale kolem byl mír a ještě zbylo trochu času a místa na reformátory a **planá** slova o všelidské lásce."[517] Im Prätext – in der Reportage – fehlt dieser verbitterte Ton: „Ale kolem byl mír a ještě zbylo trochu času a místa na slova o všelidské lásce."[518] Dies ist allerdings nicht die einzige Änderung, die dieser Satz erfahren hat. Im Sammelband *Vězeň Chillonský*, der bis auf zwei neue Erzählungen den Nachdruck des Sammelbandes *Mír* darstellt, endet diese Erzählung ganz anders, nämlich mit folgendem Satz: „Musil jsem myslit na svou zemi, probouzející se pomalu z hrůzného snu, a na slovo mír, které zní tak sladce ve všech jazycích světa."[519] Das Einzige, was diese drei Sätze verbindet, ist der Gedanke an „mír" (Frieden). Weil hat mit diesen unterschiedlich abschließenden Sätzen drei mögliche Varianten durchgespielt: von einer neutralen Aussage (es war Frieden und noch genug Zeit, um über die menschliche Liebe zu sprechen) über einen verbitterten Abschluss, in dem er die Worte der Reformatoren für „leer" hält, bis zu einem optimistisch gestimmten Ende. Der „ewige Frieden" war eines der beliebtesten Mittel der kommunistischen Propaganda. Obwohl Weil selbst dies nirgendwo thematisiert, ist es durchaus möglich, dass er den Schluss der Erzählung in diesem Sinne ändern musste. Er wurde nämlich im April 1956 wieder in den Verband der tschechoslowakischen Schriftsteller aufgenommen. Damit er 1957 den Sammelband *Vězeň chillonský* publizieren konnte, musste er wahrscheinlich einige Zugeständnisse machen. Die letzte Version ist auch in den von Opelík herausgegebenen

---

[517] *Mír*, 256. (Aber rundherum herrschte Frieden und es blieb noch ein bisschen Zeit und Platz für die Reformatoren und **leere** Worte über die allmenschliche Liebe.) Diese Übersetzung stammt von mir, M. B.; Hervorhebung des Wortes „planá" (hier „leer") stammt ebenfalls von mir.

[518] „Otázka viny", 8. (Aber rundherum herrschte Frieden und es blieb noch ein bisschen Zeit und Platz für die Worte über die allmenschliche Liebe.) Übersetzung M. B.

[519] *Vězeň chillonský*, 182. („Ich musste an mein Land denken, das langsam aus einem schlimmen Traum erwachte, und an das Wort Frieden, das so süß klingt in allen Sprachen der Welt." *Sechs Tiger*, 171.) Diese Übersetzung stammt von Bettina Kaibach, denn der deutschen Ausgabe *Sechs Tiger in Basel* diente der von Opelík herausgegebene Sammelband *Hodina pravdy, hodina zkoušky* als Grundlage. (Siehe Kommentar von Michael Špirit, 194.)

Sammelband *Hodina pravdy, hodina zkoušky* eingegangen und somit die bekannteste geworden. Die Handlung der letzten Erzählung aus der Gruppe der Holocaust-Erzählungen spielt – wie ihr Titel „**Setkání v Luzernu**" (Begegnung in Luzern)[520] besagt – in der Schweizer Stadt Luzern. Gleich zu Beginn wird die Verständigungssprache dieser Stadt thematisiert: In Luzern wird nicht mehr Französisch, sondern Italienisch gesprochen, obwohl Luzern eine deutsche Stadt ist. Die zwei Hauptprotagonisten sind ein amerikanischer Offizier namens Jimmy, der dort gerade Urlaub macht, und eine junge Frau namens Gerta/Gerty. Sie treffen sich zufällig in Luzern in einem Gasthaus. Während Jimmy Gerta nicht erkennt, spricht diese ihn sofort an und erinnert ihn an ihr erstes Treffen. Dies war im Konzentrationslager Bergen-Belsen: Jimmy war unter den ersten Soldaten, die dieses KZ-Lager befreit hatten, und rettete damals Gerta. Nicht in ihrer Rolle als Retter und Opfer, sondern in ihrem Bezug zur Vergangenheit liegt der größte Unterschied zwischen Jimmy und Gerta: Jimmy, obwohl er als Befreier viel Gutes getan hat, möchte sich an das Vergangene und Gesehene nicht mehr erinnern. Gerta dagegen kann sich von der Vergangenheit nicht lösen, sie versinkt ständig in Erinnerungen. So funktioniert das Gespräch zwischen der durch das Erlebte sichtlich traumatisierten Gerta[521] und dem Amerikaner, das – mit Ausnahme des ersten und des letzten Absatzes – den ganzen Raum in der Erzählung einnimmt, zum Teil gar nicht und entbehrt eines logischen Zusammenhangs. Die Erzählung wird danach mit einem Kontrast zwischen der idyllischen Schweiz und

---

[520] „Setkání v Luzernu", in: *Svobodné noviny* 1948/4: 58, 1–2; 9. März.
[521] Gerta/Gerty erinnert in einigen Aspekten an Dita Saxová, die Hauptprotagonistin des gleichnamigen, bereits erwähnten Romans von Arnošt Lustig. Beide jungen Frauen haben den Holocaust in verschiedenen Konzentrationslagern überlebt, sind äußerst traumatisiert und können das Geschehene nicht vergessen. Vor allem im Gespräch mit ihrem Freund D. E. Huppert bei ihrer ersten Liebesnacht ist Dita der Protagonistin von Weils Erzählung sehr ähnlich. Sie spricht häufig von ihrem Aufenthalt in Theresienstadt, wo sie kleine Kinder betreut hat, oder in Auschwitz, wo sie durch drei Selektionen gegangen war. Während Gerty allerdings zum Schluss meint, sie würde zu ihrer Arbeit zurückkehren, findet Dita den Sinn des Lebens nicht und begeht zum Schluss Selbstmord, sie stürzt sich von einem Berg in den Schweizer Alpen. Vgl. *Dita Saxová*, vor allem 160–222.

dem durch den Krieg zerstörten restlichen Europa abgeschlossen: Auf der berühmten Holzbrücke in Luzern ertönen menschliche Schritte, die sich wie das Rollen der Panzer über die Ruinen in fernen Städten anhören.

Zusammenfassend lässt sich sagen, dass in den Erzählungen dieses dritten Bereichs vor einem nicht spezifizierten Hintergrund die Emotionen der Protagonisten dargestellt werden,[522] die meistens nicht näher charakterisiert werden und die oftmals nur darauf reduziert werden, dass sie über historische Tatsachen berichten, ohne dass diese durch den Erzähler kommentiert würden. Die Teilnehmer der in den Erzählungen häufig nicht funktionierenden Diskussionen sind Modellvertreter verschiedener Nationen: Die meisten Akteure sind Schweizer, Amerikaner und ehemalige KZ-Häftlinge (verschiedener Nationalitäten). Von den Schweizer Protagonisten werden zwei unterschiedliche Typen vorgestellt: Die ersten versuchen, ihre Schuld an den Kriegsverbrechen[523] als gering darzustellen, die zweiten sind sich ihrer Schuld voll bewusst. Die Amerikaner werden meistens entweder als arrogante, gleichgültige Touristen oder als Soldaten, die sich an der Befreiung Europas beteiligt haben und nun versuchen, die gesehenen Schrecken zu vergessen, gezeigt. Die ehemaligen KZ-Häftlinge fungieren häufig als Verbindung zwischen der Vergangenheit und der Gegenwart. Sie sind diejenigen, die das Diskutierte am eigenen Leib erlebt haben und die häufig in der Gegenwart nicht anders können, als permanent vom Erlebten zu sprechen. Weil vermeidet in seinen Erzählungen mit Holocaust-Thematik jegliche Moralisierung, er überlässt den Lesern, sich ihre eigene Meinung zu bilden. Einigen seiner Erzählungen verleiht er jedoch eine absurde Stimmung, die teilweise bis ins Groteske geht.

---

[522] Diese werden lediglich durch ihre Äußerungen definiert. Der Erzähler gibt über die Protagonisten lediglich zwei Informationen: Was sie während des Krieges gemacht haben bzw. was sie jetzt machen.
[523] In den Erzählungen werden vor allem die Ablehnung der Hilfe für die in die Schweiz kommenden jüdischen Flüchtlinge, Waffenlieferungen an beide Kriegsparteien sowie die Herstellung der Verbrennungsanlagen für die Krematorien in Auschwitz thematisiert.

3.3.1.2.3 Sammelband *Vězeň chillonský* (1957)

Der dritte Sammelband mit dem Titel *Vězeň Chillonský*[524] (Der Gefangene von Chillon) wurde 1957 im Verlag *Československý spisovatel* publiziert. Er entstand aus der Verbindung der sechzehn besten Erzählungen aus *Mír* mit zwei noch nicht publizierten Erzählungen, die in das Buch unter dem Titel „Dvě povídky o transportu" (Zwei Erzählungen über Transport) aufgenommen wurden: Es handelt sich um die Texte „Píseň na rozloučenou" (Abschiedslied)[525] und „Šanghaj" (Shanghai).

Während die Erzählungen in *Mír* noch willkürlich geordnet wurden, kann man in *Vězeň Chillonský* eine andere und gezielte Aufstellung beobachten, nämlich nach dem Zeitraum der Handlungen. Zuerst kommen die Erzählungen, die vor dem Krieg in der Tschechoslowakei, in Deutschland, Moskau und Zentralasien handeln, danach folgen Texte, die in Prag in der Zeit des Protektorats angesiedelt sind. Zuletzt finden wir Texte, die vom Europa nach dem Zweiten Weltkrieg handeln.[526]

Auch dieser Sammelband trägt, ähnlich wie *Mír*, den Titel einer darin enthaltenen Erzählung. Da *Vězeň Chillonský* weder Vorwort noch Nachwort enthält, wird die Wahl des Titels nicht begründet. Einer der Gründe für die Auswahl mag die Erzählung selbst sein, denn, wie Jiří Weil in der Anmerkung zum vorherigen Sammelband *Mír* schreibt, hatte diese sowohl in den einheimischen[527] als auch in den ausländischen Zeitschriften Erfolg: „[...] ‚Vězeň Chillonský', která byla přeložena do několika jazyků, pak přetiskována již bez mého jména. Nevím, do jaké země až dorazila,

---

[524] Es handelt sich um folgende Erzählungen, die alle – mit Ausnahme der zwei neuen Erzählungen – bereits im vorhergehenden Abschnitt zum Sammelband *Mír* näher beschrieben wurden: „Aukce", „O korunu a lásku", „Zlín I – Čaj u Tomáše Bati", „Zlín II – Terase Společenského domu", „Jezero Neuruppinské", „Busta básníkova", „Potomek Timurův", „Cesta do Alma-Aty", „Jezero Issyk-kulské", „Dvě povídky o transportu I – Píseň na rozloučenou", „Dvě povídky o transportu II – Šanghaj", „Lodžské intermezzo", „Štrasburská katedrála", „Švýcarská snídaně v Capoulade", „Hodina v Nyonu", „Setkání v Lucernu", „Vězeň Chillonský", „Šest tygrů v Basileji", „Mír".

[525] „Píseň na rozloučenou", in: *Nový život* 1956/8:12, 1258–1260.

[526] Die einzige Ausnahme, die diese Reihenfolge stört, ist die Erzählung „Štrasburská katedrála", die sich in der Zeit kurz vor dem Krieg abspielt.

[527] „Vězeň Chillonský", in: *Listy* 2, 1948/1, 7–11.

nedávno mi sdělili, že vyšla v jakémsi australském časopise."[528] Es ist allerdings ebenfalls möglich, dass mit der Wahl des Titels das Augenmerk des Lesers mehr auf die Holocaust-Thematik im Band gelenkt werden sollte, die gerade in der Erzählung „Vězeň Chillonský" eine zentrale Stellung einnimmt.[529] Aufgrund der Titelgebung und der neuen Anordnung der Texte kommt es zu einer deutlichen Verschiebung in der Gesamtwahrnehmung dieses Buches: Es bietet sich nachgerade ein Vergleich zwischen dem Leben vor, während und nach dem Krieg an. Dieser Effekt entsteht bei der willkürlichen Reihung der Texte in *Mír* nicht. Darüber hinaus kommt es durch die Eingliederung der Erzählungen aus Zentralasien direkt vor den Texten über den Holocaust zu einem neuen Kontrast: Das Schicksal des verfolgten kirgisischen Volkes wird in

---

[528] „Poznámka", in: *Mír*, 257f. ([…], „Der Gefangene von Chillon", die in mehrere Sprachen übersetzt wurde, und dann weiter ohne meinen Namen abgedruckt wurde. Ich weiß nicht, wohin sie überall gekommen ist, neulich wurde mir mitgeteilt, dass sie in einer australischen Zeitschrift publiziert wurde.)
In den Aufzeichnungen in Weils Nachlass befindet sich eine handschriftliche Notiz, aus der hervorgeht, dass Josef Škvorecký diese Erzählung dem Redakteur der australischen Zeitschrift *Meanjin* gegeben hat. Die Übersetzung sollte Jeanne Němcová durchführen. In der Zeitschrift *Meanjin* wurde die englische Übersetzung von Weils Erzählung „The Prisoner of Chillon" tatsächlich publiziert, allerdings erst im Jahr 1958. Als Übersetzerin wurde Margaret Stewart angegeben. Es bleibt also unklar, welche australische Zeitschrift Weil in seiner Anmerkung in *Mír* 1949 gemeint hat.

[529] Zur Entstehungsgeschichte dieses Textes schreibt Vondráčková in ihren Erinnerungen an Weil Folgendes: „Jirka se seznámil v Ženevě s Vlastou Drozdovou […]. Šel tenkrát do zámku k Lemanskému jezeru: […] Vlastu tam tenkrát omylem v zámku zavřeli. Jirka už byl dávno venku a ona na něj z cimbuří volala S.O.S. Jirka se smál na celé kolo: - Nemám lano ani klíč, co mohu? - Konečně někoho sehnal. Vlasta vylézá a Jirka se směje dál: - Ejhle, dvojitý vězeň! Ona totiž byla zavřena v Gottesselle a ve Waldheimu. Tady bylo zázemí Jirkova Vězně chillonského." (Vondráčková 2014, 91.) (Jirka hat in Genf Vlasta Drozdová kennengelernt […]. Er ist damals zu einem Schloss am Genfersee gegangen: […] Vlasta wurde dort versehentlich eingesperrt. Jirka war schon längst draußen, während sie ihm von der Mauer S.O.S. signalisierte. Jirka hat gelacht: - Ich habe weder Seil noch Schlüssel, was kann ich tun? - Endlich hat er jemanden auftreiben können. Vlasta kommt raus und Jirka lacht weiter: - Schaut, eine doppelte Gefangene! Sie war nämlich während des Krieges in Gotteszell und in Waldheim eingesperrt. Dies ist der Hintergrund von Jirkas Gefangenem von Chillon.)

enge Verbindung mit dem ähnlichen Los der tschechoslowakischen Juden gebracht. Wie bereits erwähnt, enthält dieser Sammelband lediglich zwei neue Erzählungen, die an dieser Stelle näher beschrieben werden: „Píseň na rozloučenou" und „Šanghaj". Anhand kleiner Indizien in den Texten kann man erahnen, dass die Handlung beider Texte im durch die Nationalsozialisten okkupierten Prag spielt. Die Hauptprotagonisten sind in beiden Fällen Juden – Beamte und Ärzte,[530] die noch ihre Berufe ausüben dürfen, die aber mit dem Leid ihrer Glaubensgenossen direkt konfrontiert werden. In **„Píseň na rozloučenou"** (Abschiedslied)[531] wird auf das Schicksal jüdischer Waisenkinder eingegangen, die in einem jüdischen Krankenhaus leben: „Děti byly zakřiknuté, kolem byla jen smrt a utrpení, hrály si tiše a nehlučely. Málokdo z cizích návštěvníků věděl, že je v nemocnici taky dětský útulek."[532] Auch die Kinder bekommen letztendlich den Befehl zum Transport. An dieser Stelle kommt das erste Mal das Motiv vor, das Weil später in *Život s hvězdou* ausführlich entfaltet: Die Markierung der Opfer mit Nummernschildern wird einem Spiel beziehungsweise einer Maskerade gleichgesetzt: „[...] musili se dívat, jak si děti věší na krk transportní čísla, jako by to byla maškaráda."[533] Auch später im Roman *Život s hvězdou* wird von einer „Maskerade" gesprochen, als sich der Hauptprotagonist Roubíček den gelb-schwarzen Judenstern annähen muss.[534] Um die

---

[530] Auch hier treten die Charakteristika einzelner Protagonisten – typisch für Weil – völlig in den Hintergrund.
[531] Das erste Mal 1956 in *Nový život* abgedruckt. Siehe „Píseň na rozloučenou", in: *Nový život* 1956/8:12, 1258–1260.
[532] *Vězeň chillonský*, 116. („Die Kinder waren verschüchtert, ringsum war nichts als Tod und Leiden, sie spielten still und machten keinen Lärm. Von den auswärtigen Besuchern wusste kaum jemand, dass sich im Krankenhaus auch ein Asyl für Kinder befindet." *Sechs Tiger*, 65.)
[533] *Vězeň chillonský*, 117.
(„[...] sie mussten zusehen, wie sich die Kinder die Transportnummern um den Hals hängten, als ginge es zum Kostümfest." *Sechs Tiger*, 66.)
[534] „'Nazdar šerife', křičel na mne jakýsi kluk. A všichni se smáli, ale věděl jsem, že se nesmějí mně, smál jsem se také, byla to zábavná věc, chodit s takovým odznakem, byla to maškaráda, která nepatřila vůbec do světa, ve kterém pracují, patřila na pouť, do jarmareční boudy, patřily k ní kozelce, napudrované

Kinder wenigstens ein bisschen aufzuheitern, wird eine Abschiedsparty organisiert, bei der den Kindern zum Schluss die Hymne „Kde domov můj" gespielt wird. Interessant an dieser heterodiegetischen Erzählung ist, dass hier Kinder auftreten, was in Weils Texten ziemlich selten der Fall ist.

Die zweite Erzählung über den Transport trägt den exotischen Titel „Šanghaj" (Schanghai), der in ironischem Verhältnis zum eigentlichen Inhalt steht. Entgegen der Erwartung eines exotischen Handlungsorts spielt diese Erzählung vorwiegend am Informationsschalter der jüdischen Transportabteilung. Der Hauptprotagonist, Karel Fleischer, muss dort Auskünfte über die Transporte liefern. Die ganze Lage ist ziemlich absurd, denn Fleischer selbst verfügt über keinerlei Informationen, was ihm die zu ihm kommenden Juden natürlich nicht glauben. Einige Menschen denken, sie könnten die Destination ihrer Transporte selbst wählen, und verlangen, an bestimmte Orte geschickt zu werden. So möchte ein Mann – daher der Titel der Erzählung – nach Shanghai geschickt werden. In diesem Text wird die Unmöglichkeit einer funktionierenden Kommunikation zu ihrem Höhepunkt gebracht. Obwohl Fleischer den ganzen Tag mit Menschen redet, antwortet er mechanisch nichts anderes als ‚"Nevím, neznám, nemohu vědět, to se nikdy neví, to se ukáže.' Nebo ‚nesmíte, nemůžete, zakázáno.'"[535] Auch ein funktionierender Dialog zwischen ihm und seiner Frau scheint unmöglich zu sein. Während er versucht, seiner Frau von seinen alltäglichen Qualen im Amt zu berichten, denkt diese ebenso wie die anderen, er würde vor ihr etwas verheimlichen. Jede der Figuren dieser Erzählung, vor allem aber der Hauptprotagonist

---

tváře a kopance." *Život s hvězdou*, 96. („‚Grüß dich, Sheriff!', rief mir ein kleiner Junge zu. Und alle lachten, aber ich wußte, daß sie nicht über mich lachten, ich lachte auch, das war eine unterhaltsame Sache, mit einem solchen Abzeichen herumzulaufen, eine Maskerade war das, die überhaupt nicht in eine Welt gehörte, in der Menschen arbeiten, sie gehörte auf einen Rummel, in eine Jahrmarktsbude, zu ihr gehörten Purzelbäume, gepuderte Gesichter und Fußtritte." *Leben mit dem Stern*, 104.)

[535] *Vězeň chillonský*, 120. („‚Weiß ich nicht, kenne ich nicht, kann ich nicht wissen, das weiß man nie, das wird sich weisen.' Oder: ‚Dürfen Sie nicht, können Sie nicht, verboten.'" *Sechs Tiger*, 69.)

Fleischer, scheint in ihrer Welt isoliert zu sein, ohne die Möglichkeit, jemand anderen kommunikativ zu erreichen.

3.3.1.2.4 Sammelband *Hodina pravdy, hodina zkoušky* (1966)

Der letzte Erzählsammelband **Hodina pravdy, hodina zkoušky**[536] (Die Stunde der Wahrheit, die Stunde der Prüfung) wurde sieben Jahre nach Weils Tod im Verlag *Československý spisovatel* herausgebracht.[537] An seiner Entstehung haben sich die gleichen Personen beteiligt, die mit Weil bereits an der Herausgabe seines Romans *Na střeše je Mendelssohn* zusammengearbeitet haben: Die verantwortliche Redakteurin war Květa Drábková,[538] der Umschlag wurde von Vladimír Fuka entworfen; die Texte wählte der berühmte tschechische Literaturwissenschaftler und -kritiker Jiří Opelík aus, der ebenso die bibliographische Anmerkung und das Nachwort schrieb. Zur Entstehungsgeschichte dieses Sammelbandes merkte der Herausgeber Folgendes an:

> V tomto výboru z Weilových povídek mají převahu čísla, která už sám autor kdysi zařadil do svých povídkových knížek Barvy [...], Mír [...] a Vězeň chillonský [...]. Barvy přetiskujeme celé. [...] Dvě z vybraných povídek (Zlín – Čaj u Tomáše Bati, Mír) jsme doprovodili reportážemi, které zpracovávají tutéž skutečnost ještě před vznikem obou povídek; učinili jsme tak proto, aby ze srovnání ostřeji vystoupila osobitost umělecké prózy Jiřího Weila,

---

[536] Dieser Sammelband beinhaltet folgende Texte: „Jezero Neuruppinské", „Potomek Timurův", „Cesta do Alma-Aty", „Čaj u Tomáše Bati", „Zlín I – Čaj u Tomáše Bati", „Zlín II – Terasa Společenského domu", „Štrasburská katedrála", „Švýcarská snídaně v Capoulade", „Dvě povídky o transportu I – Píseň na rozloučenou", „Dvě povídky o transportu II – Šanghaj", „Lidická ovce", První intermezzo: Barvy: „Zelená a rudá", „Černá a bílá", „Žlutá a modrá", „Šedá a fialová", „Hnědá a bílá", „Žlutá a černá", „Fialová a černá", „Žlutá a zelená", „Červená a modrá", „Stříbrná a zlatá", „Lodžské intermezzo", Druhé intermezzo: „Aukce", „Prostá pravda", „Nízko je nebe", „Hodina v Nyonu", „Setkání v Luzernu", „Vězeň Chillonský", „Šest tygrů v Basileji" und „Mír".

[537] Der Vertrag über die Herausgabe von „výbor povídek" (Anthologie der Erzählungen) wurde bereits im Juni 1965 mit Weils Witwe Olga abgeschlossen. Siehe LA PNP, Fundus Jiří Weil.

[538] Ihr Nachlass im *Památník národního písemnictví* enthält unter anderem die Typoskripte des Reportagenbuches *Češi stavějí v zemi pětiletek* sowie des Romans *Dřevěná lžíce*.

v české literatuře vskutku ojedinělá. Čísla knižně už publikovaná doplňujeme [...] povídkou [...] Nízko je nebe [...] a povídkou tištěnou z rukopisu: Lidická ovce.539

Für den Titel des Sammelbandes verwendete Opelík ein Zitat Weils aus einer Umfrage, die 1957 in der Zeitschrift *Nový život* publiziert wurde. Einigen tschechischen Schriftstellern wurden damals insgesamt sieben Fragen zur tschechischen Literatur, zu ihrer Modernität sowie zu ihrem Bezug auf Traditionen und zum Sozialistischen Realismus gestellt. Unter den Befragten befand sich auch Jiří Weil. In seiner einzigen, alle Fragen umfassenden Antwort gibt er an:

> A jak má líčit lidi spisovatel? Nemůže si je přece vymýšlet. Má je líčit, jak se jeví, když si nasazují masky, nebo je má líčit, jakými ve skutečnosti jsou – v hodině pravdy, v hodině zkoušky? [...] Je proto spisovatelem, aby vzal na sebe odpovědnost, protože musí mluvit za jiné, protože musí říci to, co nemohou jiní říci, není to lehké řemeslo být spisovatelem, protože musí líčit slávu a bídu člověka, jeho lesk a ponížení, jeho velikost a jeho nízkost a musí mít také pokoru, která mu umožňuje, aby viděl své špatné a dobré vlastnosti, nesmí se vypínat nad jinými, nesmí lhát ani sobě, ani obelhávat jiné. [...] Vracím se k otázce, kterou jsem začal. Jak má líčit lidi spisovatel? Na to odpovídá celá tradice naší literatury, že je má líčit, jakými ve skutečnosti jsou – v hodině pravdy, v hodině zkoušky.540

---

539 Opelík, Jiří. 1966: „Bibliografická poznámka", in: Weil, Jiří: *Hodina pravdy, hodina zkoušky*. Praha: Československý spisovatel, 207. (In dieser Anthologie von Weils Erzählungen überwiegen Texte, die der Autor selbst früher in seine Erzählungsbände Barvy [...], Mír [...] und Vězeň Chillonský [...] aufgenommen hat [...]. Barvy drucken wir ganz ab. [...] Zwei von den ausgewählten Erzählungen (Zlín – Čaj u Tomáše Bati, Mír) haben wir um die Reportagen ergänzt, welche die gleichen Ereignisse noch vor der Entstehung beider Erzählungen aufgreifen. Wir haben das gemacht, damit aus dem Vergleich die Eigenart der künstlerischen Prosa von Jiří Weil deutlich werden könnte, die in der tschechischen Literatur wirklich außergewöhnlich ist. Die bereits publizierten Texte [...] ergänzen wir um die Erzählung Nízko je nebe [...] und um die Erzählung Lidická ovce, die bislang lediglich als Manuskript vorlag.)

540 „Anketa o současné próze", 1259, 1264. (Und wie soll ein Schriftsteller die Menschen schildern? Er kann sie sich doch nicht ausdenken. Soll er sie so schildern, wie sie erscheinen, wenn sie ihre Masken aufsetzen, oder soll er sie so schildern, wie sie in der Wirklichkeit sind – in der Stunde der Wahrheit, in der Stunde der Prüfung? [...] Man ist deshalb ein Schriftsteller, um die ganze Verantwortung auf sich nehmen zu können, weil man für andere sprechen muss, weil man das sagen muss, was die anderen nicht sagen können; es ist kein leichtes Handwerk,

Bei der Ordnung der Erzählungen geht Opelík folgendermaßen vor: Im ersten Teil (nummeriert mit römisch Eins) befinden sich zehn Erzählungen. Es handelt sich um acht bereits bekannte Texte, die in der Vorkriegszeit spielen. Die weiteren Texte spielen in der Tschechoslowakei während des Krieges. In diesem Block kommt eine bis damals noch nie publizierte Erzählung vor – „Lidická ovce" (Das Schaf aus Lidice). Diese Erzählung ist einer der wenigen Texte Weils, in dem Kinder als Protagonisten – in diesem Fall Holocaustopfer – auftreten.[541] Nach dem ersten Teil folgt der Zyklus der Erzählungen aus dem Band *Barvy*, der sich hier im Kapitel „První intermezzo" (Das erste Intermezzo) befindet. Danach kommt eine Erzählung, die den Titel „Lodžské intermezzo" (Intermezzo in Łódź) trägt. Diese beiden Intermezzi werden von „Druhé intermezzo" (Das zweite Intermezzo) abgeschlossen, das aus drei Erzählungen besteht: „Aukce" (Auktion), „Prostá pravda" (Einfache Wahrheit) sowie „Nízko je nebe" (Tief hängt der Himmel).[542] Den zweiten Block bilden sechs auch in den früheren Sammelbänden publizierte Erzählungen, die im westlichen Europa der Nachkriegszeit spielen.

Da die meisten Erzählungen dieses Sammelbandes bereits in den vorhergehenden Abschnitten behandelt wurden, wird hier lediglich auf zwei bislang unbekannte eingegangen, und zwar auf die

---

ein Schriftsteller zu sein, weil man den Ruhm und das Elend des Menschen, seinen Glanz und seine Erniedrigung, seine Größe und seine Niedrigkeit schildern muss, und man muss sogar die Demut haben, die es einem ermöglicht, eigene gute und schlechte Eigenschaften zu sehen, er darf sich nicht über die anderen erheben, er darf weder sich selbst noch die anderen belügen. […] Und so kehre ich zurück zur Frage, die ich gestellt habe. Wie soll ein Schriftsteller die Menschen schildern? Darauf gibt die ganze Tradition unserer Literatur die Antwort: Man soll sie so schildern, wie sie in der Wirklichkeit sind – in der Stunde der Wahrheit, in der Stunde der Prüfung.)
Der Ausdruck „hodina pravdy" (die Stunde der Wahrheit) scheint für Weil besonders wichtig zu sein, denn eine der Vorversionen des Romans *Život s hvězdou*, die sich in seinem Nachlass befindet, trägt diesen Ausdruck in ihrem Titel. Siehe LA PNP, Fundus Jiří Weil.

[541] Im Romanschaffen Weils erscheinen Kinderfiguren erst in seinem letzten Roman *Na střeše je Mendelssohn*.

[542] Die Erzählung „Nízko je nebe" wurde davor lediglich 1958 in der Zeitschrift *Host do domu* (Gast ins Haus) publiziert. Siehe „Nízko je nebe", in: *Host do domu* 1958/10, 434–436.

Texte „Lidická ovce" und „Nízko je nebe", die hier zum ersten Mal veröffentlicht wurden.

Die Erzählung **„Lidická ovce"** (Das Schaf aus Lidice) hat Weil offensichtlich im Jahr 1959 verfasst. In seinem Nachlass befindet sich nämlich ein Absagebrief der Zeitschrift *Host do domu*, wo er sie zu publizieren beabsichtigte. Der Brief ist auf den 1. Oktober 1959 datiert, was ca. zwei Monate vor Weils Tod war. Der zuständige Redakteur der Zeitschrift, Ludvík Kundera, begründet seine Absage damit, dass zurzeit übermäßig viele belletristische Texte mit der Thematik der Konzentrationslager geschrieben und publiziert würden. Außerdem argumentiert er mit der seiner Meinung nach geringeren Qualität dieses Textes im Vergleich zu früheren Erzählungen Weils:

> Lhal bych ovšem sám sobě, kdybych se Vás snažil ujistit, že Vám povídku vracím jen na základě takových úvah. Ne, svou roli hraje i to, že jste tu – podle mého názoru aspoň – zůstal za úrovní svých starších próz /třeba z knihy Barvy, která je pro mě nezapomenutelná nebo povídky Nízko je nebe/. Zdá se nám, […] že Lidická ovce zůstala zatím spíše jen v podobě prvého náčrtu…[543]

Dies muss für den damals bereits sehr kranken Autor ein schwerer Schlag gewesen sein. Aufgrund seiner Thematik kann der Text zur Reihe der Erzählungen gezählt werden, die sich mit dem Holocaust auseinandersetzen. Er wird mit einer Szene eingeleitet, in der der heterodiegetische Erzähler schildert, welches schreckliche Schicksal alle Tiere im von den Deutschen zerstörten böhmischen Dorf Lidice[544] trifft.

---

[543] Siehe LA PNP, Fundus Jiří Weil. (Ich würde mich selbst belügen, wenn ich Sie zu vergewissern versuchte, dass ich Ihnen Ihre Erzählung nur aufgrund solcher Überlegungen zurückschicke. Nein, die Rolle spielt auch das, dass Sie hier – meines Erachtens nach zumindest – unter dem Niveau ihrer älteren Prosastücke/zum Beispiel deren aus dem Buch Barvy, das für mich unvergesslich ist, oder der Erzählung Nízko je nebe/blieben. Uns scheint es, […] dass Lidická ovce bislang nur in der Form der ersten Skizze blieb…).

[544] Lidice ist ein „Dorf bei Kladno in Böhmen, dessen Männer die SS am 10.6.1942 als Vergeltung für das Attentat auf Heydrich erschoss, während die Frauen in KZs deportiert und die Kinder z. T. auf deutsche Familien verteilt wurden.

Vyhnali ovce z dvorků stejně jako ostatní zvířata. Vesnice hořela, domky
létaly do povětří, štěkaly kulomety. Ovce bečely z té hrůzy, jako ostatní
zvířata. Psy postříleli. Kočky utekly, kdepak, ty se vyznají, těm nemusí
nikdo nic povídat, kolik uhodilo, když je zle. Jejich osud byl i potom těžký,
snad jedné nebo dvěma se podařilo uchytit se ve vedlejší vesnici, ale většinu
zastřelili hajní jako škodnou. Ale umřely aspoň na svobodě ty kočky. [...]
Ale ovce – ty nebyly na utíkání zvyklé. Poruč jim, přijdou, poruč jim,
zůstanou stát. Každého poslouchají, i psy. Poslechly i esesáky.⁵⁴⁵

**Durch die Beschreibung der Leiden der Tiere, die das Schicksal der
Menschen teilen, unterstreicht der Autor das schreckliche Ereignis
und verleiht dem Geschehen eine noch gravierendere Dimension.
Während die anderen Haustiere unter den SS-Männern aufgeteilt
werden, kommen die Schafe nach Theresienstadt. Dort werden sie
sogleich zu einer Sensation, denn, wie es in der Erzählung heißt,**

Schafe, Ziegen, Gänse und sonstiges Vieh brachte man ins Ghetto Theresienstadt. In der kommunistischen Tschechoslowakei war L. das Symbol der nationalsozialistischen Bestialität schlechthin, unter Ausblendung des Umstands, dass diese meist weniger die einheimische Mehrheitsbevölkerung als die Juden getroffen hatte. Weils gezielte Verknüpfung des Gedächtnisorts L. mit einem *jüdischen* Schicksal wird dadurch zum politischen Statement. Der Text konnte dann auch zu seinen Lebzeiten nicht erscheinen." (Špirit 2008, 199; Hervorhebungen im Original)

An dieser Stelle sollte angemerkt werden, dass das Motiv der Schafe aus Lidice, die ins Ghetto Theresienstadt gebracht wurden, in mehreren literarischen Darstellungen sowie in Erinnerungstexten erscheint: beispielsweise im Gedicht Ilse Webers „Die Schafe von Liditz", das von Pavel Eisner ins Tschechische übertragen wurde, oder im Tagebuch Egon Redlichs. Laut den tschechischen Historikern handelt es sich jedoch um einen Mythos. In Theresienstadt wurden zwar Schafe gezüchtet, sie stammten keinesfalls aus Lidice. Siehe Fedorovič, Tomáš: „Lidické ovce v Terezíně – pravda či mýtus?", https://newsletter.pamatnik-terezin.cz/lidicke-ovce-v-terezine-pravda-ci-mytus/ (zuletzt aufgerufen am 11.11.2020).

⁵⁴⁵ *Hodina pravdy*, 80. („Die Schafe wurden aus den Höfen getrieben wie die anderen Tiere. Das Dorf brannte, Häuser flogen in die Luft, Maschinengewehre bellten. Die Schafe blökten angesichts dieses Schreckens, wie die anderen Tiere. Die Hunde wurden erschossen. Die Katzen ergriffen die Flucht, wenn auch nicht, die wissen Bescheid, denen muss keiner sagen, was es geschlagen hat, wenn es schlimm kommt. Auch sie hatten damals ein schweres Los, der einen oder anderen glückte es vielleicht, im Nachbardorf unterzukommen, aber die meisten wurden von den Förstern als Schädlinge erschossen. Aber wenigstens starben sie in Freiheit, die Katzen. [...] Die Schafe hingegen – die waren ans Fliehen nicht gewöhnt. Befiehl ihnen, und sie kommen her, befiehl ihnen, und sie bleiben stehen. Jedem gehorchen sie, auch den Hunden. Sie gehorchten auch der SS." *Sechs Tiger*, 73.)

leben in dieser Stadt keine Tiere– entweder wurden sie bereits aufgegessen oder sie trauen sich gar nicht dorthin:

> Ve městě, kde nežilo ani jedno zvíře, kam dokonce nepřilétali ani ptáci, kde i myši byly vzácností, protože je lidé snědli – básničku o tom napsal Miroslav Kosek z Hořelic, desetiletý, kterého, když mu bylo jedenáct let, zavraždili v plynové komoře, v takovém městě vzbudily ovce velkou pozornost. Byly vyhublé, popálené, potácely se, z očí jim civěla hrůza, ty ovce něco zažily. Lidé věděli, co to bylo, taková věc se nedá zatajit.[546]

In diesem Zitat erwähnt Weil das Gedicht eines zehnjährigen jüdischen Knaben, der ein Jahr später in der Gaskammer umgebracht wurde. An dieser Stelle sollte ein kurzer Exkurs zu Weils Tätigkeit als Herausgeber eines Sammelbandes mit Zeichnungen und Gedichten der Kinder aus dem Ghetto in Theresienstadt *Motýla jsem tu neviděl* (Ich habe hier keinen Schmetterling gesehen) gemacht werden.

3.3.1.2.5 Exkurs III: Weil und die Kinderzeichnungen aus Theresienstadt

Kurz nach der Befreiung wurde im ehemaligen Ghetto Theresienstadt unter anderen schriftlichen Dokumenten ein Konvolut an Zeichnungen und Gedichten der dort inhaftierten Kinder aufgefunden. Jiří Weil, damals Mitarbeiter des Jüdischen Museums in Prag, setzte sich wesentlich dafür ein, dass diese Zeichnungen und Gedichte ein breiteres Publikum erreichen konnten. Über seinen Fund schreibt Weil Folgendes:

> Písemný materiál terezínského ghetta byl zachráněn brzy po osvobození města. […] Mezi písemnými dokumenty – listinami, statistickými výkazy, seznamem lékařské knihovny, účetními knihami, šanony s korespondencí, ležely i velké mapy v obalech z hrubého balicího papíru. Byly na nich značky C. III., B. IV., L 417. […] V obalech z hrubého balicího papíru ležely kresby terezínských dětí a značky znamenaly jednotlivé dětské domovy.

---

[546] *Hodina pravdy*, 81f. („In einer Stadt, wo kein einziges Tier lebte, in die nicht einmal Vögel flogen, wo selbst Mäuse eine Kostbarkeit waren, weil die Menschen sie aßen – der zehnjährige Miroslav Košek aus Hořelice, der mit elf in der Gaskammer ermordet wurde, hat darüber ein Gedicht geschrieben –, in einer solchen Stadt sorgten die Schafe für großes Aufsehen. Sie waren abgemagert, voller Brandwunden, sie wankten, und aus ihren Augen starrte der Schrecken, diese Schafe hatten etwas mitgemacht. Die Menschen wussten, was das war, so etwas lässt sich nicht verheimlichen." *Sechs Tiger*, 75.)

Kreseb bylo celkem 4000, osudy dětských kreslířů se podařilo zjistit z transportních listin, protože se z nich většina podepsala. [...] Dětských kreseb, tehdy ještě nezkatalogizovaných a nezpracovaných jsem si všiml, když jsem začal pořádat archiv dokumentů perzekuce. Předtím je mělo v rukou mnoho lidí, mezi nimi i autor knihy o terezínském ghettu, vydané v západním Německu, která je podivnou apologií nacistických zločinců, ale nikdo je nepokládal za cenný materiál. Snad bych byl také nepochopil úplně jejich význam, kdyby se mi nedostal do rukou jiný materiál, a to básně terezínských dětí. [...] Z archivních dokumentů bylo zřejmé, že děti byly cílevědomě vedeny k literární činnosti. V jednotlivých domovech se pořádaly básnické olympiády a večery dětské poezie. [...] Teprve ve spojení s dětskými verši vynikla nesmírná cena materiálu. Ukázala se charakteristická vlastnost: zatímco kresby, vystřihovánky a malovánky hýří barvami a utíkají se do říše snů k princeznám, kašpárkům, broučkům, motýlům, krajinám, k minulosti, kdy bylo dost jídla a hraček, vypravují dětské verše o utrpení, o „bolesti Terezína", o hladu, špíně, útrapách a násilí. Teprve v tomto kontrastu a zároveň v jednotě je síla tohoto jedinečného dokumentu, neboť jak verši, tak i kresbami se snažily děti uchovat si uprostřed hrůz a násilí to nejcennější – lidství.[547]

---

[547] LA PNP, Fundus Jiří Weil; abgedruckt ebenfalls in Hříbková 2016, 372f. (Das schriftliche Material des Theresienstädter Ghettos wurde bald nach dem Krieg gerettet. [...] Unter den schriftlichen Dokumenten – Urkunden, statistischen Aufstellungen, der Liste der medizinischen Bibliothek, den Geschäftsbüchern, Ordnern mit Korrespondenz lagen auch große Mappen in grobem Packpapier. Sie waren mit den Zeichen C.III., B.IV., L 417 versehen. In den Umschlägen aus grobem Packpapier lagen die Zeichnungen der Kinder aus Theresienstadt und die Zeichen standen für die einzelnen Kinderheime. Es waren an die 4.000 Zeichnungen; die Schicksale der einzelnen Zeichner konnte man aus den Transportdokumenten ermitteln, weil die Mehrheit von ihnen unterzeichnet hat. [...] Die Kinderzeichnungen, damals noch nicht katalogisiert und aufgearbeitet, habe ich bemerkt, als ich mich mit dem Archiv der Dokumente der Persekution auseinandergesetzte. Davor hatten viele Menschen sie in der Hand, unter anderem auch der Autor des Buches über das Ghetto in Theresienstadt, was eine merkwürdige Apologie der nazistischen Verbrechen darstellt, niemand hat sie jedoch für ein wertvolles Material gehalten. Ich selbst hätte ihre Bedeutung wahrscheinlich auch nie ganz verstanden, wenn mir nicht ein anderes Material in die Hände gekommen wäre, und zwar die Gedichte der Kinder aus Theresienstadt. [...] Aus den Archivunterlagen geht deutlich hervor, dass die Kinder gezielt zur literarischen Tätigkeit geführt wurden. In den einzelnen Heimen wurden Gedichtwettbewerbe und Abende der Kinderpoesie veranstaltet. [...] Erst in Verbindung mit den Kinderversen wurde der ungeheure Wert dieses Materials deutlich. Es zeigte sich folgendes Charakteristikum: Während sich die Zeichnungen, Ausschneidebögen und Malereien durch Farben auszeichnen

Für Weil war diese Begegnung mit dem künstlerischen Schaffen der jüngsten Häftlinge von Theresienstadt von besonderer Relevanz: Nicht nur, dass er diesen Band herausbrachte und ihn mit einem Vorwort versah, er setzte sich auch dafür ein, dass eine Ausstellung[548] dieser Zeichnungen und Gedichte zustande kommen konnte. Im Jahr 1959 ist unter der Regie von Miro Bernát in Zusammenarbeit mit Weil noch ein kurzer Dokumentarfilm unter dem Titel *Motýli tady nežijí* (Schmetterlinge leben hier nicht) entstanden. Dieser Film wurde im gleichen Jahr u. a. auf dem Internationalen Filmfestival in Cannes mit der Goldenen Palme in der Kategorie der Kurzfilme ausgezeichnet.

Die Hauptprotagonistin der Erzählung „Lidická ovce" ist ein kleines Mädchen namens Valerie. Sie gehört zur Gruppe der Mädchen, die die Schafsherde in Theresienstadt hüten. Valerie ahnt nicht, dass die Schafe nur deshalb gehalten werden, damit ein Abschiedsfestmahl nach altem germanischem Ritus für die SS-Männer vorbereitet werden kann. Aber nicht nur die Schafe und jüdischen Häftlinge, sondern auch die SS-Männer sind dem Tod geweiht, was der heterodiegetische Erzähler in der Prolepse im letzten Absatz bestätigt:

> [...] ale bylo jisté, že skončí rozdrcením, zničením, vyhubením pyšné armády, že vojáci wehrmachtu a esesáci budou umírat ve špíně a kalu, že jednoho dne dojde i na mordýře z Malé pevnosti a ghetta, že budou

---

und auf den Reich der Träume zu den Prinzessinnen, Kasperlen, Schmetterlingen, Landschaften, auf Vergangenheit hinweisen, als es noch genug Essen und Spielzeug gab, sprechen die Kinderverse vom Leiden, vom Theresienstädter Schmerz, vom Hunger, Dreck, Qualen und Gewalt. Erst in diesem Kontrast und gleichzeitig in der Einheit steckt die Stärke dieses einzigartigen Dokuments, denn sowohl in den Versen als auch in den Zeichnungen haben die Kinder versucht, inmitten von Schrecken und Gewalt das Wertvollste – die Menschlichkeit – zu bewahren.)

[548] Im Zuge dieser Tätigkeit durfte er aus der Tschechoslowakei nach Frankreich ausreisen. Siehe das Unterkapitel zu Weils Reportagen aus Frankreich dieser Arbeit.

pomstěny jejich oběti, k nimž patřila i dívka Valerie, jež zahynula v plynu, a její přítelkyně, ovce Růženka z Lidic.[549]

Die zweite neue Erzählung in diesem Sammelband heißt „Nízko je nebe" (Tief hängt der Himmel);[550] sie fällt durch ihre Erzählform auf: Sie gehört zu den Texten, die fast ausschließlich in Form eines Dialogs geschrieben wurden.[551] Bis auf den ersten Absatz, der den Leser über den Ort der Handlung – eine Villa in der Nähe einer kleinen Bahnhofstation,[552] wo die Züge nur vorbeifahren – aufklärt, handelt es sich um ein Gespräch zwischen der Frau Marie und ihrem Freund Karel. In diesem wieder nur bedingt funktionierenden Gespräch[553] erfährt der Leser, dass Marie mit einem Mann verheiratet ist, der ein hoffnungsloser Fall – ein schwerer Alkoholiker – ist, der für seine Sucht stiehlt und betrügt. In diesem Dialog scheinen jedoch nicht die beiden Protagonisten, sondern die „Sachen" das Sagen zu haben, über die immer wieder gesprochen wird. Es ist nicht ihr Mann, sondern es sind die gestohlenen Sachen, die Marie vermisst. Auch der gegenwärtige Zustand ihres Mannes wird durch die Gleichgültigkeit seiner Eltern erklärt, die nur an „Sachen" gehangen haben und sich für ihren Sohn nicht interessierten. Wie in vielen Erzählungen Weils, passiert auch in dieser nicht viel: Marie enthüllt in einer Retrospektive die Gründe für ihren jetzigen

---

[549] *Hodina pravdy*, 87. („[...], dass es mit der Zerschlagung, Zerstörung, Vernichtung der stolzen Armee enden würde, dass die Soldaten der Wehrmacht und der SS in Dreck und Kot sterben würden, dass eines Tages auch die Mörder aus der Kleinen Festung und dem Ghetto dran sein würden, dass ihre Opfer gerächt würden, zu denen auch das Mädchen Valerie gehörte, das im Gas umkam, und ihre Freundin Růženka, das Schaf aus Lidice." *Sechs Tiger*, 81.)

[550] Diese Erzählung wurde noch zu Weils Lebzeiten in der Zeitschrift *Host do domu* publiziert. Siehe „Nízko je nebe", in: *Host do domu* 1958/10, 434–436.

[551] So ist es beispielsweise in den Erzählungen „Setkání v Lucernu" oder im ersten Teil der Erzählung „Prostá pravda".

[552] Ähnlich wie in der Erzählung „Prostá pravda" liegen hier keine anderen Angaben oder Indizien zu Ort und Zeit der Handlung vor.

[553] Als markantes Beispiel lässt sich die Passage anführen, als die beiden einen Hund bellen hören. Sie sagt, der Hund würde „Karma" heißen, er erwidert, „Karma" bedeute doch Heizkessel, sie wiederum entgegnet, „Karma" stehe für Schicksal. Siehe *Hodina pravdy*, 150. In dieser Art verläuft der größte Teil der Konversation der beiden.

Zustand. Im Gegensatz zu den anderen Erzählungen, in denen Gespräche und Diskussionen nicht funktionieren und das Ende somit offen bleibt, wird dieser Text damit abgeschlossen, dass der Gesprächspartner Marie verstanden hat.

3.3.1.3 Lediglich in der Presse publizierte Erzählungen

Einige Erzählungen Weils wurden lediglich in Zeitschriften und Zeitungen publiziert. Diese Texte gerieten, wie auch einige Reportagen Weils, in Vergessenheit. Dieser Tatsache war sich auch der Autor bewusst, denn bereits in seiner Anmerkung zum Sammelband *Mír* schreibt er über diese Erzählungen: „Některé byly uveřejněny po časopisech a v denním tisku, tam ovšem zapadly a nikdo si jich nevšiml."[554] Diese Erzählungen wurden bislang weder bibliographisch erfasst, noch erfolgte eine systematische Auseinandersetzung mit ihnen. Diese Arbeit stellt den ersten Versuch dar, diese Erzählungen zu erfassen und zu beschreiben, und zwar in chronologischer Reihenfolge ihrer Publikation.

Im Jahr 1939 ist in *Literární noviny* die Erzählung „**Ve městě Mešhedu**" (In der Stadt Meshed)[555] erschienen. Als Autor wurde dort Jan Hajdar aufgeführt. Unter diesem Namen verbarg sich jedoch – wie oben bereits erwähnt – Jiří Weil, der als Jude zu dieser Zeit bereits Publikationsverbot hatte. Diese Erzählung ist in mehrerer Hinsicht außergewöhnlich: Es handelt sich um die erste Erzählung Weils unter diesem Pseudonym. Darüber hinaus ist sie ebenfalls die erste Erzählung, bei der wir eine genaue Datierung aus der Zeit vor dem Zweiten Weltkrieg kennen – nämlich April 1939. Die Thematik dieses Textes ist mit dem fernen Orient verbunden, mit dem heutigen Iran. In der Vergangenheitsform wird vom heterodiegetischen Erzähler die Geschichte von Baba-chán, von seinem Aufstieg vom versklavten Eunuchen zum Herrscher des ganzen persischen Reiches bis zu seinem Tod geschildert. Diese Geschichte hat einen wahren historischen Kern: Mit der Figur des Eunuchs

---

[554] Poznámka; in: *Mír*; 257. (Einige wurden in den Zeitschriften und in der Tagespresse veröffentlicht, dort sind sie allerdings untergegangen und keiner hat sie bemerkt.)

[555] „Ve městě Mešhedu", in: *Literární noviny* 1939/12:4, 57–60 (unter dem Pseudonym Jan Hajdar).

Baba-chán meint Weil höchstwahrscheinlich den persischen Schah Agha Mohammed Khan (1742–1797), den Begründer der Kadscharen-Dynastie.[556] Im Alter von sechs Jahren wurde dieser auf Befehl des damals herrschenden Adil Schah kastriert, um ihn als politischen Rivalen auszuschalten. Dies gelang jedoch nicht, denn sein Handicap hinderte Agha Mohammed Khan nicht daran, weite Gebiete Persiens, Georgiens oder Chorasans zu besetzen sowie große Gebiete zu erobern. In seiner Erzählung erwähnt Weil zwar einige historische Ereignisse wie die Eroberung Georgiens oder Chorasans oder die außergewöhnliche Brutalität dieses Herrschers, auf der anderen Seite begeht er jedoch einige schwerwiegende historische Ungenauigkeiten: Er nennt den Hauptprotagonisten Baba-chán, der in Wirklichkeit der Neffe des kastrierten Agha Mohammed Khan war und der erst nach dem Tod seines Onkels zum Herrscher wurde und sich später Fath Ali Khan nannte. Auch der Tod des Hauptprotagonisten durch Pfählung entspricht nicht der historischen Wahrheit, denn Agha Mohammed Khan wurde meuchlings von zwei Dienern ermordet. Dies alles lässt darauf schließen, dass für Weil nicht die historische Wahrheit im Vordergrund stand, sondern der Gesamtkontext der Geschichte, in der der Untergang eines blutrünstigen Tyrannen gezeigt wird. Es ist erstaunlich, dass im Jahr 1939, kurz nach der Errichtung des Protektorats Böhmen und Mähren, noch ein solcher Text veröffentlicht werden durfte: „A tehdy začal vládnout Baba-chán, vládl rukou železnou, sekyrou katovou, tehdy se mu již přestali lidé smáti a začali se báti […]."[557] Mit ihrer Thematik eines falschen und zuletzt gestürzten Herrschers, noch dazu im fernen Orient, steht diese Erzählung Weils seinem Roman *Makanna. Otec divů* sehr nahe. Dieser Roman über Makanna – einen falschen Propheten – durfte, logischerweise, erst nach dem Zweiten Weltkrieg erscheinen, dies geschah allerdings gleich im Jahr 1945. In der Sekundärliteratur wird über die Publi-

---

556 Siehe https://www.britannica.com/biography/Agha-Mohammad-Khan (zuletzt aufgerufen am 11.11.2020)
557 „Ve městě Mešhedu", 58. (Und damals begann Baba-chán zu herrschen, er herrschte mit eiserner Hand, mit der Axt des Henkers, damals hörten die Menschen auf, ihn auszulachen, und begannen, sich zu fürchten …).

kationsgeschichte dieses Romans berichtet, dass Weil diesen Roman 1940 geschrieben und ihn in der Redaktion unter dem Namen seines Bekannten Pavel Vyskočil[558] eingereicht hatte. In Weils Nachlass im LA PNP wurde jedoch ein Typoskript dieses Romans aufgefunden, dessen Titelblatt bereits auf das Jahr 1939 datiert ist, als Autorenname ist Weils Pseudonym Jan Hajdar angeführt. Dies bedeutet, dass er diesen Roman noch ein Jahr früher als bislang angenommen geschrieben hat, vielleicht sogar zeitgleich mit der Erzählung „Ve městě Mešhedu".

Eine weitere Erzählung, die unter dem Pseudonym Jan Hajdar in *Literární noviny* über ein Jahr später publiziert wurde, trägt den Titel „**Stráň**" (Hang).[559] Den ersten Teil dieser Erzählung bildet eine Retrospektive. Ein Mann namens Jan erinnert sich an seinen Sommerurlaub mit seiner damaligen Freundin Máňa. Sie haben gecampt, und als sie von schlechtem Wetter überrascht worden sind, haben sie Unterschlupf in einer kleinen Höhle gefunden. Nostalgisch erinnert sich der Hauptprotagonist (in der Er-Form erzählt) an die Tage damals, wie gut es ihm ging, wie gemütlich und romantisch die Atmosphäre war. Nach dieser Analepse kommt es zu einem Bruch im Text und der Hauptprotagonist erscheint in der Gegenwart, die Erzählung wechselt nun ins Präsens. Er ist wieder in der Höhle, allerdings allein. Alles ist gleich und anders zugleich:

---

[558] Dazu beispielsweise Jiří Kudrnáč im *Slovník českého románu* (Wörterbuch des tschechischen Romans): „Román Makanna, otec divů napsal 1940, a poněvadž sám nemohl jako Žid publikovat, zadal jej nakladatelství pod jménem P. Vyskočila, který posléze zahynul v Mauthausenu." Kudrnáč, Jiří. 1992: „Weil, Jiří: Makanna - otec divů", in: *Slovník českého románu 1945-1991*. Ostrava: Sfinga - Librex, 266-267, hier 267. (Den Roman Makanna, otec divů schrieb er 1940, weil er jedoch selbst als Jude nicht publizieren durfte, reichte er ihn im Verlag unter dem Namen P. Vyskočil ein, der letztlich in Mauthausen umgekommen war.)

[559] „Stráň", in: *Literární noviny* 1940/13:9, 193-195. Vor dieser Erzählung veröffentlichte Weil alias Jan Hajdar in *Literární noviny* noch die Erzählung „Aukce". (Diese wurde bereits im Abschnitt zu den im Sammelband *Mír* erschienenen Erzählungen ausführlich behandelt.) Aufgrund dieser Erzählung kann man mit Sicherheit sagen, dass es sich bei dem Namen Jan Hajdar tatsächlich um Jiří Weil handelt, denn zum ersten Mal wurde sie 1940 unter dem Pseudonym publiziert, neun Jahre später kam sie unter Weils Namen im Sammelband *Mír* heraus. Siehe „Aukce", in: *Literární noviny* 1940/13:1, 1-2, sowie „Aukce", in: *Mír* 1949, 7-11.

„Všechno je stejné [...]. Nikdo po nich nenavštívil jeskyni, jsou tu jen jejich stopy [...]. Všechno je jiné, protože je tu sám."[560] Er versteckt sich vor der Polizei, denn er hat der Bank Gelder unterschlagen. Indem der Autor seinen Hauptprotagonisten im ersten Teil seine Träume, was er alles erreichen und kaufen will, erzählen lässt, erzielt er mit der Schilderung seines gegenwärtigen Zustands im zweiten Teil der Geschichte einen krassen Gegensatz. Aus den Träumen ist nichts geworden, darüber hinaus ist der Hauptprotagonist zum Defraudanten ohne Zukunft geworden. Trotz des sicheren Verstecks suchen den Hauptprotagonisten düstere Gedanken heim, Beklemmung und Langeweile. Er realisiert, dass die Höhle im Hang nicht zu seinem Zufluchtsort, sondern zu seinem Gefängnis geworden ist. Nach dieser Erkenntnis wird ihm alles gleichgültig und er begibt sich auf den Weg zur nächsten Polizeistation, um sich selbst anzuzeigen.

Zwei Jahre nach dem Krieg wurde in der Zeitschrift *Blok* Weils Erzählung „**Varšavská suita**" (Warschauer Suite)[561] veröffentlicht. Auch hier entfaltet er sein „übliches" Szenario: Eine Diskussionsrunde mit mehreren Teilnehmern, einschließlich des Ich-Erzählers, mit scheinbar nicht funktionierenden Dialogen. Die Debattierenden befinden sich in einem Kaffeehaus im zerbombten Warschau und führen ein Gespräch über diverse Themen, die von der Beobachtung der zerstörten Stadt, über devalvierte Nachkriegswährungen bis zu den Preisen von Zugtickets reichen. Wie es bei Weil häufig der Fall ist, repräsentieren die hier nicht näher beschriebenen Figuren verschiedene Meinungen, die sich vor allem auf die Gegenwart oder Vergangenheit beziehen: Während beispielsweise Zosja nur über das Vergangene redet, regt sich ein Oberst über alles auf. Eine Figur namens Buxbaum übernimmt die Rolle eines Mediators, der das Erzählte, das teilweise sehr übertrieben ist, ins rechte Licht rückt. Der größte Raum in diesem Gespräch wird dem Protagonisten namens Bartoš zugestanden, der zwei groteske Geschichten aus

---

[560] „Stráň", 194. (Alles ist gleich [...]. Niemand anders besuchte die Höhle, es gibt hier nur ihre Spuren [...]. Alles ist anders, denn er ist hier allein.)
[561] „Varšavská suita", in: *Blok* 1947-48/2:1, 53-54.

der Zeit des Krieges erzählt, wobei in beiden Geschichten Tiere auftreten: Die erste Geschichte handelt von einem Hund, einem aus England nach Polen gebrachten Foxterrier, der von der enormen Zahl an polnischen Ratten in Warschau so überfordert war, dass er in die Hafenstadt Gdynia gebracht werden musste, wo es durch die vielen Schiffe auch englische Ratten gab. In der zweiten Geschichte erzählt Bartoš von einem jüdischen Vater, der für seine kleine Tochter einen kleinen Figuren-Zoo unterm Tisch errichtet hat, während sie beide im Waschauer Ghetto eingesperrt waren und nicht in die freie Natur gehen durften. Der Ich-Erzähler ergreift das Wort nur zwei Mal: Das erste Mal, als er ankündigt, dass er müde vom ganzen Staub in der zerstörten Stadt sei und dass er in die Kurstadt Sopoty fahren möchte. Hier fügt er hinzu, dass er dem Direktor des Reisebüros sein Zugticket abzwingen musste. Seine Formulierung „musil jsem si vymoci lístek od přednosty cestovní kanceláře a ten si zase musil zavolat strážníka"[562] erinnert an die Schilderung des Ich-Erzählers in der Erzählung „Cesta do Alma-Aty", als dieser sein Zugticket vom Bahnhofsvorsteher sogar mit Drohungen erringen muss. Das zweite Mal berichtet er über ein Rosenbeet, das er bei seiner Besichtigung in Auschwitz gesehen hat. In Verbindung mit der holländischen Herkunft der Rosen stellt er fest, dass in Auschwitz Menschen aus ganz Europa umgebracht wurden. Die Erzählung endet mit der Schilderung der Dämmerung, die über die Stadt fällt, und des Gesangs der Brigaden, die am Wiederaufbau der Stadt arbeiten. Dieser positive Abschluss korrespondiert mit Reportagen, die Weil im Zuge seines Aufenthaltes in Polen im Sommer des Jahres 1947 geschrieben hat, und die absolut im Geiste des sozialistischen Wiederaufbauenthusiasmus gehalten wurden.[563]

Im gleichen Jahr veröffentlichte Weil noch eine weitere Erzählung, die allerdings völlig in Vergessenheit geraten ist und die erst im Rahmen der Recherche für die vorliegende Arbeit wiederentdeckt wurde. Sie trägt den Titel „**Dvojník Roberta Davida**" (Der

---

[562] „Varšavská suita", 54. (Ich musste das Ticket dem Direktor des Reisebüros abzwingen und dieser musste wiederum einen Wachmann rufen.)
[563] Er berichtet dort auch von seinem Besuch des Vernichtungslagers Auschwitz. Siehe mehr dazu im Kapitel „Reportagen".

Doppelgänger von Robert David) und kam im Februar 1947 in der linksorientierten Zeitschrift *Lidová kultura* (Die Volkskultur) heraus.[564] Bereits der im Titel enthaltene Name gibt dem Leser einen intertextuellen Hinweis, denn Robert David ist sowohl Name des Hauptprotagonisten der berühmten Gedichtsammlung *52 hořkých balad věčného studenta Roberta Davida* (52 bittere Balladen des ewigen Studenten Robert David) als auch das Pseudonym des Autors derselben, Vítězslav Nezval.[565] Es vermag auch kein Zufall zu sein, dass Weils Text gerade zehn Jahre nach der Erstausgabe der Gedichtssammlung Nezvals herauskam. Die Erzählung ist ironisch gefärbt; Weil macht sich spürbar über das Prager Literatenmilieu lustig. Er leitet seine Erzählung folgendermaßen ein:

> Jednoho dne se vynořil v Praze neznámý anonym, který podle sdělení jistého nakladatelství hodil do poštovní schránky sbírku balad, pak se pověsil na klice a byl zavčas zachráněn, aby se mohl dožíti slávy svých veršů. Knížka jeho balad vycházela v stále nových vydáních, peníze dostával autor na jméno advokáta, který se zavázal, že neprozradí jména básníkova, jenž se nazýval studentem Robertem Davidem. Vědělo se jen to, co bylo obsaženo v jeho sociálně zbarvených baladách, že totiž žil v kruté bídě, živil se kůrkami a zbytky jídel, které nechali lidé ležet v automatech, pokoušel o všemožná zaměstnání, mezi jinými o vycpávání ptáků.[566]

Die enorme Popularität der Texte des anonymen Dichters hat dazu geführt, dass auch andere Chefredakteure gerne „ihren geheimnisvollen Robert David" gehabt hätten. So beschloss beispielsweise der Chefredakteur der meistgelesenen Frauenzeitschrift, dass die

---

[564] „Dvojník Roberta Davida", in: *Lidová kultura* 1947/3:6, 4; 1947/3:7, 4, 10.
[565] Vítězslav Nezval (1900–1958), ein berühmter tschechischer Dichter, Mitglied der Gruppe *Devětsil*, Vertreter des Poetismus und Surrealismus.
[566] „Dvojník Roberta Davida", 10. (Eines Tages tauchte in Prag ein unbekannter Anonym auf, der nach der Mitteilung eines gewissen Verlags in den Briefkasten eine Balladensammlung warf, dann erhängte er sich auf der Klinke, wurde jedoch rechtzeitig gerettet, so dass er den Ruhm seiner Verse erleben konnte. Das Buch seiner Balladen kam immer wieder heraus, das Honorar bekam der Autor auf den Namen seines Rechtsanwaltes, der sich verpflichtete, den Namen des Dichters, der sich Robert David nannte, nicht zu verraten. Man wusste nur, was seine sozialen Balladen beinhalteten, nämlich, dass er in schrecklicher Not lebte, sich nur von Brotrinden und Essensresten ernährte, welche die Menschen in den Automaten liegen ließen, dass er verschiedenste Berufe ausprobierte, unter anderem auch Vögel ausstopfte.)

Zeitschrift auch einen namenlosen, aus armen sozialen Verhältnissen stammenden und dazu noch unglücklich verliebten jungen Autor dringend brauche, der einen sentimentalen Frauenroman schreiben würde. Ein Angestellter der Redaktion findet darauf einen jungen, zu schreiben beginnenden Literaten, František Vydra, und beauftragt ihn, einen solchen Text zu verfassen. Vydra schreibt in der Tat unter dem Pseudonym Pavel Tkadlec eine Liebesgeschichte für die Zeitschrift, welche mit Begeisterung bei den Leserinnen aufgenommen und ein Riesenerfolg wird. Er wird so populär, dass sogar ein berühmter Kritiker Interesse an dem Text zeigt. Der Kritiker stellte jedoch bei der gründlichen Lektüre fest, dass der Text einige Angaben enthält, die in der Wirklichkeit nicht möglich wären, die jedoch niemandem auffielen.[567] Der Kritiker verspricht dem Chefredakteur, diese Unstimmigkeiten nicht zu verraten, was er auch einhält.

In diesem Text geht Weil sehr spielerisch vor, was sich schon bei der Wahl der Namen für die Protagonisten zeigt – der junge Literat heißt Vydra (Otter), der Hauptprotagonist ist ein Textilingenieur namens Tkadlec (Weber), der gefürchtete Literaturkritiker trägt den Namen Ježek (Igel), der Redakteur der Frauenzeitschrift heißt Hřebík (Nagel), der unter der Chiffre „Teta Marie" (Tante Marie) schreibt. Im zweiten Teil der Erzählung gibt Weil auf humorvolle Art und Weise sogar die verwickelte Liebesgeschichte des besagten Romans wieder. Thematisch steht dieser Text im Gesamtkomplex von Weils Erzählungsschaffen für sich, denn er setzt sich hier mit keinem der sonst für ihn üblichen Themen wie dem Holocaust oder Reisen auseinander. Was ihn allerdings mit den anderen Kurztexten verbindet, ist seine Struktur: Im Rahmen einer Erzählung wird eine weitere Erzählung erzählt. Hier wird in der Geschichte des Nachahmers von Robert David der Inhalt seines Romans nacherzählt.

Die 1948 in *Kulturní politika* veröffentlichte Erzählung „Návrat" (Rückkehr)[568] verfügt über den vorher erwähnten typischen Aufbau für Weils Kurzprosa: In eine Rahmenhandlung ist

---

[567] Ein romantisches Baden im Fluss Vltava fiele etwa auf den Monat Dezember.
[568] „Návrat", in: *Kulturní politika* 1948/3:30, 11.

eine weitere Geschichte integriert, die eigentlich die Hauptbedeutung trägt. In diesem Fall erzählt der wie immer namenlose Ich-Erzähler die Geschichte eines Soldaten der tschechoslowakischen Legion in England, der nach dem Zweiten Weltkrieg in seine Heimat zurückkehrt. Dort trifft er in der kleinen Stadt, in der er eine neue Funktion übernehmen soll, den Gestapo-Mann, der ihn während des Krieges bei Verhören gefoltert hat. Die Binnengeschichte des Soldaten mit dem biblischen Nachnamen Gabriel ist insofern interessant, als sie nicht von Gabriel selbst, sondern vom Ich-Erzähler erzählt wird. Gleich zu Beginn thematisiert der Ich-Erzähler die Tatsache, dass er die Geschichte mit Gabriels Worten erzählen möchte, was ihm jedoch nicht gelingt:

> Chtěl bych to vypravovat jeho slovy, ale neumím to, nedovedu napodobit jeho slovník, ve kterém se hemžila pokroucená německá, anglická a francouzská slova. Budu musit vypravovat tento příběh svými slovy, je to příběh pravdivý do posledního písmene, ačkoliv se zdá, že byl ukraden z nějakého sensačního filmu nebo bulvárního románu.[569]

Wohlgemerkt betont der Ich-Erzähler hier die Authentizität der Geschichte, sie sei nicht erdacht, sondern bis „zum letzten Buchstaben" wahr. Solche Beteuerungen kommen in Weils Texten selten vor, meistens wird die Entscheidung über die Glaubwürdigkeit der Geschichte dem Leser selbst überlassen. Am Ende dieser Erzählung, in der Gabriel nach seiner Rückkehr auf seinen Folterer stößt und diesem sogar noch die Flucht gelingt, relativiert der Ich-Erzähler seine Aussage über die Authentizität der Geschichte, indem er sagt: „Je pravdivý, až na jména osob a název města v pohraničí."[570] An dieser Stelle sollte noch eine sarkastische Bemerkung erwähnt werden, die in dieser Erzählung an die Adresse der Engländer gerichtet wird. Ähnlich wie in anderen Texten mit den Schweizern,

---

[569] „Návrat", 11. (Ich möchte das in seinen Worten erzählen, ich schaffe es jedoch nicht, ich kann nicht seinen Wortschatz nachmachen, in dem es vor verzerrten deutschen, englischen und französischen Wörtern wimmelte. Ich werde diese Geschichte mit meinen Worten erzählen müssen, es ist eine bis zum letzten Buchstaben wahre Geschichte, auch wenn es scheint, als ob sie aus einem spektakulären Film oder Klatschroman geklaut worden wäre.)

[570] Ibidem. (Sie ist wahr, bis auf die Namen der Personen und der Stadt im Grenzgebiet.)

geht hier Weil mit den Engländern ins Gericht, als er die Lage auf der britischen Insel Guernsey schildert, wo Gabriel während des Krieges als Zwangsarbeiter interniert ist:

> Jenže ti obyvatelé byli britští poddaní, British subjects. To byl kámen úrazu. Všichni věděli, že kdyby Němci nechali zemřít hlady nebo povraždili půl Evropy, bylo by to Angličanům asi velmi líto, ale to je tak všechno. Ale když umírali hlady British subjects, tak to bylo docela něco jiného. To Angličané nikdy neodpustí.[571]

In der Erzählung „**Silnice**" (Straße)[572], publiziert 1949 in *Zemědělské noviny*, zeichnet Weil ein heiteres Bild des Aufbauenthusiasmus der Nachkriegszeit. In einem kleinen, namenlosen Städtchen haben die Bewohner ein großes Problem: Durch die Stadt fahren unzählige Autos, dafür sind die Straßen viel zu schmal. Sowohl die Fahrer als auch die Bewohner der Stadt sind mit der Lage sehr unglücklich. Niemand ist jedoch bereit, etwas daran zu ändern, bis ein junger Baumeister beschließt, eine neue Umgehungsstraße zu bauen. Viele raten ihm davon ab, denn dies sei mit enormen bürokratischem Aufwand verbunden, sie warnen ihn, dass er dafür sogar ins Gefängnis kommen könnte. Der Baumeister ist jedoch fest entschlossen, auch ohne Genehmigung der Behörden zu bauen. Er schafft es tatsächlich, die Straße zu bauen, viele Menschen arbeiten freiwillig mit, die Behörden sind letztendlich begeistert und der Baumeister bekommt eine Auszeichnung. Weil zeichnet mit dem Hauptprotagonisten dieser Erzählung einen typischen Vetreter des sozialistischen Helden der Arbeit,[573] der im Interesse des Kollektivs handelt,

---

[571] Ibidem. (Nur dass die Bewohner britische Untertanen waren, British subjects. Das war der Stein des Anstoßes. Alle wussten, dass wenn die Deutschen das halbe Europa verhungern ließen oder ermordeten, täte es den Engländern vielleicht sehr leid, das wäre aber ungefähr alles. Aber wenn vor Hunger British subjects starben, das war etwas ganz anderes. So etwas verzeihen die Engländer nie.)

[572] „Silnice", in: *Zemědělské noviny* 1949/5:237, 4; 9. Oktober.

[573] Mit der Definition „eines Helden der Arbeit" beschäftigt sich Rosalinde Sartorti in ihrer Studie. Sie schreibt: „Die ideologische Aufwertung der Arbeit gehörte zu den Grundlagen des sozialistischen Projekts, in dem Arbeit von Beginn an als Ort der Entfaltung der Persönlichkeit verstanden wurde. [...] Es wurde erwartet, daß die Arbeiter ihre Arbeit zugunsten des Gemeinwohls [...] opfern',

ungeachtet seines persönlichen Profits oder möglicher Gefahren. Dieser junge Baumeister ragt unter den anderen Figuren der Erzählungen heraus, mit seinem Aufbaueifer und -optimismus erinnert er eher an Personen aus Weils Reportagen. Auch sonst zeigt die Erzählung viele Aspekte eines „budovatelský text" (Aufbautextes): Zuerst werden die alten Missstände gezeigt, dann kommt der Held, der mit seinem Enthusiasmus alle mitreißt, alle Hindernisse überwindet und sein Ziel, das dem Wohl der Gemeinschaft dient, erreicht. Der junge Baumeister schafft es tatsächlich, aus dem Nichts eine neue Straße zu errichten. Die Umgehung der Behörden wird ihm verziehen, wider aller Erwartung wird er sogar ausgezeichnet. Alles wird in der Stadt nun anders, neu – in der sozialistischen Rhetorik also besser. Damit endet auch dieser Text: „Ano, všechno bylo nyní jiné. Vznikalo nové město."[574]

Aus dem Jahr 1957 stammt die in *Literární noviny* veröffentlichte Erzählung „**Kočka Josefa Poláčka z Libušína čp. 184**" (Die Katze von Josef Poláček aus Libušín Hausnr. 184),[575] die sich mit dem Los der Tiere während der nationalsozialistischen Herrschaft in der okkupierten Tschechoslowakei auseinandersetzt. Die Rahmenerzählung dieser Geschichte spielt in Paris der Nachkriegszeit, wo sich der Ich-Erzähler mit einem Bekannten aus Westdeutschland trifft. Dieser bemüht sich vergeblich die Fotografien der Frau des ehemaligen Reichsprotektors Reinhard Heydrich, die nach dem

---

und zwar aus der Einsicht heraus, daß der durch den eigenen Einsatz erwirtschaftete Mehrwert nun allen zugunsten kommen würde. [...] Doch mußte auch der ‚Selbstsucht' der Arbeiter Rechnung getragen werden. Sie sollte nach Meinung der bolschewistischen Führer durch Ehrenzeichen befriedigt werden." Sartorti, Rosalinde. 2002: „Helden des Sozialismus in der Sowjetunion", in Satjukow, Silke/Gries, Rainer (Hg.): *Sozialistische Helden. Eine Kulturgeschichte von Propagandafiguren in Osteuropa und der DDR*. Berlin: Ch. Links, 35–44, hier 36f. Hier sei anzumerken, dass der Hauptprotagonist dieser Erzählung diesem Vorbild des sozialistischen Helden der Arbeit vollkommen entspricht.

[574] „Silnice", 4. (Ja, alles war nun anders. Eine neue Stadt entstand.)
[575] „Kočka Josefa Poláčka z Libušína čp. 184", in: *Literární noviny* 1957/6:35, 2. Diese Erzählung wurde 2017 in die Anthologie der tschechischen Erzählungen mit Holocaust-Thematik aufgenommen: Siehe „Kočka Josefa Poláčka z Libušína čp. 184", in: Cahová, Ivana/Gilk, Erik/Lukáš, Martin (Hg.): *Tobě zahynouti nedám ... Česká časopisecká šoa povídka 1945–1989*. Praha: Akropolis 2017, 250–253.

Krieg nicht verurteilt wurde und nun zufrieden in einer Villa in Westdeutschland lebt und Rente bezieht, in der Presse zu veröffentlichen. Der Erzähler schaut sich die Fotografien an, kommentiert sie, und dabei erinnert er sich an seinen Besuch nach Kriegsende im Schloss in Panenské Břežany, wo Heydrich während seiner Amtszeit im Protektorat gewohnt hat. In seinen Erinnerungen weicht der Erzähler plötzlich von Lina Heydrich und ihrem Gemüsegarten in Březany zu einem gewissem Josef Poláček ab, beziehungsweise zu seiner Katze. Aufgrund von Heydrichs Beschlüssen mussten nämlich alle in jüdischen Haushalten lebenden Tiere mittels absurder Fragebögen[576] erfasst werden. Hier zitiert der Erzähler aus den Akten des Archivs des Jüdischen Museums in Prag, in denen das Schicksal der Katze von Josef Poláček aus Libušín dokumentiert wird.[577] Das letzte Dokument in der Akte ist die Aufforderung, die gemeldete Katze abzugeben, die am Rand mit der Anmerkung „provedeno v našem obvodě dnes 24.7.1942" versehen ist.[578] Der Erzähler interpretiert diese Anmerkung als sicheres Todesurteil der Katze. Durch die Thematisierung des Todes wird die Katze erneut in Verbindung mit Heydrich gebracht. Anschließend kehrt der Erzähler zu Heydrichs Frau zurück: Aufgrund der Tatsache, dass diese nun in einer Villa lebt und für ihren Mann eine Witwenrente

---

[576] Katzen gehörten zu Weils Lieblingstieren, die in mehreren seiner Texte erscheinen. Ein Begleiter des Juden Roubíček im Roman *Život s hvězdou* ist der Kater Tomáš. Weil verfasste sogar einige Kindermärchen, in denen Katzen auftreten. Diese Texte blieben bislang unpubliziert und befinden sich nur in seinem Nachlass: Es handelt sich um einen längeren Text über das Leben einer Katzenfamilie „Nehýtek a ostatní" (Nehýtek und die anderen) sowie „Pohádka o Pavle, jak posílala kocoura pro vodu" (Märchen über Pavla, wie sie den Kater Wasser holen schickte).

[577] Wie bekannt, war Jiří Weil bereits während des Krieges in den Jahren 1943–1945 sowie nach dem Krieg 1950–1958 im Jüdischen Museum in Prag angestellt. Dort befindet sich noch ein Teil von Weils Nachlass, der unter anderem auch Dokumente aus der oben erwähnten Akte beinhaltet: das Rundschreiben an die jüdische Kultusgemeinde in Prag mit den Instruktionen bezüglich der Erfassung der Haustiere, die von Josef Poláček falsch oder nicht ausreichend ausgefüllten Formulare sowie die Schreiben von der jüdischen Kultusgemeinde in Prag, in denen um Berichtigungen und Ergänzungen gebeten wird.

[578] „Kočka Josefa Poláčka", 2. (in unserem Bezirk durchgeführt am 24.7.1942.)

bezieht, wird eine enorme Steigerung der Absurdität erzielt. In diesem Text, ähnlich wie in „Lodžské intermezzo", führt die Einfügung von Zitaten aus authentischen Dokumenten zu einer Art Collage.

Die im Mai 1959, also sieben Monate vor Weils Tod, in der Zeitschrift *Naše pravda* (Unsere Wahrheit) veröffentlichte Erzählung „**Poslední bitva lejtěnanta Brovkina**" (Die letzte Schlacht von Leutnant Brovkin)[579] spielt in den ersten Tagen nach dem Krieg im Ghetto Theresienstadt,[580] wo die im Krieg verwaisten und in den Konzentrationslagern aufgewachsenen Kinder leben. Die Charakterisierung dieser KZ-Kinder erfolgt wieder mittels der Sprache. Die Sprache der Kinder ist sehr spezifisch, sie ähnelt eher der der Tiere: „řeč, kterou mluvily, byla divná, říkalo se jí koncentráčnická, bylo to hlavně řvaní a takové podivné zvuky, jako když někdo řeže pilou nebo mlátí na železné kolejnice. A slova v ní byla zvířecí jako mňoukání, štěkání, bučení a vytí."[581] Die sowohl psychisch[582] als

---

[579] „Poslední bitva lejtěnanta Brovkina", in: *Naše pravda* 1959/16: 56, 4; 8. Mai.
[580] Auch hier verwendet Weil seine beliebte Erzähltechnik, indem er den sonst so bekannten Ort, hier Theresienstadt, nicht explizit nennt. Die Stadt wird als eine umschrieben, die früher von Menschen überfüllt war und aus der die Menschen nach dem Krieg in die Freiheit geflohen sind: „Dřív to bylo takové město, kde byli lidé namačkáni jako slanečci, na ulici do sebe vráželi, jeden druhému překážel, na patrových pryčnách spali, na oběd tři hodiny u okénka stáli." „Poslední bitva", 4. (Früher war es solch eine Stadt, in der die Menschen wie Heringe dicht gedrängt lebten, auf der Straße sich gegenseitig anrempelten, der eine den anderen störte, in der die Menschen auf Etagenpritschen schliefen und auf Mittagessen am Schalter drei Stunden warteten.)
[581] Ibidem. ([D]ie Sprache, die sie redeten, war seltsam, man nannte sie die „KZ-Sprache", es waren vor allem Gebrüll und solche seltsamen Geräusche, als ob man mit einer Säge sägen oder als ob man gegen Eisenschienen schlagen würde. Und die Wörter der Sprache waren die der Tiere wie Miauen, Bellen, Muhen oder Jaulen.)
Diese Passage wurde in der ursprünglichen Fassung durchgestrichen, am Ende des Textes steht jedoch der handschriftliche Vermerk des Autors „škrtnutí neplatí" (die Streichung gilt nicht). Diese Passage musste für ihn also wichtig sein. Siehe das Typoskript der Erzählung in Weils Nachlass im LA PNP.
[582] Die Kinder sind insofern psychisch beeinträchtigt, als sie sich vor den Duschen, dem Kamin oder Feuer fürchten. Sie kämpfen ständig ums Essen, obwohl es genug gibt. All dies sind die Folgen ihrer Aufenthalte in den KZ. Auch ein anderer tschechischer Schriftsteller, Arnošt Lustig, schildert ähnliches Verhalten

auch physisch beeinträchtigten Kinder kommt regelmäßig ein russischer Soldat – Leutnant Brovkin aus Tula – besuchen. Er versucht, sie aufzuheitern und ihnen etwas beizubringen. Dies sieht er als seine Aufgabe, als seinen letzten Kampf: „když bojovat, tak bojovat, zkusit se to může".[583] Interessanterweise wird nicht darauf eingegangen, in welcher Sprache Brovkin mit den Kindern kommuniziert. Trotz der düsteren Thematik der leidenden Kinder verfügt die Erzählung über ein relativ optimistisches Ende, denn Brovkin schafft es, den Kindern ein Lied beizubringen, das ihnen Spaß macht und das sie immer wieder singen.

In der Zeitschrift *Židovská ročenka* (Jüdischer Almanach), die durch die Föderation der Jüdischen Gemeinden herausgebracht wird, veröffentlichte Weil in den letzten Jahren seines Lebens einige Texte mit jüdischer bzw. Holocaust-Thematik. Teilweise handelt es sich um faktuale literaturwissenschaftliche oder historische Texte, welche die Ergebnisse seiner wissenschaftlichen Arbeit im Jüdischen Museum in Prag darstellen,[584] teilweise um Texte, die man

---

der traumatisierten jüdischen Kinder, dieses wird seitens der Schweizer negativ bewertet:
„Na švýcarské straně se švýcarský lékař v karanténě rozčiloval, jak jsou židovské děti neukázněné. Bránily se injekcím, nechtěli se sprchovat, než je pustily do Basileje. Doktor křičel: ‚Jestli nepřestanou vyvádět, vraťte od Prahy a my si vezmeme německé děti.' Mezitím se jedno dítě ptalo německého chlapečka: ‚War dein Vater bei der Gestapo?' ‚Jawohl.' A už mělo pár facek." *Dita Saxová*, 392; Kursivschrift im Original. (Auf der Schweizer Seite beschwerte sich in der Quarantänestation ein Schweizer Arzt, wie undiszipliniert die jüdischen Kinder seien. Sie wehrten sich gegen die Spritzen, sich mochten nicht duschen gehen, bevor sie nach Basel gelassen wurden. Der Arzt schrie: „Falls sie nicht aufhören, sich aufzuführen, bringt sie zurück nach Prag und wir nehmen lieber deutsche Kinder." Inzwischen hat ein Kind einen deutschen Jungen gefragt: *„War dein Vater bei der Gestapo?" „Jawohl."* Und gleich hat das Kind ein paar Ohrfeigen geknallt gehabt.)

583 „Poslední bitva", 4. ([W]enn kämpfen, dann kämpfen, probieren kann man es.) In der ersten Fassung lautete der Satz ein bisschen anders – er korrespondiert mehr mit dem Titel „poslední bitva" (die letzte Schlacht): „když bojovat, tak bojovat, zkusit se to může, tak si zabojuju." ([W]enn kämpfen, dann kämpfen, probieren kann man es, so werde ich halt wieder kämpfen.) Siehe das Typoskript der Erzählung im Nachlass Weils im LA PNP.

584 Als eindeutig faktual sind folgende Texte einzuordnen: „Literární činnost v Terezíně", in: *Židovská ročenka* 1955–56, 93–100; „Pražské ghetto na počátku 19.

eher dem Bereich der fiktionalen Texte zuordnen würde. Hier kann man zwei Texte, „Ghetto a hranice" (Ghetto und Grenze) und „Na konci cesty" (Am Ende der Reise), nennen. Beide haben eines gemeinsam: Die Hauptprotagonisten sind historische Persönlichkeiten, im ersten Fall der Arzt, Ethnograph, Schriftsteller und Konvertit Joachim Löbl Weisel/Jiří Leopold Weisel (1804–1873),[585] im zweiten dann der berühmte tschechische Schriftsteller, Gelehrte und Pädagoge und Bischof der Unität der böhmischen Brüder Jan Amos Komenský (1592–1670). Der Autor teilt den Lesern die Namen seiner Protagonisten jedoch erst im allerletzten Satz mit, dabei werden die vorherigen Textpassagen stilistisch so gestaltet, dass man nur schwer erraten kann, dass hier reale historische Begebenheiten bzw. historische Persönlichkeiten geschildert werden.

Der Text „**Na konci cesty**" über Komenský trug – wie aus den Unterlagen in Weils Nachlass im LA PNP hervorgeht – ursprünglich den Titel „Poslední biskup" (Der letzte Bischof). Dieser Titel wäre für den Leser aufschlussreicher und könnte ihm im Zusammenhang mit der Ortsangabe der Handlung – Amsterdam – gegebenenfalls zu verstehen geben, dass es sich möglicherweise um den letzten Bischof der Unität der böhmischen Brüder, Komenský, handelt. Durch die Wahl des Titels „Na konci cesty" enthielt Weil dies seinen Lesern bis zum Ende vor, denn in der Erzählung wird bloß auf das Leben eines alten Mannes in Amsterdam und auf eine relativ unbekannte Episode aus Komenskýs Leben – nämlich auf sein Treffen mit einem Juden – eingegangen.

Im Text „**Ghetto a hranice**" verfährt Weil ein wenig anders. In der Schilderung des Lebens des jüdischen Arztes und Schriftstellers Joachim Weisel werden zwar mehr Indizien geliefert, die eventuell zur Identifikation des Hauptprotagonisten führen könnten,[586] wie beispielsweise der Handlungsort Všeruby (Neumark) oder der

---

století", in: *Židovská ročenka* 1956–67, 90–97, sowie „Povstání v ghettu", in: *Židovská ročenka* 1979–80, 89–91.

[585] Mehr Informationen zur Person Joachim Weisels siehe: http://www.yivoencyclopedia.org/article.aspx/Weisel_Leopold (zuletzt aufgerufen am 11.11.2020).

[586] Im Motto wird sogar aus der Korrespondenz Božena Němcovás zitiert, in der sie die Familie Weisel erwähnt. Diese berühmte tschechische Schriftstellerin lebte eine Zeit lang ebenfalls in Všeruby und war dort Weisels Nachbarin.

Wechsel vom jüdischen Namen Joachim Löbl zum christlichen Jiří Leopold. Da Weisels Leben und Werk jedoch heutzutage fast gänzlich in Vergessenheit geraten sind, sind diese Indizien für den nicht sachkundigen Leser genauso wenig aufschlussreich. Die ungewöhnliche Gestaltung beider Texte führt zu der Annahme, dass sie nicht als faktual zu rezipierende verfasst worden sind; somit werden sie zu den Erzählungen geordnet.

Abschließend lässt sich über diese Gruppe der Erzählungen Weils, die in einem Zeitraum von zwanzig Jahren in verschiedenen tschechischen Periodika veröffentlicht wurden, sagen, dass sie sehr heterogen ist. Die Erzählungen divergieren sowohl inhaltlich als auch stilistisch. Auch in dieser Gruppe findet man Texte, die sich thematisch mit dem Holocaust auseinandersetzen („Varšavská suita", „Poslední boj lejtěnanta Brovkina" und „Kočka Josefa Poláčka z Libušína čp. 184"), sowie Texte, die von historischen Themen handeln („Ve městě Mešhedu", „Na konci cesty" sowie „Ghetto a hranice"), oder auch einen Text, der den Aufbauenthusiasmus in der sozialistischen Tschechoslowakei schildert („Silnice"). Im Text „Návrat" wird die Lage in der Tschechoslowakei nach dem Zweiten Weltkrieg thematisiert. In „Stráň" konzentriert sich Weil wiederum auf den inneren Konflikt seines Protagonisten. In der Erzählung „Dvojník Roberta Davida" verspottet Weil das tschechische literarische Milieu. Auch stilistisch sind die Texte dieser Gruppe weit gefasst: Sie reichen von einer linearen Erzählung bis zu der verschachtelten Erzählung in einer Erzählung. Die meisten sind in der Er-Form verfasst, lediglich in den Erzählungen „Kočka Josefa Poláčka z Libušína čp. 184" und „Návrat" taucht ein Ich-Erzähler auf.

3.3.1.4 *Nicht publizierte Erzählungen*

Im Nachlass des Schriftstellers, aufbewahrt im Literarischen Archiv des Denkmals für nationales Schrifttum in Prag, befinden sich noch einige Erzählungen, die bislang nie publiziert wurden. Einige von ihnen sind nur fragmentarisch, teilweise auch nur handschriftlich erhalten.

Eine davon hat wahrscheinlich durch die Verwalterin und Bearbeiterin von Weils Nachlass, Marta Zahradníková, den Titel

„Povídka o terezínském ghettu" (Die Erzählung vom Ghetto in Theresienstadt)[587] erhalten, denn der Text liegt unbenannt und undatiert bloß als eine Handschrift im Umfang von über Hundert Seiten in einem Heft vor. In diesem Text, der von den letzten Tagen vor der Befreiung im Ghetto Theresienstadt handelt, wird der Ort ungefähr in der Hälfte des Textes explizit genannt, als über die Todesmärsche berichtet wird: „Hnali tedy vězně, zabíjeli je cestou, hledali po Německu bezpečné koncentrační tábory, ale nebylo již Německa. Zbýval Terezín, město jež určil vůdce židům jako sídliště, přepravní stanici smrti."[588] Davor wird nur über ein Ghetto gesprochen. Die Erzählung beginnt mit einer außergewöhnlichen Szene – mit einer Rede des Lagerkommandanten an die versammelten Ghettoinsassen, die zum Ziel hat, den beginnenden Widerstand und die Unruhe zu unterdrücken. Der heterodiegetische Erzähler merkt an, dass schon in der Anrede etwas seltsam sei, denn die Versammelten werden mit dem Neutralen „muži" (Männer) angesprochen und nicht wie üblich beschimpft. Im Verhalten des Kommandanten, seines Vertreters und der SS-Männer spürt man deutlich eine Veränderung, die auf den jüngsten Besuch des Roten Kreuzes und die darauffolgenden Gerüchte über die Niederlage Deutschlands zurückzuführen sind. Nach dieser allgemeinen Einleitung, in der bloß der Lagerkommandant und sein Vertreter als Individuen auftreten, während von den Ghettoinsassen lediglich als „zástup" (Menge oder Haufen) gesprochen wird, bekommen auch andere Figuren ihre Stimme. Aus der Perspektive einer jüdischen Ghettoinsassin namens Erna wird die Rückkehr der Häftlinge aus den östlichen Konzentrationslagern geschildert: „Erna právě vycházela z nemocničního baráku, když pojednou uslyšela nelidský řev, jako by to ani nebyly zvuky vydávané lidmi, ale jakési příšerné řvaní mořských zvířat vymyšlených pohádkami. [...] byl to hlad, který křičel ve všech jazycích světa, byl to hlad, který volal

---

[587] „Povídka o terezínském ghettu", Handschrift, nicht publiziert, o. J., o. O.; LA PNP, Fundus Jiří Weil.
[588] „Povídka o terezínském ghettu", unpaginiert. (Sie jagten die Häftlinge, sie brachten sie unterwegs um, sie suchten in Deutschland sichere Konzentrationslager, aber es gab kein Deutschland mehr. Es blieb nur Theresienstadt, die Stadt, die der Führer als Siedlung für die Juden bestimmt hat, als eine Todesstation.)

po chlebu."[589] Erna, die lange Zeit als Pflegerin in den Krankenbaracken gearbeitet hatte, erkennt sofort, dass mit diesen Menschen eine tödliche Gefahr nach Theresienstadt kommt – der Flecktyphus. Die Überlebenden aus den Konzentrationslagern im Osten, die zu Tausenden nach Theresienstadt kommen, sind ausgemergelt und krank, viele von ihnen sterben. Die ganze Stadt versucht, diesen Menschen zu helfen. In die Rettung werden viele Menschen involviert, außer Erna erscheinen die Protagonisten Pepík und Mirek, einige Ärzte, Dozent Švarc, Professor Spitz sowie Ingenieur Šťastný. Als sie Hilfe organisieren, merken sie, dass sich die Lage geändert hat, dass auf sie gehört wird, dass große Änderungen vorstehen. Weil verwendet hier einen Ausdruck, den er ebenfalls in den Titel einer seiner Nachkriegsreportagen aufgenommen hat: „blíží se moc nového řádu" (die Macht der neuen Ordnung naht). Ausführlich wird in der Erzählung auf die Beschreibung des zurückgekehrten Transports der Kinder eingegangen, den alle als den schrecklichsten empfinden. Im Text wird detailliert ausgeführt, dass die Kinder nur schweigen, und wie die Bewohner von Theresienstadt versuchen, in verschiedenen Sprachen mit ihnen zu kommunizieren, jedoch ohne Erfolg. Erst als einer versucht, die Sprache und die Gesten der SS-Männer nachzuahmen, reagieren die Kinder.[590] Äußerst kritisch wird der Besuch der Vertreter des Roten Kreuzes gezeigt, die sich für die Ghettobewohner überhaupt nicht interessieren, sich nur auf der vorher abgesprochenen Route bewegen und mit den SS-Männern speisen. Die Erzählung endet damit, dass am kommenden Morgen über der Stadt die Flagge des Roten Kreuzes flattert und auf dem Tor die Aufschrift „Unter Schutz des Roten Kreuzes" steht. Das Ende wirkt allerdings ziemlich abrupt, es kann sein, dass dies nicht der endgültige Abschluss des Textes ist, den Weil aufgrund seines Besuches des Ghettos Theresienstadt im Rahmen

---

[589] Ibidem. (Erna kam gerade aus der Krankenbaracke, als sie plötzlich unmenschliche Schreie hörte, als ob es nicht einmal Geräusche von Menschen, sondern eher von irgendwelchen Meerestieren waren, die in den Märchen erdacht wurden. […] es war Hunger, der in allen Sprachen der Welt geschrien hat, es war Hunger, der nach Brot geschrien hat.)

[590] Die Darstellung der verwahrlosten und traumatisierten Kinder ähnelt der aus der Erzählung „Poslední bitva lejtěnanta Brovkina".

seiner Anstellung beim Jüdischen Museum 1945 verfasst hat. An dieser Erzählung ist wieder das Motiv der Sprache interessant: die Häftlinge, die in allen Sprachen der Welt nach dem Brot rufen, sowie die traumatisierten Kinder, die nur die Sprache des Konzentrationslagers sprechen.

In der nicht vollständig erhaltenen Erzählung „**Oheň a hrdina**" (Feuer und Held)[591] verwendet Weil eine für ihn typische Kompositionstechnik: In die Rahmenerzählung – die von jungen Menschen handelt, die im tschechischen Grenzgebiet im Wald arbeiten und abends am Lagerfeuer sitzen und Geschichten erzählen – wird die Geschichte eines der Arbeiter, Jaromír Houška, integriert: Es geht darum, wie er Julius Fučík kennengelernt hat. Vom Text sind lediglich drei Seiten vorhanden, die Erzählung endet mit der Schilderung Houškas, wie er seine Lehre als Meister für Waagen abgeschlossen hat. Die Pointe – das Treffen Houškas mit Fučík – bleibt dem Leser also vorenthalten. Interessant ist ebenfalls, dass der Erzähler möglicherweise weiblich ist. Der Text beginnt mit dem Satz: „Byla jsem na lesní brigádě v pohraničí v r. 1951."[592] Es ist auch die einzige Stelle, an dem der Erzähler bzw. die Erzählerin über sich in der ersten Person Singular spricht, ansonsten tritt er/sie nur als ein Teil des Kollektivs auf, deshalb kann man nicht mit Sicherheit feststellen, ob die Erzählinstanz wirklich weiblich ist oder ob es sich gegebenenfalls um einen Tippfehler handelt. Dies wäre die einzige Erzählung Weils, in der eine weibliche homodiegetische Erzählstimme spricht.

Vom Typoskript der Erzählung „**Rancho Nonapalito**" (Rancho Nonapalito)[593] ist nur die erste Seite erhalten geblieben. Die Handlung dieser Erzählung ist in einer exotischen Umgebung situiert – in den Bergen Kaliforniens. Auf dieser einen Seite wird der

---

[591] „Oheň a hrdina", Fragment, Typoskript, nicht publiziert, o. J., o. O.; LA PNP, Fundus Jiří Weil.
[592] Im Tschechischen kann man anhand der Form des Partizips Präteritum – hier die Endung mit „a" – erkennen, dass es sich um ein weibliches Agens handelt. (Ich war bei der Waldarbeit im Grenzgebiet im Jahr 1951.)
[593] „Rancho Nonapalito", Fragment, Typoskript, nicht publiziert, o. J., o. O.; LA PNP, Fundus Jiří Weil.

Leser durch den heterodiegetischen Erzähler in die Handlung eingeführt: Es werden der Ort (die Berge Kaliforniens) sowie die Zeit (eine Augustnacht) bekanntgegeben. Auf die Ranch namens Nonapalito kommt ein Fremder. Der Vorsteher der Ranch heißt ihn dort willkommen und versucht, einiges über ihn zu erfahren. Der Fremde antwortet jedoch unwillig und überlegt bei seinen Antworten, was dem Vorsteher verdächtig vorkommt. Hier endet der Text allerdings, er ist zu kurz, um über die Komposition, die Erzähltechnik bzw. über den möglichen Ausgang der Geschichte mehr sagen zu können.

Bei der Erzählung „**Jonášovo mládí**" (Jonas' Jugend) handelt es sich ebenfalls nur um ein Fragment eines Typoskripts, das die erste Seite und die Seiten mit der Paginierung 11, 12 und 13 beinhaltet. Es ist sehr bedauerlich, dass diese Erzählung nicht komplett erhalten ist, denn sie ist hinsichtlich der Erzähltechnik äußerst interessant: Der Hauptprotagonist und Ich-Erzähler ist ein Kater namens Jonáš, der über seine Jugend erzählt. Er vermittelt dabei nicht nur die Eindrücke, die er von seiner Umgebung hat, sondern erklärt auch einige Gründe seines Verhaltens. Er benimmt sich also extrem menschlich. Da keine Datierung des Textes vorliegt, lässt sich nicht feststellen, ob Jonáš vielleicht ein Vorbild für den Kater Tomáš aus dem berühmten Roman *Život s hvězdou* sein könnte. Einige Elemente des Textes legen nämlich eine Verbindung zwischen den beiden Katzenprotagonisten nahe: Gleich zu Beginn der Erzählung spricht Jonáš seinen namenlosen Besitzer an und zählt ihm die Vorteile seines Katzendaseins auf:

> Vím, jaký je pravý důvod tvého pohostinství. Chceš vyzvědět moje životní osudy. To se rozumí, abys mi mohl závidět, protože jsem silný a mocný kocour, kterého se všichni bojí a kterého si všichni váží. Kdybys jen věděl, jaké mám úspěchy v lásce! Co o tom můžeš vědět ty, který sedíš celé dny zavřený v nějaké špinavé budově a jak sám říkáš, lepíš cedulky na hadry a vážíš kosti na decimálce? […] A já se zatím proháním na čerstvém vzduchu,

zakousnu si králíčka, piju teplou krev, vypravím se na střechu, zazpívám nějakou píseň a hned se ke mně přitočí nějaká kočičí slečna.⁵⁹⁴

Die Freiheit der Tiere und die Unfreiheit des Menschen unter einem totalitären Regime werden auch in *Život s hvězdou* thematisiert; nur kommt es hier zum Wechsel der Perspektive. Es ist der Mensch, der die freien Tiere, vor allem aber den Kater Tomáš, beobachtet und um ihre Freiheit beneidet.⁵⁹⁵ „Jonášovo mládí" ist außerdem noch deshalb außergewöhnlich, weil die Erzählung metafiktionale Verweise enthält: Der Autor erscheint an einigen Stellen im Text: „Autor se omlouvá, že nemůže Jonášovy vývody lépe vysvětlit", „Autor se snažil vysvětlit kocourovi, čím byl Jonáš podle bible", „Autor cítil, že vykládá kocourovi jakési nesmysly, kterým nemůže rozumět."⁵⁹⁶

---

⁵⁹⁴ „Jonášovo mládí", Fragment, Typoskript, nicht publiziert, o. J., o. O.; LA PNP, Fundus Jiří Weil.
(Ich weiß, warum du so gastfreundlich bist. Du möchtest etwas über mein Leben erfahren. Das versteht sich, damit du mich beneiden könntest, denn ich bin ein starker und mächtiger Kater, den alle fürchten und den alle achten. Wenn du nur wüsstest, welche Erfolge ich in der Liebe habe! Was kannst du denn schon davon wissen, du, der die ganzen Tage eingesperrt in irgendwelchen dreckigen Gebäuden verbringst und wie du selbst sagst, Zettel auf alte Lumpen klebst und Knochen auf der Dezimalwaage wiegst. [...] Und ich tummle mich inzwischen an der frischen Luft, ich reiße einen Hasen, ich trinke das warme Blut, ich gehe aufs Dach, ich singe ein Lied und gleich kommt ein Katzenfräulein zu mir.)

⁵⁹⁵ Siehe folgende Passage in *Život s hvězdou*: „Toužil jsem být zvířetem. Viděl jsem z okna mansardy, jak si hrají psi na sněhu, viděl jsem, jak se plíží pomalu kočka přes sousední zahrady, viděl jsem vrabce, jak vylétají, kdy je napadne. Zvířata si nemusila lámat hlavu, do kterých ulic smějí vstoupit." *Život s hvězdou*, 59. („Ich sehnte mich danach, ein Tier zu sein. Ich sah aus dem Fenster einer Mansarde, wie die Hunde im Schnee spielten, ich sah, wie eine Katze langsam durch die Nachbargärten schlich, [...], ich sah, wie frei die Spatzen aufflogen, wann immer es ihnen einfiel. Tiere brauchten sich nicht den Kopf zu zerbrechen, welche Straßen sie betreten durften und welche nicht." - *Leben mit dem Stern*, 44.)

⁵⁹⁶ „Jonášovo mládí", Fragment, Typoskript, nicht publiziert, o. J., o. O.; LA PNP, Fundus Jiří Weil.
(Der Autor entschuldigt sich, dass er Jonáš' Ausführungen nicht besser erklären kann; Der Autor hat versucht, dem Kater zu erklären, wer der biblische Jonáš war; Der Autor spürte, dass er dem Kater irgendwelchen Unsinn erzählt, den dieser nicht verstehen kann.)

Die folgenden zwei Erzählungen „Pes před lékárnou" (Ein Hund vor der Apotheke) und „Školní výprava v Jeseníku" (Der Schulausflug ins Altvatergebirge) hat Weil gemeinsam unter einem Titel als „Příhody" zusammengefasst, was man als „Vorfälle" oder „Vorkommnisse" übersetzen könnte. In den beiden Geschichten passiert nicht viel. In **„Pes před lékárnou"**[597] wird ein Vorfall geschildert, als ein Kind einen vor der Apotheke angebundenen Hund streicheln möchte und dieser es anknurrt. Über das schreiende Kind hinweg entflammt eine Debatte, voller Emotionen. Während eine Dame den Hund verteidigt, regt sich ein Bäckergehilfe über den Hund auf, der ohne Maulkorb und Aufsicht sei. Allmählich mischen sich mehr und mehr Menschen ein, es fallen auch einige Schimpfwörter. Bis dann plötzlich eine junge Frau aus der Apotheke herauskommt, den Hund nimmt und fortgeht. Die Menschenmenge löst sich auf, nur der Bäckergehilfe schimpft, dass ihm einige Semmeln gestohlen wurden.

Die zweite Skizze mit dem Titel **„Školní výprava v Jeseníku"**[598] spielt sich hauptsächlich in Form eines Dialogs zwischen zwei Schulkameraden ab, die gemeinsam mit ihrer Klasse einen Ausflug in ein Sanatorium im Altvatergebirge machen. Dem einen wurde zu Hause gesagt, dass es in diesem Sanatorium „Verrückte" gebe, und die beiden Jungen sehnen sich nun danach, „echte Verrückte" zu sehen. Dies passiert jedoch nicht, worüber die beiden Freunde enttäuscht sind.

Im Rahmen einer umfangreichen Recherche, die im Zuge dieser Arbeit durchgeführt wurde, konnte eine weitere bislang unbekannte und unpublizierte Erzählung Weils gefunden werden. Dieser Text blieb mehrere Jahrzehnte lang unentdeckt in den Akten im *Židovské museum* in Prag aufbewahrt.[599] Trotz des attraktiven Titels **„O krásné židovce z Bechyně"** (Über die schöne Jüdin aus

---

[597] „Pes před lékárnou", Typoskript, nicht publiziert, o. J., o. O.; LA PNP, Fundus Jiří Weil.
[598] „Školní výprava v Jeseníku", Typoskript, nicht publiziert, o. J., o. O.; LA PNP, Fundus Jiří Weil.
[599] Der erste Hinweis auf diese Erzählung findet sich im August 1966 (also sieben Jahre nach Weils Tod) in einem Brief, der an die Witwe des Schriftstellers – Olga

Bechyně) spielt die schöne Jüdin in der Geschichte eigentlich eine eher marginale Rolle. Viel mehr Raum nimmt ein äußerst negativ gezeichneter Protagonist ein: der junge tschechische Adelige Jakub Jan von Kostheim, der wegen seines hemmungslosen und wilden Lebensstils als Verwalter in die Stadt Bechyně geschickt wurde. Dort führt er sein unbändiges Leben jedoch weiter: Gegenüber den Untertanen verhält er sich äußerst brutal und belästigt die dortigen hübschen jungen Jüdinnen. Zuletzt will er die schöne siebzehnjährige Tochter Růžena[600] eines armen jüdischen Händlers verführen. Da der Vater diese jedoch auf den Rat des dortigen Rabbiners aus der Stadt wegbringt, beschließt von Kostheim, dass alle Juden dafür büßen müssen. In den sich mehrfach wechselnden Szenen schildert Weil das Dilemma des jüdischen Vaters: Wenn er nicht das tut, was von ihm verlangt wird – also wenn er seine Tochter nicht abgibt –, wird dafür die ganze jüdische Gemeinde in Bechyně bestraft werden. Dies erinnert sehr an die quälende Situation der Juden während des Holocaust: Nehmen wir beispielsweise den Hauptprotagonisten von *Život s hvězdou*, Roubíček. Wenn er nicht zum Transport einrückt, wird dafür ein anderer gehen müssen. Die größte Rolle wird im Text dem jüdischen Glauben eingeräumt, denn nachdem es der schönen Jüdin gelingt, von Kostheim zu entkommen, nimmt dieser Rache: Er überzeugt den Besitzer dieses Herrschaftsgutes, den Juden seinen Schutz zu kündigen und diese bis Ende März vom Land zu verjagen. Wer das Land nicht verlässt,

---

Weilová – gerichtet ist. Der Direktor des Jüdischen Museums, Václav Benda, bittet Olga Weilová um Erlaubnis, die israelische Forscherin Dr. Ruth Gladstein-Kerstenberg diese Erzählung untersuchen zu lassen: „Vážená paní, v současné době u nás v muzeu studuje pražské židovské pověsti vědecká pracovnice z Izraele, Dr. Ruth Gladsteinová-Kerstenbergerová, která projevila zájem též o studium nevydané povídky J. Weila ‚O krásné židovce z Bechyně', na kterou máte autorská práva." (Sehr geehrte Frau, zurzeit studiert bei uns im Museum eine Wissenschaftlerin aus Israel, Dr. Ruth Gladstein-Kerstenberg, die Prager Jüdischen Geschichten, die auch Interesse am Studium der bislang unpublizierten Erzählung von J. Weil „Über die schönen Jüdin aus Bechyně" zeigte, zu der Sie die Autorenrechte besitzen.) Archiv Židovského musea v Praze, Akte Odborná dokumentace/Jiří Weil-CH29.

[600] Der Name Růžena taucht in der ersten Hälfte der Geschichte auf. In der zweiten verwendet Weil für die gleiche Person mehrfach den jüdischen Namen Ester, was für ziemliche Verwirrung sorgt.

wird umkommen. Daraufhin verfallen viele Juden in Panik, nur der Rabbi bleibt ruhig und glaubt fest, dass der mächtige Gott dieses nicht zulassen wird. Er prophezeit sogar: „Doufám ve Všemohoucího, který nás nikdy neopustil a bude při nás státi až do skonání světa, že pan z Kostheimu, náš nepřítel, neuvidí 31. března v Bechyni ani jediného žida nebo židovku."[601] In der Tat passiert den Juden nichts, denn als am letzten Tag, an dem sie das Land verlassen sollen, von Kostheim zu ihnen fährt, um sie zu bestrafen, ertrinkt er im Fluss Lužnice. Somit sind die Juden gerettet und Rabbi Chaim gilt als ein heiliger Mann, auch unter den Nicht-Juden.

Kompositionstechnisch ist diese – ziemlich umfangreiche – Erzählung (sie umfasst ganze 31 Typoskriptseiten) in sechs kleinere Abschnitte geteilt, die an verschiedenen Handlungsorten, wie im Schloss des von Kostheim, in einem geheimen Gang des Schlosses oder in der Synagoge, spielen und die vorwiegend als Kulisse für die Dialoge der Hauptprotagonisten dienen. Der Text ist undatiert, angesichts der gewählten jüdischen Thematik können wir schätzen, dass er wahrscheinlich nach 1945 entstanden ist. In dieser Erzählung greift Weil eine alte Geschichte auf,[602] die über die Juden in Bechyně erzählt wird, was für seine Erzählungen im Gegensatz zu seinen Romanen (vgl. *Makanna* oder *Harfeník*), die historische Ereignisse aufgreifen, eher untypisch ist.

---

[601] „O krásné židovce z Bechyně", Typoskript, Seite 21. (Ich glaube an den Allmächtigen, der uns nie verlassen hat und der zu uns bis zum Ende der Welt stehen wird, dass Herr von Kostheim, unser Feind, am 31. März in Bechyně keinen einzigen Juden oder Jüdin sehen wird.)

[602] „O místní židovské komunitě vypráví pověst, že měla být na příkaz krutého šternberského správce Johana Jakoba Edlera von Kostheim vyhnána jako pomsta za to, že se mu nepovedlo zmocnit krásné židovské dívky Rózy. Správce však zemřel právě v okamžiku, kdy se těsně před odchodem rabín Chajim modlil za jejich záchranu." (Über die hiesige jüdische Gemeinde wird die Legende erzählt, dass die Juden auf Befehl des grausamen Sternberger Verwalters Johan Jakob Edler von Kostheim aus Rache dafür verjagt werden sollten, weil es ihm nicht gelungen war, die schöne Jüdin Róza zu bekommen. Der Verwalter starb gerade im Augenblick, als der Rabbi Chajim kurz vor dem Weggehen für die Rettung der Juden gebetet hat.) http://www.mistopis.eu/mistopiscr/jiznicechy/bechynsko/bechyne.htm, zuletzt aufgerufen am 11.11.2020.

Auch diese letzte Gruppe der unpublizierten Erzählungen lässt sich auf keinen gemeinsamen Nenner bringen. Wir finden hier allerdings einiges, was aus den anderen, bereits publizierten Erzählungen bekannt ist: Texte mit Holocaust- bzw. mit der jüdischen Thematik („Povídka o terezínském ghettu", „O krásné židovce z Bechyně"), Texte, in denen Tiere auftreten („Jonášovo mládí", „Pes před lékárnou"), oder Texte, die sich mit den sozialistischen Helden befassen („Oheň a hrdina"). Auch sie zeichnen sich durch stilistische Vielfalt aus: Man findet hier klassische Erzählungen in der Er-Form sowie Weils Lieblingsform der Erzählung als Wiedergabe einer Diskussion.

3.3.1.5 Übersichtstabelle der Erzählungen

Publizierte Erzählungen[603]

	Titel	Erstausgabe	Zeitraum	Erzählform
1	Ve městě Meshedu	1939	18. Jhdt., Persien	Er-Form
2	Aukce	1940	o. Z., Tschechien	Er-Form
3	Stráň	1940	o. Z., Tschechien, irgendwo in der Nähe einer Kurstadt	Er-Form
4	Žlutá a modrá	1944–45	1942, Prag – Zamošč – Berdičev	Er-Form
5	Zelená a rudá	1946	II.WK, o. O.	Er-Form/Ich-Form
6	Černá a bílá	1946	II.WK, in der Nähe der tschechischen Grenze	Er-Form/Ich-Form
7	Šedá a fialová	1946	II.WK, o. O.	Er-Form/Ich-Form
8	Hnědá a bílá	1946	II.WK, o. O.	Er-Form

---

[603] Die publizierten Erzählungen sind chronologisch nach der Zeit ihrer Erstausgabe geordnet.
Weitere Erklärungen zur Tabelle:
o. Z. – ohne Zeitangabe: Die Erzählung enthält weder eine konkrete Zeitangabe noch andere Indizien, aufgrund derer diese ermittelt werden könnte.
o. O. – ohne Ortsangabe: Die Erzählung enthält weder eine konkrete Ortsangabe noch andere Indizien, aufgrund derer diese ermittelt werden könnte.

9	Žlutá a černá	1946	II.WK, o. O.	Er-Form/Ich-Form
10	Fialová a černá	1946	II.WK, o. O.	Er-Form
11	Žlutá a zelená	1946	II.WK, o. O.	Er-Form
12	Červená a modrá	1946	1939, Prag	Er-Form
13	Stříbrná a zlatá	1946	1945, Prag	Er-Form
14	Hodina v Nyonu	1946	Nach II.WK, Nyon, Schweiz	Ich-Form
15	Prostá pravda	1947	o. Z., Prag	Ich-Form
16	Varšavská suita	1947–48	Nach II.WK, Warschau	Ich-Form
17	Návrat	1947–48	Nach II.WK, Prag	Ich-Form
18	Poslední setkání s Otakarem Fischerem	1948	1937, Prag	Ich-Form
19	Jezero Neuruppinské	1948	Zwischenkriegszeit; Berlin	Ich-Form
20	Lodžské intermezzo	1948	Nach II.WK, Polen	Ich-Form
21	Busta básníkova	1948	1922, Moskau	Ich-Form
22	Setkání v Lucernu	1948	Nach II.WK, Luzern, Schweiz	Er-Form
23	Vězeň Chillonský	1948	Nach II.WK, Schloss Chillon, Schweiz	Ich-Form
24	O korunu a lásku	1949	Zwischenkriegszeit, Most und Umgebung	Er-Form
25	Příběh o hraběnce a hrobce	1949	Zwischenkriegszeit, Bříství	Er-Form
26	Zlín – Čaj u Tomáše Bati	1949	Zwischenkriegszeit, Zlín	Ich-Form
27	Zlín – Terasa společenského domu	1949	1938, Zlín	Ich-Form
28	Srdce	1949	o.Z., Stadt	Er-Form
29	Cesta podle Dunaje	1949	Zwischenkriegszeit; Prag, Bratislava, Wien	Ich-Form
30	Hekna	1949	o.Z., Praskolesy	Ich-Form
31	Potomek Timurův	1949	14./15. Jhdt., Asien	Er-Form
32	Cesta do Almy-Aty	1949	o.Z., jedoch 1935, Kasachstan	Ich-Form
33	Jezero Issyk-Kulské	1949	o.Z., jedoch 1935, Kirgisien	Ich-Form
34	Štrasburská katedrála	1949	Zwischenkriegszeit, Frankreich	Ich-Form
35	Švýcarská snídaně v Capoulade	1949	1937, Paris	Ich-Form
36	Šest tygrů v Basileji	1949	Nach II.WK, Basel, Schweiz	Ich-Form
37	Mír	1949	Nach II.WK, Herzberg, Schweiz	Ich-Form

38	Silnice	1949	Nach II.WK, Vrchovany	Er-Form
39	Píseň na rozloučenou	1956	II.WK, Prag	Er-Form
40	Šanghaj	1957	II.WK, Prag	Er-Form
41	Kočka Josefa Poláčka z Libušína čp. 184	1957	Nach II.WK, Paris	Ich-Form
42	Na konci cesty	1957-58	17.Jhdt., Amsterdam	Er-Form
43	Nízko je nebe	1958	o.Z., o.O.	Er-Form
44	Poslední boj lejtenanta Brovkina	1959	Nach II.WK, Theresienstadt	Er-Form
45	Ghetto a hranice	1959-60	19. Jhdt., Všeruby/Neumark, tschech.Grenzgebiet	Er-Form
46	Lidická ovce	1966	1942, Lidice, Theresienstadt	Er-Form

Er-Form: 25
Ich-Form: 21

Nicht publizierte Erzählungen:[604]

	Titel	Zeitraum	Fragment	Erzählform
47	Jonášovo mládí	o.Z., Prag	+	Ich-Form
48	O krásné židovce z Bechyně	o.Z. (17. Jhdt.) Bechyně	-	Er-Form
49	Oheň a hrdina	1951, tschechisches Grenzgebiet	+	Ich-Form
50	Pes před lékárnou	o.Z., o.O.	-	Er-Form
51	Povídka o terezínském ghettu	Ende des II. WK, Theresienstadt	+?	Er-Form
52	Rancho Nonapalito	August, Kalifornisches Gebirge	+	Er-Form
53	Školní výprava v Jeseníku	o.Z., Altvatergebirge	-	Er-Form

Er-Form: 5
Ich-Form: 2

3.3.1.6 Fazit

Betrachten wir den Komplex von Weils Erzählungen näher, können wir feststellen, dass diese sich nach dem Kriterium des Inhalts in mehrere Gruppen aufteilen lassen: Die erste große Gruppe bilden Erzählungen, die Weils **Reisen** thematisieren. Sie haben sehr häufig ihre Vorbilder in seinen Reportagen. Hier finden wir Erzählungen,

---

[604] Die nicht publizierten Erzählungen wurden alphabetisch geordnet.

die thematisch in der Sowjetunion („Busta básníkova", „Cesta do Almy-Aty", „Jezero Issyk-Kulské"), der Schweiz („Švýcarská snídaně v Capoulade", „Hodina v Nyonu", „Vězeň Chillonský", „Šest tygrů v Basileji", „Mír"), Frankreich („Štrasburská katedrála"), Deutschland („Jezero Neuruppinské") oder auch in der Slowakei und in Österreich („Cesta podle Dunaje") verankert sind. Für sie ist markant, dass sie in der Ich-Form verfasst sind, dabei ähnelt der Ich-Erzähler dem Reporter aus Weils Reportagen.

In die zweite große Gruppe fallen Erzählungen, die sich mit dem **Holocaust** auseinandersetzen. Hierher gehören alle Erzählungen des Zyklus *Barvy* („Zelená a rudá", „Černá a bílá", „Žlutá a modrá", „Šedá a fialová", „Hnědá a bílá", „Žlutá a černá", „Fialová a černá", „Žlutá a zelená", „Červená a modrá", „Stříbrná a zlatá") und weitere Erzählungen wie „Lodžské intermezzo", „Píseň na rozloučenou", „Šanghaj", „Lidická ovce", „Varšavská suita", „Poslední boj lejtěnanta Brovkina", „Kočka Josefa Poláčka z Libušína č.p. 184" sowie die unpublizierte „Povídka o terezínském ghettu" dazu. Von den Erzählungen, die in der Schweiz spielen, behandeln die Texte „Setkání v Luzernu" und „Mír" die Holocaust-Thematik.

Unter die dritte Gruppe kann man solche Erzählungen fassen, die sich mit **historischen Themen** beschäftigen. Hierher gehören die Texte über die Herrscher des fernen Orients, „Potomek Timurův" und „Ve městě Mešhedu", sowie die Texte, die das Leben von zwei tschechischen Persönlichkeiten behandeln: „Ghetto a hranice" und „Na konci cesty".

Die vierte, kleine Gruppe könnte man mit dem Begriff „**budovatelská próza**" (Aufbauprosa) bezeichnen. In zwei Texten – „Silnice" und „Oheň a hrdina" – beschreibt Weil den Aufbau des Sozialismus in der Tschechoslowakei.

In die fünfte Gruppe fallen Texte, die ein **Treffen mit historischen Persönlichkeiten** schildern. In den Texten „Poslední setkání s Otakarem Fischerem" und „Zlín" gibt der Ich-Erzähler seine Treffen mit dem tschechischen Schriftsteller Otokar Fischer sowie mit dem Schuhhersteller Tomáš Baťa wieder.

Die letzte, sechste Gruppe ist relativ heterogen, sie beinhaltet die restlichen Erzählungen, die sich inhaltlich nicht unter ein zentrales Thema fassen lassen („Aukce", „Prostá pravda", „O korunu a lásku", „Příběh o hraběnce a hrobce", „Srdce", „Hekna", „Nízko je nebe", „Pes před lékárnou", „Školní výprava v Jeseníku" sowie „O krásné židovce z Bechyně"). Als gemeinsamer Nenner dieser Erzählungen kann der **Handlungsort** gelten – sie alle spielen in Weils Heimat, der **Tschechoslowakei**, beziehungsweise wird der Handlungsort gar nicht konkretisiert. Die meisten Texte enthalten ebenfalls keine Angabe zu der Zeit, in der sie spielen. Dabei lässt sich in manchen der Zeitraum anhand einiger im Text enthaltener Indizien ableiten, manche Texte dagegen spielen in einer Art vollkommener „Zeitlosigkeit". Die Mehrheit der Erzählungen dieser Gruppe wurden in der Er-Form geschrieben, lediglich die Erzählungen „Prostá pravda" sowie „Nízko je nebe" wurden in der Form des Dialogs und Monologs gehalten, so dass die Hauptprotagonisten gleichzeitig als Sprechende auftreten. Hier merkt man allerdings einen deutlichen Kontrast zu den anderen Erzählungen Weils, in denen der Ich-Erzähler ausschließlich namenlos ist und die von Begebenheiten aus Weils Leben handeln, so dass der Leser dazu neigt, den Ich-Erzähler mit dem Autor gleichzusetzen. Die Protagonisten dieser Gruppe sind jedenfalls recht unterschiedlich.

Allgemein lässt sich sagen, dass man Weils Erzählungen in der Tat als eine Art „kleine Modelle" für seine umfangreicheren Prosatexte betrachten kann. In den Erzählungen finden wir Motive oder Ereignisse, die er dann ausführlich in seinen Romanen entfaltet. Als gutes Beispiel kann man das Motiv der „Statue" nennen, das in einigen Erzählungen vorkommt und das im Roman *Na střeše je Mendelssohn* zu einem Leitmotiv wird. Auch die vielen Tieranekdoten und Überlegungen über das Leben der Tiere während des Protektorats finden wir später im Verhältnis zwischen Roubíček, dem Hauptprotagonisten des Romans *Život s hvězdou*, und seinem Kater Tomáš wieder. Sehr häufig werden in den Erzählungen Ereignisse als Mini-Skizzen entworfen, die dann in den Romanen umfassend ausgeführt werden. So etwa bei der Statue des Komponisten Mendelssohn, deren Sturz dann zu einem der zentralen Handlungsstränge des Romans *Na střeše je Mendelssohn* wird.

Viele Erzählungen zeichnen sich durch eine verschachtelte Struktur aus. Der Ich-Erzähler erscheint und erzählt im Rahmen einer Diskussionsrunde. Ein Merkmal solcher Diskussionen oder gar

Dialoge ist, dass sie oft nur bedingt funktionieren oder ganz misslingen. In vielen Texten wird ebenfalls das Kommunikationsmedium Sprache thematisiert, was die Erzählungen in Verbindung mit den Reportagen bringt.

Auf der Ebene der Erzählung hat die Untersuchung der erzählenden Instanz in den Kurzerzählungen Weils gezeigt, dass die Mehrheit seiner Erzählungen (30 Texte) in der Er-Form erzählt werden. In einigen Erzählungen des Zyklus *Barvy* treten sowohl die Ich- als auch die Er-Form auf. Der Rest, also 21 Erzählungen, wurden in der Ich-Form verfasst, dabei handelt es sich vorwiegend um Erzählungen mit Reisethematik bzw. um Erzählungen, die auf Begebenheiten aus Weils Leben, auf von ihm erlebten, gehörten oder gesehenen Fakten (wie mehrfach nachgewiesen werden konnte) beruhen. Es sind gerade die Faktizität und Authentizität der Texte, die die Grundlage seiner schöpferischen Methode bilden. Dies stellt auch der Herausgeber von Weils Texten, der tschechische Literaturwissenschaftler und -kritiker Jiří Opelík, fest:

> Opěrnými pilíři Weilovy tvůrčí metody je autentičnost a zaměření na faktichu. Weil buduje na pravých a hodnověrných zážitcích – z největší míry by se jistě našly jejich stopy v autorově životopise, anebo aspoň zážitkové jádro, které v jeho prózách obvykle neschází (odtud převaha ich-formy, vyprávění v 1. osobě), jako autentické, ověřitelné představuje a stylizuje. Zároveň s tím pak vytváří výztuž svých próz z fakt vybíraných tak, aby na sebe vázala co nejvíc intelektuálních asociací a ležela v průsečíku vztahů a rozporů různého řádu a významu.[605]

In den Erzählungen mit hetorodiegetischem Erzähler lassen sich, im Gegensatz zu den Romanen, nicht besonders viele Einblicke in

---

[605] Opelík 1966: „Hodina pravdy, hodina zkoušky", 202f. (Die Stützpfeiler von Weils Schaffensmethode sind die Authentizität und die Ausrichtung auf die Faktizität. Weil baut auf echten und glaubwürdigen Erlebnissen – zum großen Teil würde man bestimmt ihre Spuren im Leben des Autors finden, oder zumindest einen Kern solcher Erlebnisse, der in seinen Prosatexten gemeinhin nicht fehlt [daher die Überlegenheit der Ich-Form, der Erzählung in der ersten Person], den er als authentisch, überprüfbar darstellt und stilisiert. Gleichzeitig schafft er damit die Konstruktion seiner Prosatexte aus Fakten, die er so wählt, damit diese möglichst viele intellektuelle Assoziationen an sich binden können und im Schnittpunkt der Verhältnisse und Widersprüche unterschiedlicher Ordnung und Bedeutung liegen.)

die Psyche der Figuren ermitteln. Am häufigsten kommen diese in den Erzählungen „Ghetto a hranice", „Stráň" oder in „O krásné Židovce z Bechyně" vor. In den ersten zwei genannten Erzählungen sind es vor allem die Erinnerungen der Hauptprotagonisten an ihre früheren Leben, seien es die Erinnerungen an das Leben im Ghetto von Joachim Löbl oder die Erinnerungen des jungen Mannes, der sich nach der Veruntreuung der Gelder in einer Höhle versteckt und dabei an seinen letzten Aufenthalt denkt, als er dort einen romantischen Urlaub mit seiner damaligen Freundin verbracht hatte. In der letztgenannten Erzählung werden die dunklen Gedanken des Bösewichts von Kostheim sowie die kollektiven Gedanken der an ihre Rettung glaubenden Juden gezeigt.

3.3.2 Romane

> V románech mají být všecky pravdy a všecka fakta
> uskutečněny jako hodnoty literární,
> jinak je z románu falešná mazanice,
> i kdyby jej psala sama pravda.[606]
> V. Vančura

3.3.2.1 Einleitung

Bei den Texten Weils, die in diesem Kapitel näher beschrieben werden, wird davon ausgegangen, dass sie der Romangattung angehören, da sie einerseits die Kriterien eines Romans erfüllen, andererseits, weil sie in den Peritexten häufig als „Romane" bezeichnet werden, sei es durch den Autor selbst oder durch Dritte. Zuerst wird die Komposition der Texte beschrieben sowie die Darstellung der dort entworfenen fiktionalen Welten kurz wiedergegeben. Darauffolgend wird auf die Entstehungs- und Publikationsgeschichte der Texte eingegangen, dann werden die Forschungslage sowie die Rezeption derselben dargestellt.

Mit seinem Romanschaffen begann Weil nach seiner Rückkehr aus der Sowjetunion in den späten 1930er Jahren und er setzte

---

[606] Vančura, Vladislav. 1972: „Rozhovor o románu Tři řeky", in: Blahynka, Milan/Vlašín, Štěpán (Hg.): *Řád nové tvorby*. Praha: Svoboda, 401–403, hier 402. (In den Romanen müssen alle Wahrheiten und alle Fakten als literarische Werte verwirklicht werden, ansonsten entsteht eine falsche Schmiererei, auch wenn sie von der Wahrheit selbst geschrieben worden wäre.)

dieses dann bis zu seinem Tod 1959 fort. Allerdings wurden nicht alle seine Romanwerke publiziert, was zum großen Teil auf die Eingriffe der Zensur in der kommunistischen Tschechoslowakei zurückzuführen ist. Einige liegen noch als unkorrigierte Typoskripte bzw. als Fragmente in seinem Nachlass im *Památník národního písemnictví* vor. Sein Romanschaffen umfasst insgesamt sechs publizierte und fünf nicht publizierte Texte, davon sind nur zwei vor dem Zweiten Weltkrieg entstanden, und zwar *Moskva – hranice* (Moskau – die Grenze) und die Fortsetzung *Dřevěná lžíce* (Holzlöffel), wobei nur ersterer zur Zeit seines Entstehens veröffentlicht werden konnte. Der größte Teil von Weils Romanen wurde also nach dem Zweiten Weltkrieg innerhalb von vierzehn Jahren geschrieben.

Die Gattung des Romans wird hier so verstanden, wie sie Monika Fludernik im *Handbuch der literarischen Gattungen* definiert:

> Generell kann der ‚Roman' definiert werden als eine längere Erzählung in Prosa, die in der Regel als ein Buch, manchmal auch in mehreren Bänden veröffentlicht wird. [...] Neben ihrer fast durchgängigen Prosaform sind Romane dadurch gekennzeichnet, dass sie wie alle literarischen Erzählungen **eine fiktionale Welt entwerfen** und das Schicksal eines Helden/einer Heldin oder einer Gruppe von Romanfiguren (oft in Kombination mehrerer Erzählstränge) darstellen; der Roman imitiert objektive Geschichtsschreibung oder taucht in die Psyche der Hauptfigur ein.[607]

Auch Jaroslava Janáčková gibt in der *Encyklopedie literárních žánrů* als primäre Definition an, dass es sich um eine lange fiktionale Prosaerzählung handelt: „**Dlouhé fiktivní vypravování v próze; nejuniverzálnější žánr novodobé epiky, zaměřený na čtenáře, jenž se v něm uplatňuje také jako téma a hledisko.**"[608] Als drei Grundelemente des Romans nennt Janáčková die Figur, die Handlung und den Zeitraum, wobei eines der Elemente immer dominiere. Je nach

---

[607] Fludernik, Monika. 2009: „Roman", in: Lamping, Dieter (Hg.): *Handbuch der literarischen Gattungen*. Stuttgart: Kröner, 627–645, hier 627. (Hervorhebungen M. B.)

[608] Janáčková, Jaroslava. 2004: „Román", in: Mocná, Dagmar/Peterka, Josef (Hg.): *Encyklopedie literárních žánrů*. Praha–Litomyšl: Paseka, 576–586, hier 576. (Es handelt sich um eine lange Prosaerzählung, die universellste Gattung der neueren Epik, ausgerichtet auf den Leser, der darin auch als Thema und Perspektive zur Geltung kommt. Hervorhebungen im Original; M. B.)

der thematischen Dominante könne man demnach drei Arten der Romanstruktur unterscheiden: Der erste Romantypus ist auf die Handlung ausgerichtet. Hier wird der Figur ermöglicht, mit ihrer Handlung und deren positivem Ergebnis herauszuragen. Im zweiten Romantypus dominiert die Figur; ihr Charakter wird in unterschiedlichen Situationen gezeigt, auch ihre psychologische Entwicklung wird entweder in Form von Selbstreflexion oder anhand der Wertung anderer Figuren gezeigt. Beim dritten Typus überwiegt der Zeitraum. Sehr häufig wird hier ein Individuum gezeigt, das mit der gesellschaftlichen Wirklichkeit im Laufe der Geschichte konfrontiert wird. Die Kategorie des Zeitraums dominiert sehr häufig in den Prosatexten mit innerem Monolog, Gedankenstrom sowie Ich-Erzählung.[609] Nach dieser Typologisierung Janáčkovás würden Weils Romane dem dritten Typus angehören. Die Protagonisten sind häufig sehr schematisch gezeichnet, machen eine minimale oder gar keine psychologische Entwicklung durch, sie werden eher vom Zeitraum – von der Epoche, in der sie leben – verschlungen und sind in ihren Leben gefangen.

3.3.2.2 Publizierte Romane

3.3.2.2.1 Moskva – hranice (1937/1991/2021)

3.3.2.2.1.1 Komposition und Inhalt

Thematisch knüpft dieser Roman an das Reportagenbuch *Češi staví v zemi pětiletek* an: Er setzt sich mit dem Leben der Ausländer, vorwiegend der Tschechoslowaken in der UdSSR, auseinander. Der Roman ist in drei Erzählstränge, die mit dem Untertitel „kniha" (Buch) bezeichnet werden, insgesamt also in drei Bücher gegliedert, die 25 mit Zahlen nummerierte Kapitel umfassen und in Anlehnung an die entsprechenden Protagonisten mit „Ri", „Jan Fischer" und „Rudolf Herzog" betitelt sind. Die Schicksale der Hauptfiguren vermischen sich jedoch im Laufe der Handlung in den einzelnen Büchern. Das erste Buch trägt den Titel „Kniha první: Ri" und ist in 12 Kapitel gegliedert. Das zweite als „Kniha druhá: Jan Fischer" betitelte Buch enthält sieben, das dritte Buch „Kniha třetí:

---

[609] Zu allen drei Romantypen siehe Janáčková 2004, 579f.

Rudolf Herzog" nur noch sechs Kapitel. Aus diesen Angaben geht deutlich hervor, dass das erste, der weiblichen Hauptprotagonistin Ri gewidmete Buch den meisten Raum im Roman einnimmt.

Die Halbjüdin Ri wuchs in der Tschechoslowakei in einer mährischen Kleinstadt auf. Nach einer unglücklichen Ehe mit einem Zionisten und einem damit verbundenen Aufenthalt in einem Kibbuz in Palästina kehrt sie nach Europa zurück. Sie lernt einen neuen Mann kennen – einen polnischen Ingenieur jüdischer Herkunft, den sie bald heiratet, um ihm in die Sowjetunion, wo er als ausländischer Spezialist in einer Kabelfabrik arbeitet, zu folgen. Für Ri verkörpert Europa zunächst das Eigene, Moskau ist für sie dagegen schon Asien und stellt das Fremde, Barbarische und Unheimliche dar. Sie folgt zwar ihrem Mann, fürchtet sich jedoch vor Moskau als einer wilden, asiatischen Stadt ohne Kultur und Sitten. Verbissen will sie ihr europäisches Leben, ihr Europa, verteidigen.[610] Ri kommt in Moskau im Herbst 1933 an, die Handlung spielt dann hauptsächlich im darauffolgenden Jahr. Sie beginnt, in einer Kugellagerfabrik zu arbeiten, um das Leben ihres Mannes zu teilen; sie wird zu einer Aktivistin und Vorzeigearbeiterin. Sie schließt sich dem sozialistischen System vollkommen an und gibt ihre Individualität auf, um mit der Masse, dem kollektiven ‚Wir', zu verschmelzen. Ri entwickelt sich von einer Frau, die sich vor der Sowjetunion, Moskau, vor dem Sozialismus und dem Leben in einer erzwungenen Gemeinschaft fürchtet, zu jemandem, der sich auf eigenen Wunsch und mit zunehmendem Stolz vollkommen in die sowjetische Gesellschaft integriert und sich von der Masse immer weniger unterscheidet. Als Ri erfährt, dass ihr Geliebter Fischer einer politischen „Säuberung" unterzogen und als Feind verurteilt wurde, tut er ihr zwar leid, aber sie weiß nun, dass sie jetzt nichts mehr daran

---

[610] „A Ri se bude snažit, aby utekla Asii, bude mít všeho dost, věci si přiveze z Evropy a jídla bude dostávat, jak píše Robert, z cizineckého konzumu. Ri zavře svůj svět na deset zámků, aby se do něho neprodrala škvírami a trhlinami Asie." *Moskva – hranice*, 39. („Ri wird sich bemühen, Asien nicht anzunehmen, sie wird von allem genug haben, Sachen bringt sie aus Europa mit, und Lebensmittel wird sie, wie Robert schreibt, im Ausländerkonsum kaufen. Ri verschließt ihre Welt hinter zehn Schlössern, damit durch Ritzen und Löcher nicht Asien eindringen kann." *Moskau – die Grenze*, 44.)

hindern wird, sich in das sowjetische Kollektiv vollkommen zu inkludieren.[611]

Laut dem Historiker Miroslav Kryl diente Weil seine Bekannte Helena Glasová/Glassová, die er während seines Aufenthalts in Moskau kennenlernte, als Vorbild für Ri. Sie war die Tochter eines Fabrikbesitzers aus Prostějov, die 1931 in Krakau Abram Adolfovič Frišer/Frischer heiratete und ihm im Februar 1933 nach Moskau folgte. Das Ehepaar wurde am 19. November 1937 verhaftet und der Spionage beschuldigt. Am 16. Januar 1938 wurde Abram Frišer verurteilt und am gleichen Tag erschossen, seine Frau kam für zehn Jahre in ein Arbeitslager im Norden Sibiriens. Erst 1957 wurden die zwei Urteile aufgehoben und Frau Frišerová durfte aus der Verbannung im Odessa-Gebiet nach Moskau zurückkehren; hier starb sie 1984.[612] Bereits in den 1950er Jahren verfasste sie ihre Lagermemoiren *Dni žizni* (Die Tage des Lebens), die im Jahr 2014 auf Russisch erschienen und 2017 in die tschechische Sprache übersetzt wurden. Obwohl Helena Frišerová in ihrem Text Jiří Weil nie explizit nennt, kommen an einer Stelle, an der sie sich an ihre Vergangenheit in Moskau erinnert, Orte und Erscheinungen vor, die auch Weil beschreibt:

> Willis přicházel často. Spolu jsme vzpomínali na minulost. Vydavatelství pro zahraniční dělníky, klub zahraničních dělníků v Gercenově ulici, hotel Lux, klub zahraničních specialistů, tam tvůj muž vedl celé oddělení. Hodně společných známých. Poslouchali jsme jeden druhého tak, jak se poslouchají

---

[611] Fast fünfzig Jahre später parodiert Vladimir Sorokin diese Einstellung in seinem Roman *Tridcataja ljubov' Mariny* (Marinas dreißigste Liebe), in dem die Hauptprotagonisten nach vielen gescheiterten Beziehungen die wahre Liebe und ihr Glück in der Verschmelzung mit dem sowjetischen Kollektiv findet.

[612] Zum Schicksal von Helena Gustavovna Frischerová/Frišerová siehe den Artikel von Miroslav Kryl sowie das Nachwort in ihren Memoiren von Alena Machoninová: Kryl, Miroslav. 2008: „Jiří Weil – jeden český židovský osud", in: Randák, Jan/Koura, Petr (Hg.): *Hrdinství a zbabělost v české politické kultuře 19. a 20. století. Výběr příspěvků ze stejnojmenné konference, která proběhla ve dnech 25. – 27. října 2006*. Praha: Dokořán, 245–269, sowie Machoninová, Alena. 2017: „Ať jsem ti lekcí navždy! Dovětek k osudu Ri Gustavovny", in: Frischerová, Helena: *Dny mého života. Vzpomínky na gulag*. Praha: Academia, 238–274.

vyprávění o dávných časech, pohádky – příliš dobré na to, aby se jim dalo věřit.[613]

Den Gegenpol zu Ri stellt der tschechische Journalist und Übersetzer Jan Fischer dar, der eine gegensätzliche Entwicklung durchmacht – er wird vom Parteimitglied zum Renegaten und somit aus der sowjetischen Gesellschaft ausgeschlossen. Fischer hat an seiner Tätigkeit wie auch an seinem Aufenthalt in Moskau seine Zweifel. Er vermisst seine Heimat, seine Freunde und sein Leben in Europa. Er ist erschöpft und zeigt keine Begeisterung für den Aufbau des Sozialismus. Nach der Ermordung von Kirov wird Fischer beschuldigt, dass er an einer geheimen Konferenz der Oppositionellen teilgenommen habe, bei der das Attentat vorbereitet worden sei. Fischer kann sich nicht verteidigen, er darf die Wahrheit nicht sagen, nämlich, dass er zu dieser Zeit im Auftrag der Partei auf einer Geheimmission in Berlin war, die niemand bezeugen kann. Bei der ‚Säuberung' gesteht Fischer letztendlich, dass er ein Feind der Partei sei. Fischer wird als ein Spion und Saboteur aus der Kommunistischen Partei und der sowjetischen Gesellschaft ausgeschlossen. Dies bedeutet für ihn praktisch das Ende seiner Existenz; er verliert seine Arbeit, muss seinen gesamten Besitz verkaufen, um nicht zu verhungern. Er wartet nur auf seine endgültige Verurteilung und das Gefängnis. In der Fortsetzung des Romans, in *Dřevěná lžíce*, erfahren die Leser, dass er nach dem Urteil zur ‚Umerziehung' nach Kasachstan in ein Arbeitslager am Balchašsee geschickt wird.

Der dritte Erzählstrang ist dem rumänischen Kommunisten Rudolf Herzog gewidmet. Diese Figur macht im Gegensatz zu den zwei anderen keine Entwicklung durch, Herzog bleibt konstant der kommunistischen Partei ergeben. Er führt ein Leben voller Aufopferung für die Partei – seien es die vielen Aufenthalte in verschiedenen Gefängnissen, unermüdliches Arbeiten oder das Verzichten auf ein bequemes Privatleben, oder sei es gar das größte Opfer, sein

---

[613] Frischerová, Helena. 2017: *Dny mého života. Vzpomínky na gulag.* Praha: Academia, 153. (Willis kam häufig. Gemeinsam erinnerten wir uns an das Vergangene. Den Verlag der ausländischen Arbeiter, den Club der ausländischen Arbeiter in der Gercen-Strasse, Hotel Lux, Club der ausländischen Spezialisten, wo dein Mann die ganze Abteilung leitete. Viele gemeinsame Bekannte. Wir haben uns gegenseitig zugehört, so wie man sich das Erzählen über die vergangenen Zeiten anhört, wie Märchen – die viel zu gut sind, um sie glauben zu können.)

eigenes Leben. Im Unterschied zu Fischer zeigt er keine Zweifel und Schwächen, er macht den Eindruck eines Heiligen. Herzog, als Ideal eines Kommunisten, dient dem Autor als eine Reflexionsfigur für die Entwicklungen der Figuren Ri und Fischer. Während Herzog konstant bleibt, steigt Ri in der kommunistischen Gesellschaft zu einer Aktivistin auf und Fischer wiederum zu einem Abtrünnigen ab.

Als ein zentrales Mittel der Figurenzeichnung erweist sich in diesem Roman, so wie es häufig in Weils Texten der Fall ist, die Sprache. Sowohl Ri als auch die Personen in ihrer Umgebung werden hauptsächlich über die Sprache charakterisiert. So wenig wir über ihr Äußeres oder innere Vorgänge erfahren, umso mehr wird das Augenmerk auf ihre Sprachkenntnisse gelegt. Ri versteht Deutsch als ihre Muttersprache, Tschechisch beherrscht sie auch, obwohl sie nicht perfekt und mit einem Akzent spricht. Weil, selbst aus einer assimilierten tschechischsprachigen jüdischen Familie stammend, entwirft mit seiner Protagonistin Ri ein Modell der modernen deutsch-assimilierten Jüdin. Sie kommt aus einer bürgerlichen Familie, außer Deutsch- und Tschechisch- hat sie noch Englisch- und Französischkenntnisse. Entsprechend dieser Herkunft kann sie weder Jiddisch noch Hebräisch – beides lernt sie erst, als sie ihren ersten Mann, einen zionistischen Agitator, kennenlernt und mit ihm nach Palästina geht. Bevor sie nach Moskau geht, eignet sie sich auch die Grundlagen des Russischen an, dabei erfährt sie, dass es zweierlei Russisch gibt:

> dvojí ruštině, ruštině ruských emigrantů, ustrnulé v starých, kroucených slovech, plných úcty, ruštině, v níž se objevovaly milostpaní a slečny a jež jí připadala jako řeč dlouhých pštrosích per, jakými měla vyzdoben klobouk její matka. Pak tu byla ruština, jejíž slova se kroutila v křečích nového řádu, byla to řeč zkratek, horečných snů a matematických formulek.[614]

---

[614] *Moskva – hranice*, 38f. („Sie erfuhr, dass es zweierlei Russisch gab, zum einen die erstarrte Sprache der russischen Emigranten mit veralteten und gestelzten Wendungen, ein Russisch mit gnädigen Frauen und gnädigen Fräulein, sozusagen eine Sprache langer Straußenfedern, mit denen der Hut ihrer Mutter geschmückt war. Dann gab es das andere Russisch, dessen Wörter sich in den Krämpfen der neuen Ordnung wanden, es war die Sprache der Abkürzungen, fieberhaften Träume und mathematischen Formeln." *Moskau – die Grenze*, 43.)

Auch die Identität anderer Personen in Ris Umgebung wird hauptsächlich über die Sprache ohne etwaige Psychologisierung definiert.[615] Dieses Verfahren hinsichtlich der Art und Weise der Charakterisierung der Figuren lässt sich auch in seinen anderen Romantexten beobachten, wie später nachgewiesen wird.

Aufgrund seines sachlichen Stils, der Dichte an integrierten Fakten und der Tatsache, dass Weil einige Themen bereits in seinen Reportagen erprobt hat,[616] wird *Moskva – hranice* häufig als ein Reportageroman bezeichnet. Dies gibt beispielsweise in der *Encyklopedie literárních žánrů* auch Dagmar Mocná an:

> Vyhraněný zájem o reportáž přivedl v 30. letech do literatury nové autory […]. Projevem dobové favorizace reportážních postupů byl vznik **reportážního románu**, kopírující tehdejší celosvětový trend ke zkřížení fiktivní beletrie s literaturou faktu. Mírou reportážnosti se jednotlivé tituly lišily: např. prvotina T. Svatopluka *Botostroj* (1933), kriticky líčící poměry v Baťově Zlíně, měla povýtce reportážní charakter, […]. U jiných autorů byl podíl fiktivní složky výraznější. K umělecky nejpřesvědčivějším výsledkům dospěli I. Olbracht knihou *Zamřížované zrcadlo* (1930), těžící z autorových vězeňských zážitků, a programový stoupenec literatury faktu J. Weil

---

[615] Ris zweiter Mann Robert kann ausgezeichnet Jiddisch, denn er stammt aus einer jüdisch-orthodoxen Familie eines Schtetls in Polen, mit eigenem Namen heißt er sogar Schimke oder Schimkele (siehe *Moskva – hranice*, 35; *Moskau – die Grenze*, 39); Roberts Dolmetscherin und Sekretärin Polja und sein Kollege Miša Stakančik sprechen „ruskou němčinou, změkčující slova" (*Moskva – hranice*, 46) [„das weiche russische Deutsch", *Moskau – die Grenze*, 51]; Ris Bekannte aus Brandenburg, Grübchen, spricht „strašnou ruštinou" (*Moskva – hranice*, 118) [„schreckliches Russisch", *Moskau – die Grenze*, 130]; der Partorg (Sekretär des Parteikomitees) Tronin kann „dobře německy, mluvil poněkud knižně s nepatrným ruským přízvukem" (*Moskva – hranice*, 133) [„gut deutsch, er sprach etwas buchsprachlich mit unmerklichem russischem Akzent], *Moskau – die Grenze*, 148]; der Bekannte Tony Stricker spricht „žertovnou vídeňskou němčinou" (*Moskva – hranice*, 198) [„Wiener Deutsch", *Moskau – die Grenze*, 218]; der Rumäne Herzog erlernte in Wien „dokonce latin[u] a sanskrt" (*Moskva – hranice*, 221) [„sogar Latein und Sanskrit", *Moskau – die Grenze*, 243] usw.

[616] Zum Beispiel die Geschichte über die geschickten Moskauer Diebe oder die Passage über die Entstehung von *Interhelpo*.

pozoruhodným románem *Moskva – hranice* (1937), zpodobňujícím pochmurnou každodennost sovětské metropole i mocenské mechanismy stalinského režimu.[617]

3.3.2.2.1.2 Entstehungs- und Publikationsgeschichte

Jiří Weil veröffentlichte seinen Debütroman *Moskva – hranice* im Jahr 1937, also zwei Jahre nach seiner Rückkehr aus der UdSSR, im

---

[617] Mocná 2004, 570f.; Hervorhebungen im Original. (Das ausgeprägte Interesse für die Reportage hat in den 1930er Jahren neue Autoren in die Literatur eingeführt […]. Die Favorisierung der Reportageverfahren hat sich in der Entstehung des Reportageromans manifestiert, der die damalige weltweite Entwicklung der Kreuzung der fiktionalen Belletristik mit der Literatur des Faktums nachmachte. Die einzelnen Romane unterschieden sich durch das Maß der Reportagehaftigkeit: So hatte z. B. das Erstlingswerk von T. Svatopluk *Botostroj* (1933), das die Verhältnisse in Baťas Zlín schilderte, vorwiegend einen Reportagecharakter […]. Bei anderen Autoren war der Anteil des Fiktionalen durchaus deutlicher. Zu den künstlerisch überzeugendsten Ergebnissen gelangten I. Olbracht mit seinem Buch *Zamřížované zrcadlo* (1930), das aus den Erlebnissen des Autors im Gefängnis schöpft, und der programmatische Vertreter der Literatur des Faktums J. Weil mit seinem bemerkenswerten Roman *Moskva – hranice* (1937), der die triste Alltäglichkeit der sowjetischen Metropole sowie die Machtmechanismen des Stalinschen Regimes darstellt.)
Jeanette Fabian spricht im Fall von *Moskva – hranice* von einem „journalistischen Roman". Sie bezieht sich dabei auf Bedřich Václavek und seine „bereits in den zwanziger Jahren proklamierte journalistische Prosa". (Fabian, Jeanette. 2013: *Poetismus. Ästhetische Theorie und künstlerische Praxis der tschechischen Avantgarde*. Wien – München – Berlin: Sagner, 503–507, hier 503f.)

Verlag *Družstevní práce*⁶¹⁸.⁶¹⁹ Vor der eigentlichen Publikation des Romans erschienen im gleichen Jahr in der tschechischen Presse einige kurze Auszüge daraus: In der Zeitschrift *U-Blok* kam „Tělo Rudolfa Herzoga" (Der Körper von Rudolf Herzog),⁶²⁰ in *Panorama* dann „Smrt Kirova" (Tod Kirovs)⁶²¹ und in *Právo lidu* „První den v sovětské továrně" (Der erste Tag in der sowjetischen Fabrik)⁶²² heraus.

Einige Epitexte, in diesem Fall die Sitzungsprotokolle des Verlags *Družstevní práce* sowie Weils Vertrag und Korrespondenz mit

---

⁶¹⁸ Der Verlag *Družstevní práce* (weiter nur DP, in der dt. Übersetzung „Genossenschaftsarbeit") spielt in Weils Schaffen eine bedeutende Rolle. DP entstand im Jahr 1922 durch die Initiative von Václav Poláček, der ein Programm ins Leben rief, mit dem außer Literaten und Künstlern auch die Leser selbst zu aktiven Mitgliedern des Verlags werden konnten. DP gewann mit der Zeit viele Mitglieder, im Jahr 1947 waren es beispielsweise um die 70 000. Zur Zeit der Herausgabe von Weils Büchern – seinem Reportagenbuch *Češi stavějí v zemi pětiletek* und seinem Roman *Moskva – hranice* in den späten 1930er Jahren – waren es ca. 24 000 Mitglieder. Jiří Weil selbst wurde im September 1936 zum Mitglied. In der Redaktion von DP waren solche tschechische Schriftsteller wie Vladislav Vančura, Jaroslav Seifert, Karel Nový oder der Literaturkritiker Václav Černý tätig. DP wurde in den 1950er Jahren mit dem Verlag *Mír* zusammengeführt, bis sich der Verlag dann ganz auflöste.
Für weitere Informationen siehe die Studie von Magincová, Dagmar. 2012: „Knihy, které budou čteny", in: *Knihovna* 2012/23:1, 38–50, sowie die Arbeit von Knap, Josef. 1971: *Archív Družstevní práce*. Praha: Památník národního písemnictví.
⁶¹⁹ Alle in dieser Arbeit zitierten Stellen stammen aus der Erstausgabe des Romans *Moskva – hranice* aus dem Jahr 1937, die deutschen Zitate dann aus der 1992 veröffentlichten deutschen Übersetzung *Moskau – die Grenze* von Reinhard Fischer.
⁶²⁰ „Tělo Rudolfa Herzoga", in: *U-Blok* 1937/2:1, 15–17.
⁶²¹ „Smrt Kirova", in: *Panorama* 1937/15:10, 309–311. (Dieser Text ist beinahe identisch mit dem Ausschnitt aus dem Roman *Moskva – hranice* auf den Seiten 328–334. Lediglich im letzten Satz steht im Roman „Smilujte se nad hlupáky a oběťmi" (Erbarmt euch der Dummköpfe und Opfer!, *Moskau – die Grenze*, 368), während im Zeitschriftentext „Smilují se nad hlupáky a oběťmi" (Sie erbarmen sich der Dummköpfe und Opfer.) steht. Vermutlich handelt es sich hier allerdings um einen Tippfehler.
⁶²² „První den v sovětské továrně", in: *Právo lidu* 1937/46:268, 2–3. (Dieser Text ist identisch mit dem Ausschnitt aus dem Roman *Moskva – hranice* auf den Seiten 158–166).

dem Verlag, zeigen deutlich,[623] dass der Erstlingsroman vor der Veröffentlichung noch einigen Veränderungen unterzogen wurde. Der wichtigste Eingriff erfolgte im Titel des Werkes. Weil probierte einige Varianten aus. Die erste lautete „Insnab" – nach den Läden, in denen nur Ausländer einkaufen durften; die zweite dann „Moskva slzám nevěří" (Москва слезам не верит, dt. Moskau glaubt den Tränen nicht) – nach dem russischen Sprichwort, das in den Situationen verwendet wird, wenn nicht einmal Tränen Mitleid erregen.[624] Schließlich nannte er ihn „Ještě je Moskva" (Noch gibt es Moskau). So wird der Roman noch in den Sitzungsprotokollen des Verlags DP vom 31. August 1937 und vom 4. Oktober 1937 sowie im Schreiben des Verlags vom 30. September 1937 betitelt. Im Vertrag vom 5. Oktober 1937 stehen bereits beide Titel – „Ještě je Moskva" maschinenschriftlich, „Moskva – hranice" handschriftlich hinzugefügt. Im Sitzungsprotokoll vom 25. Oktober 1937 steht dann nur noch der neue Titel „Moskva – hranice" mit der Anmerkung, dass dieser Titel immer noch nicht passe und dass der Schriftsteller einen geeigneteren Titel finden solle.[625]

Wer genau die Änderung des Titels von „Ještě je Moskva" zu „Moskva – hranice" vorgeschlagen bzw. vorgenommen hat, bleibt

---

[623] Alle Unterlagen befinden sich im Literární archiv Památníku národního písemnictví teilweise im Fundus von Jiří Weil, teilweise im Fundus des Verlags *Družstevní práce*. An dieser Stelle sei angemerkt, dass im Gegensatz zu anderen Romanen Weils im Fall von *Moskva – hranice* jegliche Manuskripte bzw. Typoskripte des Textes fehlen. Die älteste vorhandene Version ist somit die Erstausgabe des Romans aus dem Jahr 1937.

[624] Dieses Sprichwort stammt aus den Zeiten des Moskauer Fürstentums, als die Herrscher mit ihren Untertanen besonders grausam umgingen. (Vgl. Zimin, Valentin I. 2008: *Slovar'-tezaurus russkich poslovic, pogovorok i metkich vyraženij*. Moskva: Ast-Press, 40.) Die beiden Arbeitstitel erwähnt Weil in seinem Brief an den Gutachter K. J. Beneš vom 1. Januar 1937. Siehe LA PNP, Fundus K. J. Beneš.
Ausführlich beschäftige ich mich mit der Genese des Titels dieses Romans in der folgenden Teilstudie: Brunová, Marie. 2015: „Ke genezi názvu románu ‚Moskva – hranice' českého spisovatele Jiřího Weila", in: Gunišová, Eliška/Paučová, Lenka (Hg.): *Slovanský literární svět. Kontexty a konfrontace I*. Brno: Masarykova univerzita, 31–38.

[625] Alle angeführten Unterlagen befinden sich im LA PNP, im Fundus des Verlags *Družstevní práce*.

unklar. Diese grundlegende Änderung des Titels hat Auswirkungen auf die Lesart des gesamten Romans. Die Verwendung des Begriffs „hranice" (Grenze)[626] führt dazu, dass die Forschung eine scharfe Trennung zwischen zwei Welten des Romans akzentuiert: Zwischen dem europäischen, zivilisierten, nichtsozialistischen Westen einerseits und dem asiatischen, barbarischen, sowjetischen Osten andererseits; das sowjetische Moskau der 1930er Jahre wird dabei als eine Stadt an der Schnittstelle dieser beiden Welten betrachtet. Der ursprüngliche Titel „Ještě je Moskva", der dazu noch an einigen Stellen in der direkten Rede oder in den Gedanken der Protagonisten wiederholt wird,[627] belegt jedoch, dass eine solche

---

[626] „Hranice" (Grenze) ist im Tschechischen homonym mit „hranice" (Scheiterhaufen).

[627] Der hoffnungsvolle Aufruf „Ještě je Moskva" (Noch gibt es Moskau) kommt am häufigsten im Erzählstrang des treuen rumänischen Kommunisten Rudolf Herzog vor. Einmal erinnert er sich an seinen Aufenthalt im rumänischen Gefängnis, als er von den Wächtern bis zur Ohnmacht geschlagen wird: „Slova se mění v krev na cementové podlaze, v odvahu a heslo ‚Ještě je Moskva'." *Moskva – hranice*, 256. („Die Wörter verwandeln sich in Blut auf Zementfußboden, in Mut und die Losung ‚Noch gibt es Moskau'". *Moskau – die Grenze*, 283.)

Als er dann überlegt, welches Glück er hat, dass er in Moskau leben und arbeiten darf, und wie diese Losung ihm und anderen Gefangenen in Rumänien Mut gegeben hat: „V rumunských žalářích, ve spárech siguranzy, si říkali vězňové: ‚Ještě je Moskva'. I když je všechno ztraceno, i když zbývá už jen smrt nebo doživotní žalář, je na světě ještě město Moskva, kde je uskutečněno všechno, o čem snili, oč bojovali a pro co ztratili právo na život. V žalářních celách vyklepávali vězňové na zdi: ‚Víš, co je nového v Moskvě? Jaká je poslední rezoluce Kominterny?' Moskva k nim přicházela v malých brožurách tištěných na hedvábném papíře a pečlivě ukrývaných před policejními prohlídkami." *Moskva – hranice*, 221f. („In rumänischen Kerkern, in den Klauen der Siguranza hatten sich die Gefangenen gesagt: ‚Noch gibt es Moskau'. Selbst wenn alles verloren war, wenn ihnen nur der Tod oder lebenslanger Kerker blieb, gab es die Stadt Moskau, wo alles verwirklicht war, wovon sie träumten, wofür sie kämpften und wofür sie starben. In den Gefängniszellen klopften die Gefangenen an die Wände: ‚Weißt du, was es Neues in Moskau gibt? Was sagt die letzte Resolution der Komintern?' Moskau kam zu ihnen in kleinen Broschüren, die auf Seidenpapier gedruckt waren und sorgfältig vor Polizeidurchsuchungen verborgen waren." *Moskau – die Grenze*, 244.) In Herzogs Geschichte erscheint diese Losung auch ganz am Ende, als er im Konzentrationslager verhört wird: „A tak tedy Moskva. Z Evropy, ze zmučené a ztrýzněné Evropy na pokraji šílenství, teče krev, slaná krev, tvá krev, Herzogu. Ale tam za hranicemi je Moskva. Ještě je Moskva." *Moskva – hranice*, 374. („Und nun also Moskau. Aus Europa, aus

antistalinistische Lesart von Weil nicht beabsichtigt wurde, was der Autor selbst auch in seinem nach dem Krieg verfassten Lebenslauf bestätigt:

> V roce 1936 jsem napsal knihu reportáží „Češi stavějí v zemi pětiletek", která byla uvítána veškerým levým tiskem. R. 1937 román „Moskva – hranice", který byl komunistickým tiskem odsouzen a měšťáckým tiskem zneužit k propagandě proti Sovětskému svazu. Román nebyl však kritikou Sovětského svazu, nýbrž kritikou postoje maloměšťáka k Sovětskému svazu. Ostatně běželo o román a nikoli o politický projev.
> Nenapsal jsem ani jediný politický článek proti Sovětskému svazu, naopak napsal jsem četné propagační články pro Sovětský svaz výhradně do levých časopisů, účastnil se literárního hnutí socialistických spisovatelů Blok, kde jsem zastával v době procesů generální linii strany [...].[628]

---

dem gequälten und gepeinigten Europa am Rande des Wahnsinns. Es fließt Blut, salziges Blut, dein Blut. Aber dort hinter der Grenze liegt Moskau. Noch gibt es Moskau." *Moskau – die Grenze*, 412.)
Die Hoffnung, dass es noch Moskau gebe, erscheint auch an der Stelle im Roman, als Jan Fischer mit Ri in ihrer gemütlichen Wohnung tanzt und im scharfen Kontrast dazu das Bild der Gefangenen in deutschen Konzentrationslagern geschildert wird. Auch hier wird Moskau als die letzte Hoffnung der Häftlinge präsentiert: „Ještě je Moskva, říkali vězňové v evropských koncentračních táborech. Ještě je Moskva, když všechno je ztraceno, když boj je prohrán a nezbývá nic jiného než ostří sekery. Ještě je Moskva, říkal Dimitrov na lipském procesu do tváře Göringovi." *Moskva – hranice*, 204. („Noch gibt es Moskau, sagten die Gefangenen in europäischen Konzentrationslagern. Noch gibt es Moskau, wenn der Kampf verloren wurde und nichts bleibt als der Tod. Noch gibt es Moskau, hatte Dimitroff beim Leipziger Prozeß Göring ins Gesicht geschleudert." *Moskau – die Grenze*, 224.)

[628] Der Lebenslauf wurde in seiner Kaderakte im Fundus des Zentralausschusses der Kommunistischen Partei der Tschechoslowakei (weiter nur ÚV KSČ) im Nationalarchiv in Prag gefunden. (Im Jahr 1936 schrieb ich ein Reportagenbuch „Die Tschechen bauen im Land der Fünfjahrespläne", das von der linken Presse gut aufgenommen worden war. Im Jahr 1937 dann den Roman „Moskau – die Grenze", der durch die kommunistische Presse verurteilt und durch die kleinbürgerliche Presse zur Propaganda gegen die Sowjetunion missbraucht wurde. Der Roman war jedoch nie eine Kritik der Sowjetunion, sondern die Kritik der Einstellung eines Spießers der Sowjetunion gegenüber. Es ging allerdings um einen Roman und um keine politische Erklärung. Ich schrieb keinen einzigen politischen Artikel gegen die Sowjetunion, im Gegenteil schrieb ich etliche Propagandaartikel für die Sowjetunion ausschließlich in linken Zeitschriften, ich nahm an der literarischen Bewegung der sozialistischen Schriftsteller Blok teil, wo ich in der Zeit der Prozesse der Generallinie der Partei treu war [...].)

Dass es sich im Fall von *Moskva – hranice* um keinen ausschließlich politischen Text handelt, haben auch einige Literaturwissenschaftler – wie beispielsweise Jiří Holý oder noch vor ihm Bohumil Mathesius – hervorgehoben. Holý schreibt in seinem Kommentar: „*Moskvu – hranici* vskutku nelze interpretovat jen jako klíčový a jako politický román. Navíc, jak postřehl už Mathesius, negativní stanovisko vůči sovětskému režimu v něm zdaleka není vysloveno jednoznačně a explicitně."[629]

Da Weil eine solche scharfe politische Polarisierung nicht beabsichtigte, sollte Moskau demnach nicht als ein Grenzraum gesehen werden, sondern eher als Zufluchtsstelle für seine Protagonisten. Dass die Wahl des neuen Titels nicht sehr gelungen war, sieht auch der Rezensent bzw. die Rezensentin so, der oder die sich unter dem Pseudonym S. V. verbirgt und der oder die im Jahr 1938 in der Rezension des Buches in *Literární noviny* Folgendes schrieb:

> Hlavní pásmo románu tvoří osudy tří osob: židovské ženy Ri [...], českého spisovatele Jana Fischera, [...] a Rudolfa Herzoga, revolucionáře z celého přesvědčení [...]. A kolem těchto osob žije Moskva – stará hranice dvou kultur, rodiště a bojiště nových myšlenek, město, ke kterému tíhne naděje proletariátu všech zemí. Tato naděje je vedoucím motivem celé knihy. Ještě je Moskva – proč jen nezůstal tento opravdu šťastnější titul?).[630]

---

[629] Holý 1999, 485. („Moskau – die Grenze" kann man in der Tat nicht nur als einen Schlüssel- und politischen Roman interpretieren. Darüber hinaus, wie bereits Bohumil Mathesius bemerkt hat, wird dort die negative Einstellung dem sowjetischen Regime gegenüber bei weitem nicht eindeutig und explizit ausgesprochen.)

[630] S. V. 1938: „Ještě je Moskva", in: *Literární noviny* 1938/10:9, 6. Das Kürzel S. V. kann möglicherweise für die Künstlerin und Schriftstellerin Jaroslava (Slávka) Vondráčková (1894–1986) stehen, mit der Weil sein Leben lang eine enge Freundschaft verband. Sie war auch angeblich diejenige, an die Weil während seines Aufenthaltes in Moskau einen Klagebrief adressierte, in dem er sich über die Missstände in der UdSSR beschwerte. Dieses Schreiben ist jedoch den Parteiorganen in die Hände geraten und 1935 zum Grund für Weils Ausschluss aus der Kommunistischen Partei geworden.
(Den wichtigsten Handlungsstrang bilden Schicksale von drei Personen: der jüdischen Frau Ri [...], des tschechischen Schriftstellers Jan Fischer, [...] und von Rudolf Herzog, dem Revolutionär aus voller Überzeugung [...]. Und um diese Personen herum lebt Moskau – die alte Grenze von zwei Kulturen, der Geburtsort und das Schlachtfeld von neuen Ideen, die Stadt, denen die Hoffnungen des

Darüber hinaus verbindet der ursprüngliche Titel „Ještě je Moskva" den Roman mit seiner Fortsetzung *Dřevěná lžíce*, in dem die Schicksale einiger bereits aus *Moskva – hranice* bekannten Protagonisten – wie des Übersetzers Fischer oder des Wiener Arbeiters Toni Stricker – fortgesetzt werden. Denn in *Dřevěná lžíce* sagt der Übersetzer Fischer, als er, nachdem er einer Säuberung der Partei unterzogen wurde, gezwungen ist, Moskau zu verlassen, „již není Moskvy" (es gibt kein Moskau mehr),[631] was eine direkte Negation des Ausdrucks „ještě je Moskva" (noch gibt es Moskau) darstellt.

Der Roman *Moskva – hranice* liegt uns heute in drei Ausgaben vor. Nach der Erstausgabe im Jahr 1937 durfte er erst nach dem Fall des kommunistischen Regimes, im Jahr 1991, wieder erscheinen. Aus den Unterlagen in Weils Nachlass – vor allem aus dem Vertrag vom Mai 1968 zwischen der Witwe des Schriftstellers, Olga Weilová, und dem Verlag *Československý spisovatel* – geht hervor, dass für das Jahr 1969 eine weitere Ausgabe des Romans geplant gewesen war. Der Satz des Buches wurde nach der Okkupation der Tschechoslowakei durch die Truppen des Warschauer Paktes im August 1968 jedoch eingestellt. Die neueste Ausgabe wurde im Jahr 2021 als zweiter Band von Weils gesammelten Werken im Verlag Triáda publiziert.

3.3.2.2.1.3 Forschungslage, Rezeption, Kritik

Die allererste Beurteilung von Weils Roman stammt aus der Feder des Schriftstellers Karel Josef Beneš, der vom Verlag *Družstevní práce* beauftragt wurde, das Gutachten für diesen Roman zu erstellen. Wie einige andere[632] betont auch Beneš den dokumentarischen

---

Proletariats aller Länder gelten. Diese Hoffnung ist das Leitmotiv des ganzen Buches. Noch gibt es Moskau – warum ist nur dieser wirklich glücklichere Titel nicht geblieben?)
Der ursprüngliche Titel musste relativ bekannt gewesen sein, denn ein weiterer namenloser Rezensent bezeichnet *Moskva – hranice* als „přezvaný" – also als einen „umbenannten" Roman. Siehe o. N. 1938: „Moskva – hranice", in: *Pestrý týden* 1938/8:1, 12.

631 *Dřevěná lžíce*, 33.
632 Zu anderen Rezensionen, die den dokumentarischen Charakter von *Moskva – hranice* betonen, siehe: Eisner, Pavel. 1937: „Český román o sovětech. K novému

Wert dieses Werkes, er bezeichnet es sogar als „Faktenmontage-Roman", wenn er schreibt:

> Weil pobyl delší dobu v SSSR, ne však jako turista, nýbrž i jako dělník v tamních továrnách. Zná proto sovětský život z tak důkladné autopsie, že se mu v tom nemůže rovnat žádný jiný romanopisec. Odtud plyne, že jeho líčení prostředí, celkové atmosféry, způsobu života až do drobných denních zjevů a konečně a zvlášť jeho psychologická kresba sovětského člověka má dokumentární hodnotu. [...] je to román faktomontážní, t.j. kaleidoskopický pás stále nových a nových fakt, nových a nových skutečností, ovládajících život ruského kolektivu, a jednotlivé postavy mají v něm tutéž platnost jako individua v sovětském řádu, totiž platnost pouhých koleček v mechanismu celku.[633]

Heutzutage wird *Moskva – hranice* in der tschechischen Forschung vor allem als eine hellsichtige Darstellung der Atmosphäre in der Sowjetunion der 1930er Jahre am Vorabend der stalinistischen Schauprozesse bezeichnet.[634] Zur Zeit seines Erscheinens rief das Buch jedoch viele negative Reaktionen hervor, vor allem seitens der marxistisch orientierten Literaturkritiker, die in Weils Roman eine Verletzung politischer und ästhetischer Normen sahen. Das oben zitierte Gutachten Beneš' stellte eine der positiven Reaktionen auf

---

románu Jiřího Weila Moskva – hranice, který vyjde ve sbírce Živé knihy A", in: *Panorama* 1937/9, 267; Černý, Václav. 1938: „Rusko čistek v české beletrii", in: *Lidové noviny* 1938/46, Beilage Literární pondělí Nr. 4, 10. 1. 1938, Nr. 15, 5; J. Tsch. [Jaroslav Teichmann]. 1938: „Jiří Weil: Moskva – hranice", in: *Slovanský přehled* 1938/5, 220; Šup, Josef. 1938: „Jiří Weil: Moskva – hranice", in: *Rozhledy: literatura – věda – umění* 1938/7, 37 oder Vk [Václav Kaplický]. 1938: „Román o sovětské skutečnosti", in: *Hovory o knihách* 1938/2:1, 8.

[633] Beneš, Karel Josef: „Gutachten vom 23. August 1937", unpubliziert, LA PNP, Fundus K. J. Beneš. (Weil verbrachte in der UdSSR eine längere Zeit, nicht jedoch als Tourist, sondern auch als Arbeiter in dortigen Fabriken. Er kennt deshalb das sowjetische Leben in so einer autoptischen Art, dass sich mit ihm kein anderer Romanschreiber messen kann. Daraus folgt, dass seine Schilderung des Milieus, der ganzen Atmosphäre, des Lebens bis ins kleinste Detail und letztlich vor allem seine psychologische Schilderung des sowjetischen Menschen einen dokumentarischen Wert hat. [...] [E]s ist ein Roman der Faktenmontage, d. h. ein kaleidoskopischer Streifen von immer wieder neuen Fakten, immer wieder neuen Tatsachen, die das Leben des russischen Kollektivs beherrschen, und die einzelnen Personen haben darin den gleichen Wert wie die Individuen in der sowjetischen Ordnung, nämlich einen Wert bloßer Rädchen in einem Gesamtmechanismus.)

[634] Pfaff, Ivan. 2002: „Krize české kultury po moskevských procesech 1936–1938", in: *Slovanský přehled* 2002/88:1, 33–57.

diesen Roman dar. Die berühmteste negative Rezension stammt von Weils Freund Julius Fučík.[635] Eine weitere vernichtende Kritik schrieb Josef Rybák.[636] Eine Erklärung für die Verurteilungen des Romans seitens der linksorientierten Kritik gibt die tschechische Literaturwissenschaftlerin Eva Štědroňová im Nachwort zur Zweitausgabe von *Moskau – hranice*: Da die Kritiker dem Roman einen hohen dokumentarischen Wert zuschrieben,[637] konnten sie Weil die Verzerrung der sowjetischen Wirklichkeit vorwerfen:

> Dobové kritice se však jevil román problematickým i po stránce formální. Pozitivní a vývojové nosné objevy ruské avantgardy dvacátých let, především včleňování dokumentárního faktu do uměleckého díla, působily podnětně na celý levicový kulturní kontext, rozhodujícím způsobem potom ovlivnily tu část meziválečné literatury, která se počátkem třicátých let konstituuje na programové bázi socialistického realismu. Weilův román,

---

[635] Fučík 1938, 34–35.
Auch Fučíks Argumente beruhen auf dem dokumentarischen Wert von Weils Roman, allerdings in der Optik der linksorientierten Literaturkritik: „A to je Jiří Weil, a to je jeho román, ve kterém můžete vidět ‚dokument sovětského života'. Je to dokument, ano, ale dokument o bezcennosti šosáckého života, o lidském braku, jaký se ještě v těchto dobách pohybuje v našem světě, o příživnickém plevelu, který je dobrý jen k tomu, aby byl vyplet." (Und das ist Jiří Weil, und das ist sein Roman, in dem wir einen „Beleg des sowjetischen Lebens" sehen können. Ja, es ist ein Dokument, aber ein Dokument über die Wertlosigkeit des Lebens eines Spießers, über den menschlichen Ausschuss, den es noch heutzutage in unserer Welt gibt, über das Parasitenunkraut, das nur dazu gut ist, um gejätet zu werden.)

[636] Siehe Rybák, Josef. 1961: „Rodokaps Jiřího Weila", in: ders.: *Doba a umění: Články, úvahy, polemiky 1925 – 1938*. Praha: Československý spisovatel, 188–191.

[637] So schreibt beispielsweise Pavel Eisner in seiner Rezension „Český román o sovětech": „Se skvělou plností nenápadné dokumentace, s nevyčerpatelným bohatstvím faktů, faktů, faktů dává Weil sověty, jaké jsou, jak žijí, cítí, myslí, pracují, argumentují, soudí a ortelují." Eisner, Pavel. 1937: „Český román o sovětech. K novému románu Jiřího Weila Moskva – hranice, který vyjde ve sbírce Živé knihy A", in: *Panorama* 1937/9, 267. (Mit großartigem Reichtum an unauffälliger Dokumentation, mit einem unerschöpflichen Vorrat an Fakten, Fakten und Fakten zeigt Weil die Sowjets so, wie sie sind, wie sie fühlen, arbeiten, argumentieren, richten und verurteilen.) Eisners Rezension ist von einigen Fotografien aus der UdSSR begleitet, welche die Faktizität von *Moskva – hranice* unterstützen sollen: „K Weilovu románu Moskva – hranice. Nábřeží řeky Moskvy, okolí Kremlu. Vnitřek Kaganovičovy továrny na kuličková ložiska, částečného dějiště románu. Roztříděné kuličky." (Zu Weils Roman Moskau – die Grenze. Kai des Flusses Moskau, Umgebung von Kreml. Das Innere der Kugellagerfabrik von Kaganovič, des partiellen Schauplatzes des Romans. Sortierte Kugeln.)

tvarově představující kompromis mezi literárním zpracováním dokumentárního materiálu a tradiční romaneskní beletristikou, však svojí celkovou perspektivou této nově se utvářející koncepci realistické literatury neodpovídal. Preferování faktu, nedostatek syžetovosti a psychologizace byly důvodem spíše k hledání filiací s literaturou reportážní, bouřlivě se rozvíjející ve dvacátých a třicátých letech a vysoce uznávanou levou uměleckou frontou, a Moskva – hranice platila obecně za velikou reportáž nebo reportážní román. Většina kritiků také z dokumentárního románového plánu vycházela a na základě něho odsuzovala autora za maloměšťáckého pochopení a zkreslení sovětské skutečnosti....[638]

Dass dieser Roman Weils auch heutzutage gelesen und rezipiert wird, beweist unter anderem die Tatsache, dass der Roman als eins der bedeutendsten Bücher des Jahres 1937 in das vom Ústav pro českou literaturu im Jahr 2018 publizierte Werk *Literární kronika první republiky* (Literarische Chronik der ersten Republik)[639] aufgenommen wurde. Pavel Šidák geht in seiner Studie über diesen Roman Weils vor allem auf die zeitgenössiche Rezeption ein. Auch im Jahr 2015 wurde fast eine ganze Nummer (die 13. Nummer) der

---

[638] Štědroňová, Eva. 1991: „Weilova ,Moskva – hranice'. Významný román české literatury", in: Weil, Jiří: *Moskva – hranice*. Praha: Mladá fronta, 269–280, 273. (Der zeitgenössischen Kritik erschien der Roman auch hinsichtlich seiner formalen Seite als problematisch. Die positiven, tragenden Entwicklungsentdeckungen der russischen Avantgarde der zwanziger Jahre, vor allem die Integration des dokumentarischen Faktums in das künstlerische Werk, wirkten anregend auf den ganzen linken Kulturkontext, entscheidend beeinflussten sie dann den Teil der Zwischenkriegsliteratur, der sich am Anfang der 1930er Jahre auf der Programmgrundlage des Sozrealismus konstituierte. Weils Roman, der gestaltungstechnisch einen Kompromiss zwischen der literarischen Aufarbeitung des dokumentarischen Materials und der traditionellen Romanbelletristik darstellte, mit seiner Gesamtperspektive entsprach dieser sich neu konstituierenden Konzeption der realistischen Literatur nicht. Das Präferieren von Fakten, der Mangel an Sujethaftigkeit und Psychologisierung waren eher Grund, den Roman in die Nähe der Reportagenliteratur zu rücken, die sich stürmisch in den 1920er und 1930er Jahren entfaltete, sowie der hoch anerkannten linken künstlerischen Front, und *Moskau – die Grenze* galt allgemein als eine große Reportage oder ein Reportageroman. Die Mehrheit der Kritiker ist auch von der dokumentarischen Basis ausgegangen und aufgrund dessen verurteilte sie den Autor für seine spießige Auffassung und Verzerrung der sowjetischen Wirklichkeit.)

[639] Siehe: Šidák, Pavel. 2018: „Jiří Weil. Moskva – hranice", in: Barborík, Vladimír/Janáček, Pavel/Pavlíček, Tomáš/Šámal, Petr (Hg.): *Literární kronika první republiky*. Praha: Academia, 438–440.

Zeitschrift *A2* Jiří Weil und seinem Werk gewidmet: Einige der Artikel setzten sich ebenfalls mit *Moskva – hranice* auseinander. So sieht Jan Bělíček in seinem Artikel „Fakta proti iluzím. Dědictví sovětské avantgardy v díle a životě Jiřího Weila" (Die Fakten gegen die Illusionen. Das Erbe der sowjetischen Avantgarde im Werk und Leben Jiří Weils) diesen Text vor allem als Polemik gegen die Kunst des Sozrealismus:

> Umění socialistického realismu [...] už nemělo vycházet z faktů, ale spíše vytvářet předobrazy sovětské budoucnosti a vzbuzovat v lidech sympatie k aktuálnímu společenskému zřízení. Umělec neměl vyobrazovat realitu takovou, jaká je, ale jaká by být měla. To se sice s některými myšlenkami rané sovětské avantgardy nevylučovalo, [...] zcela jistě to však bylo v rozporu s programem „fotografičnosti umění" autorů LEFu.
> V tomto kontextu vyšla i Weilova kniha Moskva–hranice [...]. Tato próza není jen dokumentem či románovou reportáží z tehdejšího moskevského života, který byl z velké části v rozporu s tím, co prohlašoval komunistický tisk, ale je také nepřímou – a snad i nezáměrnou – polemikou s tezemi socialistického realismu.[640]

---

[640] Bělíček, Jan. 2015: „Fakta proti iluzím. Dědictví sovětské avantgardy v díle a životě Jiřího Weila", in: *A2* 2015/XI:13, 5. (Die Kunst des sozialistischen Realismus [...] sollte nicht mehr von den Fakten ausgehen, sondern eher Vorbilder der sowjetischen Zukunft gestalten und in den Menschen Sympathien für die aktuelle gesellschaftliche Ordnung hervorrufen. Der Künstler sollte die Wirklichkeit nicht so abbilden, wie sie ist, sondern wie sie sein sollte. Das hat zwar einige Ideen der frühen sowjetischen Avantgarde nicht ausgeschlossen, [...] ganz sicher war es jedoch im Widerspruch zum Programm der „Faktografizität der Kunst" der Autoren der LEF.
In diesem Kontext kam auch Weils Buch *Moskva – hranice* heraus [...]. Diese Prosa ist nicht nur ein Dokument oder eine Romanreportage des damaligen Moskauer Lebens, das zum großen Teil im Widerspruch dazu war, was die kommunistische Presse schrieb, aber auch eine indirekte und vielleicht auch unabsichtliche Polemik gegen die Thesen des Sozialistischen Realismus.)

3.3.2.2.2 Dřevěná lžíce (1992)

3.3.2.2.2.1 Komposition und Inhalt

Die Fortsetzung von *Moskva – hranice*, der Roman *Dřevěná lžíce*, ist einer von zwei Romanen Weils, die dieser mit einem Motto versehen hat. Dem eigentlichen Text des Romans ist ein Zitat aus Sophokles' Tragödie *Philoktetes* vorangestellt:[641]

> *Filoktét:*
> *To věřím! Nikdy nezhynulo to, co zlé,*
> *Než pečlivě opatrují bohové,*
> *a rádi vše, co vychytralé, protřelé,*
> *opět odvádějí z Hádu, ale vždycky to,*
> *co spravedlivo, řádno, dopravují tam.*
> *Co soudit o tom? Jak to chválit? Shledávám,*
> *chtě chválit skutky božské, že bohové jsou zlí.*
> *SOFOKLES*[642]

Diese Passage gibt Philoktetes' Rede in seinem Gespräch mit Achilleus' Sohn Neoptolemos wieder, als dieser ihm vom Tod vieler seiner Freunde berichtet. Philoktetes bereut den Tod der Freunde umso mehr, als er erfährt, dass seine Feinde sich dagegen guter Gesundheit erfreuen. Diese Tatsache kommentiert er eben mit der oben zitierten Passage. Die tschechische Literaturwissenschaftlerin Alice Jedličková sieht in dem Motto einen möglichen Schlüssel zur Interpretation des Verhaltens der Figur Jan Fischer, einem der Hauptprotagonisten dieses Romans, sowie des vorherigen Teils, *Moskva – hranice*:

---

[641] Das Typoskript des Romans aus dem Jahr 1938 in Weils Nachlass belegt, dass sich dieses Motto bereits in der ursprünglichen Fassung befand und nicht später ergänzt wurde, wie dies der Fall beim Roman *Na střeše je Mendelssohn* war.

[642] *Dřevěná lžíce*; kursiv im Original.
Sofoklés. 1975: „Filoktétes", in: *Tragédie*. Praha: Svoboda, 327–399, hier 348, Zeilen 441–447, tsch. Übersetzung Václav Dědina.
(„Ich dacht' es mir; denn Schlechtes kommt so leicht nicht um. / Vielmehr wird es von Himmelsmächten gut gehegt. / Es freut sie gar, was tückisch ist und abgefeimt, / zurückzusenden aus der Unterwelt; jedoch / wer rechtlich ist und tüchtig, stoßen sie hinab. Wie soll ich das verstehn, wie soll ich's loben, wenn / ich, Göttliches verehrend, Götter böse fand?" Sophokles. 1985²: „Philoktetes", in: *Dramen*. München – Zürich: Artemis Verlag, 478–569, hier 505, Zeilen 446–452, dt. Übersetzung Wilhelm Willige.)

Systém má v tomto pohľade zjavne právo na „povolené straty", ale človek ako samostatne mysliaca individualita na ne nemôže pristúpiť. Rozhodnutie o vlastnej vôli tu má za následok jedine vyčlenenie z celku: v tom je však aj hlavný rozpor postavy Fischera, ktorý upiera svoje túžby práve k zjednoteniu s celkom.[643]

Die Figur des unglücklichen Philoktetes und die Themen des Hasses, Verrats und der Gerechtigkeit mussten Weil über einen längeren Zeitraum beschäftigt haben, denn Ende der 1950er Jahre – also zwanzig Jahre, nachdem er den Roman *Dřevěná lžíce* verfasste – schrieb er im Auftrag von Jan Werich[644] ein Drama namens „Filoktet".[645]

---

[643] Jedličková 1990, 109. (Das System hat in diesem Falle das Recht auf die „erlaubten Verluste", aber der Mensch als denkendes Individuum kann diesem nicht zustimmen. Die Entscheidung über den eigenen Willen hat hier den Auschluss aus dem Ganzen zu Folge: Darin ist auch der Hauptwiderspruch der Figur von Fischer zu suchen, die sich gerade nach der Vereinigung mit dem Ganzen sehnt.)
Im Gegensatz zur weiblichen Hauptprotagonistin scheitert Fischer jedoch in seinen Bemühungen.

[644] Jan Werich (1905–1980) war ein bedeutender tschechischer Schauspieler und Drehbuchautor. In den Jahren 1957–1959 war er Direktor des Theaters ABC in Prag.
Weil schrieb dieses Theaterstück wahrscheinlich im Jahr 1957; dies, sowie die Information, dass das Spiel für Jan Werich geschrieben wurde, ist oben in der rechten Ecke des Blattes, auf dem sich die Aufstellung der Figuren befindet, handschriftlich vermerkt.

[645] Im Gegensatz zu Sophokles' Tragödie, die erst mit der Fahrt von Achilleus' Sohn Neoptolemos zu Philoktetes auf die Insel Lemnos beginnt, schildert Weil in seinem Theaterstück bereits die Aussetzung Philoktetes' auf diese Insel. Die Stelle aus Sophokles' Text, die im Motto zitiert wird, lautet im Theaterstück Weils folgendermaßen: „Ano, je to tak. Nikdy nezahyne to, co je zlé, pečlivě to opatrují bohové. Ale to, co je vychytralé, protřelé a zbabělé chrání před Hadem a všechno pak, co je spravedlivé, čestné a řádné dopravují do Hadu. Co na to mám říkat? Kdybych měl chválit skutky bohů, musel bych prohlásit, že bohové jsou zlí. Jenže to by zase řekli, že jsem rouhač." „Filoktet", [1957], unpubliziert, o. O., 15f. LA PNP, Fundus Jiří Weil. (Ja, das stimmt. Es wird nie vergehen, was Böse ist, das wird sorgfältig von den Göttern gehütet. Aber das, was listig, durchtrieben und feige ist, wird vor der Unterwelt geschützt, alles was gerecht, ehrlich und ordentlich ist, wird in die Unterwelt gebracht. Was soll ich dazu sagen? Wenn ich die Taten der Götter loben sollte, müsste ich erklären, dass die Götter böse sind. Nur dann würde man wiederum sagen, dass ich ein Frevler bin.)

Ein weiteres wichtiges paratextuelles Element bzw. einen paratextuellen Hinweis stellt der Titel, *Dřevěná lžíce*, dar. Dieser metonymische Titel steht in einer direkten Beziehung zu Weils Reportage in *Tvorba* „Sedm lžiček". In beiden Fällen wird für den Titel ein alltäglicher Gebrauchsgegenstand – ein Holzlöffel – metonymisch verwendet, indem er die Armut der diesen Gegenstand verwendenden Menschen demonstrieren soll: In der Reportage sind es die sieben hungrigen Kinder des armen Knechts Kupa, die zu Weihnachten nichts anderes als Holzlöffel bekommen. Im Roman zeigt der Holzlöffel die krasse Veränderung der Lebenslage des ehemaligen Funktionärs Alexandr Alexandrovič, der gewöhnt war, in den besten Restaurants Moskaus zu speisen, und der nun als Häftling lediglich einen Holzlöffel zur Verfügung hat. Der Löffel steht also symbolisch für sein Häftlingsdasein: „V poledne dostali trestanci oběd. Byla to zelná polévka s kousky masa a černý chléb. Polévku nabírali dřevěnými lžícemi, jíž se od nich nikdy neodloučí, od dřevěných lžic vyrobených z jasanu někde v dalekých ruských vesnicích na severu."[646]

Thematisch schließt Weil mit diesem Roman an *Moskva – hranice* an, denn auch hier beschreibt er das Leben der Ausländer in der Sowjetunion. Zwei der Hauptprotagonisten sind uns bereits bekannt: Der aus der Kommunistischen Partei und dem sowjetischen Kollektiv ausgeschlossene Übersetzer Jan Fischer und der Wiener Arbeiter Toni Stricker. Als neue Protagonisten kommen der hohe Parteifunktionär Alexandr Alexandrovič und die in der internationalen Kommune *Interhelpo* nahe der kirgisischen Hauptstadt Biškek

---

Die Worte des Autors, der in den Jahren nach der ersten Verwendung dieses Zitats den Zweiten Weltkrieg und den Holocaust überlebte, erscheinen nun in einem anderen Licht. Weil bearbeitet den Text nicht nur stilistisch (der letzte Satz fehlt etwa in Sophokles' Original) und ihn dem modernen Tschechisch näher gebracht, er hat auch einige weitere Änderungen vorgenommen: Zu der Aufzählung der negativen Eigenschaften, welche die Götter beschützen, hat er außer „listig" und „durchtrieben" noch das Adjektiv „zbabělé" (feige) hinzugefügt; zu den positiven „čestné" (ehrlich).

[646] *Dřevěná lžíce*, 97. (Zu Mittag haben die Häftlinge das Mittagessen bekommen. Es gab Krautsuppe mit Fleischstückchen und Schwarzbrot. Die Suppe haben sie mit Holzlöffeln gelöffelt, sie werden sich von diesen nie wieder trennen, von den Holzlöffeln, die irgendwo in den russischen Dörfern weit im Norden aus Esche gemacht wurden.)

aufgewachsene Tschechin, junge Komsomolin und angehende Ärztin Lída Raisová dazu. Alle Figuren treffen sich auf der Großbaustelle des metallverarbeitenden Kombinats am See Balchaš, dem sogenannten Balchašstroj. Fischer, Toni und Alexandr Alexandrovič sind dort zur Strafe; Lída dagegen fährt als junge Komsomolin dorthin, um sich als Ärztin zu beweisen.

Ähnlich wie in *Moskva – hranice* werden auch in *Dřevěná lžíce* die einzelnen Figuren häufig mittels ihrer Sprache bzw. Sprachkenntnisse beschrieben. So wird erneut – sogar an mehreren Stellen – auf Toni Strickers Wiener Deutsch aufmerksam gemacht.[647] Auch im Fall der jungen Komsomolin Lída Raisová spielt die Sprache eine wichtige Rolle. Hier wird sogar ihr Nachname „Rais" thematisiert, denn er bedeutet auf Usbekisch „Herr" oder „Häuptling": „Rais, to je dobré jméno. Dobré jméno pro Střední Asii. Rais znamená uzbecky pán, náčelník, předseda. [...] Lídin otec je opravdu raisem, je vedoucím stavebního oddělení. [...] A Lída Raisová se musí vyrovnat otci. Musí býti hrdinkou, skvělou lékařkou, vynikající vědeckou pracovnicí."[648] An mehreren Stellen wird angesprochen, dass Lídas Muttersprache das Tschechische ist, das in dieser fremden Umgebung allerdings anders klinge.[649] In der tschechischen Sprache spielt sich auch die allerletzte Passage im Buch ab:

---

[647] „Toni Stricker, dělník ze Stankozavodu, [...] proklíná všechno vídeňskou němčinou." (*Dřevěná lžíce*, 15) (Toni Stricker, der Arbeiter aus Stankozavod, [...] verflucht alles im Wiener Deutsch.) oder „Toni se již naučil cestou zlodějské hantýrce, je to zvláštní ruština s podivnými výrazy, převzatými z jazyka jidiš. Byly zaneseny a utvrzeny v zlodějské řeči z města banditů, výkvětu zlodějské aristokracie, Oděsy-mámy." (*Dřevěná lžíce*, 97) (Toni hat unterwegs den Räuberjargon gelernt, es ist ein sonderbares Russisch mit merkwürdigen Ausdrücken, übernommen aus dem Jiddischen. Sie wurden aufgenommen und festgelegt in die Räubersprache in der Banditenstadt, der Elite der Räuberaristokratie, Mutter-Odessa.)

[648] *Dřevěná lžíce*, 71. (Rais, das ist ein guter Name. Ein guter Name für Zentralasien. Rais bedeutet auf Usbekisch Herr, Häuptling oder Vorsitzender. [...] Lídas Vater ist wirklich ein Rais, er ist ein Leiter der Bauabteilung. [...] Und Lída Raisová muss ihrem Vater gleichen. Sie muss eine Heldin, ausgezeichnete Ärztin und Wissenschaftlerin werden.)

[649] „Česká řeč zní již jinak, nějak se do ní vplížila ruská slova, nějak ji zlomila hudba cizí řeči, nějak se přizpůsobila velkému proudu země." *Dřevěná lžíce*, 54.

Fischer redet mit Lída und wundert sich darüber, dass er hier, Tausende Kilometer von seiner Heimat entfernt, mit jemandem Tschechisch sprechen kann.[650] Auch andere Personen im Roman, denen man nur flüchtig begegnet, werden mittels ihrer Sprache beschrieben: z. B. ein Mitglied aus Interhelpo Imre Hatvany[651] oder der ehemalige kirgisische Adelige Manap Šabdan,[652] den Fischer am Balchašstroj trifft.

Das Buch umfasst insgesamt 20 mit Zahlen nummerierte Kapitel, die in zwei Teile, genauer zwei Bücher (knihy), gegliedert werden: Der erste Teil mit dem Titel „Kniha první: Vlaky jedou na východ" (Das erste Buch: Die Züge fahren in den Osten) beinhaltet acht Kapitel, in denen das Leben der einzelnen Figuren vor ihrem Ankommen im Balchašstroj geschildert wird, der zweite Teil „Kniha druhá: Jen mužové a ženy" (Das zweite Buch: Nur Männer und Frauen) ist deutlich umfangreicher und umfasst 12 Kapitel. Zum Titel des zweiten Buches und zum Roman überhaupt hat sich Weil selbst in einem Brief geäußert, den er im Januar 1938 an seinen Freund, den Gutachter und Lektor seiner Texte, Karel Josef Beneš, richtete. Weil meint hier, dass die Menschen unter den extremen

---

(Die tschechische Sprache klingt bereits anders, irgendwie sind russische Wörter in sie eingeschlichen, irgendwie hat die Musik der anderen Sprache sie gebrochen, irgendwie hat sie sich dem großen Strom des Landes angepasst.) Lída spricht ein ungewöhnliches, weiches Tschechisch: „‚Vy jste Čech', říká Lída měkkou, nezvyklou češtinou, jak je to dlouho, kdy mluvila naposledy česky?" *Dřevěná lžíce*, 188. („Sie sind ein Tscheche", sagt Lída in weichem, ungewöhnlichem Tschechisch, wie lange ist es her, dass sie zum letzten Mal tschechisch gesprochen hat?)

[650] „jak je to podivné, slyšeti daleko, až na konci světa, rodný jazyk, vyslovovaný měkce a s cizím přízvukem, ale přece jen rodný jazyk." *Dřevěná lžíce*, 186. (Wie seltsam es ist, am Ende der Welt die Muttersprache zu hören, die jedoch mit einem fremden Akzent und weich gesprochen ist, immerhin aber die Muttersprache.)

[651] „Avšak nemluví vůbec maďarsky, mluví jen rusky a pokaženou češtinou, ‚interhelpovskou' řečí." *Dřevěná lžíce*, 57. (Er spricht jedoch gar kein Ungarisch, er spricht nur Russisch und ein schlechtes Tschechisch, eine „Interhelpo-Sprache".)

[652] „Člověk, který si říkal manap Šabdan, mluvil rusky dobře, s východním hrdelním přízvukem." *Dřevěná lžíce*, 107f. (Der Mensch, der sich Manap Šabdan nannte, sprach ein gutes Russisch, mit östlichem Kehlakzent.)

Bedingungen des Arbeitslagers ihre wahren Eigenschaften zeigen würden:

> Pracuji nyní na novém románu o lidských hodnotách. Je to román o politických vypovězencích u jezera Balchaš. Nevím, jak se mi to podaří, ale chci v něm vypravovati, jak teprve tam dole mezi vězni a na nejnižším stupni se projeví skutečné lidské vlastnosti – statečnost, obětavost, dobrota. Protože v takovém postavení jsou lidé zbaveni všech společenských příkras – jsou to jen mužové a ženy.[653]

Im zweiten Teil des Romans wird das Leben der Protagonisten am Balchašstroj gezeigt: Toni behauptet sich auch dort, unter den schweren Bedingungen, als Bestarbeiter. Am Ende stirbt er, weil er verschüttet wird,[654] und wird als ein Held der Arbeit gefeiert. Fischer widmet sich der Kulturarbeit und hofft, durch seine ehrliche und unermüdliche Tätigkeit eine Erlaubnis zur Ausreise in seine Heimat zu bekommen, was ihm am Ende gelingt. Lída arbeitet als Ärztin und überwindet alle Strapazen des schweren Winters, als viele Menschen erkranken und sterben, am Ende beschließt sie sogar weiter am Balchašstroj zu bleiben. Der ehemalige Parteifunktionär Alexandr Alexandrovič[655] kann sich mit seiner neuen Lebens-

---

[653] Brief vom 18. Januar 1938 aus dem slowakischen Kurort Štos an Karel Josef Beneš, LA PNP, Fundus K. J. Beneš. (Ich arbeite jetzt am neuen Roman über die menschlichen Werte. Es ist ein Roman über die politischen Verbannten am Balchašsee. Ich weiß nicht, wie es mir gelingen wird, aber ich möchte darin schildern, wie sich erst dort unten unter den Häftlingen und auf der untersten Stufe die wirklichen menschlichen Eigenschaften – Tapferkeit, Opferbereitschaft, Gutmütigkeit – zeigen. Denn in dieser Lage sind die Menschen aller gesellschaftlichen Beschönigungen beraubt – sie sind nur Männer und Frauen.)

[654] Für den Tod seines Helden schöpfte Weil wahrscheinlich Inspiration aus der wahren Begebenheit, als beim Bau der Moskauer U-Bahn ein Tscheche ums Leben kam. Weil griff dieses Ereignis am Ende des Vorwortes zu seinem Buch *Češi stavějí v zemi pětiletek* auf.

[655] Da viele Protagonisten Weils reale Vorbilder haben, kann man auch bei der Figur von Alexandr Alexandrovič vermuten, dass er sein Pendant in der Wirklichkeit hat. Mit hoher Wahrscheinlichkeit handelt es sich um den Bolschewiken und sowjetischen Diplomaten Alexandr Jakovlevič Arosev (1890–1938). Arosev war in den Jahren 1929–1934 Leiter der sowjetischen Vertretung in Prag

lage nicht abfinden, er wird als politischer Häftling von allen verachtet und verspottet. Zuletzt wird seine Bitte um Begnadigung abgelehnt, was für ihn einen weiteren erzwungenen Aufenthalt am Balchašstroj bedeutet. Eine neue interessante Figur stellt Alexandr Alexandrovičs französische Frau Marcela dar, von der man fast behaupten könnte, dass sie aufgrund ihrer Einstellung Moskau und der ganzen Sowjetunion gegenüber eine Art Variaton der Hauptprotagonistin von *Moskva – hranice*, Ri, darstellt. Auch Marcela hat sich vor ihrer Ankunft in der UdSSR vor Moskau gefürchtet.[656] Im Gegensatz zu Ri integriert sie sich jedoch nicht in die Gesellschaft, sie lebt abseits und verabscheut Russland.[657] Mit Marcela wird somit ein Szenario entwickelt, wie Ris Leben hätte aussehen können,

---

[656] (bevor die tschechoslowakische Regierung die Sowjetunion 1934 *de iure* anerkannt hatte, durfte in Prag keine offizielle sowjetische Botschaft existieren, nur eine Vertretung). Weil hat dort von 1923 bis wahrscheinlich 1930 gearbeitet. Arosevs Leben weist sehr viele Parallelen zum Leben der literarischen Figur Alexandr Alexadrovič auf: beide gehörten zu der alten Garde der Bolschewiken, auch Arosevs zweite Frau war eine Ausländerin (er heiratete Gertrude Freund, die Tochter eines reichen Prager Händlers, was in sowjetischen Kreisen für Furore sorgte), nach seiner Rückkehr in die UdSSR leitete Arosev die Organisation VOKS (Всесоюзное общество культурной связи с заграницей), ähnlich wie die literarische Figur wurde er Opfer stalinistischer Säuberungen, sein Schicksal war allerdings viel grausamer: Am 10.2.1938 wurde er gemeinsam mit seinem Vorgänger Anton-Ovseenko erschossen; seine Frau Gerta bereits am 2.12.1937. Für mehrere Informationen zu A. J. Arosev siehe die Studie Zavacká, Marína. 2015: „Vo vrstvách pamäti. K československej stope sovietskeho diplomata Alexandra Jakovleviča Aroseva", in: *Forum Historiae* 2015/9:2, 166–188. Auch online: http://forumhistoriae.sk/documents/10180/1273455/11_zavacka.pdf (zuletzt aufgerufen am 11.11.2020)

[656] Dies demonstriert beispielsweise die folgende Passage, in der sich Alexandr Alexandrovič über seine Frau Gedanken macht: „Vždyť se přece bála Moskvy, ale nyní vidí, že se jí žije dobře v tomto městě, velikém, milionovém městě práce. Má všechno, i dobrou společnost cizinců, i pařížské toalety, a kromě toho žije ve městě, kde přepych je ještě zářivější uprostřed šedi obyčejného, vezdejšího života." *Dřevěná lžíce*, 15. (Sie hat sich vor Moskau gefürchtet, aber nun sieht sie doch, dass sie in dieser Stadt gut leben kann, in dieser großen Stadt, in der Millionenstadt der Arbeit. Sie hat alles, auch die gute Gesellschaft der Ausländer, auch Pariser Roben, und außerdem lebt sie in einer Stadt, wo der Luxus umso glanzvoller strahlt inmitten vom grauen, alltäglichen Leben.)

[657] „Marcela [...] nezajímá se o samovar, nemá ráda Rusko, je jí protivný ruský jazyk, měkký a prozpěvavý, jsou jí protivní Rusové, neohrabaní, nevychovaní, hrubí a neomalení. [...] Žila jakoby v očekávání, že zítra všechno pomine jako

wenn sie sich dem sowjetischen Kollektiv nicht angeschlossen hätte.

In der Komposition von *Dřevěná lžíce* geht Weil radikaler vor als in *Moskva – hranice*: Der Blick auf die Protagonisten wechselt nicht kapitelweise, sondern zum Teil absatzweise. Dieses avantgardistische Verfahren des regelmäßigen raschen Wechsels der Perspektive[658] erinnert an die künstlerische Methode der Montage Sergej Ėjzenštejns.[659] Der interessanteste Perspektivenwechsel erfolgt im letzten Absatz des Romans: Der heterodiegetische Erzähler, der konsequent im ganzen Roman erscheint, wird plötzlich zum homodiegetischen. Der letzte Satz des Romans lautet: „Je to má země, do které se vracím."[660] Weil erweckt damit den Eindruck, dass der ganze Text von einem Reporter berichtet wurde.

3.3.2.2.2.2.2 Entstehungs- und Publikationsgeschichte

Der Roman *Dřevěná lžíce* ist einer der Texte Weils, der auf seine Veröffentlichung sehr lange warten musste. Obwohl er fast zeitgleich mit *Moskva – hranice*, also in den späten 1930er Jahren, verfasst wurde, wurde er erst ca. sechzig Jahre nach seiner Entstehung, im

---

zlý sen, jakmile překročí hranice, pak se všechno změní, pak si volně vydechne." *Dřevěná lžíce*, 76. (Marcela [...] interessiert sich nicht für den Samowar, sie mag Russland nicht, ihr ist die weiche, melodische russische Sprache zuwider, ihr sind die Russen zuwider, sie findet sie ungewandt, ungezogen, grob und unverschämt. [...] Als ob sie in der Erwartung leben würde, dass morgen alles wie ein böser Traum vergeht, sobald sie die Grenze überquert, dann wird sich alles ändern, dann kann sie frei aufatmen.)

[658] Bělíček 2015, 5. Auch Bělíček sieht „den regelmäßigen Wechsel der Perspektive" als konstitutiv für „die avantgardistischen Dokumentarverfahren" an.

[659] Siehe Eisenstein, Sergej M.: „Montage der Attraktionen", in: Brauneck, Manfred (Hg.): *Theater im 20. Jahrhundert. Programmschriften, Stilperioden, Reformmodelle*. Reinbek bei Hamburg: Rowohlt 1982, 260–265, hier 263.

[660] *Dřevěná lžíce*, 197. (Es ist mein Land, in das ich zurückkehre.)

Jahr 1992, einem breiteren tschechischen Publikum[661] bekannt.[662] Auch seine Publikationsgeschichte verlief nicht geradlinig. Die erste Ausgabe war im Verlag *Družstevní práce* geplant, in diesem Fall ist der Autor selbst davon zurückgetreten. Wie die Korrespondenz zwischen ihm und dem Verlag belegt, beabsichtigte er, den Roman im Verlag *Evropský literární klub* (ELK)[663] zu veröffentlichen. In seinem Brief vom 3. Mai 1938 schreibt Weil:

> Děkuji Vám srdečně za Váš dopis, jímž mi dovolujete, abych vydal svůj příští román "Dřevěná lžíce" u nakladatelství Sfinx-B. Janda /ELK/. Zároveň se zavazuji, že Vám nabídnu knihu "Vambéry, životopis falešného derviše", jakmile bude dokončena.[664]

Auf die Veröffentlichung wurde jedoch – höchstwahrscheinlich aufgrund der angespannten politischen Lage im Europa dieser Zeit – letztendlich verzichtet. Im Brief an seine Freundin Marie (Mica)

---

[661] Es wird absichtlich von einem "breiteren" Publikum gesprochen, denn in den 1980er Jahren ist *Dřevěná lžíce* in zwei Samizdat-Editionen erschienen: 1978 in der Edition Kvart von Jan Vladislav, 1980 durch die Abschrift von Olga Havlová in der Edition Expedice. Da bislang keine deutsche Übersetzung dieses Romans vorliegt, stammen alle Übersetzungen aus *Dřevěná lžíce* von mir, M. B.

[662] In Weils Nachlass befindet sich ein Vertrag zwischen dem Verlag *Československý spisovatel* und der Witwe, Olga Weilová, der belegt, dass ähnlich wie im Fall von *Moskva – hranice* auch bei *Dřevěná lžíce* Ende 1960er Jahre eine Publikation geplant war, zu der es nicht gekommen ist.

[663] Weil war in seinen schriftstellerischen Aktivitäten mit dem Verlag ELK eng verbunden. Er veröffentlichte dort einige seiner Romane, im berühmten Sammelband *Co daly naše země Evropě a lidstvu* erschien 1939 (allerdings unter einem Pseudonym) seine Studie über die tschechische Literatur. Der Verlag ELK spielte eine wesentliche Rolle in der tschechischen Kultur- und Literatursphäre der Zwischenkriegszeit. ELK ist vor allem mit dem Verlag Sfinx und dem Namen des Verlegers Bohumil Janda (1900–1982) verbunden. Er wurde 1935 gegründet, seine Tätigkeit wurde 1949 eingestellt, als er vom staatlichen Verlag *Československý spisovatel* übernommen wurde. Siehe Venyš, Ladislav. 2000: *Bohumil Janda a Evropský literární klub*. Praha: Evropský literární klub.

[664] Ich bedanke mich bei Ihnen herzlich für Ihren Brief, in dem Sie mir erlauben, meinen nächsten Roman "Holzlöffel" im Verlag Sfinx-B. Janda /ELK/ zu veröffentlichen. Gleichzeitig verpflichte ich mich, Ihnen das Buch "Vambéry, das Leben eines falschen Derwischs" anzubieten, sobald dieses fertig wird. (Weils Brief an den Verlag *Družstevní práce* vom 3.5.1938, LA PNP, Fundus des Verlags *Družstevní práce*)

Weatherallová[665] vom 20. November 1938 erklärt Weil die Umstände der (Nicht-)Publikation seines Romans. Er gibt gleichzeitig klar an, dass die Romane *Dřevěná lžíce* und *Moskva – hranice* zusammengehören und dass sie als ein Doppelroman[666] betrachtet und gelesen werden sollten. Diese These liegt auch der vorliegenden Arbeit zugrunde:

> Jednám o vydání románu Dřevěná lžíce pokračování Moskva – hranice. Je to daleko lepší než Moskva. Myslím, že bych měl v Anglii silně Moskvu předělat a spojit ji s tímto románem. Vůbec bych chtěl Moskvu předělat a důkladně s Vaší pomocí. Tady nakladatel se bojí vydat román a na druhé straně se mu líbí a tak se spolu stále dohadujeme. Já jsem mu nabídl, že mu slevím značnou sumu z honoráře, vydá-li knihu, protože mi samozřejmě víc záleží na tom, aby kniha vyšla než na penězích. […] Dopadne to asi tak, že mi dá nějaké odstupné a kniha nevyjde.[667]

In Weils Kaderakte, gefunden im Fundus des Zentralkomitees der Kommunistischen Partei der Tschechoslowakei (ÚV KSČ) im Nationalarchiv in Prag, befindet sich eine Mappe mit dem Typoskript des Romans,[668] in die ein handbeschriebenes, undatiertes Blatt eingeschoben wurde, das die verwickelte Publikationsgeschichte des

---

[665] Marie Weatherallová half Weil bei seiner beabsichtigten Ausreise aus der Tschechoslowakei. Bis jedoch alle notwendigen Dokumente besorgt werden konnten, hatten die Nationalsozialisten die Macht übernommen und als Jude durfte Weil das Gebiet des Protektorats Böhmen und Mähren nicht mehr verlassen.

[666] Von einem Doppelroman schreibt anlässlich der italienischen Herausgabe von Weils beiden Romanen in der Züricher Zeitung *Die Tat* Andreas W. Mytze: „Zu entdecken: Jiri Weil", in: *Die Tat* 1972/118 (20. Mai 1972), 29–30, hier 29.

[667] Brief von Jiří Weil an Marie Weatherallová vom 20.11.1938, LA PNP, Fundus Jiří Weil.
(Ich verhandle über die Ausgabe des Romans Dřevěná lžíce, einer Fortsetzung des Romans Moskva – hranice. Er ist viel besser als Moskva. Ich denke, dass ich Moskva in England stark überarbeiten sollte und ihn mit diesem Roman verbinden sollte. Überhaupt möchte ich Moskva überarbeiten, und zwar grundlegend, mit Ihrer Hilfe. Der Verleger hier hat Angst, den Roman zu veröffentlichen, auf der anderen Seite gefällt er ihm und so hadern wir ständig. Ich habe ihm angeboten, dass ich ihm vom Honorar einen wesentlichen Nachlass gewähre, falls er das Buch veröffentlicht, denn mehr liegt mir daran, dass das Buch herauskommt als an dem Geld. […] Es wird wohl so ausgehen, dass er mir irgendeine Abfindung gibt und das Buch nicht erscheint.)

[668] Bislang wurden insgesamt vier Typoskripte des Romans entdeckt: Zwei befinden sich in Weils Nachlass im LA PNP, bei einem davon handelt es sich um

Textes, den der Autor letztendlich bei ELK einreichte, weiter erläutert:

> Rukopis Jiřího Weila předaný spisovatelem s. Václavem Řezáčem. Jde o trockistický pamphlet, který Weil psal někdy v roce 1938 a který byl nalezen v bývalém nakladatelství ELK. Při prohlídce starých věcí jsem rukopis nalezl v trezoru. Sám jsem se domníval, že jsem rukopis už dávno odevzdal do bývalé evidence v ÚV. Stalo se tak, že jsem tenkrát nestihl Švába,[669] kterému jsem chtěl rukopis odevzdat, zavřel jsem rukopis do trezoru a pak jsem na věc zapomněl.
>
> Die Unterschrift:
> vermutlich *Hendrych*[670]

Wie bekannt ist, wurde die Entdeckung des Typoskripts des Romans nach der kommunistischen Machtübernahme 1949 Weil zum

---

eine Abschrift aus dem Jahr 1969. Ein weiteres Typoskript, datiert mit 1970, liegt im Nachlass der Lektorin und Korrektorin von Weils Texten, Květa Drábková. Das Typoskript, gefunden im Archiv der ÚV KSČ, stimmt mit der Version aus dem LA PNP überein.

[669] Bei Šváb handelt es sich wahrscheinlich um den hohen kommunistischen Funktionär Karel Šváb (1903–1952), einen Sekretär des Ministers für Nationale Sicherheit, der im Rahmen der Säuberungen und großen Prozesse der 1950er Jahre des Hochverrats angeklagt und am 3. Dezember 1952 hingerichtet wurde. Zwischen den Biographien von Šváb und Weil lassen sich noch weitere Berührungspunkte finden, die darauf schließen lassen, dass sich die beiden höchstwahrscheinlich gekannt haben: Beide waren seit den frühen 1920er Jahren Mitglieder der Kommunistischen Partei, Šváb war eine Zeit lang im Tagesblatt *Rudé právo* tätig, wo auch Weil publizierte, und 1934 hat Šváb sogar ein Jahr in der Sowjetunion verbracht. Siehe Sommer, Vítězslav. 2009: „Šváb, Karel", in: Bárta, Milan et al. 2009: *Biografický slovník představitelů ministerstva vnitra v letech 1948–1989. Ministři a jejich náměstci*. Praha: Ústav pro studium totalitních režimů, 181–183.

[670] Das Typoskript von Jiří Weil übergeben durch den Schriftsteller, den Genossen Václav Řezáč: Es handelt sich um ein trotzkistisches Pamphlet, das Weil irgendwann im Jahr 1938 geschrieben hat und das im ehemaligen Verlag ELK gefunden wurde. Bei der Untersuchung der alten Sachen habe ich das Typoskript im Tresor gefunden. Ich selbst habe vermutet, dass ich das Typoskript bereits längst in die ehemalige Evidenz der ÚV abgegeben habe. Es ist so geschehen, dass ich damals den Šváb nicht erreicht habe, dem ich das Typoskript abgeben wollte, deshalb habe ich das Typoskript in den Tresor getan und dann habe ich die ganze Sache vergessen. (Nationalarchiv, Fundus ÚV KSČ, Akte Jiří Weil, AN-II, ka 77). Die Unterschrift könnte als „Hendrych" gelesen werden. Dabei würde es sich wahrscheinlich um Jiří Hendrych (1913–1979), einen Sekretär des ÚV KSČ und einen Vorsitzenden der ideologischen Kommission der KSČ, handeln, der vor allem in der Ära des Präsidenten Antonín Novotný tätig war. Siehe den Lebenslauf von Jiří Hendrych im Nationalarchiv, Fundus ÚV KSČ, Akte Jiří Weil, AN-II, ka 77.

Verhängnis; sie hat dazu geführt, dass Weil in der zehnten Sitzung des tschechoslowakischen Schriftstellerverbandes am 29. November 1950 aus dem Verband ausgeschlossen wurde. Michal Bauer gibt in seinem Artikel „J. Weil a K.J. Beneš, dva problémoví spisovatelé" (J. Weil und K.J. Beneš, zwei problematische Schriftsteller) den Verlauf dieser Sitzung wieder.[671] In dieser Sitzung wurde Weil vorgeworfen, dass es sich um ein gefährliches und subversives Buch handele, das vernichtet werden sollte, während sich Weil verteidigt, dass er die Veröffentlichung des Buches Ende der 1930er Jahre verhindert habe, sich um das Buch nicht weiter gekümmert habe, und dass nun jemand versuche, dieses aus persönlichen Gründen gegen ihn zu verwenden:

> **S. Nečásek** namítá dr. Weilovi, […] že dr. Weil měl knihu zničit, aby ji nedostali Němci do rukou. […]
> **S. Řezáč** upozorňuje na to, že dr. Weil si musel uvědomit, že jde o knihu nebezpečnou už proto, že je místy psána značně sugestivně. Kniha zřejmě v ELKu kolovala, o čemž svědčí i to, že chybí jedna stránka. […]
> **Dr. Weil** opakuje, že o knihu neměl zájem. Žádal však s. Štolovského, aby dal knihu do starého papíru. Knihy se však zmocnila osoba, která chtěla jí využít jako důkazu proti Weilovi. Skutečně knihy také bylo proti němu použito, když bylo naléháno na jeho odchod z ELKu. Štolovský držitele knihy žádal, aby mu knihu vydal, ten však odmítl. V roce 1939 si knihu vyžádat nemohl, protože byla zaslána do soutěže. V roce 1945 se o to nestaral z lajdáctví.[672]

---

[671] Siehe Bauer 1999: „J. Weil a K. J. Beneš, dva problémoví spisovatelé", 14–15.
[672] Bauer 1999, 14; Hervorhebungen im Original.
(**Genosse Nečásek** erwidert Dr. Weil, […] dass Dr. Weil das Buch vernichtet haben sollte, damit es nicht den Deutschen in die Hände fällt. […]
Genosse Řezáč macht darauf aufmerksam, dass Dr. Weil sich dessen bewusst sein musste, dass es sich um ein gefährliches Buch handelt, schon deshalb, weil es teilweise sehr suggestiv geschrieben ist. Das Buch musste im ELK kursiert sein, davon zeugt auch das fehlende Blatt. […]
Dr. Weil wiederholt, dass er am Buch kein Interesse hatte. Er bat Genosse Štolovský, das Buch zum Altpapier zu geben. Das Buch kam jedoch in Besitz einer Person, die es als Beweis gegen Weil verwenden wollte. Tatsächlich wurde das Buch gegen ihn verwendet, als er gezwungen wurde, ELK zu verlassen. Štolovský hat diese Person gebeten, das Buch zurückzugeben, diese lehnte jedoch ab. Im Jahr 1939 konnte er das Buch nicht zurück verlangen, da dieses zu einem Wettbewerb geschickt wurde. Im Jahr 1945 hat er sich darum wegen eigener Schlamperei nicht gekümmert.)

Jiří Weil blieb bis April 1956 aus dem Schriftstellerverband ausgeschlossen. In dieser Zeit fand er erneut eine Zufluchtstelle im Jüdischen Museum in Prag, wo er fast bis zu seinem Tod als wissenschaftlicher Mitarbeiter tätig war.

3.3.2.2.2.3 Forschungslage, Rezeption, Kritik

Dem Roman *Dřevěná lžíce* wurde in der Literaturwissenschaft bislang relativ wenig Aufmerksamkeit gewidmet[673]. Im Prinzip liegen nur zwei Studien von Alice Jedličková vor, die sich mit diesem Text befassen, beide tragen im Titel ein Zitat aus der antiken Tragödie *Philoktetes*: „Shledávám, chtě chválit skutky božské, že bohové jsou zlí...", das sich gleichzeitig im Motto zu diesem Roman befindet. Die erste Studie stellt das Nachwort des Romans dar, Jedličková geht dort ausführlich auf die komplizierte Entstehungs- und Publikationsgeschichte ein. Als Grundkompositionsprinzip dieses Romans nennt sie den Parallelismus. Ähnlich wie in *Moskva – hranice* sei, so Jedličková, in diesem Roman die schematische Zeichnung der Figuren auffällig, die teilweise nur eine geringe oder gar keine Entwicklung durchmachen.[674] In der zweiten Studie, die anlässlich

---

[673] Die Erstausgabe des Romans entging natürlich nicht der Aufmerksamkeit einiger Rezensenten und Rezensentinnen. Siehe beispielsweise Všetička, František. 1992/93: „Jiří Weil: Dřevěná lžíce", in: *Akord* 1992-93/18:7, 48–49; el. 1993: „Dřevěná lžíce Jiřího Weila", in: *Haló noviny* 1993/3:19, 5; Soldán, Ladislav. 1993: „O zemi řízené stranou", in: *Svobodné slovo* 1993/49:50, 6; Exner, Milan. 1993: „Glasnosť 1938", in: *Český deník* 1993/3:10, 10; Petříček, Miroslav. 1993: „Každý sen zabíjí?", in: *Tvar* 1993/4:2, 11; Štědroňová, Eva. 1993: „K vydání románu Jiřího Weila", in: *Česká literatura* 1993/41:2, 227; Janáček, Pavel. 1992: „Rozvichřené království Jiřího Weila", in: *Nové knihy* 1992/43, 1–2 oder Pospíšil, Ivo. 1993: „Bohové jsou zlí", in: *Rovnost* 1993/3:8, 12. Januar, 6.

[674] Dieser Charakterisierung schließe ich mich auch in dieser Arbeit an. Die Hauptfiguren verharren in ihren Handlungsmustern, es ändert sich lediglich ihre Umgebung: Toni bleibt nach wie vor ein ausgezeichneter Arbeiter, ihm ist es gleich, ob er in Moskau oder am Balchašstroj arbeitet. Lída Raisová zweifelt nicht an ihre Aufgabe und bleibt ihrer kommunistischen Einstellung treu. Fischer, von dem wir in *Dřevěná lžíce* recht wenig erfahren, lebt und arbeitet am Balchašstroj ergeben, in der Hoffnung nach Hause zurückkehren zu dürfen. Am schwersten erträgt die Änderung der Lebenssituation Alexandr Alexandrovič, der von einer hohen gesellschaftlichen Position in die niedrigste absteigt. Jedoch scheint auch er sich nicht weiterzuentwickeln, er versteht seine gegenwärtige Lage nicht und sehnt sich nach Begnadigung.

des 90. Geburtstags Weils im Jahr 1990 in der slowakischen Zeitschrift *Slovenské pohľady na literatúru a umenie* (Slowakische Blicke auf die Literatur und Kunst) veröffentlicht wurde, setzt sich Jedličková mit dem Konflikt zwischen Individuum und Kollektiv auseinander, und zwar nicht nur *Dřevěná lžíce* betreffend, sondern auch *Moskva – hranice*:

> Osudy jednotlivcov v knihách *Moskva – hranice* a *Dřevěná lžíce* vlastne i-
> lustrujú rôzne možnosti postoja k obrovskému spoločenstvu, kým „hrdi-
> nom", ústrednom postavou je tu práve samo spoločenstvo, totiž v *Moskve –
> hranici* celý Sovietsky zväz, v druhej časti *Dřevenej lžíce* – iba zdanlivo v ro-
> zpore s názvom *Jen mužové a ženy* – samotný Balchaš, ktorého obraz se
> ustavične pohybuje v dvojitom rozmere fantastickej budovateľskej méty a
> pracovného tábora, väzenia, kolónie chorôb a smrti. Pritom se o Bal-
> chašstroji v románe hovorí iba ako o „stavbe, na ktorej ľudia umierajú", s
> príznačnou absenciou hodnotiacich výrazov, v jednoduchých konštatovani-
> ach toho, čo sa robí.[675]

In der Forschung fehlt bislang eine gründliche Auseinandersetzung mit dem Roman, vor allem in Verbindung mit *Moskva – hranice*, da beide Werke nicht nur durch ihre Genese miteinander verbunden sind (sie wurden fast zeitgleich geschrieben), sondern weil sie sich auch motivisch und stilistisch nahe stehen – deshalb sollten sie als ein „Doppelroman" gelesen werden.

Zusammenfassend lässt sich sagen, dass Weils Vorkriegsromane *Moskva – hranice* und *Dřevěná lžíce* sich deutlich von seinen Nachkriegswerken unterscheiden, vor allem thematisch: In beiden Romanen reflektiert Weil seine Erlebnisse aus der UdSSR, während

---

[675] Jedličková, Alice. 1990: „Shledávám chtě schválit skutky božské, že bohové jsou zlí. (90. výročie narodenia Jiřího Weila)", in: *Slovenské pohľady na literatúru a umenie* 1990/8, 106–114, hier 109; Hervorhebung im Original, M. B. (Die Schicksale der Einzelpersonen in den Büchern *Moskva – hranice* und *Dřevěná lžíce* illustrieren eigentlich verschiedene Möglichkeiten der Einstellung der riesigen Gemeinschaft gegenüber, wobei der eigentliche „Held", die Zentralfigur, hier die Gemeinschaft an sich ist, nämlich in *Moskva – hranice* die ganze Sowjetunion, im zweiten Teil von *Holzlöffel* – nur scheinbar im Widerspruch zum Titel *Jen mužové a ženy* (Nur Männer und Frauen) – dann Balchaš an sich, dessen Darstellung sich in einem Doppelbild zwischen dem phantastischen Ziel des Aufbaus und dem Arbeitslager, Gefängnis, der Krankenkolonie und dem Tod bewegt. Dabei spricht man im Roman von Balchašstroj nur als von einem „Bau, wo Menschen sterben", mit einer symptomatischen Abwesenheit der urteilenden Wörter, in simplen Feststellungen dessen, was geschieht.)

in den nach 1945 entstandenen Werken die Erfahrung der Shoah dominiert. Auch stilistisch ragen die beiden Texte heraus: Die avantgardistischen Stilverfahren der LEF, die Weil aufgrund seiner Übersetzungs- und Reportagetätigkeit gut kannte, haben ihre Spuren in beiden Texten hinterlassen. Der Roman *Dřevěná lžíce* kann außerdem als erster Roman über den sowjetischen Gulag gelten.

3.3.2.2.3   *Makanna. Otec divů* (1945/1948)

3.3.2.2.3.1   Komposition und Inhalt

Der Roman *Makanna. Otec divů* (Makanna. Der Wundervater) besteht aus drei Teilen, die weiter in 28 Kapitel gegliedert werden: Der erste Teil umfasst elf, der zweite acht und der dritte Teil neun Kapitel. Im Gegensatz zu anderen Werken Weils, in denen die Kapitel lediglich nummeriert oder ganz ohne Bezeichnung bleiben, tragen in *Makanna* alle einen Titel. Die Handlung spielt zum größten Teil in Mittelasien, das im 8. Jahrhundert ein Teil des arabischen Reiches war. Der Hauptprotagonist ist Hekím, der Sohn eines türkischen Generals, der nach dem Tod des Vaters von seinem Besitz verjagt und Schüler einer kirchlichen Universität in Buchara wird. Er lernt dort den Umgang mit Waffen und nachts geht er als geheimnisvoller Prophet Makanna mit verdecktem Gesicht unter die armen Menschen und rüttelt sie wach. Er gewinnt dabei unterschiedliche Anhänger, die sich ihm aus verschiedensten Gründen anschließen: aus dem Wunsch nach Reichtum, nach Befreiung vom arabischen Joch oder nach Abenteuern, aus Verrat oder weil sie glauben, dass Makanna das Paradies auf Erden schaffen kann. Einige dieser Anhänger stellt Weil in sieben Kapiteln vor, die dann im Titel den Namen des Protagonisten tragen: den weisen Mahmúd-Bobo, der mit einem Flamingo lebt, den von Blutrache angetriebenen Káfir, den Verräter Sálih, den durch die Araber erniedrigten Prinzen von Buchara Kuteiba, den Wasserträger Selim, den verarmten Schönling Kásim oder den versklavten Perser Fazl. Im zweiten Teil schließt sich Hekím mit einer Gruppe Nomaden dem Aufstand von Abú Muslim an. Mit einem Trick trägt er zur Eroberung von Nišápúr bei und wird zum Anführer der gefürchteten Nomaden. Als der neue Kommandant des Aufstandheers Hekím mit seinen Soldaten entlässt, kommt dieser ins Gefängnis. Im dritten Teil des Buches gibt er sich nach der Flucht aus dem Gefängnis als Gott aus und vollbringt einige Wunder: Hekím-Makanna gelingt es beispielweise einen Brunnen in Nachšeb zu beleben. Er lässt für sich eine in den Bergen versteckte Burg bauen, wo er einige Jahre mit seinen 300 Frauen und seiner Armee verbringt, während seine Anhänger im ganzen Land eine Reihe von Aufständen organisieren. Nach mehreren Niederlagen hören diese jedoch auf, an das Göttliche in Makanna zu glauben. Als schließlich seine Burg entdeckt, von den Verteidigern verlassen und anschließend erobert wird, vergiftet Makanna beim „letzten Abendmahl" alle seine Frauen und er selbst verbrennt sich in einem riesigen Ofen, so dass er quasi spurlos verschwindet. Den Untergang der Burg überlebt lediglich seine Lieblingsfrau Bánúke.

Der Roman Makanna nimmt unter den anderen Romanwerken Weils zweifelsohne eine Sonderstellung ein: Weil bearbeitet hier zum ersten Mal ein rein historisches Thema in Form eines Romans.[676] Darüber hinaus schreibt er den Text in einer äußerst schwierigen Zeit und Lage: Während der nationalsozialistischen Okkupation hatte er als Jude keinen Zugang zu historischer Fachliteratur. Dies bestätigt unter anderem auch seine Witwe im Gespräch mit dem russischen Bohemisten Oleg Malevič.[677] Bei *Makanna. Otec divů* handelt es sich um das einzige Werk Weils, das zu

---

[676] Dieses Verfahren – die Darstellung eines historischen Ereignisses, eingebettet in eine ihm vertraute Umgebung (hier Zentralasien) – erprobte Weil bereits in zwei Kurzerzählungen: „Ve městě Mešhedu", in: *Literární noviny* 1939/12:4, 57–60, die er unter dem Pseudonym Jan Hajdar veröffentlichte, sowie in der Erzählung „Potomek Timurův", in: *Kytice* 1945-46/I: 6, 263–266 (abgedruckt auch im Erzählband *Mír*, 140–148.) Noch vor dem Krieg übersetzte Weil tadschikische Dichtung, was ihm beim Verfassen der zwei poetischen Einlagen in *Makanna*, die vom Sänger Bachčí erzählt werden, half.

[677] Im undatierten Gespräch mit Weils Witwe, Frau Olga Weilová, erkundigte sich Oleg Malevič nach möglichen Quellen für *Makanna*. Laut ihm habe Weil für die Bearbeitung der Geschichte über Makanna zwei muslimische Chroniken benutzt, wobei die eine lediglich 1938 in einer französischen Zeitschrift publiziert wurde. Auch fragte Malevič, ob jemand Weil beim Verfassen von *Makanna* ge-

seinen Lebzeiten offiziell geschätzt und sogar mit einem Preis ausgezeichnet wurde.

3.3.2.2.3.2 Entstehungs- und Publikationsgeschichte

Der Roman *Makanna. Otec divů* ist erstmals gleich nach dem Krieg, im Jahr 1945, erschienen. Seine Publikationsgeschichte ist, wie es bei Weils Texten öfter der Fall ist, ziemlich verwickelt: In seinem Nachlass befindet sich das Typoskript des Romans, signiert mit dem Pseudonym Jan Hajdar und datiert auf das Jahr 1939. Jiří Weil bemühte sich in den Jahren 1940–1941, seinen Roman im Verlag ELK zu veröffentlichen. In seinem Brief vom 10. Juni 1945 berichtet Weil seinem Freund Jaromír John davon.

> Já mám román v ELKu, již dlouhou dobu, je to trochu složitá historie, byl tam přijat někdy v r. 1941 pod psojdonymem, je to historický román ze Střední Asie ze VII. století před Kr., jmenuje se „Makanna, otec divů", je to příběh falešného proroka a ovšem, že je v tom doba, ta strašná doba, kterou jsme prožili, ale s odstupem časovým a ovšem krajinu jsem znal [...].[678]

Trotz des Umstands, dass ein Freund von ihm, Pavel Vyskočil, das Buch mit seinem Namen schützen wollte, war die Publikation während der Okkupation nicht möglich. Aus den Unterlagen im Nachlass des Verlags ELK geht hervor, dass Vyskočil für Weil am 23. Juli

---

holfen habe. Frau Weilová verneinte dies, Weil habe nur „aus dem Kopf" gearbeitet. (Interview Oleg Malevič mit Olga Weilová, Band Nr. II, Minute 3:40–5:50).
Hiermit möchte ich noch einmal ausdrücklich dem Sohn von Oleg Malevič, Herrn Michail Olegovič Malevič, danken, der dieses Inteview für mich im Nachlass seines Vaters gefunden hat, digitalisieren ließ und mir anschließend zur Verfügung gestellt hat.

[678] Siehe empfangene Korrespondenz, LA PNP, Fundus Bohumil Markalous, Brief von Jiří Weil vom 10. Juni 1945. (Im ELK habe ich schon seit langer Zeit einen Roman, es ist eine ein bisschen komplizierte Geschichte, er wurde irgendwann einmal im Jahr 1941 unter Pseudonym angenommen, es ist ein historischer Roman aus dem Zentralasien des 7. Jahrhunderts vor Chr., er heißt „Makanna, der Wundervater", es ist die Geschichte eines falschen Propheten und natürlich erscheint dort auch die Zeit, die schreckliche Zeit, die wir erlebt haben, aber mit einem Zeitabstand, und auch die Gegend, die ich kannte [...].)

1940 mit dem Verlag über die mögliche Veröffentlichung des Textes verhandelt hat, was auch in einem „Svědecký zápis" (Zeugenschaftseintrag) bestätigt wird.[679]

An dieser Stelle muss noch erwähnt werden, dass der Roman in den Archivunterlagen als „Makanna. Vládce divů" (vládce = Herrscher) und nicht als „Makanna. Otec divů" (otec = Vater) eingetragen ist. Da dieser Roman Weils in der Forschung manchmal als eine Allegorie auf Hitler[680] und die Zeit der Okkupation interpretiert wird, würde der ursprüngliche Titel „Makanna. Der Herrscher der Wunder" zu dieser Lesart wesentlich beitragen.[681]

Aus der Korrespondenz zwischen dem Autor und dem Verlag geht hervor, dass sich Weil keine zwei Monate nach dem Ende des Zweiten Weltkriegs erneut um die Veröffentlichung seines Romans bemühte,[682] zu der es im gleichen Jahr tatsächlich gekommen ist. Vor der eigentlichen Veröffentlichung des Buches wurde noch ein Auszug aus dem Roman unter dem Titel „Dobytí Nišapuru" (Die

---

[679] Die Unterlagen befinden sich im LA PNP, Fundus ELK.
„Dne 23. července 1940 dostavil se k panu nakladateli Bohumilu Jandovi, zastupujícímu Evropský literární klub a nakladatelství Sfinx pan dr. Pavel Vyskočil, Praha I, Národní třída 19, a jednal s ním před podepsanými svědky o uskutečnění vydání svého románu ‚Makanna. Vládce divů'."
(Am 23. Juli 1940 ist zum Herrn Verleger Bohumil Janda, der den Europäischen Literarischen Club und den Verlag Sphinx vertritt, Herr Dr. Pavel Vyskočil, Praha I, Národní třída 19 gekommen, und verhandelte mit ihm vor Zeugen über die Realisierung der Veröffentlichung seines Romans „Makanna. Der Herrscher der Wunder".)
Siehe auch Kudrnáč 1992, 267.
[680] Siehe beispielsweise die Rezension von Karel Polák in *Kritický měsíčník*: „[S]rovnání s Hitlerem se nabízí samo sebou". ([D]er Vergleich mit Hitler bietet sich von selbst an.) Polák, Karel. 1946: „Jiří Weil: Makanna – otec divů", in: *Kritický měsíčník* 1946/7:10-11, 243–245, hier 243.
[681] Da der Roman bereits 1939 verfasst wurde, liegt die Vermutung nahe, dass Weil mit der „schrecklichen Zeit", über die er seinem Freund berichtet, die Jahre der stalinschen Säuberungen gemeint hat. Demnach könnte sich bei der Figur des falschen Propheten Makanna um die literarische Darstellung Stalins und nicht Hitlers handeln, wie in der Sekundärliteratur häufig angenommen wird.
[682] In seinem Brief vom 3. Juli 1945 beruft sich Weil auf den bereits erwähnten Zeugenschaftseintrag vom 23. Juli 1940 und erwähnt, dass er die endgültige Fassung des Textes bereits am 7. März 1941 im Verlag eingereicht hat. (LA PNP, Fundus ELK)

Eroberung von Nišapur) in der Zeitschrift *Doba* publiziert.[683] Aus Dankbarkeit gegenüber seinem Freund Pavel Vyskočil, der die Publikation des Buches noch in der Zeit der Okkupation anstrebte, versah Weil seinen Roman mit folgender Widmung: „Památce Pavla Vyskočila, ubitého v Mauthausenu, který chránil tuto knihu svým jménem." (Im Andenken an Pavel Vyskočil, ermordet in Mauthausen, der dieses Buch mit seinem Namen geschützt hat.)[684]

Für diesen Roman wurde Weil im Mai 1946 mit dem Literaturpreis „Cena země české za krásné písemnictví" (Preis des tschechischen Landes für belletristische Literatur) ausgezeichnet.[685] Der Roman war so erfolgreich, dass 1948 eine zweite Ausgabe erscheinen konnte.

3.3.2.2.3.3 Forschungslage, Rezeption, Kritik

Trotz des Erfolges dieses Romans wurde er vergleichsweise relativ wenig rezipiert. Was die zeitgenössischen Rezeptionszeugnisse be-

---

[683] „Dobytí Nišapuru", in: *Doba* 1945-1947/1:1, 13–15.

[684] Da zur Person von Pavel Vyskočil in der Forschungsliteratur bislang keine Angaben vorliegen, wurde eine Recherche durchgeführt, deren Ergebnis Folgendes erbracht hat: Pavel Vyskočil wurde 1909 in Týnec (in anderen Quellen Týnice) nad Labem geboren. Seine Mutter war jüdischer Herkunft. Er studierte Jura an der Karls-Universität in Prag, während der Okkupation durch die Nationalsozialisten war er im Widerstand tätig. Vyskočil wurde von der Gestapo verhaftet und in das Vernichtungslager Mauthausen gebracht (die genauen Daten der Verhaftung sowie des Transports nach Mauthausen konnten bislang nicht ermittelt werden), wo er am 31.12.1941 starb. Im Todesbuch des Vernichtungslagers Mauthausen steht als Todesursache „Lungenentzündung", was jedoch höchstwahrscheinlich nicht der wirklichen Todesursache entspricht. Für den Auszug aus dem Todesbuch danke ich Herrn Peter Egger von der Gedenkstätte Mauthausen. Für die Auszüge aus der Matrik von Kolín sowie für die Informationen über die Eltern danke ich herzlich Frau Lenka Matušíková aus dem Nationalarchiv in Prag, für die Bereitstellung von Vyskočils Studiennachweisen Herrn Továrek aus dem Archiv der Karls-Universität und für die Auskunft über Vyskočils Widerstandstätigket Herrn Žmolil, dem Stadthistoriker von Týnec nad Labem.

[685] Die Bedeutsamkeit dieser Auszeichnung belegt auch die Tatsache, dass den Preis im gleichen Jahr, gemeinsam mit Weil, auch der Dichter Vladimír Holan für sein lyrisch-episches Gedicht *Panychida* (Totenmesse, 1945) und der Literaturhistoriker Prof. Albert Pražák für sein Werk *O národ* (Für die Nation, 1946) erhielten.

trifft, konnten bislang lediglich einige Buchbesprechungen ermittelt werden[686]. Eine schrieb beispielsweise Karel Polák 1946 in der Zeitschrift *Kritický měsíčník*,[687] sie ist ideologisch ziemlich belastet; der Rezensent beurteilt – man muss allerdings anmerken, dass er vorwiegend lobt[688] – das Werk vor allem aus der Perspektive des sozialen Ethos: Weil gehe mit Makanna deshalb ins Gericht, da dieser nur zugunsten seiner selbst handelt. Im Duktus der Rezension ist auch eine leichte antisemitische Nuance spürbar, wenn Karel Polák von Weils „wirklich nichtjüdischem Mut" schreibt: „Těžce byla také zaplacena [pravda / die Wahrheit, M. B.] – Weilovou vskutku nežidovskou odvahou k napsání a k vydání tohoto románu."[689] Eine andere veröffentlichte – ebenso im Jahr 1946 – František Götz in der Zeitung *Národní osvobození*.[690] Er vergleicht *Makanna* mit Weils Vorkriegsroman *Moskva – hranice* und stellt fest,

---

[686] Zu weiteren Rezensionen, die an dieser Stelle nicht ausführlich behandelt werden, siehe jšk [Josef Šofferle Kvapil]. 1946-47: „Jiří Weil, Makanna – Otec divů...", in: *Naše doba* 1946-47/53: 3, 133–134; F. H. [František Hampl]. 1946: „Román o podvodném prorokovi", in: *Práce* 1946/2:150, 29. Juni, 4; Buriánek, František. 1946: „Velký román o lžiprorokovi", in: *Zemědělské noviny* 1946/2:100, 28. April, 2; Polan, Bohumil. 1946: „Básnická historie falešného vůdce lidu", in: *Svobodné noviny* 1946/2:124, 29. Mai, 5.

[687] Polák, Karel. 1946: „Jiří Weil: Makanna – otec divů", in: *Kritický měsíčník* 1946/7:10-11, 243–245.

[688] Gleich zu Beginn seiner Rezension schreibt Polák: „Tureckého podvodníka Makannu, falešného proroka z doby rozhodného boje v Persii mezi Omájjovci a Abbásovci, znáte z exotisující stylisace nepravého romantismu Thomase Moora (první část „Lally Rookh"). Jiří Weil zaslouží chvály nejenom proto, že jej v svém románě osvětlil podle pravdivějšího poznání knižního i přímého (poznal ten kraj za doby svého pobytu v SSSR), a také netoliko proto, že vyhmátl jeho příměrný význam časový i nadčasový (srovnání s Hitlerem se nabízí samo sebou) [...]." Polák 1946, 243. (Den türkischen Betrüger Makanna, den falschen Propheten aus der Zeit des entscheidenden Kampfes zwischen Omajjaden und Abbasiden in Persien, kennt man aus der exotisierenden Stilisierung der unechten Romantik von Thomas Moore [der erste Teil von „Lalla Rookh"]. Jiří Weil verdient Lob nicht nur deshalb, weil er ihn in seinem Roman nach wahrhaftigeren direkten [er lernte das Land während seines Aufenthaltes in der UdSSR kennen] und aus Büchern gewonnenen Kenntnissen darstellt, und auch deshalb, weil er seine zeitliche und zeitlose Bedeutung verstanden hat [der Vergleich mit Hitler bietet sich von selbst an] [...].)

[689] Polák 1946, 244. (Schwer wurde sie [die Wahrheit, M. B.] durch Weils wirklich nichtjüdischen Mut zum Verfassen und Publizieren dieses Buches bezahlt.)

[690] G [František Götz]. 1946: „Historický román jako časové podobenství", in: *Národní osvobození* 1946/17:122, 4.

dass sich Weils Erzählkunst von der Reportagefaktographie von *Moskva – hranice* zu einer dramatischen Form entwickelt hat. Er kritisiert Weil für die mangelnde psychologische Zeichnung des Hauptprotagonisten Hekím. Die Darstellung der inneren Vorgänge des Protagonisten und wie sich dieselben in seinen Handlungen spiegeln, sei laut Götz nicht ausreichend. Eine interessante Beobachtung machte Jaroslav Kohlík in seiner Rezension, der auf die orientalische Satzstruktur sowie die Terminologie des Romans hinwies, was insgesamt zu einem ornamentalistischen Stil führe.[691]

Die allererste Kritik stammt allerdings von Weils Freund Pavel Eisner, der als einer der wenigen in die Entstehung des Romans eingeweiht war und der das Nachwort zum Buch schrieb.[692] Hier stellt er fest, dass es Weil weniger um die Darstellung des Inneren der Protagonisten, sondern mehr um die Entlarvung der Lüge eines falschen Messias gehe, d. h. auch Eisner bemerkt die geringe Psychologisierung der Figuren:

> Nemůže ujít pozornosti, že se autor zejména v druhé polovici románu vzdává i jen pokusu, aby s konečnou platností zbadal jeho [Hekímovo / der Zentralfigur, Hekím, M. B.] nitro, proměny jeho nitra. O něco jiného jde autorovi daleko především: o epopej mesiášské lži, o děje a letopisy vůdcovství poskvrněného, nečistého. [...] Není pochyby, že je hned již za odhodlání napsat román o Makannovi, otci divů, Lžiproroku, Lžimesiáši a Lžibohu svedených davů, měla vliv podívaná na Lžiproroka, Lžimesiáše, Lžiboha Hitlera. Ale lze sledovat do steré podrobnosti, jak vítězně Jiří Weil odolává

---

[691] K [Jaroslav Kohlík]. 1946: „Weilův román poctěný literární cenou", in: *Svobodné slovo* 1946/2:141, 20. Juni, 7. Der ornamentalische Stil setzt diese Prosa in Kohlíks Augen mit dem Erzählband *Barvy* in Verbindung.

[692] Eisner schreibt im Nachwort: „Jsem možná trochu zaujat, vážím-li si tak velmi Weilova románu o Makannovi, otci divů. Viděl jsem tu knihu vznikat, byl jsem jeden z pěti, šesti lidí, kteří věděli, kdo je jejím vlastním autorem, byl jsem svědkem, jak se v hrdinném tvůrčím náporu rodí z hladu, zimy a bídy, persekuce, z úzkosti a trýzně, z životní opuštěnosti téměř naprosté." Eisner, Pavel. 1945: „Román o lžiproroku", in: *Makanna. Otec divů*. Praha: ELK, 261–265, hier 261. (Ich bin vielleicht ein wenig voreingenommen, wenn ich Weils Roman über Makanna, den Wundervater, so sehr schätze. Ich habe das Buch entstehen gesehen, ich war einer der fünf oder sechs Menschen, die wussten, wer der eigentliche Autor war, ich war ein Zeuge dessen, wie das Buch in einem heldenhaften Andrang aus Hunger, Kälte und Not, Persekution, Angst und Qual, aus einer fast absoluten Verlassenheit entstand.)

každému svodu paralelisace bezprostřední, jak pevnou rukou si uhájil svou tvůrčí nezávislost na žitém dni a tím zas nezbytnou ctnost pravého epika.[693]

Auch nach der Wende in den 1990er Jahren erfreute sich der Roman einiger Aufmerksamkeit: Er wurde in *Slovník českého románu* aufgenommen, wo Jiří Kudrnáč eine kurze Charakteristik des Textes und seiner Protagonisten abgab, auch Kudrnáč betont dabei die geringe Psychologisierung der Figuren:

> Weil líčí Hekíma jako člověka deformovaného příslušností k ambiciózní vrstvě porobeného národa a bezprávím ze strany příbuzných, hned vzápětí však jako cynika, toužícího jen po moci. Od počátku je Hekím vědomě falešný prorok, který manipuluje s lidmi. Ani jeho, ani jiné postavy Weil nepředstavuje pro jejich psychologii, ale především jako činitele v akci. Za tuto cenu se vystříhal byť i jen náznaku sentimentu a retardujícího filozofování. Nepřipravený čtenář může nabýt dojmu, že postavy jsou duševně primitivní, Weil však míří jinam: sleduje mechanismus dějinného pohybu jako psychologii a sociologii šíření myšlenky.[694]

---

[693] Eisner 1945, 262 sowie 264f. (Es kann der Aufmerksamkeit nicht entgehen, dass der Autor vor allem in der zweiten Hälfte des Romans auf den Versuch verzichtet, endgültig sein Inneres [der Zentralfigur, Hekím, M. B.], die Änderungen seines Inneren nachzuvollziehen. Dem Autor geht es vor allem um etwas anderes: Um die Epopöe der Messiaslüge, um die Geschichte und um die Chronik der befleckten und unreinen Führerschaft. [...] Es gibt keine Zweifel, dass nach seinem Entschluss, einen Roman über Makanna, den Vater der Wunder, über den falschen Propheten, falschen Messias und falschen Gott der verführten Massen zu schreiben, das Sehen des falschen Propheten, des falschen Messias und des falschen Gottes Hitler einen großen Einfluss hatte. Man sieht jedoch bis ins kleinste Detail, wie siegreich Jiří Weil jeglicher Verlockung der Parallelisierung widersteht, wie er mit fester Hand seine schöpferische Unabhängigkeit und somit die unentbehrliche Tugend des echten Epikers verteidigte.)

[694] Kudrnáč 1992, 266. (Weil schildert Hekím als einen durch die Zugehörigkeit zu einer ambitionierten Schicht eines unterjochten Volkes und aufgrund des Unrechts seitens der Verwandten deformierten Menschen, dann wiederum sofort als einen sich nach der Macht sehnenden Zyniker. Von Anfang an ist Hekím ein falscher Prophet, der die Menschen manipuliert. Weil stellt weder ihn noch andere Figuren wegen ihrer Psychologie vor, aber vor allem als Akteure in einer Aktion. Für diesen Preis hat er auf jegliches Sentiment und jegliche retardierende Philosophisierung verzichtet. Ein unvorbereiteter Leser mag den Eindruck gewinnen, dass die Figuren seelisch sehr primitiv sind; Weil geht jedoch eine andere Richtung: Er verfolgt den Mechanismus der geschichtlichen Bewegung als Psychologie und Soziologie der Verbreitung von Ideen.)

Im Artikel „Epopej mesiášské lži. Weilův Makanna jako románová reflexe moci" (Epopöe einer Messiaslüge. Weils Makanna als eine Romanreflexion der Macht) von 2015 bezieht sich Roman Kanda auf die bereits vorgestellten zeitgenössischen Besprechungen (Eisner, Polák und Götz) dieses Romans, gleichzeitig analysiert er Weils Prosa aus der Perspektive der Macht. Neben der Verbreitung der Lüge, die als eine Grundlage für die Machtergreifung dient, sieht Kanda mit Bezug auf Elias Canetti das Geheimnis als ein zentrales Element der Macht. Hinter dem verdeckten Gesicht verbirgt Makanna seine wahre Identität, sein menschliches Wesen:

> Tím se skrývá nejen jeho pravá identita, ale vůbec jeho lidská podstata. Nikdo s jistotou neví, kým doopravdy je, zda člověkem, či Bohem, ani jak vypadá jeho tvář, zda je krásná, nebo naopak zohavená. Toto tajemství není jen jakýmsi krycím manévrem, nýbrž je také a především zdrojem moci.[695]

Alle Abhandlungen zu Weils Roman haben eines gemeinsam: Sie setzen sich mit dem Werk hauptsächlich thematisch auseinander und betonen das Motiv des falschen Messianismus sowie der Macht. Laut Růžena Grebeníčková bleibt der Themenkomplex des falschen Messianismus ab dem Roman *Makanna* in Weils Schaffen permanent, wenn auch latent vorhanden.

> Od té chvíle zůstane tematika svedení, pokušení, téma lžimesiášství latentně zázemím celé Weilovy tvorby. Problém falešného spasitelství, nepravé utopie, ideje, která svádí, zavádí, podrobuje si lidské životy, se nyní nadále neztrácí ani tam, kde ji autor modifikuje zdánlivě jiným směrem.[696]

---

[695] Kanda, Roman. 2015: „Epopej mesiášské lži. Weilův Makanna jako románová reflexe moci", in: *A2* 2015/XI:13, 6. (Damit wird nicht nur seine wahre Identität verborgen, sondern sogar sein menschliches Wesen. Niemand weiß sicher, wer er wirklich ist, ob Mensch oder Gott, oder wie sein Gesicht ausschaut, ob schön oder entstellt. Dieses Geheimnis ist nicht nur sein Deckungsmanöver, sondern auch und vor allem die Quelle seiner Macht.)

[696] Grebeníčková, Růžena. 1995: „Jiří Weil a normy české prózy po patnácti letech", in: *Literatura a fiktivní světy*. Band 1, 389–403, hier 398.

3.3.2.2.4   *Život s hvězdou* (1949/1964/1967)

3.3.2.2.4.1   Komposition und Inhalt

Der Roman ist in 23 mit römischen Zahlen nummerierte Kapitel gegliedert und spielt in Prag während der Protektoratszeit.[697] Der Hauptprotagonist ist der ehemalige jüdische Bankbeamte Josef Roubíček. Er lebt sehr einsam in einem kleinen heruntergekommenen Häuschen am Rande Prags. Seine Einsamkeit ohne jegliche sozialen Bindungen wird aufgrund der zunehmenden rassistischen Gesetze und der damit einhergehenden physischen Not zur vollkommenen Isolation. Die wirkliche Welt verschmilzt allmählich mit seinen Träumen und Erinnerungen, der Kontakt mit realen Personen wird durch imaginäre Gespräche ersetzt, die er vor allem mit seiner ehemaligen Freundin Růžena und dem Kater Tomáš führt, die beide in der realen Welt umkommen. Im Augenblick, als Roubíček aus einer Rundfunksendung über Růženas Tod erfährt, kommt es zu einer Verwandlung: Roubíček verlässt seine totale Passivität und beschließt, sich zu retten und sich aktiv zu wehren. Dabei hilft ihm der tschechische Arbeiter Materna, der als ein ausschließlich positiver, aktiver und entschlossener Held dargestellt wird. Im Gegensatz zu ihm werden alle Glaubens- und Leidensgenossen Roubíčeks als passive, entheroisierte Gestalten gezeigt, zu deren Gemeinschaft er sich nicht zugehörig fühlt.

Man kann sagen, dass sich dieser Roman gravierend von den vorherigen dreien nicht nur thematisch, sondern vor allem durch seine Erzähltechnik unterscheidet: Den größten Textanteil bildet ein sachlich gehaltener Gedankenstrom Roubíčeks, bestehend aus Erinnerungen sowie Darstellungen von aktuellen Erlebnissen, in denen sich Dialoge und Monologe abwechseln, wobei vorwiegend die Ich-Form verwendet wird. Lediglich an Stellen, wo sich der

---

[697] Mit der Kompositionsstruktur des Romans beschäftigt sich František Všetička. Er knüpft an die Analysen Grossmans und Grebeníčkovás an, indem er behauptet, dass das Sujet von Weils Roman aus mehreren Komponenten „zusammenmontiert" ist: Als Beispiele gibt er Roubíčeks Gespräche mit Růžena an, in denen sich bereits im Incipit sein Zustand ankündigt, oder die als Bindungsglied fungierende Figur von der abwesenden Růžena. Siehe Všetička, František. 2003: „Život s hvězdou Jiřího Weila", in ders.: *Kroky Kalliopé*. Olomouc: Votobia, 138–144.

Hauptprotagonist mit der jüdischen Gemeinschaft identifiziert, wechselt der Ich-Erzähler in die Pluralform und spricht als „wir". Alice Jedličková behauptet, dass Roubíček gewissermaßen nach dem gleichen Mechanismus lebt wie der Hauptprotagonist Fischer des Romans *Moskva – hranice*. Die beiden betrachten sich von außen, sie übernehmen die Perspektive ihrer Peiniger, d. h. die Unterdrückten übernehmen die Perspektive der Unterdrückenden. In *Život s hvězdou* ist das stark ausgeprägt, da der Hauptprotagonist das Erzählen über sich selbst wie einen Bericht über jemand anderen stilisiert: „V *Životě s hvězdou* se toto odtržení od sebe sama projevuje i ve vyprávěcí formě: přestože vypravěčem je sám hrdina, je jeho podání mnohdy stylizováno jako ‚zpráva o někom jiném'."[698]

3.3.2.2.4.2 Entstehungs- und Publikationsgeschichte

Auch die Herausgabe dieses mit Abstand berühmtesten Romans Weils verlief nicht reibungslos. Nach der Machtübernahme der Kommunisten im Jahre 1948 wurde die Kultursphäre, der Büchermarkt inbegriffen, allmählich reglementiert. Im Jahr 1949 trat das neue Verlegergesetz in Kraft, aufgrund dessen dem Provisorischen Editionsrat (*Prozatímní ediční rada*), einem Organ der kommunistischen Zensur, eine Liste der Bücher vorgelegt wurde (auf der sich auch Weils *Život s hvězdou* befand), deren Herausgabe einer Revision unterzogen werden sollte, mit dem Ziel, die Veröffentlichung von „schädlichen" Titeln auf diese Art und Weise zu verhindern. Aufgrund der Entscheidung von *Prozatímní ediční rada* gelang es jedoch, noch einige Titel von dieser Liste zu streichen. Eines dieser Bücher war Weils *Život s hvězdou*.[699] Die erste Ausgabe erfolgte somit im Jahr 1949 im Verlag *Družstvo Dílo* Praha;[700] das Nachwort

---

[698] Jedličková 1992, 201f. (In *Leben mit dem Stern* schlägt sich diese Trennung von sich selbst auch in der Erzählform nieder: Obwohl der Erzähler der Hauptheld ist, sind seine Aussagen oft so stilisiert, als ob man von „jemand anderem berichten würde".)

[699] Siehe Wögerbauer, Michael/Šámal, Petr/Píša, Petr/Janáček, Pavel (Hg.). 2015: *V obecném zájmu: cenzura a sociální regulace literatury v moderní české kultuře 1749–2014*. Praha: Academia, 983.

[700] Vor der eigentlichen Publikation des Romans kam in der Zeitschrift *Kytice* noch ein Auszug unter dem Titel „Hřbitov" (Friedhof) heraus. Siehe „Hřbitov", in: *Kytice* 1947/II:10, 448–450.

schrieb Jan Grossman. Im Jahr 1964 konnte die zweite, von Jan Grossman kommentierte Ausgabe erscheinen. Die dritte wurde im Jahr 1967 im Verlag Odeon veröffentlicht und von der umfangreichen Studie „Jiří Weil a moderní román" (Jiří Weil und der moderne Roman) von Růžena Grebeníčková eingeleitet. Danach erschien der Roman nie wieder selbstständig, sondern in Verbindung mit anderen Texten Weils, denen die Thematik der Shoah zugrunde liegt. Gleich nach der Wende, 1990, wurde *Život s hvězdou* gemeinsam mit *Na střeše je Mendelssohn* publiziert, 1999 wieder mit *Na střeše je Mendelssohn* sowie mit *Žalozpěv za 77 297 obětí*.

Mit der Entstehungsgeschichte dieses Romans beschäftigte sich die Literaturwissenschaftlerin Hana Hříbková in ihrer Forschung ausführlich, die ihre neuesten Ergebnisse 2016 in der Studie „Šoa v díle Jiřího Weila"[701] (Die Shoah im Werk von Jiří Weil) publizierte, die im Rahmen des groß angelegten, den Juden und dem Judentum auf dem Gebiet der Tschechoslowakei gewidmeten Sammelbandes *Cizí i blízcí* (Die Fremden und auch die Nahen) erschien. Hana Hříbková untersuchte und verglich die verschiedenen Versionen der Manuskripte und Typoskripte aus Weils Nachlass detailliert. Aus ihren Untersuchungen geht hervor, dass Weil ursprünglich ein Erinnerungsbuch zu schreiben beabsichtigte, erst später beschloss er, einen Roman zu verfassen. Dies belegen zahlreiche Tagebücher in Weils Nachlass. Die erste Version des Romans, noch im Sinne des Erinnerungsbuches gehalten, begann Weil noch in der Illegalität, im März 1945. Im Text beschreibt Weil die Tage kurz vor dem Krieg, die ersten Tage des Krieges und die schwierige Entscheidung, ob er emigrieren solle oder nicht. Auch die zweite Version ist autobiographisch gestimmt; der Autor nannte sie symptomatisch *Aus dem Buch der Erinnerungen „Maskir"*. Er schildert dort wieder seine inneren Vorgänge und beschreibt unter anderem auch seine Tätigkeit im Jüdischen Zentralmuseum während des Krieges. Diese Version enthält auch eine Referenz an Kafkas *Schloss*, womit der Einfluss von Kafkas Werken auf diesen Roman sichtbar wird, den auch Grossman in seinem Nachwort betonte, was wiederum

---

[701] Hříbková 2016: „Šoa v díle Jiřího Weila", 681–727.

die zeitgenössische linksorientierte Kritik stark verurteilte. Letztendlich beschloss Weil, das *Buch der Erinnerungen* in einen Roman über den ehemaligen Beamten Roubíček umzuwandeln. Diese neue Version des Romans wurde ursprünglich mit einem Gespräch zwischen Jiří Weil und dem Germanisten und Übersetzer Otokar Fischer über die Gefahr des Krieges eingeleitet. In einer weiteren Typoskriptversion ließ der Autor diesen Teil jedoch weg und wandelte dieses Gespräch in eine Erzählung um.

Aus dem Vergleich der Versionen des Romans geht hervor, dass er vor seiner Veröffentlichung deutliche Veränderungen erfuhr. Weil strich schrittweise eine ganze Reihe von Absätzen, Sätzen sowie einzelnen Wörtern. So erreichte er beispielsweise durch die Reduktion der Reden von Beamten, dass ihr Handeln schroff und unangenehm erscheint, was wiederum dazu führt, dass die Figuren entmenschlicht wirken. Die Ausdrücke „Juden", „Heydrich" und „SS-Männer" ersetzte Weil durch „die Unsren", „Henker" und durch das Pronomen „sie". Ebenfalls wurden die real existierenden Straßen- und Institutionsnamen, deutsche Sätze und alle Erwähnungen von Konzentrationslagern gestrichen, wodurch die Intensität des Gefühls der Angst vor dem Unbekannten stärker wird. Auch verwandelte Weil alle nicht standardsprachlichen Ausdrücke bis auf einige – absichtliche – Ausnahmen in „neutrale". Als gemeinsamen Nenner solcher Unbestimmtheit kann man mit Marek Nekula „die Universalisierung der Geschichte" verstehen.[702]

Des Weiteren entdeckte Hana Hříbková, wie die vorherigen Titel dieses Romans lauten: Die erste Version nannte Weil „Maskir" (Maskir),[703] die zweite dann „Hodina pravdy, hodina

---

[702] Laut Nekula ist ein solches Verfahren auch für Kafkas *Schloss* charakteristisch. Siehe Nekula, Marek. 2017: „Intertextualität von Jiří Weils ‚Das Leben mit dem Stern'. Bezüge zu Franz Kafkas Textwelten", in: *Texte prägen. Festschrift für Walter Koschmal*. Wiesbaden: Harrassowitz, 433–444, hier 439.

[703] Als „Mazkir" wird „im jüdischen Kontext ein Gebet zum Gedenken der verstorbenen Verwandten bezeichnet". Siehe Nekula 2017, 434.
Zur besseren Illustration des Stils und Inhalts dieses *Buches der Erinnerungen* möge folgender Auszug aus der Version „Maskir" dienen: *„Patnáctého března jsem se zhroutil. Mám dávno /poškozené/ nervy a žil jsem tehdy podivně, potácel jsem se jaksi a nevěděl, co mám dělat, měl jsem pozvání do Anglie, a nechtělo se mi odejet.*

zkoušky" (Stunde der Wahrheit, Stunde der Prüfung),[704] die dritte „Stráž nad mrtvým" (Wache über den Toten), die vierte „Stráž u mrtvého" (Wache beim Toten) und erst die finale Version erhielt den Titel „Život s hvězdou" (Leben mit dem Stern).[705]

3.3.2.2.4.3 Forschungslage, Rezeption, Kritik

Auch dieser Roman Weils wurde, wie viele seiner anderen Werke, von der zeitgenössischen Kritik sehr negativ aufgenommen; vor allem die Figur des Hauptprotagonisten, der weder dem sozrealistischen Kanon des tapferen und aktiven Widerstandkämpfers noch dem des jüdischen Opfers entsprach. Auch Weils Poetik, die sich dem Sozrealismus entzog und sich eher an modernistische Theorien anlehnte, war der linksorientierten Kritik ein Dorn im Auge.[706]

Žil jsem tehdy v Kobylisích, v domku, který patřil mým rodičům. Ale v Kobylisích jsem neznal nikoho, všichni moji známí žili v Praze, scházel se s nimi v kavárnách. Nedařilo se mi předtím špatně, žil jsem ještě z honoráře za román, dokončil jsem nový a měl uzavřít právě smlouvu, kromě toho jsem měl slíbeny jakési překlady." (Zitiert nach Hříbková, Hana. 2014: „On the Emergence of the Novel Life with a Star", 1–18, hier 1; http://sites.ff.cuni.cz/holokaust/wp-content/uploads/sites/122/2013/11/hana-hribkova-on-the-emergence-of-the-novel-life-with-a-star.pdf; Kursiv im Original). Zuletzt aufgerufen am 11.11.2020.
(Am fünfzehnten März bin ich niedergebrochen. Ich habe schon seit langem /beschädigte/ Nerven und ich habe damals seltsam gelebt, bin geschwankt und wusste irgendwie nicht, was ich tun soll, ich hatte eine Einladung nach England, hatte aber keine Lust zu fahren. Ich lebte in Kobylisy, im Häuschen, das meinen Eltern gehörte. In Kobylisy kannte ich aber niemanden, alle meine Bekannten wohnten in Prag, ich traf sie in den Kaffeehäusern. Es ging mir davor nicht schlecht, ich lebte noch von einem Honorar für meinen Roman, ich schrieb einen anderen fertig und sollte gerade einen Vertrag abschließen, außerdem hatte ich irgendwelche Übersetzungen ausgemacht.)

[704] Diesen Titel verwendete letztendlich Jiří Opelík für den Sammelband von Weils Erzählungen.
[705] Hříbková 2016, 695–696.
[706] So auch Nekula: „So verweigerte sich Weil der psychologischen Analyse, dem konstruierten Sujet setzte er die sachliche Faktizität entgegen, statt einem Arbeiter wandte er sich einem Beamten zu, die Arbeiterfiguren werden ambivalent gezeichnet. Die Bedeutung des Romans wurde weder durch eine in die große Geschichte eingebettete vorbildhafte Lebensgeschichte eines heroischen Helden, noch durch die belehrenden Kommentare des Autors selbst generiert." Nekula 2017, 436. Für ein Beispiel einer solchen negativen Rezension siehe Skála, Ivan. 1949: „Rozhodný boj o realismus – přední úkol naší literatury", in: *Nový život* 1949/4, 66–72.

Als ein symptomatisches Beispiel dafür mögen die Kritiken des Rezensenten, der sich hinter dem Kürzel „Št. E." (Štefan Engl) verbirgt, dienen, die in *Věstník židovské obce náboženské* erschienen sind, als dort Weil 1949 einen Auszug des Romans publizierte.[707] In der ersten Rezension „Život žida za okupace. Poznámky k Weilovu románu ,Život s hvězdou'" (Leben des Juden während der Okkupation. Bemerkungen zu Weils Roman „Leben mit dem Stern")[708] wirft Engl Weil vor, den Hauptprotagonisten Roubíček am kollektiven Schicksal der Juden nicht ausreichend teilnehmen zu lassen und ihn an den Rand der jüdischen Gemeinschaft zu stellen:

> Josef Roubíček [...] není zatížen židovským komplexem, vyvěrajícím z nespokojenosti s vlastním fysickým zjevem, ale nemá ani jinak hlubší vztah k židovstvu a židovství, necítí se být židem o vlastní újmě, je jím toliko po vůli nacistického zákonodárství; žije tedy jednak topograficky na periferii Prahy, kam ho autor vyhostil z důvodů komposičně technických, jednak – a to je závažné – na okraji kolektivního osudu židů. [...] Krajina příběhu není dosti zalidněna židovskými aktéry, nenalézáme v ní onu kaleidoskopickou směs typu a postav, [...], z nichž se skládá židovská pospolitost odsouzenců s mnohotvárnou skladbou společenskou, s nekonečnými odstíny povahových pozoruhodností, s nevyčerpatelným rejstříkem životních profilů.[709]

Die künstlerische Qualität des Textes kritisiert Engl dabei nicht. Er bezeichnet den Roman als „pozoruhodný" (bemerkenswert), das Kapitel, in dem Roubíček von Růženas Tod erfährt, als „mistrný"

---

[707] „Život s hvězdou", in: *Věstník židovské obce náboženské* 1949/11:12, 140–141.
[708] En.[gl] Št.[efan]. 1949: „Život žida za okupace. Poznámky k Weilovu románu život s hvězdou", in: *Věstník židovské obce náboženské* 1949/11:13, 152–153.
[709] En.[gl] Št.[efan] 1949, 152. (Josef Roubíček [...] ist weder mit dem jüdischen Komplex belastet, der der Unzufriedenheit mit dem eigenen physischen Aussehen entspringt, noch hat er ein tieferes Verhältnis zu den Juden und zum Judentum, er fühlt sich aus freiem Willen nicht als Jude, er ist Jude nur aufgrund der nationalsozialistischen Gesetzgebung; er lebt also einerseits topographisch an der Peripherie von Prag, wohin ihn der Autor aus kompositionstechnischen Gründen gesetzt hat, andererseits – und das ist wichtig – am Rande des kollektiven Schicksals. [...] Die Landschaft der Geschichte ist nicht ausreichend mit jüdischen Akteuren bevölkert, wir finden hier nicht die kaleidoskopische Mischung der Typen und Figuren, [...], aus denen die jüdische Gemeinschaft der Verurteilten mit vielfältiger Zusammensetzung, mit unendlichen Facetten von charakteristischen Merkmalen, mit unerschöpflichem Verzeichnis von Lebensprofilen besteht.)

(meisterhaft), über Weil selbst sagt Engl: „Weil je silný autor, bystrý pozorovatel, jenže slabý žid."[710] Auf diese Kritik durfte Weil im gleichen Medium noch reagieren. Er verteidigt sich in seinem Artikel „Autor ‚Života s hvězdou' vysvětluje" (Autor des „Leben mit dem Stern" erklärt)[711], dass es nicht seine Absicht war, die Tragödie des Judentums zu schildern, sondern mit künstlerischen Mitteln die Polemik gegen den Faschismus darzustellen:

> Není to přece žádné reportážní ani politické dílo, je to román, chcete-li větší povídka. [...]
> Avšak účelem této knihy nebylo líčit tragedii židovstva. [...]
> Jistě si všimli mnozí čtenáři (a psali mi to také v dopisech), že v knize jsou dva plány – jeden plán Roubíčkův, plán světa nereálného, vymyšleného nacisty, ve kterém je Roubíček nucen žít a který pasivně přijímá a plán světa skutečného, ve kterém žije dělník Materna, jeho přátelé nebo třeba onen železničář, s nímž se setká Roubíček, když je vyhozen z tramvaje. [...] Pokusil jsem se vyjádřit prolínání těchto dvou světů i stylisticky, čtenáři si jistě všimnou, že dělnické postavy mluví zcela jinak, než postavy označené za žida podrobené světu lži a násilí. [...]
> Avšak ani Engl ani moji čtenáři mi nevytýkají umělecké selhání. Pak je tedy jasné, že aspoň částečně pochopili, co jsem chtěl říci. Snažil jsem se o to poctivě. Pracoval jsem na poslední verzi románu plné dva roky, když jsem před tím zahodil tři verze, které se mi zdály špatné.[712]

---

[710] Ibidem. (Weil ist ein starker Autor, ein scharfer Beobachter, aber ein schwacher Jude.)

[711] „Autor ‚Života s hvězdou' vysvětluje", in: *Věstník židovské obce náboženské* 1949/11:15–16, 177.

[712] Ibidem. (Es ist doch kein Reportagen- oder politisches Werk, es ist ein Roman, eine längere Erzählung, wenn Sie wollen. [...] Es ist doch kein Sinn dieses Buches, die Tragödie des Judentums zu schildern. [...] Viele Leser haben bestimmt gemerkt [und sie schrieben es auch in ihren Briefen], dass es im Buch zweierlei Pläne gibt – der erste Plan ist der des Roubíček, der Plan einer irrealen Welt, ausgedacht durch die Nationalsozialisten, in der Roubíček gezwungen ist zu leben und die er passiv annimmt, und der Plan einer wirklichen Welt, in der der Arbeiter Materna lebt, seine Freunde oder beispielsweise der Eisenbahner, den Roubíček trifft, als er aus der S-Bahn geworfen wird. [...] Ich habe mich bemüht, das Durchdringen dieser zwei Welten auch stilistisch darzustellen; die Leser werden bestimmt merken, dass die Figuren der Arbeiter ganz anders sprechen als die Figuren, die als Juden bezeichnet werden und der Welt der Lüge und Gewalt unterworfen sind. [...] Weder Engl noch meine Leser werfen mir jedoch künstlerisches Versagen vor. Dann ist es klar, dass sie zumindest

In seinem zweiten Artikel „Ještě několik slov k životu s hvězdou"[713] (Noch ein paar Worte zum Leben mit dem Stern) geht Engl von der Kritik des Textes ganz ab und schreibt, dass er seine Vorwürfe eigentlich auf der Ebene einer Diskussion zwischen zwei Juden halten möchte. Laut ihm entsteht ein direkter Widerspruch zwischen Weils Leben als aktiver Widerstandskämpfer[714] und seinem Roman. Einen Gegenpol zu Engls negativen Rezensionen stellen die

---

teilweise verstanden haben, was ich sagen wollte. Ich habe mich ehrlich bemüht. Ich arbeitete an der letzten Version des Romans ganze zwei Jahre, wobei ich davor drei Versionen weggeworfen habe, die ich für schlecht hielt.)

[713] „Ještě několik slov k životu s hvězdou", in: *Věstník židovské obce náboženské* 1949/11:18, 207.

[714] Heute ist Weils antifaschistische Einstellung und vor allem sein aktiver Widerstand den nationalsozialistischen Okkupanten gegenüber wenig bekannt. Weil war aktives Mitglied der Widerstandsgruppe Revoluční 10. Dazu gehörte beispielsweise auch die Ärztin Milada Reimová, die den tschechoslowakischen Fallschirmspringern Gabčík und Kubiš nach dem Attentat auf den Reichsprotektor Heydrich erste Hilfe geleistet hat, die später verhaftet und in Mauthausen hingerichtet wurde. Dies belegt u. a. der Fragebogen des *Svaz národní revoluce* (Verein der nationalen Revolution), in dem man nach dem Ende des Krieges die Aktivitäten des Widerstands anzugeben hatte. Im Anhang zu diesem Fragebogen gibt Weil an: „1. Účast na letákové akci. Byl zasvěcen a účastnil se letákové akce Pavla Meisla, později popraveného Gestapem v Mauthausenu. 2. Šíření zpráv rozhlasu z Londýna. V době svého zaměstnání na Židovské náboženské obci pravidelně referoval o relacích cizího rozhlasu. [...] 3. Sabotáž. Pokud bylo v jeho silách a možnostech, prováděl sabotáž v Židovském muzeu tím, že prohlašoval předměty jako koberce, barevné kovy a jiné materiály za musejní kusy a dával ukládat do skladišť, kde zůstaly ležet až do převratu. [...] 4. Poskytování útočiště osobám stíhaným německými úřady. [...] 5. Stíhání policejními orgány. Na základě udání byl zatčen kriminální policií na příkaz Gestapa v březnu 1944. [...] V únoru r. 1945 vstoupil do ilegality, skrýval se v Praze a žil na falešné dokumenty až do 5. května. Byl stíhán zatykačem Gestapa a jeho žena byla vyšetřována Gestapem. Ilegalita mu byla umožněna účastí ve skupině, která se scházela v Revoluční 10. 6. Kromě účasti v této skupině, stýkal se i pomocí Milady Reimové s členy její skupiny [...]. 7. Zpravodajská činnost. Pomocí Domny Dubinské se mu dostal do rukou listinný materiál z bytu von Gregoryho /roztrhané dopisy a materiály, které pí. Dubinská tajně odnášela/. Zabýval se sestavováním a překládáním těchto listin. (Národní archiv, Fundus ÚV SPB) (1. Teilnahme an der Flugblattaktion. Er war eingeweiht und hat teilgenommen an der Flugblattaktion von Pavel Meisl, der später in Mauthausen von der Gestapo hingerichtet wurde. 2. Verbreitung der Rundfunksendungen aus London. In der Zeit seiner Anstellung in

zwei Nachworte von Jan Grossman dar, die dieser zu den Ausgaben in den Jahren 1949 und 1964 schrieb. Er lobt den „einfachen, unheroischen Menschen" Roubíček:

> Jak hlavní postava, tak fabule, příběh románu, jsou tu velmi prosté, všední, neheroické, ve vztahu k vnější skutečnosti málo nosné, samy o sobě „nezajímavé". Neznamená to ovšem, že by tím román ztrácel svou nosnost epickou. [...]
> Weil nepopisuje přímo – a tu se letmo vracíme k jeho stylové methodě: v složitém promítání vědomí a vnější skutečnosti navozuje duševní stavy svých postav nepřímou charakteristikou, detailem, tím, jak vnímají okolní svět, zorným úhlem jejich pohledu, citovým zabarvením reakce. Prostý a obyčejný člověk je náhle zatažen do stroje, který jej žene k smrtící absurdnosti.[715]

---

der Jüdischen Kultusgemeinde hat er regelmäßig über die Sendungen des fremden Rundfunks berichtet. [...] 3. Sabotage. Nach seinen Kräften und Möglichkeiten hat er Sabotage im Jüdischen Museum so durchgeführt, dass er Gegenstände wie Teppiche, Buntmetalle und andere Materialien für museale Stücke erklärte und diese dann bis zur Wende in den Lagerräumen deponieren ließ. [...] 4. Gewährleistung von Fluchtstellen den durch Gestapo verfolgten Personen. [...] 5. Verfolgung durch polizeiliche Organe. Aufgrund einer Anzeige wurde er von der Kriminalpolizei auf Befehl der Gestapo im März 1944 verhaftet. [...] Im Februar 1945 ging er in die Illegalität, versteckte sich in Prag und lebte mit falschen Dokumenten bis zum 5. Mai 1945. Er wurde aufgrund eines Haftbefehls von der Gestapo verfolgt und seine Frau von der Gestapo verhört. Die Illegalität wurde ihm aufgrund seiner Teilnahme in der Gruppe, die sich in Revoluční 10 traf, ermöglicht. 6. Außer der Beteiligung in dieser Gruppe traf er sich mithilfe von Milada Reimová auch mit den Mitgliedern ihrer Gruppe [...]. 7. Berichterstattung. Mithilfe von Domna Dubinská kam ihm Urkundenmaterial aus der Wohnung des von Gregorys in die Hände /zerissene Briefe und Dokumente, die Frau Dubinská aus der Wohnung heimlich herausgetragen hat/, er hat sich mit dem Zusammenstellen und Übersetzen dieser Urkunden beschäftigt.)

715 Grossman, Jan. 1949: „Doslov", in: Weil, Jiří: *Život s hvězdou*. Praha: ELK, 211–214, hier 212f.
(So wie der Hauptprotagonist ist auch die Fabula, die Geschichte des Romans, sehr einfach, alltäglich, unheroisch, im Verhältnis zu der äußeren Wirklichkeit wenig tragfähig, an sich „uninteressant". Das heißt jedoch nicht, dass der Roman somit seine epische Tragfähigkeit verlieren würde. [...] Weil beschreibt nicht direkt – und hier kommen wir zu seiner Stilmethode zurück: in einer komplizierten Projektion des Bewusstseins und der äußeren Wirklichkeit schafft er psychische Zustände seiner Figuren durch indirekte Charakteristik, Detail, dadurch wie die Figuren ihre Umwelt wahrnehmen, durch ihren Blickwinkel,

Im Nachwort zu der Ausgabe des Jahres 1964 betont Grossman den dokumentarischen Wert des Textes. Laut ihm gehe Weil von der Literatur des Faktums aus und arbeite vor allem mit der Anekdote, die tiefere Zusammenhänge zwischen den Fakten erläutere:

> Weil vychází z literatury dokumentaristické, z literatury faktu. Nepíše však nikdy běžnou popisnou reportáž. Spíš než na referování a na zpravodajství je jeho próza založena na ostrých detailních záběrech, na pointovaných příbězích a historkách: nepracuje jenom s „faktem", ale především s „anekdotou", která fakta osvětlí hlouběji v souvislostech a především v „pohybu". Žurnalistická praxe, dodávající velký materiál, a spisovatelské nadání, schopné tento materiál třídit a domýšlet do oblasti fikce, zakládající specifickou Weilovu metodu, která se zmocňuje skutečnosti konkrétně, s věcnou střízlivostí, a zároveň analyticky a s uměním zobecňujících závěrů, metodu uzpůsobenou vidět společenskou dynamiku předválečné a válečné krize ne ve velkých obrysech – kde se často jeví zjednodušeně, jako zápas mezi kladem a záporem – ale jako v epizodách, které nicméně tuto krizi demonstrují v celé její složitosti a rozporuplnosti, v jejím nerovnoměrném a klikatém vývoji, často paradoxním a zrůdně groteskním.[716]

Am ausführlichsten beschäftigt sich mit *Život s hvězdou* und Weils Schaffen überhaupt Růžena Grebeníčková in der Studie „Jiří Weil a

---

durch die emotionale Stimmung der Reaktion. Ein einfacher und gewöhnlicher Mensch wird plötzlich von einer Maschine erfasst, die ihn bis zur tödlichen Absurdität jagt.)

[716] Grossman, Jan. 1964: „Doslov", in: Weil, Jiří: *Život s hvězdou*. Praha: Mladá fronta, 155–159, hier 157. (Weil geht von der dokumentarischen Literatur, von der Literatur des Faktums aus. Er schreibt jedoch nie eine gängige deskriptive Reportage. Mehr als nur auf Referieren und auf die Berichterstattung beruht seine Prosa auf scharfen detaillierten Aufnahmen, auf Geschichten und Erzählungen mit Pointen: Er arbeitet nicht nur mit dem „Faktum", sondern auch mit einer „Anekdote", welche die Fakten in den Zusammenhängen tiefer und vor allem in „Bewegung" erläutert. Eine das große Material liefernde journalistische Praxis und schriftstellerische Begabung, die fähig ist, dieses Material zu sortieren und es in den Bereich der Fiktion zu bringen, auf der die spezifische Methode Weils beruht, die sich die Wirklichkeit auf konkrete Art und Weise aneignet, mit sachlicher Nüchternheit, und gleichzeitig analytisch und mit der Kunst der verallgemeinernden Schlussfolgerungen, die Methode, die dazu imstande ist, die gesellschaftliche Dynamik von Vorkriegs- und Kriegskrise nicht im groben Rahmen, wo sie sehr häufig vereinfacht – wie ein Kampf zwischen dem Vor- und Nachteil – erscheint, sondern in Episoden zu erfassen, die nichtsdestotrotz diese Krise in ihrer ganzen Kompliziertheit und Kontroverse, in ihrer ungleichmäßigen und verzwickten, häufig paradoxen und auf entstellte Art und Weise grotesken Entwicklung demonstrieren.)

moderní román". Laut Grebeníčková stellt dieser Roman einen Versuch des Autors dar, sich mit der eigenen Vergangenheit, d. h. mit der Erfahrung der Shoah und seiner jüdischen Identität, auseinanderzusetzen.[717]

Auch im deutschsprachigen Raum erfreute sich der Roman großer Aufmerksamkeit der Forscher. Als Beispiel lässt sich das durchschlagende Nachwort „Der Unstern als Leitstern: Jiří Weils Werk über den Holocaust" anführen, das Urs Heftrich zu der deutschen im Rahmen der Tschechischen Bibliothek erschienenen Ausgabe des Romans schrieb. Heftrich beschäftigt sich gleich zu Beginn seiner Analyse mit der Fiktionalität des Textes, gleichzeitig betont er die dort enthaltenen Fakten. Er behauptet: „Das ‚Leben mit dem Stern' ist zwar fiktiv, doch in hohem Maß persönlich beglaubigt. Auch wer nur die äußeren Fakten von Weils Lebensdrama kennt, wird in der Geschichte des Josef Roubíček genug Autobiographisches finden."[718] In seiner Untersuchung interessiert sich Heftrich besonders für drei Realien im Roman, die laut ihm eine zentrale Rolle spielen: den Stern, die Zwiebel und den Zirkus. Den gelben Judenstern setzt Heftrich mit der berühmten Grabinschrift Kants[719] in Zusammenhang und bezeichnet diesen als Symbol, der zur Umwertung der Opferrolle durch den Helden dient, „der Unstern

---

[717] „Je pravda, že společenství, k němuž se nikdy nehlásil, jej v pohnutých okamžicích jeho života přijalo i uznalo. Odpovědnost za kolektivní úděl, za příslušnost, které na sebe vzal, dluh za uniknutí smrti, nakonec i samo pracovní prostředí, materiály terezínského archivu, to vše znovuoživovalo potřebu vyrovnat se s minulostí, která se stávala splatnou." Grebeníčková 1967, 11.
(Es stimmt, dass die Gemeinschaft, zu der er sich nie gemeldet hat, ihn in den bewegten Augenblicken seines Lebens aufgenommen und anerkannt hat. Die Verantwortung für das kollektive Schicksal, für die Zugehörigkeit, die er auf sich genommen hat, die Schuld dafür, dem Tod entkommen zu sein, und letztendlich allein die Arbeitsumgebung, die Unterlagen des Archivs aus Theresienstadt, das alles hat das Bedürfnis wiederbelebt, sich mit der Vergangenheit abzufinden.)

[718] Heftrich, Urs. 2000: „Der Unstern als Leitstern: Jiří Weils Werk über Holocaust", in: Weil, Jiří: *Leben mit dem Stern*. München – Stuttgart: Deutsche Verlags-Anstalt, 360–383, hier 364.

[719] „Zwei Dinge erfüllen das Gemüt mit immer neuer und zunehmender Bewunderung und Ehrfurcht, […] der bestirnte Himmel über mir und das moralische Gesetz in mir." Heftrich 2000, 367.

[wird] zum Leitstern, der ihm den Weg zu sich selbst weist"[720]. Die Zwiebel, die Roubíček seinem Namensvetter Robitschek als Proviant für den Transport schenken will, verbindet Heftrich wiederum mit „dem Zwiebelchen" aus der Legende, die Dostojevskij in den Brüdern Karamazovs erzählt. Anschließend macht Heftrich auf Weils Vergleich der Deportationen mit einem Zirkus aufmerksam. Auch hat Heftrich in der Szene auf dem Friedhof, als der Selbstmörder Robitschek bestattet wird, eine Anspielung auf Shakespeares Hamlet entdeckt. Zuletzt setzt sich Heftrich mit dem Vornamen des Hauptprotagonisten Josef auseinader: Er geht auf die Geschichte des biblischen Josefs ein und hält diesen für Roubíčeks Vorgänger.

3.3.2.2.5 Harfeník (1958)

3.3.2.2.5.1 Komposition und Inhalt

Der historische, in 24 Kapitel gegliederte Roman *Harfeník* enthält zwei unterschiedliche Lebensgeschichten: Die eine erzählt vom armen Juden Itzig Fidele, einem ehemaligen Soldaten der Napoleonkriege, nun armen Bettler und Harfenist. Die zweite Geschichte handelt vom reichen Fabrikbesitzer Mojžíš Porges. Die Handlung spielt vorwiegend in Prag am Ende des 18. und in der ersten Hälfte des 19. Jahrhunderts, in der Zeit der boomenden Industrialisierung und zu Beginn der Arbeiterbewegung. Die beiden jüdischen Hauptprotagonisten haben zunächst ein ähnliches Schicksal, sie werden von zu Hause fortgeschickt: Fidele schließt sich der Armee Napoleons an, da er glaubt, er würde für die Freiheit, auch die der Juden, kämpfen. Porges wird von seinem Vater nach Offenbach zum Arbeiten am Hof der Franken geschickt. Als Porges merkt, dass die angeblichen Erlöser, bei denen er seinen Dienst leistet, nur schlichte Betrüger sind, kehrt er in seine Heimat zurück. Dies tut auch Itzig Fidele, nachdem er, verwundet, dienstunfähig geworden war. Als beide ihrer Ideale beraubt nach Prag kommen, gehen ihre Lebensgeschichten auseinander: Während Itzig Fidele bloß ein armer Bettler wird, der sein Brot durch Harfespielen in Arbeiterkneipen verdient, schafft Mojžíš Porges es, durch harte Arbeit ein Im-

---

[720] Heftrich 2000, 370.

perium von Textilfabriken aufzubauen und gesellschaftlich aufzusteigen. Die Wege der beiden Hauptprotagonisten kreuzen sich im Roman kaum,[721] vielmehr handelt es sich um zwei separate Geschichten.

Dieses Werk Weils fällt thematisch in die Reihe der Texte, die nach dem Zweiten Weltkrieg entstanden sind und die sich mit dem Judentum auseinandersetzen. Im Gegensatz zu den anderen beschäftigt sich hier Weil jedoch nicht mit der Erfahrung der Shoah, sondern mit der Geschichte der Juden im 18. und 19. Jahrhundert. Darüber hinaus werden hier zwei der drei großen Themenkomplexe, die für sein Schaffen signifikant sind, verbunden, nämlich das Thema des Jüdischen und der Arbeiterbewegung. Slávka Vondráčková betont in ihren Erinnerungen an Weil, dass sich dieser mit der Arbeiterbewegung mehrere Jahrzehnte lang beschäftigt hat. Sie datiert die Anfänge seiner Auseinandersetzung mit diesem Themenkomplex bereits auf den Anfang der 1930er Jahre, als er in *Tvorba* eine Serie von Artikeln zum sozialen Auftrag von Josef Kajetán Tyl publizierte:

> Jirka otiskuje v Tvorbě na pokračování „Sociální objednávku J. K. Tyla". Je to zatím jen náčrt k připravované větší práci.
> O mašinách se teď' moc mluví, živnost skoro všechna uvízla, jmenovitě u mašin tiskařských, tiskaři se vzbouřili, mašny rozkotati hrozili – cituje Tyla. A tady je začátek. Tady začínají vyrůstat další práce Jirkovy: *Tiskařská romance, Perrotina, Špitálská brána, Harfeník, O korunu a lásku*. Tady začíná boj s mašinami, tady začíná hnutí měšťáctva roku 1840, hnutí dělnictva 1844, počátky povstání. Jirka stále shání literaturu, stále studuje.[722]

---

[721] Fidele arbeitet bei Porges einen Winter lang, als dieser zu Beginn seiner Karriere nur eine kleine Kattundruckerei besitzt. Siehe *Harfeník*, 66f. Das zweite Treffen erfolgt erst nach Fideles Tod. Porges als Mitglied des jüdischen Begräbnisvereins begleitet den Sarg mit Fideles Leichnam bei seinem letzten Weg zum Friedhof. *Harfeník*, 240f.

[722] Vondráčková 2014, 44. (Jirka druckt in *Tvorba* in mehreren Fortsetzungen den „Sozialen Auftrag von J. K. Tyl". Es ist bislang nur ein Entwurf für eine geplante größere Arbeit. – Über die Maschinen wird viel gesprochen, das Gewerbe steht still, namentlich bei den Druckermaschinen, die Drucker meuterten und drohten, die Maschinen zu zerschlagen – zitiert er Tyl. Und hier ist der Anfang. Hier fangen weitere Werke Jirkas an: *Tiskařská romance, Perrotina, Špitálská brána, Har-*

3.3.2.2.5.2 Entstehungs- und Publikationsgeschichte

Der Roman *Harfeník* (Der Harfenist) konnte ein Jahr vor Weils Tod erscheinen. Es handelt sich um eine überarbeitete Fassung vorheriger Versionen, die er unter den Titeln „Perrotina, mašina chlebozlodějská" (Perrotine, die brotraubende Maschine) und „Tiskařská romance" (Druckerromanze) zu publizieren versuchte, die jedoch stets aus unterschiedlichen Gründen abgelehnt wurden.[723]

Die Entstehung dieses Werkes thematisiert Weil im Artikel „Jak vznikl román ‚Harfeník'" (Wie der Roman „Harfenist" entstand).[724] Er gibt an, er habe daran über zweieinhalb Jahre gearbeitet und das Thema im Zuge seiner Anstellung als wissenschaftlicher Mitarbeiter im Jüdischen Museum in Prag gefunden. Wie bei vielen seiner Werke betont er auch hier, dass die Mehrheit der Figuren reale Vorbilder hat.

> Harfeník je třetí versí románu, jehož původní název byl „Perrotina, mašina chlebozlodějská". Pracoval jsem na tomto románu velmi dlouho, něco přes dva a půl roku. Našel jsem námět ve Státním židovském museu, kde bylo mým úkolem zpracovat období konce 18. století a počátku 19. století pražského židovského města a sestavit libreto stálé výstavě ve Vysoké synagoze. Byla to práce velmi zajímavá, neboť období od konce 18. století až do březnové revoluce je období neobyčejně dramatické, jak v životě pražského ghetta, tak i v životě celé země. […]
> Ve své musejní práci jsem narazil na podivuhodné paměti Mojžíše Porgese, pozdějšího šlechtice z Portheimů, majitele největší pražské továrny na kartouny. Jsou to zápisky z mládí, z dob, kdy putoval po německých silnicích na zázračný dvůr falešné Mesiášky Evy Frankové v Offenbachu, vzpomínky o hořkém zklamání mladického snu a víry. […]
> Chtěl jsem původně zpracovat sebraný materiál vědecky, ale Adolf Branald mě přemluvil, abych napsal román. Všechny osoby jsou historické, zachovaly se údaje o Itzigu Fidelem, žebrákovi a vysloužilci z Napoleonovy armády, který je vlastním hrdinou románu. […] Žil i italský barvíř Antonio Manetta z Milána i německý rytec Josef Ulbrich i Karel Linda. Je pochopitelné, že o dělnících se zachovalo málo zpráv. Nedávali se portrétovat a

---

feník, *O korunu a lásku*. Hier beginnt der Kampf gegen die Maschinen, hier beginnt die Bürgerbewegung des Jahres 1840, die Arbeiterbewegung des Jahres 1844, die Anfänge des Aufstands. Jirka beschafft sich Literatur, er studiert ständig.)

[723] Die Manuskripte dieser Versionen liegen heute in Weils Nachlass im Literarischen Archiv des Denkmals für Nationales Schrifttum vor und werden im folgenden Unterkapitel „Nicht publizierte Romane" behandelt.

[724] „Jak vznikl román ‚Harfeník'", in: *O knihách a autorech* 1958/6, 30–32.

neměli rodinné archivy, jejich jména se vyskytují jen v policejních relacích a úředních přihláškách. Zato se však zachoval velmi důležitý dokument o hromadném výslechu účastníků stávky v Karlových kasárnách, [...].⁷²⁵

In diesem Artikel über die Entstehung seines Romans macht Weil eine interessante Bemerkung, die belegt, dass er sich ebenfalls Gedanken über die Rolle des Verfassers eines fiktionalen bzw. faktualen Werkes im Sinne Aristoteles' machte: Weil schreibt, dass der Romanschreiber über einen großen Vorteil verfüge, dass er nämlich am historischen Material nicht genau festhalten müsse: „Spisovatel historických románů má nesmírnou výhodu, že se nemusí úzkostlivě přidržovat pramenů. Naproti tomu upadá historik do nebezpečí zkreslování, spoléhá-li příliš na úřední listinný materiál."⁷²⁶

---

⁷²⁵ „Jak vznikl román ‚Harfeník'", 30f. (Der Harfenist ist die dritte Version des Romans, dessen ursprünglicher Titel „Perrotine, die brotraubende Maschine" lautete. Ich arbeitete an diesem Roman sehr lange, etwas über zweieinhalb Jahre. Das Thema fand ich im Staatlichen Jüdischen Museum, wo es zu meinen Aufgaben gehörte, die Zeit der Prager Judenstadt Ende des 18. und Anfang des 19. Jahrhunderts aufzuarbeiten und ein Begleitprogramm zur Dauerausstellung in der Großen Synagoge zusammenzustellen. Es war eine äußerst interessante Arbeit, denn die Zeit vom Ende des 18. Jahrhunderts bis zur Märzrevolution ist eine sehr dramatische Zeit, nicht nur im Leben des Prager Ghettos, sondern im Leben des ganzen Landes. [...] Während meiner Arbeit im Museum stieß ich auf bemerkenswerte Memoiren von Mojžíš Porges, dem späteren Adeligen von Portheim, dem Besitzer der Kattunfabrik in Prag. Es sind Aufzeichnungen aus seiner Jugend, aus der Zeit, als er auf deutschen Straßen bis zum wundervollen Hof der falschen Erlöserin Eva Franková in Offenbach wanderte, es sind die Erinnerungen an bittere Enttäuschung eines Jugendtraums und Glaubens. [...] Ursprünglich wollte ich das gesammelte Material wissenschaftlich aufgreifen, Adolf Branald überzeugte mich jedoch, einen Roman zu schreiben. Alle Figuren sind historisch. Es sind Angaben über Itzig Fidele überliefert, über den Bettler und Veteran aus den napoleonischen Kriegen, den eigentlichen Helden des Romans. Auch der italienische Färber Antonio Manetta aus Mailand sowie der deutsche Stecher Josef Ulbrich und Karel Linda haben gelebt. Es ist verständlich, dass über die Arbeiter nur wenige Angaben erhalten blieben. Sie haben sich keine Portraits anfertigen lassen, sie hatten keine Familienarchive; ihre Namen kommen bloß in polizeilichen Meldungen und amtlichen Anmeldungen vor. Hingegen blieb ein sehr wichtiges Dokument über ein Sammelverhör der Streikteilnehmer in der Karlskaserne erhalten [...].)

⁷²⁶ „Jak vznikl román ‚Harfeník'", 32. (Der Verfasser von historischen Romanen verfügt über einen riesigen Vorteil, dass er an den Quellen nicht peinlich festhalten muss. Der Historiker hingegen begibt sich in die Gefahr der Verzerrung, sollte er sich allzu sehr auf das amtliche Urkundenmaterial verlassen.)

3.3.2.2.5.3 Forschungslage, Rezeption, Kritik

Dieser Roman Weils erfreute sich – im Vergleich zu seinen anderen Romanen – keiner besonders ausgiebigen Rezeption.[727] Als wichtigste Studien, die auf diesen Roman eingegangen sind, kann man die von Růžena Grebeníčková nennen: „Jiří Weil a moderní román" und „O nový typ historické prózy" (Zum neuen Typ von historischer Prosa). In der erstgenannten Studie betonte Grebeníčková, dass auch in diesem Text das Motiv des falschen Messianismus vorkommt – wie beispielsweise im Roman *Makanna* –, wenn auch nicht so zentral.

> Dvůr Franků v Offenbachu z románu Harfeník je posledním Weilovým obrazem falešného utopismu... Zřídlo učení, odkud má vzejít utiskovaným spása, tajné sídlo, které vzbuzuje ve věřících posvátné city, ve skutečnosti jen obchoduje s židovským mesianismem, odírá náboženské zanícence i o úplný pakatel a místo kýženého zadostiučinění za protrpěná sociální příkoří svazuje ty, kteří platit nemohou, asketickou, tvrdou, vyděračskou, jinak řečeno zocelující službou.[728]

In der zweiten Studie hebt Grebeníčková hervor, dass diese Prosa nicht pathetisch sei, sondern, dass sie einen sachlichen Einblick in die historische Epoche sowie in die Schicksale der Menschen biete. Sie schreibt von „inteligentní, kultivovaná próza"[729]. Ein anderer Literaturkritiker, Josef Vohryzek, hält *Harfeník* zwar nicht für den gelungensten Roman Weils, dennoch sei auch dieser Text in einem

---

[727] Zu dem Roman *Harfeník* konnten folgende Rezensionen ermittelt werden: jv [Josef Vohryzek]. 1957-58: „Harfeník", in: *Květen* 1957-1958/3:11, 642–643, Nachdruck in: ders.: *Literární kritiky*. Praha: Torst 1995, 103–105; vbk [Václav Běhounek]. 1958: „Z nové české prózy", in: *Práce* 1958/14:183, 2. August, 4; Grebeníčková, Růžena. 1958: „O nový typ historické prózy", in: *Literární noviny* 1958/7:37, 13. September, 4; o.N. 1958: „Literatura", in: *Kultura* 1958/2:40, 2. Oktober, 2 sowie Tenčík, František. 1958: „Nový historický román", in: *Host do domu* 1958/5:11, 522.

[728] Grebeníčková 1967, 19f. (Der Hof der Franks von Offenbach aus Weils Roman Harfenist ist das letzte Bild des falschen Utopismus Weils... Die Quelle der Lehre, von der für die Unterdrückten die Erlösung entstehen soll, der geheime Ort, der in den Gläubigen heilige Gefühle hervorruft, handelt in der Wirklichkeit nur mit jüdischem Messianismus, beraubt die Religionsanhänger auch um das Letzte und statt der ersehnten Genugtuung für das erlittene soziale Unrecht verpflichtet sie diejenigen, die nicht zahlen können, zu asketischem, hartem, erpresserischem, anders gesagt stählendem Dienst.)

[729] Grebeníčková 1958, 4. (intelligente, kultivierte Prosa Weils).

kultivierten Stil geschrieben. Auch Vohryzek akzentuiert Weils Umgang mit Fakten

> [Weil] řadí příběh za příběhem, situaci za situací, fakt za faktem. Fakta, fakta, fakta – Weil jako by ani nevyprávěl, ale jenom referoval; tento způsob podání vyžaduje víc fantazie a fabulační schopnosti než se na první pohled může zdát.[730]

3.3.2.2.6 *Na střeše je Mendelssohn* (1960/1965/2013)

3.3.2.2.6.1 Komposition und Inhalt

Den Auftakt des Romans bildet der bizzare Augenblick, als der SS-Anwärter Julius Schlesinger auf Befehl des Reichsprotektors Reinhard Heydrich die Statue des jüdischen Komponisten Felix Mendelssohn von der Balustrade des Prager Rudolfinums entfernen soll. Da jedoch Schlesinger die unbeschrifteten Statuen der Komponisten nicht kennt, befiehlt er den tschechischen Arbeitern im Einklang mit der von den Nationalsozialisten propagierten Rassentheorie, sie sollten die Statue mit der größten Nase entfernen. Nur im letzten Moment kann der Sturz der Statue Richard Wagners verhindert werden, denn gerade diese verfügt über die größte Nase. Ausgehend von dieser Szene entfalten sich in 22 Kapiteln mehrere Erzählstränge: Im ersten wird ausführlich über die groteske Geschichte des Sturzes der Mendelssohn-Statue berichtet, einen weiteren Strang bildet die Geschichte des Attentats auf den Reichsprotektor Heydrich, allerdings ungewöhnlich aus Heydrichs Perspektive erzählt. Es werden ebenfalls die Schicksale einiger Tschechen dargestellt: des gelähmten Arztes Rudolf Vorlitzer, der die Fürsorge für zwei kleine jüdische, in einem illegalen Versteck lebende Nichten, Adéla und Greta, an seinen Freund Jan Kruliš abgeben muss. Kruliš stellt den Prototyp eines positiven Helden dar, er kümmert sich selbstlos um die zwei jüdischen Mädchen, obwohl ihn dies in Lebensgefahr bringt. Außer der Geschichte von Adéla und Greta, die in die Hände der Gestapo fallen und dort zu Tode

---

[730] Vohryzek 1995, 103. (Weil reiht Geschichten, Situationen und Fakten hintereinander. Fakten, Fakten, Fakten – als ob Weil nicht erzählen, sondern bloß referieren würde; diese Art des Erzählens verlangt jedoch mehr Phantasie und Erzählfähigkeit als auf den ersten Blick scheinen mag.)[730]

gefoltert werden, erzählt das Buch vom Juden Richard Reisinger, der zuerst in der Treuhandstelle des Jüdischen Museums tätig ist, dann nach Theresienstadt kommt, wo er bei der Ghettowache arbeitet, und dem später die Flucht von dort gelingt.

Während die Handlung des ersten Teils des Romans in Prag spielt, wird der zweite Teil vorwiegend nach Theresienstadt verlegt. Hier wird dem Leser eine ganze Reihe von kurzen Geschichten vorgeführt, mit denen ein Gesamtbild des Lebens im Ghetto vermittelt wird. Alice Jedličková[731] vergleicht Weils Erzähltechnik in diesem Roman mit der Technik des „Auges der Kamera", denn seine Erzählung verläuft in einem extrem sachlichen und unpersönlichen Stil. Die größte Aufmerksamkeit wird dem Referieren über die äußeren Merkmale der Figuren gewidmet, wobei diese kaum beurteilt werden. Diese Unpersönlichkeit im Erzählen ähnelt dem Verfahren, das Franz Stanzel als „Modus des Reflektors"[732] bezeichnet hat: Ein Reflektor ist laut Stanzel „[e]ine Romanfigur, die denkt, fühlt, wahrnimmt, aber nicht wie ein Erzähler zum Leser spricht. Hier blickt der Leser mit den Augen dieser Reflektorfigur auf die anderen Charaktere der Erzählung. Weil nicht ‚erzählt' wird, entsteht in diesem Fall der Eindruck der Unmittelbarkeit der Darstellung."[733] In diesem Modus wird nicht darüber berichtet, was „gedacht wird", sondern die Bewusstseinsinhalte werden „gezeigt" bzw. „vergegenwärtigt". Das Bewusstsein der Figur ist dabei eine Quelle einer bestimmten „Beleuchtung", also einer Art und Weise der Deutung und der Bewertung der Wirklichkeit. Durch das Abwechseln der sachlichen Darstellung der Handlungen und den Erzählmodus des Reflektors wird der Fokus verändert. Dies ermöglicht dem Leser den Vergleich, wie eine Sache passieren könnte und wie sie verschiedenen Figuren erscheint.[734]

---

[731] Jedličková, Alice. 2009: „O velikosti nosu, svědomí a metodách vyprávění. Weilova poetika po padesáti letech", in: *Český jazyk a literatura* 2009-10/2, 68–75, hier 70.
[732] Stanzel, Franz. 1989⁴: *Theorie des Erzählens*. Göttingen: Vandenhoeck & Ruprecht, 16.
[733] Ibidem.
[734] Jedličková 2009, 70.

3.3.2.2.6.2 Entstehungs- und Publikationsgeschichte

Auch die Publikation des letzten Romans Weils, der erst posthum erscheinen konnte,[735] begleiteten Komplikationen. Mit der verwickelten Publikationsgeschichte dieses Textes und den zahlreichen Eingriffen der damaligen Zensur setzten sich der Historiker Miroslav Kryl[736] und die Literaturwissenschaftlerin Alice Jedličková[737] in ihren Studien auseinander. Kryl geht in seinem Artikel

---

[735] Zu Weils Lebszeiten durfte nur ein Auszug aus dem Roman erscheinen. Siehe „Z románu ‚Na střeše je Mendelssohn'", in: *Židovská ročenka* 1958–59, 112–119.

[736] Siehe Kryl, Miroslav. 2002: „Ke vzniku románu Jiřího Weila ‚Na střeše je Mendelssohn'", in: Milotová, Jaroslava/Lorencová, Eva (Hg.): *Terezínské studie a dokumenty*. Praha: Academia – Institut Terezínské iniciativy, 348–362; Kryl, Miroslav. 2004: „Zur Entstehung von Jiří Weils Roman ‚Mendelssohn auf dem Dach'", in: Milotová, Jaroslava/Rathgeber, Ulf/Wögerbauer, Michael (Hg.): *Theresienstädter Studien und Dokumente*. Praha: Academia – Institut Terezínské iniciativy, 159–177.

[737] Jedličková, Alice. 1990: „Nepublikovaná kapitola Weilova románu Na střeše je Mendelssohn", in: *Česká literatura* 1990/38:2, 151–154.

Jedličková schreibt: „Je zřejmé, že se Weil cítil příliš svazován historickou ‚čerstvostí' událostí i metodou dokumentárního referování. Vyhovující postupy pro svůj zobecňující záměr nalezl nakonec v abstrahování od konkrétní faktografie (fakta ovšem v četných námětech vytvořila fakta románu), v synekdochickém a metaforickém pojmenovávání osob, jevů a dějů a především v motivickém systému soch, který sceluje pásmo volně navazujících příběhů. Symbolika sochy patrně nevznikla účelově právě ve struktuře tohoto jediného díla, ale zdá se, že vyplynula z celého Weilova životního názoru. [...] Weil usiloval o symetrické rozložení kapitol s postavami německými a židovskými, jež měly být odděleny či rámovány kapitolou s dominantním motivem řeky [...]. Rytmus románu neměly určovat jen obměny sošného motivu, nýbrž i stylistický ráz jednotlivých kapitol, který se měl v pravidelných intervalech opakovat až do konce." Jedličková 1990, 152.

(Es ist deutlich, dass sich Weil der historischen „Frische" der Ereignisse und der Methode des dokumentarischen Referierens allzu verbunden fühlte. Das passende Verfahren für seine verallgemeinernde Intention fand er letztendlich im Abstrahieren der konkreten Faktographie [die Fakten bilden natürlich in zahlreichen Motiven die Fakten des Romans], in synekdochischen und metaphorischen Bezeichnungen der Personen, Erscheinungen und Handlungen, und vor allem im motivischen Komplex der Statuen, der die einzelnen an sich frei anknüpfenden Geschichten verbindet. Die Symbolik der Statue entstand wahrscheinlich nicht nur für den Zweck der Struktur dieses einzigartigen Werkes, es scheint jedoch, dass sie sich aus Weils Lebenseinstellung entwickelte. [...] Weil bemühte sich um eine symmetrische Verteilung der Kapitel mit den deutschen und jüdischen Figuren, die voneinander getrennt oder umrahmt

auf die Eingriffe der Zensur ein und beschreibt anhand der erhaltenen Unterlagen die Genese der zwei Versionen des Romans, große Aufmerksamkeit widmet er neuesten Ergebnissen in der Erforschung von Weils Leben. Jedličková konzentriert sich dagegen mehr auf die Motivik des Textes, sie erläutert die Symbolik der Statue nicht nur in diesem Roman, sondern im Gesamtwerk Weils, außerdem publiziert und analysiert sie sogar ein Kapitel aus dem Roman, das der Zensur zum Opfer gefallen war. Das Kapitel hieß ursprünglich „Anděl s prasetem" (Engel mit Schwein) und Jedličková zeigt, wie die Änderungen im Text ganz andere Zusammenhänge erschaffen und somit das Gesamtverständnis des Buches verändert haben. Das Kapitel beschreibt ein groteskes Ereignis, als in der Statue eines Engels ein illegal geschlachtetes Schwein transportiert wird, um Fleisch für die Bewohner des Mietshauses, wo sich auch zwei jüdische Mädchen verstecken, zu besorgen. Das Groteske kommt in diesem Roman viel stärker zur Geltung als in anderen Texten Weils. Den zentralen Plot, der auch in den Titel des Romans eingegangen ist, bildet das bereits erwähnte absurde Ereignis, als auf Heydrichs Befehl von der Balustrade des Prager Rudolfinums die Statue des jüdischen Komponisten Felix Mendelssohn Bartholdy entfernt werden soll, keiner der Arbeiter jedoch weiß, wie die Statue aussieht, und aufgrund der Annahme, dass Mendelssohn als Jude eine „große Nase" haben müsste, wollen die Arbeiter die Statue von Richard Wagner stürzen.

Der Autor selbst schreibt darüber, was ihn inspiriert hat, dieses Ereignis im Roman darzustellen:

> Na jaře roku 1946 jsem stál s Boženou Vránovou, profesorkou konzervatoře, na střeše Rudolfina, dívali jsme se na skácenou sochu Mendelssohna-Bartholdyho. Nechybělo jí nic než uražená ruka. Byl rok po válce, nejstrašnější válce, která pohltila tolik miliónů a tolik miliónů poznamenala, oba jsme z ní vyšli jen zázrakem. [...] Stáli jsme na střeše, protože jsem chtěl vyprávět příběh o stržené soše, o jedné z malých událostí, téměř zapomenuté, napohled bezvýznamné, na které bylo však možno ukázat krvavou

durch das Kapitel mit dem dominanten Motiv des Flusses sein sollten [...]. Der Rhythmus des Romans sollte nicht nur durch die Variationen des Motivs der Statue bestimmt werden, sondern auch durch die stilistische Art der einzelnen Kapitel, die sich in regelmäßigen Intervallen wiederholen sollten. [...])

zvůli drancířů a mordýřů; událost, která by byla svědectvím o dnech ponížení a naděje.[738]

Im Nachlass der Redaktorin Květa Drábková, die mit Weil außer am *Mendelssohn*-Roman an einigen weiteren Texten gearbeitet hat, befindet sich eine Typoskriptseite, betitelt als „Několik poznámek k Mendelssohnovi" (Einige Notizen zum Mendelssohn), die ihren ausführlichen Kommentar zur Genese des Romans enthält. Drábková beschreibt dort ausführlich Weils ungewöhnliche Vorgehensweise bei der Publikation seines Romans, als der bereits schwer kranke Autor mit dem Redakteur des Verlags *Československý spisovatel* seine vorbereiteten und handschriftlich mit Bleistift vermerkten Vorschläge einarbeitete. Drábková merkt auch an, dass sich Weil in diesem Roman für seine Figuren als Modelle konkrete Menschen aussuchte und eine bestimmte Kompositionsabsicht verfolgte: In erster Linie sollte es über die Statuen, in zweiter über die Nationalsozialisten, in dritter über die Juden gehen. Die Sprache der Figuren sollte einen anderen Rhythmus haben, aber das gelang ihm nur in den ersten Kapiteln, deshalb verzichtete er darauf in dieser „Null-Version". Das Manuskript ging Anfang Dezember 1958 in Druck; die Produktion wurde jedoch in den Spalten angehalten und der Satz abgelehnt. Im Frühjahr des Jahres 1959, nach einem

---

[738] LA PNP; Fundus Jiří Weil. (Im Frühling des Jahres 1946 stand ich mit Božena Vránová, der Professorin, am Konservatorium, auf dem Dach des Rudolfinums, wir schauten uns die umgefallene Statue von Mendelssohn-Bartholdy an. Ihr fehlte nichts, bloß eine abgeschlagene Hand. Es war ein Jahr nach dem Krieg, dem schrecklichsten Krieg, der so viele Millionen verschlungen und so viele Millionen gezeichnet hat; beide sind wir da wie durch einen Wunder herausgekommen. [...] Wir standen auf dem Dach, weil ich eine Geschichte über eine gestürzte Statue erzählen wollte, über ein winziges, fast vergessenes Ereignis, auf den ersten Blick bedeutungsloses, an dem man jedoch den Böswillen der Mörder und Plünderer zeigen konnte; ein Ereignis, das Zeugenschaft über die Tage der Erniedrigung und Hoffnung ablegen könnte.)
Hier sollte erwähnt werden, dass sich die Statue von Mendelssohn auf der Balustrade des Rudolfinum wirklich befindet (während des Krieges wurde sie allerdings versteckt gehalten), die Statue von Richard Wagner hingegen nie dort stand. Siehe Jerie, Pavel. 2004: „Na střeše je Mendelssohn. Sochařská výzdoba balustrády Rudolfina. I. část", in: *Rudolfinum Revue* 2004/4:1, 1.

Gespräch mit dem Direktor des Verlags *Československý spisovatel*, Pilař, war Weil einverstanden, seinen Text stark zu bearbeiten: ein Kapitel auszulassen sowie eines zu schreiben.[739]

Bei diesem Roman handelt es sich mit Abstand um das am stärksten zensierte Buch des Autors. Als Grund zur Einstellung des Druckes der ersten Version wurde paradoxerweise das angegeben, was seinen besonderen Wert ausmachte: die Tendenz zum Allgemeinen, Zeitlosen sowie Weils Bemühungen, konkrete Namen zu vermeiden. Weil wurde von der *Hlavní správa tiskového dohledu* (Hauptverwaltung der Presseaufsicht) vorgeworfen, dass er den antifaschistischen Widerstand zu unkonkret und die historische Aufgabe der Roten Armee nicht ausreichend darstelle.[740] Die zweite Version, die dem Leser heute bekannt ist, wurde Anfang des Jahres 1960 gesetzt. Die geforderten Änderungen zerstörten vielfach die verallgemeinernde Intention des Autors.

Außer dem besagten Kapitel über das in einer Engelsstatue versteckte Schwein durfte auch aufgrund der Zensureingriffe das ursprüngliche Vorwort nicht erscheinen. Prof. Kryl vermutet, dass vor allem der Name von Božena Vránová, Professorin für Musik am Konservatorium in Prag und Frau des Widerstandskämpfers Vladimír Vrána, der in Ungnade beim kommunistischen Regime gefallen war, nachdem er Skepsis hinsichtlich der Wahrhaftigkeit von Fučíks Werk *Reportáž psaná na oprátce* geäußert hatte, der Grund war, warum das Vorwort in die Ausgabe nicht aufgenommen werden konnte.[741] Es wurde anlässlich der Ausgabe dreier Werke Weils im Jahr 1999[742] durch Jiří Holý und Jarmila Víšková

---

[739] Undatiertes, unsigniertes Typoskript im LA PNP, Fundus Květa Drábková.
[740] Jedličková 1990, 152.
[741] Diese Information wurde der bislang unpublizierten Studie von Miroslav Kryl entnommen, die mir der Autor freundlicherweise zur Verfügung gestellt hat: „K původní předmluvě románu Jiřího Weila Na střeše je Mendelssohn". Den im Text zitierten Briefen von Jiří Opelík aus dem Jahr 2003 kann man entnehmen, dass diese Studie nach 2003 entstanden ist.
[742] Es handelt sich um das Triptychon der Texte mit Holocaust-Thematik, *Život s hvězdou, Na střeše je Mendelssohn* und *Žalozpěv za 77 297 obětí*, das 1999 im Verlag *Lidové noviny* veröffentlicht wurde. Die Fassung des ursprünglichen Vorwortes befindet sich auf den Seiten 514–516.

veröffentlicht. Die 1960 erschienene Version des Romans wird stattdessen mit der Wiedergabe der Sage über Prometheus' Sohn Deukalion und seine Frau Pyrrha eingeleitet, die sich hier an der Stelle eines Mottos befindet:

> Když se Zeus dověděl o všech zločinech a nepravostech, jež napáchalo lidstvo, o vraždění, křivých přísahách, podvodech, loupežích a krvesmilství, rozhodl se, že vyhubí veškerý život na zemi. Výbuchy smetly lidská obydlí, přívaly vod zaplavily prostranství, těžké mraky rozsévaly smrt, až zůstali na světě jen Deukalion a jeho žena Pyrrha. Zeus je ušetřil, protože to byli lidé spravedliví. Usadili se na hoře Parnasu v zemi Fokis. Pak se rozptýlily smrtící mraky, vysvitlo opět slunce a modrá oblaka plula po nebi. Avšak Deukalion a Pyrrha plakali nad svou samotou uprostřed pustin. Postavili oltář bohyni spravedlnosti Themidě a poprosili ji, aby je naučila, jak opět oživit lidské pokolení. Neboť byli staří a nemohli zalidnit zemi. I poradila jim bohyně, aby zahalili své tváře a vrhali za sebe kamení. Uposlechli rady bohyně a tehdy, když se kámen roztříštil o tvrdou zemi, zrodil se opět člověk.[743]

Holý hält diese Notlösung – das Ersetzen des ursprünglichen Vorwortes durch die antike Sage – vor allem aufgrund des Erscheinens des Leitmotivs der Statue für gelungen: „Leitmotiv sochy se ozývá už v prologu Mendelssohna. Je to řecká báje Deukalion a Pyrrha, o posledních lidech, kteří unikli potopě seslané na hříšné lidstvo. Z

---

[743] („Als Zeus von allen Verbrechen und Lastern der Menschheit erfuhr, von Mord, Meineid, Betrug, Raub und Blutschande, beschloß er, alles Leben auf der Erde auszutilgen. Explosionen fegten die Behausungen der Menschen hinweg. Wasserfluten überschwemmten das Land, schwere Wolken säten Tod, und nur Deukalion und sein Weib Pyrrha blieben übrig. Die beiden verschonte Zeus, weil sie Gerechte waren. Auf dem Berg Parnaß im Lande Phokis ließen sie sich nieder. Endlich zerstreuten sich die todbringenden Wolken, und am blauen Himmel schien die Sonne. Doch Deukalion und Pyrrha weinten, weil sie so einsam waren in der Wüste. Sie errichteten Themida, der Göttin der Gerechtigkeit, einen Altar und erflehten Rat, wie sie das Menschengeschlecht wieder zum Leben erwecken könnten. Denn sie waren zu alt, die Erde zu bevölkern. Die Göttin hieß sie das Haupt verhüllen und Steine hinter sich werfen. Das taten die beiden, und als das Gestein auf der harten Erde zerschellte, kamen wieder Menschen zur Welt." Siehe *Mendelssohn auf dem Dach*. Reinbek bei Hamburg: Rowohlt, 1995, dt. Übersetzung von Eckhart Thiele)

kamení, které na radu bohyně Themidy házeli za sebe, vzniklo nové pokolení."⁷⁴⁴

In seinem ursprünglich beabsichtigen Vorwort schlägt Weil einen Bogen vom Jahr 1946, als er mit der bereits erwähnten Professorin Božena Vránová auf dem Dach des Rudolfinums stand und die umgefallene Statue von Mendelssohn-Bartholdy beobachtete, bis zum Jahr 1958, als er die Arbeit am Roman erneut aufgriff. Er erläutert die Entstehungsgeschichte des Textes und geht auf die Gründe ein, warum er sich gezwungen fühlt, dieses Buch zu schreiben:

> Vracel jsem se několikrát k rukopisu, ale stále jsem jej nemohl dokončit. Teprve v roce 1958, více než po deseti letech, jsem začal pracovat na látce znovu, starý rukopis jsem zahodil, našel jsem konečně způsob, nebo se domnívám, že jsem jej našel, jak podat příběh tak, aby mluvil k dnešku, aby byl spjat s naším životem. Amnestovaní váleční zločinci se zase vypínají v uniformách nové bonnské wehrmacht. Táhnou za sebou celou kohortu bývalých nacistických funkcionářů, soudců, landrátů, politických vedoucích. Poražený nacismus se ospravedlňuje ve vzpomínkách mordýřů. Antisemitismus, oblíbená zbraň nacistické propagandy, opět ožívá [...].⁷⁴⁵

Was mit dem ursprünglichen Vorwort geschehen ist, bleibt bis heute unklar: Es wurde zwar korrigiert und für den Satz vorbereitet, in der Druckversion des Romans ist es jedoch nie erschienen.

---

⁷⁴⁴ Holý 1999, 504. (Das Leitmotiv der Statue erscheint bereits im Prolog von *Mendelssohn*. Es ist die griechische Sage über Deukalion und Pyrrha, die letzten Menschen, die der Sintflut, die auf das ruchlose Menschengeschlecht geschickt wurde, entkamen. Aus den Steinen, die sie nach der Weisung der Göttin Themis hinter sich geworfen haben, entstand eine neue Generation von Menschen.)

⁷⁴⁵ Zitiert nach Víšková, Jarmila. 1999: „Ediční zpráva", in Weil, Jiří: *Život s hvězdou. Na střeše je Mendelssohn. Žalozpěv za 77 297 obětí*. Praha: Lidové noviny, 505–517, hier 515. (Ich kehrte einige Male zum Manuskript zurück, aber ich konnte es nicht beenden. Erst im Jahr 1958, nach mehr als zehn Jahren, habe ich den Stoff wieder aufgegriffen, das alte Manuskript schmiss ich weg, und ich fand endlich einen Weg, zumindest vermute ich, dass ich ihn fand, die Geschichte so zu schildern, damit sie auch heute noch spricht, damit sie mit unserem Leben verbunden bleibt. Die amnestierten Kriegsverbrecher spielen sich in den Uniformen der neuen Bonner Wehrmacht auf. Sie ziehen eine ganze Kohorte von ehemaligen nationalsozialistischen Funktionären, Richtern, Landräten, politischen Leitern mit sich. Der geschlagene Nationalsozialismus rechtfertigt sich in den Erinnerungen der Mörder. Antisemitismus, die Lieblingswaffe der nationalsozialistischen Propaganda, lebt wieder auf [...].)

Das bereits angesprochene Motiv der Statue, das offensichtlich zu den Lieblingsmotiven des Autors gehört, denn es ist in mehreren seiner Werke präsent, wird in diesem Roman am stärksten ausgearbeitet. Nicht nur, dass es gleich im Vorwort erscheint, die Geschichte um die Statue des Komponisten Mendelssohn bildet den leitenden Erzählstrang. Auch die Figur des Arztes Rudolf Vorlitzer „versteinert" regelrecht aufgrund seiner Krankheit und wird somit ebenfalls zu einer lebendigen Statue. Das Motiv hätte noch deutlicher gewirkt, wäre im Roman das zensierte Kapitel „Anděl s prasetem" geblieben, in dem ein geschlachtetes Schwein in einer Engelsstatue transportiert wird. Der Autor selbst begründet die Wahl dieses Motivs folgendermaßen:

> Uvědomil jsem si teď přesně, co jsem tušil a na čem chci založit již tak dlouho román. Věděl jsem, že se lidé mění v sochy, a domníval jsem se, že je to tím, že dostávají do rukou moc, tím přetrhávají styky s lidmi a mění se před jejich očima. Je to pravda, ale jen částečně. Lidé se stávají sochami i z jiných příčin, i také z té, že jim chybí láska, živý a teplý vztah stopený v objetí. Protože patrně bez tohoto vztahu nemůže žít člověk jako člověk. A lidé přestávají být sochami, když se zase vrací do lidského společenství.[746]

3.3.2.2.6.3 Forschungslage, Rezeption, Kritik

Außer in der tschechischen Literaturwissenschaft, die vor allem auf die Entstehungsgeschichte des Romans einging,[747] wurde dieser

---

[746] Zitiert nach Grebeníčková 1967, 12. (Mir ist jetzt genau bewusst geworden, was ich schon vorher ahnte und worauf mein Roman basieren soll. Ich wusste, dass sich die Menschen in Statuen verwandeln, und ich vermutete, dass es deshalb passiert, weil sie Macht in die Hände bekommen, damit ihre Verbindung zu den Menschen verlieren und sich vor deren Augen verwandeln. Es stimmt aber nur teilweise. Die Menschen werden wahrscheinlich auch aus anderen Gründen zu Statuen, auch deshalb, weil es ihnen an Liebe mangelt, an einer lebendigen und warmen Beziehung in einer Umarmung. Denn ohne eine solche Beziehung kann kein Mensch als ein Mensch leben. Die Menschen hören auf, Statuen zu sein, wenn sie wieder in die menschliche Gemeinschaft zurückkehren.)

[747] Hier sind die bereits zitierten Studien von Alice Jedličková, Miroslav Kryl und Jiří Holý zu nennen. Ausführlich geht auf das Buch auch Miloš Pohorský in seinem Nachwort zum *Mendelssohn* ein. Siehe Pohorský, Miloš. 1990: „Jistoty a nejistoty Jiřího Weila", in: *Život s hvězdou. Na střeše je Mendelssohn*. Praha: Československý spisovatel, 375–385. Zu weiteren Rezensionen siehe Opelík, Jiří. 1960: „Na střeše je Richard Wagner", in: *Kultura* 1960/4:42, 5; Osolsobě, Ivo. 1960: „O kameni a lidech: Jiří Weil: Na střeše je Mendelssohn, Čs. spisovatel

Roman auch im Ausland rezipiert. In der Zeitschrift *Neva* schrieb 2011 der russische Bohemist Oleg Malevič über Jiří Weil und seinen Roman.[748] Er setzt sich ausführlich mit Weils Leben betreffend seines Aufenthalts in der UdSSR auseinander und stellt demnach Weils Vorkriegsschaffen in den Kontext solcher Autoren wie Arthur Koestler, André Gide, Vasilij Grossman oder Anatolij Rybakov. Im deutschsprachigen Milieu widmete sich die Weil-Forscherin und -Übersetzerin Bettina Kaibach in einer Studie dem Konzept des Tragischen in diesem Roman und betrachtet diesen im Vergleich zu Nietzsches *Die Geburt der Tragödie aus dem Geiste der Musik*.[749]

Die zeitgenössische Kritik nahm den Roman relativ positiv auf. In *Literární noviny* betont Zdeněk Heřman – wie es bei Weils Werken häufig der Fall ist – in seiner Rezension,[750] dass Weil in seinem Roman von dokumentarischem Material ausgehe, das um fabulierte Abschnitte ergänzt werde. Weils Roman sei ein gutes Beispiel dafür, wie publizistische Elemente in der künstlerischen Prosa synthetisierend wirken könnten. Er äußert sich ebenfalls positiv zum sachlichem Schreibstil des Autors, der seines Erachtens dazu führe, dass das Werk als Ganzes pathetisch wirke. Der Rezensent in *Věstník židovské obce náboženské* wiederum bezeichnet diese Prosa Weils nicht als Roman, sondern als „povídka", also eine Erzählung, und hebt ebenfalls die Erzählkunst des Autors hervor.[751] Auch Vladimír Forst ist sich in seiner Rezension in *Tvorba* der Gattung dieses

---

1960", in: *Rovnost* 1960/75:245, 9. Oktober, 5; Macák, Bohumír. 1960: „Na střeše je Žid", in: *Host do domu* 1960/7:10, 471; Heřman, Zdeněk. 1960: „Sugestivní próza", in: *Literární noviny* 1960/9:39, 24. September, 4; -D. 1960: „Román z let heydrichiády: Na střeše je Mendelssohn, Jiří Weil", in: *Knižní novinky* 1960/9:36, 4 und Benhart, František. 1960: „O třech prozaických novinkách", in: *Plamen* 1960/2:9, 110–112.

[748] Malevič, Oleg M. 2011: „Ob avtore romana Na kryše Mendel'son", in: *Neva* 2011/ 5, 130–131.
[749] Kaibach 2006, 242–263.
[750] Heřman, Zdeněk. 1960: „Sugestivní próza", in: *Literární noviny* 1960/9:39, 4.
[751] ES. 1960: „Nová próza Jiřího Weila o nacistické hrůzovládě", in: *Věstník židovské obce náboženské* 1960/11:22, 10–11.

Werkes nicht sicher, er betrachtet es als eine Übergangsform zwischen Reportage, Roman und Novelle.[752]

3.3.2.3 Nicht publizierte Romane

3.3.2.3.1 Perrotina, mašina chlebozlodějská

Bei diesem unveröffentlichten Text Weils handelt es sich um eine der drei Versionen des bereits publizierten Romans *Harfeník*. In Weils Nachlass befinden sich mehrere Varianten dieses unpublizierten Textes. Die vollständigste ist eine Typoskriptversion im Umfang von 315 Seiten, in der lediglich die Seite 127 fehlt, weshalb in der unten folgenden Beschreibung des Textes von dieser ausgegangen wird. Des Weiteren beinhaltet der Nachlass die erste unvollständige Version mit handschriftlichen Anmerkungen des Autors, bei der die Seiten 1–127 fehlen und die 166 Seiten umfasst. Dann findet sich eine Kopie der ersten unvollständigen Version, bei der die Seiten 1–127, 169–187 sowie 311–312 fehlen. Diese Kopie hat einen Umfang von lediglich 163 Seiten. Weiter sind mehrere Typoskriptfragmente der ersten und zweiten Versionen vorhanden, sowie ein Fragment des einleitenden Kapitels im Umfang von sechs Seiten. Sehr interessant sind ebenfalls die 44 Hefte mit der handschriftlichen Version des Romans im Gesamtumfang von 672 Seiten und beschriebene Umschläge im Umfang von 53 Seiten.

Das Typoskript der umfangreichsten Version trägt einen von Weil handschriftlich hinzugefügten Titel: „Perrotina, mašina chlebozlodějská". Weiter ist auf dem ersten Blatt handschriftlich vermerkt: „román (nevydaný), strojop. 315 ll, 4, I. verze".[753] Der Text wird mit einem Motto, einem Zitat von Marx und Engels, eingeleitet: „Začíná-li aktivní hnutí měšťanstva rokem 1840, pak hnutí dělnické třídy má svůj počátek v povstání slezských a českých

---

[752] Forst, Vladimír. 1960: „Praha za války, Jiří Weil: Na střeše je Mendelssohn", in: *Tvorba* 1960/25:39, 931.
[753] LA PNP, Fundus Jiří Weil. (Roman [unpubliziert], Typoskript, 315 Seiten, 4, I. Version).

dělníků v r. 1844."⁷⁵⁴ Das Thema des Textes ähnelt dem des publizierten Romans *Harfeník* sehr: Die Handlung spielt zur selben Zeit am gleichen Ort – in der Mitte des 19. Jahrhunderts in Prag, als die Druckermaschinen in die Textilbetriebe eingeführt werden, was zu einer großen Entlassungswelle und anschließend zu einer noch größeren Verarmung der Arbeiter und folglich zu Streiks führt. Der Autor stellt dem Leser einige Protagonisten vor, die auch in *Harfeník* vorkommen: Den reichen jüdischen Textilfabrikbesitzer Mojžíš Porges, den armen bettelnden Harfenisten Itzig Fidele, der hier im Gegensatz zum publizierten *Harfeník* lediglich eine Randfigur ist, den italienischen Färber Antonio Manetta, den Fabrikleiter Kurrer und den Schweizer Graveur und Formenstecher Josef Ullbrich, der Petitionen für die Arbeiter schreibt und diese auch in entfernten Gebieten im Norden zu Streiks aufrüttelt. Mehr Raum ist der Figur des Erzherzogs Stefan gewidmet. Neu hinzugekommen sind die Figuren von Karel Sabina und Graf Schirding, die an einigen Stellen im Text auftauchen und meistens das Geschehene kommentieren. Erstmals erscheinen ebenfalls der Textilarbeiter Celda Vobiš, der vor allem im zweiten Teil des Romans beim Aufruf zur Zerstörung der Maschinen eine wesentliche Rolle spielt, sowie Karel Linda, dessen Frau stirbt und der sich aktiv für die Arbeiter einsetzt. Im Gegensatz zu *Harfeník* liegt der Fokus nicht bei Itzig Fidele und Mojžíš Porges, sondern bei der Entwicklung der Arbeiterbewegung, wobei der Text in mehrere Erzählstränge gegliedert ist. Somit ähnelt der Roman in seinem Aufbau eher dem historischen Roman *Makanna. Otec divů*, wo die Handlungen der Figuren bestimmte mögliche Handlungsmechanismen schematisch darstellen sollen.

Das vorliegende Typoskript wurde zwar nie publiziert, ein kurzer Abschnitt aus „Perrotina" findet sich Anfang der 1950er

---

⁷⁵⁴ LA PNP, Fundus Jiří Weil, zweite Seite. Engels, Friedrich. 1891: „Revolution und Konterrevolution in Deutschland", in: ders. 2009⁹: *Marx-Engels-Werke. Band 8*. Berlin: Dietz, 5–108, hier 11.
(„Wenn die aktive Bewegung der Bourgeoisie auf 1840 datiert werden kann, so nimmt die der Arbeiterklasse ihren Anfang mit den Erhebungen der schlesischen und böhmischen Fabrikarbeiter im Jahre 1844.")

Jahre aber in *Židovská ročenka*.[755] Der Text wird (höchstwahrscheinlich durch den Autor selbst) folgendermaßen eingeleitet und somit auch charakterisiert:

> *Úryvek z historického románu „Perrotina, mašina chlebozlodějská" o prvních dělnických bouřích a třídním zápase r. 1844 v pražských kartounkách je částí kapitolu prologu, v němž se líčí mládí zakladatele největší pražské kartounky Mojžíše Porgese, pozdějšího šl. z Portheimů, v jehož smíchovské továrně byly poměry nejhorší a kde se začalo dělnické protestní hnutí, jež potom vyrostlo v dělnické bouře po celé Praze a bylo namířeno proti zavádění strojů, t. zv. Perrotinek. Bylo to první, byť neuvědomělé dělnické hnutí ve střední Evropě.*
> *V prologu se vypravuje o Mojžíši Porgesovi v r. 1800, kdy ještě nebyl tvrdým a bezohledným kapitalistou, majitelem několika továren, letohrádku Buquojky a Wimmerova paláce na Nových alejích [...]. V mládí byl však Mojžíš Porges blouznivcem, který patřil k sektě t. zv. Frankistů, stoupenců falešného proroka Jakuba Franka, hrajícího si na Mesiáše. Tato sekta měla svého času dosti značný vliv mezi polskými židy, kde začal původně Frank hlásat své učení, a také v Čechách a na Moravě, zejména mezi židy pražskými. [...]*
> *Frankovo učení lákalo stoupence svým mystickým obsahem, založeným na kabale, ale ve skutečnosti to byl obratně řízený podvodnický podnik, jehož účelem bylo ždímat peníze z věřících a posílat vyděračské dopisy židovským obcím. Mojžíš Porges zažil na tomto dvoře trpké zkušenosti, prohlédl kejkle, jimiž byli klamáni naivní věřící a spolu se svým bratrem Leopoldem a s Jonášem Hofsingrem se mu r. 1800 podařilo uprchnout z Offenbachu. [...]*
> *Na svých cestách v Německu uslyšel po prvé o strojích, „železných andělích" a vrátil se do Prahy jako cynický, bezohledný člověk, jehož jedinou vírou byly stroje jako prostředek k moci. Později byl také první, který stroje do kartounek zavedl a zároveň s nimi i první parní stroj.*
> *[...] Příběhy vypravované v prologu jsou založeny na archivním materiálu ze Státního židovského musea v Praze, v české literatuře dosud nevydaném.*[756]

---

[755] „Na zázračném dvoře", in: *Židovská ročenka* 1954–55, 81–92.
[756] „Na zázračném dvoře", 81f., kursiv im Original. (Der Ausschnitt aus dem historischen Roman „Perrotine, die brotraubende Maschine" über die ersten Arbeiteraufstände und Klassenkämpfe im Jahr 1844 in den Prager Kattunfabriken ist ein Teil des Prologs, in dem die Jugend des Gründers der größten Kattunfabrik, Mojžíš Porges, des späteren Adeligen von Portheim, geschildert wird, in dessen Fabrik in Smíchov die Verhältnisse am schlimmsten waren und wo die Protestbewegung der Arbeiter begann, die sich dann später in Arbeiteraufstände in ganz Prag ausbreitete und die gegen die Einführung von Maschinen, sog. Perrotinen, gerichtet war. Es war die erste, wenn auch unorganisierte Arbeiterbewegung in Mitteleuropa.
Im Prolog wird über Mojžíš Porges im Jahr 1800 erzählt, als er noch kein harter und rücksichtsloser Kapitalist, Besitzer von einigen Fabriken, des Lustschlosses Buquoy und des Wimmer-Palais in den Neuen Alleen [...] war. In seiner Jugend

3.3.2.3.2 Špitálská brána

In Weils Nachlass im LA PNP befinden sich zwei Versionen des bislang unpublizierten Romans „Špitálská brána" (Das Spitaltor). Die erste Version ist nicht vollständig, die Seiten 35, 53, 94–126, 138 fehlen. Darüberhinaus ist ein großer Teil des Textes lediglich als handschriftliches Manuskript vorhanden, was seine Lektüre erheblich erschwert. In dieser Arbeit wird deshalb von der zweiten Fassung ausgegangen, die in ihrem Umfang von 199 Seiten vollständig ist. Auf dem per Hand geschriebenen Titelblatt befindet sich Weils Vermerk: „Strojopis 1955, předáno Mladé frontě 1959, ta zamítla."[757] Es ist ebenfalls ein Vertrag zwischen dem Verlag *Mladá fronta* und dem Schriftsteller, datiert auf den 24. März 1957, erhalten geblieben, aus dem hervorgeht, dass die Veröffentlichung für das

---

war Mojžíš Porges jedoch ein Schwärmer, der der Sekte der sog. Frankisten – der Anhänger des falschen Propheten Jakub Frank – angehörte, der sich für einen Messias ausgab. Diese Sekte hatte zu ihrer Zeit einen ziemlich großen Einfluss unter den polnischen Juden, wo Frank ursprünglich anfing, seine Lehre zu predigen, und auch in Böhmen und Mähren, vor allem unter den Prager Juden. [...].
Franks Lehre lockte seine Anhänger mit seinem mystischen, auf der Kabbala basierenden Gehalt, in Wirklichkeit jedoch war es ein geschickt geführtes Betrügerunternehmen, dessen Zweck es war, aus den Gläubigen Geld herauszupressen und Erpresserbriefe an jüdische Gemeinden zu verschicken. Mojžíš Porges machte auf diesem Hof bittere Erfahrungen, er durchschaute die Tricks, mit denen die naiven Gläubigen getäuscht wurden, und 1800 gelang es ihm, zusammen mit seinem Bruder Leopold und mit Jonáš Hofsinger vom Hof in Offenbach zu fliehen.
Auf seinen Reisen in Deutschland hörte er zum ersten Mal von den Maschinen, „den eisernen Engeln", und kam zurück nach Prag als ein zynischer, rücksichtsloser Mann, dessen einziger Glaube darin bestand, dass die Maschinen das Mittel zur Macht waren. Später war er auch der erste, der die Maschinen und gleichzeitig mit ihnen die Dampfmaschinen in den Kattunfabriken einführte. [...] Die im Prolog erzählten Geschichten beruhen auf dem Archivmaterial aus dem Staatlichen Jüdischen Museum in Prag, das bislang in der tschechischen Literatur noch nicht publiziert wurde.)

[757] (Typoskript 1955, an *Mladá fronta* 1959 übergegeben, diese hat abgelehnt).

Jahr 1958 geplant war.[758] *Mladá fronta* schickte dem Autor den Roman zur Überarbeitung zurück, was diesem jedoch vorwiegend aus gesundheitlichen Gründen nicht mehr gelang.

Die Handlung des Textes spielt kurz nach der Widerstandsbewegung der Kattunfabrikarbeiter, denn der Erzähler erwähnt dieses Ereignis an einigen Stellen als ein bereits vergangenes. Dementsprechend kann man sie in der Mitte des 19. Jahrhunderts situieren. Der Handlungsort Prag ist dem der Romane „Perrotina" und *Harfeník* gleich. Mit „Perrotina" verbindet diesen Roman auch die Figur des Celda Vobiš, der hier deutlich mehr Raum bekommt. Vobiš wird hier als ein Bauernjunge beschrieben, der in die Stadt gekommen ist, um zu arbeiten. Er ist meistens schweigsam und steht abseits seiner Arbeitergruppe. Nur im angetrunkenen Zustand wird er zum Redner, er ist voller Zorn auf die herrschende gesellschaftliche Ordnung. Er hält die Maschinen für die Ursache der Armut der Arbeiter, was er öfters deutlich zum Ausdruck bringt. Er erinnert sich an die Rebellion der Kattunfabrikarbeiter, die die Maschinen zerschlugen, womit wieder eine Verbindung zu „Perrotina" hergestellt wird.

Seine Kollegen aus der Arbeitergruppe, die am Bau der Eisenbahnstrecke arbeiten, sind weitere Figuren der Geschichte: etwa der ehemalige Student, der bei der Unterdrückung des Aufstandes sein Leben verliert, der unglückliche Šantroch, der stets um seine verstorbene Frau trauert, oder der Anführer der Gruppe, der alte und charismatische Kolomazník. Auf der anderen Seite des breiten Spektrums der Romanfiguren stehen der Erzherzog Stefan oder die Gebrüder Klein, die als Investoren am Bau der Eisenbahnstrecke verdienen wollen, den Arbeitern minimale Löhne auszahlen und von der Bevölkerung deshalb als „vydřiduši" (Blutsauger) gehasst werden. Zwischen der Welt der Armen und der Reichen steht der Eisenbahningenieur Jan Perner. Seine Figur wird recht ambivalent

---

[758] In Weils Nachlass befindet sich noch ein Brief eines Redakteurs von *Mladá fronta*, Vladimír Novák, vom 9.9.1958, in dem dieser Weil informiert, dass er die Redaktion von „Špitálská brána" von seiner Kollegin übernommen hat. Er schreibt, dass der Text am 20.11.1958 in den Druck geht. Es musste also kurzfristig entschieden worden sein, dass er nicht veröffentlicht wird. Siehe LA PNP, Fundus Jiří Weil.

dargestellt: Einerseits ist er ein selbstbewusster junger Mann, der seinen Träumen und Visionen folgt – er will die Eisenbahn in Böhmen einführen. In vielerlei Hinsicht erinnert er an die jungen, sozialistischen Helden der Arbeit, er ist heiter und optimistisch, hat klare Vorstellungen, er lässt sich von Hindernissen nicht unterkriegen. Perners Begeisterung und seine Beziehung zur Schneiderin Veronika erwecken die Sympathie des Lesers. Auf der anderen Seite zeigt sich jedoch, dass Perner am Bau von allen gehasst wird, da er als zu hart und unbarmherzig gilt. Alice Jedličková gibt an, dass die Logik der Existenz dieses Protagonisten nicht in diesem Roman, sondern im ganzen Schaffen Weils zu suchen ist:

> Tento Weilův hrdina je takřka anachronický; jeho existence však má svou logiku nikoli v samotném románě, nýbrž ve společném momentu Weilovy tvorby jako celku. Patos protagonisty Špitálské brány je příbuzný – ať to zní sebepodivněji – budovatelskému vzmachu Moskvy – hranice a mechanismům myšlení, jež jsou vlastní postavám v Dřevěné lžíci. Stejně jako v ní jsou registrovány oběti bezejmenných tisíců na stavbě v kazachstánské poušti jako nutný důsledek velkých záměrů a plánů do budoucnosti, jeví se „anachronickému" hrdinovi Špitálské brány utrpení trhanů jako záležitost vývoje, již následující stádium zákonitě překoná.[759]

Die Arbeiter und ihre Familien lassen ihren Hass und Zorn vor allem an Perners Verlobter Veronika aus, die im gleichen Viertel wohnt und eines Tages auf ihrem Nachhauseweg bedroht wird. Davon erfährt Perner allerdings nichts, er ist allzusehr damit beschäftigt, die durch die Rebellion der Arbeiter verursachten Rückstände am Bau der Eisenbahn nachzuholen. Nachdem sich Vero-

---

[759] Jedličková, Alice. 1991: „Jiří Weil ve Vrchovanech. Posledních deset let spisovatelova života", in: *Českolipsko literární* 1991/10, 11–25, hier 20. (Dieser Held Weils ist fast anachronistisch; seine Existenz hat jedoch ihre Logik nicht im Roman selbst, sondern in Weils Schaffen als Ganzem. Das Pathos des Protagonisten von Spitaltor ist – wie seltsam es auch klingen mag – dem Aufbauaufschwung von Moskau – der Grenze verwandt und den Denkmechanismen, die den Figuren aus Holzlöffel eigen sind. Genauso wie dort die Opfer der namenlosen Tausenden am Bau in der kasachischen Wüste als eine notwendige Folge der großen Intentionen und Pläne der Zukunft gesehen werden, erscheint auch dem „anachronistischen" Helden von Spitaltor das Leiden der Armen als eine Sache der Entwicklung, die im nächsten Stadium naturgemäß überwunden wird.)

nika erholt hat und zusammen mit Perner ihre Hochzeit plant, endet die Handlung abrupt, und es wird nur in einigen knappen Sätzen von Perners Tod berichtet. Daraus geht hervor, dass es zu seiner Hochzeit mit Veronika gar nicht kam, denn er starb als lediger Mann:

> Dne 9. září 1845 narazil vrchní inženýr Jan Perner horní částí pravé strany hlavy na sloup vrat u vjezdu na choceňské nádraží, když jel podle svého zvyku na parostroji a chtěl se ohlédnout na tunel. Dne 10. září zemřel o jedenácté hodině v Pardubicích ve mlýně svých rodičů. V úmrtním listě vystaveném místním lékařem je uvedena příčina úmrtí, stáří 31 let a stav: svobodný.[760]

Auch dieser Roman Weils gehört in den Komplex der Texte, die sich thematisch mit der Arbeiterbewegung auseinandersetzen. „Špitálská brána" könnte demnach gewissermaßen als eine Fortsetzung von „Tiskařská romance" und „Perrotina" verstanden werden.

3.3.2.3.3 Tiskařská romance

Dieser Text scheint der Ursprungstext für die zwei unpublizierten Texte „Perrotina", „Špitálská brána" und den zuletzt publizierten Roman *Harfeník* zu sein. Die Forscherin Hana Hříbková schreibt zu der Entstehungsgeschichte dieser Texte Folgendes.

> Tiskařská romance mu [Jiřímu Weilovi, Anmerkung M. B.] byla po odevzdání do nakladatelství vrácena k přepracování. Weil použil rukopis jako základ pro dvě další knihy Špitálskou bránu a Perrotinu. Ani tyto romány nebyly nakonec vydány, a on se proto odhodlal k poslednímu pokusu – přepracoval Perrotinu, přičemž využil svých nově získaných poznatků při

---

[760] „Špitálská brána", unpubliziert, Typoskript, 200; LA PNP, Fundus Jiří Weil. (Am 9. September 1845 prallte der leitende Ingenieur Jan Perner mit der rechten Seite seines Kopfes auf die Säule des Einfahrtstores des Bahnhofs in Choceň, als er – wie gewohnt – mit der Dampfmaschine fuhr und sich zum Tunnel umdrehen wollte. Am 10. September um elf Uhr starb er in der Mühle seiner Eltern in Pardubice. In der durch den lokalen Arzt ausgestellten Todesurkunde wird die Todesursache angegeben, das Alter von 31 Jahren und sein Familienstand: ledig.)

práci ve Státním židovském muzeu; vznikl historický román Harfeník (1958), odehrávající se na pražském Židovském městě [...].[761]

In Weils Nachlass befindet sich keine komplette Fassung dieses Erzähltextes, sondern lediglich einige Fragmente. Aus diesen Bruchstücken geht hervor, dass in diesem Text der Figur des Graveurs und Formstechers Josef Ulbrich mehr Aufmerksamkeit gewidmet wurde. Im ersten Teil erfährt man etwas über seine Herkunft – er stammt aus dem Elsass, aus einer Familie, in der das Handwerk vererbt wurde. Als die Graveuere nicht mehr gebraucht werden, beschließt Ulbrich, ein neues Handwerk zu lernen – er wird zum Formstecher und beginnt, in einer Kattunfabrik zu arbeiten. Er beherrscht das neue Handwerk bald ausgezeichnet, so dass er 1841 nach Genf geschickt wird.[762] Da er ein sehr talentierter und fleißiger Mann ist, wird er von den Besitzern der dortigen Textilfabrik hochgeschätzt und häufiger in höhere Gesellschaft eingeladen. Dort trifft er eines Tages eine Verwandte der Textilfabrikbesitzer, Mariechen, und die beiden verlieben sich ineinander. Ulbrichs Idylle endet an dem Tag, als ihm ein Bekannter einen Mann namens Weitling[763] vorstellt. Dieser veranstaltet Abende mit Vorträgen, in denen er die Moral der Reichen an den Pranger stellt und sich für die Gleichheit unter den Menschen bzw. für den Kommunismus ausspricht. Ab diesem Treffen führt Ulbrich ein Doppelleben: Tagsüber arbeitet er in der Textilfabrik, abends hört er sich Weitlings Reden an. Als er eines Tages auch Mariechen für die neue Lehre zu gewinnen versucht, sie diese jedoch nicht versteht, endet seine Beziehung. Hier, auf der Seite 36 des Textes, wird Ulbrichs Geschichte

---

[761] Hříbková 2016, 694. (Nachdem er die Druckerromanze im Verlag abgegeben hatte, wurde ihm diese zum Überarbeiten zurückgegeben. Weil hat das Manuskript als Basis für zwei weitere Bücher – Spitaltor und Perrotine verwendet. Auch diese zwei Romane wurden jedoch nicht veröffentlicht, und er hat deshalb den letzten Versuch gewagt – er hat Perrotine überarbeitet, wobei er neue, bei seiner Anstellung im Staatlichen Jüdischen Museum erworbene Erkenntnisse genützt hat. Der historische Roman Harfenist (1958) entstand, der in der Prager Jüdischen Stadt spielt [...].)

[762] Hier erscheinen Begriffe wie der „Gefangene von Chillon" oder der geographische Name „Nyon", die aus Weils Erzählungen bekannt sind.

[763] Bei Weitling handelt es sich wahrscheinlich um den bekannten deutschen Frühsozialisten Wilhelm Weitling (1808–1871).

abrupt abgebrochen, denn die folgenden 41 Seiten fehlen. Die Handlung geht erst auf Seite 77 weiter, wo eine Passage folgt, die mit dem Text in „Perrotina" identisch ist: Es wird Prag am Tag der Feier zum heiligen Jan gezeigt, man trifft Figuren wie Celda Vobiš, Antonio Manetta, Sabina oder Schirding. Dann folgt die Ankunft der Perrotinen in der Fabrik von Mojžíš Porges, der Streik der Kattunarbeiter steht bevor und Ulbrich fährt in den Norden, um weitere Arbeiter dafür zu gewinnen. Obwohl ein erheblicher Teil des Textes fehlt, kann man anhand einer vorhandenen Skizze Weils die Handlung dieses Romans rekonstruieren:

> Ulbrich Badensko Augsburg – byl u Richtera ten ho dal do Ženevy k Senn Biderman Gruss /zal 1783/ Tisk na hedvábí
> Zde se seznámí s Mariechen Pak večery se zpěvem Weitling
> Dr Kuhlmann
> Kapp   VIIIPraha Sv. Ján Manetta z Milánu Kec Celda Vobiš
>   Franta. Všichni z Porgesky, Fidelova harfa.
>   Arcivévoda na Vyšehradě
> VIII výjev Sabina – Schirding. Lidi v hospodě.
> IX   formani z Rouanu Perrotiny faktor Kurrer
>   U Mojše Porgesa. Tam Ulbrich z Baden němec zaměstnán
> X   perotiny došly Ulbrich Linda Maneta. Ulbrich jede do Lípy
> XI   Celda Vobiš dělá u první perotiny. Točí klikou přípravy
> XV arcikníže a hrabata. Ke konci Schirding a Sabina
>   Itzig Fidele Stávka, plno vojska
> 1843 Weitling odjede do Zürichu, Ulrich nástupce pak vypovězen Najme ho Gustav Porges pro otce do Prahy[764]

Anhand der vorhandenen Skizze kann man sehen, dass der Roman „Perrotine" sehr ähnelt und diesem Text wahrscheinlich auch als

---

[764] „Tiskařská romance", Fragment, LA PNP, Fundus Jiří Weil, unpubliziert.
(Ulbrich Baden Augsburg – war bei Richter, dieser sandte ihn nach Genf zu Senn Biderman Gruss [gegr. 1783] Seidendruck/ Hier lernt er Mariechen kennen Dann Abende mit Gesang Weitling/ Dr. Kuhlmann/ Kapp VIII Prag Sv. Ján Manetta aus Mailand Kec Celda Vobiš/ Franta. Alle aus der Porges-Fabrik, Fideles Harfe./ Erzherzog auf Vyšehrad/ VIII Szene Sabina – Schirding. Menschen in der Kneipe./ IX Fuhrmänner aus Rouan Perrotinen Faktor Kurrer/ bei Mojše Porges. Dort angestellt der Deutsche Ulbrich aus Baden/ X Perrotinen angekommen Ulbrich Linda Maneta. Ulbrich fährt nach Lípa/ XI Celda Vobiš arbeitet an der ersten Perrotine. Er dreht die Kurbel/ XV Erzherzog und Grafen. Am Ende Schirding und Sabina/ Itzig Fidele Streik, viel Armee/ 1843 Weitling fährt nach Zürich, Ulrich zum Vertreter, dann gekündigt, später von Gustav Porges für seinen Vater nach Prag angeheuert).

Grundlage gedient hat. Während in „Tiskařská romance" der Figur Josef Ulbrich viel Raum gegeben und ein ganzer Erzählstrang um seine Figur aufgebaut wird, bleibt er in „Perrotina" nur eine von mehreren Figuren, die den Text „bevölkern". Die Erkenntnisse über Ulbrich in „Tiskařská romance" erklären seine Motivationen in „Perrotina", die dort nicht klar formuliert werden. Der Leser versteht somit beispielsweise nicht, warum sich jemand wie Ulbrich, der aus einem anderen Land kommt, gut ausgebildet ist und Arbeit hat, die von den Perrotinen nicht bedroht ist, für die von den Maschinen bedrohten Arbeiter einsetzt.

„Tiskařská romance" ist wahrscheinlich der Ausgangspunkt einer ganzen Reihe von Texten, in denen die Arbeiterbewegung in den böhmischen Ländern im 19. Jahrhundert zum Thema wird und an deren Ende der einzige publizierte Text, nämlich der Roman *Harfeník,* steht. Aufgrund der Unvollständigkeit der vorhandenen Fragmente kann nicht mit Sicherheit gesagt werden, wie genau die Genese verlief, man kann jedoch einige Tendenzen beobachten: Sie reichen von der Konzentration auf das Schicksal von Josef Ulbrich („Tiskařská romance") über das Verzichten auf die Darstellung eines Hauptprotagonisten und das Zerkleinern einer tragenden Hauptgeschichte in mehrere kleinere Geschichten („Perrotina") bis hin zur Rückkehr zur Konzentration auf Figuren, im Fall von *Harfeník* auf zwei Hauptfiguren.

3.3.2.3.4.   Zde se tančí Lambeth-walk

Der nächste unpublizierte Roman Weils trägt den Titel „Zde se tančí lambeth-walk" (Hier wird Lambeth-walk getanzt). Dieses Fragment umfasst 123 Typoskriptseiten mit handschriftlichen Anmerkungen. Auf dem Titel des Manuskriptes befindet sich eine Notiz Weils, die seine Arbeit an diesem Roman in einen zeitlichen Rahmen bringt. Die Unterbrechungen im letzten Jahr vor Weils Tod lassen spüren, wie sehr der Autor mit seiner Krankheit zu kämpfen hatte.

Započato k I. 1959
Lhůta – červenec – srpen 1959
Stav k 26.I. – 63 str.
Přerušeno srpen 1959

Znovu pokračováno:[765]

Wir können annehmen, dass die 123 Seiten ungefähr die Hälfte des Romans ausmachen könnten, sollte dieser von gleichem Umfang wie die Romane *Život s hvězdou* oder *Na střeše je Mendelssohn* sein. Die Handlung spielt in Paris vor dem Krieg sowie in Prag vor und während des Krieges. Der vorhandene Text lässt vermuten, dass es sich um einen Roman mit Rahmenerzählung (übrigens sehr typisch vor allem für Weils Erzählungen) handeln könnte: Im ersten Kapitel trifft der gerade aus dem Krankenhaus entlassene Ich-Erzähler eine Frau, die ihm zwar unbekannt vorkommt, sich jedoch als Ehefrau eines Mitschülers vorstellt. Diese Begegnung, die sich in der Zeit nach dem Krieg abspielt, löst im Erzähler offensichtlich Erinnerungen an die Vergangenheit aus, denn gleich im zweiten Kapitel ist die Handlung in der Zeit vor dem Krieg – dem Herbst nach dem Münchner Abkommen – angesiedelt. Es folgt ebenfalls ein Erzählerwechsel: Der allwissende Erzähler berichtet von einem Treffen von vier Schulfreunden: Patočka, Weiss, Nevyjel und Vítek. Im dritten Kapitel wird der verwickelte Fall einer Aktienübernahme geschildert. Das vierte Kapitel spielt in Paris in der Zeit der Internationalen Ausstellung – d. h. im Jahr 1937. Es kommt wieder zu einem Erzählerwechsel: Der Ich-Erzähler macht mit geerbtem Geld einen Ausflug nach Paris, wo er eine junge Tschechin namens Vlasta trifft und sich in diese verliebt. Der auffällige Wechsel der Schauplätze und der Erzählinstanz wird in den folgenden Kapiteln fortgesetzt. Durch die Rückblicke in die Vergangenheit erfährt der Leser, dass es sich bei dem Ich-Erzähler aus dem ersten Kapitel um einen der Schulfreunde handelt, nämlich um Vítek. Diese Figur weist viele Parallelen mit dem Protagonisten des Romans *Život s hvězdou*, Josef Roubíček, auf. Auch Vítek ist ein kleiner Beamter, der ein armes, langweiliges und relativ einsames Leben führt. Erst als er Vlasta kennenlernt, die groß, stark und fröhlich ist, bekommt sein Leben einen Sinn. Von den anderen Schulfreunden wird Karel Nevyjel relativ viel Aufmerksamkeit gewidmet, der auf schnelles

---

[765] „Zde se tančí Lambeth-walk"; LA PNP, Fundus Jiří Weil, unpubliziert. (Anfang zum I. 1959/ Frist – Juli – August 1959/ Stand zum 26.I. – 63 Seiten/ unterbrochen August 1959/ fortgesetzt:)

Geld spekuliert und sich in eine Aktienübernahme verwickeln lässt, die jedoch nicht reibungslos verläuft. Er wird von der Gestapo bedroht und verfolgt, so dass er sich letztendlich, von Ängsten geplagt, vor einen Zug stürzt. Der dritte Schulfreund, Weiss, ein ehemaliger Besitzer einer reichen Kanzlei, wird als resigniert, gar apathisch beschrieben. Er macht sich keine Illusionen über das Schicksal, das ihn als Juden im Protektorat erwartet, will das Land jedoch nicht verlassen. Vom letzten Freund, Patočka, ist ziemlich wenig bekannt, nur dass er sich in den neuen Verhältnissen gut zurechtfindet, Karriere macht und viel Geld verdient.

Die Handlung dieses unvollendeten Textes endet abrupt auf der Seite 123, als Weiss von einem Verhör beim Sicherheitsdienst nach Hause kommt. Ihm ist klar, nachdem sein Besitz beschlagnahmt wurde, dass ihn und seine Familie nun ein Transport in den Osten erwartet. Man kann nur raten, was Weil für die zweite Hälfte des Textes beabsichtigt hat. Vermutlich sollten die Geschichten um die vier Schulfreunde während des Krieges fortgesetzt werden.

Zum Titel des Romans „Zde se tančí lambeth-walk" lässt sich Folgendes sagen: Das erste Mal wird der Tanz „Lambeth-walk" im fünften Kapitel erwähnt, wo die Fortsetzung des Abends der vier Schulfreunde geschildert wird. Es heißt im Text, dass in allen Lokalen das Lied „Zde se tančí lambeth-walk" gespielt wird. Den Tanz assoziiert der Erzähler mit einem Verrat:

> Ale tančili ho všude i v Anglii, i ve Francii, i v Římě a dokonce i v Berlíně, kde zakazovali moderní tance jako sexuelní zvrácenost černošských podlidí. Tanec, doprovázející zradu, hřměl sálem, dupot se rozléhal sálem spolu s nápěvem, vytvářeným zpěvačkou orchestru. „Dnes se tančí lambeth-walk". A co bude zítra?[766]

Die Hauptidee des Werkes – den wirtschaftlichen Aspekt der mörderischen nationalsozialistischen Maschinerie zu zeigen – wurde

---

[766] „Zde se tančí Lambeth-walk", unpubliziert, LA PNP, 53. (Er wurde jedoch überall getanzt, in England wie in Frankreich, in Rom und sogar in Berlin, wo die modernen Tänze als eine sexuelle Perversität der schwarzen Untermenschen verboten wurden. Der Tanz, der den Verrat begleitet hat, donnerte durch den Saal, das Getrampel hallte im Saal gemeinsam mit der Melodie, die die Sängerin des Orchesters produzierte. „Heute wird Lambeth-walk getanzt". Aber was ist mit morgen?)

treffend im knappen Vorwort zu einem Auszug aus diesem Roman formuliert, der unter dem Titel „Žraloci" (Haifische) in *Židovská ročenka* für die Jahre 1960–61 veröffentlicht wurde.[767] Der anonyme Autor des Vorworts schreibt:

> Vražedná soukolí mašinerie smrti, sestrojené nacisty, je dnes odhaleno, obnaženo a známo až do nejpodrobnějších součástek. Méně známé je hospodářské zákulisí genocidy, toto nejrozsáhlejší a nejrafinovanější loupežné tažení všech věků. Zajímavý pohled do tohoto zákulisního dění, ukazující zároveň vzájemný boj žraloků číhajících na jednu a touž kořist, podává výňatek z nedokončeného románu Jiřího Weila „Zde se tančí Lambeth-Waltz".[768]

Der Roman „Zde se tančí Lambeth-walk" gehört somit zu der Reihe der Texte, die sich mit dem Judentum bzw. der Holocaust-Erfahrung befassen, was für Weils Schaffen nach dem Zweiten Weltkrieg prägend war. Darauf weist auch Růžena Grebeníčková hin: „Weil propadl svému tématu (židovství) a do konce života bude opakovat motivy z prvního židovského okupačního románu, ba ještě v posledním nezakončeném velkém rukopise Zde se tančí Lambeth-walk jej vidíme jimi spoutaného."[769]

---

[767] Diesen Auszug bildet der erste Teil des dritten Kapitels, in dem der Fall der Übernahme der Aktien einer tschechischen Bank, die jedoch durch eine jüdische Kanzlei vertreten wird, detailliert geschildert wird. Um die Aktien streiten die tschechische Bank, die „Dienststelle für wirtschaftliche Erfassung", der Sicherheitsdienst und die Gestapo. Erst nach der Lektüre der vorherigen zwei Kapitel, die jedoch unveröffentlicht blieben, werden die Zusammenhänge klar. Der Besitzer der jüdischen Rechtsanwaltskanzlei ist einer der vier Schulfreunde – Weiss. Der Vermittler, der davon profitieren sollte, der sich jedoch letzten Endes umbringt, als die Übernahme scheitert und er von der Gestapo verfolgt wird, ist Nevyjel, dessen Witwe der Ich-Erzähler im ersten Kapitel trifft.

[768] o. N. 1960–61: „Vražedné soukolí mašinerie smrti...", in: *Židovská ročenka* 1960–61, 104. (Das mörderische Getriebe der Maschinerie des Todes, gebaut von Nazionalsozialisten, ist heutzutage aufgedeckt und bekannt bis ins kleinste Detail. Weniger bekannt ist der wirtschaftliche Hintergrund des Genozids, dieser umfangreichste und raffinierteste Raubzug aller Zeiten. Einen interessanten Blick in dieses Hintergrundgeschehen, der gleichzeitig den gegenseitigen Kampf der Haifische zeigt, die alle auf die gleiche Beute lauern, bietet der Auszug aus dem unvollendeten Roman von Jiří Weil „Hier wird Lambeth-walk getanzt".)

[769] Grebeníčková 1967, 10. (Weil verfiel seinem Thema [dem Judentum] und bis zu seinem Lebensende wird er die Motive aus dem ersten jüdischen Okkupationsroman wiederholen. Noch in seiner letzten großen unvollendeten Schrift Zde se tančí Lambeth-walk sehen wir ihn von diesen Motiven gefesselt.)

3.3.2.3.5 Zlatý bengál

Ein weiterer Roman, an dem Weil gearbeitet hat und der unvollendet blieb, thematisiert das Leben der tschechischen Journalistin Milena Jesenská und ihres Mannes, des Architekten Jaromír Krejcar. Im Weils Nachlass befindet sich der Text in einer Mappe, die den Titel „Zlatý bengál" (Das goldene Bengalo)[770] trägt. Ursprünglich sollte er jedoch „Chléb na vodách" (Brot auf dem Wasser)[771] heißen und in vier Teile gegliedert sein: „Zpověď" (Beichte), „Bez trumfů" (Ohne Trümpfe), „Plamen nad svíčkou" (Flamme über der Kerze) und „Dvacatero zastavení" (Zwanzig Stationen).

Die Mappe enthält die ersten Kapitel des Romans im Gesamtumfang von 54 handschriftlich verfassten Seiten sowie sechs Typoskriptseiten, die Weil laut der Anmerkung Vondráčkovás in den Jahren 1946–1947 und 1956 geschrieben hat.

> Nikde neotištěno
> „Zlatý bengál" původní rukopis
> Roku 1946 plánuje pro Mazače román „Zlatý bengál" inspirovaný životem Mileny Jesenské. Vrací se k tomu 1956 – z Tribuny mu v Univers.knihovně materiál vytahuje v Nár.listech a chce udělat na výzvu Národního divadla div. hru s hrdinkou Mileny. Prudce se to zamítá.
> Znovu se ale k tomu vrací 1956, chce film pro Grossmana (1965 mi to potvrdil)
> Zase z toho sejde – materiál ne dost kádrovatelný stále
> Zůstala z toho tato 1. scéna s Jan. Krejcarovou – pak část „Bez trumfů" o Jaromíru v SSSR – která až teprve asi 1964 vyšla jako torso v Hostu do domu.[772]

---

[770] Das tschechische Wort „bengál" hat zweierlei Bedeutung: Es kann das pyrotechnische Phänomen, das bengalische Feuer, bezeichnen, oder es kann im übertragenen Sinn für eine Ausschreitung oder Ruhestörung stehen. Da im Titel das Adjektiv „zlatý" (golden) steht, das eher zur Farbe der Flammen des Feuerwerks passt, habe ich mich bei der Übersetzung des Titels für die wörtliche, nicht übertragene Bedeutung entschieden: Das goldene Bengalo.

[771] Der Titel weist möglicherweise auf die Bibel hin, namentlich auf eine Stelle im Buch *Kohelet* „Wirf Dein Brot ins Wasser, nach vielen Tagen kannst Du es wiederfinden." (*Kohelet* 11, https://www.die-bibel.de/bibeln/online-bibeln/lesen/ZB/ECC.11/Kohelet-11; zuletzt aufgerufen am 11.11.2020).

[772] (Nirgendwo abgedruckt / „Zlatý bengal" ursprüngliches Manuskript / Im Jahr 1946 plant er einen Roman „Zlatý bengál", inspiriert durch das Leben von Milena Jesenská, für Mazač zu schreiben. Er kehrt 1956 zu dem Stoff zurück –

Ähnlich wie einige andere fiktionale Werke Weils zeichnet sich auch dieses durch eine Schichten-Struktur aus: Die Schicht, benannt als „Zpověď", wechselt sich regelmäßig mit der „Bez trumfů" ab. In „Zpověď" tritt als Hauptprotagonist der ehemalige Jura-Student Antonín Vančura auf, der aus Prag nach Paris gekommen war. Passend zum Titel dieses Erzählstranges wird die Geschichte in der Ich-Form wiedergegeben. Trotz der Nachrichten, die Vančura nach Hause schickt und in denen er über sein vornehmes Leben in Paris berichtet, arbeitet er in Wirklichkeit als „plongeur", d.h. er wäscht in einem kleinen Restaurant auf Montparnasse Geschirr ab und bewegt sich im untersten gesellschaftlichen Milieu. Aus nicht näher spezifizierten Gründen (Vančura spricht von einem „Fehler"), die wahrscheinlich mit einer Frau namens Jarmila zusammenhängen, kann und will er nicht in seine Heimat zurückkehren und sein Studium abschließen. Er lernte Jarmila – wie wir in der Retrospektive erfahren – bei einem Tanzabend kennen.[773] Sie erwiderte zwar seine Gefühle, war jedoch verheiratet. Aus den Erinnerungen Vančuras erfährt man, dass Jarmila gestorben war und er daran sogar Schuld trägt.

Im Erzählstrang „Bez trumfů" wird der Aufenthalt des Architekten Petr Thiel[774] in der UdSSR geschildert. Auch Petr Thiel musste seine Heimat verlassen, und auch er war am Tod seiner ge-

---

aus Tribuna, im Universitätsverlag, sucht er Material in Národní listy und will auf Aufforderung des Nationaltheaters ein Theaterstück mit der Heldin Milena. Es wird kategorisch abgelehnt. / 1956 kehrt er dazu jedoch zurück, er will einen Film für Grossman [dieser hat es mir 1965 bestätigt]. / Es ist wieder nichts geworden – das Material ist nicht zu veröffentlichen / Es blieb nur diese erste Szene mit Jana Krejcarová übrig – und dann der Teil „Bez trumfů" über Jaromír in der UdSSR – der erst 1964 als Fragment in der Zeitschrift Host do domu publiziert wurde. / Der Auszug wurde fünf Jahre nach Weils Tod unter dem Titel „Bez trumfů" (Ohne Trümpfe) in der Zeitschrift *Host do domu* publiziert.) Für die Publikation siehe: „Bez triumfů", in: *Host do domu* 1964/9:40, 40–47.

[773] Auf die gleiche Art und Weise lernte auch der Hauptprotagonist von *Život s hvězdou*, Roubíček, seine Geliebte Růžena kennen. Auch diese war verheiratet, erwiderte seine Gefühle und starb.

[774] Als reales Vorbild für diese Figur diente dem Schriftsteller der tschechische Architekt Jaromír Krejcar. Der Mann von Milena Jesenská verbrachte in den 1930er Jahren einige Zeit in der UdSSR.

liebten Frau schuldig: Seine Geliebte Eva starb nämlich in Folge einer Abtreibung seines Kindes. Danach nahm Thiel das Angebot seiner Freunde für Arbeit in der Sowjetunion an. Nun lebt er in Moskau und hat eine neue Geliebte – Serafina, eine Übersetzerin, die von einem Leben in Europa träumt. Ähnlich wie der Protagonist des Romans *Moskva – hranice*, Jan Fischer, sieht auch Thiel Moskau und seine Bewohner mit kritischen Augen: Die Stadt sei langweilig, schmutzig, widerlich und asiatisch. Außerdem ist er dort unzufrieden, er muss ständig mit sowjetischen Bürokraten kämpfen und sich politisch bilden.

> Je vůbec všechno nudné v tomto městě, kde každý spěchá a něco shání, kde se stále a stále mluví na schůzích a v kanceláři, kde jsou lidé tak zvědaví a vyptávají se po věcech, o kterých nemá ani ponětí a do kterých mu nic není. V ranních hodinách zdá se mu špinavé, odporné a asijské. Člověk se může uzavřít, může „žít" [dieses Wort sinngemäß ergänzt von mir, M. B.] podle svých cizineckých zvyků, ale je přece nutno se stýkat s lidmi, chodit do […], hádat se o projekty, studovat literaturu o stavbě měst, chodit na politické kroužky a učit se tam všelijakým frázím, jichž významu nerozumí a na nichž mu ostatně nezáleží. Ale hodí se ty fráze, když je nutno se jimi ohánět na zasedání nějaké komise.[775]

Thiel denkt häufig an sein früheres Leben in der Tschechoslowakei und will unbedingt dorthin zurückkehren. Er überlegt jedoch, wie er seine Rückkehr geschickt organisieren soll, damit sie nicht wie eine Entlassung aussieht, sondern als ob er mit „allen Trümpfen" in der Hand nach Hause käme. Deshalb muss er noch nach Sibirien, nach Prokopěvsk, fahren, wo nach seinem Projekt gebaut wird. Diese Reise unternimmt er mit der Übersetzerin Serafina. Sowohl

---

[775] LA PNP, Fundus Jiří Weil. (Es ist sowieso alles langweilig in dieser Stadt, wo jeder in Eile ist und etwas sucht, wo immer wieder auf den Versammlungen und in den Büros geredet wird, wo die Menschen so neugierig sind und stets nach Sachen fragen, von denen er keine Ahnung hat und die ihn nichts angehen. In den Morgenstunden kommt sie ihm schmutzig, widerlich und asiatisch vor. Man kann sich abkapseln, man kann nach den ausländischen Gewohnheiten leben, man muss aber trotzdem Menschen treffen, nach […] gehen, sich wegen Projekten streiten, Literatur über den Aufbau der Städte studieren, politische Zirkel besuchen und dort verschiedene Phrasen erlernen, deren Bedeutung man nicht versteht und die einem sowieso nicht wichtig sind. Aber diese Phrasen werden auf den Tagungen und Sitzungen irgendwelcher Kommissionen von Nutzen sein.)

der Erzählstrang „Bez trumfů" als auch „Zpověď" sind unvollendet geblieben, die Schicksale der Protagonisten wurden nicht zu einem Ende geführt, der Plot bleibt offen. Auch der Text der dritten Schicht „Plamen nad svíčkou" ist nicht erhalten geblieben. Möglicherweise wurde er nie geschrieben. Zur vierten Schicht „Dvacatero zastavení" notierte Weil in sein Notizbuch, dass diese in zwanzig Kapitel gegliedert werden sollte, jedes einzelne dabei an einem bestimmten Ort in Prag spielen sollte: „Bojiště" (Kampfplatz), „Novotného lávka" (Novotnýs Steg), „Folimanka" (Folimanka), „Libeňský ostrov" (Liebener Insel), „Holešovický přístav" (Holleschowitzer Hafen), „Trojská ulice" (Trojská-Straße), „Vyšehrad – Karlachovy sady" (Wischehrad – Karlachs Park), „Hanavský pavilon" (Hanau-Pavillon), „U zelené lišky" (Zum grünen Fuchs), „Soudní budova v Praze II" (Das Gebäude des Gerichtshofs in Prag II), „Železniční závory u Daliborky" (Eisenbahnschranken bei Daliborka), „/Sumlerova/ zahrada" (Sumlers Garten), „Seminářská ulice" (Seminar-Straße), „Nábřeží u Revoluční třídy" (Kai an der Straße der Revolution), „Starý židovský hřbitov" (Alter Jüdischer Friedhof), „Olšany" (Wolschan), „Žižkov – Riegrova ulice" (Žižkow – Rieger Straße), „Košíře – Na Cibulce" (Košiř – Na Cibulce), „Stadion – Břevnov" (Stadion – Breunau), „Výpadová silnice – Ruzyň – letiště" (Ausfallstraße – Ruzyň – Flughafen).

Dieser Roman Weils ist vielfach mit seinen anderen fiktionalen Texten verknüpft: Sei es aufgrund seiner Schichten-Struktur[776], der mangelnden Charakteristik der Figuren, die auf die Angabe der Sprache bei den Figuren reduziert wird[777], des sich wiederholenden

---

[776] Der Wechsel der beiden Erzählstränge ähnelt dem Aufbau des Romans „Zde se tančí Lambeth-walk".
[777] Vančura meidet in Paris üblicherweise die tschechischen Touristen, nur manchmal, wenn er Tschechisch wieder mal hören möchte, sucht er ihre Nähe. Die Übersetzerin Serafina spricht „podivnou, měkkou němčinou" (merkwürdiges, weiches Deutsch).

Motivs der Hände[778] oder auch der Angaben konkreter Handlungsorte[779]. Dieser Roman beweist, dass das Thema des Lebens der Tschechoslowaken in der UdSSR, das vor allem für das Vorkriegsschaffen Weils prägend war, auch nach dem Krieg für den Schriftsteller von besonderer Relevanz war, und dass er sich diesem intensiv widmete.

Zum Thema des Lebens von Milena Jesenská kehrte Weil erneut im Jahr 1956 zurück, als er versuchte, ein Filmdrehbuch für Jan Grossman zu schreiben. In Weils Nachlass sind lediglich zwei kurze Fragmente übriggeblieben: Das erste ist ein handschriftliches Manuskript, das fünf Seiten umfasst. Auf dem ersten Blatt ist in der oberen rechten Ecke mit einer anderen Handschrift (wahrscheinlich der von Slávka Vondráčková) vermerkt: „Psal 1946 pro Gross./ Orig. dán Grossmanovi 1964/ Film? 1956."[780] Auf den fünf Seiten treten lediglich zwei Figuren auf – der Architekt Josef Petrtýl (hier kann man eine Verschiebung vom Roman beobachten, wo der Protagonist der Architekt Petr Thiel ist) und seine Frau Reneé. Sie befinden sich gerade in einer schwierigen Lage, ihr Vermögen wurde gepfändet. In der Wohnung bleiben lediglich ein paar Möbelstücke. Die beiden sprechen über die neu entstandene Situation.

---

[778] Vančura schaut einmal Jarmila beim Kochen zu und bewundert ihre flinken und geschickten Hände. Er vergleicht sie mit segnenden Händen. Die Hände Jarmilas werden dann zum Gesprächsthema der beiden:
„Díval jsem se na její ruce, jak míchaly cibulkou, jak krájely maso, jak loupaly brambory, jak přitahovaly a povolovaly hořáky plynu, byly všudypřítomné, vznášely se nad plotnou, jako by žehnaly. [...] – Toníku, ty mé ruce budou jednou zkroucené a hrbolaté, to se stává kuchařkám a pradlenám. – Nebudou, Jarmilo, tvé ruce se nikdy nebudou podobat drápům." (LA PNP, Fundus Jiří Weil)
(Ich sah mir ihre Hände an, wie sie Zwiebeln rührten, Fleisch schnitten, Kartoffeln schälten, wie sie Gas auf- und zudrehten, sie waren allgegenwärtig, sie schwebten über dem Herd, als ob sie segnen würden. [...] – Tony, diese meine Hände werden einmal gekrümmt und schwielig sein, das passiert bei den Köchinnen und Wäscherinnen nun mal. – Nein, werden sie nicht, Jarmila, deine Hände werden nie Krallen ähneln.)
[779] Thiel erinnert sich, wie er auf der Terasse des Hotels „Capoulade" saß und die Passanten beobachtete. Er besuchte mit Eva die Stadt Colmar im Elsass. Diese Orte verbinden den Roman mit Weils Erzählungen, die sich in der Schweiz abspielen.
[780] Geschrieben 1946 für Gross./ Orig. 1964 Grossman gegeben/ Film? 1956.

Im Falle des zweiten Fragments handelt es sich um zwei Typoskriptseiten, auf denen die Handlung des handschriftlich verfassten Textes fortgesetzt wird. Die Erklärungen von Vondráčková geben dem Leser den Hinweis, dass die Hauptprotagonistin Reneé ihr Vorbild in Milena Jesenská hat und ihr Mann Petrtýl in Jesenskás Ehemann, dem Architekten Jaromír Krejcar. Auch die in den kurzen zwei Abschnitten, gefüllt mit Dialogen der beiden Protagonisten, gezeigte turbulente Ehe scheint – so die Aussagen von Zeitgenossen wie Margarete Buber-Neumann – einen wahren Kern zu haben. Der extravagante Lebensstil Jesenskás musste Jiří Weil sehr fasziniert haben.[781] Da sich das Thema des Filmdrehbuchs im politischen Kontext der 1950er Jahre erneut als untragbar zeigte, blieb Weil nur bei diesem Torso und setzte die Arbeit daran nicht mehr fort.

---

[781] In ihren Erinnerungen schreibt Vondráčková: „Milena neměla Jirku Weila ráda. Četla Kierkegaarda a hlavně Dostojevského, ale nové Rusko jí neleželo. Jirkovi se líbila, komu z mužských se mohla nelíbit. [...] Po léta na ni Jirka vzpomínal s nadějí, že jednou o ní napíše román. Nevyšlo to, ani začátky románu, ani žádné úryvky nepoukazovaly nato, že už se do toho opravdu dal. Jen tak si tiše zasnil, tiše, neurčitě, když se v jakémsi článku o Fučíkovi a Mileně zmínil: ‚...v té době, kdy se u ní scházeli lidé o sobotách, byla krásná, nikoli krásou obrázkových časopisů, ale krásou života prudkého a pestrého'." Vondráčková 2014, 33. (Milena mochte Jirka Weil nicht. Sie las Kierkegaard und vor allem Dostojevskij, aber das neue Russland lag ihr nicht. Jirka gefiel sie, wem von den Männern konnte sie denn nicht gefallen. [...] Jahrelang dachte Jirka an sie mit Hoffnung, dass er über sie einen Roman schreiben wird. Es klappte nicht, weder Anfänge des Romans noch Auszüge wiesen darauf hin, dass er damit begonnen hat. Er träumte nur ein bisschen vor sich hin, still, unbestimmt, als er in einem Artikel über Fučík und Milena erwähnte: „In der Zeit, als sich die Menschen bei ihr samstags trafen, war sie schön, nicht nach der Schönheit der Illustrierten, sondern nach der Schönheit eines heftigen und bunten Lebens.")

3.3.2.4 Übersichtstabelle der Romane

Publizierte Romane:

	Titel	Erstausgabe	Zeitraum	Erzählform
1	Moskva – hranice	1937	1930er Jahre, Prag, Israel, Moskau	Er-Form
2	Dřevěná lžíce	1992	1930er Jahre, Moskau, Kasachstan, Balchašsee	Er-Form/ Ich-Form[782]
3	Makanna. Otec divů	1945	8. Jhdt., Zentralasien	Er-Form
4	Život s hvězdou	1949	II. WK, Prag	Ich-Form
5	Harfeník	1958	19. Jhdt., Prag, Offenbach	Er-Form
6	Na střeše je Mendelssohn	1960	II. WK, Prag	Er-Form

Nicht publizierte Romane:

	Titel	Zeitraum	Erzählform
1	Perrotina, mašina chlebozlodějská	19. Jhdt., Prag	Er-Form
2	Tiskařská romance	19. Jhdt., Prag	Er-Form
3	Špitálská brána	19. Jhdt., Prag	Er-Form
4	Zde se tančí lambeth-walk	vor dem II. WK, während des II. WK, nach dem II. WK, Prag, Paris	Ich/ Er-Form
5	Zlatý bengál	Paris, Moskau, wahrscheinlich 1930er Jahre	Ich/ Er-Form

3.3.2.5 Fazit

Thematisch zerfällt Weils Romanschaffen in drei Bereiche: Der erste hat die Sowjetunion vor dem Zweiten Welkrieg zum Thema und umfasst die ersten beiden Romane *Moskva – hranice* und *Dřevěná lžíce* sowie das Romanfragment „Zlatý bengál". Eine zweite große

---

[782] Die Ich-Form erscheint lediglich im letzten Satz.

Gruppe bilden die Romane, die sich mit dem Jüdischen auseinandersetzen, sei es mit der Erfahrung der Shoah oder der Geschichte der Juden im 19. Jahrhundert. Hierher gehören die Texte *Život s hvězdou*, *Na střeše je Mendelssohn* und der unvollendete Text „Zde se tančí lambeth-walk", aber auch *Harfeník* und die unpublizierte „Perrotina, mašina chlebozlodějská". Den dritten Komplex stellen die Texte dar, denen das Thema der Arbeiterbewegung zugrunde liegt: *Harfeník*, „Perrotina, mašina chlebozlodějská" und „Špitálská brána". Die Romane *Harfeník* und „Perrotina, mašina chlebozlodějská" dieser Gruppe überschneiden sich mit dem Bereich der Texte mit jüdischer Thematik. Der Roman also, in dem die jüdische Komponente fehlt und der sich ausschließlich mit den Arbeiteraufständen befasst, ist „Špitálská brána". Abseits dieser drei großen Themenkomplexe steht der historische Roman *Makanna. Otec divů*. Dieser Roman ist jedoch aufgrund des Motivs des falschen Messianismus mit anderen wie *Harfeník*[783] oder *Moskva – hranice*[784] verbunden.[785]

Themenübergreifend lassen sich einige gemeinsame Merkmale von Weils Romanen ermitteln:

---

[783] In *Harfeník* ist es der junge Mojžíš Porges, der sich von der Sekte der Frankisten manipulieren lässt.

[784] In *Moskva – hranice* täuscht sich wiederum die Hauptprotagonistin Ri, als sie denkt, der Zionismus wäre der richtige Weg für sie.

[785] Grebeníčková denkt, dass sich der Mensch zu einem falschem Glauben hinwendet, wenn er sich in seiner Gesellschaft nicht wohlfühlt: „Člověk se necítí ve své společnosti doma, život jej o mnohé zkracuje, vzniká potřeba transcendovat neuspokojivý stav, obrátí se tam, kde se mu slibuje společenství, ale ukazuje se, že uskutečnění pospolitosti opřené o víru byl podvrh, dochází jen k nové reprodukci zkřivených vztahů, tentokrát ještě stupňovanější a zahalené do lži. V historii se provádí destrukce spasitelského fanatismu způsobem, k němuž Weil nic nového nepřipojí." Grebeníčková 1967, 14. (Der Mensch fühlt sich in seiner Gesellschaft nicht zu Hause, das Leben raubt ihm vieles; somit entsteht das Bedürfnis nach Transzendenz mit Überwindung des unbefriedigenden Zustandes, er wendet sich dorthin, wo für ihn eine Gemeinschaft da ist, es zeigt sich jedoch, dass die Realisierung einer Gemeinschaft, die sich an einen Glauben anlehnt, nur ein Betrug ist; es kommt also zu einer neuen Reproduktion der verzerrten Verhältnisse, dieses Mal noch gesteigert und mit Lügen verhüllt. In der Geschichte wird die Destruktion des messianischen Fanatismus auf eine Art und Weise durchgeführt, zu der Weil nichts Neues beifügt.)

Als eines der auffallendsten gilt der Antipsychologismus und die damit verbundene wenig intensive psychologische Zeichnung der Figuren: Dem Leser wird lediglich ein Minimum an Information geliefert, das betrifft sowohl das Äußere als auch das Innere der Figuren. Diese Auffassung teilt auch Růžena Grebeníčková, wenn sie schreibt: „Je ovšem pravda, že typ Weilova románu je nepsychologický a přímo antipsychologický a že spisovatel duševní procesy a prožitky ze svého zorného pole vylučuje; stojí mimo dosah jeho zájmu i jeho románového ztvárnění."[786]

Bleiben wir auf der Ebene der Figuren, sticht ein interessantes Phänomen im Bereich der weiblichen Heldinnen ins Auge. Bei den weiblichen Protagonistinnen handelt es sich – mit Ausnahme der Vorkriegsromane *Moskva – hranice* und *Dřevěná lžíce*, in denen die Frauen zu den Hauptfiguren gehören – eher um Randfiguren, die lediglich als Erinnerungen oder Wunschbilder ihrer männlichen Partner auftreten. Sie sind häufig mit positiven, fast idyllischen Rückblicken in das Vergangene verbunden. Es ist bei Roubíčeks Růžena in *Život s hvězdou* so, dass sie lediglich in den Erinnerungen des Hauptprotagonisten erscheint, der mit ihr imaginäre Gespräche führt, auch nachdem er erfährt, dass sie bereits tot ist. Josef Ulbrich denkt in der unpublizierten „Perrotina" an sein Mariechen, das er in der Schweiz kennenlernte, Itzig Fidele aus *Harfeník* wiederum an Rosa, die er auf seinen Reisen traf. Für all diese Männer bedeutete die Zeit der Liebe eine glückliche Etappe in ihren Leben, die jedoch schnell zu Ende ging. In einer Retrospektive schildert auch der Protagonist Vítek des Textes „Zde se tančí lambeth-walk" seine erste Begegnung und Gefühle für seine Geliebte Vlasta.

Eine wichtige Rolle übernehmen in Weils Romanen die Dinge. Die Bestimmung und Prägung des menschlichen Lebens durch Gegenstände erscheinen bereits in einigen kurzen Texten,[787] in den Romanen wird das noch ausgeprägter. Für einige Protagonisten besteht das Leben nur aus Gegenständen, und somit wird ihr

---

[786] Grebeníčková 1967, 15. (Es stimmt allerdings, dass Weils Romantyp unpsychologisch, ja beinahe antipsychologisch ist, und dass der Schriftsteller die seelischen Prozesse und Erlebnisse aus seinem Blickwinkel ausschließt, dass diese außerhalb seines Interesses und seiner Romangestaltung stehen.)

[787] Hier wäre beispielsweise die Kurzerzählung „Nízko je nebe" zu nennen.

Leben hoffnungs- und wertlos.[788] In den Zeiten jedoch, als das Leben an Wert verliert, steigt umso mehr der Preis der einzelnen Dinge:

> Život, který plyne v zajetí konzumních věcí a který se vyčerpává na jejich nedostatcích nebo přebytcích, život, v němž se kostka cukru, jedna cibule, kávový mlýnek mohou stát celým životním majetkem, symbolem naplnění, ale i předmětem, pro který je člověk ochoten přinášet oběti a vypovídat nepřátelství druhému.[789]

Auf der Ebene der Erzählung konnte festgestellt werden, dass die überwiegende Mehrheit von Weils Romanen in der Er-Form verfasst ist. Die einzige Ausnahme stellt der Nachkriegsroman *Život s hvězdou* dar, der ausschließlich vom homodiegetischen Erzähler, teilweise sogar in Form eines inneren Monologs, erzählt wird. Den Wechsel der Erzählinstanzen, der eigentlich für Weils Reportagen signifikant ist, kann man im unvollendeten und unpublizierten Roman „Zde se tančí Lambeth-walk" beobachten, in dem Weil die Erzählung in der Ich-Form mit der in der Er-Form kapitelweise variiert. Dieser Wechsel der Erzählperspektive vom heterodiegetischen zum homodiegetischen Erzähler dient der besseren Fokussierung auf das Schicksal des Einzelnen. Im Roman *Dřevěná lžíce*, der kontinuierlich in der dritten Person Singular geschrieben ist, taucht der Ich-Erzähler ganz unerwartet im allerletzten Satz auf. Dieses Verfahren verwendet Weil häufig im Sammelband *Barvy*. Dies erweckt den Eindruck, als ob sich der männliche Hauptprotagonist in der Person des Ich-Erzählers vergegenwärtigt.

Über die Einblicke in die Psyche kann man bei den Romanen mit heterodiegetischem Erzähler Folgendes festhalten: Bei dem Doppelroman *Moskva – hranice* und *Dřevěná lžíce* wird hauptsächlich bei ersterem in die Psyche der Hauptprotagonisten geschaut.

---

[788] Als Beispiele solcher Figuren können der Onkel und die Tante Roubíčeks genannt werden.
[789] Grebeníčková 1967, 16. (Das Leben, das in der Gefangenschaft der Konsumdinge verläuft und das sich in ihrem Mangel oder Überschuss erschöpft, das Leben, in dem ein Würfel Zucker, eine Zwiebel, eine Kaffeemühle zum ganzen Lebensbesitz werden können, zum Symbol einer Erfüllung, aber auch zum Gegenstand, für den ein Mensch bereit ist, Opfer zu bringen und jemand anderem Feindschaft zu erklären.)

Vor allem bei Ri ist dies sehr markant. Als sie in der UdSSR ankommt, versteht sie die neue Umgebung vorerst nicht und bleibt vor allem in ihren Erinnerungen an die alte Heimat, an Europa verhaftet: Ri „nevěděla" (wusste nicht), „nerozuměla/nechápala" (verstand nicht), „vzpomínala na" (erinnerte sich an), „myslila na" (dachte an), „zdálo se jí" (ihr kam vor). Als sie sich dem sowjetischen Kollektiv anschließt und sich in die sowjetische Gesellschaft vollkommen integriert, gibt es keinen Einblick mehr in ihre inneren Vorgänge, der Leser erfährt über die Psyche Ris nichts mehr. Auch der zweite Hauptprotagonist, Jan Fischer, wird mittels seines inneren Kampfes dargestellt. Er denkt viel über die Sitten und über den Sinn seines Aufenthaltes in der Sowjetunion nach: „myslí o/ přemýšlí/ říká si" (denkt über, überlegt, sagt sich), „nechápe" (versteht nicht). Bei dem dritten Protagonisten, Herzog, erfahren wir kaum etwas über seine inneren Vorgänge, was jedoch auch daran liegen könnte, dass ihm am wenigsten Raum im Roman zukommt. Im Vergleich zu *Moskva – hranice*, in dem vor allem in der ersten Hälfte eine Häufung von Verben zur Beschreibung der inneren Vorgänge festzustellen ist, fallen im Roman *Dřevěná lžíce* die Einblicke in die Psyche sehr spärlich aus; sie spielen sich in Form von Erinnerungen der Protagonisten ab, die sich gerade am Balchašsee befinden: Der Wiener Arbeiter Toni Stricker erinnert sich an sein Leben in Wien, die junge Komsomolin Lída an ihr Zuhause in der Kommune *Interhelpo* und der ehemalige Parteifunktionär Alexandr Alexandrovič an sein schönes Leben in Moskau. Auch im historischen Roman *Makanna. Otec divů* werden die inneren Beweggründe der Hauptprotagonisten kaum erwähnt: Hier werden lediglich die Träume des armen Wasserträgers Selím und die Überlegungen des eigentlichen Hauptprotagonisten Hekím, noch bevor er zum falschen Propheten Makanna wurde, angeführt. Der zweite historische Roman Weils, *Harfeník*, stellt hinsichtlich der Einblicke in die Psyche das Gegenteil dar. Die beiden Hauptfiguren Mojžíš Porges und Itzig Fidele wissen zuerst nichts („nevědí") über die Welt oder was sie in ihren Leben tun sollen, beide werden durch falsche Messiasse getäuscht, sei es durch die Anführerin der Frankisten-Sekte Eva Frank, an deren Hof in Offenbach der junge Mojžíš dienen muss, oder sei es durch Napoleon, für dessen Armee sich der junge

Itzig anwerben lässt, um für die Freiheit der Juden zu kämpfen. Nach der bitteren Erkenntnis, dass er getäuscht wurde, findet Mojžíš seinen Weg als Hersteller von Kattun, Fidele wird zu einem armen, verkrüppelten Bettler und versinkt in Erinnerungen und Träumen, vor allem an seine Liebe Rosalie („myslel na ni" [dachte an sie]). Auch der letzte publizierte Roman mit einem heterodiegetischen Erzähler, *Na střeše je Mendelssohn*, ist mit Einblicken in die Psyche der Figuren durchdrungen. Viele der Figuren wissen („vědí"), dass sie sterben – der gelähmte jüdische Arzt Rudolf Vorlitzer, der nach dem Attentat schwer verletzte Heydrich, auch der gelehrte Doktor Rabinovič weiß, dass er mit seiner Familie mit dem Transport in den Tod geht. Auch andere Figuren ahnen („tuší"), dass sie etwas Ungutes erwartet – den Juden Reisinger der Transport, den Tschechen Bečvář Zwangsarbeit im Reich.

Bei den unpublizierten Romanen konnte bezüglich der Einblicke in die Psyche der Figuren Folgendes ermittelt werden: In der Vorversion des publizierten Romans *Harfeník*, im Roman „Perrotina", wird in die Psyche der Figuren geblickt, allerdings in weitaus geringerem Maß als in *Harfeník*. Dies ist wahrscheinlich auf die Tatsache zurückzuführen, dass es hier keine Figuren gibt, die eine so zentrale Rolle einnehmen, wie dies bei Mojžíš Porges und Itzig Fidele in *Harfeník* der Fall ist. Im Roman „Špitálská brána" sind die Einblicke in die Psyche vor allem an die Figur des Eisenbahningenieuers Jan Perner geknüpft: Dieser denkt nach („přemýšlí"), weiß alles über viele andere Figuren („věděl"), häufig denkt er etwas („pomyslel si"), laut sagt er jedoch etwas anderes, oft erinnert er sich auch an die früheren Zeiten, wie an seinen Aufenthalt in England („vzpomněl si"). Im unvollendeten Roman „Zde se tančí lambeth-walk" kommen die Einblicke in die Psyche vor allem in den Kapiteln vor, in denen sich die vier Freunde treffen, sowie in denen, wo die einzelnen Schicksale der vier Protagonisten geschildert werden: So erfährt der Leser über Weiss, dass er als Jude ahnt, dass ihn der Transport in den Osten erwartet, oder über Nevyjel, dass ihm vor seinem Selbstmord klar wird, dass er in einer Falle sitzt, aus der es kein Entkommen gibt.

Abschließend kann man zu Weils Romanschaffen mit Grebeníčková sagen, dass es in der zeitgenössischen tschechischen

Prosa ohne Kontext bleibt. So wie es bei seinen Protagonisten häufig der Fall ist, steht auch Weil mit seinen Werken abseits des Hauptstromes: „V české próze meziválečné a i po roce 1945 je Weilovo dílo bez kontextu. […] Vyšel […] z jiné románové poetiky než ta, v jejímž rámci se česká próza vyvíjela."[790]

---

[790] Grebeníčková 1967, 20f. (In der tschechischen Zwischenkriegs- und Nachkriegsprosa bleibt Weils Werk ohne Kontext. […] Er ging […] von einer anderen Poetik als von derjenigen aus, in deren Rahmen sich die tschechische Prosa entwickelte.)

4. Transformationen

> Na témž základě nemusí ještě vyrůstat táž literární budova.
> J. Opelík[791]

4.1 Einleitung

In diesem Kapitel werden Verfahren zusammengefasst und beschrieben, die Weil beim Wechsel vom faktualen zum fiktionalen Erzählen in seinem Schaffen einsetzt. Dies erfolgt anhand der Analyse solcher Texte, in denen Weil die gleiche Thematik in einem faktualen wie auch fiktionalen Text aufgreift, was relativ häufig der Fall ist. Diese Texte werden aus den in dieser Arbeit bereits behandelten Reportagen, Erzählungen sowie Romanen ausgewählt und auf mögliche Fiktionssignale sowohl auf der paratextuellen als auch der textinternen Ebene hin untersucht. Bezüglich der Fiktionssignale auf der textinternen Ebene wurde die größte Aufmerksamkeit dem Vorhandensein einer heterodiegetischen bzw. dem Wechsel von einer homodiegetischen zu einer heterodiegetischen Erzählinstanz sowie den Einblicken in die Psyche der Figuren gewidmet. Anschließend wird dargestellt, welche Verfahren und Mittel bei der Umarbeitung thematisch gleicher Texte von faktual zu fiktional eingesetzt wurden.

4.2 Paratextuelle Ebene

Die Umwandlung eines faktualen in einen fiktionalen Text und ein damit verbundener Gattungswechsel von einer Reportage zu einer Erzählung erfolgt bei Weil durch den Wechsel des Publikationsmediums. Dabei werden identische Texte in unterschiedlichen Medien abgedruckt, was diese in einen anderen Kontext setzt und sich auf die Wahrnehmung des Textes durch den Leser auswirkt – in einem

---

[791] Opelík, Jiří. 1966: „Hodina pravdy, hodina zkoušky", in: Weil, Jiří: *Hodina pravdy, hodina zkoušky*. Praha: Československý spisovatel, 191–206, hier 204. (Auf dem gleichen Fundament muss nicht das gleiche literarische Gebäude wachsen.)

Medium (Zeitschrift oder Zeitung) werden diese Texte als faktuale, in einem anderen (Erzählband) dann als fiktionale gelesen.

Das erste Beispiel eines solchen Wechsels des Publikationsmediums stellt der Text „Setkání s Otokarem Fischerem" dar, in dem das Treffen des Ich-Erzählers/des Autors mit dem tschechischen Schriftsteller, Germanisten und Übersetzer Otokar Fischer geschildert wird. Zum ersten Mal wurde der Text bereits 1948 in der Zeitschrift *Kytice* publiziert. Die ganze Nummer der Zeitschrift wurde damals Otokar Fischer anlässlich seines zehnten Todestages gewidmet. Das zweite Mal erschien der gleiche Text 1949 im Erzählband *Mír*. Obwohl beide Texte von der Fassung her identisch sind, werden sie unterschiedlich wahrgenommen: Während man den Text in *Mír* als eine Erzählung wahrnimmt – also als einen fiktionalen Text –, wird der gleiche Text in *Kytice* als eine Erinnerung des Autors – also als ein faktualer Text – verstanden. Heutzutage ist er – vor allem aufgrund des höheren Bekanntheitsgrades des Erzählbandes – im Bewusstsein der Leser als Erzählung eingeschrieben.

Ein weiteres Beispiel für dieses Verfahren sind die Texte „Mír" und „Otázka viny". Zuerst erschien der Text 1946 unter dem Titel „Otázka viny" in der Zeitschrift *Kulturní politika*. Im Gegensatz zu „Setkání s Otokarem Fischerem" tragen die Texte einen unterschiedlichen Titel und in geringem Maß unterscheiden sie sich auch inhaltlich. Diese Änderungen fallen jedoch nicht dermaßen gravierend aus, dass man von zwei unterschiedlichen Fassungen sprechen kann. Die Texte werden vor allem deshalb unterschiedlich wahrgenommen, da sie in unterschiedlichen Publikationsmedien abgedruckt wurden: „Otázka viny" in der renommierten Zeitschrift *Kulturní politika*, deshalb wird er im Rahmen eines Konvoluts von anderen Reportagen aus der Schweiz als eine Reportage gelesen, der Ich-Erzähler dann mit dem Reporter Weil gleichgesetzt. Der Text „Mír" wird dagegen, da er in einem Erzählsammelband erschien, als eine Erzählung verstanden.

4.3 Textinterne Ebene

Außer den Änderungen auf der paratextuellen Ebene – im Fall Weils also einem Wechsel des Publikationsmediums –, lassen sich in den Texten auch Modifikationen auf der textinternen Ebene nachweisen, die das faktuale Erzählen in ein fiktionales überführen, also ausgehend von der Reportage zu einer Erzählung, weniger häufig zu einem Roman umgearbeitet werden.

Das am wenigsten produktive Verfahren, man könnte beinahe von einem Sonderfall sprechen, stellt bei Weil die Hinzufügung einer irrealen Situation zu einem faktualen Text dar. In den 1930er Jahren verfasste Weil zwei Texte mit dem identischen Titel „Čaj u Tomáš Bati". Zuerst wurde der Text 1932 in der Zeitschrift *Tvorba* veröffentlicht, wobei dieser in allen Kriterien dem Genre der Reportage entspricht. Dann wurde er in den Erzählsammelband *Mír* aufgenommen, in dem er um den zweiten Teil „Terasa společenského domu" ergänzt und unter dem Titel „Zlín" veröffentlicht wurde. In diesem zweiten Teil wird eine irreale Erzählsituation erzeugt, als dem Erzähler der tote Schuhfabrikant Bat'a erscheint und die beiden ein fiktives Gespräch führen. Gerade durch die Hinzufügung dieser irrealen Erzählsituation, die als ein eindeutiges Indiz für die Fiktionalität eines Textes gilt, wurde ein faktualer Text fiktionalisiert. Dass der Text als Erzählung wahrgenommen wird, liegt einerseits daran, dass in „Zlín" eine irreale Erzählsituation erschaffen wird, andererseits wurde er ebenso im Kontext mit anderen Erzählungen in einem Sammelband veröffentlicht.

Gemeinsam mit dem Herausgeber des Sammelbandes, Jiří Opelík, der sich für die Texte „Čaj u Tomáše Bati" ebenfalls interessierte, lassen sich allerdings noch weitere Merkmale erkennen, die im Zuge eines Gattungswechsels zur Transformation eines faktualen in einen fiktionalen Text führen und die auch bei anderen Texten Weils vorzufinden sind: In einem fiktionalen Text werden die Fakten verallgemeinert, sie werden nicht zum Ziel sondern zum Ausgangspunkt; die Aufmerksamkeit wird von den Gegenständen auf das menschliche Schicksal gelenkt. Anstelle der faktographischen Beschreibung – wie im Fall der Reportage – steht im fiktionalen Text die Schilderung der Gefühle, Stimmungen und Überlegungen handelnder Personen im Vordergrund. Im Gegensatz zum

sachlich schildernden Reporter kommentiert der Autor hier die erschaffene Wirklichkeit, er interpretiert und bewertet sie.[792]
Eine große Gruppe transformierter Texte bilden die Erzählungen, die sich aus den Reportagen aus der Sowjetunion entwickelten. Bei diesen fiktionalen Texten erfolgt ein Wechsel des Publikations-

---

[792] Opelík 1966, 204–205.
„Zvlášť výhodné tu bude vyjít ze dvou textů, které jsou v příbuzenské závislosti a které proto Weil mohl shodně pojmenovat Čaj u Tomáše Bati [...]. Základem je skutečná autorova návštěva u zlínského „šéfa". V povídce došlo proti reportáži k potlačení zanedbatelných faktografických údajů, jmen, věcných podrobností, čísel – opěrnými body ovšem zůstala základní fakta. Tato fakta však byla povýšena do obecnější roviny; přestala být cílem, stala se východiskem. Původní reportáž byla polidštěna, tj. pozornost se zcela přenesla na lidský úděl. Skuteční lidé vytlačili skutečné věci. Do popředí se místo popisu dostala kresba úvah, pocitů, nálad jednajících postav. Ne Baťovy závody se svým šéfem, nýbrž Baťa se svými závody – obraz osobnosti a v jeho pozadí obrazy jiných osobností. Spíše než vztah lidí k věcem a jevům vztah lidí k jiným lidem. [...] zároveň se s celkovým polidštěním dostal do popředí i autorův subjekt, který zaujímá k realitě určité a nezaměnitelné stanovisko, komentuje ji, vykládá, hodnotí; jeho role je ještě zvýšena výhradním užíváním monologické formy (vyprávění v 1. osobě), jež stírá rozdíly mezi přímou a nepřímou řečí a napomáhá tím postoji jak autentickému tak angažovanému."
(Es ist gerade von Vorteil von zwei Texten auszugehen, die verwandt sind und die Weil gleich als Tee bei Tomáš Baťa [...] betiteln konnte. Die Basis bildet ein wirklicher Besuch des Autors bei dem Zlíner „Firmenchef". In der Erzählung kam es im Gegensatz zur Reportage zur Unterdrückung unerheblicher faktographischer Angaben, Namen, sachlicher Details, Zahlen – als Stützpunkte sind die Grundfakten geblieben. Diese Fakten wurden jedoch auf eine allgemeinere Ebene erhoben; sie haben aufgehört, Ziel zu sein, sie sind zum Ausgangspunkt geworden. Die ursprüngliche Reportage wurde vermenschlicht, d. h. die Aufmerksamkeit wurde ganz auf das menschliche Schicksal gelenkt. Die echten Menschen haben die echten Dinge weggedrängt. Anstatt der Beschreibung ist die Darstellung der Reflexionen, Emotionen und Stimmungen der handelnden Figuren in den Vordergrund gerückt. Nicht Baťas Betriebe mit ihrem Chef, sondern Baťa mit seinen Betrieben – das Bild einer Persönlichkeit und im Hintergrund Bilder anderer Persönlichkeiten. Anstatt einer Beziehung der Menschen zu den Dingen eher eine Beziehung der Menschen zu anderen Menschen. [...] Gleichzeitig ist mit der Gesamtvermenschlichung auch das Subjekt des Autors in den Vordergrund gerückt, das zur Wirklichkeit eine bestimmte und unverwechselbare Stellung einnimmt; es kommentiert sie, interpretiert und bewertet; seine Rolle ist durch die ausschließliche Verwendung der monologischen Form [Erzählung in der Ich-Form] geprägt, welche die Unterschiede zwischen den direkten und indirekten Reden verwischt und somit zur authentischen sowie auch engagierten Haltung verhilft.)

mediums (paratextuelle Ebene), ansonsten lassen sich für den Bereich der textinternen Fiktionssignale auf der Ebene der Erzählung keine Unterschiede zwischen faktualem Prätext und Erzählung feststellen: Sowohl bei den Reportagen als auch den Erzählungen erscheint eine homodiegetische Erzählinstanz, es kommen keine oder nur minimale Einblicke in die Psyche der handelnden Figuren vor. Die Unterschiede liegen vor allem in der von Jiří Opelík festgestellten Verallgemeinerung der Fakten, der Stellungnahme des Autors zum Geschehenen, der Lenkung der Aufmerksamkeit auf das menschliche Schicksal sowie in der Schilderung der Gefühle, Stimmungen und Emotionen der Figuren. Dieses Verfahren wird anschließend als „Verschiebung vom Sachlichen zum Persönlichen" bezeichnet.

Dies lässt sich beispielsweise bei der Erzählung „Busta básníkova" beobachten, der eine am Anfang des Jahres 1926 in der Monatszeitschrift Q erschienene kurze, unbetitelte Erinnerung Weils als Prätext diente. In dieser Erinnerung, die anlässlich des Selbstmords des russischen Dichters Esenin im Dezember des vorhergehenden Jahres verfasst wurde, beschreibt Weil in drei Absätzen seinen Besuch in der Kneipe der Imaginisten in Moskau sowie die Schifffahrt über die Ostsee, in deren Zug ein polnischer Zöllner die ihm geschenkte Büste des russischen Dichters zerstört. Im Gegensatz zur Erzählung enthält dieser Prätext noch eine knappe Schilderung von Esenins Tod. In der Erzählung dagegen entfaltet Weil die Ereignisse über mehrere Seiten lang, dabei benützt er im ersten Teil vorwiegend direkte Reden, durch die er den Ich-Erzähler und andere Protagonisten sprechen lässt. Die Aufmerksamkeit wird hier auf das Menschliche gelenkt. Der große Dichter Esenin, der im Prätext als bester Dichter seit Puškins Zeiten glorifiziert wird, wird in der Erzählung in erbärmlichem Zustand, stark betrunken unter dem Tisch liegend gefunden. Auch die Gefühle des Ich-Erzählers kommen in der Erzählung stark zum Vorschein – von der Empörung über die Auseinandersetzung der Dichter, über die Ratlosigkeit über den schlafenden Esenin bis zur Angst bei der stürmischen Schifffahrt.

Die Verschiebung vom Sachlichen zum Persönlichen ist auch bei der umfangreichsten Erzählung Weils, „Jezero Issyk-Kulské", sehr markant, die aus der Synthese von fünf Reportagen über den kirgisischen See Issykköl entstanden ist. Hier kommt es ebenfalls zu keiner Änderung der Erzählinstanz, in beiden Texten wird die Ich- bzw. Wir-Form beibehalten; in der Erzählung allerdings ist die erste Person Plural viel stärker vertreten als in der Reportage, die Schilderung der Natur und Geschehnisse erfolgt fast ausschließlich aus der Perspektive des Kollektivs. In der Reportage dagegen wird bei solchen Passagen die sachliche und neutrale Beschreibung beibehalten. In beiden Texten kommen kaum Einblicke in die Psyche der handelnden Figuren vor, in der Erzählung wird häufiger auf die Gefühle und Empfindungen der Protagonisten eingegangen. Beispielsweise wird in der Erzählung eine intime Situation geschildert, als der Ich-Erzähler in einer Jurta in den Bergen den französischen Roman *Rot und Schwarz* von Stendhal findet und diesen bis in die Nacht tief berührt liest.[793] Auch hier lässt sich also feststellen, dass sich die Texte vor allem dadurch unterscheiden, dass die Fakten in den Hintergrund rücken und eher das Menschliche akzentuiert wird. Konkret bedeutet das, dass jegliche Zahl- und Datenangaben aus der Reportage in der Erzählung fehlen. Außerdem ist die Erzählung *in medias res* eingeleitet: „Ton znamená kožich a také teplo, řekl náš průvodce",[794] was ebenfalls für ein Fiktionssignal gehalten werden kann.

An dieser Stelle sollte in Bezug auf diese Texte noch auf die Verantwortung des Schriftstellers für das Ausgesagte eingegangen werden. Laut der bereits erwähnten These von Martínez und Scheffel kann der Autor eines fiktionalen Textes nicht für den Wahrheitsgehalt der in seinem Text aufgestellten Behauptungen verantwortlich gemacht werden, weil er diese zwar produziert, aber nicht behauptet – vielmehr ist es der fiktive Erzähler, der diese Sätze mit Wahrheitsanspruch äußert. Demnach könnte man erwarten, dass sich ein Autor von sowohl faktualen als auch fiktionalen Texten in seinen fiktionalen „freier" äußert als in den faktualen, indem er die Verantwortung auf den Erzähler verlagert. Wenn Weil in der Reportage „Průsmyk buamský" über das Arbeitslager Pamirstroj und

---

[793] *Mír*, 166.
[794] *Mír*, 159. (Ton bedeutet Pelzmantel und auch Wärme, sagte unser Reiseleiter.)

die dort arbeitenden Häftlinge berichtet, wobei er aber von wohl ernährten und zufriedenen Häftlingen schreibt, die unter Musikbegleitung am Bau arbeiten, würde man erwarten, dass er diese Informationen in der Erzählung wirklichkeitsgetreu „korrigieren" würde. Weil tut dies jedoch nicht, in der Erzählung entfällt die Passage über Pamirstroj. Auch sonst werden in Weils Reportagen die negativen Seiten sowjetischer Wirklichkeit verzerrt dargestellt bzw. ausgeblendet. Beispielsweise berichtet er in seinen frühen Reportagen aus den 1920er Jahren begeistert über die sowjetische Geheimpolizei G.P.U. Diese Begeisterung ist wohl auf Weils Alter von 22 Jahren und seine Naivität zurückzuführen. Als er allerdings dreizehn Jahre später in der Reportage „Vypovězenec z Alma-Aty" über das Schicksal des tschechischen Bildhauers Vachek schreibt, der durch die G.P.U. aus Tbilisi nach Alma-Ata verbannt wurde, und dabei keinen Grund für die Verbannung nennt, den Ausdruck „Verhaftung" meidet, stattdessen von einer „Einladung" schreibt und die G.P.U.-Beamten als nette und freundliche Bürokraten schildert, kommt hier wahrscheinlich bereits Weils auf persönliche Erfahrung basierende Vorsicht zum Vorschein. Erst in den Romanen *Moskva – hranice* und *Dřevěná lžíce* erlaubt er sich mehr Freiheit und sein Erzähler beschreibt die G.P.U. als eine furchterregende und berüchtigte Institution. Dort würde sich die These, dass der Autor eines fiktionalen Textes die Verantwortung für das Ausgesagte auf den Erzähler (hier umso stärker, da es sich nicht mehr um einen homodiegetischen, sondern um einen heterodiegetischen handelt) verlagert und somit mehr Freiheit für seine Äußerungen gewinnt, bestätigt finden. Allerdings bleibt anzumerken, dass dies bei Weil in einem unerheblichen Maße passiert, denn angesichts der Themenwahl könnte dies viel ausgeprägter sein.

Eine weitere umfassende Transformation eines faktualen bzw. mehrerer faktualer Texte in einen fiktionalen erfolgt, als ein – offensichtlich autobiographisches – Ereignis des Autors aufgegriffen wurde, nämlich das tagelange Warten auf den Zug der sowjetischen Eisenbahn „Turksib" in Richtung Balchašsee. Dieses und andere Erlebnisse kommen in den Reportagen „Turksib", „Alma-atinská jablka", „Vypovězenec z Alma-Aty" und „Ujgurské divadlo" sowie in der Erzählung „Cesta do Alma-Aty" und im 11. Kapitel des Romans *Dřevěná lžíce* vor.

In der Reportage „Turksib" wird über die turkmenisch-sibirische Eisenbahn berichtet, vor allem über die Anzahl der Schienenkilometer, über die unterschiedlich sprechenden Passagiergruppen sowie über die schweren Bedingungen bei ihrem Bau. Die Reportage wird deshalb als eine der Grundlagen für die Erzählung „Cesta do Alma-Aty" und für den Roman „Dřevěná lžíce" verstanden, da hier das erste Mal die Beschreibung der Bahnhofsstation „Lugovaja" erscheint. Auffallend ähnlich erscheint in allen Texten vor allem die Schilderung der Menschenmengen, die zum Balchašsee strömen: die verschiedensten Ethnien der UdSSR mit unterschiedlicher Motivation und verschiedenen Sprachen.

In der Reportage „Ujgurské divadlo" werden die Leser über die Geschichte des Volkes der Uiguren, über ihre Religion und Lebensweise informiert. Im zweiten Teil wird eine Vorstellung des neu gegründeten und einzigen uigurischen Theaters wiedergegeben. Auch dieses Ereignis greift Weil erneut in der Erzählung „Cesta do Alma-Aty" auf. Im Gegensatz zu der Erzählung, in der der homodiegetische Erzähler die Vorstellung aus der Position des dort anwesenden Zuschauers schildert und auch seine emotionale Einstellung dem Stück gegenüber zeigt, wird in der Reportage über das Theaterstück sachlich und neutral referiert. Der Leser der Reportage erfährt allerdings den Titel des Stückes, „Anar-chán", und erhält eine genaue Wiedergabe der in drei Akte geteilten Handlung, was in der Erzählung nicht vorkommt. Dort berichtet der homodiegetische Ich-Erzähler, dass er in einem uigurischen Stück war, von dem er nicht mehr weiß, wie es geheißen hat.[795] Die Beschreibung der Handlung ist auch nicht so präzise wie in der Reportage, da dem Ich-Erzähler die Handlung aus der uigurischen in

---

[795] *Mír*, 156, *Sechs Tiger*, 38.

die russische Sprache gedolmetscht wird. Auch nimmt er eine persönliche Stellung dazu ein – für ihn ist das Theaterspiel „krásná, [...] plná podivuhodné poesie".[796]

Die Reportage „Alma-atinská jablka" hat mit der Erzählung die Beschreibung der kasachischen Stadt Alma-Ata gemeinsam: In beiden Texten wird Alma-Ata als europäische Stadt bezeichnet und ihre berühmten Äpfel werden gepriesen. Die Reportage unterscheidet sich thematisch vorwiegend durch die Schilderung einer Begegnung des Reporters mit einem Österreicher, der in der Nähe von Alma-Ata einen Apfelbaumgarten hat und Äpfel verkauft. Da er jedoch bewusst abgeschottet von der Außenwelt lebt und an dem Geschehen in der sowjetischen Gesellschaft nicht teilnimmt, äußert sich der Reporter über diesen ehemaligen Europäer abfällig als den letzten Asiaten von Alma-Ata. In der Reportage fehlt außerdem die emotionale Teilnahme des Erzählers, wie dies in der Erzählung der Fall ist, denn dieser verspürt eine unsägliche Trauer, als er die Stadt verlassen muss, die er inzwischen liebgewonnen hat: „Bylo mi nevýslovně smutno, když jsem se loučil s Almou-Atou, zamiloval jsem si toto město [...].".[797]

Die größten thematischen Überschneidungen mit der Erzählung weist eindeutig die Reportage „Vypovězenec z Almy-Aty" auf. Anhand des Vergleichs dieser zwei Texte zeigen sich einige Modifikationen, die zur Transformation einer Reportage in eine Erzählung führen. In beiden Texten wird das tagelange lebensgefährliche Warten des Protagonisten auf den Zug zum Balchašsee in der Wüste thematisiert. Auch hier kommt es zur Verallgemeinerung der Fakten: In der Reportage wird der Name der Bahnhofsstation explizit genannt – nämlich „Lugovaja" –, in der Erzählung dagegen verbringt der Ich-Erzähler fünf lange, qualvolle Tage in einer „namenlosen" Bahnhofsstation in der Wüste. (Hier sei noch angemerkt, dass der Reporter nur zwei Tage und zwei Nächte warten

---

[796] Mír, 157 („Es war ein schönes Stück, voll wunderbarer Poesie."), Sechs Tiger, ibidem.

[797] Mír, 158 („Mir war unsäglich traurig zumute, als ich von Alma-Ata Abschied nahm, ich hatte die Stadt lieb gewonnen [...]."), Sechs Tiger, 39.

muss.) In der Erzählung kommt der psychische und emotionale Zustand des Erzählers stärker zum Vorschein: „myslil jsem, že se již nedostanu z bezejmenné stanice"[798], „bylo mi dobře"[799], „byl jsem šťasten".[800] Die Reportage ist wiederum in vielerlei Hinsicht detaillierter in der Beschreibung als die Erzählung. Der Reporter berichtet ausführlich über sein Gespräch mit dem Bahnhofsvorsteher – er gibt seine eigenen Worte wieder, wie er ihm drohen musste, bis dieser ihm das Zugticket besorgt. In der Erzählung dagegen widmet er dieser Situation nur einen kurzen Satz und es kommen keine direkten Reden vor. Auch das Treffen mit dem nach Alma-Ata verbannten tschechischen Bildhauer Vachek, das einen wesentlichen Teil der Reportage bildet, wird in der Erzählung nur flüchtig angesprochen.

Das gleiche Ereignis wird auch im Roman *Dřevěná lžíce*, konkret im 11. Kapitel, aufgegriffen. Im Vergleich zu der Reportage lassen sich hier deutlichere Veränderungen auf der Ebene der Erzählung beobachten: Die wichtigste erscheint in Form des Wechsels vom homodiegetischen zum heterodiegetischen Erzähler. Die Figur, der dieses Erlebnis am Bahnhof widerfährt, ist weiblich. Es ist die junge Komsomolin und angehende Ärztin aus *Interhelpo*, Lída. Weitere Veränderungen auf der textinternen Ebene sind die Einblicke in die Psyche der handelnden Figuren, welche die Reportage überhaupt nicht und die Erzählung nur minimal enthält.[801]

Auf der Ebene der Geschichte lassen sich ebenfalls einige Unterschiede beobachten: Beispielsweise erlaubt sich der Autor größere Freiheit in der Beschreibung der wartenden Menschenmenge: Es werden auch Menschen mit einer in der sowjetischen Gesellschaft negativ konnotierten Motivation erwähnt – zum Balchašsee fahren nämlich außer den Arbeitsbegeisterten auch Menschen, die

---

[798] *Mír*, 152 („Ich dachte, ich würde nie fortkommen von dieser namenlosen Station."), *Sechs Tiger*, 34.
[799] *Mír*, 153 („Mir war wohl."), ibidem.
[800] *Mír*, 153 („Ich war glücklich."), ibidem.
[801] „myslili nejdříve" (sie dachten zuerst) *Dřevěná lžíce*, 116; „ale Lída ví" (aber Lída weiß) *Dřevěná lžíce*, 118; „ale Lída to ví" (aber Lída weiß es) *Dřevěná lžíce*, 119; „Ale nyní již ví" (Aber nun weiß sie schon) *Dřevěná lžíce*, 199; „Lída vzpomínala" (Lída erinnerte sich) *Dřevěná lžíce*, 120.

nach dem sog. „langen Rubel jagen", also viel Geld verdienen wollen. Ebenso befinden sich auf dem Bahnhof Kulaken und Abenteurer oder sogar Leute der untersten Schicht der Gesellschaft (Diebe etc.). Auch das Verhalten der Menschen wird viel drastischer beschrieben als in der Reportage und in der Erzählung.[802] Zu den weiteren negativen Elementen, die in den anderen Texten nicht vorkommen, können der Gestank und der Lärm[803] gezählt werden.

Das, was in der Reportage der Journalist berichtet, was ihm widerfahren ist – wie ihn die Menschen beschimpft und bedroht haben –, lässt nun der Autor den Bahnhofsvorsteher direkt sagen: „Ale pomohu vám, ačkoli je to proti pravidlům, ačkoliv mě asi budou proklínat ve všech jazycích a možná, že mě pověsí na semaforu."[804] Auch die Motivation dieser Hilfe ist hier anders – der Bahnhofsvorsteher hilft, weil Lída eine Komsomolin, eine „unsere" ist.

Die bedeutendsten Gemeinsamkeiten bzw. Unterschiede aller „Balchašsee-Texte" werden in folgender Tabelle zusammengefasst:

---

[802] „Tehdy se ozývá na stanici řev a křik, lidé se rvali před nástupištěm." (Dann ertönen Geschrei und Gebrüll in der Bahnhofsstation, die Menschen raufen vor dem Bahnsteig.) *Dřevěná lžíce*, 117.

[803] „Dusný zápach čpících těl byl nesnesitelný, ale nesnesitelnější byl hlomoz, nikdy, ani v noci nebylo na stanici ticho." (Der stickige Gestank der ungewaschenen Körper war unerträglich, viel unerträglicher war jedoch der Lärm; nie, nicht mal in der Nacht war es still in der Station.) Ibidem.

[804] (Ich werde Ihnen aber helfen, auch wenn es gegen die Regeln ist, auch wenn sie mich verfluchen werden, in allen Sprachen der Welt, und mich an der Ampel erhängen.) *Dřevěná lžíce*, 120.

Text, Publikationsmedium Erscheinungsjahr	Gattung	Inhalt/Ereignis	Erzähler/Figur/ Sprechweise der Figuren/ Zeitform des Erzählens
„Turksib" (*Tvorba*, 1935)	Reportage in der Zeitschrift	überfüllte Bahnstation Lugovskaja Beschreibung der Menschenmasse kein persönliches Ereignis	Autor = Erzähler (Reporter) keine Figur, nur namenloser Erzähler keine direkten Reden Präsens
„Vypovězenec z Almy-Aty" [Der Verbannte aus Alma-Ata] (*Útok*, 1935) sowie „Vypovězenec z Alma-Aty" [Der Verbannte aus Alma-Ata] (*Češi staví v zemi pětiletek*, 1937)	Reportage in der Zeitschrift sowie Reportage im Band der Reportagen	persönliches Erlebnis 2 Tage, 2 Nächte Station Lugovaja Melonen, Kürbisse, Brot Menschenmasse Um weiterfahren zu können, droht der Hauptprotagonist dem Bahnhofsvorsteher. Dieser hilft ihm anschließend. Geschichte des Bildhauers Vachek	Autor = Erzähler (Reporter) direkte Reden, Erzähler bemerkbar Präteritum
„Alma-atinská jablka" [Die Äpfel von Alma-Ata] (*Tvorba*, 1935)	Reportage in der Zeitschrift	Beschreibung und Geschichte der Stadt Alma-Ata berühmte Äpfel aus Alma-Ata persönliches Erlebnis – Begegnung mit einem Österreicher, der Apfelbäume anbaut	Autor = Erzähler (Reporter) keine direkten Reden, Erzähler bemerkbar Präsens

"Ujgurské divadlo" [Uigurisches Theater] (*Tvorba*, 1935)	Reportage in der Zeitschrift	Beschreibung der Uiguren, des neu gegründeten Theaters sowie eines uigurischen Theaterstückes kein persönliches Ereignis	Autor = Erzähler (Reporter) keine direkten Reden, Erzähler kaum bemerkbar Präsens/Präteritum
"Cesta do Alma Aty" [Die Reise nach Alma-Ata] *Mír. Povídky z let 1938–1948*, 1949)	Erzählung	persönliches Erlebnis 5 Tage namenlose Station der Turksib Melonen, kein Brot böse, aggressive Menschenmasse Der Hauptprotagonist darf weiterfahren, weil ihm der Bahnhofsvorsteher hilft (ohne Angabe von Gründen) Bildhauer Vachek nur kurz erwähnt Wiedergabe des Inhalts des uigurischen Theaterstücks	Homod. E.: Ich-Form keine direkte Reden Hauptfigur: der Erzähler Präsens/Präteritum
Dřevěná lžíce [Der Holzlöffel] (11. Kapitel) (1992)	Roman	persönliches Erlebnis 4 Tage Bahnstation Lugovaja Melonen und Brot Die Hauptprotagonistin Lída darf weiterfahren, da ihr der Bahnhofsvorsteher hilft, weil sie eine Komsomolin (eine „unsere") ist.	Heterod. E.: Er-Form direkte Reden Hauptfigur: die junge Komsomolin „Lída" Präsens/Präteritum

Die Analyse hat gezeigt, dass in Weils Schaffen einige Themenkomplexe (z. B. Sowjetunion der 1930er Jahre, *Interhelpo*, Zentralasien etc.) dominieren, die der Autor in mehreren Textsorten aufgreift. Dabei geht er folgendermaßen vor: Als primäre Texte schreibt er die Reportagen, die er anschließend häufig in Erzählungen umwandelt. Die Ebene der Erzählung in diesen beiden Textsorten unterscheidet sich nur geringfügig. Die Transformation der Reportage in eine Erzählung erfolgt vor allem auf der Ebene der Geschichte mittels Verallgemeinerungen der Fakten sowie der Lenkung der Aufmerksamkeit auf den Menschen, sein Schicksal beziehungsweise seine Emotionen. Zum Schluss kann man der Behauptung des Herausgebers von Weils Texten, Jiří Opelík, zustimmen, dass sich die fiktionalen Texte Weils von den faktualen vor allem durch das Vorhandensein der Wertung des Autors unterscheiden:

> V reportážích komentoval Weil skutečnost co nejstřídměji, věděl, že přesvědčit čtenáře neznamená čtenáře „zpracovat", nýbrž vést ho jen k samostatnému zřetězení a posouzení nashromážděných fakt. V povídkách je autorské hodnocení základní složkou výstavby, i když Weil znal mnoho způsobů, jak tendenci ústrojně a neokatě vtělit rovnou do díla; lidský faktor – v námětu, ve stanovisku, ve vyznění – má tu absolutní vrch.[805]

Im Gegensatz zu der Transformation von der Reportage in die Erzählung spielen sich bei der Transformation in einen Roman die Änderungen ebenfalls auf der Ebene der Erzählung ab, vor allem betrifft dies den Bereich der Einblicke in die Psyche handelnder Figuren sowie das Vorhandensein einer heterodiegetischen Erzählinstanz. Auch erlaubt sich der Autor größere Äußerungsfreiheit aufgrund der Verschiebung der Verantwortung über das Ausgesagte auf den Erzähler.

Die oben erwähnten Themenkomplexe, bei denen Weil faktuale Texte in fiktionale transformiert, werden in der folgenden Übersichtstabelle festgehalten.

---

[805] Opelík 1966, 205. (In seinen Reportagen hat Weil die Wirklichkeit möglichst enthaltsam kommentiert, er wusste, dass einen Leser zu überzeugen nicht unbedingt einen Leser „zu bearbeiten" bedeutet, sondern ihn nur zur eigenständigen Verkettung und Bewertung der gesammelten Fakten zu führen. In den Erzählungen bildet die Bewertung durch den Autor den Grundstein des Aufbaus, auch wenn Weil viele Arten und Weisen gekannt hat, wie man die Tendenz gescheit und unauffällig direkt in das Werk integrieren kann; der menschliche Faktor – im Thema, in der Haltung, im Sinn – hat die absolute Oberhand.)

Faktuale T. (Reportagen)	Fiktionale T.[806]
Interhelpo	
„Jak Čechoslováci dobyli poušť", in: *Pestrý týden* 1936/35, 22–24; *Pestrý týden* 1936/36, 15. „Interhelp", in: *Prager Presse* 1937/17:243 (5/9), 6. „10 let Interhelpo", in: *Svět práce* 1935/10, 149–150. „Před desítiletím družstva ‚Interhelpo'", in: *Tvorba* 1935/10:18, 279.	*Dřevěná lžíce* (1992, Roman)
Sowjetrussland	
„Cesta zpátky", in: *Panorama* 1937/15:4, 101–102. „Tschechen in Moskau", in: *Prager Presse* 1937/17:136 (19/5), 6. „Hrdinská epopej zedníka Štangla", in: *Právo lidu* 1937/46:29, 3. „První den v sovětské továrně", in: *Právo lidu* 1937/46:268, 2–3. „Na Tverbule v imažinistické putyce…", in: *Q* 1926/1:1 (unpaginiert). „Ze Štětína do Petrohradu", in: *Rudé právo*, 1922/3:244, 26. Oktober, 2 (Večerník). „Moskva za podzimu v roce 1922", in: *Rudé právo* 1922/3:259, 5. November, 5 (Večerník). „Dojmy ze sjezdu Komunistické Internacionály", in: *Rudé právo* 1922/3:267, 24. November, 2 (Večerník). „Ruce", in: *Rudé právo* 14, 1933/14:161, 15. Juli, 4. (Aus Moskau). „Stavba podzemní dráhy v Moskvě", in: *Tvorba* 1933/8:41, 514–515. „Stachanovci. Původní reportáž pro ‚Útok'", in: *Útok* 1935-36/5:6, 68–69. „Čeští dělníci na Metrostroji. Původní reportáž pro ‚Útok'", in: *Útok* 1935-36/5:8, 87–88.	*Moskva – hranice* (1937, Roman) „Busta básníkova" (*Mír*, 1949, Erzählung)

---

[806] Es wird das Datum der Erstpublikation angegeben.

\multicolumn{2}{c}{**Zentralasien**}	
„Jaro v kirgizských horách", in: *Tvorba* 1935/10:19, 296-297.	„Jezero Issyk-kulské" (*Mír*, 1949, Erzählung)
„Kolem jezera Issyk-Kul I. Průsmyk buamský", in: *Tvorba* 1935/10:25, 412-413.	„Cesta do Alma-Aty" (*Mír*, 1949, Erzählung)
„Kolem jezera Issyk-Kul II. Cestou po severním břehu", in: *Tvorba* 1935/10:26, 430-431.	„Ve městě Mešhedu", in: *Literární noviny* 1939/12:4, 57-60. (Erzählung)
„Kolem jezera Issyk-Kul III. Aksakal", in: *Tvorba* 1935/10:27, 446-447.	„Potomek Timurův" (*Mír*, 1949, Erzählung)
„Kolem jezera Issyk-Kul IV. Na jižním břehu", in: *Tvorba* 1935/10:28, 462-463.	*Makanna, otec divů* (1945, Roman)
„Kolem jezera Issyk-Kul V. Konec cesty", in: *Tvorba* 1935/10:29, 478-479.	
„Turksib", in: *Tvorba* 1935/10:41, 671-672.	
„Alma-atinská jablka", in: *Tvorba* 1935/10:43, 702-703.	
„Ujgurské divadlo", in: *Tvorba* 1935/10:44, 719-720.	
„Asie", in: *Tvorba* 1936/11:1, 8-9.	
„Lenin na Džergalčaku", in: *Tvorba* 1936/11:4, 54-55.	
„Sedm lžiček", in: *Tvorba* 1936/11:10, 154-155.	
„Vypovězenec z Almy-Aty", in: *Útok* 1935-36/5:18, 212; 1935-36/5:19, 221 und 224.	
\multicolumn{2}{c}{**Schweiz**}	
„Bludné cesty ,evropského ducha'", in: *Kulturní politika* 1946/2:1, 1, 4.	„Švýcarská snídaně v Capoulade" (*Mír*, 1949)
„Bonnet hájí Mnichov", in: *Kulturní politika* 1946/2:3, 5.	„Hodina v Nyonu"(*Mír*, 1949)
„Trochu o Švýcarsku", in: *Kulturní politika* 1946/2:3, 5.	„Setkání v Luzernu", in: *Svobodné noviny* 1948/4: 58, 1-2; 9. März.
„Poučení ze Švýcarska", in: *Kulturní politika* 1946/2:7, 3.	„Vězeň Chillonský", in: *Listy* 2, 1948/1, 7-11.
„Otázka viny", in: *Kulturní politika* 1946/2:9, 8.	„Šest tygrů v Basileji"(*Mír*, 1949)
	„Mír" (*Mír*, 1949)

Polen	
„O lidech a zbořeništích", in: *Mladá fronta* 1947/3:152; 1. Juli, 3. „Varšava dva roky po válce", in: *Mladá fronta* 1947/3:156; 5. Juli, 3. „Nad zříceninami", in: *Mladá fronta* 1947/3:162; 13. Juli, 3. „Budeme mít vlastní loďstvo? Polské moře", in: *Mladá fronta* 1947/3:166; 18. Juli, 4. „Osvětim – továrna smrti", in: *Mladá fronta* 1947/3:169; 22. Juli, 3.	„Lodžské intermezzo", in: *Mladá fronta* 1948/4:75; 28. 3., 11. „Varšavská suita", in: *Blok* 1947-48/2:1, 53–54.
Most	
„Pracovat, budovat a žít. Mostecké uhlí", in: *Kulturní politika* 1946/1:35, 7. „Pracovat, budovat a žít. Brigády", in: *Kulturní politika* 1946/1:36, 4. „Pracovat, budovat a žít. Moc nového řádu", in: *Kulturní politika* 1946/1:37, 4.	„O korunu a lásku" (*Mír*, 1949) „O korunu a lásku" (Drehbuch, unpubliziert)
Zlín	
„Čaj u Tomáše Bati", in: *Tvorba* 1932/7:29, 456–457, 464.	„Zlín" (*Mír*, 1949)
Treffen mit Otokar Fischer	
„Poslední setkání s Otokarem Fischerem", in: *Kytice* 1948/III, 190–191.	„Poslední setkání s Otokarem Fischerem" (*Mír*, 1949)

4.4 Text-Montage: *Žalozpěv za 77 297 obětí*

Den Höhepunkt der Arbeit mit faktualem und fiktionalem Text stellt in Weils Schaffen der Text *Žalozpěv za 77 297 obětí* (Elegie für 77 297 Opfer) dar. Weil verbindet hier gleich drei Textsorten, die trotz ihrer thematischen und stilistischen Unterschiede ein abgeschlossenes Ganzes bilden.[807]

---

[807] In seinem Nachwort spricht Urs Heftrich von einer „polyphonen Komposition", von einem „Dreiklang von pathetischem Stil, Chroniktext und Bibelwort". Heftrich, Urs. 2000: „Der Klagegesang", in: Weil, Jiří: *Leben mit dem Stern*. München – Stuttgart: Deutsche Verlags-Anstalt, 383–386, hier 385.

Žalozpěv za 77 297 obětí wurde im Jahr 1958 als bibliophile Ausgabe im Umfang von 700 Exemplaren im Verlag *Československý spisovatel* herausgegeben. Dieses Werk ist einzigartig in vielerlei Hinsicht. Auffallend ist schon der Titel, in dem die Gattungsbezeichnung „žalozpěv" (= Klagegesang, Elegie) vorkommt und der eigentlich auf ein lyrisches Werk hinweist, während es sich hier jedoch um eine Montage von drei verschiedenen Textsorten handelt, die auch graphisch voneinander unterschieden werden.

Die erste, in einer klassischen Schrift geschriebene Schicht bilden einleitende Texte, in denen vor allem die äußeren Begebenheiten, die das Schicksal der tschechoslowakischen Juden begleitet haben, beschrieben werden: Im ersten Abschnitt wird von der Asche berichtet, die von Millionen von verbrannten Opfern stammt und die die umliegende Landschaft[808] bedeckt. Der Ich-Erzähler fragt dann, wer unter dieser Asche die Asche von 77 297 Opfern finden kann, die aus seiner Heimat stammen. Er erzählt, dass er ein wenig von dieser Asche mitnimmt, um ihrer nicht zu vergessen. Anschließend wird in 17 folgenden kurzen Texten das Schicksal der tschechoslowakischen Juden unter der nationalsozialistischen Herrschaft geschildert: Es wird auf die vielen Verordnungen der Nationalsozialisten, die das Leben der im Protektorat lebenden Juden stark reglementiert haben, eingegangen. Dann werden das erzwungene Versammeln der Juden und deren Transporte und ihre Ghettoisierung in der Festungsstadt (Weils Ausdruck für das Ghetto Theresienstadt) thematisiert. Im letzten Abschnitt kehrt Weil zum Motiv der Asche zurück und schließt somit den Kreis. Diese Texte der ersten Schicht ähneln in ihrer Form stark den Erzählungen aus

---

[808] Die Landschaft wird erst im zweiten Abschnitt näher spezifiziert, erst dort erhält der Leser die Information, dass es sich um Böhmen und Mähren handelt. Im ersten Abschnitt wird die Landschaft lediglich als „eine Landschaft, welche sich bis ins Unendliche erstreckt", charakterisiert. Aufgrund einiger Indizien wie der Asche der Millionen von Toten kann man vermuten, dass es sich um das Konzentrationslager Auschwitz handeln könnte. *Elegie für 77 297 Opfer*, 13.

Barvy:[809] Es wird (mit Ausnahme des ersten Abschnitts) aus der Perspektive eines heterodiegetischen Erzählers berichtet; dabei fehlen jegliche konkrete Angaben: Die Deutschen werden nie namentlich genannt, sie sind lediglich durch das Personalpronomen „oni" (sie) vertreten oder werden anders umschrieben – als „die neuen Herren", „Pferdeschwanzträger",[810] „Totenköpfe" –, sie werden überdies mit Tod oder Spinnen verglichen; anstatt von Theresienstadt wird, wie oben schon erwähnt, von einer Festungsstadt gesprochen; der Reichsprotektor Heydrich wird als „großer Henker mit grausamen Augen" bezeichnet.

Auch motivisch weisen die Texte viele Ähnlichkeiten mit den Erzählungen aus *Barvy* auf: Am deutlichsten zeigt sich das beim Motiv der Hände. In *Barvy* setzt Weil in der Erzählung „Šedá a fialová" ein Verfahren ein, in dem für einen Menschen lediglich seine Körperteile handeln, vor allem aber die Hand. In *Žalozpěv* wird im vorletzten Abschnitt die Heterogenität der Gruppe der Opfer an ihren Händen demonstriert: „die Mutterhände", „in sich geschlungene Hände der Verliebten", „zum Segen erhobene Hände", „feste Ärztehände", „zarte Hände einer Stickerin" etc.[811] Über diese Schicht lässt sich sagen, dass es sich durchaus um eine Beschreibung realer Ereignisse handelt, allerdings in einer äußerst literarisierten Form.

Die zweite, in Kursivschrift dargestellte Schicht erzählt einige persönliche Geschichten der während des Zweiten Weltkriegs

---

[809] Als Beispiel für eine solche Ähnlichkeit möge der folgende Abschnitt aus *Žalozpěv* im Vergleich mit einem Ausschnitt aus der Erzählung „Černá a bílá" dienen: „Smrt vstoupila onoho dne do města, doprovázena pištci, nosiči koňských ohonů, smrtihlavy a rachocením bubnů." (*Žalozpěv za 77 297 obětí*, 9) (An diesem Tag hielt der Tod Einzug in die Stadt. Er wurde von pfeifenden Pferdeschwanzträgern, Totenköpfen und Trommelschlägern begleitet. – *Elegie für 77 297 Opfer*, 15; dt. Übersetzung Avri Salamon)
„[…] nikdo neví, kde je cíl, nebo snad je cílem smrt, jež kráčí v průvodu, doprovázena pištci a bubeníky?" (*Barvy*, 22) ([…] niemand weiß, wo das Ziel liegt, vielleicht ist der Tod das Ziel, der Tod, der in einem Zug schreitet, umgeben von Pfeifern und Trommelschlägern.)

[810] Dieses Bild verbindet *Žalozpěv* nicht nur mit *Barvy*, sondern auch mit den Romanen *Na střeše je Mendelssohn* sowie *Život s hvězdou*, in denen es ebenfalls vorkommt.

[811] *Elegie für 77 297 Opfer*, 31.

durch die Nationalsozialisten umgebrachten tschechoslowakischen Juden. Die Gesamtzahl der jüdischen Opfer wurde auf 77 297 beziffert, so viele Namen enthielt auch die Wand in der Pinkas-Synagoge in Prag zu ihrem Gedenken. Die Abbildung dieser Wand findet sich auch auf dem Buchumschlag für diesen Text. Diese Schicht unterscheidet sich von der ersten nicht nur graphisch, sondern auch stilistisch: In einem äußerst sachlichen Ton erzählt Weil Geschichten einzelner Juden oder auch ganzer Gruppen von Juden: Sie reichen vom Selbstmord eines 44-jährigen Emigranten aus Wien bis zur Schilderung des ängstlichen Wartens auf den Tod einer Gruppe von Blinden. Im Gegensatz zur ersten Schicht enthalten diese Texte viele konkrete Angaben: Daten, Ortsangaben, Namen (es werden SS-Männer, Heydrich, Hitler, Střešovice und Namen von Juden genannt). Die dort erzählten Geschichten umfassen den Zeitraum vom 15. März 1939 bis zum März 1944, als das Familienlager im Vernichtungslager Auschwitz liquidiert wurde. Aufgrund konkreter Geschichten gelingt es Weil in dieser Schicht, die Anonymität der 77 297 Opfer aufzuheben, und anhand konkreter Beispiele ihr Leiden zu zeigen. Weil rekurriert hier auf faktuale Texte, denn als Mitarbeiter des Jüdischen Museums in Prag hatte er Zugang zu den Unterlagen der Opfer und griff diese hier in einem reportageähnlichen Stil auf. Interessant ist ebenfalls die Anordnung der Texte dieser Schicht, in der Weil in der ersten Hälfte die Einzelschicksale mit den Schicksalen ganzer Gruppen von Menschen abwechselt, in der zweiten Hälfte erzählt er drei Einzelschicksale, dann sechs Geschichten verschiedener Gruppen.[812]

Ein weiterer Unterschied zwischen den beiden Schichten lässt sich in der verwendeten Perspektive finden: Während in den lyrischen Passagen der ersten Schicht das Schicksal der tschechoslowa-

---

[812] Die erste Hälfte: 1. Josef Friedmann/ 2. Menschenmenge vor der Emigrationsbehörde/ 1. Rudolf Jekerle/ 2. Menschenmenge im Café/ 1. Max Opperman/ 2. Familie Kraus/ 1. Robert Kaufman/ 2. Standrecht.
Die zweite Hälfte: 1. Rudolf Kohn/ 1. Růžena Hekšová/ 1. Adolf Horovic/ 2. Die Behinderten in Theresienstadt/ 2. Hinrichtung/ 2. Transporte/ 2. Die Oper „Brundibár"/ 2. Mütter mit Kindern/ 2. Liquidation des Familienlagers in Auschwitz.

kischen Juden aus der Retrospektive geschildert wird, wird dagegen in den Texten der zweiten Schicht eine mit dem historischen Geschehen laufende Perspektive verwendet.

Das dritte in Großbuchstaben abgedruckte[813] Stratum bilden die Zitate aus dem Alten Testament. Diese Zitate kommentieren vor allem die persönlichen Geschichten der zweiten Schicht und wirken, wie Veronika Ambros in ihrer Studie schreibt, wie ein Chor, was dem ganzen Text einen zeitlosen Charakter verleiht: „jakoby plnící funkci antického chóru, propůjčují celému textu nadčasový charakter".[814]

Trotz der räumlichen Trennung sowie der thematischen und stilistischen Unterschiede der drei Schichten hat es Weil geschafft, dass diese in einem engen Bezug zueinander stehen und sich gegenseitig ergänzen. Laut Bettina Kaibach hat Weil durch die Struktur seines Textes, vor allem durch den Wechsel des unterschiedlichen Stils des fiktionalen (lyrischen) Erzählens der ersten und des reportageähnlichen Erzählens der zweiten Schicht, eine poetologische Aussage über die Abbildbarkeit des Holocausts getätigt.[815]

---

[813] In der deutschen Übersetzung von Avri Salomon wurden die Großbuchstaben durch fettgedruckte Schrift ersetzt.

[814] Ambros, Veronika. 2006: „Na pokraji kánonu: Daleká cesta Alfréda Radoka a Žalozpěv za 77 297 obětí Jiřího Weila aneb velké náhrobky ‚malým mrtvým'", in: *Otázky českého kánonu. Sborník příspěvků z III. kongresu světové literárněvědné bohemistiky ‚Hodnoty a hranice. Svět v české literatuře, česká literatura ve světě'. Praha 28.6.–3.7.2005. Band 1.* Praha: Ústav pro českou literaturu AV ČR, 399–413, hier 405. Neben Veronika Ambros und Bettina Kaibach sind noch die Studien von Růžena Grebeníčková sowie Hana Hříbková zu erwähnen, die sich mit Weils *Žalozpěv* beschäftigen. Siehe Grebeníčková, Růžena. 1995: „Weilův žalozpěv", in dies.: *Literatura a fiktivní světy. Band 1.* Praha: Český spisovatel, 404–407. Hříbková, Hana. 2016: „Šoa v díle Jiřího Weila", in: Holý, Jiří (Hg.): *Cizí i blízcí. Židé, literatura, kultura v českých zemích ve 20. století.* Praha: Akropolis, 681–727, hier 716–723. Interessante Beobachtungen machte auch Petr Málek in der Publikation Holý, Jiří/Málek, Petr/Špirit, Michael/Tomáš, Filip (Hg.): *Šoa v české literatuře a v kulturní paměti.* Praha: Akropolis, hier 87–92.

[815] Kaibach geht in ihrer Studie auf die berühmte Aussage Adornos, „nach Auschwitz ein Gedicht zu schreiben ist barbarisch", ein. Siehe Kaibach, Bettina. 2007: „Poetologická dimenze Weilova Žalozpěvu za 77 297 obětí", in: Holý, Jiří (Hg.): *Holokaust – Šoa – Zagłada v české, slovenské a polské literatuře.* Praha: Karolinum, 169–189.

Dieser Text Weils nimmt in seinem Gesamtschaffen eine Sonderstellung ein, denn obwohl das Changieren zwischen dem faktualen und fiktionalen Erzählen für seine Texte charakteristisch ist, hat er dieses in so einem Maß und innerhalb eines Textes noch nie vollzogen.

5. Fazit

In der vorliegenden Arbeit wurde der Versuch unternommen, das Œvre des tschechischen Schriftstellers Jiří Weil zu beschreiben. Da Weil als Autor sowohl faktualer (Reportagen) als auch fiktionaler (Erzählungen, Romane) Texte gilt, wurden zur Beschreibung und Untersuchung seines Werkes die Kategorien der Faktualität und Fiktionalität herangezogen. Für faktuale wurden solche Texte Weils gerechnet, die im Einklang mit Martínez und Scheffel den „Anspruch auf die Referenzialisierbarkeit", d. h. Verwurzelung im empirisch-wirklichen Geschehen, erheben, für fiktionale dann solche, die dieses nicht tun. Darüber hinaus wurde von der These ausgegangen, dass sich die fiktionalen Texte durch das Vorhandensein sog. Fiktionssignale auszeichnen, vor allem einer heterodiegetischen Erzählinstanz sowie der Einblicke in die Psyche handelnder Figuren. Als Unterlage für die eigentliche Textanalyse diente hier die Erzähltheorie Gérard Genettes, der zwischen der Ebene der Geschichte (*histoire*) und der Ebene der Erzählung (*récit*) unterscheidet.

Die Tatsache, dass Weil sich ursprünglich dem Verfassen von faktualen Texten widmete, führte zu der Annahme, dass diese eine Art Basis auch für seine späteren fiktionalen Texte bilden. Bei der Kategorisierung der Texte Weils lehnt sich diese Arbeit weiterhin an die Theorie der fiktiven Welten von Lubomír Doležel an, der behauptet, dass sich die fiktiven Welten zwar auf die realen Welten beziehen, von diesen jedoch unabhängig seien. In seiner Konzeption unterscheidet Doležel zwischen den sog. *world-imaging-texts* (I-Texte), also den Texten, die die wirkliche Welt darstellen, und den sog. *world-constructing-texts* (C-Texte), also den Texten, die neue Welten erst entstehen lassen. Die fiktiven Welten erscheinen somit in den C-Texten. Im Einklang mit der Theorie Doležels sollten demnach die Reportagen Weils der Kategorie der I-Texte, seine Erzählungen und Romane dann der Kategorie der C-Texte angehören. Aufgrund der oben aufgeführten Thesen wurden folglich die drei produktivsten Textsorten Weils – die Reportagen, Erzählungen und Romane – klassifiziert, beschrieben und auf die Anwesenheit der Fiktionssignale untersucht. Da sich Weils Schaffen jedoch durch starke Oszillation zwischen der Fiktion und der Nicht-Fiktion auszeichnet, wurde deshalb besonderes Augenmerk auf die Prozesse der Transformationen gelegt, im Zuge derer Weil seine faktualen Texte in fiktionale umwandelt: Bei Weil kommt dies in Fällen vor, wenn er Ereignisse aus seinem bewegten Leben literarisch aufgreift.

Die Erfassung der zahlreichen Reportagen Weils hat gezeigt, dass obwohl dieser vor allem in den 1930er Jahren als Reporter tätig war, etliche Reportagen auch aus der Zeit nach dem Zweiten Weltkrieg stammen, was in der Forschung übersehen wird. Hiermit wurde bewiesen, dass Weil auch nach 1945 faktuale Texte verfasste, also in der Schaffensphase, die sich vor allem durch die Entstehung von den fiktionalen Texten auszeichnet. Auf der Ebene der Erzählung wurde hinsichtlich der Reportagen festgestellt, dass Weil häufig zwischen Erzählern in der ersten und dritten Person Singular wechselt; wenn der Erzähler als Teil eines Kollektivs auftritt, verwendet er auch die erste Person Plural. In einigen Reportagen spricht der Reporter Weil seine Leser sogar in der zweiten Person Singular direkt an, was eine persönliche Gesprächssituation simuliert und somit den Grad der Mittelbarkeit erhöht. Im Zuge der Untersuchung konnte weiters ermittelt werden, dass Weils Reportagen einige sich wiederholende Motive enthalten, die auch im Roman *Moskva – hranice* vorkommen: die Bezeichnung Moskaus als eine asiatische bzw. halbasiatische Stadt, Europas als Zivilisation, verknüpft mit dem Motiv eines guten, starken Kaffees. In den frühen Reportagen Weils aus den 1920er und auch aus den 1930er Jahren konnten die Ursprünge eines Themenkomplexes entdeckt werden, den Weil erneut in den Romanen *Moskva – hranice* und *Dřevěná lžíce* aufgegriffen hat – nämlich das Thema des Lebens der Tschechen bzw. Tschechoslowaken in der UdSSR. Darüber hinaus sind in seinen Reportagen aus der UdSSR ebenfalls die ersten Zeichnungen der Figuren zu finden, die Weil in seinem ganzen Schaffen kontinuierlich fortsetzt: Er verzichtet sowohl auf die äußere Beschreibung als auch auf die Psychologisierung seiner Figuren und charakterisiert diese lediglich mittels ihrer Sprache.

Die zweite untersuchte Gruppe von Weils Texten bilden seine publizierten sowie unpublizierten Erzählungen. Die Untersuchung der Erzählungen erwies, dass diese als eine Art „kleine Modelle" für die umfangreicheren Prosatexte funktionieren: Sie enthalten Motive oder Ereignisse, die dann detailliert in den Romanen entfaltet werden. Auch bei den Erzählungen spielt das Kommunikationsmedium Sprache eine besondere Rolle: Zum Teil wird es ganz explizit thematisiert, zum Teil erscheint es in Form nur bedingt funktionierender oder ganz misslingender Diskussionen und Dialoge. Dies kommt hauptsächlich in den Erzählungen vor, die über eine verschachtelte Struktur verfügen. Thematisch setzen sich die meisten Erzählungen mit dem Holocaust auseinander, schildern historische Ereignisse oder Reiseerlebnisse des Autors. Gerade die letztgenannten sind von besonderem Interesse, denn oft haben sie ihre Vorbilder in den Reportagen. Solche Erzählungen sind in der Ich-Form verfasst, dabei ähnelt der Ich-Erzähler dem Reporter aus Weils Reportagen. In der Mehrheit der untersuchten Erzählungen wurde allerdings die Erzählinstanz in der Er-Form ermittelt. Lediglich in einigen Erzählungen des Zyklus *Barvy* treten sowohl die Ich- als auch die Er-Form auf.

Weils Romanschaffen lässt sich in drei Themenbereiche gliedern: Der erste hat die Sowjetunion vor dem Zweiten Weltkrieg zum Thema, im zweiten setzt sich Weil mit dem Jüdischen sowie mit dem Holocaust auseinander, im dritten dann mit dem Thema der Arbeiterbewegung. Aus der Textanalyse der Romane geht hervor, dass die überwiegende Mehrheit von Weils Romanen in der Er-Form verfasst ist. Die einzige Ausnahme stellt der ausschließlich vom homodiegetischen Erzähler, teilweise sogar in Form eines inneren Monologs, erzählte Nachkriegsroman *Život s hvězdou* dar. Im unvollendeten Roman „Zde se tančí Lambeth-walk" kann man den Wechsel zwischen der Ich- und Er-Form beobachten. Dieser der besseren Fokussierung auf das Schicksal des Einzelnen dienende Wechsel der Erzählinstanzen setzt den Roman mit den Reportagen in Verbindung. Das Verfahren, bei dem der Ich-Erzähler ganz unerwartet in einem vom heterodiegetischen Erzähler erzählten Text auftaucht, verknüpft wiederum den Roman *Dřevěná lžíce* mit den

Erzählungen des Sammelbands *Barvy*. Die Untersuchung der Präsenz des weiteren Fiktionssignals – der Einblicke in die Psyche der Figuren – hat bei den Romanen mit heterodiegetischem Erzähler ergeben, dass in das Innere der Figuren mittels ihrer Erinnerungen mit unterschiedlicher Frequenz geschaut wird. Bei den Figuren, die sich vorwiegend in einer schwierigen Lebenslage befinden, signalisieren die Verben, die die inneren Vorgänge beschreiben, dass diese in ihren Gedanken in die Vergangenheit flüchten, die im Gegensatz zur Gegenwart positiv konnotiert ist. Lediglich die seelischen Prozesse der Figuren im Holocaust-Roman *Na střeše je Mendelssohn* sowie teilweise im unvollendeten Roman „Zde se tančí lambethwalk" richten sich in die Zukunft, indem sie mit Vorgefühlen und Vorahnungen des kommenden Unheils verknüpft werden.

Die Analyse der einzelnen Texte und anschließende Untersuchung der transformierenden Prozesse hat die ursprüngliche Annahme bestätigt, dass Weil in seinem Schaffen die Reportagen oft als Ausgangstexte verwendet und diese dann in Erzählungen transformiert hat. Dabei griff er allerdings kaum in die Ebene der Erzählung ein, sondern setzte im Besonderen das Prinzip der Verallgemeinerung der Fakten und der Fokussierung auf das menschliche Schicksal ein. Gravierende Änderungen auf der Ebene der Erzählung sind erst bei den Transformationen der Prä-Texte in die Romane zu verzeichnen. Diese Transformationsverfahren sind vor allem für Weils Vorkriegsschaffen prägend, nichtsdestotrotz kann man sie, wenn auch im geringeren Maße, ebenfalls in den Texten, die nach 1945 entstanden sind, beobachten. Für den Höhepunkt in Weils Umgang mit faktualen und fiktionalen Texten wird in dieser Arbeit der Collage-Text *Žalozpěv za 77 297 obětí* gehalten, der sich durch seinen Aufbau in Form von drei andersartigen Strata wesentlich von den anderen Texten Weils abhebt. Die Vorstufe dieser nur schwer erfassbaren Textsorte Weils bilden einige Kurztexte mit Holocaust-Thematik sowie der unvollendete Roman „Zde se tančí Lambeth-walk", wo Weil bereits die faktualen mit den fiktionalen Textsorten kombiniert.

Die Anwendung der oben genannten Theorien, insbesondere der Theorie der fiktiven Welten, zeigte sich bei der Untersuchung und Klassifizierung des umfassenden prosaischen Werk Weils, das zum großen Teil auf zeitgenössische oder historisch nahe Ereignisse mit nachgewiesenen authentischen Details referiert, als nicht ausreichend. Markant ist dies vornehmlich bei den Texten, die sich mit den stalinschen Verbrechen der 1930er Jahre sowie mit dem Holocaust befassen, also mit einer Problematik, die eine lebendige ethische Dimension aufweist. Diese Texte können nicht für typische C-Texte gehalten werden, in denen fiktive, von der wirklichen Welt unabhängige Welten konstruiert wurden. Sie sollten demnach als eine andere Art der fiktionalen Texte aufgefasst werden. Als eine mögliche Untersuchungsweise bietet sich hier die Anknüpfung an den breiten Forschungskomplex[816] der Repräsentationen des Holocausts, den maßgeblich bereits in den 1950er Jahren Theodor W. Adorno mit seiner berühmten Aussage „ein Gedicht nach Auschwitz zu schreiben, ist barbarisch"[817] prägte. Eine umfangreiche Untersuchung an dieser Stelle würde jedoch den Rahmen dieser Arbeit sprengen. Dennoch sollte zumindest ein kurzer Ausblick auf eine Lösung bei der Klassifizierung der fiktionalen Texte Weils, die auf historische Ereignisse rekurrieren, angeboten werden: Einen möglichen Ansatz bietet das Konzept von Jiří Holý und Hana Nichtburgerová, die im Einklang mit Umberto Eco zwischen dem sog. „geschlossenen" und „offenen" Erzählen unterscheiden.[818] Das geschlossene Erzählen kann man demnach als

---

[816] Zur Forschung im Bereich der Repräsentationen von Holocaust siehe beispielsweise: Lang, Berel. 2000: *Holocaust Representation. Art within the Limits of History and Ethics*. Baltimore: The Johns Hopkins University Press; Berghahn, Klaus/Fohrmann, Jürgen/Schneider, Helmut J. (Hg.). 2002: *Kulturelle Repräsentationen des Holocaust in Deutschland und den Vereinigten Staaten*. New York: Peter Lang oder Czaplinski, Przemysław/Domańska, Ewa (Hg.). 2009: *Zagłada. Wspólczesne problemy rozumenia i przestawiania*. Poznań: Poznańskie Studia Polonistyczne.

[817] Adorno, Theodor W. 1977: „Prismen. Kulturkritik und Gesellschaft", in: ders.: *Gesammelte Schriften. Band 10. Kulturkritik und Gesellschaft*. Hg. von Rolf Tiedemann, Darmstadt: Wissenschaftliche Buchgesellschaft, 30.

[818] Eine andere Klassifizierung führt Berel Lang in seiner Arbeit durch. Er unterscheidet zwischen den Texten, die Historizität ausdrücken (Tagebücher, Memoiren etc.), und Texten, die eine historische Referenz bzw. historischen Kontext/Subtext enthalten. Diese Gruppe der Texte setzt voraus, dass der Leser das Wissen über den Holocaust in die Lektüre miteinbringt. Dieses Wissen führt zu

kontinuierliche, kausale Reihenfolge der Gegebenheiten begreifen, die einen höheren Sinn wie den Sieg des Guten über das Böse verfolgt. Die Fabeln werden als glaubhafte Nachahmungen der Geschichte dargestellt, die von einem Augenzeugen erzählt werden. Der Verlauf des geschlossenen Erzählens ist oft vorgegeben, fängt meistens mit einer Verhaftung an, gefolgt von einem Befehl, sich zu einem Transport zu begeben, und der Ankunft in einem Konzentrationslager. Das geht einher mit der ausführlichen Schilderung der durchlebten Gräueltaten und endet mit der Befreiung und der Hoffnung auf eine glücklichere Zukunft.[819]

Des Weiteren wird im geschlossenen Erzählen häufig auf die jüdische oder christliche Eschatologie hingewiesen, und die dort beschriebenen Welten erscheinen als ein Teil einer höheren, sinngebenden Einheit. Im Gegensatz zum offenen Erzählgen gehören zu den Merkmalen geschlossenen Erzählens Pathos, Heroismus, Monumentalisierung sowie emotive generalisierende Wertschätzung. Das „offene Erzählen" dagegen

liegt dem Grotesken und dem schwarzen Humor näher. Es baut meist nicht auf der mimetischen narrativen Illusion, sondern auf dem Nichtillusorischen und Entfremdenden auf. Die Erschütterung besteht nicht in der Außergewöhnlichkeit, sondern in der alltäglichen Darstellung der Geschehnisse.[…] Das Grauen wird als etwas Selbstverständliches präsentiert, etwas, das auf der Tagesordnung steht. Die Grenze zwischen Gut und Böse wird entschärft. Die Geschichten werden individualisiert. Helden werden durch Antihelden ersetzt. Manchmal wird die Erzählperspektive gewechselt, was zur Mehrdeutigkeit führt.[820]

Im Einklang mit dieser Unterscheidung würden Weils Texte mit der Holocausthematik dem Typus des offenen Erzählens entsprechen: Sie beschreiben häufig groteske bis absurde Situationen (wie der Roman *Na střeše je Mendelssohn*), sie sind von regelrechten Antihelden (Roubíček in *Život s hvězdou*) bevölkert, die vollkommen antiheroisch und unpathetisch sind und handeln und die das große

---

einer dramatischen Transformation der Texte, die ansonsten unverständlich auf der Ebene der allgemeinen Parabel oder Allegorie blieben. Die dritte Gruppe der Texte stellen die historischen Schriften selbst dar. Weils Texte würden andeutig der zweiten Gruppe angehören. Siehe Lang 2000, 28–32.

[819] Holý, Jiří/Nichtburgerová, Hana. 2018: „Jakob der Lügner (1969)", in: Roth, Markus/Feuchert, Sascha (Hg.): *Holocaust. Zeugnis. Literatur. 20 Werke wieder gelesen*. Göttingen: Wallstein Verlag, 158–168, hier 153f.

[820] Ibidem.

Grauen eher in Form von alltäglichem Unrecht und Demütigungen erfahren. In dieser Hinsicht haben auch die beiden Romane *Moskva – hranice* sowie *Dřevěná lžíce*, in denen Weil seine Erfahrung aus der Sowjetunion aufgreift, mit seinen Holocaust-Texten einiges gemeinsam: Auch ihre Protagonisten können meistens nicht als „Helden" bezeichnet werden, auch sie sind in ihrer Alltäglichkeit verhaftet und unterwerfen sich dem Druck der Epoche, in der sie leben. Demnach können auch diese Romane dem offenen Erzählen zugeordnet werden.

Abschließend lässt sich sagen, dass die vorliegende Arbeit den ersten Versuch darstellt, das vermeintlich heterogene Werk des tschechischen Schriftstellers Jiří Weil zu beschreiben. Obwohl sich das dazu ausgewählte theoretische Konzept der Fiktionalität und Faktulität vor allem im Hinblick auf die auf historischen Ereignissen rekurrierenden Texte als nicht ganz zufriedenstellend zeigte, stellt diese Arbeit mit ihrem Korpus von 56 untersuchten Reportagen, 53 Erzählungen und 11 Romanen sowie der erstellten Bibliographie trotzdem eine solide heuristische Basis für weitere Forschung dar.

6. Literaturverzeichnis

6.1 Primärliteratur

6.1.1 Romane, Erzählungen und Reportagen

1. *Češi stavějí v zemi pětiletek.* Praha: Družstevní práce 1937.
2. *Moskva – hranice.* Praha: Družstevní práce 1937¹; *Moskva – hranice.* Praha: Mladá fronta 1991²; *Moskva – hranice.* Praha: Triáda 2021³.
   [Dt. 1992: *Moskau – die Grenze.* Berlin – Weimar: Aufbau-Verlag. Übers. Reinhard Fischer.]
3. *Makanna. Otec divů.* Praha: ELK 1945¹; *Makanna. Otec divů.* Praha: Sfinx Bohumil Janda 1948².
4. *Barvy.* Praha: B. Stýblo 1946.
5. *Vzpomínky na Julia Fučíka.* Praha: Družstvo Dílo 1947.
6. *Mír. Povídky z let 1938–1948.* Praha: Družstvo Dílo 1949.
7. *Život s hvězdou.* Praha: ELK 1949¹; *Život s hvězdou.* Praha: Mladá fronta 1964²; *Život s hvězdou.* Praha: Odeon 1967³.
   [Dt. *Leben mit dem Stern.* München – Stuttgart: Deutsche Verlagsanstalt 2000. Übers. Gustav Just]
8. *Vězeň chillonský.* Praha: Československý spisovatel 1957.
9. *Harfeník.* Praha: Československý spisovatel 1958.
10. „The Prisoner of Chillon", in: *Meanjin* 1958/17:1, 13–17. [Engl. Übers. Margaret Stewart].
11. *Žalozpěv za 77 297 obětí.* Praha: Československý spisovatel 1958.
    [Dt. *Elegie für 77 297 Opfer. Jüdische Schicksale in Böhmen und Mähren 1936–1945.* Konstanz: Hartung-Gorre Verlag 1999. Übers. Avri Salamon.]
12. *Na střeše je Mendelssohn.* Praha: Československý spisovatel 1960¹; *Na střeše je Mendelssohn.* Praha: Československý spisovatel 1965², *Na střeše je Mendelssohn.* Praha: Garamond 2013³.
    [Dt. *Mendelssohn auf dem Dach.* Reinbek bei Hamburg: Rowohlt Taschenbuchverlag 1995. Übers. Eckhard Thiele]
13. „Więzień Czyllonu", in: *Więcej niż miłość.* Varszawa: Pax 1964, 193–199 [Poln. Übers. Andrzej Piotrowskij].
14. *Hodina pravdy, hodina zkoušky.* Praha: Československý spisovatel 1966. (Herausgegeben und kommentiert von Jiří Opelík)

15. „Hodina v Nyonu", in: Drábková, Květa (Hg.): *Česká povídka 1918–1968*. Praha: Československý spisovatel 1968, 309–315.
16. *La frontiera di Mosca – Il cucchiaio di legno*. Bari: Laterza 1969 [It. Übers. Gianlorenzo Pacini].
17. „Die Dichterbüste", in: Künzel, Franz Peter/Kafka, František (Hg.): *Tschechoslowakei erzählt*. Frankfurt am Main: Fischer 1970, 39–44 [Dt. Übers. Paul Kruntorad].
18. „Moskau – Grenze", in: Mytze, Andreas W. (Hg.): *Europäisches Ideen. Exil in der Sowjetunion*. Heft 1976/14–15, 1–3. [Dt. Übers. Andreas W. Mytze nach der italienischen Ausgabe].
19. *Život s hvězdou. Na střeše je Mendelssohn*. Praha: Československý spisovatel 1990.
20. *Dřevěná lžíce*. Praha: Mladá fronta 1992.
21. „aus: Leben mit dem Stern", in: Grüny, Christian (Hg.): *Jüdische Erzählungen aus Prag*. Praha: Vitalis 1997, 155–168 [Dt. Übers. Gustav Just].
22. *Život s hvězdou. Na střeše je Mendelssohn. Žalozpěv za 77 297 obětí*. Praha: Nakladatelství Lidové noviny 1999.
23. *Sechs Tiger in Basel*. Konstanz: Libelle Verlag 2008. (Herausgegeben und kommentiert von Urs Heftrich und Bettina Kaibach, dt. Übers. Bettina Kaibach).
24. „Kočka Josefa Poláčka z Libušína čp. 184", in: Cahová, Ivana/Gilk, Erik/Lukáš, Martin (Hg.): *Tobě zahynouti nedám ... Česká časopisecká šoa povídka 1945–1989*. Praha: Akropolis 2017, 250–253.
25. *Reportáže a stati 1920–1933*. Praha: Triáda 2021. (Herausgegeben von Michael Špirit).

6.1.2 Journalistische Texte[821]

Almanach Kmene:
„Josef Štangl vypravuje o moskevských zlodějích", in: *Almanach Kmene* 1937, 68-72.

Avantgarda:
„Svaté Hildegardy cestyvěz. Montáž o umění", in: *Avantgarda* 1926/2:2; Nachdruck in: Vlašín, Štěpán. 1972: *Avantgarda známá i neznámá.* Band 2: *Vrchol a krize poetismu. 1925-1928.* Praha: Svoboda, 247-250.

„O Wolkera", in: *Avantgarda* 1926/2:7; Nachdruck in: Vlašín, Štěpán. 1972: *Avantgarda známá i neznámá.* Band 2: *Vrchol a krize poetismu. 1925-1928.* Praha: Svoboda, 282-284.

Blok:
„Varšavská suita", in: *Blok* 1947-48/2:1, 53-54.

Červen:
„Kolcov ruské revoluce", in: *Červen* 1921/4:5, 74-75.

Česká osvěta:
„Co nám dává sovětská literatura", in: *Česká osvěta* 1946/39, 277-280.

Čin:
„Tadžická poezie", in: *Čin* 1929-30/1:26, 616-620.
„John Dos Passos a sovětská literatura", in: *Čin* 1936/8:1, 3-5.
„John Dos Passos a problémy sovětské literatury", in: *Čin* 1936/8:4, 52-55.
„John Dos Passos a sovětští čtenáři", in: *Čin* 1936/8:8, 120-122.
„Tolstoj a Gorkij", in: *Čin* 1936/8:16, 246-249.

Doba:
„Dobytí Nišapuru", in: *Doba* 1945-47/1:1, 13-15.
„Spisovatel Josef Masařík padesátiletý", in: *Doba* 1945-47/1:2, 64.

---

[821] Da bislang noch keine komplette Bibliographie von Weils Werken vorliegt und die Recherchen sich als ausgesprochen zeitaufwendig und mühsam gezeigt haben, da Weils Artikel in verschiedensten tschechischen Periodika zerstreut sind, erhebt auch diese Arbeit keinen Anspruch auf die Erstellung einer detaillierten Bibliographie, sie soll eher illustrieren, wie breit Weils Interessen und Kompetenzen als Journalist waren.

„Šedá a fialová", in: *Doba* 1945-47/1:3-4, 87-88.

Haló noviny:

„Bilance sovětské návštěvy. Rozhovor s M. Tretjakovem", in: *Haló noviny* 1935/3:330; 3, 4. Dezember.

„Tisk ve Střední Asii", in: *Haló noviny* 1935/3:351; 7, 25. Dezember.

„Jak mizí poušť", in: *Haló noviny* 1936/4:19; 7, 19. Januar.

„Lenin o Praze", in: *Haló noviny* 1936/4:24; 1, 24. Januar.

„Majakovskij – nejlepší básník revoluce", in: *Haló noviny* 1936/4:36; 4, 5. Februar.

„Pohovoříme si o hvězdách. Reportáž o moskevském domu", in: *Haló noviny* 1936/4:40; 3, 9. Februar.

„Autorské právo a překlady sovětské literatury", in: *Haló noviny* 1936/4:45; 4, 14. Februar.

Host do domu:

„Nízko je nebe", in: *Host do domu* 1958/10, 434-436.

„Bez triumfů", in: *Host do domu* 1964/9:40, 40-47.

„Příběh o řemesle", in: *Host do domu* 1965/12:8, 14-19.

Kmen:

Rubrik „Rusko", in: *Kmen* 1926-27/1:1, 25; 1:2, 58; 1:5, 97; 1:6, 155-156; 1:7, 178-179; 1:8, 202-203; 1:9, 229; 1:10, 248-249; 1928-29/2:2, 41; 2:6, 134; 2:7, 154-155; 2:8-9, 185.

„Lydie N. Sejfulina", in: *Kmen* 1926-27/1:7, 171.

„Hosté v Praze: Vladimir Majakovskij", in: *Kmen* 1926-27/1:8, 196.

„Rok 1927 v ruské literatuře", in: *Kmen* 1926-27/1:11, 274-276.

„Rozhovor s A. Bezymenským", in: *Kmen* 1928-29/2:1, 12.

„Anketa o překládání", in: *Kmen* 1928-29/2:4-5, 85.

„O Jiřím Tynjanovu", in: *Kmen* 1928-29/2:10, 201-203.

Komunistická revue:

„Ilja Grusdev: Das Leben Maxim Gorkis/Maxim Gorki: Erinnerungen an Zeitgenossen", in: *Komunistická revue* 1928/5, 316-317.

Komunistický kalendář:

„Rusko na podzim r. 1922. Cestovní dojmy", in: *Komunistický kalendář* 1924, 64-73.

Kulturní politika:

„Kdo má vydávat klasiky", in: *Kulturní politika* 1945/1:4, 5.

„Tygří tlama a zbytky fašismu", in: *Kulturní politika* 1945/1:7, 2.

„Fučíkova poslední reportáž", in: *Kulturní politika* 1945/1:8, 7.

„Jděte na periferii", in: *Kulturní politika* 1945/1:11, 4.

„Utopie a skutečnost", in: *Kulturní politika* 1945/1:12, 4.

„Lidé, kteří málo vědí", in: *Kulturní politika* 1946/1:13, 4.

„Nejlepší čeští spisovatelé napsali...", in: *Kulturní politika* 1946/1:15, 1.

„Být člověkem", in: *Kulturní politika* 1946/1:16, 3.

„Byla nejčernější doba ponížení...", in: *Kulturní politika* 1946/1:17, 1.

„Ať si připomenou", in: *Kulturní politika* 1946/1:17, 4.

„Francie za okupace", in: *Kulturní politika* 1946/1:19, 4.

„Snad by bylo již na čase...", in: *Kulturní politika* 1946/1:21, 1.

„Čest Francie", in: *Kulturní politika* 1946/1:22, 7.

„Zmatek v reáliích", in: *Kulturní politika* 1946/1:23, 7.

„Hamburský účet", in: *Kulturní politika* 1946/1:24, 5.

„České deníky se lišily...", in: *Kulturní politika* 1946/1:26, 1.

„Majakovský v Praze", in: *Kulturní politika* 1946/1:27, 4.

„List z černé kroniky", in: *Kulturní politika* 1946/1:31, 4.

„Byl jsem ve východních Čechách...", in: *Kulturní politika* 1946/1:32, 1.

„Sovětská literatura", in: *Kulturní politika* 1946/1:34, 4.

„Pracovat, budovat a žít. Mostecké uhlí", in: *Kulturní politika* 1946/1:35, 7.

„Pracovat, budovat a žít. Brigády", in: *Kulturní politika* 1946/1:36, 4.

„Pracovat, budovat a žít. Moc nového řádu", in: *Kulturní politika* 1946/1:37, 4.

„Vlasta Burian byl očištěn...", in: *Kulturní politika* 1946/1:40, 1.

„Žurnalistická biografie", in: *Kulturní politika* 1946/1:41, 3.

„Sovětská kniha", in: *Kulturní politika* 1946/1:42, 4.

„Bojovala jsem", in: *Kulturní politika* 1946/1:44, 4.

„Protektorátní literatura", in: *Kulturní politika* 1946/1:45, 6.

„Kniha", in: *Kulturní politika* 1946/1:46, 4.

„Veselý film z Východu", in: *Kulturní politika* 1946/1:48, 4.

„Bludné cesty ‚evropského ducha'", in: *Kulturní politika* 1946/2:1, 1, 4.

„Bonnet hájí Mnichov", in: *Kulturní politika* 1946/2:3, 5.

„Trochu o Švýcarsku", in: *Kulturní politika* 1946/2:3, 5.
„Poučení ze Švýcarska", in: *Kulturní politika* 1946/2:7, 3.
„Otázka viny", in: *Kulturní politika* 1946/2:9, 8.
„Obránce míru", in: *Kulturní politika* 1946/2:11, 5.
„Polský básník u nás", in: *Kulturní politika* 1946/2:13, 3.
„Hodina v Nyonu", in: *Kulturní politika* 1946/2:16, 20.
„Leo Lania v Praze", in: *Kulturní politika* 1946/2:17, 8.
„Anglická diskuse", in: *Kulturní politika* 1946/2:24, 1.
„Spiknutí generálů", in: *Kulturní politika* 1946/2:24, 5.
„Muži 20. června", in: *Kulturní politika* 1946/2:28, 4, 5.
„Větrejte, kudy kráčely", in: *Kulturní politika* 1946/2:33, 6.
„Spisovatelé v Polsku", in: *Kulturní politika* 1946/2:45, 6.
„Československo-polská kulturní spolupráce", in: *Kulturní politika* 1946/2:46, 6.
„Návrat", in: *Kulturní politika* 1948/3:30, 11.
„Dluh Juliu Fučíkovi", in: *Kulturní politika* 1948/3:51, 3.

Kvart:
„Žlutá a modrá", in: *Kvart* 1945-46/4, 3-6.

Kytice:
„Potomek Timurův", in: *Kytice* 1945-46/I: 6, 263-266.
„Hřbitov", in: *Kytice* 1947/II:10, 448-450.
„Poslední setkání s Otokarem Fischerem", in: *Kytice* 1948/III, 190-191.
„Busta básníkova", in: *Kytice* 1948/III, 254-257.

Levá fronta:
„Hitlerismus v jazykové vědě", in: *Levá fronta* 1931-32/2:5, 145-146.

Lidová kultura:
„Dějiny závodů!", in: *Lidová kultura* 1945/1; 4, 31. Mai.
„Kulturní pracovníci o brigádách", in: *Lidová kultura* 1946/2:30; 3, 27. Juli.
„Vzpomínky na Julia Fučíka", in: *Lidová kultura* 1946/2:42; 7, 29. November; 1946/2:43; 7, 5. Dezember; 1946/2:44; 5, 13. Dezember; 1946/2:45-46; 5, 20. Dezember. (Ab der zweiten Fortsetzung unter dem Titel „Vzpomínky na Julka Fučíka").

"Spisovatelé odpovídají Lidové kultuře. Jaké povinnosti má umělec k národu? Jaké povinnosti má národ k umělci?", in: *Lidová kultura* 1946/44; 7, 13. Dezember.

"Vzpomínky na Julka Fučíka", in: *Lidová kultura* 1947/3:1; 12, 10. Januar; 1947/3:2; 12, 15. Januar; 1947/3:3; 12, 22. Januar.

"Dvojník Roberta Davida", in: *Lidová kultura* 1947/3:6; 4, 12. Februar; 1947/3:7; 4, 10, 19. Februar.

"Čertův kotel", in: *Lidová kultura* 1947/3:10; 2, 12. März.

"Říjnová revoluce a naše samostatnost", in: *Lidová kultura* 1948/4:3, 1.

"Kultura a lid", in: *Lidová kultura* 1948/4: 5-6, 1.

Lidové noviny:

"Jezero Neuruppinské", in: *Lidové noviny* 1948/56:131, 1-2, 5. Juni.

Listy 2:

"Vězeň Chillonský", in: *Listy 2*, 1948/1, 7-11.

Literární noviny:

"Spor o dědictví Majakovského", in: *Literární noviny* 1936/9:1-2, 9.

"Nová ruská literární sezona", in: *Literární noviny* 1936/9:5, 2.

"Český Puškin", in: *Literární noviny* 1936/9:7-8, 5.

"Puškinova dramata", in: *Literární noviny* 1936/9:13, 4.

"Zemřel Ilja Ilf", in: *Literární noviny* 1936/9:16, 4.

"Pohled na novou sovětskou mládež", in: *Literární noviny* 1936/9:20, 6.

"Sovětské dětské knížky", in: *Literární noviny* 1937/10:4, 11.

"Tvář světa v románu", in: *Literární noviny* 1937/10:5-6, 6.

"Lidé, kteří nebudou již psáti", in: *Literární noviny* 1938/10:9, 5.

"Ve městě Mešhedu", in: *Literární noviny* 1939/12:4, 57-60. (unter dem Pseudonym Jan Hajdar)

"Aukce", in: *Literární noviny* 1940/13:1, 1-2. (unter dem Pseudonym Jan Hajdar)

"Stráň", in: *Literární noviny* 1940/13:9, 193-195. (unter dem Pseudonym Jan Hajdar)

"Nové české filmy", in: *Literární noviny* 1946/15:3-4, 50; 1947/16:3-4, 52-53.

"Knihy o válce a okupaci", in: *Literární noviny* 1946/15:7-8, 124-125.

„Krise evropské myšlenky a naše postavení", in: *Literární noviny* 1947/16:1-2, 1-2.

„Prostá pravda", in: *Literární noviny* 1947/16:3-4, 37-39.

„Dvě knihy za dva měsíce", in: *Literární noviny* 1947/16:5-6, 37-39.

„Paměti presidenta svého národa", in: *Literární noviny* 1948/17:1-2, 37-39.

„Výstava slavného výročí", in: *Literární noviny* 1948/17:5-6, 90.

„Kultura jde na vesnici", in: *Literární noviny* 1948/17:7-8, 97-98.

„Vratislavský sjezd", in: *Literární noviny* 1948/17:9-10, 121-122.

„Tolstoj a dnešek", in: *Literární noviny* 1948/17:9-10, 129-130.

„Lid, ano lid", in: *Literární noviny* 1956/5:52, 8.

„Kočka Josefa Poláčka z Libušína čp. 184", in: *Literární noviny* 1957/6:35, 2.

magazin DP:

„Zfilmované Zápisky z mrtvého domu a skutečnost", in: *magazin DP* 1933-34/1:2, 55-58.

„Ulespiegel v ruské revoluční literatuře", in: *magazin DP* 1933-34/1:8, 239.

„Jak a co čtou lidé v Sovětském svazu", in: *magazin DP* 1934-35/2:8, 241-244.

„Rozmluva se Sergejem Treťjakovem", in: *magazin DP* 1935-36/3:6, 204-205.

„Vzrůst zájmu o československou literaturu v SSSR", in: *magazin DP* 1935-36/3:6, 205.

„Knihy v sovětských továrnách", in: *magazin DP* 1936-37/4:2, 41-43.

„Kyzyl Kirgizstán", in: *magazin DP* 1936-37/4:6, 182-187.

„Bibliografie o Sovětském svazu", in: *magazin DP* 1936-37/4:7, 219.

Mladá fronta:

„O lidech a zbořeništích", in: *Mladá fronta* 1947/3:152; 3, 1. Juli.

„Varšava dva roky po válce", in: *Mladá fronta* 1947/3:156; 3, 5. Juli.

„Nad zříceninami", in: *Mladá fronta* 1947/3:162; 3, 13. Juli.

„Budeme mít vlastní loďstvo? Polské moře", in: *Mladá fronta* 1947/3:166; 4, 18. Juli.

„Osvětim - továrna smrti", in: *Mladá fronta* 1947/3:169; 3, 22. Juli.

„Lodžské intermezzo", in: *Mladá fronta* 1948/4:75; 11, 28. März.

Naše pravda:

„Vzpomínka, zapsaná do bloku v osudný den 1922", in: *Naše pravda* 1946/3:8; 4, 19.-20. Januar.

„Poslední bitva lejtěnanta Brovkina", in: *Naše pravda* 1959/16:56; 4, 8. Mai.

Nové Rusko:

„Stať o nové ruské próze", in: *Nové Rusko* 1925/1:3, 72-73; 1925/1:4, 113-115; 1925/1:5-6, 141-145; 1925/1:7-8, 192-194; 1925/1:9, 230-232; 1925/1:10-11, 275-277.

„Literární poznámky k 10letí Říjnové revoluce (Otázka emigrantské literatury)", in: *Nové Rusko* 1928-29/3:3, 106-107.

„Tři sovětští básníci v Praze", in: *Nové Rusko* 1928-29/3:4-5, 159-160.

Nový život:

„Píseň na rozloučenou", in: *Nový život* 1956/8:12, 1258-1260.

„O literatuře let dvacátých", in: *Nový život* 1957/9:2, 224.

„O prvních překladech ze sovětské literatury", in: *Nový život* 1957/9:10, 1090-1094.

„V Poděbradech roku 1945", in: *Nový život* 1957/9:11, 1161.

„Anketa o současné próze", in: *Nový život* 1957/9:12, 1258-1264.

„Je dobře, že se ptáte autorů…", in: *Nový život* 1957/9:12, 1258-1264.

O knihách a autorech:

„Jak vznikl román ‚Harfeník'", in: *O knihách a autorech* 1958/6, 30-32.

„Hodina pravdy, hodina zkoušky", in: *O knihách a autorech* 1966/2, 21.

Odeon:

„Angloameričan a Rus se dívají na Indii", in: *Odeon* 1929/2, 19-20; 1929/3, 40.

„Román - biografie", in: *Odeon* 1930/6, 86-87.

„O smrti Vladimira Majakovského", in: *Odeon* 1930/8, 119.

Panorama:

„Vsevolod Ivanov", in: *Panorama* 1931-32/9:6, 86-88.

„Vzpomínka na Antonína Macka", in: *Panorama* 1932-33/10:4, 168-169.

„Pearl Bucková a sovětská literatura", in: *Panorama* 1936/14: 3, 40-41.

„Saltykov-Ščedrin a dnešní Rusko", in: *Panorama* 1936/14: 9, 141-142.

„S Iljou Gruzděvem", in: *Panorama* 1936/14: 10, 151.

„Cesta zpátky", in: *Panorama* 1937/15:4, 101–102.

„Několik slov na památku Václava Tilleho", in: *Panorama* 1937/15:7, 196–197.

„Jen několik slov", in: *Panorama* 1937/15:10, 309.

„Smrt Kirova", in: *Panorama* 1937/15:10, 309–311.

Pestrý týden:

„Jak Čechoslováci dobyli poušť", in: *Pestrý týden* 1936/35, 22–24; 1936/36, 15.

Prager Presse:

„Tschechen in Moskau", in: *Prager Presse* 1937/17:136 (19/5), 6.

„Interhelp", in: *Prager Presse* 1937/17:243 (5/9), 6.

Praha – Moskva:

„K Puškinovým oslavám", in: *Praha – Moskva* 1936–37/1:9, 292–294.

„Zemřel Nikolaj Ostrovskij", in: *Praha – Moskva* 1936–37/1:9, 320.

„První svazky Puškinových spisů v češtině", in: *Praha – Moskva* 1937–38/2:2, 70.

Právo lidu:

„Hrdinská epopej zedníka Štangla", in: *Právo lidu* 1937/46:29, 3.

„Puškinův ‚Boris Godunov' a censura", in: *Právo lidu* 1937/46:41, 3.

„První den v sovětské továrně", in: *Právo lidu* 1937/46:268, 2–3.

Proletkult:

„Proletářská poesie ruská", in: *Proletkult* 1923/2:13, 193–195.

„Futurism a levé umění v Rusku", in: *Proletkult* 1923/2:23, 361–364; 1923/2:24, 376–379.

Přítomnost:

„Osud klasiků v sovětské literatuře", in: *Přítomnost* 1937/14:50, 794–797.

Q:

„Na Tverbule v imažinistické putyce...", in: *Q* 1926/1:1 (unpaginiert).

ReD:

„Vznik LEFu", in: *ReD* 1927-28/1:2, 83-85.

Rozpravy Aventina:

„Rozmluva s Lydií Nikolajevnou Sejfullinou", in: *Rozpravy Aventina* 1926-27/2:15, 169-170.

„Literární sezona v Rusku", in: *Rozpravy Aventina* 1928-29/4:4, 37-38.

„Poesie v Rusku", in: *Rozpravy Aventina* 1928-29/4:6, 53-54.

„Prosa v Rusku", in: *Rozpravy Aventina* 1928-29/4:9, 79-80.

„Očima západu", in: *Rozpravy Aventina* 1928-29/4:6, 57-58.

„Slawische Rundschau a její úkoly", in: *Rozpravy Aventina* 1929-30/5:4, 45.

„Moskva očima západu", in: *Rozpravy Aventina* 1929-30/5:11, 124-125.

„Vladimír Majakovskij mrtev", in: *Rozpravy Aventina* 1929-30/5:30, 385.

„Spory o novou ruskou prosu", in: *Rozpravy Aventina* 1929-30/5:34, 430.

„Přehled ruské literární sezony r. 1930-31", in: *Rozpravy Aventina* 1931-32/7:5, 38-39; 1931-32/7:10, 77.

„Rozmluva s Tarasovem-Rodionovem", in: *Rozpravy Aventina* 1931-32/7:23, 185.

„Proces Dostojevského", in: *Rozpravy Aventina* 1931-32/7:31, 251; 1931-32/7:32, 259, 1931-32/7:33, 268; 1931-32/7:34, 276.

„Přehled ruské literatury 1931-1932", in: *Rozpravy Aventina* 1932-33/8:5, 35-36.

Ruch:

„Apostrofa", in: *Ruch* 1919/3; 52, 13. März (als Jiří Wild).

„Druhá přednáška Vzdělávací komise župy pražské při S. Č. S. S.", in: *Ruch* 1919/1:4; 94, 28. März (als Jiří W.).

„Plenární schůze Vzdělávací komise župy pražské při S. Č. S. S.", in: *Ruch* 1919/1:4; 95, 28. März.

„Báseň v próze", in: *Ruch* 1919/1:8; 174, 31. Mai.

Rudé právo:

„Třídní drama", in: *Rudé právo* 1921/2:93, 2-3; 22. April.

„Selská revoluční poesie", in: *Rudé právo* 1921/2:97, 2-3; 27. April.

„Literární život v Moskvě", in: *Rudé právo* 1921/2:107, 4 (Dělnická besídka); 8. Mai.

„Hamsun ‚Moskevských'", in: *Rudé právo* 1921/2:108, 7-8; 10. Mai.

"Kulturní drobnosti z Ruska", in: *Rudé právo* 1921/2:115, 7; 19. Mai.

"Večer M. N. Germanovy", in: *Rudé právo* 1921/2:134, 8; 10. Juni.

"Literatura východu", in: *Rudé právo* 1921/2:136, 3 (Dělnická besídka); 12. Juni.

"Kulturní drobnosti z Ruska", in: *Rudé právo* 1921/2:143, 3; 21. Juni.

"Budoucnost filmu", in: *Rudé právo* 1921/2:149, 7; 28. Juni.

"Kulturní drobnosti z Ruska", in: *Rudé právo* 1921/2:154, 3; 4. Juli.

"Je možné proletářské umění", in: *Rudé právo* 1921/2:154; 3 (Dělnická besídka); 4. Juli.

"Golgota buržoazie", in: *Rudé právo* 1921/2:166, 4 (Dělnická besídka); 17. Juli.

"O kulturu socialistickou I.", in: *Rudé právo* 1921/2:172, 7; 24. Juli; 1921/2:178, 4 (Dělnická besídka); 31. Juli.

"Sergej Mitrofanovič Gorodeckij", in: *Rudé právo* 1921/2:219, 3–4 (Dělnická besídka); 18. September.

"Hra o zákonu a vlasti", in: *Rudé právo* 1921/2:224, 7; 24. September.

"Sociální utopie Bogdanovova", in: *Rudé právo* 1921/2:225, 4 (Dělnická besídka); 25. September.

"Dramata Lunačarského", in: *Rudé právo* 1921/2:237, 4 (Dělnická besídka); 9. Oktober.

"Poslední večer moskevských", in: *Rudé právo* 1921/2:239, 8; 12. Oktober.

"Výstava soukromých nakladatelství v Petrohradě", in: *Rudé právo* 1921/2:243, 4 (Dělnická besídka); 16. Oktober.

"Práce", in: *Rudé právo* 1921/2:252, 6; 27. Oktober.

"Fjodor Michajlovič Dostojevskij", in: *Rudé právo* 1921/2:255, 9; 1. November.

"N. A. Někrasov", in: *Rudé právo* 1921/2:290, 3 (Dělnická besídka); 11. Dezember.

"V. G. Korolenko", in: *Rudé právo* 1921/2:306, 7; 31. Dezember.

"Odepření víza M. A. Nexo", in: *Rudé právo* 1922/3:5, 7; 6. Januar.

"Andrej Bělyj", in: *Rudé právo* 1922/3:49, 2–3; 26. Februar.

"Tisk a revoluce", in: *Rudé právo* 1922/3:68, 7; 21. März.

"Vítězství ruské knihy", in: *Rudé právo* 1922/3:144, 7; 23. Juni.

"Rusové v Berlíně", in: *Rudé právo*, 1922/3:232, 2 (Večerník); 30. September.

"Ze Štětína do Petrohradu", in: *Rudé právo*, 1922/3:244, 2 (Večerník); 26. Oktober.

„Moskva za podzimu v roce 1922", in: *Rudé právo* 1922/3:259, 5 (Večerník); 5. November.

„Dojmy ze sjezdu Komunistické Internacionály", in: *Rudé právo* 1922/3:267, 2 (Večerník); 24. November.

„Kulturní život Moskvy", in: *Rudé právo* 1922/3:279, 1 (Večerník); 9. Dezember.

„V. G. Korolenko a sovětská vláda", in: *Rudé právo* 1923/4:22, 2 (Večerník); 27. Januar.

„O cizích diplomatech v Rusku", in: *Rudé právo* 1922/3:161, 6; 13. Juli.

„Nové filmy v sovětském Rusku", in: *Rudé právo* 1922/3:194, 2; 27. August.

„Kulturní zprávy z Ruska", in: *Rudé právo* 1924/5:111, 13. Mai.

„Dva překlady ruské poesie", in: *Rudé právo* 1924/5:298, 21. Dezember; 1924/5:301, 25. Dezember.

„Poznámky k výstavě knih SSSR", in: *Rudé právo* 1925/6:116, 19. Mai.

„V. Majakovskij 150 000 000", in: *Rudé právo* 1925/6:127, 31. Mai.

„Nový sovětský film", in: *Rudé právo* 1926/7:191, 14. August.

„Nové ruské filmy", in: *Rudé právo* 1927/8:161, 6; 8. Juli.

„Novinky ruské literatury", in: *Rudé právo* 1927/8:172, 8; 21. Juli.

„Kniha o Rusku", in: *Rudé právo* 1927/8:205, 6; 30. August.

„Kulturní zprávy ze sovětského Ruska", in: *Rudé právo* 1927/8:299, 7; 18. Dezember.

„Isaak Babel: Ruská jízda", in: *Rudé právo* 1928/9:118, 3 (Rudý večerník); 21. Mai.

„Boris Pilňak: Holý rok", in: *Rudé právo* 1928/9:140, 3 (Rudý večerník); 16. Juni.

„Maxim Gorkij: K oslavě jeho čtyřicetileté literární činnosti", in: *Rudé právo* 1932/13:222, 5 (Nedělní příloha); 25. September.

„Výzva 67 intelektuálů, umělců a vědeckých pracovníků", in: *Rudé právo* 1933/14:11, 1; 13. Januar.

„Svatopluk Čech", in: *Rudé právo* 1933/14: 47, 4; 24. Februar.

„Až nebudeš moci, četníka zavolej", in: *Rudé právo*, 1933/14:49, 4; 26. Februar.

„Původní veselohra v Burianově divadle", in: *Rudé právo* 1933/14:50, 4; 28. Februar.

„Slunce již dávno zapadlo", in: *Rudé právo* 1933/14:52, 4; 2. März.

„Druhé číslo ‚Komunistické revue'", in: *Rudé právo* 1933/14:54, 4; 4. März.

„Hovory s Čapkem", in: Rudé právo 1933/14:54, 4; 4. März.

„Slunce již dávno zapadlo", in: Rudé právo 1933/14:55, 4; 2. März.

„Hakenkreuzlerský román nezaměstnaného", in: Rudé právo 1933/14:66, 4; 18. März.

„Vzpoura na křižníku ,De Zeven Provincien'", in: Rudé právo 1933/14: 72, 4; 25. März.

„Opera Ed. Bagrického ,Dumka o Opanasovi'", in: Rudé právo 1933/14:78, 4; 1. April.

„Představujeme vám pana Goebbelse, spisovatele německého fašismu", in: Rudé právo 1933/14:84, 4; 8. April.

„V. Šklovskij: Zápisky revolučního komisaře", in: Rudé právo 1933/14:90, 4; 15. April.

„Šalom Aš: Matka", in: Rudé právo 1933/14:95, 4; 22. April.

„Obnovená ,Žebrácká opera'", in: Rudé právo 1933/14:96, 4; 23. April.

„Nové Brucknerovo drama v Městském divadle", in: Rudé právo 1933/14:104, 4; 4. Mai.

„Panait Istrati. Bodláčí baraganské", in: Rudé právo 1933/14:106, 4; 6. Mai.

„Gorkij soudí městskou inteligenci", in: Rudé právo 1933/14:112, 4; 13. Mai.

„Otokar Fischer. K jeho padesátinám", in: Rudé právo 1933/14:118, 4; 20. Mai.

„Proti barbarskému nacionalismu", in: Rudé právo 1933/14:122, 4; 25. Mai.

„Milostný almanach Kmene", in: Rudé právo 1933/14:134, 4; 9. Juni.

„Ruce", in: Rudé právo 14, 1933/14:161, 4 (aus Moskau); 15. Juli.

„Řeč o blahobytu", in: Rudé právo 1933/14:178, 3 (aus Moskau); 4. August.

„Knihy", in: Rudé právo 1933/14:197, 4 (aus Moskau); 27. August.

„Uelenspiegel v sovětské revoluční literatuře", in: Rudé právo 1934/15:15, 4; 20. Januar.

„Na místech, kde zemřel Lenin", in: Rudé právo 1934/15:16, 6; 21. Januar.

Signál:

„Večery u Viktora Šklovského v devátém patře se schodištěm toulavých koček", in: Signál 1928-29/1, 216-218.

„O Majakovském", in: Signál 1930/36, 1.

Svobodné noviny:

„Setkání v Luzernu", in: Svobodné noviny 1948/4: 58, 1-2; 9. März.

Svět práce:
„10 let Interhelpo", in: *Svět práce* 1935/10, 149-150; 1935/11, 173.

Svět sovětů:
„Jeden den na sovětských kolchozech", in: *Svět sovětů* 1936/6:6, 8-9.

Trn:
„Anekdota, vypravovaná moskevskými nepmany ...", in: *Trn* 1924/1:2, 14.

„Jaro", in: *Trn* 1924/1:3, 39 (Unter dem Pseudonym: Jiří Hajdar).

„Žák ‚Devětsilu'", in: *Trn* 1924/1:3, 43 (als -jh-).

„Láska a hlad", in: *Trn* 1924/1:4-5, 56 (als J. H.).

„Frančina. Lucini Montaspro", in: *Trn* 1924/1:4-5, 63. (als jh.).

„Stala se skutečně strašná věc ... ", in: *Trn* 1927/3:1, 15 (Unter dem Pseudonym Jiří Hajdar).

„Francouzi uctívají Orleanskou pannu ...", in: *Trn* 1927/3:1, 1. (Unter dem Pseudonym V. Hejdar)

Tvorba:
„Cesta nové ruské prozy", in: *Tvorba* 1927/2:8, 241-245.

„Ukrajina", in: *Tvorba* 1928/3:1, 10-11; 1928/3:2, 28; 1928/3:5, 93-94.

„O divadlo Mejercholdovo", in: *Tvorba* 1928/3:3, 42.

„Moskva - Leningrad", in: *Tvorba* 1928/3:7, 122-123.

„O Jiřím Tyňanovu", in: *Tvorba* 1928/3:9, 171.

„O Wolkerovi", in: *Tvorba* 1929/4:6, 82.

„Sté výročí smrti A. S. Gribojedova", in: *Tvorba* 1929/4:7, 102.

„‚Slovanský přehled' a ‚Slawische Rundschau'", in: *Tvorba* 1929/4:10, 148.

„Ještě jednou o ‚Slovanském přehledu'", in: *Tvorba* 1929/4:12, 190.

„Lenin - rok 1922", in: *Tvorba* 1930/5:2, 20.

„O Majakovském", in: *Tvorba* 1930/5:16, 246.

„Třináctý rok revoluční literatury", in: *Tvorba* 1930/5:4, 50.

„Vznik nové proletářské literatury. Úryvek přednášky ze dne 5. dubna 1932", in: *Tvorba* 1932/7:15, 237.

„Nová cesta sovětských spisovatelů", in: *Tvorba* 1932/7:20, 311, 320.

„Sociální objednávka Jos. Kajetána Tyla", in: *Tvorba* 1932/7:23, 363-364; 1932/7:24, 380; 1932/7:25, 394-395; 1932/7:26, 413-414; 1932/7:27, 428-429.

„Čaj u Tomáše Bati", in: *Tvorba* 1932/7:29, 456–457, 464.

„Profesora Dany cesta kolem světa", in: *Tvorba* 1932/7:38, 596–597.

„40 let literární činnosti Maxima Gorkého", in: *Tvorba* 1932/7:39, 620–621.

„Patnáct let sovětské literatury", in: *Tvorba* 1932/7:44, 702–703.

„Football s Karlem Čapkem", in: *Tvorba* 1933/8:10, 156–157.

„Mrtví pohřbívají své mrtvé", in: *Tvorba* 1933/8:12, 188–189.

„Hákovitý kříž na hranici ČSR", in: *Tvorba* 1933/8: Sondernummer vom 25.03.1933, 6–7.

„Sentimentální cesta Viktora Šklovského", in: *Tvorba* 1933/8:16, 250–251.

„Sovětská literatura a západ", in: *Tvorba* 1933/8:22, 349.

„Tarzan nebo Marx", in: *Tvorba* 1933/8:23, 366.

„titul zabaven", in: *Tvorba* 1933/8:33, 514–515.

„Stavba podzemní dráhy v Moskvě", in: *Tvorba* 1933/8:41, 514–515.

„Sovětský historický román", in: *Tvorba* 1935/10:1, 10–11; 1935/10:2, 29.

„Dějiny závodů", in: *Tvorba* 1935/10:4, 56–58.

„Moskevské novinky", in: *Tvorba* 1935/10:7, 111; 1935/10:8, 126; 1935/10:9, 141; 1935/10:10, 158–159.

„Před desítiletím družstva ‚Interhelpo'", in: *Tvorba* 1935/10:18, 279.

„Jaro v kirgizských horách", in: *Tvorba* 1935/10:19, 296–297.

„Sovětská kniha o soucitu", in: *Tvorba* 1935/10:21, 331.

„Kolem jezera Issyk-Kul I. Průsmyk buamský", in: *Tvorba* 1935/10:25, 412–413.

„Kolem jezera Issyk-Kul II. Cestou po severním břehu", in: *Tvorba* 1935/10:26, 430–431.

„Kolem jezera Issyk-Kul III. Aksakal", in: *Tvorba* 1935/10:27, 446–447.

„Kolem jezera Issyk-Kul IV. Na jižním břehu", in: *Tvorba* 1935/10:28, 462–463.

„Kolem jezera Issyk-Kul V. Konec cesty", in: *Tvorba* 1935/10:29, 478–479.

„Jiří Oleša a problém rovnostářství", in: *Tvorba* 1935/10:29, 482–483.

„Marx a Engels o rukopisu královédvorském", in: *Tvorba* 1935/10:33, 544–545.

„Dějiny občanské války", in: *Tvorba* 1935/10:34, 562–563.

„Sovětská satira", in: *Tvorba* 1935/10:35, 576–577.

„Kniha o veliké mužnosti", in: *Tvorba* 1935/10:36, 591.

„Ruská kniha o německé literární vědě", in: *Tvorba* 1935/10:37, 608.

„Turksib", in: *Tvorba* 1935/10:41, 671-672.

„Alma-atinská jablka", in: *Tvorba* 1935/10:43, 702-703.

„Ujgurské divadlo", in: *Tvorba* 1935/10:44, 719-720.

„27. října v Kujbyševě", in: *Tvorba* 1935/10:45, 738-739.

„Novinky v moskevských kinech", in: *Tvorba* 1935/10:48, 786.

„Oslavy Tolstého v Moskvě", in: *Tvorba* 1935/10:49, 793.

„Lukácz o Tolstém", in: *Tvorba* 1935/10:50, 815.

„Asie", in: *Tvorba* 1936/11:1, 8-9.

„Lenin na Džergalčaku", in: *Tvorba* 1936/11:4, 54-55.

„Soudobá sovětská literatura", in: *Tvorba* 1936/11:5, 76-78; 1936/11:6, 90-91; 1936/11:7, 10.

„Kniha o inteligenci a revoluci", in: *Tvorba* 1936/11:9, 138-139.

„Sedm lžiček", in: *Tvorba* 1936/11:10, 154-155.

„‚Optimistická tragedie' Višněvského a pesimističtí kritikové", in: *Tvorba* 1936/11:14, 220-221.

„Majakovskij na soudu dějin", in: *Tvorba* 1936/11:16, 246; 1936/11:17, 266-267.

U-Blok:

„Tělo Rudolfa Herzoga", in: *U-Blok* 1937/2:1, 15-17.

„Závěr ankety", in: *U-Blok* 1937/2:1, 183, 193.

Útok:

„Stachanovci. Původní reportáž pro ‚Útok'", in: *Útok* 1935-36/5:6, 68-69.

„Čeští dělníci na Metrostroji. Původní reportáž pro ‚Útok'", in: *Útok* 1935-36/5:8, 87-88.

„Večery v ‚Interhelpu'", in: *Útok* 1935-36/5:10, 112-113.

„Socialistické soutěžení", in: *Útok* 1935-36/5:12, 140-141.

„‚Optimistická tragedie' Vsevoloda Višněvského", in: *Útok* 1935-36/5:13, 150-151.

„Vypovězenec z Almy-Aty", in: *Útok* 1935-36/5:18, 212; 1935-36/5:19, 221 und 224.

„Román o české komuně v Rusku", in: *Útok* 1935-36/5:20, 232-233.

„Smrt Gorkého a otázka klasického dědictví v sovětské literatuře", in: *Útok* 1935-36/5:21/22, 246-247.

Věstník židovské obce náboženské v Praze:

„Život s hvězdou", in: *Věstník židovské obce náboženské* 1949/11:12, 140–141.

„Autor ‚Života s hvězdou' vysvětluje", in: *Věstník židovské obce náboženské* 1949/11:15–16, 177.

„Lodžské intermezzo", in: *Věstník židovské obce náboženské* 1949/11:23, 269–270.

„Klasikové české literatury o židovské otázce. Božena Němcová", in: *Věstník židovské obce náboženské* 1949/11:39, 446.

„Našemu milému jubilantovi k šedesátinám", in: *Věstník židovských náboženských obcí v Československu* 1954/16:1, 6.

Vlasta:

„Velká věc", in: *Vlasta* 1959/13:25, 4–5.

Země sovětů:

„Deset let ‚Interhelpa'", in: *Země sovětů* 1935–36/4:3, 93–94.

Zemědělské noviny:

„Putování po dubském patronátu", in: *Zemědělské noviny* 1948/4:272, 2; 20. November.

„Mácha se vrací do rodného kraje", in: *Zemědělské noviny* 1949/5:131, 2; 4. Juni.

„Silnice", in: *Zemědělské noviny* 1949/5:237, 4; 9. Oktober.

Židovská ročenka:

„Na zázračném dvoře", in: *Židovská ročenka* 1954–55, 81–92.

„Literární činnost v Terezíně", in: *Židovská ročenka* 1955–56, 93–100.

„Pražské ghetto na počátku 19. století", in: *Židovská ročenka* 1956–67, 90–97.

„Současníci o Mordechaji Mayzelovi", in: *Židovská ročenka* 1957–58, 77–85.

„Na konci cesty", in: *Židovská ročenka* 1957–58, 92–95.

„Z románu ‚Na střeše je Mendelssohn'", in: *Židovská ročenka* 1958–59, 112–119.

„Ghetto a hranice", in: *Židovská ročenka* 1959–60, 100–105.

„Žraloci", in: *Židovská ročenka* 1960–61, 104–107.

„Povstání v ghettu", in: *Židovská ročenka* 1979–80, 89–91.

„Červená a modrá", in: *Židovská ročenka* 1989–90, 77–78.

Žijeme:
„Dnešní ruská literatura", in: *Žijeme* 1931, 219-221.
„Ruský román o Stendhalovi", in: *Žijeme* 1932, 276-278.

6.1.3 Wissenschaftliche Texte[822]

„Deset let ruské literatury po revoluci", in: Mach, Jiří (Hg.): *10 let diktatury proletariátu. 1917-1927.* Praha: Komunistické nakladatelství a knihkupectví 1927, 415-421.

„Česká literatura na světovém fóru", in: *Co daly naše země Evropě a lidstvu.* Band 2: *Obrozený národ a jeho země na fóru evropském a světovém.* Praha: ELK 1999, 502-504. (Nachdruck der Originalausgabe aus dem Jahr 1939. Unter dem Pseudonym Jan Hajdar)

„Kulturní práce sovětského Ruska", in: *Přednášky socialistické společnosti.* Band 3. Praha: Nakladatelství Vortel a Rejman 1924, 7-47.

Motýla jsem tu neviděl. Dětské kresby a básně z Terezína. Praha: Židovské muzeum 1993.

[Dt. 1993: *Einen Schmetterling habe ich hier nicht gesehen. Kinderzeichnungen und Gedichte aus Terezín.* Praha: Židovské muzeum. Übers. Margit Hermannová und Otto Kalina.]

Ruská revoluční literatura. Praha: Jan Košatka 1924.

6.1.4 Vorworte und Nachworte

„Doslov o autorovi", in: Ivanov, Vsevolod V. 1948: *Muž statečného srdce. Parchomenko.* Praha: ELK, 452-454.

„O autorovi", in: Gogol', Nikolaj V. 1947: *Taras Bulba.* Praha: ELK, 215-218.

„Maxim Gorkij – zakladatel sovětské literatury", in: Gorkij, Maxim. 1937: *Požár a jiné prosy.* Praha: Lidová kultura, 5-12.

„O autoru K. Gorbunovi. Poznámka redaktora", in: Gorbunov, Kuzma Jakovlevič. 1935: *Ledy pukají.* Praha: Karel Borecký, 231-234.

„O Lěskovovi a jeho lásce k českému národu", in: Lěskov, Nikolaj Semjonovič. 1947: *Alexandrit. Skutečná událost v mystickém zabarvení.* Praha: ELK, 33-37.

---

[822] Hier werden Texte angegeben, die in keinem Periodikum erschienen sind. Weils wissenschaftliche Texte sind wie seine belletristischen auch zum größten Teil in diversen tschechischen Zeitungen und Zeitschriften zerstreut. Für wissenschaftliche Texte mit Holocaust-Thematik siehe beispielsweise „Literární činnost v Terezíně", „Pražské ghetto na počátku 19. století" oder „Povstání v ghettu"; alle Texte wurden in *Židovská ročenka* abgedruckt.

"Román o Mexiku", in: Magdaleno, Mauricio. 1946: *Výheň*. Praha: ELK, 361–363.

"Veliké dílo ...", in: Majevskij, J. 1933: *Kulturní výstavba SSSR*. Praha: Levá fronta, 2–4.

"Úvod", in: Weil, Jiří (Hg.). 1932: *Sborník sovětské revoluční poesie*. Praha: K. Borecký, 5–13.

"Vladimir Majakovskij", in: Majakovskij, Vladimir. 1937: *Mexiko – New York – Praha*. Praha: Lidová kultura, 131–135.

6.1.5 Übersetzungen

Bagrickij, Eduard. 1932: "dumka o opanasovi", in Weil, Jiří (Hg.): *Sborník sovětské revoluční poesie*. Praha: K. Borecký, 127–142.

Gorkij, Maksim. 1932: *S kým jdete, mistři kultury? Odpověď inteligentovi. Dvě stati*. Praha: Levá fronta, 3–48.

Gorkij, Maksim. 1933: *Vladimir Iljič Lenin*. Praha: Levá fronta.

Gorkij, Maksim. 1936: *Požár a jiné prosy*. Praha: Lidová kultura.

Gorkij, Maksim. 1949: *Rozhovory o řemesle*. Praha: Československý spisovatel.

Inberová, Věra. 1932: "pokus o analysu loučení", in Weil, Jiří (Hg.): *Sborník sovětské revoluční poesie*. Praha: K. Borecký, 145–151.

Kaverin, Venjamin A. 1925: *Konec zapadáku*. Praha: Odeon (Jan Fromek).

Lapin, Boris M. 1930: *Vypravování o zemi Pamir*. Praha: K. Borecký.

Leskov, Nikolaj S. 1947: *Alexandrit*. Praha: ELK.

Lugovskoj, Vladimir. 1932: "výzva", in Weil, Jiří (Hg.): *Sborník sovětské revoluční poesie*. Praha: K. Borecký, 119–120.

Lugovskoj, Vladimir. 1932: "občanská panychida", in Weil, Jiří (Hg.): *Sborník sovětské revoluční poesie*. Praha: K. Borecký, 121–125.

Lunz, Lev N. 1929: "Mimo zákon". Hra o pěti dějstvích.

Krupskaja, Naděžda K. 1934: *Vzpomínky na Lenina. Díl 1*. Praha: Odeon (Jan Fromek).

Krupskaja, Naděžda K. 1935: *Vzpomínky na Lenina. Díl 2, 3*. Praha: Odeon (Jan Fromek).

Majakovskij, Vladimir V. 1932: "levý pochod", in Weil, Jiří (Hg.): *Sborník sovětské revoluční poesie*. Praha: K. Borecký, 48–49.

Majakovskij, Vladimir V. 1937: *Mexiko – New York – Praha*. Praha: Lidová kultura.

Malyškin, Aleksandr G. 1926: *Pád Dairu*. Praha: Plamja.

Mstislavskij, Sergej D. 1947[1]: *Opásán ocelí. Cesta k střeše světa*. Praha: Toužimský a Moravec; 1960[2]: *Opásán ocelí*. Praha: Svět sovětů.

Ovčarenko, Ivan M. 1936: *Povstání. Partyzánský román*. Praha: Rudé právo.

Selvinskij, Ilja L. 1932: „o smrti Majakovského", in Weil, Jiří (Hg.): *Sborník sovětské revoluční poesie*. Praha: K. Borecký, 114–117.

Šilin, Georgij I. 1938: *Malomocní*. Praha: Volné myšlenky.

6.1.5.1   Übersetzungen in den Zeitschriften

6.1.5.1.1   Aus dem Russischen

Červen:

Brjusov, Valerij. 1921: „Smysl soudobé poesie", in: *Červen* 1921/4:23, 314–320.

Dělnická besídka/Právo lidu:

Remizov, Aleksej. 1920: „Šátek", in: *Právo lidu* 1920/29:150, Beiblatt: *Dělnická besídka* 26, 101–104, 27. Juni; *Právo lidu* 1920/29:156, *Dělnická besídka* 27, 107–108, 4. Juli.

Host:

Skačkov, Michail. 1924-25: „O technice ruského verše", in: *Host* 1924–25/4, 55–58.

Tugenchol'd, Jakov. 1925-26: „Režisérské umění v Rusku", in: *Host* 1925–26/5, 17–21.

Kmen:

Majakovskij, Vladimir. 1920: „Levý pochod. Rozviňte řady", in: *Kmen* 1920/4:37, 433.

Majakovskij, Vladimir. 1921: „Jdeme. Kdo jste?", in: *Kmen* 1921/4:43, 505.

Brjusov, Valerij. 1921: „Proletářská poesie", in: *Kmen* 1921/4:49, 583–586.

Kim, R. 1926: „Současná japonská literatura", in: *Kmen* 1926/1:2, 38–40.

Literární noviny:

Mejerchold, Vsevolod. 1936: „Režisér Puškin", in: *Literární noviny* 1936/9:12, 8; 9:13, 8; 9:14, 8.

magazin dp:

Majakovskij, Vladimir. 1937: „Jen ne vzpomínat", in: *magazin dp* 1937/4:10, 305–310.

Pestrý týden:

Kantorovič, Vladimir. 1937: „Žena v arktických pustinách", in: *Pestrý týden* 1937/12:20, 17; 1937/12:21, 17; 1937/12:22, 12; 1937/12:23, 20; 1937/12:24, 23.

Proletkult:

Keržencev, Platon. 1922: „Vybudování proletářského divadla", in: *Proletkult* 1922/1:21, 329–332.

Majakovskij, Vladimir. 1922: „Moje řeč na janovské konferenci", in: *Proletkult* 1922/1:23, 354–355.

Asejev, Nikolaj. 1922: „Ve tmě. Příběh z Dálného Východu", in: *Proletkult* 1922/1:25, 387.

Ivanov, Vsevolod. 1922: „Pancéřový vlak číslo 1469", in: *Proletkult* 1922/1:4, 52–54; 1922/1:5, 71–75; 1922/1:6, 87–90; 1922/1:7, 102–104; 1922/1:8, 116–120; 1922/1:9, 133–137; 1922/1:10, 148–154; 1922/1:11, 164–168.

Lopuchin, Aleksandr. 1924: „Odyssea", in: *Proletkult* 1924/2:5, 73–76.

Šiškov, Vjačeslav. 1924: „Provokatér", in: *Proletkult* 1924/2:11, 170–171; 1924/2:12, 182–184.

ReD:

Majakovskij, Vladimir. 1927/1928: „Cestoval jsem takhle", in: *ReD* 1927-28/ 1:2, 84–85.

Ovsejenko, Vladimir. 1927/1928: „K desátému výročí našeho října", in: *ReD* 1927-28/ 1:2, 49–51.

Rudé právo:

Sologub, Fëdor. 1921: „Nevytopená kamna", in: *Rudé právo* 1921/2:89, 2, 17. April.

Sosnovskij. S. 1922: „Večer u Buďonného", in: *Rudé právo* 1922/3:13, 1–2, 15. Januar.

Sergejev, A. 1922: „Mezi životem a smrtí", in: *Rudé právo* 1922/3:112, 1, 14. Mai.

Majakovskij, Vladimir. 1922: „Mysterie Buff", in: *Rudé právo* 1922/3:129, 2–3, 4. Juni.

Majakovskij, Vladimir. 1925: „Třetí internacionála", in: *Rudé právo* 1925/6:254, 1, 1. November.

Zoščenko, Michail. 1926: „Historická povídka", in: *Rudé právo* 1926/7:262, 1, 7. November.

Sel'vinskij, Il'ja. 1932: „O smrti Majakovského", in: *Rudé právo* 1932/13:249, 30. Oktober.

Majakovskij, Vladimir. 1933: „Buletin", in: *Rudé právo* 1933/14:19, 4, 22. Januar.

Kirsanov, Semën. 1933: „Leninovy knihy", in: *Rudé právo* 1933/14:61, 5, 12. März.

Gorbunov, K. 1933: „Nepřítel změnil tvář", in: *Rudé právo* 1933/14:72, 4, 25. März.

Majakovskij, Vladimir. 1937: „Země dolarů", in: *Rudé právo* 1937/18:172, 8, 25. Juli.

Trn:

Majakovskij, Vladimir. 1924: „Pohádka o červené karkulce", in: *Trn* 1924/1:7-8, 91 (gemeinsam mit Karel Konrád).

Zoščenko, Michail. 1926: „Psí čich", in: *Trn* 1926/2:11-12, 8.

Tvar:

„Z baškirské lidové poesie: Čaj", in: *Tvar* 1929/3, 16-17.

Tvorba:

Ivanov, Vsevolod/Šklovskij, Viktor. 1929: „Iprit", in: *Tvorba* 1929/4:1, 10; 1929/4:2, 26; 1929/4:4, 58; 1929/4:5, 75; 1929/4:6, 90; 1929/4:7, 106; 1929/4:8, 126; 1929/4:9, 138; 1929/4:10, 154; 1929/4:12, 186; 1929/4:13, 202; 1929/4:14, 220; 1929/4:15, 234; 1929/4:18, 282; 1929/4:19, 300; 1929/4:20, 314; 1929/4:21, 331; 1929/4:22, 348; 1929/4:23, 362; 1929/4:24, 378; 1929/4:25-26, 396.

Ivanov, Vsevolod/Šklovskij, Viktor. 1930: „Iprit", in: *Tvorba* 1930/5:3, 43; 1930/5:4, 58; 1930/5:5, 74; 1930/5:6, 90; 1930/5:7 106; 1930/5:8, 122; 1930/5:9, 138; 1930/5:12, 183; 1930/5:13, 202; 1930/5:14, 218; 1930/5:15, 234; 1930/5:1, 299.

Lugovskoj, Vladimir. 1932: „Internacionála", in: *Tvorba* 1932/7:45, 705.

Lugovskoj, Vladimir. 1932: „Popel", in: *Tvorba* 1932/7:52, 821.

Gorkij, Maksim. 1933: „Vladimir Iljič", in: *Tvorba* 1933/8:3, 40-41.

Bagrickij, Ėduard. 1933: „Smrt pionýrky", in: *Tvorba* 1933/8:19, 299.

Majakovskij, Vladimir. 1937: „Mexiko", in: *Tvorba* 1937/12:25, 396-397.

U-Blok:

Pasternak, Boris. 1936: „Vznešená nemoc", in: *U-Blok* 1936/1, 306-314.

Země sovětů:
Majakovskij, Vladimir. 1935: "O Praze", in: *Země sovětů* 1935-36/4:4, 138.

6.1.5.1.2   Aus dem Polnischen

Brzeska, Wanda Eva. 1951: "Ať se nám to jen zdá", in: *Věstník Židovských obcí náboženských v Československu* 1951/13:39, 469.

Karmelová, Henka/Karmelová, Ila. 1951: "Stopa na zdi", in: *Věstník Židovských obcí náboženských v Československu* 1951/13:34, 409.

Lewin, Leopold. 1951: "Otčino mé víry", in: *Věstník Židovských obcí náboženských v Československu* 1951/13: 47, 561.

Neyová, Stefanie. 1951: "Písně z ghetta. Heršek. Jurek" in: *Věstník Židovských obcí náboženských v Československu* 1951/13:27-28, 334.

Safrin, Horacy. 1951: "Verše o mé matce", in: *Věstník Židovských obcí náboženských v Československu* 1951/13:42, 507.

Szenwald, Lucian. 1951: "Zemřelé", in: *Věstník Židovských obcí náboženských v Československu* 1951/13: 51-52, 611.

Szlengel, Wladyslaw. 1954: "Telefon", in: *Věstník Židovských obcí náboženských v Československu* 1954/16:6, 46.

Szlengel, Wladyslaw. 1951: "Protiútok", in: *Věstník Židovských obcí náboženských v Československu* 1951/13:16, 189.

Szlengel, Wladyslaw. 1951: "Věci", in: *Věstník Židovských obcí náboženských v Československu* 1951/13:17-18, 211.

Szlengel, Wladyslaw. 1951: "Zazvoňte", in: *Věstník Židovských obcí náboženských v Československu* 1951/13:44, 529.

6.1.5.1.3   Aus dem Japanischen

Rionosuke, Akutakava. 1931: "V bambusovém houští", in: *Kvart* 1931/1, 293-300. (aus der russischen Übersetzung).

6.1.6   Nicht publizierte Texte[823]

"Bez trumfů" (Fragment eines Romans, o.J.)

"Filoktét" (Theaterstück, o.J.)

"Jonášovo mládí" (Erzählung, o.J.)

"Nehýtek a ostatní" (Prosa für Kinder, 1956-58)

"O korunu a lásku" (Drehbuch zum Film, o.J.)

---

[823] Alle Texte befinden sich in Weils Nachlass in Literární archiv Památníku národního písemnictví, weiter nur LA PNP). Die meisten Texte sind ohne Datierung.

„Oheň a hrdina" (Erzählung, o.J.)

„Perrotina" (Roman, o.J.)

„Pes před lékárnou" (Erzählung, o.J.)

„Poslední biskup" (Erzählung, o.J.)

„Rancho Nonapalito" (Erzählung, o.J.)

„Povídka o terezínském ghettu" (Erzählung, o.J.)

„Školní výprava v Jeseníku" (Erzählung, o.J.)

„Špitálská brána" (Roman, o.J.)

„Tiskařská romance" (Roman, o.J.)

„Transport" (Theaterstück, o.J.)

„Zlatý bengál" (Roman, o.J.)

„Zde se tančí lambeth-walk" (Roman, o.J.)

6.1.7 Rundfunksendungen

„Na hranici středověku a novověku", 22.4.1936, 14.05–14.15 (Vortrag)

„Interhelpo – čeští dělníci v SSSR", 14.5.1936, 19.30–19.40 (Vortrag)

„Na čínských hranicích", 22.9.1936, 20.15–20.30 (Vortrag)

„V dělnických lázních – Štos-Kúpele", 30.3.1938, 17.55–18.05

„Vladimír Majakovskij v Praze", 16.10.1957, 21.30–22.00

„Člověk ze všech stran. Vzpomínky na Julia Fučíka", 30.5.1966, 19.30–20.30

6.2 Sekundärliteratur zu Jiří Weil

1. Adlt, Jaromír. 2003[3]: „Literatura faktu jako svébytný literární žánr (Pokus o interpretaci)", in: Halada, Jan (Hg.): *Slovník klubu českých a slovenských autorů literatury faktu*. Praha: Vydavatelství 999 Pelhřimov, 8–28.

2. Adorno, Theodor W. 1977: „Prismen. Kulturkritik und Gesellschaft", in: ders.: *Gesammelte Schriften. Band 10. Kulturkritik und Gesellschaft*. Hg. von Rolf Tiedemann, Darmstadt: Wissenschaftliche Buchgesellschaft.

3. Ambros, Veronika. 2006: „Na pokraji kánonu: Daleká cesta Alfréda Radoka a Žalozpěv za 77 297 obětí Jiřího Weila aneb velké náhrobky ‚malým mrtvým'", in: *Otázky českého kánonu. Sborník příspěvků z III. kongresu světové literárněvědné bohemistiky ‚Hodnoty a hranice. Svět v české literatuře, česká literatura ve světě'. Praha 28.6.–*

3.7.2005. Band 1. Praha: Ústav pro českou literaturu AV ČR, 399–413.

4. Andrejs, Rene. 2020: „Moskovskij period Jirži Vajla", in: *Novaja rusistika* 2020/XIII:2, 43–52.
5. Arendt, Hannah. 2008: *Elemente und Ursprünge totaler Herrschaft. Antisemitismus, Imperialismus, Totalitarismus.* München – Zürich: Piper.
6. Assmann, Aleida. 2006: „Identität", in: *Einführung in die Kulturwissenschaft.* Berlin: Erich Schmidt, 205–235.
7. -----. 1994: „Zum Problem der Identität aus kulturwissenschaftlicher Sicht", in: Lindner, Rolf (Hg.): *Die Wiederkehr des Regionalen. Über neue Formen kultureller Identität.* Frankfurt am Main: Campus-Verlag, 13–35.
8. b. [Václav Běhounek]. 1946: „Povídky z okupace", in: *Práce* 1946/2:87, 12. April, 4.
9. b). 1949: „Život se žlutou hvězdou", in: *Práce* 1949/5:129, 2. Juni, 5.
10. Bart, Ilja. 1966: *Dny života.* Praha: Nakladatelství politické literatury.
11. Bárta, Milan et al. 2009: *Biografický slovník představitelů ministerstva vnitra v letech 1948–1989. Ministři a jejich náměstci.* Praha: Ústav pro studium totalitních režimů.
12. Bauer, Michal. 2001: „Změny v nakladatelství Československý spisovatel", in: *Tvar* 2001/7, 14–15.
13. -----. 1999: „J. Weil a K. J. Beneš, dva problémoví spisovatelé", in: *Tvar* 1999/10:16, 14–15.
14. Bečka, Jiří. 1989: „Jiří Weil a Východ", in: *Československá rusistika* 1989/34, 220–225.
15. -----. 1981: „Sovětská Střední Asie a Jiří Weil", in: *Slovanský přehled* 1981/67:5, 443–448.
16. Běhounek, Václav. 1946: „Milý Jiří Weile", in: *Kulturní politika* 1946/1:18, 4.
17. Bělíček, Jan. 2015: „Fakta proti iluzím. Dědictví sovětské avantgardy v díle a životě Jiřího Weila", in: *A2* 2015/XI:13, 5.
18. Beneš, Karel Josef. 1937: „Knížka Čechoslováka o pětiletce", in: *Panorama* 1937/15:2, 42–43.
19. Benešová, Hana. 2011: „Kafkova krev", in: *Reflex* 2011/11:18, 72–79.

20. Benhart, František. 1960: „O třech prozaických novinkách", in: *Plamen* 1960/2:9, 110–112.
21. Benoist de, Alain. 2001: *Totalitarismus. Kommunismus und Nationalsozialismus – die andere Moderne. 1917–1989.* Berlin: Junge Freiheit.
22. Berger, Tilman. 1999: „Die sprachliche Charakterisierung von Juden in der tschechischen Prosa des 20. Jahrhunderts", in: Kosta, Peter/Meyer, Holt/Drubek-Meyer Natascha (Hg.): *Juden und Judentum in Literatur und Film des slavischen Sprachraums. Die geniale Epoche.* Wiesbaden: Harrassowitz, 74–94.
23. Berghahn, Klaus/Fohrmann, Jürgen/Schneider, Helmut J. (Hg.). 2002: *Kulturelle Repräsentationen des Holocaust in Deutschland und den Vereinigten Staaten.* New York: Peter Lang.
24. Blecha, Jakub. 2015: „Hyperreálný kolotoč. Ideologické a kinematografické inspirace Weilova díla", in: *A2* 2015/XI:13, 7.
25. Bohn, Thomas M./Neutatz, Dietmar (Hg.). 2009[2]: *Studienhandbuch Östliches Europa. Band 2: Geschichte des Russischen Reiches und der Sowjetunion.* Köln – Weimar – Wien: Böhlau.
26. Brik, Osip M. 1923: „T. n. ‚formal'nyj metod'", in: Eimermacher, Karl (Hg.). *LEF I. Nachdruck der Hefte 1–4 (1923).* München: Fink, I/213–215.
27. Brik, Osip M./Majakovskij Vladimir V. 1923: „Naša slovesnaja rabota", in: Eimermacher, Karl (Hg.). *LEF I. Nachdruck der Hefte 1–4 (1923).* München: Fink, I/40–41.
28. Brunová, Marie. 2019: „(Ne)známé osudy Jiřího Weila 1933–1935", in: Hamáčková, Vlastimila (ed.) *Židé v Čechách 7. Sborník ze semináře konaného v říjnu 2018 v Třeboni.* Praha: Židovské muzeum v Praze, 166–174.
29. -----. 2016: „Paratextuelle Fiktionssignale. Titelgestaltung bei Jiří Weil", in: Frieß, Nina/Lenz, Gunnar/Martin, Erik (Hg.): *Grenzräume – Grenzbewegungen. Ergebnisse der Arbeitstreffen des Jungen Forums Slavistische Literaturwissenschaft. Basel 2013/Frankfurt (Oder) und Słubice 2014. Band 2.* Potsdam: Universitätsverlag, 13–24.
30. -----. 2015: „Ke genezi názvu románu ‚Moskva – hranice' českého spisovatele Jiřího Weila", in: Gunišová, Eliška/Paučová, Lenka (Hg.): *Slovanský literární svět: Kontexty a konfrontace I.* Brno: Masarykova univerzita, 31–38.
31. -----. 2015: „Reflexe totalitních režimů v žurnalistickém díle Jiřího Weila", in: Schmarc, Vít (Hg.): *Obraz válek a konfliktů: V. kongres*

světové literárněvědné bohemistiky Válka a konflikt v české literatuře. Praha: Ústav pro českou literaturu AV ČR, 143–150.

32. -----. 2012: „Konstruktionen und Darstellungen von Identitäten in Jiří Weils Roman Moskva – hranice", in: Frieß, Nina/Ganschow, Inna/Gradinari, Irina/Rutz, Marion (Hg.): *Texturen – Identitäten – Theorien: Ergebnisse des Arbeitstreffens des Jungen Forums Slavistische Literaturwissenschaft in Trier 2010*. Potsdam: Universitätsverlag, 273–286.

33. Buber-Neumann, Margarete. 1985: *Milena, Kafkas Freundin*. Frankfurt am Main: Fischer Bücherei.

34. Buchar, Jan. 1938: „Román o dnešní sovětské společnosti", in: *Proletářské noviny* 1938/1:3, 5. [Auch unter dem Link: Brabec, Jiří: „Promluvy zaslechnuté po padesáti letech aneb zapadlý list", in: *Kritický sborník* 1989, 81–89, hier 84–86, https://wayback.webarchiv.cz/wayback/20160325144530/http://scriptum.cz/soubory/scriptum/kriticky-sbornik/kriticky_sbornik_1989_03_zm_ocr.pdf, zuletzt aufgerufen am 22. 11. 2021].

35. Budínová, Hana. 1949: „Weilova nová kniha", in: *Kulturní politika* 1949/4:16, 8.

36. Buriánek, František. 1946: „Krásné prózy z doby hrůzy", in: *Zemědělské noviny* 1946/2:165, 23. Juli, 2.

37. -----. 1946: „Velký román o lžiprorokovi", in: *Zemědělské noviny* 1946/2:100, 28. April, 2.

38. Cahová, Ivana. 2017: „Literárněhistorický obraz reprezentace šoa v krátké časopisecky publikované próze 1945–1989", in: Cahová, Ivana/Gilk, Erik/Lukáš, Martin (Hg.): *Tobě zahynouti nedám ... Česká časopisecká šoa povídka 1945–1989*. Praha: Akropolis 2017, 307–379.

39. Čapková, Kateřina. 2005: *Češi, Němci, Židé?* Praha: Paseka.

40. Catalano, Alessandro. 2008: *Rudá záře nad literaturou. Česká literatura mezi socialismem a undergroundem 1945–1959*. Brno: Host.

41. Černý, Václav. 1938: „Rusko čistek v české beletrii", in: *Lidové noviny* 1938/46, Beilage Literární pondělí Nr. 4, 10. 1. 1938, Nr. 15, 5. Nachdruck in: Černý, Václav. 1992: „Rusko čistek v české beletrii", in: ders.: *Tvorba a osobnost*. Band 1. Praha: Odeon, 595–597.

42. Cieslar, Jiří. 2007: „Radok, Weil, Kolář", in: *Alfred Radok mezi filmem a divadlem*. Praha: Nakladatelství Akademie múzických umění, 87–94.

43. Cita, Stanislav. 1985: „K prvním českým překladům básní Vladimíra Majakovského (Jiří Weil a František Kubka)", in: *Československá rusistika* 1985/30:2, 56–61.
44. -----. 1983: „Dílo Vladimíra Majakovského v českých překladech", in: *Sovětská literatura* 1983/7, 126–137.
45. Čivrný, Lumír. 2015: *Černá paměť stromu*. Praha: Akropolis.
46. Chwin, Stefan. 2005³: *Tod in Danzig*. Reinbek bei Hamburg: Rowohlt.
47. Czaplinski, Przemysław/Domańska, Ewa (Hg.). 2009: *Zagłada. Współczesne problemy rozumenia i przestawiania*. Poznań: Poznańskie Studia Polonistyczne.
48. -D. 1960: „Román z let heydrichiády: Na střeše je Mendelssohn, Jiří Weil", in: *Knižní novinky* 1960/9:36, 4.
49. Davidová Glogarová, Jana/David, Jaroslav. 2017: *Obrazy z cest do země Sovětů. České cestopisy do sovětského Ruska a Sovětského svazu 1917–1968*. Brno – Ostrava: Ostravská univerzita.
50. Dokoupil, Blahoslav. 2002: „Kulturní politika", in: ders. et al.: *Slovník českých literárních časopisů, periodických literárních sborníků a almanachů 1945–2000*. Brno: Host, 97–99.
51. -----. 2002: „Lidová kultura", in: ders. et al.: *Slovník českých literárních časopisů, periodických literárních sborníků a almanachů 1945–2000*. Brno: Host, 114–115.
52. -----. 2002: „Literární noviny", in: ders. et al.: *Slovník českych literárních časopisů, periodických literárních sborníků a almanachů 1945–2000*. Brno: Host, 134–135.
53. -----. 2002: „Tvorba", in: ders. et al.: *Slovník českých literárních časopisů, periodických literárních sborníků a almanachů 1945–2000*. Brno: Host, 269–270.
54. -----. 1999: „Nad několika svazky České knižnice", in: *Tvar* 1999/10:17, 13.
55. Dostál, Karel. 1966: „Velká radost psát povídky", in: *Plamen* 1966/9, 154–155.
56. Eisenstein, Sergej M. 1982: „Montage der Attraktionen", in: Brauneck, Manfred (Hg.): *Theater im 20. Jahrhundert. Programmschriften, Stilperioden, Reformmodelle*. Reinbek bei Hamburg: Rowohlt 1982, 260–265.
57. Eisner, Pavel. 1945: „Román o lžiproroku", in: *Makanna. Otec divů*. Praha: ELK, 261–265.

58. -----. 1947: „Román o lžiproroku", in: *Makanna. Otec divů*. Praha: Sphinx Bohumil Janda, 255–258.
59. -----. 1937: „Český román o sovětech. K novému románu Jiřího Weila Moskva – hranice, který vyjde ve sbírce Živé knihy A", in: *Panorama* 1937/9, 267.
60. el. 1993: „Dřevěná lžíce Jiřího Weila", in: *Haló noviny* 1993/3:19, 5.
61. En.[gl] Št.[efan]. 1949: „Život žida za okupace. Poznámky k Weilovu románu život s hvězdou", in: *Věstník židovské obce náboženské* 1949/11:13, 152–153.
62. -----. 1949: „Ještě několik slov k životu s hvězdou", in: *Věstník židovské obce náboženské* 1949/11:18, 207.
63. Engels, Friedrich. 1891: „Revolution und Konterrevolution in Deutschland", in: ders. 2009[9]: *Marx-Engels-Werke. Band 8*, Berlin: Dietz, 5–108.
64. Ėrenburg, Il'ja. 1966: „Obuv'", in: ders.: *Chronika našich dnej. Sobranije sočinenij v devjati tomach. Tom sed'moj*. Moskva: Chudožestvennaja literatura, 225–232.
65. ES. 1960: „Nová próza Jiřího Weila o nacistické hrůzovládě", in: *Věstník židovské obce náboženské* 1960/11:22, 10–11.
66. –eška–. 1949: „K Weilově knize ‚Život s hvězdou'", in: *Věstník židovské obce náboženské* 1949/11:12, 138.
67. Exner, Milan. 1993: „Glasnosť 1938", in: *Český deník* 1993/3:10, 10.
68. Fabian, Jeanette. 2013: *Poetismus. Ästhetische Theorie und künstlerische Praxis der tschechischen Avantgarde*. Wien – München – Berlin: Sagner, 503–507.
69. F. H. [František Hampl]: „Román o podvodném prorokovi", in: *Práce* 1946/2:150, 29. Juni, 4.
70. Forst, Vladimír. 1960: „Praha za války, Jiří Weil: Na střeše je Mendelssohn", in: *Tvorba* 1960/25:39, 931.
71. Frischerová, Helena. 2017: *Dny mého života. Vzpomínky na gulag*. Praha: Academia.
72. Fučík, Julius. 1960: *O srednej Azii*. Taškent: Gosudarstvennoje izdateľstvo chudožestvennoj literatury UzSSR. (Übers. und mit Vorwort versehen von Oleg Malevič).
73. -----. 1949: *V zemi milované. Reportáže ze Sovětského svazu*. Praha: Svoboda.
74. -----. 1938: „Pavlačový román o Moskvě", in: *Tvorba* 1938/13:3, 34–35.

75. Furler, Bernhard. 1997: *Augen-Schein. Deutschsprachige Reisereportagen über Sowjetrussland 1917–1939*. Frankfurt am Main: Athenäum.
76. Galík, Josef. 1991: „Aktualita stará půl století", in: *Acta Universitatis Palackianae Olomucensis. Facultas philosophica. Philologica. Slavica* 7. Band 61, 41–49.
77. Glanc, Tomáš. 2005: „Lef", in: Glanc, Tomáš/Kleňhová, Jana (Hg.): *Lexikon ruských avantgard 20. století*. Praha: Libri.
78. G [Götz, František]. 1946: „Historický román jako časové podobenství", in: *Národní osvobození* 1946/17:122, 4.
79. Grebeníčková, Růžena. 1995: „Jiří Weil a moderní román", in dies.: *Literatura a fiktivní světy*. Band 1. Praha: Český spisovatel, 408–437.
80. -----. 1995: „Jiří Weil a normy české prózy po patnácti letech", in dies.: *Literatura a fiktivní světy*. Band 1. Praha: Český spisovatel, 389–403.
81. -----. 1995: „Weilův žalozpěv", in dies.: *Literatura a fiktivní světy*. Band 1. Praha: Český spisovatel, 404–407.
82. -----. 1995: „Weilova Moskva – hranice", in dies.: *Literatura a fiktivní světy*. Band 1. Praha: Český spisovatel, 438–447.
83. -----. 1968: „Literatura faktu a teorie románu", in: *Československá rusistika* 1968/13, 162–166.
84. -----. 1967: „Jiří Weil a moderní román", in: Weil, Jiří: *Život s hvězdou*. Praha: Odeon, 7–34.
85. Grebeníčková, Růžena. 1958: „O nový typ historické prózy", in: *Literární noviny* 1958/7:37, 13. September, 4.
86. Grossman, Jan. 1991: „Weilův Život s hvězdou", in: *Analýzy*. Praha: Československý spisovatel, 359–363.
87. -----. 1964: „Doslov", in: Weil, Jiří: *Život s hvězdou*. Praha: Mladá fronta, 155–159.
88. -----. 1949: „Doslov", in: Weil, Jiří: *Život s hvězdou*. Praha: ELK, 211–214.
89. Grousset, René. 1970: *Die Steppenvölker. Attila – Dschingis Khan – Tamerlan*. München: Kindler, 569, 632, 652f., 670f. sowie 865.
90. Grögerová, Bohumila/Hiršal, Josef. 1994: *Let let. Im Flug der Jahre*. Graz – Wien: Droschl, 82–83.
91. Grözinger, Karl E. 1998: „Zur Einführung", in ders. (Hg.): *Sprache und Identität im Judentum*. Wiesbaden: Harrassowitz, 7–14.

92. Grygar, Mojmír. 1949: "Román o potupeném lidství", in: *Lidové noviny* 1949/57:73, 27. März, 6.
93. Guski, Andreas. 2011²: "Von der Avantgarde zur Gleichschaltung der Literatur (1917–1934)", in: Engel, Christine/Guski, Andreas/Kissel, Wolfgang et al. (Hg.): *Russische Literaturgeschichte*. Stuttgart – Weimar: Metzler, 290–335.
94. Hahn, Hans Henning. 2000: "Zur Problematik jüdischer Identitäten in Ostmitteleuropa. Eine Einführung", in: ders./Stüben, Jens (Hg.): *Jüdische Autoren Ostmitteleuropas im 20. Jahrhundert*. Frankfurt am Main: Lang, 11–18.
95. Hájková, Alena. 2000: "Dokument přinášející vysvětlení", in: *Terezínské listy. Sborník památníku Terezín* 2000/28, 114–115.
96. Halas, Jan. 1994: "Vzpomínání ...", in: *Literární noviny* 1994/5:51–52, 13.
97. Hallama, Peter. 2015: *Nationale Helden und jüdische Opfer. Tschechische Repräsentation des Holocaust*. Göttingen: Vandenhoeck & Ruprecht.
98. Hampl, František. 1969: "Žil s hvězdou", in: *Dobrodružství Jaroslava Seiferta a jiné vzpomínky na známé i méně známé spisovatele*. Praha: Středočeské nakladatelství a knihkupectví, 67–69.
99. Hedeler, Wladislaw. 2003: *Chronik Moskauer Schauprozesse 1936, 1937 und 1938. Planung, Inszenierung, Wirkung*. Berlin: Akademie Verlag.
100. Heftrich, Urs. 2001: "Weilův Život s hvězdou a evropská literární tradice", in: *Česká literatura na konci tisíciletí. Příspěvky z 2. kongresu světové literárněvědné bohemistiky, Praha 3.–8. července 2000. Band 2*. Praha: Ústav pro českou literaturu AV ČR, 525–535.
101. -----. 2000: "Der Unstern als Leitstern: Jiří Weils Werk über Holocaust", in: Weil, Jiří: *Leben mit dem Stern*. München – Stuttgart: Deutsche Verlags-Anstalt, 360–383.
102. -----. 2000: "Der Klagegesang", in: Weil, Jiří: *Leben mit dem Stern*. München – Stuttgart: Deutsche Verlags-Anstalt, 383–386.
103. Heřman, Zdeněk. 1960: "Sugestivní próza", in: *Literární noviny* 1960/9:39, 4.
104. Hnilica, Jiří. 2010: "O optimismu, realismu, pověrách, pravdách a věčných i zhroucených iluzích", in: *Acta Historica Universitatis Silesianae Opaviensis* 2010/3, 143–162.
105. Holý, Jiří. 2017: "Die Namen auf den Mauern der Pinkas-Synagoge in Prag", in: Hanshew, Kenneth/Koller, Sabine/Prunitsch,

Christian (Hg.): *Texte prägen. Festschrift für Walter Koschmal*. Wiesbaden: Harrassowitz Verlag, 415–432.

106. -----. 2011: „Židé a šoa v české a slovenské literatuře po druhé světové válce", in: Holý, Jiří/Málek, Petr/Špirit, Michael/Tomáš, Filip (Hg.): *Šoa v české literatuře a v kulturní paměti*. Praha: Akropolis, 7–65.

107. -----. 2002: „Roubíček versus Dějiny", in: ders.: *Možnosti interpretace: Česká, polská a slovenská literatura 20. století*. Olomouc: Periplum, 211–232.

108. -----. 1999: „Komentář", in: Weil, Jiří: *Život s hvězdou. Na střeše je Mendelssohn. Žalozpěv za 77 297 obětí*. Praha: Nakladatelství Lidové noviny, 481–505.

109. -----. 1991: „Moskva–hranice", in: *Literární noviny* 1991/2:38, 5.

110. Holý, Jiří/Nichtburgerová, Hana. 2018: „Jakob der Lügner (1969)", in: Roth, Markus/Feuchert, Sascha (Hg.): *Holocaust. Zeugnis. Literatur. 20 Werke wieder gelesen*. Göttingen: Wallstein Verlag, 158–168.

111. Hrabák, Josef. 1947-48: „O krisi současné české prózy", in: *Blok* 1947-48/2:1, 10.

112. Hrala, Milan. 1983: „Literatura faktu a dokumentu", in: ders.: *Problémy sovětské prózy dvacátých a třicátých let*. Praha: Univerzita Karlova, 99–135.

113. Hrubeš, Jan/Kryl, Miroslav. 2003: „Ještě jednou Jiří Weil. (O jeho životě a díle)", in: *Terezínské listy. Sborník památníku Terezín* 2003/31, 18–39.

114. Hříbková, Hana. 2021: „Life with a Star (Život s hvězdou)", in: Hiemer, Elisa-Maria/Holý, Jiří/Firlej, Agata/Nichtburgerová, Hana (Hg.): *Handbook of Polish, Czech, and Slovak Fiction. Work and Contexts*. Oldenbourg: De Gruyter, 256–259.

115. -----. 2021: „Elegy for 77,297 Victims (Žalozpěv za 77 297 obětí)", in: Hiemer, Elisa-Maria/Holý, Jiří/Firlej, Agata/Nichtburgerová, Hana (Hg.): *Handbook of Polish, Czech, and Slovak Fiction. Work and Contexts*. Oldenbourg: De Gruyter, 157–160.

116. -----. 2017: „The Shoah in Poland in the Work of Jiří Weil: Translation and Literary Reference", in: *Poznańskie Studia Slawistyczne. Recepcja literackich i artystycznych dzieł o Szoa* 2017/12, 139–152.

117. -----. 2016: „Tvůrčí činnost dětí v ghettu Terezín 1942–1945", in: Holý, Jiří (Hg.): *Cizí i blízcí. Židé, literatura, kultura v českých zemích ve 20. století*. Praha: Akropolis, 369–384.

118. -----. 2016: „Šoa v díle Jiřího Weila", in: Holý, Jiří (Hg.): *Cizí i blízcí. Židé, literatura, kultura v českých zemích ve 20. století.* Praha: Akropolis, 681–727.

119. -----. 2012: „Jiří Weil: A Scientist and Initiator of Exhibitions of Children's Drawings from Terezín", in: Holý, Jiří (Hg.): *The Representation of the Shoah in Literature, Theatre and Film in Central Europe: 1950s and 1960s/Die Darstellung der Shoah in Literatur, Theater und Film in Mitteleuropa: die fünfziger und sechziger Jahre.* Praha: Akropolis, 51–64. [Auch unter dem Link: http://cl.ff.cuni.cz/holokaust/wp-content/uploads/hana-hribkova-jiri-weil-a-scientist-and-initiator-of-exhibitions.pdf, zuletzt aufgerufen am 11.11.2020].

120. -----. 2006: „Jiří Weil se vrátil", in: *Židovská ročenka na rok 5767 (2006/07),* 138–157.

121. -----. „On the Emergence of the Novel Life with a Star", in: *The Representation of the Shoah in Literature, Theatre and Film in Central Europe: 1940s.* [Auch unter dem Link: http://cl.ff.cuni.cz/holokaust/wp-content/uploads/hana-hribkova-on-the-emergence-of-the-novel-life-with-a-star.pdf, zuletzt aufgerufen am 10.05.2019].

122. Janáček, Pavel. 2004: *Literární brak. Operace vyloučení, operace nahrazení 1938–1951.* Brno: Host, 197.

123. -----. 1992: „Rozvichřené království Jiřího Weila", in: *Nové knihy* 1992/43, 1–2.

124. Janáčková, Jaroslava. 2004: „Román", in: Mocná, Dagmar/Peterka, Josef (Hg.): *Encyklopedie literárních žánrů.* Praha – Litomyšl: Paseka, 576–586.

125. Janoušek, Pavel et al. 2007: *Dějiny české literatury 1945–1989. I. díl 1945–1948.* Praha: Academia.

126. Jaspers, Karl. 1946: *Die Schuldfrage. Ein Beitrag zur deutschen Frage.* Zürich: Artemis Verlag.

127. Jedličková, Alice. 2009: „O velikosti nosu, svědomí a metodách vyprávění. Weilova poetika po padesáti letech", in: *Český jazyk a literatura* 2009–10/2, 68–75.

128. -----. 1992: „Shledávám chtě schválit skutky božské, že bohové jsou zlí", in: Weil, Jiří: *Dřevěná lžíce.* Praha: Mladá fronta, 199–207.

129. -----. 1991: „Jiří Weil ve Vrchovanech. Posledních deset let spisovatelova života", in: *Českolipsko literární* 1991/10, 11–25.

130. -----. 1990: „Shledávám chtě schválit skutky božské, že bohové jsou zlí. (90. výročie narodenia Jiřího Weila)", in: *Slovenské pohľady na literatúru a umenie* 1990/8, 106-114.

131. -----. 1990: „Nepublikovaná kapitola Weilova románu Na střeše je Mendelssohn", in: *Česká literatura* 1990/38:2, 151-154.

132. Jerie, Pavel. 2004: „Na střeše je Mendelssohn. Sochařská výzdoba balustrády Rudolfina. I. část", in: *Rudolfinum Revue* 2004/4:1, 1.

133. Jilemnický, Peter. 1952: *Dva roky v krajine sovietov*. Bratislava: Nakladatel'stvo Pravda.

134. J. S. 1945-46: „Jiří Weil: ‚Barvy'", in: *Akord* 1945-46/12, 320.

135. jšk [Josef Šofferle Kvapil]. 1946-47: „Jiří Weil, Makanna – Otec divů...", in: *Naše doba*, 1946-47/53: 3, 133-134.

136. Jungmann, Milan. 1999: „Knihovnička Literárních novin: Knihkupectví & café-bar Samsa", in: *Literární noviny* 1999/10:27, 16.

137. J. Tsch. [Jaroslav Teichmann]. 1938: „Jiří Weil: Moskva – hranice", in: *Slovanský přehled* 1938/5, 220.

138. K [Jaroslav Kohlík]. 1946: „Weilův román poctěný literární cenou", in: *Svobodné slovo*. 1946/2:141, 20. Juni, 7.

139. -----. 1946: „Dvě sbírky povídek", in: *Svobodné slovo* 1946/2:87, 12. April, 3.

140. Kaibach, Bettina. 2006: „Guilty While Innocent. The Concept of the Tragic in Jiří Weil's Novel ‚Mendelssohn is on the Roof'", in: Gruner, Frank/ Hettrich, Urs/Löwe, Heinz-Dietrich (Hg.): *Zerstörer des Schweigens. Formen künstlerischer Erinnerung an die nationalsozialistische Rassen- und Vernichtungspolitik in Osteuropa*. Köln: Böhlau, 242-263.

141. -----. 2007: „Poetologická dimenze Weilova Žalozpěvu za 77 297 obětí", in: Holý, Jiří (Hg.): *Holokaust – Šoa – Zagłada v české, slovenské a polské literatuře*. Praha: Karolinum, 169-189.

142. -----. 2008: „Nachwort. Von Menschen und Statuen – der Erzähler Jiří Weil", in: Weil, Jiří: *Sechs Tiger in Basel*. Konstanz: Libelle Verlag, 205-220.

143. Kalandra, Záviš. 1994. *Intelektuál a revoluce*. Praha: Český spisovatel.

144. Kalista, Zdeněk. 1969: „Jiří Weil", in: ders.: *Tváře ve stínu. Medailóny*. České Budějovice: Růže, 119-142.

145. Kanda, Roman. 2015: „Epopej mesiášské lži. Weilův Makanna jako románová reflexe moci", in: *A2* 2015/XI:13, 6.

146. Karfík, Vladimír.1966: „Postupný Weilův návrat", in: *Literární noviny* 1966/15:6, 4.

147. Kárník, Zdeněk. 2008: *Malé dějiny československé (1867–1939)*. Praha: Dokořán.

148. Kirschner, Zdeněk. 2001: „Život s bolestí. (Nad románem Jiřího Weila Život s hvězdou)", in: *Literární archiv. Narozeni na přelomu století... K stému výročí narození Bedřicha Fučíka, Zdeňka Kalisty, Josefa Knapa, Vítězslava Seiferta, Karla Teiga, Jiřího Weila, Jiřího Wolkra aj.* Band 32–33. Praha: Památník národního písemnictví, 157–174.

149. Kittlová, Markéta. 2018: „Publicistická tvorba Jiřího Weila, zpráva (nejen) o sovětském Rusku. Weilovy články v Tvorbě a Literárních novinách", in: Kubíček, Tomáš/Wiendl, Jan (Hg.): *Obrazy kultury a společnosti v období první republiky. Periodický tisk v letech 1918–1938*. Brno: Moravská zemská knihovna v Brně, 169–177.

150. Klimek, Antonín. 2002: *Velké dějiny zemí Koruny české. 1928–1932*. Praha: Paseka.

151. Knap, Josef. 1971: *Archív Družstevní práce*. Praha: Památník národního písemnictví.

152. Koeltzsch, Ines/Kuklová, Michaela/Wögerbauer, Michael (Hg.). 2011: *Übersetzer zwischen den Kulturen. Der Prager Publizist Paul/Pavel Eisner*. Köln – Weimar – Wien: Böhlau.

153. Kolář, Jiří. 1997: „Očitý svědek. Deník z roku 1949", in: *Dílo Jiřího Koláře*. Band 2. Praha: Odeon, 117–292.

154. Koestler, Arthur. 1967: *Sonnenfinsternis*. München: Deutscher Taschenbuchverlag.

155. Komuth, Horst. 1987: *Manès Sperber, Arthur Koestler und George Orwell. Der Totalitarismus als Geißel des 20. Jahrhunderts*. Würzburg: Creator.

156. Koschmal, Walter: 2011 „Transnationale Literatur – eine Herausforderung für die Wissenschaft: der tschechische Jude J. M. Langer", in: *Zeitschrift für Slawistik* 2011/56:2, 253–270.

157. Koschmal, Walter/Nekula, Marek (Hg.). 2005: *Juden zwischen Deutschen und Tschechen. Sprachliche und kulturelle Identitäten in Böhmen 1800–1945*. München: Oldenbourg Wissenschaftsverlag.

158. Krombholz, Vít. 1946: *Transport č. 26*. Praha: Národní nakladatelství A. Pokorný.

159. Kryl, Miroslav. 2008: „Jiří Weil – jeden český židovský osud", in: Randák, Jan/Koura, Petr (Hg.): *Hrdinství a zbabělost v české politické kultuře 19. a 20. století. Výběr příspěvků ze stejnojmenné konference, která proběhla ve dnech 25. – 27. října 2006*. Praha: Dokořán, 245–269.

160. -----. 2005: „Jiří Weil – intelektuál mezi Východem a Západem", in: *Slovanský přehled* 2005/90:2, 301–308.

161. -----. 2004: „Zur Entstehung von Jiří Weils Roman ,Mendelssohn auf dem Dach'", in: Milotová, Jaroslava/Rathgeber, Ulf/Wögerbauer, Michael (Hg.): *Theresienstädter Studien und Dokumente*. Praha: Academia – Institut Terezínské iniciativy, 159–177.

162. -----. 2002: „Ke vzniku románu Jiřího Weila ,Na střeše je Mendelssohn'", in: Milotová, Jaroslava/Lorencová, Eva (Hg.): *Terezínské studie a dokumenty*. Praha: Academia – Institut Terezínské iniciativy, 348–362.

163. -----. o.J.: „K původní předmluvě románu Jiřího Weila Na střeše je Mendelssohn", o. O., unpubliziert.

164. Kudrnáč, Jiří. 1992: „Weil, Jiří: Makanna – otec divů", in: *Slovník českého románu 1945–1991*. Ostrava: Sfinga – Librex, 266–267.

165. Kundera, Ludvík. 1946: „Konečně nová próza", in: *Rovnost* 1946/62:108, 8. Mai, 3.

166. Kuznecov, Anatolij A. 1970: *Babij Jar*. München – Zürich – Wien: Juncker. [Dt. Übersetzung von Alexander Kaempfe].

167. Lang, Berel. 2000: *Holocaust Representation. Art within the Limits of History and Ethics*. Baltimore: The Johns Hopkins University Press.

168. Lorenc, Zdeněk. 1946: „Weilovy ,Barvy' z okupace", in: *Mladá fronta* 1946/2:129, 5. Juni, 4.

169. Lustig, Arnošt. 1997: *Dita Saxová*. Praha: Hynek.

170. LVA [Libuše Vokrová-Ambrosová]. 1937: „Rusko z vlastní zkušenosti", in: *Čin* 1937/9:4, 42.

171. Macák, Bohumír. 1960: „Na střeše je Žid", in: *Host do domu* 1960/7:10, 471.

172. Machoninová, Alena. 2017: „Ať jsem ti lekcí navždy! Dovětek k osudu Ri Gustavovny", in: Frischerová, Helena: *Dny mého života. Vzpomínky na gulag*. Praha: Academia, 238–274.

173. Magincová, Dagmar. 2012: „Knihy, které budou čteny", in: *Knihovna* 2012/23:1, 38–50. Auch online unter http://oldknihovna.nkp.cz/knihovna121/12_138.htm (zuletzt aufgerufen am 11.11.2020).

174. Malevič, Oleg M. 2011: „Ob avtore romana Na kryše Mendel'son", in: *Neva* 2011/5, 130-131.

175. Mandys, Pavel. 2008: „My, pitomí izolovaní Američané. S Paulem Austerem o zánětu karpálního tunelu a Jiřím Weilovi", in: *Týden* 2008/23, 80-82.

176. Marek, Jaromír. 2020: *Interhelpo. Tragický příběh československých osadníků v Sovětském svazu*. Brno: Host.

177. Margolit, Evgenij. 1999: „Eisenstein, Pudovkin und Dovženko: Das historische Revolutionsepos", in: Engel, Christine (Hg.): *Geschichte des sowjetischen und russischen Films*. Stuttgart - Weimar: Metzler, 29-33.

178. Mayor, Alisa Gayle. 2000: „Czech-Jewish Identity after the Holocaust: The Case of Jiří Weil, the Pinkas Synagogue, and Weil's Elegy for the 77,297 (Žalozpěv za 77 297 obětí)", in: *Brown Slavic Contributions. Modern Czech Studies* 2000/13, 141-148.

179. Med, Jaroslav. 2011: *Literární život ve stínu Mnichova (1938-1939)*. Praha: Academia.

180. Mercks, Kees. 1995: „Zur Rezeption des Romans ‚Das Leben mit dem Stern' von Jiří Weil. Sinn und Unsinn", in: *Russian Literature* 1995/37:4, 561-578.

181. Meyer, Michael A. 1992: „Einführung. Zum Begriff jüdischer Identität", in: ders. (Hg.): *Jüdische Identität in der Moderne*. Frankfurt am Main: Jüdischer Verlag im Suhrkamp Verlag, 10-18.

182. Mikulová, Helena. 1999: „Interhelpo - asijská osada české práce", in: *Tvar* 1999/10:5, 14-15.

183. Mocná, Dagmar. 2004: „Reportáž", in: Mocná, Dagmar/Peterka, Josef (Hg.): *Encyklopedie literárních žánrů*. Praha - Litomyšl: Paseka, 568-573.

184. Mohn, Volker. 2014: *NS-Kulturpolitik im Protektorat Böhmen und Mähren. Konzepte, Praktiken, Reaktionen*. Essen: Klartext.

185. Mytze, Andreas W. 1972: „Zu entdecken: Jiri Weil", in: *Die Tat* 1972/118 (20. Mai 1972), 29-30.

186. Nekula, Marek. 2017: „Intertextualität in Jiří Weils ‚Das Leben mit dem Stern'. Bezüge zu Franz Kafkas Textwelten", in: Hanshew, Kenneth/Koller, Sabine/Prunitsch, Christian (Hg.): *Texte prägen. Festschrift für Walter Koschmal*. Wiesbaden: Harrassowitz, 433-444.

187. Nezval, Vítězslav. 1978: *Z mého života*. Praha: Československý spisovatel, 94.

188. Novotný, Vladimír. 2007: „Dějiny vlastně neznáme. Rozhovor s Janem Vladislavem", in: *Tvar* 2007/7, 4–5.

189. Nový, Petr. 1991: „Člověk: Jiří Weil ", in: Weil, Jiří: *Moskva – hranice*. Praha: Mladá fronta, 7–13.

190. Ohme, Andreas. 2021: „Colors (Barvy)", in: Hiemer, Elisa-Maria/Holý, Jiří/Firlej, Agata/Nichtburgerová, Hana (Hg.): *Handbook of Polish, Czech, and Slovak Fiction. Work and Contexts*. Oldenbourg: De Gruyter, 99–101.

191. -----. 2016: „Die Transzendierung der Geschichte durch die Poetisierung der Darstellung in Jiří Weils Prosazyklus Barvy (Farben)", in: Ibler, Reinhard (Hg.): *The Holocaust in the Central European Literatures and Cultures: Problems of Poetizaton and Aesteticization/Der Holocaust in den mitteleuropäischen Literaturen und Kulturen. Probleme der Poetisierung und Ästhetisierung*. Stuttgart: ibidem, 57–78.

192. -----. 2010: „,Sechs Tiger in Basel'. Zur Kurzprosa Jiří Weils", in: *Bohemia* 2010/50:1, 232–236.

193. o.N. 1960-61: „Vražedné soukolí mašinerie smrti...", in: *Židovská ročenka* 1960–61, 104.

194. o.N. 1958: „Literatura", in: *Kultura* 1958/2:40, 2. Oktober, 2.

195. o.N. 1938: „Moskva – hranice", in: *Pestrý týden* 1938/8:1, 12.

196. Opelík, Jiří. 1968: „Vypravěč ve vývoji české prózy třicátých let", in: *Česká literatura* 1968/16:3, 297–303.

197. -----. 1966: „Hodina pravdy, hodina zkoušky", in: Weil, Jiří: *Hodina pravdy, hodina zkoušky*. Praha: Československý spisovatel, 191–206.

198. -----. 1966: „Bibliografická poznámka", in: Weil, Jiří: *Hodina pravdy, hodina zkoušky*. Praha: Československý spisovatel, 207.

199. -----. 1965: „Jiří Weil a jeho dílo", in: Weil, Jiří: *Na střeše je Mendelssohn*. Praha: Československý spisovatel, 201–207.

200. -----. 1960: „Na střeše je Richard Wagner", in: *Kultura* 1960/4:42, 5.

201. Osolsobě, Ivo. 1960: „O kameni a lidech: Jiří Weil: Na střeše je Mendelssohn, Čs. spisovatel 1960", in: *Rovnost* 1960/75:245, 9. Oktober, 5.

202. P. 1946: „Povídky Jiřího Weila", in: *Obzory* 1946/2:12, 188.

203. Papoušek, Vladimír. 2004: „Člověk-věc", in: *Existencialisté*. Brno: Torst, 283–287.

204. Pavelka, Jiří/Pospíšil, Ivo. 1993: *Slovník epoch, směrů, skupin, manifestů*. Brno: Georgetown, 100.

205. P. E. [Paul Eisner]. 1937: „Tschechen in Russland", in: *Prager Presse* 1937/17:142, 25. Mai, 8.

206. Petrusek, Miloslav. 2005: „Umění totalitních režimů jako sociální fenomén. (K sociologické analýze estetizace strachu a zla)", in: *Acta universitatis Palackianae Olomucensis. Facultas philosophica. Moravica* 2005/4, 15–25.

207. Pěkný, Tomáš. 1994: „Zůstat sám sebou", in: *Roš chodeš* 1994/56:12, 9.

208. -----. 1993: *Historie židů v Čechách a na Moravě*. Praha: Sefer.

209. Petříček, Miroslav. 1993: „Každý sen zabíjí?", in: *Tvar* 1993/4:2, 11.

210. Pfaff, Ivan. 2002: „Krize české kultury po moskevských procesech 1936–1938", in: *Slovanský přehled* 2002/88:1, 33–57.

211. Pilař, Jan. 1989: *Sluneční hodiny*. Praha: Československý spisovatel.

212. Podhajský, František A. (Hg.). 2010: *Julek Fučík, věčně živý!* Brno: Host.

213. Podlešák, Jan. 1995: „I jejich je tato země v pokoji a míru. (Nad Weilovým Žalozpěvem za 77 297 obětí)", in: *Tvar* 1995/6:4, 11.

214. -----. 1990: „Stříbrnou polnicí zpívejte píseň svobody. (Život a dílo Jiřího Weila)", in: *Židovská ročenka na rok 5750 (1989/1990)*, 104–108.

215. Pohorský, Miloš. 1990: „Jistoty a nejistoty Jiřího Weila", in: Weil, Jiří: *Život s hvězdou. Na střeše je Mendelssohn*. Praha: Československý spisovatel, 375–385.

216. Polák, Karel. 1946: „Jiří Weil: Makanna – otec divů", in: *Kritický měsíčník* 1946/7:10-11, 243–245.

217. Poláková, Daniela. 2015: „Dilemata levicového intelektuála. Realita Sovětského svazu ve Weilově románu Moskva-hranice", in: *A2* 2015/XI:13, 4.

218. Polan, Bohumil. 1946: „Básnická historie falešného vůdce lidu", in: *Svobodné noviny* 1946/2:124, 29. Mai, 5.

219. Pospíšil, Ivo. 2017: „Podoby a proměny židovství: Jiří Weil (1900–1959)", in: *Novaja rusistika* 2017/X:1, 81–93.

220. -----. 1993: „Bohové jsou zlí", in: *Rovnost* 1993/3:8, 12. Januar, 6.

221. Přibáň, Michal et al. 2014: *Česká literární nakladatelství 1949–1989*. Praha: Academia.

222. Radvolina, Ida M. 1963³: *Rasskaz o Juliuse Fučike*. Moskva: Sovetskij pisatel'.

223. -----. 1960: *Vyprávění o Juliu Fučíkovi*. Praha: Mladá fronta.

224. Rohrwasser, Michael. 1991: *Der Stalinismus und die Renegaten. Die Literatur der Exkommunisten*. Stuttgart: Metzler.

225. Rybák, Josef. 1968: *Kouzelný proutek*. Praha: Československý spisovatel.

226. -----. 1961: „Rodokaps Jiřího Weila", in: ders.: *Doba a umění: Články, úvahy, polemiky 1925–1938*. Praha: Československý spisovatel, 188–191.

227. Samuėl', I. I. 1935: *Intergel'po*. Moskva – Leningrad: Vsesojuznoe kooperativnoe ob"edinennoe izdatel'stvo.

228. Satjukow, Silke/Gries, Rainer. 2002: *Sozialistische Helden. Eine Kulturgeschichte von Propagandafiguren in Osteuropa und der DDR*. Berlin: Ch. Links.

229. Schamschula, Walter. 2004: *Geschichte der tschechischen Literatur. Band III. Von der Gründung der Republik bis zur Gegenwart*. Köln – Weimar – Wien: Böhlau.

230. Schlögel, Karl. 2009: *Terror und Traum. Moskau 1937*. München: Hanser.

231. Šidák, Pavel. 2018: „Jiří Weil. Moskva – hranice", in: Barborík, Vladimír/Janáček, Pavel/Pavlíček, Tomáš/Šámal, Petr (Hg.): *Literární kronika první republiky*. Praha: Academia, 438–440.

232. Šimová, Kateřina/Kolenovská, Daniela/Drápala, Milan (Hg.). 2017: *Cesty do utopie. Sovětské Rusko ve svědectvích meziválečných československých intelektuálů*. Praha: Prostor.

233. Siostrzonek, Pavel. 2015: „Ještě je Moskva? Román Moskva – hranice ve sporech a rozporech své doby", in: *A2* 2015/XI:13, 18–19.

234. Skála, Ivan. 1949: „Rozhodný boj o realismus – přední úkol naší literatury", in: *Nový život* 1949/4, 66–72.

235. Šnobr, Jan. 1936-37: „Kniha o českém charakteru", in: *Literární noviny* 9 1936/37:21, 2.

236. Sofoklés. 1975: „Filoktétés", in: *Tragédie*. Praha: Svoboda, 327–399 [tsch. Übersetzung Václav Dědina].

237. Soldán, Ladislav. 1993: „O zemi řízené stranou", in: *Svobodné slovo* 1993/49:50, 6.

238. Sommer, Vítězslav. 2009: „Šváb, Karel", in: Bárta, Milan et al. 2009: *Biografický slovník představitelů ministerstva vnitra v letech 1948–1989. Ministři a jejich náměstci.* Praha: Ústav pro studium totalitních režimů, 181–183.

239. Sophokles. 1985^2: „Philoktetes", in: *Dramen.* München – Zürich: Artemis, 478–569 [dt. Übersetzung Wilhelm Willige].

240. Soukal, Josef. 1992: „Weil, Jiří: Život s hvězdou", in: Zelinský, Miroslav/Dokoupil, Blahoslav (Hg.): *Slovník českého románu 1945–1991.* Ostrava: Sfinga, 267–269.

241. Špirit, Michael. 2008: „Kommentar", in: Weil, Jiří: *Sechs Tiger in Basel.* Konstanz: Libelle Verlag, 199.

242. Štědroňová, Eva. 2000: „Jiří Weil", in: Pavlát, Leo (Hg.): *Českožidovští spisovatelé v literatuře 20. století. Sborník přednášek z cyklu uvedeného ve Vzdělávacím a kulturním centru Židovského muzea v Praze od září 1999 do června 2000.* Praha: Židovské muzeum, 70–79.

243. -----. 1993: „K vydání románu Jiřího Weila", in: *Česká literatura* 1993/41:2, 227.

244. -----. 1991: „Weilova ‚Moskva – hranice'. Významný román české literatury", in: Weil, Jiří: *Moskva – hranice.* Praha: Mladá fronta, 269–280.

245. -----. 1990: „Dialektika umělecké metody a reality v díle Jiřího Weila", in: *Česká literatura* 1990/38:2, 126–140.

246. -----. 1989: „Jiří Weil – jeden lidský a umělecký osud české literatury", in: *Literární měsíčník* 1989/18, 81–85.

247. Štoll, Ladislav. 1986: *Z kulturních zápasů. Vzpomínky – rozhovory – portréty – stati – korespondence.* Praha: Odeon.

248. -----. 1964: *Z bojů na levé frontě.* Praha: Nakladatelství politické literatury.

249. Stolz-Hladká, Zuzana. 2001: „Jiří Weil a pravdivost slova", in: *Literární archiv. Narozeni na přelomu století... Band 32/33.* Praha: Památník národního písemnictví, 175–186.

250. Suchomel, Milan. 1969: „Rozmezí bez záruk. (Kapitola už historická.)", in: *Host do domu* 1969/15:13, 10–18.

251. Šup, Josef. 1938: „Jiří Weil: Moskva – hranice", in: *Rozhledy: literatura – věda – umění* 1938/7, 37.

252. S. V. 1938: „Ještě je Moskva", in: *Literární noviny* 1938/10:9, 6.

253. T. Svatopluk. 1938: „Všem chléb – anebo jednomu mokka?", in: *Lidová kultura* 1938/3:4, 20.

254. Tenčík, František. 1958: „Nový historický román", in: *Host do domu* 1958/5:11, 522.

255. Terlecký, Nikolaj. 1997: *Curriculum vitae*. Praha: Torst, 114–115, 121, 125.

256. Vančura, Vladislav. 1972: „Rozhovor o románu Tři řeky", in: Blahynka, Milan/Vlašín, Štěpán (Hg.): *Řád nové tvorby*. Praha: Svoboda, 401–403.

257. vbk [Václav Běhounek]. 1958: „Z nové české prózy", in: *Práce* 1958/14:183, 2. August, 4;

258. Víšková, Jarmila. 1999: „Ediční zpráva", in: Weil, Jiří: *Život s hvězdou. Na střeše je Mendelssohn. Žalozpěv za 77 297 obětí*. Praha: Lidové noviny, 505–517.

259. -----. 1992: „Vydavatelská poznámka", in: Weil, Jiří: *Dřevěná lžíce*. Praha: Mladá fronta, 208–214.

260. Vk [Václav Kaplický]. 1938: „Román o sovětské skutečnosti", in: *Hovory o knihách* 1938/2:1, 8.

261. Vladislav, Jan. 2012: *Otevřený deník. 1977/1978*. Praha: Torst.

262. -----. 2006: „Zápis z Pařížského deníku Jana Vladislava aneb Fascinace absurditou u Jiřího Weila", in: *Revue Prostor* 71, 97–100.

263. -----. 1994: „Zápisník. (11.)", in: *Literární noviny* 1994/5:3, 12.

264. -----. 1949: „Několik slov o Jiřím Weilovi a jeho ‚Míru'", in: Weil, Jiří: *Mír*. Praha: Družstvo Dílo, 259–262.

265. Vohryzek, Josef. 1995: „Harfeník", in: ders.: *Literární kritiky*. Praha: Torst, 103–105.

266. -----. 1995: „Bezvýznamnost učiněná významem", in: ders.: *Literární kritiky*. Praha: Torst, 251–254.

267. Vondráčková, Jaroslava. 2014: *Mrazilo – tálo*. Praha: Torst.

268. -----. 1994: „Piš Weile, ale jinak!", in: *Roš chodeš* 1994/56:12, 8–9.

269. -----. 1991: *Kolem Mileny Jesenské*. Praha: Torst.

270. Vopravil, Jaroslav Stanislav. 1973: *Slovník pseudonymů v české a slovenské literatuře*. Praha: Státní pedagogické nakladatelství.

271. Všetička, František. 2003: „Život s hvězdou Jiřího Weila", in: ders.: *Kroky Kalliopé. O kompoziční poetice české prózy čtyřicátých let*. Praha: Votobia, 138–144.

272. -----. 2001: „Román Jiřího Weila", in: *Sborník prací Filozoficko-přírodovědecké fakulty Slezské univerzity v Opavě. Řada literárněvědná (A)* 2001/3:3, 69-73.

273. -----. 1992-93: „Jiří Weil: Dřevěná lžíce", in: *Akord* 1992-93/18:7, 48-49.

274. Wagenbach, Klaus. 2010: „Westdeutscher Friedensfreund", in: ders.: *Die Freiheit des Verlegers. Erinnerungen, Festreden, Seitenhiebe.* Berlin: Wagenbach, 50-51.

275. Wagnerová, Alena. 2007: „Co by dělal Čech v Alsasku?", in: *Revolver Revue* 2007/ 66, 87-96.

276. Weiskopf, Carl Friedrich. 1960: „Der arische Papagei", in: *Anekdoten und Erzählungen. Gesammelte Werke. Band VI.* Berlin: Dietz, 100-101.

277. Wögerbauer, Michael/Šámal, Petr/Píša, Petr/Janáček, Pavel (Hg.). 2015: *V obecném zájmu: cenzura a sociální regulace literatury v moderní české kultuře 1749-2014.* Praha: Academia.

278. Zahradníková, Marta. 1997: „Zpráva o pozůstalosti Jiřího Weila", in: *Literární archív*, Band 29, 242-243.

279. Zavacká, Marína. 2015: „Vo vrstvách pämati. K československej stope sovietskeho diplomata Alexandra Jakovleviča Aroseva", in: *Forum Historiae* 2015/9:2, 166-188. [Auch unter dem Link: http://forumhistoriae.sk/documents/10180/1273455/11_zavacka.pdf, zuletzt aufgerufen am 11.11.2020],

280. Zimin, Valentin I. 2008: *Slovar'-tezaurus russkich poslovic, pogovorok i metkich vyraženij.* Moskva: Ast-Press, 40.

6.3 Sekundärliteratur zu Fiktionalität

1. Antor, Heinz. 1998: „Fiktion/Fiktionalität", in: Nünning, Ansgar (Hg.): *Metzler Lexikon Literatur- und Kulturtheorie. Ansätze - Personen - Grundbegriffe.* Stuttgart - Weimar: Metzler, 133-134.

2. Aristoteles. 2008: *Poetik*, in: ders.: *Aristoteles Werke in deutscher Übersetzung. Band 5.* Hg. von Hellmut Flashar, Berlin: Akademie [Dt. Übersetzung und Kommentar von Arbogast Schmitt].

3. Barck, Karlheinz. 2001: „Fiktion", in: ders. u. a. (Hg.): *Ästhetische Grundbegriffe. Historisches Wörterbuch in sieben Bänden. Band 2. Dekadent - Grotesk.* Stuttgart - Weimar: Metzler, 380-428.

4. Bareis, J. Alexander. 2014: „Fiktionen als *Make-Believe*", in: Klauk, Tobias/Köppe, Tilmann (Hg.): *Fiktionalität. Ein interdisziplinäres Handbuch.* Berlin - Boston: de Gruyter, 50-67.

5. -----. 2008: *Fiktionales Erzählen. Zur Theorie der literarischen Fiktion als Make-Believe.* Göteborg: Göteborgs Universitet (= Göteborger Germanistische Forschungen 50).

6. Barsch, Achim. 1998: „Fiktion/Fiktionalität", in: Nünning, Ansgar (Hg.): *Metzler Lexikon Literatur- und Kulturtheorie. Ansätze – Personen – Grundbegriffe.* Stuttgart – Weimar: Metzler, 149–150.

7. Best, Otto F. 1994[3]: „Erzählung", in: ders.: *Handbuch literarischer Fachbegriffe. Definitionen und Beispiele.* Frankfurt am Main: Fischer, 160.

8. Biti, Vladimir. 2001: „Fiktion", in: ders.: *Literatur- und Kulturtheorie. Ein Handbuch gegenwärtiger Begriffe.* Reinbek bei Hamburg: Rowohlt, 240–245.

9. Cohn, Dorrit. 1995: „Narratologische Kennzeichen der Fiktionalität", in: *Sprachkunst* 1995/25, 105–112.

10. -----. 1990: „Signposts of Fictionality. A Narratological Perspective", in: *Poetics Today* 1990/11:4, 775–804.

11. Coleridge, Samuel Taylor. 1983: *Biographia Literaria. Biographical Sketches of My Literary Life and Opinions.* Band II., Hg. von Engell, James/Bate, W. Jackson, London: Routledge & Kegan Paul – New Jersey: Princeton University Press, 6.

12. Currie, Gregory. 1990: *The Nature of Fiction.* Cambridge – New York – Port Chester – Melbourne – Sydney: Cambridge University Press.

13. Deutschmann, Peter. 2005: „Texte um die Welt, Welten um den Text. Kritik der semiotischen Fiktionalitätstheorie", in: Bernard, Jeff/Fikfak, Jurij/Grzybek, Peter (Hg.): *Text & Reality.* Ljubljana: Institute of Slovenian Ethnology at ZRC SAZU – Wien: Österreichische Gesellschaft für Semiotik, 29–41.

14. Doležel, Lubomír. 2014: *Heterocosmica II. Fikční světy postmoderní české prózy.* Praha: Karolinum.

15. -----. 1998: *Heterocosmica. Fiction and Possible Worlds.* Baltimore – London: Johns Hopkins University Press. [Tschechisch: 2003: *Heterocosmica. Fikce a možné světy.* Praha: Karolinum].

16. Eco, Umberto. 1999[2]: *Im Wald der Fiktionen. Sechs Streifzüge durch die Literatur.* München: Deutscher Taschenbuchverlag.

17. -----. 1984: *Nachschrift zum ‚Namen der Rose'.* München – Wien: Hanser.

18. Fludernik, Monika. 2009: „Roman", in: Lamping, Dieter (Hg.): *Handbuch der literarischen Gattungen.* Stuttgart: Kröner, 627–645.

19. Fořt, Bohumil (Hg.). 2012: *Heterologica. Poetika, lingvistika a fikční světy*. Praha: Ústav pro českou literaturu AV ČR, v. v. i.
20. Genette, Gérard. 2010[3]: *Die Erzählung*. München: Fink.
21. -----. 1992: *Fiktion und Diktion*. München: Fink. (tschechische Übersetzung: 2007: *Fikce a dikce*. Praha: Ústav pro českou literaturu AV ČR, v. v. i.; tsch. Übers. von Eva Brechtová)
22. -----. 1992: *Paratexte. Das Buch vom Beiwerk des Buches*. Frankfurt am Main – New York: Campus.
23. Hamburger, Käte. 1968[2]: *Die Logik der Dichtung*. Stuttgart: Klett.
24. Herrmann, Meike. 2005: „Fiktionalität gegen den Strich lesen. Was kann die Fiktionstheorie zu einer Poetik des Sachbuchs beitragen?", in: *Arbeitsblätter für die Sachbuchforschung Nr. 7*. Berlin – Hildesheim. [Auch unter dem Link: http://www.sachbuchforsch ung.uni-mainz.de/arbeitsblatter/, zuletzt aufgerufen am 11.11.2020].
25. Hoops, Wiklef. 1979: „Fiktionalität als pragmatische Kategorie", in: *Poetica* 1979/11, 281–317.
26. Iser, Wolfgang. 1991: *Das Fiktive und das Imaginäre. Perspektiven literarischer Anthropologie*. Frankfurt am Main: Suhrkamp.
27. Jakobi, Carsten. 2009: „Reportage", in: Lamping, Dieter (Hg.): *Handbuch der literarischen Gattungen*. Stuttgart: Kröner, 601–605.
28. Kisch, Egon Erwin. 1984[5]: „Von der Reportage", in: *Marktplatz der Sensationen. Entdeckungen in Mexico*. Berlin – Weimar: Aufbau, 277–286.
29. Klauk, Tobias/Köppe, Tilmann. 2014: „Bausteine einer Theorie der Fiktionalität", in: dies. (Hg.): *Fiktionalität. Ein interdisziplinäres Handbuch*. Berlin – Boston: de Gruyter, 3–31.
30. Köppe, Tilmann. 2014: „Die Institution Fiktionalität", in: Klauk, Tobias/Köppe, Tilmann (Hg.): *Fiktionalität. Ein interdisziplinäres Handbuch*. Berlin – Boston: de Gruyter, 35–49.
31. Kreimeier, Klaus/Stanitzek, Georg. 2004: „Vorwort", in: dies.: *Paratexte in Literatur, Film, Fernsehen*. Berlin: Akademie, VI–VII.
32. Kristeva, Julia. 1972: „Bachtin, das Wort, der Dialog und der Roman", in: Ihwe, Jens (Hg.): *Literaturwissenschaft und Linguistik. Ergebnisse und Perspektiven. Band 3. Zur linguistischen Basis der Literaturwissenschaft*. Frankfurt am Main: Athenäum, 345–375.
33. Lahn, Silke/Meister, Jan Christoph. 2008: *Einführung in die Erzähltheorie*. Stuttgart – Weimar: Metzler.

34. Lejeune, Philippe. 1994: *Der autobiographische Pakt.* Frankfurt am Main: Suhrkamp.
35. Macura, Vladimír. 1977: „Fikce", in: Vlašín, Štěpán et al. (Hg.): *Slovník literární teorie.* Praha: Československý spisovatel, 112.
36. Martínez, Matias/Scheffel, Michael. 2016[10]: *Einführung in die Erzähltheorie.* München: Beck.
37. Mathesius, Vilém. 1947: „O tak zvaném aktuálním členění větném", in: ders.: *Čeština a obecný jazykozpyt.* Praha: Melantrich, 234-242.
38. Müllerová, Lenka. 2010: „Paratexty a česká literatura", in: Fedrová, Stanislava (Hg.): *IV. kongres světové literárněvědné bohemistiky. Jiná česká literatura (?). Česká literatura v intermediální perspektivě.* Praha: Ústav pro českou literaturu AV ČT, v.v.i. - Nakladatelství Akropolis, 463-473.
39. Neumann, Birgit/Nünning, Ansgar: „Metanarration and Metafiction", in: *The Living Handbook of Narratology.* [Unter dem Link: http://www.lhn.uni-hamburg.de/article/metanarration-and-metafiction, zuletzt aufgerufen am 11.11.2020.]
40. Nickel-Bacon, Irmgard/Groeben, Norbert/Schreier, Margrit. 2000: „Fiktionssignale pragmatisch. Ein medienübergreifendes Modell zur Unterscheidung von Fiktion(en) und Realität(en)", in: *Poetica* 2000/32, 267-299.
41. Parsons, Terence. 1980: *Nonexistent Objects.* New Haven - London: Yale University Press.
42. Pavel, Thomas G. 1986: *Fictional Worlds.* Cambridge, MA: Harvard University Press.
43. Platon. 1991[1]: *Politeia,* in ders: *Sämtliche Werke. Band V.* Hg. von Karlheinz Hülser, Frankfurt am Main - Leipzig: Insel.
44. Rodnjanskaja, Irina B.: 2001: „Chudožestvennost'", in: Nikoljukin, Aleksandr N. u.a. (Hg.): *Literaturnaja enciklopedija terminov i ponjatij.* Moskva: Intelvak, 1178-1179.
45. -----. 1975: „Chudožestvennost'", in: Surkov, Aleksej A. u.a. (Hg.): *Kratkaja literaturnaja enciklopedija. Tom 8. Flober - Jašpal.* Moskva: Gosudarstvennoe naučnoe izdatel'stvo Sovetskaja Enciklopedija, 338-345.
46. Šanda, Zdeněk. 2014: „Výzvy k fikčnosti", in: Mainx, Oskar (Hg.): *Literatura jako výzva a apel.* Opava: Slezská univerzita v Opavě, 9-18.

47. Searle, John. 1975: „The Logical Status of Fictional Discours", in: *New Literary History* 1975/6:2, 319–332.
48. Seiler, Sascha. 2009: „Kurzgeschichte", in: Lamping, Dieter (Hg.): *Handbuch der literarischen Gattungen*. Stuttgart: Kröner, 452–460.
49. Sławiński, Janusz. 1993: „fikcja literacka", in: Głowiński, Michał/Kostkiewiczowa, Teresa/Okopień-Sławińska, Aleksandra/Sławiński, Janusz (Hg.): *Podręczny słownik terminów literackich*. Warszawa: Open, 72.
50. Stanzel, Franz K. 1989[4]: *Theorie des Erzählens*. Göttingen: Vandenhoeck & Ruprecht.
51. -----. 1981[10]: *Typische Formen des Romans*. Göttingen: Vandenhoeck & Ruprecht.
52. Stephan, Halina. 1981: „*LEF*" *and the Left Front of the Arts*. München: Sagner.
53. Timofeev, Leonid. 1974: „Chudožestvennaja literatura", in: Timofeev, Leonid I./Turaev Sergej V. (Hg.): *Slovar' literaturovedčeskich terminov*. Moskva: Prosveščenie, 448–453.
54. Vaihinger, Hans. 1922[7-8]: *Die Philosophie des Als Ob*. Leipzig: Meiner.
55. Voßschmidt, Liisa. 2008: „Das Vorwort und seine Funktionen in Übersetzungen literarischer Texte – Überlegungen am Beispiel der Übersetzungen des finnischen Epos ‚Kalevala'", in: Enell-Nilsson, Mona/Männikkövakki, Tiina (Hg.): *Symposium XXVIII. Sprache und Vielfalt*. Vaasa: Universität Vaasa, 315–325. [Auch unter dem Link: http://www.vakki.net/publications/2008/VAKKI2008_Vossschmidt.pdf, zuletzt aufgerufen am 11.11.2020.]
56. Walton, Kendall L. 1990: *Mimesis as Make-Believe. On the Foundation of the Representational Arts*. Cambridge – Massachusetts: Harvard University Press.
57. Wilpert, Gero von. 2001[8]: „Fiktion", in: ders.: *Sachwörterbuch der Literatur*. Stuttgart: Kröner, 269–270.
58. Wuthenow, Ralph-Rainer. 1990: *Europäische Tagebücher. Eigenart, Formen, Entwicklung*. Darmstadt: Wissenschaftliche Buchgesellschaft.
59. Zipfel, Frank. 2014: „Fiktionssignale", in: Klauk, Tobias/Köppe, Tilmann (Hg.): *Fiktionalität. Ein interdisziplinäres Handbuch*. Berlin – Boston: de Gruyter, 97–124.

60. -----. 2009: „Autofiktion. Zwischen den Grenzen von Faktualität, Fiktionalität und Literarität?", in: Winko, Simone/Jannidis, Fotis/Lauer, Gerhard (Hg.): *Grenzen der Literatur. Zu Begriff und Phänomen des Literarischen.* Berlin – New York: de Gruyter, 285–314.

61. -----. 2001: *Fiktion, Fiktivität, Fiktionalität. Analysen zur Fiktion in der Literatur und zum Fiktionsbegriff in der Literaturwissenschaft.* Berlin: Schmidt.

6.4. Sonstiges

6.4.1 Nicht publizierte Quellen (Bachelor-, Magister-, Diplomarbeiten, Dissertationen):

Hettešová, Erika. 2010: „Časopis ‚Svět práce' 1945–1948". Praha (Bachelorarbeit).

https://is.cuni.cz/webapps/zzp/detail/81872/ (zuletzt aufgerufen am 11.11.2020)

Horálek, Adam. 2011: „Etnicita Číny – kdo je Hui a kdo Dungan?". Praha (Dissertation).

https://is.cuni.cz/webapps/zzp/detail/104293/?lang=en (zuletzt aufgerufen am 11.11.2020)

Hříbková, Hana. 2019: „Život a dílo Jiřího Weila po roce 1939". Praha (Dissertation).

https://dspace.cuni.cz/handle/20.500.11956/111341 (zuletzt aufgerufen am 11.11.2020)

Hříbková, Hana. 2006: „Téma holocaustu v díle J. Weila". Praha (Magisterarbeit).

Kittlová, Markéta. 2009: „Jiří Weil mezi Ruskem a Čechami". Praha (Diplomarbeit).

https://is.cuni.cz/webapps/zzp/detail/80557 (zuletzt aufgerufen am 11.11.2020)

Kostincová, Jana. 2005: „Ruská poezie 20. a 30. let 20. století v pražském exilu". Brno (Dissertation).

https://is.muni.cz/th/4780/ff_d/Ruska_poezie_20._a_30._let_20._sto leti_v_prazskem_exilu.txt (zuletzt aufgerufen am 11.11.2020)

Králová, Kateřina. 2007: „Velká mostecká stávka optikou dobových deníků". Brno (Bachelorarbeit).

https://is.muni.cz/th/102882/fss_b/Bakalarska_prace_naostro.pdf (zuletzt aufgerufen am 11.11.2020)

Lightfoot, Thomas Craig. 2002: „Travel and Transformations: Rereading the Prose of Jiří Weil". Toronto (Dissertation).

Marek, Jaromír. 2013: „Interhelpo. Stručné dějiny československého vystěhovaleckého družstva v SSSR." Olomouc (Dissertation).

https://theses.cz/id/uuao4h/Marek_Interhelpo_rigorosni_prace_.pdf (zuletzt aufgerufen am 11.11.2020)

Novotná, Jaroslava. 1966/67: „Problematika osamocení v židovské tematice po r. 1945". Praha (Diplomarbeit).

Poláková, Daniela. 2013: „Jiří Weil: Tváří v tvář zlu". České Budějovice (Bachelorarbeit).

https://theses.cz/id/xsf9dq/Ji_Weil_Tv_v_tv_zlu_polkovBCP.pdf?lang=en (zuletzt aufgerufen am 11.11.2020)

Schutte, Andrea Daniela. 2003: „Die jüdische Thematik im Werk Jiří Weils". Bonn (Magisterarbeit).

https://epub.ub.uni-muenchen.de/625/1/schutte-jiri-weil.pdf (zuletzt aufgerufen am 11.11.2020)

Ševčíková, Jana. 2004/05: „Sovětský svaz 30. let očima české levice a předválečná tvorba J. Weila". Praha (Diplomarbeit).

https://is.cuni.cz/webapps/zzp/detail/27035/ (zuletzt aufgerufen am 11.11.2020)

Vyvozilová, Jaromíra. 1967/68: „Próza Jiřího Weila". Olomouc (Diplomarbeit).

6.4.2 Filmographie

„Interhelpo. Historie jedné iluze." Dokumentarfilm, Česká televize, 2008.

http://www.ceskatelevize.cz/ivysilani/10123387223-interhelpo-historie-jedne-iluze/30729535042 (zuletzt aufgerufen am 11.11.2020)

„Turksib". Dokumentarfilm, V. A. Turin, 1929.

6.4.3 Internetquellen

„Fischer, Otokar"

http://www.ff.cuni.cz/fakulta/o-fakulte/historie-fakulty/prehled-dekanu-ff-uk/fischer/?print=pdf (zuletzt aufgerufen am 11.11.2020)

„Fleischner, Richard"

http://encyklopedie.brna.cz/home-mmb/?acc=profil_osobnosti&load=6505

(zuletzt aufgerufen am 11.11.2020)

„Hildegard von Egisheim"
http://www.manfred-hiebl.de/mittelalter-genealogie/mittelalter/
staufer/graefliche_linie/hildegard_von_egisheim_graefin_von_buer
en_+_1095.html (zuletzt aufgerufen am 11.11.2020)

Holý, Jiří: „Jiří Weils Roman *Život s hvězdou* und seine kritische Rezeption".
https://sites.ff.cuni.cz/holokaust/wp-content/uploads/sites/122/20
13/11/jiri-holy-jiri-weils-roman-zivot-s-hvezdou.pdf (zuletzt aufgerufen am 11.11.2020).

Janáček, Pavel. 1998/2011: „Jiří Weil", in: Slovník české literatury po roce 1945.
http://www.slovnikceskeliteratury.cz/showContent.jsp?docId=902 (zuletzt aufgerufen am 11.11.2020)

„Kirov, Sergej Mironovič" in: Spravočnik po istorii Kommunističeskoj partii i Sovetskogo sojuza 1898 – 1991.
http://www.knowbysight.info/KKK/03156.asp (zuletzt aufgerufen am 11.11.2020)

„Kirovskij potok"
http://encspb.ru/object/2804022258 (zuletzt aufgerufen am 11.11.2020)

„Kohelet"
https://www.die-bibel.de/bibeln/online-bibeln/lesen/ZB/ECC.11/
Kohelet 11 (zuletzt aufgerufen am 11.11.2020).

Martin, Olga. 2008: „,Gerade ich muss länger leben als die Gewalt' – Jiří Weils Erzählungen". http://www.radio.cz/de/rubrik/kultur/gerade-ich-muss-laenger-leben-als-die-gewalt-jiri-weils-erzaehlungen (zuletzt aufgerufen am 11.11.2020).

„Pribalchašstroj"
http://dic.academic.ru/dic.nsf/es/69933/%D0%91%D0%90%D0%9B
%D0%A5%D0%90%D0%A8_%28%D0%B3%D0%BE%D1%80%D0%BE
%D0%B4%29 (zuletzt aufgerufen am 11.11.2020).

„Rencontres Internationales de Genève. 1946: L'esprit Europeén"
http://palimpsestes.fr/textes_philo/jaspers/rencontres.pdf (zuletzt aufgerufen am 11.11.2020).

„Schafe aus Lidice"
Fedorovič, Tomáš: „Lidické ovce v Terezíně – pravda či mýtus?", https://newsletter.pamatnik-terezin.cz/lidicke-ovce-v-terezine-pravda-ci-mytus/ (zuletzt aufgerufen am 11.11.2020).

„Slovník českých nakladatelství 1849-1949"
http://www.slovnik-nakladatelstvi.cz/ (zuletzt aufgerufen am 11.11.2020).

„Smlouva o přátelství a vzájemné pomoci mezi Československou republikou a Republikou Polskou"
http://www.psp.cz/eknih/1946uns/tisky/t0518_00.htm (zuletzt aufgerufen am 11.11.2020).

„Tvorba"
http://www.lib.cas.cz/aleph-google/KNA01/00123/36/001233633.html (zuletzt aufgerufen am 11.11.2020).

„Útok", Eintrag aus dem Katalog der Nationalbibliothek in Prag http://katif.nkp.cz/Katalogy.aspx?katkey=010GK1 (zuletzt aufgerufen am 11.11.2020).

„Weil, Bedřich"
http://www.vets.cz/vpm/2145-pametni-deska-judr-bedrich-weil/ (zuletzt aufgerufen am 11.11.2020).

„Weisel, Joachim"
http://www.yivoencyclopedia.org/article.aspx/Weisel_Leopold (zuletzt aufgerufen am 11.11.2020).

„Whitman, Walt: Pioneers! O, pioneers!"
http://www.bartleby.com/142/153.html (zuletzt aufgerufen am 11.11.2020).

Namensregister

A

Adlt, Jaromír 53
Adorno, Theodor Ludwig Wiesengrund 377, 383
Ambros, Veronika 32, 377
Antor, Heinz 159
Aristoteles 34, 319
Arosev, Aleksandr Jakovlevič 287, 288
Arvatov, Boris Ignat'evič 59
Aseev, Nikolaj Nikolaevič 26, 52

B

Baba-chán 234, 235
Babur 194
Barborík, Vladimír 280
Barbusse, Henri 137
Bareis, Alexander 33, 35, 40, 41, 42
Bart, Ilja 19
Bárta, Milan 292
Baťa, Tomáš 67, 69, 70, 204, 205, 206, 260, 271, 359, 360
Bate, Jackson W. 39
Bauer, Michal 17, 293
Běhounek, Václav 168, 320
Bělíček, Jan 281, 289
Belyj, Andrej 82
Benda, Julien 139
Benda, Václav 255
Beneš, Edvard 143, 144
Beneš, Karel Josef 17, 135, 136, 273, 277, 278, 286, 287, 293
Benhart, František 330

Benjamin, Walter 137
Berghahn, Klaus 383
Bernanos, Georges 139
Bernát, Miro 18, 232
Best, Otto F. 160
Biti, Vladimir 34
Blahynka, Milan 263
Bonnet, Georges 138, 140, 142, 143, 144, 155, 372
Brambora, Josef 200
Brauneck, Manfred 289
Brik, Osip Maksimovič 13, 52, 55, 56
Brunová, Marie 43, 44, 273
Buber-Neumann, Margarete 182, 349
Buck, Pearl 130, 131
Büren, Friedrich von 208
Burian, Emil František 51
Burlánek, František 168, 301
Burljuk, David Davidovič 55
Byron, George Gordon 140, 213, 214

C

Cahová, Ivana 243
Canetti, Elias 304
Čapek, Karel 190
Čapková, Kateřina 20
Catalano, Alessandro 20, 32
Černý, Václav 272, 278
Cita, Stanislav 26, 55
Cohn, Dorrit 39
Coleridge, Samuel T. 39
Currie, Gregory 40, 42

Czaplinski, Przemysław 383

D

Daladier, Édouard 142, 143, 144
Dimitrov, Georgi 275
Dokoupil, Blahoslav 50, 51
Doležel, Lubomír 35, 36, 37, 38, 43, 45, 53, 379
Domańska, Ewa 383
Dos Passos, John 137
Dostál, Karel 162
Dostoevskij, Fëdor Michailovič 82, 316
Dovženko, Oleksandr Petrovyč 85
Drábková, Květa 28, 212, 225, 292, 325, 326
Drápala, Milan 62
Drozdová, Vlasta 138, 222
Dumas, Alexandre 200
Durych, Jaroslav 135
Dyk, Viktor 183

E

Eco, Umberto 37, 39, 40, 383
Egger, Peter 300
Egisheim, Hildegard von 208
Eimermacher, Karl 13
Eisner, Paul/Pavel 93, 173, 200, 229, 277, 279, 302, 303, 304
Ėjzenštejn, Sergej Michailovič 52, 85, 289
Eliášová, Libuše 124
Engel, Christine 57, 85
Engell, James 39
Engels, Friedrich 331, 332
Engl, Štefan 310, 311, 312
Ėrenburg, Il'ja Grigor'evič 69

Esenin, Sergej Aleksandrovič 190, 191, 192, 210, 361
Exner, Milan 294

F

Fabian, Jeanette 271
Faulkner, William 149
Feuchert, Sascha 384
Feuchtwanger, Lion 137
Fischer, Otokar 169, 188, 195, 197, 198, 199, 200, 258, 260, 308, 358, 373
Fischer, Reinhard 272
Fleischner, Richard 183
Flora, Francesco 139
Fludernik, Monika 264
Fohrmann, Jürgen 383
Forst, Vladimír 330, 331
Frank, J.V. 92
Frantová, Milada 170
Frenclová, Olga 21, 181
Freund, Gertrude 288
Frič, Alberto Vojtěch 169, 180, 181
Frieß, Nina 43, 44
Frišer, Abram Adolfovič 267
Fučík, Julius 12, 14, 50, 62, 63, 64, 66, 67, 114, 123, 124, 125, 126, 127, 128, 129, 137, 169, 188, 251, 279, 326, 349
Furler, Bernhard 94, 137, 157

G

Ganschow, Inna 44
Genette, Gérard 46, 47, 49, 158, 379
Gide, André 137, 330
Gilk, Erik 243

Gladstein-Kerstenberg, Ruth 255
Glanc, Tomáš 52
Glasová (Frišerová), Helena 21, 267
Gogol, Nikolaj Vasiljevič 26, 82, 175
Göring, Hermann Wilhelm 275
Gottlieb, František 200
Gottwald, Klement 123, 129, 136
Götz, František 301, 302, 304
Gradinari, Irina 44
Grebeníčková, Růžena 29, 30, 304, 305, 307, 314, 315, 320, 329, 343, 351, 352, 353, 355, 356, 377
Groeben, Norbert 43
Grögerová, Bohumila 19
Grossman, Jan 27, 305, 307, 313, 314, 344, 345, 348
Grossman, Vasilij Seměnovič 330
Grousset, René 194
Grüner, Frank 31, 165
Gruntorád, Jiří 20
Guehenno, Jean 139
Gunišová, Eliška 43, 273
Guski, Andreas 56, 57

H

Hajdar, Jan (Pseud., J. Weil) 15, 25, 162, 195, 234, 236, 297, 298
Hájková, Alena 21
Halada, Jan 53
Hampl, František 301
Hanshew, Kenneth 30
Hašek, Jaroslav 84, 190

Haselbach, Josef 176
Hedeler, Vladimir 20, 72
Heftrich, Urs 31, 165, 315, 316, 373
Hemingway, Ernest 130, 131, 149
Hendrych, Jiří 292
Heřman, Zdeněk 330
Herrmann, Meike 46
Hesiod 34
Hettešová, Erika 114
Heydrich, Lina 244
Heydrich, Reinhard 170, 199, 228, 243, 244, 308, 312, 321, 324, 355, 375, 376
Hiršal, Josef 19
Hitler, Adolf 140, 142, 143, 198, 299, 301, 302, 303, 376
Hlom 22, 23, 119
Holan, Vladimír 300
Holý, Jiří 16, 30, 166, 169, 276, 326, 327, 328, 329, 377, 383, 384
Homer 34, 180
Hora, Josef 124
Horálek, Adam 103
Hrabal, Bohumil 190
Hrala, Milan 58, 59
Hříbková, Hana 16, 20, 21, 25, 26, 138, 148, 169, 170, 231, 307, 308, 309, 337, 338, 377
Hülser, Karlheinz 34

I

Ibler, Reinhard 187
Istrati, Panaït 137

J

Jakobi, Carsten 60
Janáček, Pavel 25, 136, 280, 294, 306
Janáčková, Jaroslava 264, 265
Janda, Bohumil 50, 126, 290, 299
Jaspers, Karl 139, 141, 216
Jedličková, Alice 20, 31, 282, 283, 294, 295, 306, 322, 323, 324, 326, 329, 336
Jerie, Pavel 325
Jesenská, Milena 28, 90, 113, 169, 182, 344, 345, 348, 349
Jilemnický, Peter 62, 114
John, Jaromír (Pseud., B. Markalous) 144, 173, 184, 298

K

Kafka, František 190
Kafka, Franz 80, 182, 307, 308
Kaganovič, Lazar Mojseevič 98, 279
Kaibach, Bettina 31, 165, 166, 169, 174, 193, 197, 218, 330, 377
Kalista, Zdeněk 19
Kamenev, Lev Borisovič 72
Káňa, Vašek 14
Kanda, Roman 304
Kant, Immanuel 315
Kaplický, Václav 278
Kárník, Zdeněk 144, 205
Khan, Agha Mohammed 194, 235
Kim, Roman Nikolaevič 85, 86
Kirov, Sergej Mironovič 72, 124, 268, 272
Kisch, Egon Erwin 59, 137
Kissel, Wolfgang 57
Kittlová, Markéta 20, 24, 26
Klauk, Tobias 33, 35, 38, 41, 42, 45
Kleňhová, Jana 52
Klimek, Antonín 67
Kljujev, Nikolaj Aleksccvič 190
Klyčkov, Sergej Antonovič 190
Knap, Josef 272
Koeltzsch, Ines 173
Koestler, Arthur 137, 330
Kohlík, Jaroslav 168, 302
Kolenovská, Daniela 62
Koller, Sabine 30
Komenský, Jan Amos 247
Köppe, Tilmann 33, 35, 38, 41, 42, 45
Kostheim, Johann Jakob von 255, 256, 263
Kostincová, Jana 86
Koura, Petr 21, 70, 267
Králová, Kateřina 63
Krejcar, Jaromír 28, 344, 345, 349
Krejčí, Karel 200
Křička, Petr 56
Kripke, Saul 36
Kruntorad, Paul 190
Krupskaja, Naděžda Konstantinovna 25, 73
Kryl, Miroslav 19, 20, 21, 70, 71, 72, 120, 121, 123, 267, 323, 326, 329
Kubka, František 26, 55
Kudrnáč, Jiří 236, 299, 303
Kuklová, Michaela 173
Kulešov, Lev Vladimirovič 52
Kundera, Ludvík 168, 228
Kundera, Milan 190

Künzel, Franz Peter 190
Kupa, Ladislav 22, 23, 84, 99,
    100, 101, 102, 119, 158, 284
Kuznecov, Anatolij Vasil'evič
    84
Kvapil, Josef Šofferle 301

L

Lamping, Dieter 60, 160, 161,
    264
Lang, Berel 383
Leibniz, Gottfried Wilhelm 36
Lenin, Vladimir Il'ič 25, 73, 77,
    89, 90, 92, 111, 112, 113, 119,
    120, 152, 154, 372
Lenz, Gunnar 43
Lightfoot, David Thomas 32
Linhartová, Věra 190
Lorencová, Eva 323
Löwe, Heinz Dietrich 31, 165
Lukács, Georg 139
Lukáš, Martin 243
Lustig, Arnošt 217, 219, 245

M

Macák, Bohumír 330
Mácha, Karel Hynek 13, 58
Machoninová, Alena 267
Magincová, Dagmar 272
Majakovskij, Vladimir Vladimi-
    rovič 26, 27, 52, 55, 56
Majerová, Marie 62, 137
Málek, Petr 30, 377
Malevič, Michail Olegovič 20,
    23, 298
Malevič, Oleg Michajlovič 20,
    23, 32, 125, 176, 297, 298, 330
Malraux, André 137

Mannsbarth, Jan 173, 178, 179
Marat, Václav 14, 15, 63, 64,
    200, 201, 210
Mareček, Rudolf 115, 119
Marek, Jaromír 101
Margolit, Evgenij 85
Mariengof, Anatolij Borisovič
    191, 192
Markalous, Bohumil (John, J.)
    144, 173, 177, 184, 185, 298
Martínez, Matias 45, 47, 362,
    379
Marx, Karl 118, 331, 332
Masaryk, Tomáš Garrigue 136
Mathesius, Bohumil 276
Matušíková, Lenka 20, 300
Meisl, Pavel 169, 179, 312
Mendelssohn-Bartholdy, Felix
    198, 199, 261, 321, 324, 325,
    328, 329
Mendelssohn, Moses 198, 199
Mercks, Kees 20, 31
Milotová, Jaroslava 323
Močná, Dagmar 60, 61, 62, 78,
    94, 264, 270, 271
Moore, Thomas 301
Mytze, Andreas W. 20, 29, 291

N

Nečásek, František 293
Nekula, Marek 308, 309
Němcová, Božena 182, 222, 247
Nezval, Vítězslav 19, 27, 239
Nichtburgerová, Hana 383, 384
Nickel-Bacon, Irmgard 43, 46
Nietzsche, Friedrich 330
Novák, Vladimír 335
Novotná, Dana 24, 28

Novotná, Jaroslava 28
Novotný, Antonín 292
Novotný, Miloslav 51
Nový, Karel 272
Nünning, Ansgar 159

O

Obrtel, Vít 168
Ohme, Andreas 59, 166, 168, 187, 189
Olbracht, Ivan 137, 270, 271
Opelík, Jiří 28, 30, 68, 142, 161, 162, 164, 165, 170, 197, 214, 216, 218, 225, 226, 227, 262, 309, 326, 329, 357, 359, 360, 361, 370
Osolsobě, Ivo 329

P

Pacanovský, Hilar 171
Pacini, Gianlorenzo 20
Pasternak, Boris Leonidovič 52
Paučová, Lenka 43, 273
Pavelka, Jiří 190
Pavlát, Leo 31
Pavlíček, Tomáš 136, 280
Peterka, Josef 60, 264
Petříček, Miroslav 294
Pfaff, Ivan 278
Philoktetes 11, 282, 283, 294
Pilař, Jan 19, 326
Píša, Petr 136, 306
Plato 34
Podroužek, Jaroslav 177
Pohorský, Miloš 329
Poláček, Václav 272
Polák, Karel 200, 299, 301, 304
Polan, Bohumil 301

Porges von Portheim, Moses 58
Pospíšil, Ivo 190, 200, 294
Pražák, Albert 200, 300
Prunitsch, Christian 30
Pujmanová, Marie 62, 69
Puškin, Aleksandr Sergeevič 56, 361

R

Radvolina, Ida 127, 128
Randák, Jan 21, 70, 267
Rathgeber, Ulf 323
Řehák, Daniel 20
Reimová, Milada 169, 312, 313
Řezáč, Václav 292, 293
Ripellino, Angelo Maria 32
Rolland, Romain 137
Roth, Markus 384
Rougemont, Denis de 139
Rutz, Marion 44
Rybák, Josef 19, 279
Rybakov, Anatolij Naumovič 330

S

Šaginjan, Marietta 149
Šalda, František Xaver 50, 124, 175
Šámal, Petr 136, 280, 306
Samuel-Szabó, János 104, 114, 116, 123, 127, 128
Saudek, Erik Adolf 200
Scheffel, Michael 45, 47, 362, 379
Schmarc, Vít 43
Schmitt, Arbogast 34
Schneider, Helmut J. 383
Schreiberová, Jarmila 20

Schreier, Margrit 43, 46
Schutte, Andrea Daniela 32
Searle, John 38, 39, 42
Seifert, Jaroslav 272
Seiler, Sascha 160, 161
Sekanina, Ivan 169, 183
Šeršenevič, Vadim Gabrielevič 190
Ševčíková, Jana 24
Shakespeare, William 316
Shaw, George Bernard 137
Šidák, Pavel 280
Šimová, Kateřina 62
Skačkov, Michail Naumovič 86
Skála, Ivan 309
Šklovskij, Viktor Borisovič 52, 56, 86
Skokan, Ladislav 94
Škvorecká Salivarová, Zdena 20
Škvorecký, Josef 222
Šnobr, Jan 93
Soldán, Ladislav 294
Šolochov, Michail Aleksandrovič 149
Sophokles 282, 283, 284
Sorokin, Vladimir Georgievič 267
Spender, Stephen 139
Špirit, Michael 170, 171, 179, 218, 229, 377
Stalin, Josif Vissarionovič 91, 92, 130, 131, 299
Stanzel, Franz 322
Štědroňová, Eva 31, 279, 280, 294
Štoll, Ladislav 19, 24, 72
Štolovský, Ctibor 293
Štorch-Marien, Otakar 86
Šup, Josef 278

Šváb, Karel 292
Svatopluk, T. 69, 270, 271

T

Táborská, Jiřina 160
Teichmann, Jaroslav 278
Tenčík, Václav 320
Terleckij, Nikolaj 19
Tichý, Vítězslav 200
Tille, Václav 169, 175, 198
Timur 194
Tolstoj, Lev Nikolaevič 149
Tomáš, Filip 30, 377
Továrek, Michal 300
Treťjakov, Sergej Michailovič 52
Tyl, Josef Kajetán 13, 14, 57, 58, 112, 317
Tynjanov, Jurij Nikolaevič 54

V

Václavek, Bedřich 185, 271
Vaihinger, Hans 40
Vámbéry, Herrmann/Arminius 125, 126, 290
Vančura, Vladislav 137, 263, 272
Včelička, Géza 14, 64, 137
Venyš, Ladislav 290
Vertov, Dziga 52
Víšková, Jarmila 326, 328
Vladislav, Jan 19, 290
Vlašín, Štěpán 160, 263
Vohryzek, Josef 124, 129, 320, 321
Vokrová-Ambrosová, Libuše 93
Volavková, Hana 18

Vondráčková, Jaroslava 19, 29, 55, 64, 72, 74, 87, 113, 180, 182, 183, 222, 276, 317, 344, 348, 349
Vrána, Vladimír 326
Vránová, Božena 325, 326, 328
Všetička, František 294, 305
Vyskočil, Pavel 169, 236, 298, 299, 300
Vyvozilová, Jaromíra 28

W

Wagenbach, Klaus 19, 20, 80
Wagner, Richard 321, 324, 325
Wagnerová, Alena 207, 208
Walton, Kendall L. 35, 39, 40, 41, 42
Weatherallová, Marie 291
Weil, Bedřich 147
Weil, Jiří 11, 12, 13, 14, 15, 16, 17, 18, 19, 20, 21, 22, 23, 24, 25, 26, 27, 28, 29, 30, 31, 32, 33, 38, 43, 44, 45, 46, 47, 49, 50, 51, 53, 54, 55, 56, 57, 58, 59, 61, 62, 63, 64, 65, 66, 67, 68, 69, 70, 71, 72, 73, 74, 75, 76, 77, 78, 79, 80, 81, 82, 83, 84, 85, 86, 87, 88, 89, 90, 91, 92, 93, 94, 96, 97, 98, 99, 100, 101, 102, 104, 105, 106, 107, 108, 109, 110, 111, 112, 113, 114, 115, 116, 117, 119, 120, 121, 122, 123, 124, 125, 126, 128, 129, 130, 131, 132, 133, 134, 135, 136, 137, 138, 139, 140, 141, 142, 143, 144, 145, 146, 147, 148, 149, 150, 157, 158, 159, 160, 161, 162, 163, 164, 165, 166, 167, 168, 169, 170, 171, 172, 173, 174, 175, 176, 177, 178, 179, 180, 181, 182, 183, 184, 185, 186, 187, 188, 189, 190, 191, 192, 193, 194, 195, 197, 198, 199, 200, 201, 202, 203, 205, 206, 207, 208, 209, 210, 211, 212, 213, 214, 215, 216, 217, 218, 219, 220, 221, 222, 223, 224, 225, 226, 227, 228, 229, 230, 231, 232, 233, 234, 235, 236, 237, 238, 239, 240, 241, 242, 243, 244, 245, 246, 247, 248, 249, 250, 251, 253, 254, 255, 256, 257, 259, 260, 261, 262, 263, 264, 265, 267, 269, 270, 271, 272, 273, 275, 276, 277, 278, 279, 280, 281, 282, 283, 284, 286, 287, 288, 289, 290, 291, 292, 293, 294, 295, 296, 297, 298, 299, 300, 301, 302, 303, 304, 305, 306, 307, 308, 309, 310, 311, 312, 313, 314, 315, 316, 317, 318, 319, 320, 321, 322, 323, 324, 325, 326, 328, 329, 330, 331, 332, 334, 335, 336, 337, 339, 340, 341, 342, 343, 344, 345, 346, 347, 348, 349, 350, 351, 352, 353, 354, 355, 356, 357, 358, 359, 360, 361, 362, 363, 364, 369, 370, 373, 374, 375, 376, 377, 378, 379, 380, 381, 382, 383, 384, 385
Weilová, Hedvika 147
Weilová, Olga 23, 32, 73, 176, 225, 254, 255, 277, 290, 297, 298

Weisel, Joachim Löbl 247, 248
Weiskopf, Franz Karl 137, 212
Weitling, Wilhelm Christian
   338, 339
Werich, Jan 11, 283
Whitman, Walt 132
Willige, Wilhelm 282
Wögerbauer, Michael 136, 173,
   306, 323

Z

Zahradníková, Marta 248
Zavacká, Marína 288
Zimin, Valentin Il'ič 273
Zinov'ev, Grigorij Evseevič 72
Zipfel, Frank 34, 35, 36, 42, 43,
   45, 46, 47
Žmolil, Horymír 20, 300

Literatur und Kultur im mittleren und östlichen Europa

herausgegeben von Reinhard Ibler

ISSN 2195-1497

1   *Elisa-Maria Hiemer*
    Generationenkonflikt und Gedächtnistradierung
    Die Aufarbeitung des Holocaust in der polnischen Erzählprosa des 21. Jahrhunderts
    ISBN 978-3-8382-0394-2

2   *Adam Jarosz*
    Przybyszewski und Japan
    Bezüge und Annäherungen
    Mit einem Vorwort von Hanna Ratuszna und Quellentexten in Erstübertragung
    ISBN 978-3-8382-0436-9

3   *Adam Jarosz*
    Das Todesmotiv im Drama von Stanisław Przybyszewski
    ISBN 978-3-8382-0496-3

4   *Valentina Kaptayn*
    Zwischen Tabu und Trauma
    Kateřina Tučkovás Roman *Vyhnání Gerty Schnirch* im Kontext der tschechischen Literatur über die Vertreibung der Deutschen
    ISBN 978-3-8382-0482-6

5   *Reinhard Ibler (Hg.)*
    Der Holocaust in den mitteleuropäischen Literaturen und Kulturen seit 1989
    The Holocaust in the Central European Literatures and Cultures since 1989
    ISBN 978-3-8382-0512-0

6   *Iris Bauer*
    Schreiben über den Holocaust
    Zur literarischen Kommunikation in Marian Pankowskis Erzählung *Nie ma Żydówki*
    ISBN 978-3-8382-0587-8

7   *Olga Zitová*
    Thomas Mann und Ivan Olbracht
    Der Einfluss von Manns Mythoskonzeption auf die karpatoukrainische Prosa des tschechischen Schriftstellers
    ISBN 978-3-8382-0633-2

8   *Trixi Jansen*
    Der Tod und das Mädchen
    Eine Analyse des Paradigmas aus Tod und Weiblichkeit in ausgewählten
    Erzählungen I.S. Turgenev
    ISBN 978-3-8382-0627-1

9   *Olena Sivuda*
    "Aber plötzlich war mir, als drohe das Haus über mir
    zusammenzubrechen."
    Komparative Analyse des Heimkehrermotivs in der deutschen und russischen
    Prosa nach dem Zweiten Weltkrieg
    ISBN 978-3-8382-0779-7

10 *Victoria Oldenburger*
    Keine Menschen, sondern ganz besondere Wesen ...
    Die Frau als Objekt unkonventioneller Faszination in Ivan A. Bunins Erzählband
    Temnye allei (1937–1949)
    ISBN 978-3-8382-0777-3

11 *Andrea Meyer-Fraatz, Thomas Schmidt (Hg.)*
    „Ich kann es nicht fassen,
    dass dies Menschen möglich ist"
    Zur Rolle des Emotionalen in der polnischen Literatur
    über den Holocaust
    ISBN 978-3-8382-0859-6

12 *Julia Friedmann*
    Von der Gorbimanie zur Putinphobie?
    Ursachen und Folgen medialer Politisierung
    ISBN 978-3-8382-0936-4

13 *Reinhard Ibler (Hg.)*
    Der Holocaust in den mitteleuropäischen Literaturen und Kulturen:
    Probleme der Politisierung und Ästhetisierung
    The Holocaust in the Central European Literatures and Cultures:
    Problems of Poetization and Aestheticization
    ISBN 978-3-8382-0952-4

14 *Alexander Lell*
    Studien zum erzählerischen Schaffen Vsevolod M. Garšins
    Zur Betrachtung des Unrechts in seinen Werken aus der Willensperspektive
    Arthur Schopenhauers
    ISBN 978-3-8382-1042-1

15 Dmitry Shlapentokh
    The Mongol Conquests in the Novels of Vasily Yan
    An Intellectual Biography
    ISBN 978-3-8382-1017-9

16 Katharina Bauer
    Liebe – Glaube – Russland:
    Russlandkonzeptionen im Schaffen Aleksej N. Tolstojs
    ISBN 978-3-8382-1182-4

17 Magdalena Baran-Szołtys, Monika Glosowitz,
    Aleksandra Konarzewska (eds.)
    Imagined Geographies
    Central European Spatial Narratives between 1984 and 2014
    ISBN 978-3-8382-1225-8

18 Adam Jarosz
    Der Spiegel und die Spiegelungen
    Über Geschlecht und Seele im Werk von Stanisław Przybyszewski
    ISBN 978-3-8382-1246-3

19 Šárka Sladovníková
    The Holocaust in Czechoslovak
    and Czech Feature Films
    ISBN 978-3-8382-1196-1

20 Julia Spanberger
    Grenzen und Grenzerfahrungen in den Texten Viktor Pelevins
    Eine Analyse seiner frühen Prosa
    ISBN 978-3-8382-1460-3

21 Magda Dolińska-Rydzek
    The Antichrist in Post-Soviet Russia: Transformations of an Ideomyth
    ISBN 978-3-8382-1545-7

22 Martina Napolitano
    Sasha Sokolov: The Life and Work of the Russian "Proet"
    ISBN 978-3-8382-1619-5

23 Astrid Maria Ottilie Shchekina-Greipel
    Deutsch-sowjetischer Kulturtransfer unter totalitären Bedingungen
    Heinrich Böll und Günter Grass in der Sowjetunion (1953–1985)
    ISBN 978-3-8382-1660-7

24 Dora Komnenovic
    Reading between the Lines
    Reflections on Discarded Books and Transition in (Post-)Yugoslavia
    ISBN 978-3-8382-1643-0

25 *Reinhard Ibler und Andreas Ohme (Hg.)*
    Holocaustliteratur
    Überlegungen zu Reichweite und Grenzen eines literaturwissenschaftlichen Konzepts
    ISBN 978-3-8382-1673-7

26 *Marie Brunová*
    Die faktualen und fiktionalen Texte Jiří Weils
    ISBN 978-3-8382-1656-0

ibidem.eu